KB210379

괴짜의사 Dr. Araw의
쉽고 바르게 읽는 요한복음 장편(掌篇) 강의

은혜 위에 은혜러라

은혜 위에 은혜러라

2022년 4월 20일 1판 1쇄 발행

지은이 이선일 이성진
펴낸이 조금현
펴낸곳 도서출판 산지
전화 02-6954-1272
팩스 0504-134-1294
이메일 sanjibook@hanmail.net
등록번호 제018-000148호

@조창인 2022
ISBN 979-11-91714-08-1 03230

D. M. Lloyd Jones를 꿈꾸는 괴짜의사 Dr. Araw의
쉽고 바르게 읽는 장편(掌篇) 강해서 5 - 요한복음

은혜 위에
은혜 러라

이선일 · 이성진 지음

산지

프롤로그

2020년의 겨울은 유난히 추웠다.

적어도 내게는……

2019년 여름, 아내가 암(Malignancy) 진단을 받고 수술했다. 임파절 전이도 있었다. 뒤이어 죽음같이 여겨졌던 혼돈(混沌)과 공허(空虛), 흑암(黑暗)의 긴긴 터널인 항암치료를 했다. 우여곡절(迂餘曲折)이 많았다. 항암 부작용에다가 발목 골절까지……

아내는 힘겹게 방사선 치료까지 마쳤다. 그럴 즈음 폐 병변(Lesion)이 나타났다. 나는 가슴이 철렁 내려 앉았다. 감사하게도 암의 전이(metastasis)는 아니라고 했다. 하지만 또 다시 목과 머리에 대상포진(Herpes zoster)이 왔다.

아! 설상가상(雪上加霜), 진퇴양난(進退兩難), 그야말로 산 넘어 산이었다. 그럼에도 불구하고 고난의 세월은 흘러갔다. 지금 나는 아내와 함께 여생을 알차게 누리며 감사하는 중이다. 지난 2년여의 투병생활과 후속 치료는 우리 부부의 모든 것을 바꾸어 놓았다. 나는 가장 먼저 주변 정리를 했다.

나는 성령님께서 특별히 감동을 주실 때를 제외하고는 아예 집회에도 가지 않았고 모든 지인들과의 만남도 자제했다. 대부분의 약속들도 정중히 거절했다.

돌이켜 보면 지난날 나는 오지랖 넓게 살았다. 아는 사람, 모르는 사람, 두서너 다리 건너 사람들까지 서로 엮어 주고 소개하는 일에 바빴다. 거의 안 가본 곳이 없을 정도로 전 세계를 다니기도 했다.

2021년 12월!

다시 이 해의 마지막 달 끝자락 겨울을 맞고 있다. 차가운 겨울을 느끼고 있다. 그러나 마냥 춥지만은 않은 것이 감사하다. 아니 고요한 시간 속에서 성령님의 손길을 강력하게 느끼며 순간 순간을 행복해하고 있다. 성령님께서는 내게 또 다른 어떤 전환점(Turning point)을 제시하는 듯하다.

약 2년 전 새롭게 집필을 시작할 당시 성령님께서 '이제부턴 너무 돌아다니지 말고 조용히 앉아 글을 쓰라'고 말씀하셨다. 그동안 너무 많은 곳을 다니며 발자국을 남겼으니 이제는 그 발자취를 기록하는 작업을 하라시는 듯했다.

나는 하나님의 마음을 정확하게 분별하고는 앞뒤 보지 않고 내달렸다. 현재 나의 관심은 더욱더 '오직 말씀'이다. 지난날 암송했던 수많은 성구에 더하여 성경을 토씨 하나도 놓치지 않고 찬찬히 읽으며 그분의 음성에 집중하며 살아간다. 놀랍게도 생소한 부분이 간혹 발견되고 있다.

나는 일단 성경을 읽기 시작하면 가만히 앉아서 몇 시간이고 읽는다. 무엇인가를 생각하며 읽고 연구하고 글로 쓰는 것을 좋아한다. 중년의 내게 주는 소소한 행복 중 하나이다. 늦은 저녁에 책상에 앉았다가 머리를 들면 동이 틀 때가 잦다. 이른 아침에 가장 먼저 병원으로 출근한다. 아침

식사는 출근길의 차 안에서 생식과 과일로 간단히 먹는다. 진료실에 도착하면 기도 후 다시 성경을 읽고 글을 쓴다. 매일 아침 병원에서 드리는 예배 시간까지의 90-120분은 꿀맛 같은 황금시간이다.

7층 예배실에서 아침 예배를 드리고 나면 다시 2층으로 와서 수많은 환자들을 진찰하고 시술하고 수술한다. 하루 종일 거의 자투리 시간조차 허비하지 않고 초와 분을 아껴가며 글을 쓴다. 점심 2시간 중 60분을, 6시까지 진료 후 진료실에서 120분을 성경을 연구하고 글을 쓰는데 할애한다. 그리고 짐(Gym)에 가서 반드시 운동을 한 후 집에 가서 120여 분간 성경을 연구한다. 그리고 지난날 강의 자료를 검토하며 글을 쓴다. 하루를 돌아보면 빈틈이 거의 없다.

"왜 그렇게 사냐"라는 말을 종종 듣는다. "이젠 여유를 가지고 천천히 살아라, 골프도 하고 여행도 가고" 등등…….

지난 2년을 지나오며 아내와 나는 가치와 우선순위에 따라 삶의 패턴을 완전히 바꾸었다. 아내는 늘그막에 화가로 등단(2021년 대한민국 여성 조형미술대전, 장려상)했고 꽃꽂이를 통해 생명의 신비스러움과 아름다움을 추구하고 있으며, 나는 글쓰는 작가로 성경강해자로 변신했다. 우리 부부의 행복이다.

지금까지 아내는 각종 전시회에 작품을 출품하고 올해에는 국전에 출품하여 상을 받기도 했다. 꽃꽂이와 더불어 식물을 가꾸는 것은 전문가 수준이다. 하나님은 아내에게 로즈힐 노덕영 박사, 홍문수 로사리아 대표를 허락하셨다.

내게도 조창인 작가(가시고기 저자)와 김진미 소장(빅픽처가족연구소)을 허락하셨다. 나는 지난 2년 동안 『복음은 삶을 단순하게 한다』, 『복음은 삶을 선명하게 한다』, 『자칫하면 대충 살 뻔했다 1, 2』, 『자칫하면 어영부영 살뻔했다』, 『유방암, 아내는 아프고 남편은 두렵다』와 더불어 Dr. Araw의 7권의 장편(掌篇) 주석 중 요한계시록 주석 『예수 그리스도 새 언약의 성취와 완성』, 갈라디아서 주석 『오직 의인은 믿음으로 말미암아 살리라』, 히브리서 주석 『오직 믿음, 믿음, 그리고 믿음』, 로마서 주석 『살아도 주를 위하여, 죽어도 주를 위하여』를 출간했다. 내년 상반기에 요한복음 주석 『은혜 위에 은혜러라』를, 하반기에 사도행전 주석 『오직 성령이 너희에게 임하시면』을 출간하고 마지막으로 2022년 가을 경에 창세기 주석 『태초에 하나님이 천지를 창조하시니라(집필 중)』를 출간할 예정이다.

요한복음은 21장, 879구절로 되어 있다. 앞서 요한계시록이나 갈라디아서, 히브리서, 로마서처럼 순서대로 한 구절씩 청년들에게 강의를 하듯 주석을 달 것이다. 즉 이 책 또한 크리스천 청년들이 주 타깃이다. 또한 '장편(掌篇)' 주석인데 앞서 출간한 모든 책에서 언급했듯이 손바닥 만한 지식의 '얕고 넓은 강의'라는 의미이다. 마치 장풍(掌風)의 허풍(虛風)처럼……

분명하게 밝히는 것은 이번에 나와 공저자가 집필한 요한복음 장편(掌篇) 주석 또한 우리만의 창조적이고 독자적인 생각과 묵상의 결과물이 아니라는 점이다.

특별히 나는 그동안 많은 참고 도서들을 읽고 연구했다. 그중에서도 『그랜드 종합주석』(제 13권, p.549-1039), 『요한복음 강해(Exposition of the

Gospel of John)』(Arthur Walkington Pink/지상우 옮김), 『요한복음』(두란노 HOW주석 37권), 『요한복음 강해』(David Martyn Lloyd Jones):(1권 영적생활/2권 영적성장/3권 영 적축복), 『요한복음 강해』(1-6집, 박영선, 도서출판 엠마오), 『게제니우스 히브리어 아람어사전』(생명의 말씀사), 『스트롱코드 헬라어사전』(로고스), 『로고스 스트 롱코드 히브리어 헬라어사전』(개역개정4판), 『핵심 성경히브리어』(김진섭, 황선 우 지음, 2012), 『핵심 성경히브리어』(크리스챤출판사, 2013), 『직독직해를 위한 히브리어 400 단어장』(솔로몬), 『직독직해를 위한 헬라어 400 단어장』(솔로 몬), 『성경 히브리어』(크리스챤출판사), 『신약성경 헬라어 문법』(크리스챤출판사) 등을 상당부분 참고했음을 밝힌다.

　나는 이들 참고서적들을 토대로 진료실에 파묻혀 공저자와 내 생각들 을 다시 조정하고 하나님이 주시는 말씀(요 14:26)에 귀를 기울이며 주석을 간결하게 정리 정돈하면서 집필했다.

나는 매번 성경을 해석할 때마다 나름대로의 대원칙을 정해 놓고 묵상한다.

먼저는 문자에 집중하며 각 절의 단어(영단어, 헬라어, 히브리어등)를 면밀하고 세심하게 살핀다. 주로 개역한글판 성경을 묵상하지만 개역개정이나 공동번역도 터부시하지는 않는다. 아울러 표준새번역성경, 킹 제임스성경, 유진 피터슨의 메시지성경도 참고한다.

그런 다음, 그 단락만 떼어서 읽지 않고 전후 맥락을 늘 함께 읽는다. 그리고 왜 지금 이 사건이 그 부분에 기록되었는지를 고민하며 이전 사건과 이후 사건의 연결고리를 파악하려고 애를 쓴다. 동시에 성경의 다른 부분(구약과 신약의 연속성)을 찾아 성경으로 성경을 해석하려고 노력한다.

셋째, 말씀이 상징하고 의미하는 바나 예표하는 바가 무엇인지를 살핀다.

넷째, 배경(Background)을 살피는데 특히 역사적 배경이나 문화적 배경을 찾아 성경의 원저자이신 성령님께서 당시의 기록자들을 통해 말씀하신(유기 영감, 완전 영감, 축자 영감) 원뜻을 파악하려고 노력한다.

마지막으로 성경의 원저자이신 성령님께 무릎 꿇고 성령님께서 가르쳐 주시고 깨닫게 해주시라고(요 14:26) 기도하며 아버지하나님의 마음을 알게 해 달라고 간구한다.

요한복음 장편 주석은 이러한 성경 해석 과정을 통해 보혜사이신 성령님의 가르치시고 생각나게 하심(요 14:26)을 따라 각 구절들을 풀어 썼다. 그렇게 독자들에게 알리고자 하는 말씀의 전체 내용을 다음의 네 부분으로 나누었다.

1부는 요한복음의 서문(Prologue)으로서 1장 1절에서 18절까지인데 '예수 그리스도의 성육신'이 갖는 의미와 소중함을 풀어썼다.

2부는 표적들의 책(The Book of signs)으로 1장 19절에서 12장 50절까지 7개의 표적을 통해 신인양성론 또는 신인동형설(Anthro-pomorphism)이신 예수님만이 참 하나님이시며 참 사람이심과 함께 "예수, 그리스도, 생명"이심을 강조하며 풀어썼다. 즉 2부는 7개의 표적을 통해 예수님이 누구신지, 그리고 예수님의 공생애 사역이 지니는 소중한 가치와 의미에 대해 썼다. 참고로 표적(Sign)의 헬라어는 세메이온(σημεῖον)인데 이는 '표지판(Indication; Mark)이라는 의미이다.

3부는 영광의 책(The Book of glory)으로 13장 1절에서 20장 31절까지인데 그리스도의 승귀(또는 승천, Ascension of Christ)를 중심으로 썼다. 한편 사도 요한은 20장 31절에서 요한복음의 기록 목적을 분명히 밝히고 있다.

"예수, 그리스도, 생명"

구원자이신 예수님은 완전한 하나님이시며(존재론적 동질성, Ontological Identity, 딛 2:13; 사 9:6; 미 5:2; 슥 13:7; 시 시 2:7; 시 110:1; 요 1:1-2, 14, 34; 요 5:21-23; 요 8:58; 요 10:30; 요 14:9) 성부하나님의 유일한 기름 부음 받은 자이신 그리스도 메시야이시다. 그는 이 땅에 오셔서 십자가 보혈로 성부하나님의 인간에 대한 구속 계획을 성취하셨다. 그 예수를 믿는 자는 누구든지 의롭다하심, 구원, 생명(영생)을 얻게 된다.

마지막 4부는 결론(Epilogue)으로서 요한복음을 기록한 목적(20:31)에 따라 교회 된 우리가 한 번의 인생을 살아가며 이 땅에서 해야할 일을 가르쳐 주고 있다. 즉 그리스도인답게 정체성대로 복음으로 살아가고 복음과 십자가를 자랑하며 살아갈 것을 말씀하셨다.

저자와 공저자는 함께 살아가는 이 땅의 모든 교회들과 복음과 십자가에 대해 궁금히 여기는 모든 사람들에게, 특히 크리스천 청년들에게 요한복음의 장편(掌篇) 주석 『은혜 위에 은혜러라』를 통해 '예수, 그리스도, 생명'임을 알리고자 한다.

어눌한 표현과 미숙한 문맥들이 제법 많다. 신학적인 이해의 영역도 그다지 깊지 않다. 이러한 얕은 지식에도 불구하고 땀과 눈물을 섞어 감히 주석을 쓴 이유는 분명하다. 나 같은 사람도 말씀을 더 알아가기 위해 갈망하며 시도하고 끊임없이 도전하면서 넘어졌다 일어섰다를 반복하며 공부한다는 것을 보여주고 싶은 것이다.

어차피 나는 디딤돌, 마중물의 역할이기에…….

오직 복음!
오직 말씀(Sola Scriptura)!
오직 예수(Solus Christus)!
다시 말씀으로 돌아가자!

이 책을 읽고난 다음 요한복음에 대해 조금 더 깊이 연구하고자 한다면 뒷편에 기록된 참고도서 목록을 꼭 구입해서 읽어보기 바란다.

늘 감사하는 것은 암 투병을 끝까지 의연하게 대처하며 오히려 나를 격려해주었던 소중한 아내 김정미 선교사의 마음씀씀이다. 그녀는 내가 일천한 지식으로 인해 낙망하며 포기하려 할 때마다 격려하며 용기를 주었다.

"당신은 영적 싸움을, 나는 암과의 싸움을"

사랑하는 아내에게 감사와 사랑, 그리고 존경을 전한다. 아울러 외동 딸 성혜(리빔 대표, 국제 기독교영화 위원장)와 사위 의현(주. 이롬 글로벌 사장)에게, 공저자로 나서서 궂은 일을 마다하지 않은 큰 아들 성진(대전 침례신학 대학원), 막내 성준(꿈의 학교 학생, 찬양 섬김이)에게 감사와 사랑을 전한다.

이 책이 나오기까지 함께 해 준 조창인 작가와 김진미 소장(빅픽쳐가족연구소), 문형환 대표(고신대의대 간이식교수, 탕구출판사), 조희석 목사(탕구출판사 편집인), 그리고 모든 관계자들에게 감사를 전한다. 추천사와 함께 따끔한 충고를 해주었던 교수, 학자, 선후배와 동료들에게도 감사를 전한다.

매번 책을 출간할 때마다 멘티들의 도움이 있었다. 이번에도 그들은 바쁜 시간을 쪼개어 교정과 문맥을 잡아 주었다. 그들에게도, 음으로 양으로 도움을 준 모두에게도 감사를 전한다.

살롬!

오직 하나님께만 영광!

울산의 소망정형외과 진료실에서
Dr Araw 이선일
hopedraraw@hanmail.net

목차·contents

✡ 일러두기

- 본문에 사용된 성경구절과 단어는 개역한글판, 일부 개정판으로 현재 맞춤법을 무시하고 성경 본문을 그대로 인용했습니다.
- 히브리어, 헬라어는 게제니우스 히브러어 아람어사전(생명의 말씀사), 성경히브리어(크리스챤출판사), 핵심 성경 히브리어(김진섭, 황선우, 2012; 2013), 로고스 스트롱코드 헬라어사전(로고스), 직독직해를 위한 헬라어 400(솔로몬), 신약성경 헬라어문법(크리스챤출판사) 등을 참고했습니다.
- 하나님나라, 성부하나님, 성자하나님, 성령하나님, 아버지하나님 등은 띄어쓰기 규칙을 적용하지 않고 붙여썼습니다.

괴짜의사 Dr. Araw의
쉽고 바르게 읽는 요한복음 장편(掌篇) 강의

서론

요한복음은 사도 요한이 밧모섬으로 유배되었다가 풀려나 에베소에서 본서를 기록('예수의 사랑하시는 그 제자', 요 21:20, 24)한 것으로 알려져 있다. 그러나 요한복음의 정확한 저작 연대는 알 수가 없다. 초대교부였던 에우세비우스(Eusebius, 〈교회사, Ekklesiastike Hisrotia〉)는 AD 90-95년경으로 추정했다.

요한복음은 공관복음서(마, 막, 눅)와는 기록 방식이나 기록시기, 관점, 전달하려는 메시지 등에서 차이가 있다. 사복음서 중 마태복음[1] 은 유대인

---

1 마태복음이 유대인을 대상으로 쓴 것이라면 마가복음은 로마인, 누가복음은 헬라인을 예표하는 이방인, 요한복음은 모든 사람을 대상으로 하고 있다. 마태복음을 사자복음(왕으로 오신 예수님), 마가복음은 소복음(종으로 오신 예수님), 누가복음은 사람(인자, 인성), 요한복음은 독수리복음(신성, 예수는 하나님이시다)이라고 한다. 공관복음이 예수의 역사적 사실에 관한 것이라면 요한복음은 영적 해석에 기초한 영적 의미에 중점을 두었다.

의 왕으로 오신 예수님을 묘사하였기에 왕에게 경배하러 오는 동방박사 이야기가 나온다.

한편 마가복음은 성부하나님의 기름 부음을 받아 이 땅에 섬김의 종으로 오신 예수님을 묘사하였기에 예수님의 탄생 이야기가 없다. 그러므로 곧바로 세례 받으심과 시험 받으심, 하나님나라 전파, 귀신 축출을 비롯한 치유사역이 나온다.

누가복음은 인자(유일한 의인이시자 완전한 인간)로 오신 예수님을 묘사하고 있다. 그러므로 동방박사의 이야기는 없으나 탄생 과정과 목자들의 방문 과정, 인자로서 결례(Purification; καθαρισμός; 카다리스모스, nm, cleansing, purifying, purification)와 할례(circumcision; περιτέμνω; 페리템노, to cut around, circumcise; מול, 물; v, to circumcise)를 받으시는 장면, 소년의 때에 유월절에 성전으로 올라가는 모습이 그려져 있다. 이렇듯 공관복음은 예수에 관한 역사적 사실과 천국 복음, 대속 죽음인 십자가의 길에 관해 기술하고 있다.

반면에 요한복음은 예수의 성육신과 공생애를 해석하고 영적 의미를 강조하는 등 교리 중심의 메시지로 구성되어 있다.

사도 요한은 요한복음을 통해 하나님의 아들로 오신 구원자 예수님만이 성부하나님의 유일한 기름 부음 받은 자이신 메시야 그리스도라는 것과 그 예수를 믿음으로만 오직 구원(생명 혹은 영생) 얻게 됨을 강조하고 있다. 그러므로 사도 요한은 인성으로 오신 예수님에 대한 언급은 생략하고 곧장 말씀이 육신이 되신 그 예수님만이 하나님이시라고 강조하고 있다. 따라서 요한복음에는 공관복음에 공통적으로 등장하는 예수님의 탄생 사건, 시험 받으심, 변화산 사건 등에 관한 기사가 없다. 또한 요한복음 13

장에서는 최후의 만찬보다는 세족식을 강조하는 쪽으로 말씀하고 있다.

요한복음은 짧고 간결한 비유(比喩; Parable) 대신 긴 강화(講話, Narrative)설교가 특징이다(13-16장까지). 또한 공관복음과 달리 예수님의 사역지가 갈릴리가 아닌 거의 유대지역에 집중되어 있음을 알 수 있다. 한편 요한복음에는 유월절이 3차례 언급되고 있는데 이는 예수님의 공생애가 3년이었음을 알려주는 것이다.

	공관복음	요한복음
주제	예수의 역사적 사실과 행적	-예수의 성육신, 공생애 등 영적 의미의 중요성 강조 -교리 중심의 메시지 -예수, 그리스도, 영생(생명)
강조점	참 사람 참 하나님	-인성의 예수님 언급X -말씀이 육신이 되심: 신성의 예수님 언급
차이점	예수의 구체적 행적	-탄생 사건, 시험 받으심, -변화산 사건, (최후의 만찬) 등의 언급X.
문체	짧은 비유	-긴 강화설교
주 사역지	갈릴리지역	-거의 유대 지역
공생애 기간		-3번의 유월절 -공생애 기간(3년 반)

예수, 그리스도, 생명

사도 요한은 요한복음의 기록 목적을 20장 31절에 분명히 밝히고 있다.

"오직 이것을 기록함은 너희로 <u>예수</u>께서 하나님의 아들 <u>그리스도</u>이심을 믿게 하려 함이요 또 너희로 믿고 그 이름을 힘입어 <u>생명</u>을 얻게 하려 함이니라" _요 20:31

사도 요한은 이 구절에서 요한복음의 3개의 핵심 주제 단어인 "예수, 그리스도, 생명"을 분명하게 드러내고 있다. 구원자이신 예수님만이 성부하나님의 유일한 기름 부음 받은 자로서 그리스도요 메시야라는 것이다. 그 예수님만이 길이요 진리요 생명이시다. 예수님으로 인해서만 구원(생명)을 얻어 지금 현재형 하나님나라를 누리게 되고 장차 미래형 하나님나라에 들어갈 수 있음을 말씀하고 있다.

즉 요한복음은 예수님의 신성, 곧 하나님의 아들이심을 강조하고 있다. 따라서 요한복음에는 "나는~이다(I am~; Ἐγώ εἰμι; 에고 에이미)"라는 하나님의 이름이 자주 언급된다. 이는 출애굽기 3장 14절의 "나는 스스로 있는 자(I am who I am(אֶהְיֶה אֲשֶׁר אֶהְיֶה))"라는 의미이다. 이를 곡해하여 만연했던 것이 당시의 영지주의[2](Gnosticism)였다. 여기에 더하여 가현설[3](Doketismus) 마저

---

2 당시 케린투스(Cerinthus, AD 100, 꿀샘의 꿀, 정제하지 않은 꿀이라는 뜻)는나스티시즘(Gnosticism, 영지주의)의 교부였다. 그는 예수의 신격을 부정하였고 가현설을 주장했다

3 성육신하신 예수는 실제로 시공간적 한계에 묶인 육체와 인성을 지니지 않았고, 단지 그림자 또는 환영(幻影)처럼 유령의 몸을 갖고 이 땅에 임하셨다고 가르치는 이단 사상이다

진리를 훼손하고 있었다.

사복음서 중 요한복음에만 등장하는 독특한 사건들이 있다. 2장의 가나 혼인잔치, 3장의 예수를 한밤중에 방문한 니고데모 이야기, 4장의 유대를 지나 갈릴리로 갈 때 사마리아를 통과하며 만난 여인에 관한 이야기, 11장의 죽은 나사로를 살리는 장면 등이다.

'태초'라는 말의 두 가지 의미

요한복음은 "태초에~"라는 말씀으로 시작한다. '태초에, 태초부터 있는'으로 시작하는 정경은 3권[4]인데 그중 하나가 요한복음이다. 일반적으로 '태초'[5]는 시간의 처음을 의미하지만 가장 중요한 본질적인 것을 말할 때에도 '태초'라고 일컫는다.

얼핏 지나치기 쉬운 '태초'라는 히브리어 단어(베레쉬트, רֵאשִׁית)에는 엄청나게 중요한 의미가 담겨 있다. 하나님의 본질이 내재되어 있기 때문이다. '다른 하나님, 한 분 하나님'이신 삼위 하나님이 그 단어에 내재되어 있고 예수님의 선재성(先在性)과 영원성(永遠性)이 내포되어 있다. 그러므로 '태초'는 삼위일체론의 기능론적 종속성과 존재론적 동질성을 잘 설명[6]해주는

---

4 창세기와 요한복음, 요한 1서이다.

4 창세기와 요한복음, 요한 1서이다.

5 태초를 말할 때 크게 둘로 나눈다. 창세기 1장 1절의 태초(πρῶτος, רֵאשִׁית)는 역사의 시작점을 말한다. 반면에 요한복음 1장 1절의 태초(ἀρχή, עוֹלָם)는 우리가 알 수 없는 근원된 태초를 말한다.

6 삼위일체는 하나님의 본질(창조주, 구원자, 통치자)에서는 같으나, 사역 면에서 각기 특징(성부의 구속 계획 작정, 성자의 구속 성취, 성령의 구속 보증)이 있음을 계시해 준다

단어 중 하나이다.

즉 '태초'라는 말은 이중적인 의미로, 요한일서나 요한복음 1장 1절에서의 '태초'는 만물이 있기 전의 영원 즉 시간과 공간이 창조되기 전인 근원을 의미한다. 반면에 창세기 1장 1절의 '태초'는 우주 공간이나 역사의 시간이 시작된 이 세상의 시작점을 가리킨다. 전자의 태초는 우리가 인지할 수 없으며 상상조차 할 수 없지만 후자는 시간의 처음, 역사의 시작점이기에 어느 정도 인지할 수 있다. 그러기에 요한복음의 태초는 누가, 처음, 이 세상에 존재했느냐에 방점을 두지만 창세기는 태초에 무슨 일이 일어났느냐에 방점을 둔다.

전자의 경우 곧 요한이 정의하는 태초(요 1:1, 요일 1:1)는 히브리어로 올람(미 5:2; עוֹלָם, nm, long duration; antiquity, futurity)인데 이는 '영원'을 뜻한다. 헬라어로는 아르케(ἀρχή: beginning, origin)로서 '시작, 기원'을 의미한다. 반면 후자(창 1:1)는 히브리어로 레쉬트(רֵאשִׁית)인데 이는 '시작(beginning, chief)'을 뜻하며 헬라어로는 게네시스(γένεσις) 혹은 프로토스(πρῶτος, adj)라고 하며 '처음, 주요한(first, chief)'이라는 의미이다.

태초(ἀρχή: beginning, origin)부터 계신 삼위일체 하나님은 말씀으로 태초(רֵאשִׁית; beginning, chief)에 천지를 공동으로 창조하셨다. 그리고 그 역사를 운행하셨다. 그러므로 전능하신 삼위 하나님은 창조주시요 역사의 주관자 하나님으로서 태초부터 함께 하셨고 지금도 앞으로도 영원히 함께 하신다.

창세기 1장 1절의 '태초'를 뜻하는 히브리어 베레쉬트(בְּרֵאשִׁית)는 베이트와 레쉬트의 합성어이다.

'베이트'는 명사와 전치사로 쓰이며 명사[7]로는 '집'이라는 의미이다. 접두어로서 전치사[8]로 쓰일 때는 '~에 의하여, ~로 말미암아, ~로 인하여, ~와 함께'라는 의미이다.

레쉬트(ראשׁית; reshith, nf, beginning, chief)는 첫 것 혹은 첫 열매(first of fruits; 레 23:10)라는 뜻으로 중의적인 의미가 있다. 여성명사인 레쉬트는 로쉬라는 남성명사(ראשׁ, rosh, head)에서 파생되었다. 로쉬는 시작(beginning), 처음(first), 첫 열매(first fruits)라는 의미이다. 그렇기에 '레쉬트'는 첫째, 잠자는 자들의 첫 열매로서 부활의 첫 열매(고전 15:20)가 되신 예수 그리스도를 의미한다. 둘째, 만물의 으뜸, 근본, 머리로서 교회의 머리요 죽은 자들 가운데서 먼저 나신 자이신 예수 그리스도(골 1:18)를 뜻한다. 결국 레쉬트는 예수님을 의미한다.

연결해서 생각하면 베레쉬트는 '예수 그리스도로 말미암아, 예수 그리스도로 인하여, 예수 그리스도에 의하여, 예수 그리스도와 함께'라는 의미이다.

요한복음의 구조

한편 요한복음은 크게 네 부분으로 나누어 연구하면 일목요연(一目瞭然)

---

7 베들레헴은 떡집이라는 의미이고 베데스다는 사랑, 자비, 인애, 긍휼의 집이라는 의미이다. 첫머리 '베이트'는 명사로서 집으로 쓰인 예이다.

8 비분리 전치사에는 베이트, 카프, 라메드가 있다. 베이트는 ~안에(in), ~에 의하여, ~와 함께(with)라는 의미이다. 참고로 카프는 ~처럼(like, as), ~에 따르면(according to)이며 라메드는 ~에게(to), ~를 위하여(for), ~에게 속한(belong to)이라는 의미이다. cf.『핵심 성경히브리어』, 김진섭, 황선우 지음, 백석, 2012

하게 이해할 수 있는데 프롤로그와 두 부분의 본문, 그리고 에필로그이다.

먼저 1부인 프롤로그는 요한복음 1장 1-18절까지이다. 이는 책의 서문에 해당하며 요한복음에서 하고자 하는 말, 곧 예수(Ἰησοῦς, nm), 그리스도(Χριστός, nm), 생명(ζωή, nf)에 관해 잘 압축해 놓았다.

2부인 표적들의 책(The Book of signs)은 요한복음 1장 19절-12장 50절까지이다. 여기서는 7개의 표적들(signs)을 소개하고 있다. 모든 표적은 예수님의 '때' 즉 십자가 죽음에 맞추어져 있다. 첫째 표적은 예수님의 피로 인해 죄와 허물로 죽었던 죄인들의 살아남에서 시작하고 마지막 일곱째 표적은 예수님에 의해 나사로가 죽음에서 살아나는 것으로 결론짓고 있다. 이는 '예수 그리스도로 말미암아 구원(생명 혹은 영생)을 얻게 될 것'이라는 의미이다.

3부인 영광의 책(The Book of glory)은 요한복음 13장 1절-20장 31절까지로서 그리스도의 승귀(Ascension of Christ)를 보여주고 있다. 특히 요한복음 13-16장은 긴 강화설교로서 예수님의 자기 백성에 대한 안타까움과 사랑, 관심을 보여주고 있는 부분이다. 13장은 세족식(또는 최후의 만찬)을 통해 예수의 죽음과 부활을 알려준다. 14장은 예수님을 통해 미래형 하나님나라에서 영생을 누리게 될 것을 말씀하고 있다. 15장에서는 예수님은 포도나무요 우리는 가지인데 농부이신 성부하나님께서 가지를 들어올려 주실 뿐 아니라 가지치기를 통해 풍성한 열매를 맺게 해 주실 것을 약속하셨다. 16장에서는 성령님이 오셔서 죄와 의와 심판에 대하여 밝혀주시겠다라고 말씀하고 있다. 17장에서는 예수님의 대제사장적 기도가 기술되어 있고 18장에서는 예수님의 십자가 수난과 고난을, 19장에서는 십자가 죽음을, 20장에서는 죽음 이기시고 부활하신 예수님을 보여주고 있다.

4부인 에필로그는 요한복음의 결론이자 부록으로서 21장 1절-25절까지이다.

앞서 언급한 요한복음의 개요를 조금 더 보충하여 설명하면 다음과 같다.

먼저 프롤로그에는 태초부터 말씀으로 계셨던 예수님이 성부하나님과 함께 성령하나님과 더불어 공동으로 세상을 창조하셨고 지금까지 그리고 앞으로도 영원히 역사를 운행하신다고 말씀하고 있다. 말씀이 육신이 되신 분이 예수님이며 그 예수님은 하나님이시다. 이는 삼위하나님의 존재론적 동질성을 말한다. 생명이신 예수님은 이 땅에 빛으로 오셔서 어두움을 몰아내셨다.

그 일에 세례 요한을 사용하셨다. 세례 요한은 예수님의 성육신보다 6개월 먼저 태어났다. 오실 예수님인 참 빛에 대하여 증거한 예수의 사도(보내심을 받은 자; ἀπόστολος; 아포스톨로스; nm, a messenger, an apostle)였다. 그는 생명의 빛인 예수를 증거하며 예수를 영접하는 자 곧 그 이름을 믿는 자는 하나님의 자녀가 될 것을 증거하였다.

한편 말씀이 육신이 되신 예수님은 은혜와 진리가 충만한 하나님이셨다. 성부하나님은 당신의 크신 은혜로 중보자인 모세에게 율법[9]을 주셨

---

9   율법은 좁은 의미로는 토라 혹은 모세오경(תּוֹרָה, νόμος, nm, law. 3551 (nómos) is used of: a) the Law (Scripture), with emphasis on the first five books of Scripture; or b) any system of religious thinking (theology), especially when nomos occurs without the Greek definite article.)이라고 한다. 특히 모세오경(πεντάτευχος, pentáteuchos, 'five scrolls' Pentateuch means simply "five books or five books of Moses ". In Greek, the Pentateuch (which Jews call the Torah)은 창세기, 출애굽기, 레위기, 민수기, 신명기를 가리킨다.

다. 예수님은 그 율법을 통해 죄를 깨닫게 해주셨다(갈 3:19). 하나님은 구약 시대에도 짐승의 피로 죄를 해결(하나의 죄에 대해 짐승 한 마리를 희생)하도록 해주셨다. 그러므로 죄로 인해 영 죽을 수밖에 없는 인간에게 율법을 주신 것은 하나님의 은혜이다. 그러나 구약 시대 백성들은 희생제사를 드림에도 불구하고 늘 불안했다. 왜냐하면 율법은 죄를 깨달은 후 일시적으로 해결할 수 있는 제한적인 방법만을 제시할 뿐이지 완전하게 죄를 없애지는 못했기 때문이다.

그런데 예수님은 모세율법을 완전히 성취하셨다. 성부하나님의 은혜로 당신의 기름 부음 받은 자이신 구원자 예수가 그리스도 메시야로 이 땅에 오셔서 율법을 완성하신 것이다. 이는 말로 다할 수 없는 하나님의 은혜이다. 그러므로 요한복음 1장 16절은 "은혜 위에 은혜러라"고 말씀하셨던 것이다.

둘째 부분인 표적의 책(The Book of Signs, 요 1:19-12:50)에는 7개의 표적이 차례대로 등장한다.

표적은 사인 혹은 표지판(세메이온, σημεῖον, nn, a sign, indication, mark)으로서 예수님은 7가지 표적을 통해 당신이 누구신지, 이 땅에 오셔서 무엇을 행할 것인지를 보여주셨다. 주의할 것은 예수님의 행하신 그 기적(τέρας, nn, a wonder, portent, marvel)이 초현실적이라고 하여 그 자체에만 관심을 두는 것은 곤란하다는 점이다. 우리는 예수님이 행하셨던 그 기적을 통해 하나님의 말씀하고자 하시는 본래의 뜻에 집중해야 한다.

1) 가나 혼인잔치 (2:1-12)

첫 번째 표적은 예수님의 재림을 상징하는 천국잔치다. 즉 어린 양이신 신랑 되신 예수님과 신부인 우리들의 혼인잔치를 연상케 한다. 천국 혼인 잔치에서의 주체는 당연히 예수님이며 그 잔치에 있어서 가장 중요한 것 중의 하나인 '예수님의 보혈'을 예표하는 포도주는 동시에 '기쁨'을 상징 하기도 한다. 즉 초림의 예수님의 보혈로 인해 천국잔치에 참석케 된 우 리가 그 잔치에서 포도주로 인한 참 기쁨을 누리게 되며 종국적으로는 '동방의 에덴의 회복' 즉 '영원한 기쁨'을 회복하게 될 것을 보여주고 있다.

2) 왕의 신하의 아들을 고치신 예수님 (4:43-54)

두 번째 표적은 죄와 허물로 죽었던 우리가 예수 그리스도를 믿음으로 죄와 허물의 멍에와 굴레 곧 죄와 사망의 법으로부터 해방되어 생명의 성 령의 법 아래서 자유롭게 살게 될 것을 말씀하고 있다. 결국 왕의 신하의 아들이 온전히 치유되어 건강하게 살아가듯이 우리 또한 새로운 피조물 로 거듭나서 의롭다 칭함을 받은 자로서 지금 현재형 하나님나라를 누리 며 향후 미래형 하나님나라에서 영생하게 될 것을 보여주셨다.

3) 38년 된 병자를 고치신 예수님 (5:1-15)

세 번째 표적을 통하여는 율법적 행위가 아닌 믿음으로, 예수 그리스도 의 말씀의 능력으로만 치유 가능함을 드러내고 있다. 38년 된 그 병자는 자신의 죄로 인해 질병을 얻게 되었다고 생각하고 있었다. 그렇기에 율법 에 의거한 질병 치유라는 죄 사함을 얻으려면 희생 동물의 피 제사가 있어야 하듯 무엇인가를(행위를) 해야만 한다고 생각했다. 그런 그는 자신의 병을 고치기 위해 물(간헐천)이 동하면(솟구쳐오를 때) 율법적 행위로서 가장 먼저 들어가는 '그 행위'를 통해 병이 낫기만을 고대했다. 38년 동안이나 마음 속으로 단단히 준비를 하며 기회를 엿보고 있었던 것이다.

문제는 그 주변에 있었던 수많은 병자들 또한 동일한 마음이었다라는 것이다. 자신들이 먼저 들어가고 싶어도 다른 이들이 먼저 들어가 버리면 그 다음 다시 물이 동할 때까지 무작정 기다려야만 했다. 그러다 보니 38년 된 그의 마음에는 세월의 흐름과 더불어 원망과 불평이 가득했을 것이다.

그러던 어느 날 예수님이 찾아오셨다. "낫고자 하느냐"라는 이상한 질문에 어이없다는 듯 혹은 귀찮은 듯 "물이 동할 때에 나를 넣어줄 사람이 없고 내가 들어가려 하면 다른 사람이 먼저 들어가 버린다"라며 원망과 불평으로 가득 차서 퉁명스럽게 대답했다. 간단하게 "네"하면 될 것을……

예수님은 38년 된 그 병자를 보시고 긍휼히 여기셔서 먼저 다가오신 후 "일어나 네 자리를 들고 걸어가라"고 하셨다. 질병의 치유와 더불어 구원의 은혜까지 누리게 된 것이다. 그 예수님은 유월절 어린 양으로서 진정한 참 구원자이셨다.

4) 오병이어(五餠二魚) 기적 (6:1-15)

네 번째 표적을 통하여는 출애굽 후 광야에서 장정 60여만 명의 양식을 매일같이 허락하셨던, 만나의 기적을 연상시키는 오병이어의 기적 즉 5,000명을 먹이시는 기적을 보여주셨다. 그뿐 아니라 그 기적의 참된 의미인 예수님은 하나님의 떡(요 6:33)이요 하늘로서 내려온 산 떡(요 6:32, 41, 50, 51, 58)이시며 생명의 떡(요 6:35, 48)이심을 말씀하고 있다.

5) 물 위를 걸으신 예수님 (5:16-24)

다섯 번째 표적을 통하여는 예수님은 자연계를 운행하시고 천지의 창조 질서를 통치하시는 역사의 주관자, 만유의 주, 만물의 왕이심을 보여주고 있다. 특히 21절을 가만히 묵상하면 놀라운 진리를 발견할 수 있다. 그것은 바다 위로 걸어오신 예수를 기뻐하며 배로 '영접'하였더니 그 배는 가려던 땅에 '도달'하게 되었다라고 한 것이다. 이는 예수 그리스도를 통하여야만(영접) 미래형 하나님나라(땅)에 들어갈 수 있음을 상징하고 있는 내용이다.

6) 날 때부터 맹인인 병자를 고치신 예수님 (9:1-41)

여섯 번째 표적을 통하여는 빛으로 오신, 빛 그 자체이신 예수를 보여주고 있다. 요한복음 8장 12절에서 예수님은 "나는 세상의 빛, 생명의 빛이다"라고 말씀하셨다. 빛 되신 예수님은 어둠에 사로잡혀 있던 소경의 눈을 뜨게 하셔서 빛을 보게 하셨다. 이는 질병으로서의 육적인 어둠에서 해방된 것을 의미하기도 하나 실상은 영적인 어둠에서 빛으로 옮겨진 것을 의미하기도 한다. 다시 말하면 영적 죽음에서 영적 부활에로의 '옮김(이동)'을 나타내는 것이다.

7) 죽은 나사로를 살리신 예수님 (11:1-57)

일곱 번째 표적을 통하여는 사망을 이기시고 부활하신, 생명의 원천이신, 부활이요 생명이신 예수를 믿는 자는 "죽어도 살겠고 살아서 믿는 자는 영원히 죽지 않을 것(요 11:25-26)"을 말씀하고 있다. 이 사건에 동원된 나사로는 죽은 지 4일이 지났다. 죽은 지 나흘이나 되어 아예 가망이 없던 나사로를 살리심으로 그 예수님만이 그리스도 메시야이시요 세상에 오시는 하나님의 아들이심(요 11:27)을 드러내신 것이다.

요약하면 7개의 표적들은 모두 다 예수님의 하나님 되심을 계시한 것이다.

우리는 종말(교회) 시대를 살아가는 동안 예수 그리스도로 말미암아 하나님의 은혜로 구원을 받았다. 장차 종말의 끝날에는 "거룩한 성 새 예루살렘"인 미래형 하나님나라에 들어가 거룩한 성 예루살렘인 우리 모두는 '어린 양의 혼인잔치'에 참예하게 된다. 이때 천국 잔치의 주체는 예수님이시다. 우리는 표적들의 책(Book of Signs)을 통해 생명의 떡이신 예수, 역사의 주관자이신 예수, 빛이신 예수, 생명의 근원이신 예수를 바라볼 수 있어야 한다.

셋째, 영광의 책(The Book of glory, 요 13:1-20:31)은 다시 네 부분으로 구분하면 이해가 쉽다.

1) 첫째는 13-16장으로, 긴 강화설교이다.

2) 둘째는 17장인데 이는 예수님의 대제사장적 중보기도(intercessional prayer)이다. 특히 17장은 예수님 당신을 위한 기도(1-8절), 제자들을 위한 기도(9-19절), 교회를 위한 기도(20-26절)로 세분할 수 있다.

3) 셋째는 18-19장으로, 예수님의 수난과 십자가 죽음에 대해 기록하

고 있다.

4) 넷째는 20장인데 이는 예수님의 부활에 대해 기록하고 있다.

특히 20장 31절은 요한복음의 기록 목적으로서 "예수, 그리스도, 생명"을 선명하게 드러내고 있다. 사도 요한은 요한복음의 주제를 강조하기 위해서 영광의 책에서 '그리스도의 승귀(Ascension of Christ)'를 근저에 깔고 있다. 예수님의 탄생(성육신, Incarnation), 예수님의 십자가 죽음과 부활, 예수님의 승천, 예수님의 재림은 기독교의 골간(骨幹)이다. 그리스도의 승귀 중 첫 세 부분이 예수 그리스도 새 언약의 성취라면 네 번째는 새 언약의 완성이다.

그리스도요 메시야이신 초림의 예수님 탄생은 예수님 오시기 수백 년 전부터 구약의 네비임(Nebiim)을 통해 메시야닉 사인(Messianic sign)으로 예고하셨다(이사야 7장 14절, 750여 년 전; 미가 5장 2-4절, 650여 년 전; 스가랴 9장 9절, 520여 년 전 등).

사복음서에서 예수님은 공생애 동안, 특히 치유사역(Healing ministry)을 통해 당신께서 스스로 메시야이심을 드러내셨다. 즉 예수님의 치유사역은 메시야닉 사인(Messianic sign) 그 자체였던 것이다. 더 나아가 예수님은 십자가 죽음과 부활, 승천을 통해 역사 속에서 영원한 구세주요 메시야로 오셨음을 보여주셨다. 그런 예수님은 승천하시면서 반드시 재림하실 것을 말씀하셨다. 약속하신 말씀 그대로 하나님께서 정한 때와 시기에 예수님은 반드시 오실 것이다. 아멘.

마지막으로 에필로그에서는 예수님께서 승천하시기 전 제자들에게 세 번(요 20:19; 20:26; 21:14) 나타나셨음을 보여주고 있다. 예수님은 제자들에게 '너희들은 고기 잡는 어부가 아니라 사람 낚는 어부'라고 하시며 그들의 정체성을 다시 일깨우셨다. 그리고는 당신의 뜻인 지상명령을 전하셨다.

예수님은 특별히 시몬 베드를 콕 찍어 그에게 똑같은 질문을 세 번이나(요 21:15-17) 연거푸 하셨다.

"나를 더 사랑하느냐."

이는 '너희들은 세상보다 내게 훨씬 더 높은 가치(more higher value)를 둘 수 있느냐?'라는 뜻이다. 결국 예수님은 사도들에게 부여된 사역도 중요하지만 그보다는 '예수님 사랑'이 훨씬 더 높은 가치이며 우선순위임을 가르치신 것이다.

한편 '예수를 사랑한다'라는 것은 예수를 굳게 믿는 것(6:29)은 물론이요 동시에 예수를 바르게 아는 것(엡 4:13)을 가리킨다. 그렇기에 예수를 사랑한다면 그분의 정확한 뜻(살전 4:3; 요 5:16-18)을 분별한 후 그분 만을 믿고 행동할 수 있어야 한다.

결국 "나를 더 사랑하느냐"라는 물음은 내가 다시 올 때까지 현재형 하나님나라된 양들을 먹이며 그 영역을 확장해나가라는 것이다. 그렇기에 예수님은 베드로뿐만 아니라 모든 제자들에게도 동일하게 "내 양을 먹이라, 내 양을 치라, 내 양을 먹이라"고 말씀하셨던 것이다(요 21:15-17). 이 명령은 오늘을 살아가는 우리 모두에게도 주신 동일한 지상명령이기도 하다.

2021, 1월 정

은혜 위에 은혜러라
*

Grace for Grace
Χάριν ἀντὶ χάριτος

예수(Ἰησοῦς), 그리스도(Χριστὸς), 생명(ζωή)

말씀이 육신이 되어

1장은 프롤로그(1:1-18)로서 요한복음 전체를 요약하는 핵심 메시지로 시작하여 예수님이 나다나엘(바돌로매)에게 말씀하시는 이야기(1:50-51)로 매듭짓는다. 예수님은 요한복음의 두 기둥(The Book of signs & The Book of Glory)중 하나인 7가지 표적들(요 2:1-12:50, The Book of signs)을 통해 "예수, 그리스도, 생명"임을 보여주고 있다. 이는 하나님이 그 옛날 벧엘에서 야곱에게 꿈에 보여주셨던 사닥다리(창 28:12) 즉 하늘과 땅의 영적 가교가 바로 예수님이라는 것을 알려주신 것이다.

프롤로그에서는 예수님이 누구시며(요 1:1-5, 9-11, 14, 18) 예수님을 영접하는 자만이 하나님의 자녀가 되고(요1:12-13) 예수님은 은혜 위에 은혜로(요 1:16) 오신 하나님이심을 말씀하고 있다. 더 나아가 29절의 "세상 죄를 지고 가는 하나님의 어린 양"이 바로 구속주 하나님이신 예수님이시며 36절의 "하나님의 어린 양"이 바로 창조주 하나님이요 역사의 주관자 하나님이신 예수님이라며 존재론적 동질성을 보여주고 있다.

35-49절에서는 예수님께서 공생애사역을 시작하시면서 함께 할 제자들을 부르시는 장면들을 보여주고 있다.

1-1 태초에 말씀이 계시니라 이 말씀이 하나님과 함께 계셨으니 이 말씀은 곧 하나님이시니라

독수리복음인 요한복음은 예수님의 하나님 되심을 강조함으로 예수의 탄생 사건이나 예수님의 어린 시절에 대한 언급이 없다. 그 대신 곧장 "태초에 말씀이 계시니라"고 시작하고 있다.

삼위하나님은 영원 전부터 계셨다. 영원 전이란 '태초'를 말하며 '태초'에는 두 가지 의미가 있다. 첫째는 역사의 시작을, 둘째는 인간의 논리로 이해할 수 없는, 아예 상상할 수도 없는 영원을 의미한다.

'시작'을 뜻하는 태초는 창세기 1장의 히브리어 레쉬트(רֵאשִׁית; nf, beginning, chief)인데 반하여 '영원'을 뜻하는 태초는 히브리어 올람(עוֹלָם; nm, long duration, antiquity, futurity)이다. 요한복음 1장 1절의 헬라어 태초(ἀρχή, עוֹלָם)는 우리가 알 수 없는 '영원한, 근원이 되는 태초'를 가리킨다. 그렇기에 요한복음이 영원을 뜻하는 후자의 태초에 강조점을 두고 있다면 창세기 1장 1절의 태초(πρῶτος, רֵאשִׁית)는 '역사의 시작점'을 말한다.

한편 '말씀'은 헬라어로 로고스(λόγος; nm, a word, speech, divine utterance, analogy)이다. 그런데 로고스는 한마디로 표현하기가 어렵다. 그럼에도 불구하고 나는 로고스를 구약 전체를 관통하는 '언약(Berith, Covenant)'으로 해석한다. 즉 예수님은 아담언약, 노아언약, 아브라함언약, 모세언약, 다윗언약을 성취하신 예수 그리스도 새 언약인 초림과 재림의 당사자이신 로고스라는 것이다.

말씀이신 예수님은 초림이라는 성육신을 통해 완전한 인간으로 새 언약의 성취자, 곧 그리스도 메시야로 성부하나님의 뜻을 이루기 위해 이 땅에 오셨다(요 1:14). 그 예수를 믿음으로 구원을 받아 하나님의 자녀 된 우리 안에 주인으로 내주하시는 분이 바로 성령님이시다(고전 3:16-17). 우리는 삼위하나님의 구속 사역을 통해 삼위일체론을 강력하게 지지해주는 기능론적 종속성(Functional subordination)과 존재론적 동질성(Essential equality)의 개념을 잘 정립(Conceptualization)해야 한다. 동시에 "로고스=말씀=하나님=예수님"이라는 상관관계를 바르게 이해해야 한다.

2 그가 태초에 하나님과 함께 계셨고 3 만물이 그로 말미암아 지은 바 되었으니 지은 것이 하나도 그가 없이는 된 것이 없느니라

삼위일체 하나님은 위격으로는 다른(그러나 구분되거나 분할되지는 않는) 하나님 이시나 본질 또는 본체로는 영원하신 한 분 하나님(롬 3:30)이시다. 삼위일체를 이해하기 위해 신학자들은 구속 사역을 강조할 때는 기능론적 종속성으로 설명하였고 하나님의 존재와 본질을 강조할 때는 존재론적 동질성으로 설명했다. 그러나 분명한 것은 삼위일체 하나님은 이해의 대상이 아니라 믿음의 대상이라는 것이다. 그래서 사도 요한은 하나님이신 예수님이 태초부터 계셨고 그 예수님으로 말미암아(베이트, בּ) 천지는 창조되었다라고 선언했던 것이다.

히브리어 '베이트'는 접두어로서 비분리 전치사로 쓰일 경우 '~로 말미암아, ~로 인하여, ~에 의하여'라는 의미를 가진다.

창세기 1장 1절의 "태초에 하나님이 천지를 창조하시니라"는 말씀은 한글 번역으로는 다섯 단어로 된 문장이나 히브리어로는 7단어로 되어 있다. 그중 첫 히브리어 단어인 베레시트(בְּרֵאשִׁית)는 '태초에'라는 의미로서 베이트(בּ)와 레쉬트(רֵאשִׁית; nf, beginning, chief)의 합성어이다. 베이트(בּ)는 '~로 말미암아, ~로 인하여, ~에 의하여'라는 의미이다. 이 '베이트'는 명사와 전치사로 쓰이는데 명사로는 '집[10]'이라는 의미이다. 접두어로서 전치사[11]로 쓰일 때는 '~에 의하여, ~로 말미암아, ~로 인하여, ~와 함께'라는 의미라는 것이다.

한편 레쉬트(רֵאשִׁית; nf, beginning, chief)는 '첫 것, 첫 열매'라는 의미로 고린도전서 15장 20절에는 잠자는 자들의 첫 열매이신 예수님을 가리키고

---

10 베들레헴은 떡집이라는 의미이고 베데스다는 사랑, 자비, 인애, 긍휼의 집이라는 의미이다. 첫머리 '베이트'는 명사로서 집으로 쓰인 예이다.

11 비분리 전치사에는 베이트, 카프, 라메드가 있다. 베이트는 ~안에(in), ~에 의하여(by), ~와 함께(with)라는 의미이다. 참고로 카프는 ~처럼(like, as), ~에 따르면(according to)이며 라메드는 ~에게(to), ~를 위하여(for), ~에게 속한(belong to)이라는 의미이다. 〈핵심 성경히브리어〉, 김진섭, 황선우 지음, 백석, 2012.

있다. 골로새서 1장 18절에도 죽은 자들 가운데서 먼저 나신 자로서 교회의 머리요 근본이요 만물의 으뜸이신 예수님을 가리키고 있다. 그러므로 베레시트란 '예수로 말미암아'라는 뜻이 된다. 결국 '태초에'라는 단어 안에는 '예수로 말미암아'라는 의미가 담겨있다.

'하나님'에 해당하는 히브리어는 엘로힘(אֱלֹהִים, nm)이다. 에트(אֵת)라는 히브리어는 '함께'라는 뜻을 내포하고 있으며 '창조'는 히브리어로 바라(בָּרָא, בָּרָא, v, to shape, create, choose)이다. '천지'에서 하늘은 하쇼마임(,הַשָּׁמַיִם שָׁמַיִם; m, heaven, sky)이며, 땅은 하아레츠(הָאָרֶץ:אֶרֶץ, nf, earth, land)이다. 베트(אֵת)는 and라는 의미이다. 결국 예수님은 성부하나님과 함께 천(天, 쇼마임)과 지(地, 아레츠)를 창조하셨고 성령님께서 운행하셨다라는 의미가 창세기 1장 1-2절의 말씀인 것이다.

4 그 안에 생명이 있었으니 이 생명은 사람들의 빛이라 5 빛이 어두움에 비취되 어두움이 깨닫지 못하더라

예수님 안에 생명(ζωή; 에, nf, life, both of physical (present) and of spiritual (particularly future) existence)이 있었다. 왜냐하면 예수님만이 길이요 진리요 생명이기 때문이다. 생명이신 예수님은 어두움을 몰아내신 생명의 빛이요 세상의 빛이며 동시에 사람들의 빛이시다. 그 빛에는 참 지식, 참 거룩, 참 행복이 내재되어 있다.

빛과 대조되는 어두움은 '죄와 불신앙으로 어두워져 영적인 죽음의 상태에 있는 세상'을 뜻한다. 즉 무지와 잘못, 죄, 부패, 고난과 불행을 상징한다.

'깨닫지 못하더라'의 헬라어는 카타람바노[12](καταλαμβάνω, v) 인데 이는 '이기지 못하더라'는 말로서 이중적인 의미를 갖고 있다. 곧 '그리스도의 본질을 깨닫지 못했다'라는 뜻과 '어둠의 세력인 사탄이 그리스도를 이기지 못했다'는 의미가 있는데 나는 두 가지 해석이 모두 타당하다라고 생각한다.

6 하나님께로서 보내심을 받은 사람이 났으니 이름은 요한이라 7 저가 증거하러 왔으니 곧 빛에 대하여 증거하고 모든 사람으로 자기를 인하여 믿게하려 함이라 8 그는 이 빛이 아니요 이 빛에 대하여 증거하러 온 자라

'보내심을 받은 사람'이란 헬라어는 아포스톨로스(ἀπόστολος; nm, a messenger, one sent on a mission, an apostle)인데 이는 '사도'라는 의미이다. 그러므로 말씀을 가르치고 예수님의 뜻을 전하는 사도는 그리스도의 사신 혹은 대사(πρεσβεύω; 프레스뷰오; v, to be the elder, to take precedence, act as an ambassador, 고후 5:20)임을 잊지 말아야 한다.

한편 "증거"의 헬라어 마르튀리아(μαρτυρία; nf, witness, evidence, testimony, reputation)는 동사 마르튀레오(μαρτυρέω, v, to bear witness, testify)에서 파생되었다. 그 남성명사가 마르튀스(μάρτυς, a witness)인데 여기에서 영단어 순교자(martyr)가 나왔다. 결국 순교자란 복음과 십자가를 증거

---

12 카타람바노는 (a) I seize tight hold of, arrest, catch, capture, appropriate, (b) I overtake, (c) mid. aor: I perceived, comprehended)이다.

하기 위해 목숨을 거는 사람을 말한다. 참고로 세례 요한은 예수를 그리스도 메시야로 증거하다(μαρτυρέω, v, to bear witness, testify)가 죽은 순교자(martyr)이다.

9 참 빛 곧 세상에 와서 각 사람에게 비취는 빛이 있었나니 10 그가 세상에 계셨으며 세상은 그로 말미암아 지은 바 되었으되 세상이 그를 알지 못하였고 11 자기 땅에 오매 자기 백성이 영접지 아니하였으나

세상의 빛, 생명의 빛이신 예수님만이 참 빛이시다. 그 분은 이 땅에 오신 참 하나님으로 창조주이시요 역사의 주관자이시요 심판주이시다. 초림의 예수님은 구속주로 오셔서 언약의 성취를 이루신, 말씀이 육신이 되신 하나님이다. 장차 재림의 예수님은 승리주, 심판주로 오실 것이다.

로고스이신 예수님은 공생애 동안 메시야닉 사인(Messianic sign)을 통해 당신께서 그리스도 메시야임을 스스로 드러내셨다. 그러나 영적 무지와 어둠 가운데 죄와 허물로 얼룩져있던 죄인들은 그 예수를 알지 못했고 그 예수를 영접지도 않았다.

12 영접하는 자 곧 그 이름을 믿는 자들에게는 하나님의 자녀가 되는 권세를 주셨으니 13 이는 혈통으로나 육정으로나 사람의 뜻으로 나지 아니하고 오직 하나님께로서 난 자들이니라

1장 12절에는 예수님을 입으로 시인하고 마음으로 믿으면(롬 10:10) 하나님의 자녀가 되는 권세(특권, the Right)을 주시겠다라고 약속하셨다. 그렇기에 하나님의 자녀가 되는 특권은 육적인 선민, 즉 육적 이스라엘인 혈통적 유대인에게만 주어지는 것이 아니다. 하나님의 자녀가 되는 놀라운 은혜는 유대인이든 헬라인이든, 여자든 남자든, 자유인이든 종이든 그 어떤 것에도 영향을 받지 않는다(갈 3:29). 성부하나님의 은혜로 만세 전에 택정하심을 입은 자들은 때가 되면 복음이 들려져서 반드시 구원을 받게 된다.

즉 사람의 구원은 혈통으로나 육정으로나 사람의 뜻이 아니라 오직 하나님의 섭리와 경륜에 따른 작정과 예정에 근거함을 잊지 말아야 한다.

14 말씀이 육신이 되어 우리 가운데 거하시매 우리가 그 영광을 보니 아버지의 독생자의 영광이요 은혜와 진리가 충만하더라

말씀(로고스)이 육신이 되신 하나님이 바로 초림하신 예수님이다. 신인양성을 지닌 예수님은 성부하나님의 유일한 기름 부음 받은 자로서 진정한 그리스도요 메시야이시다. 그러므로 성부하나님의 영광은 예수님의 성육신과 십자가 죽음, 그리고 부활로 나타났다. 히브리서 1장 3절은 "예수는 하나님의 영광의 광채시요 그 본체의 형상"이라고 선언한다. 즉 예수님은 하나님의 능력, 성품, 속성을 이 땅에 드러내신 분으로 그 예수님이 바로 하나님이라는 말이다.

'되다'라는 것은 헬라어로 기노마이(γίνομαι; v, to come into being, to happen, to become)인데 이는 '하나님이신 초림의 예수님이 이 땅에 오셨다'

라는 의미이다. 우리는 이것을 하나님이 인간으로 전환한 것으로 오해해
서는 안 된다. 왜냐하면 성부하나님은 예수님과는 다른 하나님이시기 때
문이다. 물론 기능론적 종속성으로 이해할 때 그렇다는 것이다. 예수는
출생 면에서, 그리고 생애 면에서 보통의 여느 인간과는 다른 완전한 인
간이시자 유일한 의인이시며 동시에 완전한 신이신 신인양성의 하나님이
셨다.

'거하다'의 헬라어는 스케노(σκηνόω; v, to have one's tent, dwell, have my
tabernacle)인데 이는 '텐트를 치다'라는 뜻이다. 마치 하나님이 이스라엘의
성막에 거하는 것을 연상시킨다(출 25:8; 29:46; 40:34-38; 계 15:5; 삼하 7:6).[13] 즉
하나님의 임재요 현현이라는 의미이다. 이는 빌립보서 2장 6-8절의 "성육
신하신 예수 그리스도가 우리 안에 주인으로 거하신다"라는 의미와 동일
하다.

"우리"라는 것은 '성도, 교회'를 의미한다. 신인양성의 예수님은 아버지
하나님과 동일한 영광을 가지신 분이며 우리 안에 주인으로 거하시는 성
령님으로서 예수님에게서 하나님의 영광을 본다라는 의미이다.

구약에서 '영광'은 하나님께만 사용되었다. 그러므로 "아버지의 독생자
의 영광"이란 '독생자의 영광 즉 아버지의 영광'이라는 의미이다. 결국 성
부하나님과 예수님은 동등(존재론적 동질성)하심을 말씀하고 있다. 요한복음
에서는 예수의 영광이 일곱 표적을 통해서(표적의 책, The Book of Signs), 십자
가 죽음과 부활을 통해서(영광의 책, Book of Glory) 나타났다고 말씀하고 있다.

---

13 How주석 37, 『요한복음, 어떻게 설교할 것인가』, 두란노아카데미, 2012, pp.78-79

한편 출애굽기 1-18장은 "~로부터의 자유(free from)"를 말씀하고 있다. 즉 이스라엘이 애굽, 옛 삶, 고된 노동, 죽음과 사망으로부터의 자유를 얻었다라는 의미이다. 그리고 19-40장은 "~을 향하는 자유(free to)"를 말씀하고 있다. 이를 위해서 하나님은 이스라엘과 시내산 언약을 맺으시고 성막(또는 증거막)을 짓게 하시고 바로 그곳에서 이스라엘 백성과 만나겠다고 말씀하셨다. 성막은 하나님과 하나님의 백성들이 만나는 장소이다. 이는 그리스도와 우리들의 만남 장소를 모형한(typology) 것이기도 하다. 즉 우리가 예수님을 주인으로 모심으로 우리는 성막(성전)이 되고 우리는 그 성막에 은혜로 들어가 하나님과 더불어 교제하게 되었다. 그러므로 '거한다'라는 것은 '하나님과 함께 더불어 살아간다'라는 뜻이다. 요한계시록 3장 20절의 "그로 더불어 먹고 그는 나로 더불어 먹는다"라는 의미이다.

독생자란 '하나 밖에 없다'라는 외아들이라는 의미가 아니라 '독특한(unique) 아들'이라는 뜻이다.

15 요한이 그에 대하여 증거하여 외쳐 가로되 내가 전에 말하기를 내 뒤에 오시는 이가 나보다 앞선 것은 나보다 먼저 계심이라 한 것이 이 사람을 가리킴이라 하니라

세례 요한의 부친은 아비야 반열의 제사장인 사가랴였고 모친은 아론의 자손 엘리사벳이었다(눅 1:5).

예수의 모친인 마리아는 친족(눅 1:36)이었던 엘리사벳보다 6개월 후(눅 1:26)에 동정녀인 자신의 몸에 성령의 충만함으로 예수를 잉태하게 된다.

즉 세례 요한은 예수님보다 6개월 앞서 이 땅에 태어났다.

16 우리가 다 그의 충만한 데서 받으니 은혜 위에 은혜러라 17 율법은 모세로 말미암아 주신 것이요 은혜와 진리는 예수 그리스도로 말미암아 온 것이라

"은혜 위에 은혜"를 뜻하는 헬라어는 카린 안티 카리토스(χάριν ἀντὶ χάριτος; grace for grace)인데 이는 '계속적으로 베풀어지는 더 큰 은혜'를 말한다. 이는 은혜의 역동성과 지속성을 가리키는 말이다.

즉 하나님께서 모세에게 신탁하신 율법도 은혜이나 율법을 완성한 예수 그리스도의 복음이야말로 '은혜 중 최고의 은혜'라는 의미이다. 그렇기에 앞의 은혜가 율법을 가리킨다면 뒤의 은혜는 진정한 은혜와 진리되신 예수 그리스도를 가리킨다.

18 본래 하나님을 본 사람이 없으되 아버지 품 속에 있는 독생하신 하나님이 나타내셨느니라

아버지 품 속에 있는 '독생하신 하나님'은 말씀이 육신이 되어 이 땅에 오신 예수님을 뜻한다. 우리는 예수님을 통해 성부하나님을 알 수 있고 볼 수도 있다. 보혜사이신 예수님은 예수의 영, 진리의 영이신 또 다른 보혜사 성령님이 풀어주시는 말씀(성경)을 통해 알게 된다. 즉 신자는 성령님을 통해 예수님을 알게 되며 예수님을 통해 성부하나님을 알 수 있다.

한편 "품 속"이란 친밀함, 동등함을 의미하는 동시에 예수를 통해 아버지 하나님께로 나아간다라는 뜻이다. 곧 예수님은 성부하나님과 우리 사이의 중보자(Moderator), 화해자(Peacemaker)가 되신다라는 말이다. 그런 중보자 되신 예수님은 그리스도 메시야로서 하나님과 우리 사이의 화해를 이루셨고 바른 관계를 통해 친밀한 교제로 인도하여 가신다. 그 예수님은 화해자이시며 하나님과 우리 사이에 죄로 인해 막힌 담을 허물어 주심으로 우리를 하나님과 화목시키셨다.

"나타내시다"라는 헬라어는 에크세게오마이(ἐξηγέομαι; v, I lead, show the way; met: I unfold, narrate, declare)인데 이는 '예수님을 통해서만 하나님을 볼 수 있다'라는 의미이다.

요약하면 1장 1절-18절은 말씀이 육신이 되신 예수님은 참 빛이시요 생명이신 하나님이시다(존재론적 동질성)라는 것이다. 그 예수님은 은혜와 진리로 우리를 구원하셨음을 말씀하고 있다.

이어 1장 19절-2장 11절은 천지창조의 첫째 날인 빛으로 시작하여 일곱째 날의 안식일을 예표하는 가나의 혼인잔치로 마무리되고 있다.

19 유대인들이 예루살렘에서 제사장들과 레위인들을 요한에게 보내어 네가 누구냐 물을 때에 요한의 증거가 이러하니라 **20** 요한이 드러내어 말하고 숨기지 아니하니 드러내어 하는 말이 나는 그리스도가 아니라 한대 **21** 또 묻되 그러면 누구냐 네가 엘리야냐 가로되 나는 아니라 또 묻되 네가 그 선지자냐 대답하되 아니라

"그 선지자"라는 말은 요한복음 6장 14절, 7장 40절에도 동일하게 나

온다. 이는 신명기 18장 15-22절에서 하나님께서 종말 시대에 일으키기로 약속한 '모세와 같은' 선지자를 말한다. 말라기 4장 5-6절에서 엘리야(와 같은 선지자)는 메시야가 도래하기 전 예수님의 초림을 '준비한' 선지자로 표현되고 있다. 그렇기에 마태복음 11장 14절에서 예수님은 세례 요한을 가리켜 '그 엘리야', '모세와 같은 선지자, 예수님의 초림을 준비한 선지자'라고 말씀하셨던 것이다.

즉 모세, 엘리야, 세례 요한은 모두 다 예수의 사역을 예표한 선지자들이기는 하나 그들은 그리스도 메시야가 아니었다. 그렇기에 세례 요한은 자신과 예수의 구별을 위해 "나는 그리스도가 아니라"고 분명하게 말한 것이다. 세례 요한이 "바로 그 선지자"라고 해석한다든지 세례 요한과 엘리야가 동일한 인물이냐라는 것에 초점을 두어 해석하려는 시도는 본문이 말하고자 하는 중심이 아님을 알아야 한다.

이 모든 사실, 곧 구약의 계시를 잘 알고 있던 세례 요한의 대답은 단호했다. "난 엘리야도 그 선지자도 그리스도도 아니다."

세례 요한은 자신의 소명과 사명에 대해 명확히 인식하고 있었다. 그는 "나는 하나님이 예수님보다 6개월 전에 이 땅에 보내셔서(요 1:6) 그리스도 예수 앞에서 주(예수님)의 길을 곧게 하라고 광야에서 외치는 자의 소리(요 1:23)로 보냄을 받았으며 구원자이신 예수의 사역을 예표(모형)하는 사람"일 뿐이라고 선명하게 말했다. 그런 그는 "나는 예수님의 신들메(샌들의 끈) 풀기도 감당치 못한다"라고 했다. 즉 세례 요한의 역할은 예수님만이 그리스도 메시야이심을 드러내는 것이었다. 본문은 증언자(messenger, 1:21) 세례 요한이 누구냐에 초점이 맞추어져 있지 않고 예수님만이 그리스도 메시야라는 세례 요한의 증언(message, 1:19)이 중요함을 강조하고 있는 것이다.

22 또 말하되 누구냐 우리를 보낸 이들에게 대답하게 하라 너는 네게 대하여 무엇이라 하느냐 23 가로되 나는 선지자 이사야의 말과 같이 주의 길을 곧게 하라고 광야에서 외치는 자의 소리로라 하니라

"네가 누구냐"라는 질문은 정체성에 관한 것이기도 하나 실상은 "너의 배후는 누구냐", "시끄럽게 떠들지 말고 조용히 하라"는 제사장들과 레위인의 은근한 협박과 강압이 들어 있는 말이다.

오늘날에도 마찬가지로 세상은 복음을 전하기 위해 '보내심을 받은 자(아포스톨로스, ἀπόστολος)' 된 우리에게 강압적으로 선교 및 전도 사역을 방해하며 위협하고 있다. 앞으로 악한 세력들은 정치, 경제, 문화, 사회를 통해 점점 더 우리를 압박하고 위협을 가할 것이다. 그렇더라도 교회는 요한복음 1장 20절의 말씀처럼 더욱 적극적으로 '드러내어 말하고 숨기지 말고 당당하게 담대하게' 복음과 십자가를 자랑해야 할 것이다.

24 저희는 바리새인들에게서 보낸 자라 25 또 물어 가로되 네가 만일 그리스도도 아니요 엘리야도 아니요 그 선지자도 아닐진대 어찌하여 세례(침례)를 주느냐

유대인들은 세례 요한에게 '어찌하여 세례를 주느냐'라고 따지고 있다.

왜냐하면 당시 유대인들은 죄를 깨끗케 하는 세례(겔 36:25, 37:23, 슥13:1)는 오직 메시야만의 사역이라고 여겼기 때문이다.

사족을 달자면 '세례가 맞냐, 침례가 맞냐'라는 해묵은 논쟁에는 아예 관심조차 두지 말았으면 한다. 나는 개인적으로 교단 간에 세례냐 침례냐의 문자적인 표기를 가지고 소모전을 벌이는 것이 한심하다고 생각한다. 문자 그대로의 단어에 집중하기보다는 의미에 집중했으면 한다. 결국 세례 혹은 침례라는 문자적인 의식행위보다는 그 안에 들어있는 의미를 되새기고 그렇게 살아가는 것이 중요한 것이다. 또한 세례 혹은 침례는 예수쟁이라면 반드시 통과해야 할 예식이요 고백임을 잊지 말아야 할 것이다. 당연히 세례는 구원의 조건은 아니지만…….

"세례 혹은 침례"의 헬라어 밥티스마[14](βάπτισμα, nn)는 명사이며, 동사는 두 가지인데 밥티조(βαπτίζω, v, 식초에 담그다)와 밥토(βάπτω, v, 뜨거운 물에 담그다)이다. 밥티조는 밥토에서 파생되었으며 이 둘의 미묘한 차이가 흥미롭다.

세례는 구약의 할례(מול, 물, to circumcise)와 동일한 의미로서 '나는 죽고 예수로 살겠다, 하나님의 백성으로 주의 법을 따라 거룩하게 살겠다'라는 진솔한 결단이자 신앙고백이다. 그렇기에 문자 자체보다는 '세례 혹은 할례'에 함의되어 있는 네 가지 콘텐츠를 기억해야 한다. 즉 세례란, 예수 그

---

14 밥티스마(βάπτισμα, nn)는 (the result of) a dipping or sinking, the rite or ceremony of baptism/baptism (note the -ma suffix, emphasizing it is a result, i.e. of sincere repentance.) 908 (báptisma) indicates submerging (dipping, immersion))이며 동사는 두 가지인데 밥티조(βαπτίζω, v, properly, "submerge" (Souter); hence, baptize, to immerse (literally, "dip under"). 907 (baptízō) implies submersion ("immersion"), 식초에 담그다)와 밥토(βάπτω, v, (a) I dip, (b) I dye, 뜨거운 물에 담그다)가 있다.

리스도의 십자가 보혈로 온전히 죄씻음을 받았다라는 고백과 함께 그 예수를 나의 구주 나의 하나님으로 영접하는 고백, 그리스도와의 연합(Union with Christ)으로 인한 하나 됨에의 감사, 그 예수를 나의 진정한 주인(Lord, Master, Headship)으로 모시고 그분께만 주권을 드리고 그분의 통치, 질서, 지배 하에서만 살겠다는 신앙고백이 중요한 것이다.

26 요한이 대답하되 나는 물로 침례를 주거니와 너희 가운데 너희가 알지 못하는 한 사람이 섰으니 27 곧 내 뒤에 오시는 그이라 나는 그의 신들메 풀기도 감당치 못하겠노라 하더라

이 구절에서 세례 요한은 유대인들에게 "나는 물로 세례를 주거니와(마 3:11)"라고 대답했다. 사도행전(13:24)은 "회개의 세례"라고 했다. 이렇게 구분한 이유는 예수님의 성령세례(마 3:11, 막 1:8, 눅 3:16)와 구별하려는 의도(요 1:33)였다. 한편 신들메는 샌들(sandal)을 의미한다.

28 이 일은 요한의 침례 주던 곳 요단 강 건너편 베다니에서 된 일이니라

"베다니[15](Βηθανία, nf)는 배집(船家)으로서 '가난한 자들의 집(Eusebius), 덜 익은 무화과 나무의 집, 푸른 과실의 집(Talmud), 번뇌하는 자의 집(house of

---

15 베다니(Βηθανία, nf)는 "house of affliction" or "house of dates", Bethany, the name of two cities in Palestine: a) Bethany, the home of Lazarus, Martha, and Mary, near Jerusalem, (b) Bethany, beyond Jordan. 배집, 船家)이다.

affliction)'이라는 의미이다. 이곳은 요한복음 11장 1절에서 죽었다가 살아난 나사로가 살던 동네(예루살렘 남동쪽 약 3km지점, Bethany; the home of Lazarus, Martha, and Mary, near Jerusalem)이기도 하다. '베다니'는 히브리어로 베이트(בֵּית)와 아니(הֲנָּיָה)의 합성어이다.

29 이튿날 요한이 예수께서 자기에게 나아오심을 보고 가로되 보라 세상 죄를 지고 가는 하나님의 어린 양이로다

"지고 가는"에 해당하는 헬라어 호 아이론(ὁ αἴρων, 현재분사)은 '치워버리다, 대가를 지불하다'라는 뜻이다. 곧 예수님의 속량은 갈보리 십자가에서 영 단번의 죽음으로 영원한 속죄를 이루신 것(영 단번, once for all)이라는 의미이다. 예수님의 속량은 과거, 현재, 미래의 모든 죄를 완전히, 영 단번에 다 짊어지신 것이다.

"하나님의 어린 양"에 해당하는 헬라어는 호 암노스 투 데우(ὁ Ἀμνὸς τοῦ Θεοῦ, the lamb of God, 출 12:3; 29:38; 레 4:32)인데 이는 '우리를 위해 고난받으신 어린 양(사 53:7)'이라는 의미로 '구속주 예수'를 가리키고 있다(행 8:32; 벧전 1:19).

한편 "세상 죄를 지고 가는"과 "하나님의 어린 양"은 동격으로서 '하나님의 어린 양이신 예수 그리스도는 세상의 모든 죄를 지고 가셨다'라는 의미이다. 이는 예수님만이 구속주 하나님이라는 말이다.

또한 1장 29절의 "세상 죄를 지고 가는 하나님의 어린 양"과 1장 36절의 "하나님의 어린 양"에서의 미묘한 차이를 볼 수 있어야 한다. 전자가

'구속주 예수님'에 초점이 맞추어져 있다면 후자는 '어린 양이신 예수님이 바로 하나님이시다'라는 것에 방점이 있다. 즉 예수님은 창조주 하나님, 역사의 주관자 하나님이라는 말이다.

30 내가 전에 말하기를 내 뒤에 오는 사람이 있는데 나보다 앞선 것은 그가 나보다 먼저 계심이라 한 것이 이 사람을 가리킴이라 31 나도 그를 알지 못하였으나 내가 와서 물로 세례(침례)를 주는 것은 그를 이스라엘에게 나타내려 함이라 하니라

에스겔 36장 25-27절과 스가랴 13장 1절은 이미 메시야의 도래를 '예비하는 자(세례 요한)'가 이스라엘 백성에게 죄 사함을 받게 하는 물세례(회개의 세례)를 베풀 것이라고 예언하고 있다. 그러므로 31절에서 쓰인 세례는 현대 교회에서 행하는 세례의 본래 의미인 죄 씻음, 영접, 연합, 신앙고백 등과는 조금 다른 것이다. 곧 31절의 "세례"는 26, 33절에서의 세례 요한의 물세례를 가리킨다. 이는 죄인임을 고백하는 세례(죄성에 대한 깨달음과 회개 촉구)이지 예수께서 행하셨던 성령세례는 아니다

31절에서 세례 요한이 "물로 세례(침례)를" 준 것은 33절에서의 "물로 세례를 주라 하신 하나님의 명령" 때문이었다. 당연히 세례 요한은 요한복음 1장 6절에서 말씀하신 대로 '하나님의 보내심을 받은 자'였기 때문에 하나님의 그 명령을 그대로 따른 것이다.

32 요한이 또 증거하여 가로되 내가 보매 성령이 비둘기 같이 하늘로서 내려와서 그의 위에 머물렀더라

"비둘기 같이"라는 말은 죄가 없으심(히 4:15), 순결한 성품(마 10:16)이라는 의미이다. 그렇기에 성령님을 가리킬 때 비둘기로 묘사하는 것은 넌센스(nonsense, rubbish)이다.

"성령이 하늘로서 내려와 그의 위에 머물렀더라"라는 것은 이사야 61장 1절에 의하면 '성부하나님의 유일한 기름부으심(그리스도, 메시야)'이라는 의미이다.

"주 여호와의 신이 내게 임하셨으니 이는 여호와께서 내게 기름을 부으사 가난한 자에게 아름다운 소식을 전하게 하려 하심이라 나를 보내사 마음이 상한 자를 고치며 포로된 자에게 자유를, 갇힌 자에게 놓임을 전파하며" _사 61:1

성령이 임한 몇 가지 사건은 민수기 11장 26-29절이나 시편 51편 10-11절, 요엘서 2장 28절에서도 나타난다. 구약 시대에 성령은 특정한 시기에나 특정 사람들에게만 임했다. 그런 구약 성경에서 성령님의 임재는 장차 성부하나님의 기름부으심을 감당해야하는 그리스도, 메시야이신 예수의 사역을 예표한 것이다. 즉 예수님으로 인해 "여호와(야훼 엘로힘)께서 성령을 모든 백성에게 주사 다 선지자 되게 하실 것(민 11:29)"을 약속하신 것이다.

"모세가 그에게 이르되 네가 나를 위하여 시기하느냐 여호와께서 그 신을 그 모든 백성에게 주사 다 선지자 되게 하시기를 원하노라" _민 11:29

그리하여 요단강에서 예수가 세례를 받을 때 성령이 임하심으로 예수

님만이 그리스도이심을 보여주셨고, 부활하신 예수님께서 승천 후 열흘이 지나자 오순절 때 성령 강림으로 말미암아 지금도 앞으로도 영원히 우리 안에 계셔서 주인으로 있게 됨을 보여주셨던 것이다.

33 나도 그를 알지 못하였으나 나를 보내어 물로 침례를 주라 하신 그이가 나에게 말씀하시되 성령이 내려서 누구 위에든지 머무는 것을 보거든 그가 곧 성령으로 침례를 주는 이인줄 알라 하셨기에 **34** 내가 보고 그가 하나님의 아들이심을 증거하였노라 하니라

'물세례'란 죄성(죄인 됨)에 대한 깨달음과 그에 따른 회개를 촉구하는 것이다. 반면에 예수님의 '성령세례'란 죄인이 예수 그리스도와 함께 십자가에서 죽고, 죽음 이기신 예수님과 함께 다시 살아나서(갈 2:20) 새로운 피조물로(고후 5:17) 거듭난 것, 곧 '중생'이 된 것을 말한다. 전자는 후자를 준비하며 예표하는 것이다. 그렇기에 세례 요한은 예수님보다 앞서서 그 길을 예비하며 예표하는 사역을 했던 사도(아포스톨로스)요 선지자였다.

35 또 이튿날 요한이 자기 제자 중 두 사람과 함께 섰다가 **36** 예수의 다니심을 보고 말하되 보라 하나님의 어린 양이로다

36절과 29절의 차이점은 "하나님의 어린 양"이라는 말 앞에 "세상 죄를 지고 가는"이라는 표현의 유무(有無)이다. 즉 29절이 기능론적 종속성으로서의 구속주 예수님을 강조한 것이라면 36절은 성부하나님과 동등한

창조주, 전능주, 역사의 주관자이신 존재론적 동질성이신 성자하나님에 방점을 두고 있다.

한편 '두 제자'가 가리키는 것은 안드레(요 1:40)와 본서의 기록자인 사도 요한이라고 생각된다. 그들은 둘 다 원래 세례 요한의 제자였다.

37 두 제자가 그의 말을 듣고 예수를 좇거늘

"좇거늘"의 헬라어는 아콜루데오(ἀκολουθέω; v, I accompany, attend, follow)인데 이는 '추종하다'와 '그리스도의 제자가 되다(요 1:43, 마 8:19, 19:27-28, 막 6:1, 8:34)'라는 의미이다. 이곳에서는 후자(예수 그리스도의 제자가 되다)의 의미로 쓰였다.

38 예수께서 돌이켜 그 좇는 것을 보시고 물어 가라사대 무엇을 구하느냐 가로되 랍비여 어디 계시오니이까 하니 (랍비는 번역하면 선생이라)

원래는 문맥상 예수께서 돌이켜 그들에게 "무엇을 구하느냐"가 아니라 '누구를 찾느냐'라고 질문하셔야 한다. 그러나 예수님은 이미 그들의 마음을 꿰뚫고 계셨다. 예수님은 그들이 "랍비여 어디 계시오니이까"라고 물은 의도를 알고 있었는데 이는 일종의 관용구로서 '가르침을 받고 싶으니 선생님의 거처를 알려 주세요'라는 의미이다.

'랍비(ῥαββί)'는 아람어로서 '나의 큰 자(My great one), 나의 존경할 님(My honorable sir)'이라는 의미이다.

39 예수께서 가라사대 와 보라 그러므로 저희가 가서 계신데를 보고 그 날 함께 거하니 때가 제 십시쯤 되었더라

39절의 "10시"는 유대식으로는 오후 4시이며 로마식으로는 오전 10시에 해당한다. 참고로 유대력을 이해하려면 오늘날 우리가 쓰고 있는 시간에는 +6을, 달에는 +3을 계산하면 된다.

그렇다면 사도 요한은 왜 시간을 강조했을까?

바로 '이날'은 두 사람의 운명을 결정짓는 중요한 날이었기 때문이다. 즉 예수님과 함께 거한 후 비로소 예수께서 하나님이심을 인식하고 자신들의 전 인생을 의탁하게 되는 장엄한 출발의 날이었기 때문이다.

"와 보라"는 명령은 요한복음 1장 46절과 4장 29절에 반복적으로 등장한다. 이는 '오다'의 헬라어 에르코마이(ἔρχομαι; v, to come, go)와 '보다'의 헬라어 호라오(ὁράω; v, to see, perceive, attend to)의 두 단어로 이루어진 문장으로 현재명령형과 미래직설법으로 구성되어 있다. 결국 '지금 예수를 따라오면 장차 예수의 하나님 되심을 보게 될 것'이라는 의미이다.

40 요한의 말을 듣고 예수를 좇는 두 사람 중에 하나는 시몬 베드로의 형제 안드레라 **41** 그가 먼저 자기의 형제 시몬을 찾아 말하되 우리가 메시야를 만났다 하고 (메시야는 번역하면 그리스도라) **42** 데리고 예수께로 오니 예수께서 보시고 가라사대 네가 요한의 아들 시몬이니 장차 게바라 하리라 하시니라 (게바는 번역하면 베드로라)

그리스도(Χριστός)와 메시야(מָשִׁיחַ)는 성부하나님의 유일한 '기름 부음 받은 자'라는 의미로서 헬라어와 히브리어라는 차이만 있을 뿐 둘 다 동일한 의미이다. 구약에서는 제사장, 선지자, 왕에게 기름을 부었는데 이들 모두는 장차 오실 메시야의 사역을 예표한 것으로 삼중 직무를 수행하신 예수님을 가리킨다.

한편 예수님은 시몬 베드로(Πέτρος, small stone)에게 새 이름을 주셨다. 원래 베드로는 '형편없는 박석(薄石, 얇은 작은 돌)'이란 의미인데 예수님은 그에게 '반석'이라는 의미의 아람어 게바(Κηφᾶς, a rock)로 개명(改名)해 주셨다. '이름을 주셨다'라는 것에는 예수님께 통치권과 소유권이 있다라는 것이 전제되어 있다. 좋으신 예수님은 베드로의 본성과 인격을 바꾸셔서 장차 초대교회의 지도자로 사용하시겠다는 당신의 작정과 예정을 섭리와 경륜 속에 두신 것이다.

43 이튿날 예수께서 갈릴리로 나가려 하시다가 빌립을 만나 이르시되 나를 좇으라 하시니 44 빌립은 안드레와 베드로와 한 동네 벳새다 사람이라

43절의 "좇으라"의 헬라어와 37절의 "좇거늘"의 헬라어는 아콜루데오(ἀκολουθέω; v, I accompany, attend, follow)이다. 즉 '추종하다'와 '그리스도의 제자가 되다(요 1:43; 마 8:19; 19:27-28; 막 6:1; 8:34)'라는 의미가 있는데 '그리스도의 제자가 되었다'라는 의미로 사용되었다.

"벳새다(Βηθσαϊδά, a city of Galilee)"는 고기잡이하는 집(house of fish)이라는 의미로 히브리어 베이트(בֵּית, nm, a house)와 짜드(צַיָד, nm, a hunter)의 합

성어이다.

45 빌립이 나다나엘(바돌로매)을 찾아 이르되 모세가 율법에 기록하였고 여러 선지자가 기록한 그이를 우리가 만났으니 요셉의 아들 나사렛 예수니라

　나다나엘(נְתַנְאֵל, Ναθαναήλ, given of God, 하나님의 선물)은 돌로매의 아들 바돌로매를 가리킨다. 바돌로매는 히브리어 바르(בַּר, nm, son)와 탈마이(תַּלְמַי, "plowman", 농부, 시골뜨기, a father-in-law of David, also a descendant of Anak)의 합성어이다. 한편 바르는 히브리어 벤(בֵּן)과 동의어이다.

　"나사렛 예수"라는 말은 그 지명에 방점을 두고 해석해서는 안 된다. "나사렛(마 2:23; 4:15-16; 사 9:1-2)"이란 지명을 말하기 보다는 '멸시, 천대, 저주, 사망, 그늘, 어둠, 소외, 이방 땅' 등을 상징하고 있다.

46 나다나엘이 가로되 나사렛에서 무슨 선한 것이 날 수 있느냐 빌립이 가로되 와 보라 하니라 **47** 예수께서 나다나엘이 자기에게 오는 것을 보시고 그를 가리켜 가라사대 보라 이는 참 이스라엘 사람이라 그 속에 간사한 것이 없도다

　"참 이스라엘"이란 '간사함이 없는 사람'을 가리킨다. 율법을 잘 지켰다거나 육적 선민의 경우라고 하여 무조건 이스라엘이라 칭하지 않는다. 예수, 그리스도, 생명(영생)을 믿는(요 20:31) 믿음으로만 참 이스라엘이 될 수 있다.

　"간사(奸詐)"의 헬라어는 돌로스(δόλος; nm, a bait, craft, deceit, guile,

treachery)인데 이는 '나쁜 꾀를 쓰며 거짓으로 상대의 비위를 맞추는 태도나 마음에 없는 지나친 아양'을 의미한다.

한편 나다나엘은 무화과나무가 만든 그늘 아래에서 하나님의 말씀을 묵상하며 연구하며 목마르게 메시야를 고대하며 기도하던 사람이었다. 그런 삶의 태도를 보신 예수님은 나다나엘을 평가하며 '간사함이 없다'라고 하셨고 '참 이스라엘 사람'이라고 하셨던 것이다.

48 나다나엘이 가로되 어떻게 나를 아시나이까 예수께서 대답하여 가라사대 빌립이 너를 부르기 전에 네가 무화과나무 아래 있을 때에 보았노라 49 나다나엘이 대답하되 랍비여 당신은 하나님의 아들이시요 당신은 이스라엘의 임금이로소이다 50 예수께서 대답하여 가라사대 내가 너를 무화과나무 아래서 보았다 하므로 믿느냐 이보다 더 큰 일을 보리라

"무화과나무"는 유대 민족의 번영을 상징하는 것(왕상 4:25)으로 그 잎으로 인한 그늘은 유대인들에게 휴식처나 기도, 율법 공부, 묵상하기에 알맞은 곳이었다. "무화과나무 아래서 보았다"라는 것은 나다나엘의 삶의 태도를 이미 알고 있었다라는 의미이다.

"솔로몬의 사는 동안에 유다와 이스라엘이 단에서부터 브엘세바에 이르기까지 각기 포도나무 아래(풍요한 상태)와 무화과나무 아래(편안한 상태)에서 안연히 살았더라"_왕상 4:25

"이보다 더 큰 일을 보리라"는 것은 앞으로 전개될 7가지 표적을 통해 "예수, 그리스도, 생명"을 보여주시겠다라는 의미이다.

51 또 가라사대 진실로 진실로 너희에게 이르노니 하늘이 열리고 하나님의 사자들이 인자 위에 오르락 내리락 하는 것을 보리라 하시니라

"진실로 진실로"라는 것은 아멘(אָמֵן; ἀμήν; verily, truly, amen)이라는 의미로서 이렇게 2번 연속하여 반복되게 강조하는 표현은 요한복음에만 나오는 독특한 용법이다.

"하늘이 열리고"라는 것에서는 창세기 28장 10-22절의 야곱이 벧엘에서 꾸었던 꿈을 연상시키고 있다. 동일하게 나다나엘에게도 야곱의 벧엘에서의 꿈을 현실로 보여주시겠다라는 뜻이 담겨 있는 구절이다. 차이점이 있다면 야곱의 경우 하나님의 사자가 하나님과 사람 사이의 영적 가교인 사다리를 통해 오르락 내리락 했다면, 나다나엘에게는 사다리의 실체인 인자 곧 예수님을 통해 오르락 내리락하는 것을 보리라고 말씀하신 것이다. 즉 중보자(Moderator) 되신 예수 그리스도, 화목 제물(Peacemaker) 되신 예수 그리스도를, 표적의 책(요 1:19-12:50)에서 기록된 7가지 표적(요 2:1-12; 4:43-54; 5장; 6:1-15; 6:16-21; 9장; 11장)을 통해 보게 될 것을 말씀하고 있다.

한편 이 구절을 통해 우리는 유대교와 기독교의 극명한 차이점을 볼 수 있다. 유대교는 영적 가교인 사닥다리를 '율법'이라고 믿지만 기독교는 그 영적 가교를 예수 그리스도라고 믿는 것이다.

은혜 위에 은혜러라
*

Grace for Grace
Χάριν ἀντὶ χάριτος

예수(Ἰησοῦς), 그리스도(Χριστὸς), 생명(ζωή)

가나 혼인잔치

예수님은 공생애 가운데 많은 표적을 행하셨다(요 20:30). 그 가운데 요한복음은 7가지 표적(The Book of signs)을 1장 19절에서 12장 50절까지 기록하고 있다. 그리고 그 표적(signs, not miracle)을 통해 20장 31절에서 밝힌 요한복음의 기록 목적을 "예수, 그리스도, 생명"이라고 밝히고 있는 것이다.

2장에서는 예수님이 행하신 많은 표적 중 첫 번째 표적, 곧 가나의 혼인잔치 이야기가 나온다. 잔치의 주인공은 어린 양이신 신랑 예수님과 그 신부 된 교회인 우리들이다. 그 잔치에 꼭 필요한 것은 '기쁨'을 상징하는 포도주이다. 가나의 혼인잔치에서는 자칫하면 그 기쁨의 상징인 포도주가 떨어져 엉망이 될 뻔했다. 그러자 예수님은 이내 곧 물로 포도주를 만드셨다. 그럼으로써 가나 혼인잔치는 되살아났다. 여기서 포도주는 우리를 위해 흘리신 예수 그리스도의 십자가 보혈을 상징한다. 결국 예수께서 만드셨던 '포도주'는 십자가 보혈이 우리에게 미래형 하나님나라에의 입성과 영생이라는 '하나님나라 잔치에의 기쁨'의 선물임을 보여주신 것이다.

예수님이 재림하시면 신랑 되신 그 예수님은 신부인 교회를 '혼인잔치의 기쁨'에 참여케 하신다. 바로 '어린 양의 혼인잔치'이다. 하늘나라(미래형 하나님나라)에 처소를 마련하신 신랑 예수님께서 재림하시는 이유는 신부인 우리를 그 나라에 데려가기 위함이다(요 14:2-4). 이는 유대인의 결혼풍습을 생각해보면 쉽게 이해할 수 있다. 유대 사회에서의 결혼은 먼저 청혼으로 시작한다. 신부 아버지에게 허락을 받은 이후 일정 기간이 지나면 신랑은 신부를 데리러 신부의 집을 방문한다. 그 '때와 시기'에 대한 권한은 전적으로 신랑의 아버지에게 있다. 신부는 신랑이 올 때까지 잘 준비하며 기다렸다가 신랑을 맞이한다. 신부인 우리들이 한 번 살아가는 인생에서 재림의 예수님을 기다리며 어떻게 살아야 할 것인지를 알려주는 교훈이다.

한편 혼인잔치에는 포도주가 필요한데 잔치에서의 포도주는 '기쁨과 희락'을 상징한다. 바로 그 포도주는 신랑 되신 예수님의 십자가 보혈이기도 하다. 즉 예수 그리스도의 십자가 보혈로 인해 신부 된 우리는 기쁨과 희락을 상징하는 에덴(미래형 하나님나라)으로 가게 된다라는 것이다.

초림의 예수님은 십자가 보혈로 다 이루시고 다시 재림하실 때까지인 종말(교회) 시대를 지나는 동안 겪게 될 일곱 재앙(인, 나팔, 대접재앙) 가운데서 도 당신께서 흘리신 보혈로 신부인 우리들에게 기쁨(포도주)을 유지시켜 주신다. 그러나 신부인 교회가 누리게 되는 기쁨의 최고 절정은 신랑 되신 재림의 예수를 맞이하는 '그때'이다. 한편 예수님의 재림의 날이란 '마지막 그날, 재림의 날, 최후 심판의 날'을 가리킨다.

'가나의 혼인잔치'는 신랑 되신 예수님의 초림으로 포도주(십자가 보혈)를 통해 신부인 교회에게 영원한 기쁨(예수, 그리스도, 생명)이 주어졌음을 상징한 것이다. 하나님나라 잔치는 십자가 대속을 통해 '이미(already)' 이루어졌지만 재림을 통한 영원한 잔치는 '아직(not yet)'이기에 교회는 종말 시대를 지나며 지속적으로 십자가를 붙들어야 한다. 물론 혼인잔치의 진정한 주인공은 다시 오실 신랑 되신 예수님이시다.

한편 가나 혼인잔치에는 돌항아리가 여섯 개 있었다. 6은 사람의 수이다. 7(세바, 쇠바)은 언약의 수이다. 그 잔치에는 일곱째 돌항아리가 보이지 않았다. 일곱째 돌항아리는 재림의 예수님을 상징한다. 결국 가나 혼인잔치에는 예수님의 초림과 재림이 전제되어 있다.

일곱(7, 세바, 쇠바)은 언약의 완성을 뜻하는 것으로 재림의 예수님이 오시면 예수 그리스도 새 언약이 완성된다라는 것이다.

이후 2장 13-22절에는 당신께서 진정한 성전임을 드러내시는 '성전의 실체 등장 사건' 혹은 '헤롯성전을 허무는 사건' 또는 '헤롯성전 척결 사건' 이야기가 나온다.

구약의 성전은 지성소에 하나님의 임재가 있었기에 모든 것의 중심은 하드웨어적 성전(Temple, 히에론, ἱερόν)이었다. 그러나 성전의 실체이신 예수님이 오신 이후로는 그 성전이 히에론에서 나오스(2:21, ναός, 예수 그리스도와 성령을 주인으로 모신 신부인 우리들)로 바뀌었다. 그렇기에 진정한 성전이신 예수님은 돌로 지은 성전을 이용하여 자신들의 탐욕을 채우고 있던 저들을 채찍으로 쫓아내셨던 것이다(요 2:14-16). 또한 진정한 성전이신 예수는 구속주로서 우리를 위하여 대신 죽을 것과 죽음을 이기고 다시 살아날 것을 천명하셨던 것이다(요 2:19, 21).

2-1 사흘 되던 날에 갈릴리 가나에 혼인이 있어 예수의 어머니도 거기 계시고 2 예수와 그 제자들도 혼인에 청함을 받았더니

요한복음은 가나의 혼인잔치에서 물로 포도주를 만드시는 사건을 첫 표적으로 한다. 그러나 마태복음은 베드로 장모의 열병 치유 사건(마 8:14-15)을, 마가복음과 누가복음은 귀신들린 자를 고치는 사건(막 1:21-28; 눅 4:32-37)을 첫 표적으로 기록하고 있다.

당연히 나는 요한복음의 가나 혼인잔치가 예수님의 첫 번째 표적이라고 생각하지만 예수님의 행하셨던 표적들의 순서에는 그다지 관심이 없다. 오히려 표적들을 주신 그 의미와 상징, 그리고 예표하는 바에 관심이 있을 뿐이다.

3 포도주가 모자란지라 예수의 어머니가 예수에게 이르되 저희에게 포도주가 없다 하니

당시 포도주는 잔치에 있어서 필수품이었다. 왜냐하면 포도주는 기쁨과 희락의 상징이었기 때문이다(시 104:15). 그런데 잔치에 포도주가 동이 나버리고 말았다. 자칫하면 그 잔치는 엉망이 되고 기쁨은 사라질 뻔했다. 이때 예수의 어머니는 성령으로 잉태된 그리스도 예수께 기적을 은근히 부탁한 것으로 생각된다.

4 예수께서 가라사대 여자여 나와 무슨 상관이 있나이까 내 때가 아직 이르지 못하였나이다

'여자'라는 것은 헬라어로 귀네(γυνή)라고 하는데 이는 한국적인 정서로 이해하면 당황스러운 단어이다. 그러나 그리스에서는 왕이 왕후를 부를 때나 자기의 아내를 사랑스레 부를 때 흔히 사용되었다고 한다. 그러므로 '여자여'라는 말은 어머니에 대한 한없는 사랑을 담은 호칭인 것이다.

'나와 무슨 상관이 있나이까'라는 질문은 어머니의 부탁을 공손하게 거절하는 뜻이 담기어져 있다. 더 나아가 예수님은 '나는 이 땅에 포도주를 만들러 온 것(기적을 베풀러 온 것)이 아니라 오직 아버지 하나님의 뜻을 행하러 왔습니다'라는 의도를 드러내신 것이다.

'때'라는 헬라어는 호라(ὥρα, nf, a time or period, an hour)인데 이는 그리스도의 수난의 때 즉 십자가 죽음의 때를 의미한다(요 8:20; 12:23; 13:1; 17:1).

5 그 어머니가 하인들에게 이르되 너희에게 무슨 말씀을 하시든지 그대로 하라 하니라

'하인'을 뜻하는 4가지 헬라어가 있다. 1) 디아코노스(διάκονος, servants, 사역자), 2) 둘로스(δοῦλος, slave, 노예, 종), 3) 휘페레테스(ὑπηρέτης, 배 아래에서 북소리에 맞추어 노를 젓는 노예), 4) 오이코노모스(οἰκονόμος, steward, 청지기)이다. 이 구절에서는 첫째 단어가 사용되었다.

6 거기 유대인의 결례를 따라 두세 통 드는 돌항아리 여섯이 놓였는지라

'결례(정결례)'란 유대인의 씻는 일 혹은 세정식을 말한다(출 30:17-21; 레 15:31; 민 19:20; 눅 7:44). 이는 부정한 것을 제하는 종교 의식이다. 그렇기에 결례는 성문율법은 아니며 구전율법이자 장로들의 유전(막 7:3,5, 조상들의 유전; 갈 1:14, 사람의 유전; 막 7:8)에 해당한다.

한편 장로들의 유전(Tradition of the Elders, 막 7:3)이란 유대인들의 조상 때부터 구두로 전승되어 온 관습법, 판례법, 성문화 된 율법을 해석했던 것 등을 기록한 것이다. 이는 미드라쉬(Midrash)와 탈무드(Talmud)로 구분한다. 미드라쉬는 다시 할라까(Halachah)와 하까다(Haggadah)로 나누고 탈무드는 미쉬나(Mishna)와 게마라(Gemara)로 나뉜다.

한편 돌항아리 하나에는 약 70-100리터의 물이 들어가게 된다. 가나 혼인잔치가 벌어진 그곳에는 6개의 돌항아리가 있었는데 '하나같이 모두 다 비어 있었다'는 사실이 놀랍고 이율배반적(二律背反的)이다. 한편 '일곱'

이라는 '언약의 수'에서 하나가 빠져있었는데 6개의 돌항아리의 수 '6'은 사람의 수를 상징하고 있다. 마지막 일곱 번째 돌항아리에서의 '7'은 언약의 수로서 바로 생명수이신 예수 그리스도를 가리킨다.

7 예수께서 저희에게 이르시되 항아리에 물을 채우라 하신즉 아구까지 채우니

예수님께서 6개의 돌항아리에 '채우라'고 명하셨다라는 것은 놀랍게도 그동안 돌항아리가 텅 비어있었다는 것을 의미한다. 그렇다면 유대인들은 그동안 율법을 어기고 있었던 것으로 정결례는 아예 시행하지도 않았다라는 것이 적나라하게 폭로된 셈이다. 이는 생명력 없는 형식주의(formalism), 의식주의(ritualism), 외식(外飾)주의에 빠져 있던 유대인의 실상을 가감 없이 보여준 것이다.

정결법은 할례법, 나그네 환대법과 아울러 율법의 3대 기둥 중의 하나이다. 그럼에도 불구하고 율법을 목숨 걸고 지킨다고 하던 유대인들의 실상은 '빈 껍데기'였을 뿐임을 폭로하고 있는 것이다.

8 이제는 떠서 연회장에게 갖다 주라 하시매 갖다 주었더니 9 연회장은 물로 된 포도주를 맛보고 어디서 났는지 알지 못하되 물 떠온 하인들은 알더라 연회장이 신랑을 불러

가나 혼인잔치에서 예수님이 보여주신, 물(H_2O)이었다가 최고급 포도주(CH_3COOH)로 변한, 그 표적은 물리적 변화가 아닌 화학적 변화이기에 무에서 유에로의 창조의 표징이기도 하다. 또한 예수님의 보혈을 상징하는 포도주 덕분에 자칫하면 엉망이 될 뻔한 그 잔치를 더 풍성하게 기쁨과 희락으로 채울 수 있었음을 드러내고 있다.

가나 혼인잔치에서 예수님이 물로 포도주를 만드신 표적에서는 두 가지를 강조하고 있다. 첫째, 혼인잔치의 주인공은 예수님이시다. 둘째, 잔치의 기쁨인 포도주는 예수 그리스도의 십자가 보혈의 모형이었다.

결국 대속 제물, 화목 제물로 이 땅에 오신 초림의 예수 그리스도의 십자가 보혈로 인해 우리는 죽음에서 부활로, 사망에서 생명으로 옮겨지게 되었다. 더 나아가 예수 그리스도로 인하여 우리는 미래형 하나님나라에 들어가게 되었고 영생을 누리게 되었다. 이것이야말로 진정한 잔치이며 참 기쁨의 근원이다.

"알지 못하되"라는 것은 참석한 하객들이 예수님께서 보여주신 표적에도 불구하고 여전히 영적 어둠 가운데 머물러 있었음을 의미한다. 즉 영적 무지, 영적 둔감 상태를 뜻한다. 어둠(요 1:5; 8:12), 밤(요 3:2; 13:30) 등은 동일한 상징적 의미를 나타내는 단어이다.

10 말하되 사람마다 먼저 좋은 포도주를 내고 취한 후에 낮은 것을 내거늘 그대는 지금까지 좋은 포도주를 두었도다 하니라

"지금까지 좋은 포도주를 두었다"라는 것은 '지금의 포도주'가 과거, 현재, 미래의 그 어느 것보다도 최고급 포도주임을 가리키는 것이다. 즉 예수님의 십자가 보혈이야말로 최고의 가치라는 것이다.

그렇다면 지금까지 좋은 것(좋은 포도주)이라고 착각하며 취해 있던 모든 것들(돈, 권력, 명예, 헛된 가치 등등)은 모두 다 진리이신 예수님의 그림자이거나 엉터리로 가장된 것에 불과했을 뿐이라는 의미이다. 더 나아가 진정한 참 기쁨의 회복은 예수님의 십자가 보혈에 의해서만 주어짐을 강조한 것이다.

11 예수께서 이 처음 표적을 갈릴리 가나에서 행하여 그 영광을 나타내시매 제자들이 그를 믿으니라

'영광'이란 헬라어는 독사($\delta\delta\xi\alpha$; nf, honor, renown; glory, an especially divine quality)인데 이는 하나님의 성품, 능력, 속성을 이 땅에 드러내는 것을 말한다. 그러므로 '하나님께 영광'이라는 것은 그분께 찬양과 경배를 올리는 것뿐만 아니라 하나님의 하나님 되심과 하나님의 능력과 성품, 속성을 만방에 드러내고 자랑하는 것을 말한다.

12 그 후에 예수께서 그 어머니와 형제들과 제자들과 함께 가버나움으로 내려가 거기 여러 날 계시지 아니하시니라

예수님의 일행은 유월절을 맞아 가버나움에서 그리 오래 체류할 수 없었다. "가버나움($\mathrm{K}\alpha\pi\epsilon\rho\nu\alpha\sigma\dot{\nu}\mu$; כְּפַר a village, and נַחוּם consolation; hence 'the village of consolation,' (others, 'village of Nachum' (a proper name)"은 히브리어 카파르(כְּפַר, a village, 마을)와 나훔(נַחוּם, consolation, 안위, 위로)의 합성어이다. 구약정경의 '나훔서'의 의미와 동일하다. 참고로 구약정경 느헤미야(נְחֶמְיָה, Yah comforts)는 나훔의 축약형이다.

13 유대인의 유월절이 가까운지라 예수께서 예루살렘으로 올라가셨더니

유월절은 헬라어로 파스카(πάσχα, the Passover supper or lamb)이며 히브리어(아람어)로는 페싸흐(חֶסֶפ)로서 그 동사는 파싸흐(חַסֶפ)이다. 이는 '넘어가다, 용서하다'라는 의미로 '저주의 심판이 넘어가고 죽을 죄가 용서된다'라는 말이다. 유대인의 3대 절기(유월절, 칠칠절, 장막절) 중 가장 큰 명절이기도 하다.

"예루살렘으로 올라갔다"라는 것은 방향이나 높낮이에 관계없이 모든 것의 중심은 예루살렘이기에 '예루살렘으로 올라갔다, 예루살렘에서 내려갔다'라고 그렇게 표현하는 것이다.

14 성전 안에서 소와 양과 비둘기 파는 사람들과 돈 바꾸는 사람들의 앉은 것을 보시고

이 구절에서 사용된 '성전'의 헬라어는 히에론(ἱερόν; nn, a temple, either the whole building, or specifically the outer courts, open to worshippers)으로서 성전과 뜰, 그리고 감람산의 일부까지도 포함하는 넓은 범위의 하드웨어 개념이다.

당시 성전에서 제사에 쓰이던 모든 짐승들은 제사장이 관리했다. 구별된 순전한 제물을 드리던 것이 세월이 흐르며 탐욕과 더불어 순수했던 그들의 첫 마음은 점점 더 변질되어 버렸고 첫사랑마저 상실되어 버렸다.

급기야 희생제물로 드렸던 짐승들을 이용하여 제사장들은 폭리를 취함으로 그들의 탐심은 점점 더 커져만 갔다.

당시 유대인들은 성전에서 제사를 드릴 때 허물이나 흠이 없는 짐승만을 제물로 사용했다. 그러다 보니 제사장들은 공공연히 백성들이 가져온 짐승들을 보며 트집을 잡곤 했다. 백성들은 할 수 없이 자신들이 가지고 온 제물 대신 제사장이 소유하고 있던 제물(짐승)을 턱없이 비싼 가격에 구매하여 제물로 바쳤다. 그렇게 제사장들은 불의한 이득을 탐하는 집단으로 변모해갔다.

상기와 비슷한 방식으로 환차익을 얻었던 성전 화폐를 바꾸는 환전사업에는 산헤드린 공회원들이 개입했다. 이래 저래 '악~' 소리는 백성들의 몫이 되어버렸다. 역사를 통틀어 못되고 사악한 지도자들이 민초들의 땀과 눈물을, 심지어는 피를 빨아먹는 것을 우리는 자주 목도하고 있다. 작금의 한국사회도 무관하지 않다. 역사상 유일한 바른 지도자요 선한 목자(요 10:8-11)는 예수님 한 분뿐이다.

15 노끈으로 채찍을 만드사 양이나 소를 다 성전에서 내어 쫓으시고 돈 바꾸는 사람들의 돈을 쏟으시며 상을 엎으시고 **16** 비둘기 파는 사람들에게 이르시되 이것을 여기서 가져가라 내 아버지의 집으로 장사하는 집을 만들지 말라 하시니

14절을 좀 더 설명하면, 당시 백성들은 로마 화폐를 사용하고 있었다. 백성들은 성전세로 반 세겔을 드렸는데 이때 반드시 성전 화폐로 바꾸어 드려야만 했다. 그런데 당시 산헤드린 공회(71명=70명 + 의장 1명)가 성전 화

폐 관리를 장악하고 있었다. 공의회는 의장이 대제사장이었고 70명으로 구성된 공회원은 바리새인, 사두개인(제사장 그룹을 독점), 서기관, 장로들이었다. 그들은 로마 화폐를 성전 화폐로 바꾸는 환전 과정에서 이득을 취하며 그들의 배를 불려갔던 것이다.

당시 반 세겔은 노동자의 2일치 품삯이었다. 로마 동전화폐에는 처음 주조 시에 가이사 황제의 얼굴이 각인되어 있었다. 동전의 가장자리에는 '가이사는 나의 하나님, 나의 주인이십니다'라는 글까지 새겨져 있었다. 그러다 보니 유대인들은 이런 화폐를 사용하려 하지 않았고 더 나아가 목숨 걸고 항의하며 반대까지 했다. 그러다 보니 성전에서는 사용할 수가 없어 성전 화폐로 환전 후 성전에 드렸던 것이다. 나중에 로마정부는 유대인들의 저항을 무마하기 위해 가이사의 초상화 대신에 갈대(마 11:7, 눅 7:24)를 그려 넣었다.

"저희가 떠나매 예수께서 무리에게 요한에 대하여 말씀하시되 너희가 무엇을 보려고 광야에 나갔더냐 바람에 흔들리는 갈대냐"_마 11:7

"요한의 보낸 자가 떠난 후에 예수게서 무리에게 요한에 대하여 말씀하시되 너희가 무엇을 보려고 광야에 나갔더냐 바람에 흔들리는 갈대냐"_눅 7:24

17 제자들이 성경 말씀에 주의 전을 사모하는 열심이 나를 삼키리라 한 것을 기억하더라 18 이에 유대인들이 대답하여 예수께 말하기를 네가 이런 일을 행하니 무슨 표적을 우리에게 보이겠느뇨 19 예수께서 대답하여 가라사대 너희가 이 성전을 헐라 내가 사흘 동안에 일으키리라

'성전'을 나타내는 2개의 헬라어가 있는데 14절의 히에론과 21절의 나오스(ναός, nm, a temple, a shrine)이다.

14절의 히에론이 하드 웨어를 가리킨다면 21절의 나오스는 예수님을 가리킨다. 예수님은 돌덩어리인 성전(히에론)을 보며 성전된 실체(나오스)인 자신을 드러내셨다. 그리고는 모형이 아닌, 그 모형의 실체인 성전 된 자신을 따르라고 말씀하고 있다.

20 유대인들이 가로되 이 성전은 사십 륙년 동안에 지었거늘 네가 삼 일 동안에 일으키겠느뇨 하더라 21 그러나 예수는 성전된 자기 육체를 가리켜 말씀하신 것이라

당시 유대의 분봉왕이었던 이두매(Idumea, 붉다, 에돔에 속한, 히브리어 에돔의 헬라어 음사)인인 헤롯 대왕은 당근과 채찍으로 유대인들을 길들였는데 그 세월의 아픔은 만만치 않았다. 즉 이스라엘 역사는 폭군 헤롯의 교활한 통치로 인해 순탄치 않았다. 유대인들이 끝까지 버티자 결국 헤롯 대왕은 채찍 대신 유대인의 환심을 사기 위해 성전(헤롯 성전이라고 함)을 지어주며 달래기로 했던 것이다.

성막으로부터 가장 먼저 지어졌던 성전이 솔로몬 성전인데 BC 959년에 완공되었다(왕상 6:37-38). 그러다가 이스라엘의 불순종과 더불어 남유다가 BC 586년에 멸망하면서 바벨론의 느부갓네살은 그 성전을 완전히 무너뜨려 버렸다.

바벨론 포로에서 귀환 후 BC 516년에 솔로몬 성전만큼은 아니었지만 스룹바벨-학개 성전이 재건되었다. 그러나 이 역시 BC 63년 폼페이 장군에 의해 예루살렘이 점령되면서 여지없이 부서졌다. 이는 유대인들의 영적, 정신적 지주가 무너져내린 것과 같다. 그리고 다시 역사의 시간은 흘러갔다.

성전 없이 허전하게 지내오던 유대인들의 유일한 갈망은 성전 재건이었다. 그때 반 유대인이자 반 이방인이었던 헤롯(이두메인, Idumea라는 것은 '에돔 사람들의 땅'이라는 의미)은 이런 유대인들의 마음을 잘 읽고 있었다. 그래서 그는 BC 26년 예루살렘에 땅을 사서 유대인들에게 주고 성전 건축은 제사장들이 하라고 지시했다. 여기에 들어갈 돈과 제사장들의 또 다른 주머니까지 불리기 위한 교묘한 방법들로 인해 백성들은 피와 땀을 더 흘려야만 했다.

헤롯 성전은 규모 면에서 매우 웅장했다. 따라서 건축 기간은 상당히 오래 소요되었다. 예수님이 공생애를 시작한 AD 26년까지 46년이나 소요되었음에도 헤롯 성전 건물은 미완성 상태[16]에 있었다. 그 당시 외형은 거의 다 지어졌으나 AD 63년이 되어서야 겨우 완공할 수 있었다.

AD 26년은 예수님의 나이 30세로 공생애를 시작했던 때인데 그때 예수님은 돌로 된 이 성전(히에론)은 모형에 불과하다며 성전(나오스)인 내가 바로 실체(요 2:21)라고 말씀하셨던 것이다. 친히 견월망지(見月望指)를 깨우쳐 주셨던 것이다. 소위 달을 보라고 했더니 엉뚱하게 손가락만 쳐다보고 있

---

16 BC 20년부터 AD 26년까지 46년간이나 헤롯 성전을 지어왔다. 아이러니컬하게도 그런 헤롯은 BC 3년에 사망하고 만다. 뒤이어서 헤롯 성전은 AD 63년 알비누스총독 때 온전히 완공된다. 그러나 더 아이러니하게도 AD 70년에 티투스 장군에 의해 함락되어 버렸는데 현재의 Western wall(통곡의 벽, Wailing wall)이라고 추정되는 곳만 폐허로 남게 되었다.

는 그들을 깨우쳐 주신 것이라는 말이다. 즉 성전에서 온갖 종류의 제사를 드린다고 하더라도 아무 소용없으며 구원은 나(예수)로 말미암는다라고 말씀하셨다.

이미 가나 혼인잔치의 표적(2:1-11)에서 모든 일의 주체(주권)는 예수님이며 구원은 예수 그리스도의 십자가 보혈로만 주어짐을 말씀하셨다. 요한복음 3-4장에 나오는 니고데모 사건이나 사마리아 여인의 사건에서도 '오직 예수, 오직 믿음, 오직 은혜'를 가르쳐 주고 있다. 즉 우리의 구원은 조건이나 상황 등등이 아니라 오로지 예수 그리스도를 믿음으로만 주어지는 것임을 계속 반복하여 말씀하고 있는 것이다.

22 죽은 자 가운데서 살아나신 후에야 제자들이 이 말씀하신 것을 기억하고 성경과 및 예수의 하신 말씀을 믿었더라

'믿었더라'의 헬라어는 부정과거인 에피스튜산(ἐπίστευσαν, V-AIA-3P)인데 이는 동사 피스튜오(πιστεύω)에서 파생되었다. 즉 그들의 믿음은 참 믿음이 아니라 일시적, 충동적인 것이라는 의미로서 결국 그들은 '예수의 기적 때문에 믿었다'라는 것을 드러내고 있다. 이런 부류의 사람들은 이후 자신들의 유익에 더 이상 도움이 되지 않으면 믿음 생활에서 금방 떠나버리게 되고 만다.

23 유월절에 예수께서 예루살렘에 계시니 많은 사람이 그 행하시는 표적을 보고

그 이름을 믿었으나

앞서 22절과 마찬가지로 '믿었으나'는 헬라어로 부정과거인 에피스튜 산(ἐπίστευσαν, V-AIA-3P)이다. 즉 이 구절 또한 일시적, 충동적으로 예수의 기적을 보고 믿었다라는 의미이다. 결국 예수를 따르던 많은 사람들은 이후 자신들의 유익에 더 이상 도움이 없다라는 것을 알게 되자 곧 바로 떠나버리게 된다.

그러나 요한복음 1장 12절처럼 성령의 주신 은혜(고전 12:3)로 그리스도 예수를 믿어 구원을 얻게 된 진정한 믿음의 소유자들은 극심한 환난과 핍박에도 불구하고 오히려 더욱더 하나님의 계명과 예수 믿음으로 인내(계 14:12)하며 견디어 나가게 된다.

반면에 초현실적인 기적이나 가시적인 것을 보고 믿었던 사람들은 일시적, 충동적인 믿음이기에 가짜 믿음일 가능성이 높아 교회(종말)시대에 일곱(인, 나팔, 대접) 재앙이 반복하여 들이닥치면 금방 예수님에게로부터 떠나가게 된다. 이 사건은 21세기 한국교회를 덮친 코로나(COVID-19) 시대에 시사하는 바가 크다.

24 예수는 그 몸을 저희에게 의탁지 아니하셨으니 이는 친히 모든 사람을 아심이요

'의탁하다'의 헬라어는 미완료 능동인 에피스튜엔(ἐπίστευεν, V-IIA-3S)인데 이 역시 22-23절의 경우처럼 동사 피스튜오(πιστεύω)에서 파생되었다.

한편 예수님께서는 사람들에게 당신을 의탁치 않은 것은 예수님의 전지성(Omni-science)때문이다. 그렇기에 "그는 친히 모든 사람을 아심이요"라고 기록되어 있는 것이다.

25 또 친히 사람의 속에 있는 것을 아시므로 사람에 대하여 아무의 증거도 받으실 필요가 없음이니라

"사람의 속에 있는 것"이란 미완료 시제로서 사람의 속에 있는 현재, 과거, 미래를 모두 아신다라는 의미이다. 즉 고린도전서 13장 12절의 말씀처럼 그날이 되면 '주께서 나를 아신 것 같이 우리는 우리 자신을 알게 될 것'이다. 당연히 그 이전까지는 김국환의 "타타타"의 노래 가사처럼 '나도 나를 모르는 것'이다.

네가 나를 모르는데 난들 너를 알겠느냐.
한치 앞도 모두 몰라 다 안다면 재미없지.
바람이 부는 날은 바람으로.
비오면 비에 젖어 사는 거지.
그런 거지~ 음음음 어허허.
산다는 건 좋은 거지.

24절의 "아심이요"와 25절의 "아시므로" 역시 예수의 전지성(Omni-science)을 드러내는 단어이다.

한편 23절의 "많은 사람", 24절의 "모든 사람", 25절의 "사람에 대하여", 3장 1절의 "니고데모라 하는 사람"에서 계속 반복하여 나오는 단어가 바로 '사람(안드로포스: ἄνθρωπος nm, a man)'이다. 이는 예수님께서 그 믿음을 인정치 않는 '가짜 믿음의 사람'들을 의도적으로 드러내고 있는 것이다.

요한복음 3장 2절에서 사도 요한은 니고데모가 사용한 "우리가~"를 은 근히 드러냄으로 당시 니고데모 또한 표적을 보고 쫓아온, 가짜 믿음의 사람이라는 사실을 폭로하고 있다. 물론 훗날에 그는 예수님의 장례에 몰약과 침향 섞은 것을 백 근쯤 가져왔는데(요 19:39) 이런 행동을 보면 그의 종국적인 믿음까지도 가짜라고 말하기는 어려울 듯하다.

2021. Sarah

은혜 위에 은혜러라

*

Grace for Grace

Χάριν ἀντὶ χάριτος

예수(Ἰησοῦς), 그리스도(Χριστὸς), 생명(ζωή)

아! 니고데모

3장에는 당대 최고의 스펙을 지녔던 니고데모의 이야기가 나온다. 그는 바리새인으로서 산헤드린 공의회 의원이었고 유대인의 지도자였으며 랍비였고 구리온 가문 핫시딤 혈통의 유명인사였다. 예수님을 만나기 전까지 그는 자신의 구원은 '따 놓은 당상(堂上)'이라고 여긴 전형적인 유대주의적 사고와 율법주의적 사고를 지닌 자였다.

예수님은 그런 니고데모를 향해 물과 성령으로 거듭나지 아니하면 하나님나라를 볼 수도 들어갈 수도 없다고 단호히 말씀하셨다. 구원은 화려한 스펙으로 얻을 수 없다라는 것이었다. 그 어떤 것도 구원에 영향을 미칠 수 없으며 오직 물과 성령으로 거듭나야 한다라고 말씀하셨다.

'물'은 말씀이신 예수 그리스도를 의미하며 '성령'은 다른 하나님, 한 분 하나님이신 기능론적 종속성과 존재론적 동질성을 만족하는 하나님을 가리킨다. 그렇기에 '물과 성령으로 거듭난다'라는 것은 성부하나님의 유일한 기름 부음 받은 자 곧 그리스도, 메시야이신 구원자 예수님과, 그 예수님만이 그리스도이심을 가르쳐주셔서 우리에게 믿음을 선물하신 성령님으로 거듭난다라는 것을 가리킨다.

이후 성령님은 우리를 하나님의 자녀로 인쳐주신다. 그렇기에 당연히 예수와 성령에 의하지 않고는 하나님나라에 들어갈 수가 없다.

그리스도 메시야로 이 땅에 오신 예수님(BC 4년)은 공생애(AD 26-30년 중반)동안 천국 복음(하나님나라 복음)만을 전하셨다. 때가 되매 우리의 저주와 수치를 몽땅 안고 '수치와 저주를 상징하는 나무' 십자가에서 우리를 '위하여' 대신 죄에 대한 댓가를 지불(속량)하셨다. 그 예수님은 우리의 구속주(Savior)이시다. 예수님은 십자가에서 '다 이루었다'고 말씀하신 후 운명하셨는데 그 예수로 인해 우리는 구원(3:13-18, 34-36)이 성취되었다. 3일 후에 부활하신 예수로 말미암아 우리는 소망을 갖게 되었다. '소망'이란 미래형 하나님나라에로의 입성과 영생을 가리킨다.

3-1 바리새인 중에 니고데모라 하는 사람이 있으니 유대인의 관원이라

'니고데모'는 헬라어로 니코데모스(Νικόδημος, nm)인데 이는 니코스

(νῖκος, victory)와 데모스(δῆμος, the people assembled)의 합성어이다. 즉 그의 이름에는 '백성의 정복자', '유대인의 지도자'라는 뜻이 내포되어 있다. 한편 니고데모의 조상은 하스몬 왕조의 개국공신으로 구리온 가문의 혈통으로 알려져 있다.

바리새인은 헬라어로 파리사이스(Φαρισαῖος, nm)인데 이는 히브리어 파라쉬(פָּרַשׁ, to make distinct, declare)에서 파생되었다. 그들은 분리주의자(Separatist)이자 순수주의자들(Purist)이었다. 문제는 순수했던 그들의 첫 마음이 세월과 더불어 상실해버린 것이다. 그 때문에 예수님도, 세례 요한도 그들을 향해 독사의 자식들이라고 정죄했던 것이다(마 3:7; 23:33; 눅 3:7).

한편 '독사'는 이사야 선지자가 이사야 14장 29절에서 나쁜 영향력을 구사하면서 하나님을 떠나버린 악한 지도자를 가리켜 독사 혹은 불뱀이라 경고했던 표현이다.

"블레셋 온 땅이여 너를 치던 막대기가 부러졌다고 기뻐하지 말라 뱀의 뿌리에서는 독사가 나겠고 그 열매는 나는 불뱀이 되리라" _사 14:29

2 그가 밤에 예수께 와서 가로되 랍비여 우리가 당신은 하나님께로서 오신 선생인 줄 아나이다 하나님이 함께 하시지 아니하시면 당신의 행하시는 이 표적을 아무라도 할 수 없음이니이다

이 구절에서의 '밤(뉘쿠스, νύξ, the night, 요 13:30; 19:39)'은 '영적 어둠(1:5, 8:12), 영적 둔감 상태'를 의미한다. 사도 요한은 의도적으로 밤이나 어두움을 빛과 대조시키며 당시 니고데모의 영적 상태를 드러내고 있다.

영적으로 둔감했던 '사람(요 3:1; 2:23-25)' 니고데모가 '밤'에 예수를 찾아온 까닭은 예수님을 향한 진정한 영적 허기도 아니요 순전한 영적 갈망도 아니었음을 드러내고 있는 것이다. 사도 요한은 오늘날 대부분의 사람들이 기적이나 은사에 열광하는 것처럼 니고데모 역시 초현실적인 기적이나 가시적인 표적을 보기 위해 왔음을 폭로하고 있는 것이다.

3 예수께서 대답하여 가라사대 진실로 진실로 네게 이르노니 사람이 거듭나지 아니하면 하나님 나라를 볼 수 없느니라

'거듭나다(겐네떼 아노덴, γεννηθῇ ἄνωθεν, be born from above)'라는 것은 '위로부터 나다'라는 의미이다.

한편 '태어나다'라는 헬라어는 겐네떼(γεννηθῇ, be born)인데 이는 수동태로 사용되었다. 그러므로 '거듭나다'라는 것은 성령에 의해 수동적으로 태어난 것을 뜻한다.

아노덴(ἄνωθεν, from above, from the beginning)은 '위로부터, 다시 거듭나다 혹은 태어나다'라는 뜻이다. How 주석은 이를 시간적 의미에서 '새롭게, 처음부터'로 해석했고 공간적 의미에서 '위로부터'라고 해석[17]하고 있다.

결국 '거듭나다(벧전 1:3)'라는 말은 '위로부터 다시 태어나다'와 '새롭게 처음부터 다시 태어나다'로 해석할 수 있다. 즉 '거듭남'의 기원은 '위로

---

17   『요한복음, 어떻게 설교할 것인가』, How 주석 37, 두란노 아카데미, p105

부터, 하늘로부터'라는 것이고 거듭남의 본질은 '다시 처음부터 새롭게 태어나는' 것이라는 의미이다. 그렇기에 5절에서 말씀하신 대로 '물과 성령으로'만 거듭날 수 있는 것이다.

인간 스스로는 결코 거듭날 수 없다. '거듭남'은 오직 성부하나님의 은혜로 만세 전의 택정하심과 성자예수님의 십자가 보혈, 성령하나님의 인쳐주심으로만 가능하다. 다시 말하면 구원은 내가 할 수 있는 범위가 아니라 위로부터 주어지는 은혜임을 선명하게 말씀하고 있는 것이다.

그러므로 니고데모 이야기는 어떤 사람의 지위, 조건, 상태(열매 없이 잎만 무성한 무화과나무, 포도주가 없는 가나 혼인잔치, 성전에서 활발한 제사는 드려지나 그 속에 웅크린 물질에 대한 탐욕 등등)가 구원에는 하등의 영향을 끼치지 못한다는 것을 보여준 것이다. 반면에 4장의 사마리아 여인 이야기를 통해서는 어떤 악조건도 구원에의 길을 막지 못한다라는 것을 드러내고 있다. 결국 구원은 성부하나님의 택정하심에 따라 그분의 전적이고 불가항력적인 은혜(Irresistible grace)로 주어진다는 사실을 보여주고 있다.

'보다(호라오, ὁράω, to see, experience, perceive, attend to)'라는 단어는 요한복음 1장 39, 46절의 '와 보라'에서도 동일하게 사용되었는데 이는 '경험하다, 인식하다, 참여하다'라는 뜻이다. 따라서 하나님나라를 볼(to see) 수 없다라는 것은 미래형 하나님나라에 참여(attend to)할 수 없다라고 해석할 수 있다.

4 니고데모가 가로되 사람이 늙으면 어떻게 날 수 있삽나이까 두번째 모태에 들

어갔다가 날 수 있삽나이까 **5 예수께서 대답하시되 진실로 진실로 네게 이르노니 사람이 물과 성령으로 나지 아니하면 하나님 나라에 들어갈 수 없느니라**

'물과 성령으로'에서의 물은 여러 가지로 해석[18]할 수 있다. '물'은 구원(홍해 도하, 고전 10:2; 세례, 벧전 3:21)과 심판(노아홍수, 창 7:10-8:14)이라는 이중적 의미를 내포하고 있다.

요한복음 7장 37-39절에서의 '물'은 성령을 가리킨다. Calvin은 "물은 성령에 의한 정화 작업"이라고 했다. Harry A. Ironside는 '물'을 '성경 말씀'으로 해석했다. Augustin, Chrysostom, Westcott, Godet, Plummer 등은 물을 '세례(겔 36:25-27; 막 16:16; 행 2:38; 딛 3:5-6)'로 해석했다.

대부분의 학자들은 물은 성결로, 성령은 살리는 것을 상징한다고 해석했다. 즉 물세례를 통해 죄를 회개함으로 씻음 받고 성령에 의해 내적이고 신령한 것으로 새롭게 됨을 의미한다고 했다.

나는 모든 해석이 다 가능하다고 받아들인다. 그럼에도 굳이 내 생각을 밝히자면 아이언사이드의 견해에 동조하는 편이다. '물'은 '말씀인 복음'을 의미함과 동시에 '말씀이 육신이 되신 예수 그리스도'를 의미한다. '성령'은 진리의 영으로서 그 복음의 말씀을 가르쳐주시고 예수님만이 그리스도 메시야이심을 가르쳐주시는 분이다. 그러므로 '물과 성령으로 거듭난다'는 것은 복음(하나님의 말씀)인 예수 그리스도와 예수의 영이신 성령님에 의해서만 거듭날 수 있다라는 의미라고 나는 해석하고 있다. 그러므로 예수님만이 그리스도요 메시야이심을 성령님께서 가르쳐주시고 생각나

---

18 『그랜드 종합주석 13권』, p630

게 하시며(요 14:26) 우리에게 믿음(피스티스)을 선물로 주셔서 우리로 하여금 믿게 하신다(피스튜오, 롬 1:17). 그뿐 아니라 우리를 당신의 미쁘심(피스토스)으로 구원하셨다(고전 12:3). 따라서 물과 성령으로 거듭나지 아니하면 결코 하나님나라에 들어갈 수가 없는 것이다.

'물과 성령으로'라는 구원의 방법은 성부하나님의 택정하심, 성자예수님의 십자가 보혈, 성령하나님께서 선물로 주신 믿음과 그로 인한 인치심임을 기억해야 할 것이다.

'태어나다(겐네떼, γεννηθῇ; be born)'와 '위로부터 다시 거듭나다(아노뗀, ἄνωθεν; from above)'라는 것에는 성령님에 의한 거듭남(구원)의 기원, 거듭남(구원)의 본질, 거듭남(구원)의 방법에 대한 종합적인 의미가 내포되어 있다. 그렇기에 우리는 그저 하나님의 무조건적 구원에 감사할 수밖에 없는 것이다.

6 육으로 난 것은 육이요 성령으로 난 것은 영이니

이 구절에는 육체로부터의 출생과 영으로부터의 출생을 대조하고 있다.

육체의 출생 결과인 '육(肉, 사륵스, σάρξ, nf, flesh)'은 지상에 속한 인간 실체의 연약한 본성을 지칭하는 것으로 창세기 2장 7절의 루아흐가 없는 아담(אָדָם, nm, man, mankind)과 창세기 6장 3절의 하나님의 신(성령, 루아흐)이 사람과 함께 하지 않은 상태로서 육체 혹은 육신을 가리킨다.

한편 '영(靈, 프뉴마, πνεῦμα, nn, wind, breath, spirit)'은 영적 출생의 결과인 하나님께 속한 실체를 말한다. 이는 위(하늘)로부터 거듭 태어난 자, 새롭게 다시 태어난 자, 즉 내재적 실체를 지칭[19]한다. 곧 창세기 2장 7절의 루아흐가 있는 아담 네페쉬(נֶפֶשׁ אָדָם, nf, a soul, living being, life, self, person, desire, passion, appetite, emotion)로서 창세기 6장 3절의 '하나님의 신이 사람과 함께 한 상태'를 말한다. 결국 아담 네페쉬는 물과 성령으로 거듭난 사람이며 예수를 영접한 자로서 영적으로 부활된 자를 가리키는 것이다.

또한 율법적 행위와 육적인 선민(혈통)은 육에 해당하지만 물과 성령 즉 말씀이 육신이 되신 예수와 성령에 의한 영적인 선민은 영에 해당한다. 육으로 한 번 나는 것은 모든 사람을 향한 하나님의 정하신 것이고 물과 성령으로 거듭하여 다시 두 번째로 나는 것은 예정된 자를 향하신 하나님의 택정하심이다. 그렇기에 7절의 거듭나야하겠다는 말은 기이한 것이 아니다. 거듭난 사람은 하나님의 은혜에 그저 감사해야 할 것뿐이다.

7 내가 네게 거듭나야 하겠다 하는 말을 기이히 여기지 말라

'거듭나다'라는 것은 스스로 거듭나는 것이 아니라 성부하나님의 택정하심을 따라 예수와 성령에 의해 거듭난다라는 의미이다. 전자('위로부터 다시 태어나다')가 구원의 기원(origin)이라면 후자('새롭게 다시 태어나다')는 구원의 본질(essence)이다.

8 바람이 임의로 불매 네가 그 소리를 들어도 어디서 오며 어디로 가는지 알지

---

19 『요한복음, 어떻게 설교할 것인가』, How 주석 37, 두란노 아카데미, pp.106-109

못하나니 성령으로 난 사람은 다 이러하니라

'바람(프뉴마; πνεῦμα; nn, wind, breath, spirit)'은 히브리어로 루아흐(רוח, nf)인데 이는 '성령, 바람, 숨'으로 번역된다.

한편 바람을 성령으로 비유한 이유는 다음과 같다.[20]

첫째, 바람이 어디서 시작하여 어디로 가는지 알 수 없듯이 성령의 역사 또한 그 기원을 알 수가 없기 때문이라는 것이다.

둘째, 성령처럼 바람도 눈에 안 보이나 그 현상의 결과(흔적)가 나타나듯 성령의 열매도 그 결과(흔적)로 나타나기 때문이다.

셋째, 바람이 자기 마음대로 불듯 성령의 역사도 하나님의 뜻(섭리와 경륜, 작정과 예정)에 따라 이루어지기 때문이다.

구원의 주체는 하나님이시다. 구원의 대상은 만세 전에 택정되어진 하나님의 선택된 사람들이며 그외에는 모두 다 유기된다. 나는 지난날 항상 이 부분(유기)을 얘기할 때마다 뭔가 마음이 불편했다. 그러나 지금은 '선택과 유기 교리'를 확실히 이해하기에 나를 택정하신 하나님의 은혜에 무한 감사하며 '은혜에 빚진 자, 사랑에 빚진 자'로 살아가고 있다.

9 니고데모가 대답하여 가로되 어찌 이러한 일이 있을 수 있나이까

이 구절에서는 니고데모가 자신의 내면으로부터의 의문에 대한 고민을 진지하게 성찰하는 자세를 보여주고 있다. 일반적으로 조금 배웠다거나 자기만의 고정관념(固定觀念)에 사로 잡힌 이들은 고집이 강할 뿐만 아니

---

20 『그랜드 종합주석 13권』, p630

라 잘 들으려고 하지도 않는다. 이런 사람들은 자신을 한번 더 되돌아보는 진지함이 필요하다. 우리는 모두가 다 진리에 이르는 길에 대한 진지한 추구를 위해 탐구하고 성찰하는 자세를 가져야 한다.

10 예수께서 가라사대 너는 이스라엘의 선생으로서 이러한 일을 알지 못하느냐

'이스라엘의 그 선생(호 다다스칼로스, ὁ διδάσκαλος, nm, an instructor, a teacher)'에서의 헬라어 정관사(호, ὁ)를 쓴 것은 니고데모가 '저명한, 권위있는 선생'이었음을 가리킨다.

당시 니고데모는 랍비였고 구약 및 헬라 지식을 습득하였던 바리새인으로서 유대인의 관원(산헤드린 공회원)이었으니 본인이 먼저 구약의 메시야닉 사인을 마땅히 알고 오히려 백성들을 바르게 가르쳐야만 했던 자였다. 그럼에도 불구하고 니고데모는 여전히 영적 어둠 가운데 있었다. 예수님은 이 구절을 통해 그런 니고데모를 향해 부드러운 일침을 가하고 있는 것이다. 이는 오늘의 우리 사역자들에게도 동일하게 던져진 경고이기도 하다.

11 진실로 진실로 네게 이르노니 우리 아는 것을 말하고 본 것을 증거하노라 그러나 너희가 우리 증거를 받지 아니하는도다

'아는 것'이란 8절의 '바람과 소리'와 연관이 있고 '본 것'이란 바람의 흔적(결과)이 느껴지고 남기 때문에 '보았다'라고 한 것이다. 물론 사람은 누구나 다 바람이 어디서 오며 어디로 가는지 모른다. 그러나 분명한 것은 '아는 것을 말하고 본 것을 보았기에' 그렇게 증거할 수 있다라는 말이다.

마찬가지로 우리는 성령으로 난 사람을 '보고 안다'라고 표현한다. 그러나 성령님은 어디서 오며 어디로 가는지 아무도 모른다. 분명한 점은 성령으로 거듭난 사람을 우리는 주변에서 보고 알 수 있다. 그들에게서 드러나는 변화된 성품과 행실과 믿음을 보며 성령으로 난 사람임을 알게 될 뿐만 아니라 성령의 역사하심 또한 안다고 하는 것이다.

12 내가 땅의 일을 말하여도 너희가 믿지 아니하거든 하물며 하늘 일을 말하면 어떻게 믿겠느냐

11-12절의 "우리~너희가, 내가~너희가"에서 우리는 '예수님 자신'을 가리킨다. 한편 '우리(복수, pl)'라고 표현한 것은 '유대인들의 표현 방법으로서 '권위의 복수'라는 것이다. 즉 권위있는 말씀이기에 복수형을 사용한 것[21]이라는 말이다. 또 다른 해석은 '예수님과 제자들을 모두 일컫는 것'이기에 '우리'라고 한 것이라고 한다.

12절은 3장 8절의 말씀과 연결된다. '땅의 일'이란 바람을 예로 들어 보고 아는 것을 말하며 '하늘의 일'이란 성령의 사역을 말하는 것이다.

한편 Hunter는 "땅의 일은 자연현상을, 하늘 일은 구원 사건 등 초월적

---

21   『그랜드 종합주석 13권』, p631

인 일"이라고 해석한다. 그러나 Westcott는 "거듭남의 경험과 하나님나라를 확보하는 것이 땅의 일이며 하늘 일이란 삼위하나님의 사역으로 구속 계획, 십자가 보혈로의 구속 성취, 성령의 인치심을 의미한다"라고 주석한다. 진실로 아멘이다.

여기에 더하여 나는 "땅의 일은 현재형 하나님나라를 확장해 감에 있어 성령님의 역사하심과 주도하심을, 하늘의 일은 미래형 하나님나라인 거룩한 성 새 예루살렘에서 교회(거룩한 성 예루살렘)가 영생과 함께 12가지 보석처럼 아름답게 조화롭게 다양하게 살아가는 천상의 찬양과 경배의 모습"으로 해석한다.

13 하늘에서 내려온 자 곧 인자 외에는 하늘에 올라간 자가 없느니라

"하늘에서 내려온 자"는 잠언 30장 4절, 계시록 19장 16절에서 말씀하신대로 만왕의 왕이요 만주의 주이신 '예수'를 가리킨다.

"하늘에 올라갔다가 내려온 자가 누구인지, 바람을 그 장중에 모은 자가 누구인지, 물을 옷에 싼 자가 누구인지, 땅의 모든 끝을 정한 자가 누구인지, 그 이름이 무엇인지, 그 아들의 이름이 무엇인지 너는 아느냐"_잠 30:4

"그 옷과 그 다리에 이름 쓴 것이 있으니 만왕의 왕이요 만주의 주라 하였더라"_계 19:16

한편 "하늘에서 내려온 자 곧 올라간 자"는 태초부터 하늘에 계셨던 인자 즉 존재론적 동질성과 기능론적 종속성을 만족하는 예수 그리스도를 가리킨다.

14 모세가 광야에서 뱀을 든 것 같이 인자도 들려야 하리니

모세가 들었던 뱀(민 21:9; 신 8:15)은 놋뱀으로 햇빛에 비춰지면 불같이 보였기에 '불뱀'이라고도 했다. 여기서 '놋'은 심판을, '뱀'은 죄를 의미한다. '놋뱀이 들리었다'라는 것은 우리 죄의 대가 지불을 위해 예수께서 십자가에 달리셔서 못 박히셨음을 의미한다.

참고로 이 놋뱀은 열왕기하 18장 4절에 의하면, 출애굽한 이스라엘 백성이 500여년이 지나도록 유다 13대왕 히스기야 때까지 우상처럼 섬기고 있었다고 한다. 히스기야는 종교개혁을 단행하며 느후스단(놋조각)이라 불리던 놋뱀을 부수어 버렸다.

"여러 산당을 제하며 주상을 깨뜨리며 아세라 목상을 찍으며 모세가 만들었던 놋뱀을 이스라엘 자손이 이때까지 분향하므로 그것을 부수고 느후스단이라 일컬었더라"_왕하 18:4

한편 "들리다(휘프소오; ὑψόω; v, raise, exalt, set on high)"라는 것은 첫째, '십자가에 높이 달리다, 교수형에 처하다(요 8:28; 12:32)'라는 의미와 함께 둘째, '높이 올려 영광을 받다, 영광 속에 들어 올려지다(행 2:31; 5:31)'라는 이중적 의미를 갖고 있다.

이 구절을 통해 은혜로 구원받은 우리는 제한된 인생을 살아가며 자기를 부인하고 자기 십자가를 지고 오직 예수님만 좇아가야 한다. 동시에 육신의 장막을 벗는 그날까지 우리의 주인이신 예수님이 그러하셨듯이 우리 또한 점점 더 희미해지고, 작아지고, 낮아지며, 사라지는 연습을 게을리하지 말아야 할 것이다.

15 이는 저를 믿는 자마다 영생을 얻게 하려 하심이니라 16 하나님이 세상을 이처럼 사랑하사 독생자를 주셨으니 이는 저를 믿는 자마다 멸망치 않고 영생을 얻게 하려 하심이니라

"믿는 자마다"란 표현은 '구원의 조건이나 스펙이 있을 수 없다'라는 의미이다. 즉 이 말은 영생을 얻을 자가 누구냐의 문제가 아니라 '우리를 향하신 하나님의 사랑이 무한대로 크다'라는 것에 방점이 있다. 그러므로 "이처럼" "독생자를"이라는 단어 속에는 14절의 "인자도 들려야 하리니"라는, 값으로 다할 수 없는 엄청난 대가를 지불하신 성부하나님의 사랑이 함의되어 있음을 알아야 한다.

한편 보편론자들(universalist)은 "세상"을 '모든 사람'으로 해석한다. 하지만 '세상'이란 하나님의 은혜로 만세 전에 택정함을 받은 성도(limitarian) 즉 교회를 말하는 것이다. 그러므로 세상을 모든 사람으로 해석하는 것은 곤란하다.

"주셨으니(디도미; δίδωμι; v, I offer, give)"라는 동사에는 기독교의 핵심 교리가 담겨 있는데 첫째는 보내심의 교리(sending formula)이다. 태초부터 계셨던 예수님은 존재론적 동질성상 한 분 하나님이셨다. 권세와 능력이 동일하셨고 위격이 동일하시며 본체가 하나이신 하나님이셨다. 하나님이신 예수님이 그리스도, 메시야로 이 땅에 보내진 것이다. 그렇기에 기독교만이 특별종교라 한다. 왜냐하면 세상의 일반종교는 인간이 신을 찾아가지만 기독교는 신이신 예수님이 인간을 찾아 내려오셨기 때문이다.

둘째는 내어줌의 교리(giving up formula)이다. 이는 로마서 8장 32절과 창세기 22장 2절에서 희생양이신 유월절 어린 양으로 우리를 '위하여' 대신 죽으시기 위해 성부하나님은 성자 예수님을 내어주신 것이다. 즉 십자가 보혈은 하나님의 공의(쩨다카)와 사랑(헤세드)의 결정체였다.

"멸망(아폴뤼미; ἀπόλλυμι, v, kill, destroy, lose, perish)"이라는 단어는 요한복음에만 10여 회 나온다. 이는 '죽이다, 파괴하다, 잃어버리다'라는 의미이다. 특히 요한서 1장 8절에는 동일한 헬라어가 '잃어버리다(lose)'라는 용례로 쓰여져 있다.

17 하나님이 그 아들을 세상에 보내신 것은 세상을 심판하려 하심이 아니요 저로 말미암아 세상이 구원을 받게 하려 하심이라

초림하신 예수님은 심판주가 아니라 구속주로서 이 땅에 성육신하셨다. 대속제물, 화목 제물로 오신 예수님은 이 땅에 오셔서 십자가 보혈이라는 구속 즉 무한한 대가를 지불하시고 인류에게 구원을 선물하신 것이다. 부활하신 예수님은 승천하셔서 하나님 보좌 우편에 승리주로 계시다가 우리를 미래형 하나님나라에 데려 가시기 위해 다시 재림하실 것이다. 그때에는 심판주로 오실 것이다. 이후 백보좌 심판을 통해 세상을 심판하시고 완전한 하나님나라를 완성하실 것이다.

요한복음 3장 16-17, 19절에서의 "세상"은 17장 6, 9절에도 반복되어 기술되어 있다. 요한계시록 14장 6절에 의하면 이들은 '지금은 땅에 있으나 장차 하나님께로 나아올 자들(ἐπὶ τοὺς καθημένους ἐπὶ τῆς γῆς)'인데 나는 이들을 가리켜 '카데마이(κάθημαι, v)'라고 통칭한다. 이들이 바로 만세 전에 성부하나님의 택정하신 자들로서 때가 되면 예수 그리스도 복음(구원과 생명)을 통해 구원받을 자들인 것이다.

18 저를 믿는 자는 심판을 받지 아니하는 것이요 믿지 아니하는 자는 하나님의 독생자의 이름을 믿지 아니하므로 벌써 심판을 받은 것이니라

'복음'은 믿는 자에게는 복된 소식이지만 불신자에게는 심판에 대한 경고로서 서로 상반(相反)되는 이중적 의미가 담겨 있다. 믿는 자는 백보좌 심판(신원, vindication)을 통해 영생을 얻는다. 그러나 불신자는 이미 하나님과 단절 상태(창 6:3, 하나님의 신이 사람과 함께하지 않음)이기에 벌써 심판을 받은 것이며 예수님의 재림 후에는 백보좌 심판을 통해 유황 불못(둘째 사망, 영원한 죽음, 계 21:10)의 심판을 받게 될 것이다.

심판을 받은 것'이란 '심판이 정해진 것(시 14:1-3)'이라는 의미이다.

19 그 정죄는 이것이니 곧 빛이 세상에 왔으되 사람들이 자기 행위가 악하므로 빛보다 어두움을 더 사랑한 것이니라 20 악을 행하는 자마다 빛을 미워하여 빛으로 오지 아니하나니 이는 그 행위가 드러날까 함이요 21 진리를 좇는 자는 빛으로 오나니 이는 그 행위가 하나님 안에서 행한 것임을 나타내려 함이라 하시니라

"악(파울로스, φαῦλος, adj, worthless, wicked, bad)"은 '가치 없는, 사악한'이라는 의미이다. 비슷한 단어가 고린도후서 6장 15절의 "벨리알(Belial)"인데 이는 헬라어로 벨리아르(Βελίαρ, "lord of the forest", Beliar, a name of Satan, בְּלִיַּעַל, nm, worthlessness, wickedness)이며 히브리어로 벨리아알(בְּלִיַּעַל, nm)이다. 사무엘상 25장 17, 25절에 동일한 의미가 있는데 바로 불량한 사람(a scoundrel, rogue, rascal) 나발(נָבָל, a man of Carmel)이다. 나발은 동사 나벨(נָבֵל, to be senseless or foolish, disgrace)에서 파생되었다.

"불량한(벨리아알, בְּלִיַּעַל, nm)"이라는 히브리어는 벨리(בְּלִי, without, a wearing out/בָּלָה, v, to become old, wear out)와 아알(יָעַל, v, to confer or gain profit or benefit)의 합성어로서 '가치 없이 무익하게 살아가는 것'이라는 의미이다('악한 자와 비류, 삼상 30:32).

22 이 후에 예수께서 제자들과 유대 땅으로 가서 거기 함께 유하시며 세례(침례)를 주시더라

이 구절에서 오해하지 말아야 할 것은 예수님은 직접 세례를 주신 것이 아니라는 것이다. 4장 2절에 의하면 예수님이 아니라 제자들이 침례 혹은 세례를 준 것으로 되어 있다.

23 요한도 살렘 가까운 애논에서 세례(침례)를 주니 거기 물들이 많음이라 사람들이 와서 세례(침례)를 받더라 24 요한이 아직 옥에 갇히지 아니하였더라

25 이에 요한의 제자 중에서 한 유대인으로 더불어 결례에 대하여 변론이 되었더니

세례 요한은 구약의 마지막 선지자였다. 그렇기에 예수님의 본격 사역은 세례 요한의 투옥 이후부터이다.

"결례(카다리스모스, καθαρισμός, nm, cleansing, purifying, purification)"는 유대인의 일상생활에서 시행되던 정결예식이다. 이는 '죄를 씻어 정결케하는 세례'와 동일한 의미이다.

한편 '세례'의 헬라어로는 밥티조(βαπτίζω, v, to dip, sink)와 밥토(βάπτω, v, to dip)가 있다. 후자인 밥토는 물에 잠기는 그 자체를 말하며 그 결과 물리적 변화(physical change)를 의미하나 전자의 밥티조는 물(식초)에 푹 잠겨 화학적 변화(chemical change)를 동반하는 것까지를 포함한다. 그러므로 세례의 원래 의미는 '침례'를 의미하는 밥티조(βαπτίζω)가 더 가깝다. 물론 문자적 의미보다 상징적 의미가 훨씬 더 중요함을 알아야 한다.

신약의 '세례'는 구약의 '할례'와 동일하며 할례는 히브리어로 '물(מול, v, to circumcise)'인데 이는 '너는 온전히 죽었고 이제 후로는 나로 살아야 한다'라는 의미이다. 이는 세례의 네 가지 의미 곧 예수 그리스도의 십자가 보혈로 죄씻음, 예수님을 영접함, 그리스도와 연합(Union with Christ)과 하나 됨, 그 예수를 나의 구주 나의 하나님으로 신앙고백함 등을 모두 함의하는 것이다.

26 저희가 요한에게 와서 가로되 랍비여 선생님과 함께 요단 강 저편에 있던 자

곧 선생님이 증거하시던 자가 세례(침례)를 주매 사람이 다 그에게로 가더이다

이 구절에서 세례 요한의 제자들은 그들의 선생인 세례 요한에게 예수 님을 가리켜 말하기를 "요단 강 저편에 있던 자"라고 호칭하고 있다. 이는 그들이 예수를 은근히 무시하는 것일 뿐만 아니라 예수에 대한 불편한 심 기를 드러내는 것이기도 하다.

기록에 의하면 1세기 중엽까지도 세례 요한을 따르는 자들이 있었다[22] 라고 한다. 사도행전 18장 24-26절에 나오는 '아볼로'가 그 중의 하나였다.

27 요한이 대답하여 가로되 만일 하늘에서 주신바 아니면 사람이 아무것도 받을 수 없느니라

이 구절을 살펴보면 세례 요한은 예수님에 대해 자신의 제자들과는 달 리 생각하고 있음을 보여주고 있다. 이런 모습이 바로 '성도의 바른 삶의 원리이자 태도'이다. 우리는 성령님의 통치, 질서, 지배 하에서 그분께 온 전히 주권을 드리며 살아가야 한다.

"하늘에서"라는 것은 '하나님께로부터'라는 의미로서 '하나님의 뜻으로 주셨다'라는 말이다. 이런 세례 요한의 태도는 구약시대 다윗의 모습을 연상케 한다. 당시 '시므이'란 사람이 있었다. 그는 다윗이 압살롬의 반란 으로 허둥지둥 도망하는 모습을 보며 "피를 흘린 자여 비루한 자여 가거 라 가거라"하면서 뒤통수에 대고 저주하며 티끌을 날리며 돌을 던졌던 사

---

22 『그랜드 종합주석 13』, p635에서 재인용

람이다(삼하 16:7). 그러자 스루야의 아들 아비새가 그의 머리를 베겠다고 분개했다. 하지만 다윗은 "여호와께서 저에게 명하신 것이니 저로 저주하게 버려 두라"고 반응했다(삼하 16:11).

우리는 모든 주권이 하나님께 있음을 알고 그분의 작정과 예정, 섭리의 경륜을 따라 내주하시는 성령님께 믿음으로 순종하는 것만이 필요할 뿐이다.

28 나의 말한 바 나는 그리스도가 아니요 그의 앞에 보내심을 받은 자라고 한 것을 증거할 자는 너희니라 **29** 신부를 취하는 자는 신랑이나 서서 신랑의 음성을 듣는 친구가 크게 기뻐하나니 나는 이러한 기쁨이 충만하였노라 **30** 그는 흥하여야 하겠고 나는 쇠하여야 하리라 하니라

세례 요한은 예수님을 찬양했다. 모든 신자는 세례 요한의 태도를 본받아야 한다. 한편 그의 모습은 유한하고 한 번뿐인 삶을 살아가는 모든 성도들의 중요한 삶의 지침이자 본질이다. 알게 모르게 우리에게 일어나는 모든 일과 사건은 하나님의 은혜 가운데 그분의 섭리와 경륜 하의 일인 것을 명심해야 한다. 왜냐하면 우리에게 일어나는 모든 일들은 하나님의 허락 하에서만 일어나기 때문이다. 그러므로 간혹 우리의 상식으로 전혀 이해가 안 되는 일이 발생하더라도 우리는 주인 되신 하나님의 주권을 온전히 인정하며 그분만을 신뢰함으로 나아가는 삶이 필요하다.

"흥하다(아욱사노, αὐξάνω, v, properly, grow, increase)"라는 것은 '수나 양에서 증가하다'라는 뜻이다. 3장 26절은 당시 상황에 대해 세례 요한에게

보고하는 제자들의 모습을 보여주고 있다.

당시 세례 요한은 시기나 질투 등 예수에 대한 약간의 미동도 없었다. 오히려 이곳 30절에서는 자신의 솔직한 속내를 보여주고 있다. 덧붙혀 "나는 선지자이며 신랑의 친구"일 뿐이고 "그분 은 진정한 신랑으로서 구속주이시다"라고 증언하고 있다. 세례 요한은 예수님이 가실 십자가의 길을 이미 알고 있었던 것이다.

"쇠하다(엘라토오; ἐλαττόω; v, to make less (in rank or influence)"라는 것은 '영향력에서 줄어든다'라는 말이다. 이는 자신의 정체성을 분명히 알고 있는 세례 요한의 선지자적 사명을 보여주고 있는 부분이다. 그는 구속주이신 예수님이 이미 오셨고 자신은 선지자로서 그 길을 예비하러 먼저 온 자이기에 이제 후로는 점점 더 사라져야 하는, 쇠퇴해져감이 마땅하다라고 생각했던 것이다. 세례 요한은 자신의 소명과 사명이야말로 하나님의 작정과 예정이요 섭리와 경륜을 따른 것이라고 확신했던 것이다.

"하겠고(데이, δεῖ, v, it is necessary, inevitable)"라는 것은 '반드시 그렇게 되어야 한다(당위성, 필연성)'라는 의미이다.

31 위로부터 오시는 이는 만물 위에 계시고 땅에서 난 이는 땅에 속하여 땅에 속한 것을 말하느니라 하늘로서 오시는 이는 만물 위에 계시나니

세례 요한은 예수와 대조하면서 상대적인 우열의 비교 대신 절대적이고 초월적인 기원을 지니신 예수님을 높이고 있다.

에베소서 1장 20-23절에서는 예수의 천상적 기원(만물 위에 계신)과 창조주이심을 잘 묘사해 주고 있다. 반면에 세례 요한은 땅의 기원 측면에서 "여자가 낳은 자 중에 가장 큰 자(마 11:11, 눅 7:28)"이며 "하나님의 보내심을 받은 선지자(마 21:25, 요 1:6)"인 것을 말씀하고 있다. 그런 세례 요한은 자신의 위치, 소명, 사명을 분명하게 인식하고 있었다.

한편 '위로부터 오시는 이'는 예수님을 가리키며 '땅에서 난 이'는 세례 요한을 가리킨다. 예수님은 하나님의 말씀을 하시고 영원한 생명에 관한 본질적인 가치를 말씀하셨다. 반면에 세례 요한은 땅에 속한 것 즉 땅에 기원을 두고 땅의 성격을 띤 것을 말했다.

따라서 세례 요한은 예수를 드러내며 영원한 생명에 관한, 곧 본질적인 것을 향하도록 땅에 사는 사람들(지금은 땅에 있으나 장차 하나님께로 나아올 자들, ἐπὶ τοὺς καθημένους ἐπὶ τῆς γῆς)에게 "예수, 그리스도, 생명"을 외쳤던 것이다.

32 그가 그 보고 들은 것을 증거하되 그의 증거를 받는 이가 없도다

세례 요한과는 달리 예수 그리스도는 "그 보고 들은 것"을 증거하셨다. 이는 그리스도의 선재성(先在性)을 강조한 것이다. 동시에 아버지 하나님의 넘치는 무한한 사랑과 은혜, 신실함과 더불어 독생자를 이 땅에 보내셔서 십자가 보혈로 대가 지불을 통한 언약의 성취를 이루심, 성령님의 인치심 후 하나님의 자녀가 된 성도에게는 구원과 영생이, 불신자에게는 심판과 영벌이 주어질 것임을 증거한 것이다.

"그의 증거를 받는 이가 없도다"라는 것은 예수의 증거에 대한 세상의 반응을 묘사한 것으로 성부하나님의 안타까움이 잘 드러나고 있다.

33 그의 증거를 받는 이는 하나님을 참되시다 하여 인쳤느니라

　예수의 증거를 받는 이는 그 믿음으로 영생을 얻게 된다. 인간들이 예수의 증거를 받는다는 것은 그를 보내신 하나님의 증거를 받는 것(요 14:24)이며 하나님의 신실하심을 믿는 것이다.

　"하나님을 믿지 아니하는 자는 하나님을 거짓말하는 자로 만드나니 이는 하나님께서 그 아들에 관하여 증거하신 증거를 믿지 아니하였음이니라"_요일 5:10

　사실 창조주이신 하나님은 피조물인 인간의 인정과 보증(인치심)이 전혀 필요치 않다. 그러나 인간의 측면에서는 구원을 위해 하나님의 하나님되심에 관한 믿음과 순종이 필요하다. 즉 하나님을 참되시다라고 외침(믿는 것)이 반드시 필요하다라는 것이다.

34 하나님의 보내신 이는 하나님의 말씀을 하나니 이는 하나님이 성령을 한량없이 주심이니라 35 아버지께서 아들을 사랑하사 만물을 다 그 손에 주셨으니 36 아들을 믿는 자는 영생이 있고 아들을 순종치 아니하는 자는 영생을 보지 못하고 도리어 하나님의 진노가 그 위에 머물러 있느니라

　"하나님이 성령을 한량없이 주심"이라는 것은 예수께 '성령을 한없이 계속 부어주셨음'이라는 말이다(Augustine, Calvin, Lucke, Alford). 이는 '예수께 성령을 무제한으로 주셨다'라는 것으로 예수님만이 그리스도, 메시야임을 확증한 것(Westcott)이다.

"만물을 다 그 손에 주셨다"라는 것은 "하늘과 땅의 모든 권세를 내게 주셨으니(마 28:18; 고전 15:27; 계 1:18)"라는 말씀과 상통한다. 즉 예수는 창조주이시며 역사의 주관자 하나님이시라는 말이다. 그는 만물의 머리(엡 1:20)이시요 만유의 주(행 10:36; 계 19:16)시요 만왕의 왕, 만민의 심판주(요 5:27)이시다.

"믿는다"라는 것은 '순종한다'라는 의미(롬 1:5; 약 1:22-25; 2:14-26)이다. 왜냐하면 믿음은 순종을 내포하고 있기 때문이다.

"진노"의 헬라어는 뒤모스(θυμός)와 오르게(ὀργή, nf)이다.[23] 전자(θυμός)는 일시적이며 가끔 성내는 것이라면 후자(ὀργή)는 큰 분노와 영구적인 노함을 가리킨다. 여기서는 후자의 의미로 사용되었다.

---

23 '진노'의 헬라어는 뒤모스(θυμός)와 오르게(ὀργή, nf, impulse, wrath, ("settled anger") proceeds from an internal disposition which steadfastly opposes someone or something based on extended personal exposure, i.e. solidifying what the beholder considers wrong (unjust, evil)이다.

은혜 위에 은혜러라

*

Grace for Grace

Χάριν ἀντὶ χάριτος

예수(Ἰησοῦς), 그리스도(Χριστὸς), 생명(ζωή)

괴짜의사 Dr. Araw의
쉽고 바르게 읽는 요한복음 장편(掌篇) 강의 . . . . **레마 이야기 4**

나는
사마리아 여인이었다

4장에는 최고의 스펙을 지녔던 3장의 니고데모와는 전혀 다른 최악의 스펙을 지닌 사마리아 여인이 등장한다. 상반되는 이들을 통해 사도 요한은 그 어떤 것도 그 무엇도 구원에는 하등의 영향을 미치지 못한다라는 것을 드러내고 있다.

4장에 등장하는 사마리아 여인은 비록 현실적으로는 험악하게 살아가고 있으나 성부하나님의 은혜로 만세 전에 택정하심을 입은 자였다. 그런 그녀는 때가 되매 예수를 만나게 된다. 그녀는 그 구원자 예수를 '믿음으로' 택정하심을 따른 구원을 얻게 된다. 이후 그녀는 열정적인 복음전

레마이야기 4 · 111

도자가 되었다(요 4:28-29). 구원받은 그녀의 변화는 우리의 구원이 하나님의 택정하심을 따른 전적인 은혜임을 보여주는 또 하나의 실증이다.

사마리아 여인과의 이야기에서 예수님은 그녀와의 접촉점으로 물(음료)을 사용하셨다. 예수님은 사마리아를 지나며 야곱의 우물(사마리아의 한 성읍인 수가에 위치)로 다가가 그곳에 물을 길러 온 그 여인에게 물을 좀 달라고 하셨다. 그렇게 대화의 물꼬를 텄다. 계속하여 예수님은 자연스럽게 '영적 갈증'이라는 주제를 말씀하시며 그 여인의 입장에서는 다소 생소할 수도 있는 '생수'를 얘기하신다. 목이 말라서 물을 달라고 하는 이가 자신 스스로를 생수라고 얘기한다는 것은 참으로 엉뚱해 보인다.

그러나 예수님은 논리적이거나 그런 앞뒤 상황들에 전혀 개의치 않으셨다. 예수님은 계속하여 육적인 갈증과 영적인 갈증을 말씀해 주셨다(요 4:14). 또한 '육적 갈증'의 여러 대상 즉 갈증으로 타는 목마름을 해결하기 위한 음료나 당시 능력 없는 아내들에게 든든한 의지가 되는 남편을 등장시키며 영적 갈증을 해결할 수 있는 '영생토록 솟아나는 샘물', '생수'에 대하여 말씀을 계속하여 이어 가셨다.

한참을 묵묵히 듣고 있던 여인이 반응하자 예수님은 그 여인을 향해 뜬금없이 남편을 데려오라고 했다. 그런 후 예수님은 그녀에게 '갈증'을 온전히 해결해 주는 대상은 남편도 아니고 우물물도 아니라고 말씀하셨다. 동시에 이번에는 하나님을 찬양하고 경배하는 예배로 화제를 이끌어 가셨다. 결국 예배를 통해서만 영적 해갈을 얻을 수 있다라고 말씀해 주신 것이다.

당시 여인들에게 남편의 존재는 의식주에 대한 갈증을 해결해주는 든

든한 배경이었다. 그러나 그 여인의 사정은 기구했다. 그녀는 갈증 해결을 위해 지금까지 다섯 명의 남편을 두었으나 아니었다. 지금의 여섯째 남편(또는 내연남)조차도 갈증 해결에는 전혀 도움을 주지 못했다. 그러므로 여인은 예수님의 물음에 "남편은 없다"라고 대답했다. 즉 '갈증을 해결해주는 남편은 어디에도 없다'라고 대답했던 것이다.

예수님은 여인의 그 절규에는 아무 대답도 하지 않으시고, 이번에는 뜬금없이 '예배'를 언급하셨다. 그리고는 영육 간에 갈증을 해결하는 '진정한 남편'이 바로 '예배'라고 하셨다. 예배를 통해서만 갈증이 해갈될 것을 말씀하셨던 것이다. 그러자 여인은 그런 예배를 '어디서 드리게 되냐'라고 묻는다. 예수님은 특정한 장소인 '어디서'가 아니라 그리스도인들은 '어디서든' 신령과 진정으로, 바른 예배자로서 예배를 드리는 것이 중요하다라고 말씀하시고 있다.

'신령'이란 성령을 말하며 '진정'이란 진리라는 의미이다. 특히 진리는 말씀이며 예수 그리스도를 의미한다. 예배는 말씀을 풀어주시는 진리의 영이신 성령님에 의해 '오직' 말씀을 중심으로 성삼위하나님께 찬양과 경배를 드리는 것을 말한다.

4장 43-54절은 두번째 표적을 통해 왕의 신하의 아들을 고치시는 치유를 보여주고 있다. 50절을 보면 "믿고 갔더니 외아들이 살아났다"라고 기록되어 있다. 이는 3장 36절의 말씀이 그대로 이루어진 것이다. 자신의 아들이 반드시 나을 것을 믿고 갔던 그 신하는 비록 죽어가던 아들이 살아나는 현장은 보지 못했지만 결과적으로 '믿음으로' 살아난 아들을 얻게 되었던 것이다. 요한복음 20장 29절의 도마에게 "너는 나를 본 고로 믿느냐 보지 못하고 믿는 자들은 복되도다"라고 하셨던 예수님의 말씀이 연상된다.

4-1 예수의 제자를 삼고 세례(침례)를 주는 것이 요한보다 많다 하는 말을 바리새인들이 들은 줄을 주께서 아신지라

요한복음의 기록 시기는 학자에 따라 다르지만 대략 AD 90-95년으로 추정한다. AD 70년에 헤롯성전(BC 20-AD 63년)은 로마의 디도 장군에 의해 붕괴되었다. 그러다 보니 성전 중심으로 활동하던 사두개인들의 영향력은 급속히 떨어졌고 헤롯 왕조와 로마법을 지지하던 유대인들(마 22:16)의 모임인 헤롯당 역시 세력이 미미해져 갔다. 한편 그때까지 제법 올곧게 구별되게 살려고 노력해왔던 바리새인들은 1세기 말에도 큰 영향력을 행사하고 있었다.

2 (예수께서 친히 세례(침례)를 주신 것이 아니요 제자들이 준 것이라)

3장 24절에 의하면 당시 세례 요한은 아직 옥에 갇히지 않았기에 예수의 사역은 '그 이후부터'라는 것을 의도적으로 드러내면서 사도 요한은 당시 예수님은 세례를 베풀지 않았다는 사실을 이 구절에서 일부러 부각시키고 있음을 알 수 있다.

3 유대를 떠나사 다시 갈릴리로 가실새

2-3장에서는 예수께서 유월절을 지내기 위해 예루살렘에 계셨음을 밝혔다. 이후 유대를 지나 의도적으로 사마리아를 통과하여 갈릴리로 가셨다.

'갈릴리'라는 지명은 이사야 9장 1-2절에서 인용한 것으로 마태복음 4장 15-16절에서는 '이방 혹은 땅끝'이라는 의미로 쓰였다. 뒤이어 나오는 4절과 함께 예수님의 선교 행로를 가만히 살펴보면 모든 일들에 앞서 가지도, 임의로 행하시지도 않고 성령님의 인도하심을 따라 움직이는 것을 볼 수 있다(행 1:8).

"전에 고통하던 자에게는 흑암이 없으리로다 옛적에는 여호와께서 스불론 땅과 납달리 땅으로 멸시를 당케 하셨나니 후에는 해변 길과 요단 저편 이방의 갈릴리를 영화롭게 하셨느니라 흑암에 행하던 백성이 큰 빛을 보고 사망의 그늘진 땅에 거하던 자에게 빛이 비취도다"_사 9:1-2

"스불론 땅과 납달리 땅과 요단강 저편 해변 길과 이방의 갈릴리여 흑암에 앉은 백성이 큰 빛을 보았고 사망의 땅과 그늘에 앉은 자들에게 빛이 비취었도다 하였느니라"_마 4:15-16

4 사마리아로 통행하여야 하겠는지라

사도 요한은 예수님이 유대인들과의 충돌을 피하기 위해 혹은 육체적으로 피곤했기에 비교적 빠른 통행로인 사마리아를 통과하여 갈릴리 사역을 위해 이동하셨다고 표현하고 있다.

당시 유대에서 갈릴리로 가는 길은 여러 가지가 있었다. 해변으로 가는 길과 요단강 동편 베레아를 통과하여 가는 길, 그리고 사마리아 중심부를 가로지르는 길이다. 3일 걸리는 세 번째 길이 가장 단거리였다.

열왕기하 17장 22-24절에 의하면 BC 722년에 북이스라엘이 앗수르에 정복된 후 앗수르는 혼혈 정책을 썼다. 이후 순수 혈통을 고집하던 유대인들은 사마리아인들이 '혈통과 야훼 종교의 순수성을 더럽혔다'라며 그들을 멸시했고 아예 상종조차 하지 않았다. 이들의 반목은 예수님의 공생애 기간에도 계속되었다.

"사마리아(사마레이아; Σαμάρεια, nf)"는 히브리어 숌론(שֹׁמְרוֹן)에서 파생되었으며[24] 이곳은 북이스라엘의 수도(capital of N. kingdom of Isr)였다. 숌론은 동사 솨마르(שָׁמַר, to keep, watch, preserve, careful, observe, guard)에서 나온 것이다.

"통행하여야 하겠는지라"의 동사 데이[25](δεῖ, v)는 '반드시 그렇게 해야 한다'라는 의미이다. 사도행전 1장 8절에 의하면 성령님에 의해 인도되어지는 행로(예루살렘→유대→사마리아→땅끝)를 통해 복음이 전해지는 것을 볼 수 있는데 이는 예수님의 행로와 동일하다. 즉 예수님은 성령님의 인도하심

---

24 사마레이아(Σαμάρεια, nf, Samaria)는 a small district of Palestine, bounded by Galilee on the north, and by Judaea on the south, and taking its name from the city of Samaria, the ancient capital of the kingdom of (northern) Israel)이다. 이는 히브리어 숌론(שֹׁמְרוֹן)에서 파생되었다.

25 데이(δεῖ, v)는 properly, what must happen, i.e. what is absolutely necessary ("it behooves that . . . "), it is necessary, inevitable)이다.

을 따라 예루살렘과 온 유대와 사마리아와 땅끝(갈릴리)까지 복음을 전하셨던 것이다.

5 사마리아에 있는 수가라 하는 동네에 이르시니 야곱이 그 아들 요셉에게 준 땅이 가깝고

"수가(쉬카르, Συχάρ)"는 히브리어 쉐카르(שֵׁכָר, nm, intoxicating drink, drunkards, 술에 빠진 자의 성, 사 28:1, 거짓 성, 합 2:18)에서 파생되었고, 동사 쇠카르(שָׁכַר, to be or become drunk or drunken)에서 왔는데 '값을 치르고 사다(גָּאַל, v, to redeem, act as kinsman), 구속(גְּאֻלָּה, nf, redemption) 혹은 대속(פָּדָה, v, to ransom)'을 의미한다.

한편 수가는 세겜 땅에서 동남쪽으로 2마일 떨어진(Talmud, Eusebius) 세겜과 가까운 동네로서 이 두 단어는 같은 의미로 쓰였다. 창세기 33장 18-20절에서는 '샀다(קָנָה, v, to get, acquire)'라는 의미로 되어 있다. 그러나 창세기 48장 22절에는 "칼과 활로 아모리 족속의 손에서 빼앗은 것(לָקַח, v, to take)"이라는 의미로 사용되었다. 즉 '적들로부터 칼과 활이라는 값을 치르고 취한 것'이라는 의미이다.

6 거기 또 야곱의 우물이 있더라 예수께서 행로에 곤하여 우물 곁에 그대로 앉으시니 때가 제 육시쯤 되었더라

'예수께서 행로에 곤했다'라는 표현에서 우리는 선교에 임하는 태도 혹은 자세(attitude), 더 나아가 각오를 엿볼 수 있다. 복음을 전함에 있어 곤하여 우물 곁에 그대로 풀썩 주저 앉으시는 예수님을 보며 코끝이 찡해져 옴을 느껴야 한다. 동시에 그렇게까지 나를 찾아오신 예수님을 부둥켜안고 감격의 눈물을 흘려야 할 것이다.

결국 예수님은 성육신하셔서 구속 사역을 온전히 성취하시기 위해 매사 매 순간 최선을 다하셨다는 사실에 주목해야 한다. 우리 또한 예수님의 지상 명령인 '복음 전파(선교)'에 동일한 자세를 가져야 할 것이다.

참고로 유대인의 시간법에 6을 더하면 현대의 시간이 나온다. 월(月)에는 3을 더하면 된다. 따라서 이 구절의 제 "육시"라는 것은 예수님이 정오에 우물가에 도착하셨음을 말한다.

한편 당시의 '우물가'는 신부가 신랑을 만나는 장소로서 우물은 만남의 광장이기도 했다. 야곱이 라헬을 우물가에서 만났고 이삭이(아브라함의 늙은 종 엘리에셀) 리브가를 우물에서 만났다. 모세도 십보라를 우물에서 만났다. 사마리아 여인 또한 우물가에서 진정한 신랑 되신 예수님을 만났던 것이다. 우물가로 오신 예수님은 오늘 영적 갈등으로 우물가를 찾았던 사마리아 여인된 우리 모두의 남편이시다(렘 3:14).

7 사마리아 여자 하나가 물을 길러 왔으매 예수께서 물을 좀 달라 하시니

"사마리아 여자 하나가"라는 표현에서는 천대와 멸시, 그리고 상대로부터 가볍게 여겨지고 있다라는 사실을 알 수 있다. 그도 그럴 것이 '사마리아'는 혈통적, 종교적 혼합지역이었을 뿐만 아니라 그 여인은 제대로 자신의 이름도 갖지 못했던, 그야말로 당시 물건 취급 당하던 여자였기 때문이다.

한편 '물을 달라'고 하시던 예수님의 선교적 접근법에서 우리는 선교 방법의 팁(TIP)을 배우게 된다.

본문을 자세히 읽어 보면, 예수님께서 그 여인의 물을 받아 마신 후 당신의 목마름이 해결되었다라는 내용이 없음을 알게 된다. 곧 예수께서 물을 달라며 그 여인에게 접근한 이유는 목이 말라서가 아니라 그 여인에게 복음(진정한 생수)을 전함으로 회개를 통한 회복을 주시고자 함(13-14)이었다라는 것이다.

한편 사마리아 여인의 이야기는 하나님의 은혜의 복음 이야기로서 예수를 만나 구원(생명)을 얻게 된, 가슴 벅찬 소망(엘피스)과 넘치는 기쁨(카라)이 가득한 이야기이다.

8 이는 제자들이 먹을 것을 사러 동네에 들어갔음이러라 9 사마리아 여자가 가로되 당신은 유대인으로서 어찌하여 사마리아 여자 나에게 물을 달라 하나이까 하니 이는 유대인이 사마리아인과 상종치 아니함이러라

"당신은 유대인으로서"라는 표현에서는 당시 유대인과 사마리아인 사이에는 분명한 거리가 있었음을 알 수 있다. 오랜 세월을 지나오며 그들 간에는 문화와 복장, 그리고 언어가 달랐음을 암시하고 있는 것이다.

사사기 12장(1-7절)에는 입다의 길르앗 사람들과 에브라임(사마리아) 사람들 간의 싸움 이야기가 나온다.

당시 승전한 길르앗은 도망하는 에브라임을 요단 나루턱에서 검문했다. 에브라임 사람들은 길르앗 사람과 발음에 있어서 완연히 다른, 정확하게 구별되는 부분(사메크, ס와 쉰, שׁ)이 있었다. 다름 아닌 '십볼렛'이다. 그렇기에 도망자를 검문하면서 십볼렛(סִבֹּלֶת, nf, probably an ear of grain or of wheat)을 말해보라고 한 후 만약 그 발음을 쉽볼렛(שִׁבֹּלֶת)이라고 하면 에브라임(사마리아)사람이라고 판단하여 길르앗 사람들은 검문 중에 그들을 사정없이 죽여버렸던 것이다.

참고로 역사적으로는 에브라임과 므낫세 반 지파가 사마리아 지역에 거주했고 요셉의 유골이 사마리아 지역 내의 세겜에 묻혀 있었다.

"상종하다(쉰크라오마이; συγχράομαι, v, to use together with, to associate with)"에 해당하는 헬라어는 쉰(σύν, prep, with, together with)과 크라오마이(χράομαι, v, to use, make use of)의 합성어로 '함께 사용하다'라는 의미이다. 의역하면 '긴밀하게 교제하다'라는 뜻이다.

10 예수께서 대답하여 가라사대 네가 만일 하나님의 선물과 또 네게 물좀 달라 하는 이가 누구인 줄 알았더면 네가 그에게 구하였을 것이요 그가 생수를 네게 주었으리라

"물(휘도르, ὕδωρ)"이란 '생수(휘도르 존, ὕδωρ ζῶν, living water)'를 의미하고 '하나님의 선물'은 구체적으로 '생수'를 가리킨다. "생수(휘도르 존, ὕδωρ ζῶν, living water)"는 흐르는 물로서 '예수 그리스도'를 상징(3:16, 고전 10:4, 신령한 음료)한다. 요한복음 4장 14절, 7장 37-39절에서는 '성령'을 의미하기도 했다. 삼위하나님을 가리켜 예레미야 2장 13절은 '생수의 근원'이라고 했고 이사야 12장 2-3절에서는 '구원의 우물'이라고 했다.

학자에 따라서는 '생수'를 세례(Justin, Martyr), 신앙(Lucke), 구원(Tholuck), 그리스도 자신(Meyer, Olshausen), 영생(Wescott, Godet), 성령(Calvin, Luthardt, Bernard, Morris)으로 해석[26]하기도 했다.

한편 '야곱의 우물'은 수가성 근처의 우물로서 깊이가 100 피트나 되는 '고여 있는 오아시스였다'라고 한다.

"하나님의 선물과"에서 '선물(도레아, $\delta\omega\rho\epsilon\dot{\alpha}$, nf, a free gift)'이라는 헬라어는 성령의 은사($\tau\grave{\eta}\nu$ $\delta\omega\rho\epsilon\grave{\alpha}\nu$ $\tau o\hat{\upsilon}$ $\dot{A}\gamma\acute{\iota}o\upsilon$ $\Pi\nu\epsilon\acute{\upsilon}\mu\alpha\tau o\varsigma$, the gift of the Holy Spirit, 행 2:38; 8:20; 10:45), 속죄의 은사(롬 5:15; 고후 9:15), 각종 은사(엡 3:7; 4:7)에도 동일하게 사용되었다.

11 여자가 가로되 주여 물 길을 그릇도 없고 이 우물은 깊은데 어디서 이 생수를 얻겠삽나이까

당시 야곱의 우물에는 염소 가죽으로 만든 두레박이 있었다. 사마리아 지역의 사람들은 그 두레박을 사용하고 있었으나 그들과 상종하기 싫어하는 유대인들은 그것을 사용하지 않을 것이 뻔하기에 사마리아 여인은 유대인이었던 예수님에게 '물 길을 그릇이 없다'라고 대답한 것이다.

사마리아 여인이 "어디서"라고 물은 표현은 요한복음 3장 4, 9절에서

---

26   『그랜드 종합주석 13권』, p653 재인용

니고데모가 "어떻게, 어찌 이런 일이"라고 질문한 것과 맥락이 비슷하다. 당시 사마리아 여인이나 니고데모는 예수님이 말씀하신 뜻을 잘 알아듣지 못했던 것이다. 오늘날 죄인 된 우리들의 동일한 모습이기도 하다.

한편 두레박은 문자적 의미도 있지만 상징적 의미도 있다. 사마리아인의 두레박은 율법(모세오경, 율법주의)을 의미하며 니고데모의 두레박은 유대교(율법, 혈통 즉 선민, 유대주의)를 상징한다.

원래 "주여(퀴리오스, κύριος, nm, lord, master)"라는 단어는 오직 그리스도에게만 적용되었다. 히브리어로는 아도나이(אֲדֹנָי, nm, 창 18:30)인데 이는 성부 하나님께만 적용되었다. 우리는 이런 부분에서 혼란스러워하지 말고 기능론적 종속성과 존재론적 동질성을 늘 염두에 두어야 한다.

12 우리 조상 야곱이 이 우물을 우리에게 주었고 또 여기서 자기와 자기 아들들과 짐승이 다 먹었으니 당신이 야곱보다 더 크니이까

요셉에게는 차남 에브라임(אֶפְרַיִם, fruitful)과 장남 므낫세(מְנַשֶּׁה, forgettable)라는 두 아들이 있었다. 그들은 야곱의 축복을 따라 여호수아가 가나안 땅을 제비뽑아 분배할 때 사마리아 지역에 거주하게 된다. 그러나 이들은 역사를 지나오며 하나님의 뜻을 배반하고 우상숭배의 길을 따라 북이스라엘을 건국했다가 멸망했다. 그럼에도 사마리아인들은 그들의 조상이었던 요셉을 들먹이며 그 아버지인 야곱을 자신들의 직계 조상이라고 언급하곤 했다.

사마리아 여인은 예수님께 "당신이 야곱보다 크냐"라고 물었다. 만약 그녀가 정말 그렇게 알고 질문했다라고 한다면 그녀는 예수님이 메시야일 것으로 판단했을 듯하다. 그렇다면 믿을 수 있는 마음이 그녀에게 있었을 것이다. 그러나 사마리아 여인의 구원 여부에 대한 일각의 논쟁은 하나님의 택정하심이기에 천국에 가서 알아볼 일이다.

13 예수께서 대답하여 가라사대 이 물을 먹는 자마다 다시 목마르려니와 14 내가 주는 물을 먹는 자는 영원히 목마르지 아니하리니 나의 주는 물은 그 속에서 영생하도록 솟아나는 샘물이 되리라

"이 물을"에서 '물'이란 야곱의 우물물이기도 하지만 근본적으로 인간의 욕구를 채워 주는 소위 '남편'으로 상징되는 재물, 명예, 지식, 권력, 사마리아인들의 종교 경전인 모세오경, 유대인들의 유대교(선민 즉 혈통. 율법) 등을 말한다.

인간의 목마름이란 물에 의해 일시적으로 해소되기는 하나 금방 다시 갈함이 생겨 평생 반복되며 지속될 수밖에 없다. 그러나 만세 전에 은혜로 택정받은 자의 경우 생수이신 예수를 믿고 영생을 얻은 자는 영원히 목마르지 않게 된다. 즉 생수이신 예수님으로 인한 갈증 해소는 과정도 결과도 아주 다르다는 것을 보여주고 있다.

결국 요한복음 4장은 사마리아 여인의 갈증에서 시작하여 남편의 이야기로, 다시 예배에로의 전개 과정을 보여주고 있다. '진정한 남편'이란 세상의 그 어떤 것이 아니라 '예배'이며 그 예배의 주체는 '예수님'이라는 것이다.

"영생(조엔 아이오니온; ζωὴν αἰώνιον, eternal physical and spiritual life)"이란 '영원한 생명'이라는 의미이다. 즉 영생(조엔 아이오니온)이란 '영원히 계속되어지는 삶'이기도 하지만 '하나님과의 바른 관계와 교제'를 통한 진정한 '살롬의 지속적인 상태'를 의미하기도 한다.

15 여자가 가로되 주여 이런 물을 내게 주사 목마르지도 않고 또 여기 물 길러 오지도 않게 하옵소서

"목마르지도 않고 또 물 길러 오지도 않게"라고 간구하는 그 여인은 아직도 육체적 욕망과 일상적 요구의 수준에만 머물러 있다는 것을 알 수 있다. 예수님은 그녀에게 예배를 사모하라고 하셨지만 그녀는 아직도 '갈증 해결'을 위해 또 다른 '남편'을 찾고 있다.

16 가라사대 가서 네 남편을 불러오라

"네 남편"을 바르게 해석하려면 13-14절과 더불어 함께 이해하는 것이 좋다. 세상에 속한 사람들의 경우 세상을 살아가는데 든든히 지탱해 주는, 소위 '남편'은 '배경과 힘'이라는 것이다. 그렇기에 세상은 돈, 권력, 명예, 인기, 쾌락 등을 의지하며 그것들을 경배하라고 부추긴다. 그러나 성도들은 이런 것들로부터 벗어나 신랑되신 참 남편인 예수님만을 신뢰와 의지의 대상으로 삼아야 한다. 오직 삼위하나님께서 기뻐 받으시는 열납의 예배만이 성도들의 든든한 힘, 즉 남편이 되어야 한다라는 것이다.

결국 예수님은 사마리아 여인으로 하여금 현재의 가장 아픈 부분을 자극하시며 영적 갈증을 유발시켜 목마름을 해결해 주고자 하셨던 것이다.

17 여자가 대답하여 가로되 나는 남편이 없나이다 예수께서 가라사대 네가 남편이 없다 하는 말이 옳도다 18 네가 남편 다섯이 있었으나 지금 있는 자는 네 남편이 아니니 네 말이 참되도다

이 표현은 16절에 이어 계속되는 것으로 그녀는 "나는 남편이 없다"라고 고백한다. 이는 더 이상 세상의 그 무엇으로도 목마름은 해결할 수 없다라는 것을 고백한 것과 같다. "남편 다섯이 있었다"라며 자신의 아픈 과거를 고백한 그녀는 세상적으로 목마름을 해갈해 보려고 백방으로 몸부림쳤으나 역부족이었다는 것을 시인한 것이다. 예수님은 그녀에게 "지금 있는 자도 네 남편이 아니라"고 말씀하시며 내연남이든 동거남이든 간에 영적, 경제적, 정서적 갈증 해결에 도움이 안 된다라고 지적하고 있다.

초대 교회 시대 헬라 교부였던 오리겐(Origen)은 사마리아 여인의 "남편 다섯"을 가리켜 사마리아인들의 경전인 '모세오경'을 상징한다라며 알레고리적으로 해석했다. 나는 그의 해석에 동의한다. 한편 유대인들의 자랑스러운 대표 인물이었던 니고데모의 경우에 있어서 "다섯 남편"은 아마 '유대교(혈통 즉 선민과 율법 신탁)'였을 것으로 추측된다.

예수님은 그녀가 처한 상황 속에서 영적 갈증을 해결하는 유일한 길은 참된 믿음의 대상에게 예배하는 것이라고 말씀해 주셨다. 그러다 보니 20절부터 갑자기 '예배'라는 말이 나오게 된 것이다. 영적 목마름을 진정으로 해결하는 유일한 길은 '신령과 진리로 드리는 참 예배뿐'임을 강조하고 있다.

19 여자가 가로되 주여 내가 보니 선지자로소이다

그 여인은 예수의 영적 통찰력에 놀라 "주여, 내가 보니 선지자로소이다"라고 감탄하고 있다. 처음에 그 여인은 예수님을 그저 유대인 나그네로만 생각했다. 그러다가 예수님과 조금씩 대화하면서 랍비로 인식하다가 급기야는 선지자로 인식했던 듯하다. 이 구절을 통해 알 수 있는 것은 그녀는 아직도 예수님이 그리스도 메시야(4:29; 6:14)이신 줄은 모르고 있다라는 것이다.

20 우리 조상들은 이 산에서 예배하였는데 당신들의 말은 예배할 곳이 예루살렘 (시온산)에 있다 하더이다

"이 산"이 그리심산(신 11:29; 27:12, 수 8:33, 삿 9:7)이라면 예루살렘은 시온산을 가리킨다.

신명기 12장 10-14절에는 '한 곳에서만 예배를 드리라(신12:11)'고 하셨다. 사마리아인들은 나름대로 그 구절을 인용(아브라함; 창 12:6-8, 야곱; 창 33:18-20, 여호수아; 수 8:30-35)하면서 그리심산이 바로 그 '한 곳'이라고 생각했다. 왜냐하면 지도자였던 여호수아가 가나안 땅을 분배한 후에 그리심산 근처의 실로에 성막을 정착하게 했기 때문이다(수 18:1).

반면에 유대인들은 그 '한 곳'을 시온산이라고 생각했다. 왜냐하면 다윗 왕이 여부스 족속을 진멸하고 예루살렘성을 장악한 후에야 진정으로 통일왕국의 기틀을 마련했기 때문이다. 또한 다윗은 그곳으로 언약궤를 옮겨온 후에 성전 예배를 시작했기 때문이다(삼하 6:12-23).

하나님은 열왕기상 12장 25-33절을 통해 그리심산은 중앙 성소가 아님을 분명하게 말씀하셨다. 왜냐하면 솔로몬의 아들 르호보암왕 시대에 여로보암이 반역함으로 통일왕국은 분열되었고 북이스라엘은 세겜에서 우상숭배를 자행했기 때문이다.

참고로 세겜(שְׁכֶם, "ridge", a district in Northern Palestine, also a son of Hamor)은 '어깨(shoulder)'라는 의미의 남성명사이다. 이는 세겜을 기점으로 북쪽에는 에발산(925m, 바위, 돌 산, 저주 상징)이, 남쪽에는 그리심산(867m, 숲, 축복상징)이 있었는데 그 골짜기의 지형이 어깨와 비슷하다고 하여 그렇게 불리어진 것이다.

그런데 예수님은 한걸음 더 나아가 요한복음 4장 21절을 통해 '둘 다 진정한 예배의 장소가 아니다'라고 하셨다. 왜냐하면 '참 성전'이신 예수님이 성육신하셨기 때문이다. 따라서 구약의 제사 형식이나 장소적 개념의 성전에서 예배드리는 것이 참 예배가 아니라 '참된 예배'는 성전이신 예수께 '신령과 진리로 예배드리는 것'임을 말씀하셨다.

21 예수께서 가라사대 여자여 내 말을 믿으라 이 산에서도 말고 예루살렘에서도 말고 너희가 아버지께 예배할 때가 이르리라

"여자여"에서의 '여자(귀네, γυνή)'는 그리스에서 왕이 왕후를 부를 때나 자기의 아내를 사랑스레 부를 때 사용하던 단어이다. 그러므로 요한복음 2장 4절에서 사용했던 예수의 어머니에 대한 "여자여"라는 호칭은 우리의 선입견과는 달리 한없는 사랑을 담은 언어인 것이다. 한편 예수님은 천한 사마리아 여인에게 그렇게 "여자여(요 4:21)"라고 격의없이, 편견없이 부르셨던 것이다.

"이 산에서도 말고 예루살렘에서도 말고"에서는 진정한 예배란 장소주의(Localism)나 형식, 의식 자체를 초월한다라는 것을 강조한 말이다. 구약의 제사는 모형 곧 그림자였다. 그러나 이제는 실체와 본질 되신 그리스도 메시야인 예수가 왔으니 참된 경배의 대상인 예수님에게만 예배하라고 말씀하신 것이다. 오직 말씀을 중심으로 성령님에 의해 인도되어지는 예배를 드리라는 뜻이다.

예배의 주체는 삼위하나님이며 하나님만을 찬양하고 경배할 때 장소는 본질이 아닌 것이다(습 2:11, 말 1:11). 성령님이 주인으로 계신 현재형 하나님나라는 어디든지 관계없이 모든 장소가 다 거룩한 것이다. 그리스도인은 예배당에서든 온라인 예배든, 어느 때 어느 장소에서든지 신령과 진정으로 예배를 드리는 것이 올바른 예배임을 알아야 한다. 그렇다고 하여 온라인 예배가 대안으로 제시되는 것은 바람직하지 않다. 교회 공동체는 모여야 하며 함께 예배드림이 아름답다. 서로 격려하며 위로하고 지체들 간의 말씀 나눔이 필요하다(히 10:24-25).

결국 올바른 예배란 공예배를 포함하여 삶으로 드리는 모든 것이 예배이고 찬양과 경배는 물론이요 언행(言行)심사(心思)의 감사가 예배임을 알아야 한다. 그런 맥락에서 나는 일요일을 주일이라고 하는 것에 반대한다. 일요일만 주일이 아니라 월요일, 화요일, 수요일, 목요일, 금요일, 토요일 등 모든 날이 주일임을 알아야 한다.

22 너희는 알지 못하는 것을 예배하고 우리는 아는 것을 예배하노니 이는 구원이 유대인에게서 남이니라

"너희"는 사마리아인들을 가리키는데 그들은 토라만을 정경으로 인정하고 네비임과 케투빔을 정경으로 인정하지 않았기에 "알지 못하는 것을 예배한다"라고 말씀하고 있다. 반면에 "우리"란 예수와 유대인들을 말하는 데 TNK(타나크; 토라, 네비임, 케투빔)를 정경으로 받아들였기에 아는 것을 예배하는 자들이라고 말씀하신 것이다.

'구원(헤 소테리아, ἡ σωτηρία)'이라는 헬라어에 주목할 것은 정관사(ἡ)가 사용되었다라는 것이다. 이는 구원이란 구약의 모형적 제사에서 오는 것이 아니라 유대인으로 오실(창 49:10; 눅 1:69, 71, 77; 행 13:26, 47) 그리고 오신 '예수님'으로만 주어질 수 있다라는 의미이다.

23 아버지께 참으로 예배하는 자들은 신령과 진정으로 예배할 때가 오나니 곧 이때라 아버지께서는 이렇게 자기에게 예배하는 자들을 찾으시느니라

"예배하다(프로스퀴네오, προσκυνέω, v)"의 헬라어 프로스퀴네오는 프로스

(πρός)와 퀴네오(κυνέω)의 합성어로서 '~을 향하여 키스하다'라는 의미[27]를 가지고 있다. 한편 "예배하다"에 해당하는 영단어 worship을 분석하면 그 의미가 더욱 선명해진다. worship은 worth(가치가 있는~)와 ship(어떤 상태나 특질을 나타내는 접미사)의 합성어로서 '가치가 있는 것, 하나님이 기뻐하시는 거룩한 산 제사가 예배'라는 의미이다.

"이때라"고 말씀하신 것은 성전 중심의 예배(장소주의)나 의식, 형식 중심의 예배가 아님을 강조한 것으로 장소에 관계없이 예수님께 신령과 진정으로 드리는 거룩한 산 제사만이 참된 예배라고 말씀하신 것이다. 즉 유대인들의 형식적이고도 그림자와 같은 형식적 예배를 배제하라는 것과 동시에 사마리아인들이 토라(Torah)만을 섬기며 정경(TNK)을 인정하지 않고 드리는 예배도 진정한 예배가 아니라는 것을 말씀하고 있다.

'참다운 예배'란 '신령과 진리로' 드리는 예배이다. 어디에서가 아니라 무엇으로(성령으로, 성령이 주체가 되셔서 이끌고 가심으로), 어떻게(진리로, 말씀에 입각하여, 오직 말씀으로) 예배를 드리느냐가 중요하다라는 것이다. 로마서 12장 1-2절에는 영적 예배의 정의를 잘 설명하고 있다.

"찾다(제테오, ζητέω, v)"라는 것은 '원하다, 요구하다'라는 의미이다. "찾으시느니라"는 것은 하나님께서 교회들을 향해 진정한 예배자가 될 것을 요구하신다라는 뜻[28]이다.

---

27 프로스퀴네오(προσκυνέω, v)는 to do reverence to, I go down on my knees to, do obeisance to, worship, prós, "towards" and kyneo, "to kiss") – properly, to kiss the ground when prostrating before a superior; to worship, ready "to fall down/prostrate oneself to adore on one's knees" (DNTT); to "do obeisance" (BAGD)이다.

28 제테오(ζητέω, v)는 properly, to seek by inquiring; to investigate to reach a binding (terminal) resolution; to search, "getting to the bottom of a matter.")이다.

24 하나님은 영이시니 예배하는 자가 신령과 진정으로 예배할지니라

"하나님은 영이시니(프뉴마 호 데오스, Πνεῦμα ὁ Θεός)"라는 것을 직역하면 '그 하나님이 영이시다'라는 것으로 달리 표현하면 '그 하나님은 빛이시다(요일 1:5, ὁ Θεὸς φῶς ἐστιν), 그 하나님은 사랑이시다(요일 4:8, ὁ Θεὸς ἀγάπη ἐστιν)'라는 말이다.

"예배하는 자(프로스퀴네테스, προσκυνητής, nm, a worshiper)"라는 헬라어 프로스퀴네테스는 동사 프로스퀴네오(προσκυνέω, prós, "towards" and kyneo, "to kiss")에서 나왔다. 앞서 언급했지만 이는 프로스(πρός)와 퀴네오(κυνέω)의 합성어로 예배란 '하나님을 향하여 키스하는 것, 하나님께 가장 가치 있는 것을 드리는 것'을 말하며 그 예배를 인생의 중심에 둘 것을 말씀하고 있다.

"신령과 진정으로(πνεύματι καὶ ἀληθείᾳ, Spirit and Truth)"에서의 신령이란 성령(πνεῦμα, nn, wind, breath, spirit)을 말하며 진정이란 진리(ἀλήθεια, nf, truth, reality)를 말한다. 이때 진정은 실체와 본질이라는 뜻으로 '참(요 1:9; 참 빛, 6:32; 참 떡, 15:1; 참 포도나무, 히 9:24; 참 것, 참 하늘)'이라는 의미이다. 결국 이제는 실체가 왔으니 구약의 모형은 당연히 사라져야 한다라는 것이다.

'진정으로 드리는 예배'라는 것은 '예수님의 인격으로, 순종의 삶으로, 죽기까지(빌 2:5-8), 성령의 주권을 인정함으로, 진리이신 하나님의 말씀이 앞선 가운데 드리는 예배'를 말한다.

25 여자가 가로되 메시야 곧 그리스도라 하는 이가 오실 줄을 내가 아노니 그가 오시면 모든 것을 우리에게 고하시리이다 **26** 예수께서 이르시되 네게 말하는 내가 그로라 하시니라

"메시야 곧 그리스도"는 동의어(요 1:41)로서 '성부 하나님의 유일한 기름 부음 받은 자'라는 의미인데 이는 각각 헬라어(Χριστός, 크리스토스), 히브리어(מָשִׁיחַ, 마쉬아흐)에 해당한다.

"그가 오시면"에서 사마리아인들은 신명기 18장 15절 말씀을 들어 '그'를 '그 선지자'로 이해하여 메시야 사역을 수행할 분이 오실 것이라며 열망함으로 그 선지자를 기다렸다.

"내가 그로라"는 것은 '나는~이다(에고 에이미, Ἐγώ εἰμι)'라는 것인데 이는 예수님 스스로가 신적 권위를 가지신 메시야이심을 계시하신 표현이다.

27 이 때에 제자들이 돌아와서 예수께서 여자와 말씀하시는 것을 이상히 여겼으나 무엇을 구하시나이까 어찌하여 저와 말씀하시나이까 묻는 이가 없더라

"이상히 여겼으나"라고 기록된 이유는 Lightfoot에 의하면 "랍비의 계율은 길거리에서 여자와 얘기하는 것을 금하며 심지어 자기 아내와의 대화도 금했다"[29]라고 되어있기 때문이다.

"이상히 여기다(다우마조, θαυμάζω, v)"라는 것은 '놀라다, 칭찬하다, 인정

---

29   『그랜드 종합주석 13권』, p657 재인용

하다'라는 의미이다. 이와 동일한 단어가 요한복음 5장 20절, 7장 21절에도 사용되었다.[30]

28 여자가 물동이를 버려두고 동네에 들어가서 사람들에게 이르되

당시 "물동이"는 사마리아 여인에겐 전 재산이나 다름없었다. 그런데 그 여인이 자신의 전 재산을 과감하게 버릴 수 있었던 것은 '복음의 힘' 때문이었다. 이는 마치 열왕기상 19장 20-21절에서 엘리사가 모든 것을 버려두고 엘리야를 좇아갔던 장면을 연상시켜준다.

29 나의 행한 모든 일을 내게 말한 사람을 와 보라 이는 그리스도가 아니냐 하니 30 저희가 동네에서 나와 예수께로 오더라 31 그 사이에 제자들이 청하여 가로되 랍비여 잡수소서 32 가라사대 내게는 너희가 알지 못하는 먹을 양식이 있느니라

"와 보라"는 명령은 요한복음 1장 39, 46절에서 이미 설명했다. 다시 반복하면, "와 보라'는 것은 '오다'의 헬라어 에르코마이(ἔρχομαι, v, to come, go)와 '보다'의 헬라어 호라오(ὁράω, v, to see, perceive, attend to)가 연결된 문장으로 현재 명령형과 미래 직설법으로 구성되어 있다. 이는 '지

---

30 다우마조(θαυμάζω, v)는 properly, wonder at, be amazed (marvel), i.e. astonished out of one's senses; awestruck, "wondering very greatly" (Souter); to cause "wonder; . . . to regard with amazement, and with a suggestion of beginning to speculate on the matter" (WS, 225)이다.

금 예수를 따라오면 장차 예수의 하나님 되심을 보게 될 것'이라는 의미가 담겨있다.

한편 "양식"이란 먹어서 힘이 되는 것을 말한다. 다시 말하면 그것을 소유함으로 힘이 되는 것은 모두가 다 양식이라고 할 수 있다. 그러므로 가시적, 비가시적으로 힘이 되는 모든 것은 다 양식이라고 할 수가 있는 것이다. 그러므로 우리에게는 참 양식(생명의 떡, 생수)이 있음에 감사해야 한다.

예수님은 사마리아 여인에게 가르친 것처럼 "내게는~먹을 양식이 있느니라"고 하시며 제자들에게도 그리스도인들의 영적 양식에 대해 가르쳐 주셨다.

33 제자들이 서로 말하되 누가 잡수실 것을 갖다 드렸는가 한대 **34** 예수께서 이르시되 나의 양식은 나를 보내신 이의 뜻을 행하며 그의 일을 온전히 이루는 이것이니라

33-34절은 인간의 2대 욕구 중 하나인 식욕마저도 거뜬히 능가하게 했던 강렬한 양식에 대해 말씀하고 있는 부분이다. 이 구절에서는 강렬한 양식이란 "하나님의 뜻을 행하며 하나님의 일을 온전히 이루는 것"이라고 했다. 그렇다면 하나님의 뜻은 무엇이며 하나님의 일은 무엇일까? 그것은 복음전파를 통한 하나님나라의 확장과 만세 전에 택정된 자에게 복음이 들려지게 함으로 하나님의 자녀를 모두 다 부르는 것이다.

예수님은 당신의 양식을 말씀하시며 '나의 양식(신 8:2-3)'은 먹는 음식이 아니라 '나를 보내신 이의 뜻을 행하며 그의 일을 온전히 이루는 것(마

26:10; 요 5:39; 6:38)'으로 '복음을 선포하는 것'이 당신의 양식이자 뜻이라고 하셨다.

"이루다(텔레이오오; τελειόω; v, complete, finish, accomplish)"라는 것은 '온전히 이루다'라는 의미인데 이는 요한복음 19장 28, 30절에서 '다 이루었다'라는 헬라어 테텔레스타이와 동일한 의미이다.

35 너희가 넉 달이 지나야 추수할 때가 이르겠다 하지 아니하느냐 내가 너희에게 이르노니 눈을 들어 밭을 보라 희어져 추수하게 되었도다

"넉 달"이란 '영적인 추수가 임박했다'라는 경고의 표시이다. "추수"란 구속의 완성(계 14:15; 마 3:11-12)을 말한다. 그날 추수 때에는 심판주이신 예수님은 마태복음 3장 11-12, 13장 29-30절에서처럼 불세례와 성령세례를 통해 쭉정이는 꺼지지 않는 불(유황불못 곧 불세례)에, 알곡은 곡간(성령세례를 통해 거룩한 성 새 예루살렘, 미래형 하나님나라)에 들일 것이다.

36 거두는 자가 이미 삯도 받고 영생에 이르는 열매를 모으나니 이는 뿌리는 자와 거두는 자가 함께 즐거워하게 하려 함이니라 37 그런즉 한 사람이 심고 다른 사람이 거둔다 하는 말이 옳도다 38 내가 너희로 노력지 아니한 것을 거두러 보내었노니 다른 사람들은 노력하였고 너희는 그들의 노력한 것에 참예하였느니라

"이미 삯도 받았다"라는 것은 영생이라는 내세의 기쁨과 함께 현재 구원 사역에 동참함으로 큰 기쁨을 누리게 되었다라는 의미이다.

"영생에 이르는 열매를 모으는 것"이란 예수로부터 부름(calling)받은 사역자들의 사명(mission)의 결과이다.

"뿌리는 자와 거두는 자가"라는 말에서 '뿌리는 자'는 예수님을, '거두는 자'는 사역자들을 가리킨다. 예수님은 심고(요 12:24, 한 알의 밀) 사역자들은 그 열매를 거두게 된다라는 뜻이다. 세상의 심고 거둠은 자신이 심지도 않았으나 거두게 될 수도 있고(신 6:11; 수 24:13) 반대로 심었으나 거두지 못하게 될 때(욥 31:8; 미 6:15)도 있다. 그러나 구원 사역만큼은 비록 예수님이 심었으나 사역자들이 거두게 되면 심었던 예수님도 거두게 된 사명자도 둘 다 모두에게 기쁨이 주어진다라는 의미이다.

특히 36-38절은 신명기 20장 3-9절, 28장 30-35절의 간단한 요약 설명에 해당한다. 결국 모든 일의 주권은 하나님께 있으며 동시에 구원사역 또한 하나님께서 하신다라는 것이다. 예수님은 한 알의 밀이 되어 십자가 보혈로 심기신 바 되셨다. 우리는 그 예수로 인하여 구원의 기쁨을 얻었고 구원의 열매를 함께 거두게 되었다. 사역자로서, 동시에 수혜자로서.

39 여자의 말이 그가 나의 행한 모든 것을 내게 말하였다 증거하므로 그 동네 중에 많은 사마리아인이 예수를 믿는지라

"여자의 말이"라는 것에서 '말(로고스, λόγος)'의 헬라어는 로고스인데 이는 동사 레고(λέγω, 결론적으로 말하다)에서 왔다[31].

---

31 '말'은 로고스(λόγος, preeminently used of Christ (Jn 1:1), expressing the thoughts of the Father through the Spirit)이다. 이는 동사 레고(λέγω, "speaking to a conclusion, 결론

"증거(마르튀레오; μαρτυρέω, v, to bear witness, testify)"의 헬라어 마르튀레오는 마르튀스(μάρτυς; nm, a witness, martyr)에서 파생되었다. 이 단어에서 파생된 영 단어가 순교자(martyr)이다.

40 사마리아인들이 예수께 와서 자기들과 함께 유하기를 청하니 거기서 이틀을 유하시매

"이틀이 지나매"라는 것은 사흘째 날이라는 의미이다. '사흘'이라는 단어에는 예수 그리스도의 십자가 구속이라는 의미가 내포되어 있다. 왜냐하면 구속주로서 초림하신 예수의 대속 죽음으로 우리가 살아났기 때문이다.

41 예수의 말씀을 인하여 믿는 자가 더욱 많아

말씀을 인하여 예수를 영접하고 믿는 것이 '진정한 믿음'이라면 가시적이고 초현실적인 기적만을 보고 믿는 것은 '가짜 믿음'에 해당한다. 그러므로 1장 12절과 4장 45절의 '영접'에 사용된 헬라어가 서로 다름에 주목해야 한다. 전자인 진정한 믿음으로 인한 영접이 람바노(λαμβάνω, v)라고 한다면 후자인 가짜믿음으로 영접한 것은 데코마이(δέχομαι, v)라고 한다. 전자의 경우 예수의 이름을 믿으며 말씀을 좇는 것이라면 후자는

적으로 말하다", (denoting speech in progress), (a) I say, speak; I mean, mention, tell, (b) I call, name, especially in the pass. (c) I tell, command)에서 왔다.

기적이나 능력을 보고 따르는 것을 말한다. 후자의 경우 마가복음 13장 22-23절, 계시록 13장 13-14절에서 기적을 보고 따르는 가짜 믿음을 가진 자들을 지칭하고 있다.

람바노(λαμβάνω, v)	데코마이(δέχομαι, v)
진정한 믿음	가짜 믿음
예수의 이름을 믿는 것 (오직 예수) 오직 말씀 오직 복음	기적이나 능력을 좇음 가시적 현상에 집중 기사와 표적
요 1:12	막 13:22-23 계 13:13-14 요 4:45

42 그 여자에게 말하되 이제 우리가 믿는 것은 네 말을 인함이 아니니 이는 우리가 친히 듣고 그가 참으로 세상의 구주신 줄 앎이니라 하였더라

"네 말을 인함이 아니니"라는 것에서 '말(라리아; λαλιά, nf, speech, talk)'의 헬라어 라리아는 동사 라레오(λαλέω; talk, speak, say)에서 나왔다. 로고스에 대조하여 사용된 라리아는 '단순한 말소리(마 26:73) 혹은 동물들의 불분명한 소리'를 가리킨다. 즉 처음에는 유대인들이 그 여인의 말에 따라 예수께 왔던 것은 사실이나 지금 예수 그리스도를 믿게 된 것은 그분의 말씀을 친히 들었기 때문이라는 의미이다.

믿음은 들음에서 난다(롬 10:17; 골 1:6)에서 '듣다'의 헬라어는 아큐오(ἀκούω, to hear)이다. 듣고 믿음이 생겼으면 '와 보라'는 말씀 그대로 '와서 보고' 열매를 맺어 기쁨을 누리면 된다. 이후 먼저 믿게 된 우리는 점점 더 복음 증거(복음 전파)하는 일에 힘써야(요일 4:14) 할 것이다.

43 이틀이 지나매 예수께서 거기를 떠나 갈릴리로 가시며

"이틀이 지나매"라는 것은 '사흘이 되어'라는 말인데 이 '사흘'이라는 단어는 요한복음 2장 1, 19절, 4장 43절에도 동일하게 나온다. 또한 마태복음 12장 39-40절의 요나 이야기에도 '사흘'이란 표현이 나온다. 이 '사흘' 속에는 하나님의 백성들의 구속을 알리는 메시지가 담겨 있다. 즉 '사흘'은 예수의 죽음을 예표하며 예수의 대속 죽음으로 인해 우리는 살아나게 됨을 함의하고 있다. 그러므로 욕심을 따라 기적을 구하려 하지 말고 예수님의 죽음과 부활, 그로 인해 누리게 될 현재형 하나님나라와 장차 주어질 미래형 하나님나라를 보고 지금 예수를 믿고 따라야(람바노) 할 것이다.

일곱 표적 중 첫째 표적은 가나의 혼인잔치가 사흘째 되던 날에 있었다. 포도주가 떨어지자 예수께서는 물로 포도주를 만드셨다. 이는 예수의 대속 죽음(십자가 보혈, 피=포도주=잔치에서의 기쁨, 희락 상징)으로 하늘나라 잔치의 기쁨이 회복되는 것을 보여주신 것이다.

요한복음 4장 43-54절은 둘째 표적인 왕의 신하의 아들이 병에 걸렸다가 사흘째에 살아나게 된 이야기이다. 그 아이가 사흘째에 살아난 것은 아이를 살리고 예수님께서 대신 죽으신 것을 드러낸 것으로 예수님의 대속적 죽음을 함의하고 있다.

첫째 표적과 둘째 표적, 그리고 앞으로 소개될 다섯 가지 표적들은 1장 50-51절에서 나다나엘에게 말씀하신 "이보다 더 큰 일을 보리라, 하늘이 열리고 하나님의 사자들이 인자 위에 오르락 내리락 하는 것을 보리라"고 말씀하신 것을 현장에서 보여주는 것이다.

44 친히 증거하시기를 선지자가 고향에서는 높임을 받지 못한다 하시고

"친밀함은 경멸을 낳는다"라는 말이 있다. 예의가 배제된 익숙함은 때때로 상대를 향한 무시로 나타나는데 이 구절은 아이러니컬하게도 선지자는 고향사람들 곧 가장 가까운 사람들로부터 배척당함을 감수해야만 한다라는 현실을 보여주고 있다.

45 갈릴리에 이르시매 갈릴리인들이 그를 영접하니 이는 자기들도 명절에 갔다가 예수께서 명절 중 예루살렘에서 하신 모든 일을 보았음이더라

"예루살렘에서 하신 모든 일을 보고"라는 것에서 그렇게 믿는 믿음은 기적에 광분하는 가짜 믿음이나 다름없다. 그것은 요한복음 2장 23절, 4장 41절에서도 보았던 가짜 믿음(데코마이, δέχομαι, ν)일 뿐이다. 오늘날에도 이와 같은 가짜 믿음을 자주 발견할 수 있다. 우리는 말씀이 육신이 되신 예수를 그리스도, 메시야로 믿는 것(람바노, λαμβάνω, ν)이지 그분이 행하신 기적(표적이나 기사)만을 추구해서는 곤란하다.

"영접"의 헬라어는 요한복음 1장 12절과 4장 41절에 쓰였으나 진짜 믿음으로 영접한 것은 헬라어 람바노(λαμβάνω, v. 요 1:12)를 사용고 가짜 믿음으로 인한 영접은 데코마이(δέχομαι, v. 요 4:45)를 사용했다.

46 예수께서 다시 갈릴리 가나에 이르시니 전에 물로 포도주를 만드신 곳이라 왕의 신하가 있어 그 아들이 가버나움에서 병들었더니

당시 작은 촌락 가나에서 큰 도시 가버나움까지는 25 마일(약 34 km) 정도의 거리였다. 가나의 경우 첫 번째 표적을 보이셨던 곳이다.

47 그가 예수께서 유대로부터 갈릴리에 오심을 듣고 가서 청하되 내려오셔서 내 아들의 병을 고쳐 주소서 하니 저가 거의 죽게 되었음이라

아들을 사랑하는 아비의 간절한 마음은 예나 지금이나 비슷하다. 모르긴 해도 2,000년 전 이동수단이나 환경의 열악함은 말로 다할 수 없었을 것이다. 게다가 늙은 아비인지라 체력의 열세도 문제였을 것이다. 그러나 아들의 병을 고치고자 하는 아버지는 예수님의 기적을 바라며 믿으며 그 먼 거리(약 34Km)를 마다하지 않고 찾아갔던 것이다. 지금으로부터 2,000년 전의 일임을 고려해야 한다. 비록 그 아버지의 경우 간절함은 있었으나 예수님에 대한 진정한 믿음(람바노, λαμβάνω, v. 요 1:12)은 아니었을 것이다.

그 늙은 아비는 45절의 예루살렘에서 하신 일을 풍문으로 들었기에 내 아들도 기적으로 고칠 수 있지 않을까라는 한가닥 지푸라기를 잡는 심정으로 갔을 것이다. 그러나 예수님은 그런 간절한 마음의 아비에게 '믿음'의 본질을 알려주시며 '믿고 가라'고 딱 한마디만 하셨다. '오직 믿음'을 생생하게 가르쳐주시려는 의도였다.

"내려오셔서"라는 것에서는 유대보다 갈릴리가 북쪽에 있음을 고려하면 다소 엉뚱하게 느껴진다. 그러나 이스라엘은 항상 예루살렘 중심이기에 방향에 관계없이 당연히 갈릴리로 내려가는 것이다. 한편 실제로는 병들어가는 아이를 가리켜 '죽어간다'라고 말한 것과 그 아들이 나았다라고 하지 않고 "살았다(요 4:50, 51, 53)"라는 단어를 사용한 것에 유의해야 한다. 이는 예수를 통해 죽었던 우리가 살아나게 될 것을 상징한 것이다.

48 예수께서 가라사대 너희는 표적과 기사를 보지 못하면 도무지 믿지 아니하리라

"표적(세메이온, σημεῖον nn, a sign, indication, mark)"은 '예수의 신적 능력에 대한 의미와 진리를 가리키는 표지판(mark)'이다. 즉 예수 그리스도의 십자가 보혈과 죽음에서의 부활만이 진정한 표적임을 가리킨다.

반면에 "기사(테라스, τέρας, nn, a wonder, portent, marvel)"라는 것은 '신적 능력이 현실적 가시적으로 나타난 초월적인 기적(a wonder)'을 말한다. 예수님은 기적을 원하는 모든 이들을 향해 오직 예수 그리스도의 십자가 보혈과 부활의 능력만이 힘(力)이라고 말씀하셨다.

49 신하가 가로되 주여 내 아이가 죽기 전에 내려오소서 **50** 예수께서 가라사대 가라 네 아들이 살았다 하신대 그 사람이 예수의 하신 말씀을 믿고 가더니

'아이'에 해당하는 헬라어에는 두 가지[32]가 있다. 하나는 파이디온 (παιδίον, nn)이며, 다른 하나는 파이스(παῖς, nn, nm)이다. 이 둘의 차이는 나이 기준인데 파이디온이 파이스보다 조금 더 어린 아이를 가리킨다. 또한 49-50절의 아이(τὸ παιδίον) 혹은 아들(ὁ υἱός)앞에는 정관사가 있는 것으로 보아 그 아이는 '외아들'이었던 듯하다.

"죽기 전에 내려오소서"라는 말에서는 아비의 절박함이 느껴진다. 그러나 그것은 사람의 관점일 뿐이다. 예수님의 편에서는 죽음의 전후는 아무런 의미가 없다. 죽었든지 병들었든지 중요한 것은 '오직 믿음'인 것이다.

"가라 네 아들이 살았다."

만약 그 아비가 믿음이 있었다면 '아멘! 할렐루야! 감사합니다' 그리고는 두 말 않고 다시 집으로 헐레벌떡 내려갔을 것이다. 다시 살아난 아들을 보려고……. 반면에 믿음이 없었다면, "엥, 이건 무슨 시츄에이션 (situation)? 내가 이 말 한마디 들으려고 이 먼곳까지 왔단 말인가" 그리고는 돌아가면서 비타민 씨, 개나리 등등 온갖 불평과 불만을 터뜨리며 예

---

32 하나는 파이디온(παιδίον, nn, a young child)이요 다른 하나는 파이스(παῖς, nn, nm, (a) a male child, boy, (b) a male slave, servant; thus: a servant of God, especially as a title of the Messiah, (c) a female child, girl)이다. 이 둘의 차이점은 나이를 기준으로 볼때 파이디온(paidíon, "a little child in training", implies a younger child (perhaps seven years old or younger)이 파이스(país, Some scholars apply to a son or daughter up to 20 years old (the age of "complete adulthood" in Scripture)보다 조금 더 어린 아이를 가리킨다.

수에게 욕을 쏟아내며 투덜거렸을 게 분명하다. 아무튼 분명한 것은 알수가 없다.

그런데 놀라운 일이 그 다음 구절에서 일어났다. 그 아비는 결과가 어떠하든 '믿고' 내려가던 중 그가 '바라던' 최고의 반가운 소식 곧 복음(기쁜 소식)을 듣게 된다. 오매불망(寤寐不忘) 원하던 외아들이 살아났다라는 것이다. "믿음은 바라는 것들의 실상"이라던 히브리서 11장 1절을 현실에서 보게된 것이다.

참고로 히브리서 11장 1절은 'Believing is seeing(믿으면 보게 된다)'이라는 기독교적 세계관을 잘 나타내고 있는 부분이다. 반면에 세상은 'Seeing is believing(백문이 불여일견, 百聞 不如一見)'일 뿐이다.

관점을 달리하면 왕의 신하의 아들이 병들게 된 것은 알고 보면 '변장된 복'이었던 것이다. 만약 외아들이 병에 걸리지 않았더라면 예수님을 찾지 않았을 것이고, 그렇다면 예수님이 베푼 기적도 보지 못했을 것이고, 그 예수님을 믿게 되지도 않았을 것이기 때문이다. 그러나 외아들이 병에 걸리자 비록 지체가 높았으나 그 관리는 한 아이의 아비로서 절박한 마음으로 예수를 찾아갔다. 그리고 기적(외아들의 고침)을 맛본 후에 더 큰 기적(예수를 믿어 구원 얻음)을 얻게 되었다.

'변장된 복'은 한센병(나병, Leporsy)에서도 찾아볼 수 있다. 사실 이 병은 고통을 느끼지 못하는 슬픈 병이다. 얼핏 생각하면 고통이 없는 것이 복일 듯도 한데……. 한센병 환자들은 고통을 느끼지 못하기 때문에 쉽게 상처를 입곤 한다. 뜨거운 것도 아픈 것도 못 느끼기에 살점이 떨어져 나가는 것도 모른다. 그러다 보면 감염이 되어 종국적으로는 극한 상황에까지 이르게 되고 만다.

우리의 삶에 일정 부분 고통이 있다는 것은 일종의 변장된 축복이다. 결국 우리의 삶에서 아픔이나 고통이 있을 때 비록 육신적으로 괴롭기는 하나 멀리 내다보면 하나님의 복이라는 사실을 알아야 한다. 그로 인해 하나님을 더욱 간절히 찾을 수 있고 이 풍랑 인연하여서 더 빨리 갈 수도 있기 때문이다.

동일한 장소인 가버나움에서 있었던 마태복음 8장 5-13절에는 백부장의 신하를 고치기 위해 직접 가시는 예수님의 이야기가 나온다. 이곳 요한복음에서는 절박한 심정의 그 늙은 아비에게 그냥 "가라 네 아들이 살았다"라고 말씀하셨으나 마태복음에서는 "내가 가서 고쳐주리라(8:7)"고 하셨다. 차이가 있다면 전자는 고위 관리의 아들이었으나 후자는 백부장인 자신과는 직접 관계가 없는 신하였다. 신하를 향한 상전의 마음과 외아들을 향한 아비의 마음을 비교해 보면 약간 의아한 생각이 들기도 한다. 그리고 보면 예수님은 모든 일에 우리의 이해를 일일이 구하지 않는다는 사실을 알아야 한다.

"예수의 하신 말씀을 믿고 가더라"에서 우리는 "말씀"이라는 단어에 주목해야 한다. 기독교는 '말씀의 종교'이다. 기독교는 "말씀이 육신이 되신" 예수를 믿는 종교이다. 그렇기에 마태복음(8:8)에서는 "말씀으로만" 백부장 하인의 중풍병을 고치셨다. 누가복음(7:7, 14-15)에서도 "말씀만 하사"라고 하시며 백부장의 하인을 고치셨고 "내가 네게 말하노니"라는 말씀으로 나인성 과부의 아들도 살리셨다.

참고로 "나인(Ναΐν, Nain, a city south-west of the Sea of Galilee)"이란 히브리

어 나아흐(נָאָה, o be comely, attractive or befitting)에서 파생되었다.

51 내려가는 길에서 그 종들이 오다가 만나서 아이가 살았다 하거늘

이 구절은 "믿음은 바라는 것들의 실상"이라는 믿음의 결과에 대해 생생하게 보여주는 말씀이다. 곧 '죄와 허물로 죽었던 우리가 예수의 십자가 보혈로 다시 살아나게 됨'을 함의하고 있다. 인간의 생명(생사화복, 生死禍福)을 주장하시는 살아계신 하나님을 보여주신 것이다.

52 그 낫기 시작한 때를 물은즉 어제 제 칠시에 열기가 떨어졌나이다 하는지라
53 아비가 예수께서 네 아들이 살았다 말씀하신 그 때인줄 알고 자기와 그 온 집안이 다 믿으니라

그 관리는 예수님으로부터 당신의 말씀을 듣고 믿었던 그때를 상기하며 그 예수가 바로 모든 것의 실체임을 알게 된다. 이후 가장(家長)인 본인을 필두로 온 가정이 진정으로 예수를 믿게(람바노) 되었다. 비슷한 경우가 사도행전 16장 15절에도 나타나있다. 두아디라성의 자주 장사 루디아의 영접 이야기이다.

"저와 그 집이 다 세례를 받고 우리에게 청하여 가로되 만일 나를 주 믿는 자로 알거든 내 집에 들어와 유하라 하고 강권하여 있게 하니라" _행 16:15

54 이것은 예수께서 유대에서 갈릴리로 오신 후 행하신 두 번째 표적이니라

예수님은 공생애 동안에 실제로는 많은 표적을 행하셨다. 그러나 요한복음에는 7가지 표적(The Book of signs)만 기록하고 있다. 요한복음 20장 30-31절에 의하면, 일곱 가지 표적을 통해 "예수, 그리스도, 생명"임을 드러내기 위해서였다라고 밝히고 있다. 사도 요한은 의도적으로 '7'이라는 숫자(언약, 맹세, 약속, 완전 수)를 사용하여 7개의 표적을 통해 예수의 구원자 되심을 증거했다.

한편 '7'은 히브리어로 세바인데 이는 쇠바에서 파생되었고 "맹세, 언약, 약속"을 상징하는 수이다.

은혜 위에 은혜러라
∗

Grace for Grace
Χάριν ἀντὶ χάριτος

예수(Ἰησοῦς), 그리스도(Χριστὸς), 생명(ζωή)

38년 된 병자

5장에는 세 번째 표적으로 38년 동안 원망과 불평을 가득 안은 채 병자로 살았던 한 남자의 이야기가 나온다. 이는 이스라엘 백성이 출애굽 후 38년 동안(38년 3개월 10일) 바란 광야에서 체류할 때의 험악한 삶을 상징하기도 한다. 또한 종말(교회) 시대를 살아가는 신자들의 고해(苦海)와 같은 인생을 의미하기도 한다. 38년 된 병자는 예수님을 만나지 못했던 지난 세월 동안 치유를 위해 엉뚱한 해결책으로 안간힘을 다하였고 그럴수록 자신의 소중한 한 번 인생을 원망으로 가득채웠을 뿐이었다.

그는 실제로 치유가 일어난다라는 그 간헐천 앞에서 지독하게 좌절하며 자포자기하는 인생을 살아왔다. 세월이 흐르며 "아무도 나를 그 못에 넣어 줄 사람이 없다"라는 아쉬움만 남게 되었다. 그 못이 동할 때마다 가장 먼저 뛰어들 힘이 없었기 때문이다.

그런 그에게 예수님은 찾아오셨다. 당연히 그는 예수님을 알아보지 못했다. 그래서 그는 예수님께 한 번만이라도 간헐천에 맨 먼저 뛰어들 수 있도록 도와줄 것을 애원하려 했다. 그런 그의 모습은 구원을 위해 '다른 무엇'을 추구하는 오늘날 세상 사람들과 별반 다를 게 없다.

그러나 구원은 하나님의 주권이자 그분의 전적인 은혜로서 하나님의 선물인 것이다. 그 어떤 행위나 노력, 율법으로 구원에 이를 수 없다.

38년 된 병자의 이야기를 통하여는 구원을 위한 인간의 어떤 노력도 무익하다는 것을 선명하게 보여주고 있다. 동시에 예수님을 통하지 않고서는 진정한 안식이 없다는 것을 알게 한다. 더 나아가 요한복음 5장은 안식일이 누구를 위해 있으며 안식일의 주인은 누구인가를 말씀하고 있다. 그렇다. 예수님이 바로 안식일의 주인이시다. 그런 예수님 안에서만 진정한 안식을 누릴 수 있다. 그 예수님은 다른 하나님, 한 분 하나님이신 삼위일체 하나님이시다.

5-1 그 후에 유대인의 명절이 있어 예수께서 예루살렘에 올라가시니라

"유대인"이라는 단어는 요한복음에서 70여 회 나온다. 요한복음의 기록자인 사도 요한은 의도적으로 예루살렘에 거하면서 기독교를 훼방하는 유대인들(특히 지도자들)을 강조하기 위해 이 단어를 반복하여 사용했다.

유대인의 3대 명절은 '유월절, 칠칠절(오순절, 맥추절), 장막절(초막절, 추수감사절)'이다. 반면에 예수를 믿는 종교인 기독교인의 3대 명절은 성탄절, 고난절, 부활절이라고 나는 주장해 왔으며 이전에도, 지금도, 앞으로도 그날들의 의미를 기념하며 '그리스도의 승귀(Ascension of the Christ)'에 방점을 둘 것이다.

특별히 오늘날은 예수님의 부활을 기념하는 일요일 곧 주일이 너무 소중하다. 일주일 중 한 날인 일요일은 그리스도인들에겐 하나님나라 잔치를 소망하며 기념하는 날임을 잊지말아야 한다. 유념할 것은 일요일만을 주일이라고 해서는 안 된다는 것이다. 월요일도 화요일도……, 그리고 일요일까지 모든 날이 주일이요 주님의 날이다. 그중 교회 공동체 일원이 모여 함께 말씀을 듣고 나누며 서로 교제하고 격려하는 주일로서의 일요일은 너무 소중한 날이다.

2 예루살렘에 있는 양문 곁에 히브리 말로 베데스다라 하는 못이 있는데 거기 행각 다섯이 있고

"양문"은 예루살렘 성 가장 북쪽에 있던 문으로 제사장들이 가장 먼저 건축(느 3:1)했는데 이는 '구원, 은혜'를 상징한다. 즉 '양문'이란 '은혜의 문'이라는 말이다. 당시 성벽에는 10개의 문이 있었는데 가장 나중에 지은 것은 함밉갓 문(느 3:31)으로 '심판'을 상징한다. 특별히 나는 느헤미야가 재건한 성벽에 있던 10개의 문들 중 가장 처음의 것과 가장 나중의 것에 의미를 부여하여 해석한다.

하나님의 은혜로 양문 즉 은혜의 문을 통과한 택정된 인간은 한 번뿐인 인생에서 "때가 되면" 예수를 만나 구원을 얻게 되고 마지막 날에 함밉갓 문에서 백보좌 심판을 받아 신원에 이르게 된다. 반면에 예수를 믿지 않고 함밉갓 문 즉 심판의 문을 통과하게 되는 인간은 불신으로 인해 영벌인 백보좌 심판을 받게 된다.

이는 택정과 유기 교리에 따른 하나님의 절대 주권이다. 또한 양문이 초림하신 구속주 예수 그리스도를 예표한다면 함밉갓 문은 심판주이신 재림의 예수 그리스도를 예표하고 있다.

예루살렘 성에는 상기 두 개의 문 외에도 8개의 문이 더 있었는데 이는 모든 인간에게는 유한되고 제한된 인생, 오직 한 번 뿐인, 되돌아갈 수 없는 직선 인생을 산다라는 상징적 의미가 담겨있다. 그런 유한된 한 번 인생을 가리켜 나는 '교회(종말) 시대의 한 부분(한 귀퉁이)'를 살아가는 것이라고 해석한다. 참고로 8개 각각의 문이 지닌 상징적 의미를 설명하면 다음과 같다.

두 번째인 "어문"의 경우 마태복음 4장 19절의 한 번 인생을 사람 낚는 어부로 살라는 아버지 하나님의 우리를 향한 마음이라고 생각된다. 주님은 고린도후서 5장 18-21절에서 그리스도인들에게 하나님과 사람의 영적 가교 역할인 화목하게 하는 직책을 가진 자, 그리스도의 사신(Ambassador)이라는 소명을 주셨다. 그러므로 하나님의 전적인 은혜로 구원을 얻은 우리는 한평생 하나님의 영광을 위해 복음과 십자가로 살아가고 복음과 십자가를 자랑하며 살아가야 할 것이다.

세 번째인 "옛문"은 옛사람을 벗어 버리고 새로운 피조물(고후 5:17)로서 종말(교회) 시대를 살아가야 함을 상징한다. 네 번째인 "골짜기 문"은 겸손하게 섬기는 자로 살아가라는 것을 함의하고 있다(눅 14:11; 빌 2:3-4). 다섯째인 "분문"은 지은 죄를 철저히 회개함으로 십자가 보혈로 씻은 후 영육 간에 깨끗하고 거룩한 삶(고후 7:1)을 살아가라는 상징적 의미이다.

여섯째인 "샘문"은 생수이신 예수를 통해 풍성한 말씀을 공급받아 매사 매 순간 성령충만함으로 살아가라는 것을 상징한다(요 7:38-39). 일곱째인 "수문"은 말씀의 물로 더럽고 추한 죄를 씻어 정결하고 거룩케 되라(요 15:3)는 것을 상징한다. 여덟째인 "미문"은 그리스도의 군사(또는 군인)로서 믿음의 선한 싸움과 영적 싸움에 임하기 위해 전신갑주를 취할 것(엡 6:11-18, 행 3:2)을 상징하고 있다.

따라서 첫 번째 양문으로 시작하여 8개의 문을 지나 열 번째 함입갓 문으로 끝나게 되는 것은 한 번뿐인 인생에서 그리스도인로서의 구별된 신앙 생활을 하라는 의미이다.

우리가 초림하신 보혜사 예수를 구속주로 믿으면 우리 안에는 또 다른 보혜사이신 성령님이 찾아오신다. 그리스도인은 내주하시는 성령님을 주인으로 모시고 그분의 통치와 질서, 지배 하에서 말씀을 기준과 원칙으로 삼아 거룩한 인생을 살아가야 한다. 그리하여 장차 재림의 심판주로 오실 예수님의 백보좌 심판 곧 함입갓 문에서 신원(vindication)하심을 받은 후에는 미래형 하나님나라에서 영생을 누리게 될 것이다.

'베데스다(Βηθεσδά)는 '자비의 집(house of kindness)이라는 의미로서[33] 히브리어 베이트(בַּיִת, nm, a house)와 헷세드(חֶסֶד, nm, goodness, kindness)의 합성어이다. 한편 은혜의 문 곁에 은혜의 집이 있다라는 것은 우연이 아니라 하나님의 사랑을 보여주는 것이다.

양문이신 예수 그리스도를 통해 들어가게 되는 '집'이란 거룩한 성 새 예루살렘인 미래형 하나님나라를 가리킨다. 우리가 그곳에 거할 수 있는 것은 어린 양이신 예수 그리스도의 희생과 전적인 은혜임을 알아야 한다.

3 그 안에 많은 병자, 소경, 절뚝발이, 혈기 마른 자들이 누워 [물의 동함을 기다리니 4 이는 천사가 가끔 못에 내려와 물을 동하게 하는데 동한 후에 먼저 들어가는 자는 어떤 병에 걸렸든지 낫게 됨이러라]

치유의 기적으로 소문난 간헐천 주변에는 각종 질병을 가진 많은 병자들이 발 디딜 틈없이 누워 있었다.

특히 "소경, 절뚝발이, 혈기 마른 자들"은 물이 동하는 시간에 가장 먼저 들어가기 위해 못의 가까운 주변, 좋은 자리에 누워 있었다. 한 번 인생동안 율법을 따르는 행위주의자들을 상징한다. 이들은 하나 같이 스스로의 힘으로는 아무것도 할 수 없는, 곧 볼 수 없고 뛸 수도 없으며 온 몸 또는 신체 일부가 마비되어 움직이기조차 힘든 상태였던 자들이다. 그럼

---

33 '베데스다'는 헬라어로 Βηθεσδά(name of a pool in Jerusalem, probably of Aramaic origin)인데 이는 '자비의 집(house of kindness; Beth-esda, a pool in Jerusalem – Bethesda)'이라는 의미이다. 히브리어 베이트(בַּיִת, nm, a house)와 헷세드(חֶסֶד, nm, goodness, kindness)의 합성어이다.

에도 불구하고 물이 동하면 어떠하든지 스스로의 힘으로 가장 먼저 못에 뛰어들려고 안간힘을 쓰려던 자들이었다.

문제는 누군가가 나보다 먼저 들어가 버리면 치유는 "꽝"이 되기에 그 자리에 모여있던 모든 병자들은 비록 겉으로 말은 안하지만 서로의 눈치를 살피곤 했을 것이다. 그런 그들은 동병상련(同病相憐)의 주변인들에게 자비와 사랑, 긍휼은커녕 자기보다 먼저 못에 들어가 버린 자를 한없이 증오했을 것이다. 마치 '저 사람이 나의 기회를 박탈하기라도 한 듯…….'

아울러 저들로 인해 자신이 못의 더 가까운 주변에 있지 못한 것에 대해 원망섞인 시선과 함께 자주자주 불평했을 것이다. 자신의 경쟁 상대인 저들을 향해 마음으로 저주까지 퍼부었을 지도 모를 일이다. 즉 오늘 내가 불행한 것은 저들이 먼저 못으로 들어가 치유를 받은 때문이라며 '탓'을 하곤 했을 것이다. 지독한 이기주의(利己主義, egoism)의 전향이다.

그들의 모습에서 오늘을 살아가는 우리들의 모습이 어른거린다. 매사에 '남 탓'은 물론이요 내가 먼저 들어감으로 주변인들이 불행해지는 것에는 관심없이 오로지 내가 못에 먼저 들어가 그 행위(자기 의, 율법)로 인해 구원을 얻으려는 어리석은 모습의 전형(典型, type)을 볼 수 있다. 오늘의 우리는 스스로의 힘으로 남보다 '먼저 더 많은' 일을 행함으로 자신을 구원하겠다라는 어리석은 생각을 버려야 한다.

5 거기 삼십팔 년 된 병자가 있더라

이스라엘 백성들은 하나님의 은혜로 출애굽과 더불어 하나님이 베푸시는 놀라운 기적 속에 홍해를 건넜다. 그리고는 하나님의 은혜로 시내산에서 율법까지 받게 되자 당시 그들은 마치 금방이라도 가나안으로 입성할 것만 같았을 것이다.

문제는 그들의 하나님에 대한 신뢰 부족이었다. 바란 광야 가데스바네아에 이르게 되자 그들은 각 지파의 대표를 뽑아 가나안에 정탐을 보냈다. 이후 돌아온 그들의 보고를 듣고는 밤새 울며 불며 하나님과 모세를 원망했다. 12명 중 겨우 두 명만이 하나님의 선물, '가나안 밥(그들은 우리의 밥이라. 민 14:9)'에 대해 열렬히 설파(說破)했으나 부정적인 10명의 '메뚜기 타령(우리는 스스로 보기에도 메뚜기 같으니, 민 13:33)'을 하던 정탐꾼 앞에서 대세가 꺾여버렸다.

"우리는 스스로 보기에도 메뚜기 같으니"_민 13:33

"오직 여호와를 거역하지 말라 또 그 땅 백성을 두려워하지 말라 그들은 우리의 밥이라"_민 14:9

그들은 가나안 땅 입성을 허락하신 하나님의 약속에 대한 감사를 원망과 불평으로 바꾸어버렸다. 그리하여 이스라엘 백성은 "38년" 동안 바란 광야에서 유리 방황하며 떠돌며 가나안 정착을 위한 또 다른 훈련에 돌입해야만 했다(신 2:14).

당시 이스라엘 백성은 출애굽하여 시내산에서 1년 1개월을 머물렀고 바란 광야에서 38년 3개월 10일을, 모압 평지에서 5개월을 지냈다. "38년된 병자"란 38년 동안 광야에서 방황하며 유리하였던 이스라엘 백성들의 모습을 상징한 것이다. 동시에 광야생활 즉 한 번 인생을 살아가고 있는 오늘의 우리들의 모습이기도 하다. 한편 "병자"란 영적으로 활력이 떨어진 영적으로 무기력한 자를 의미한다.

6 예수께서 그 누운 것을 보시고 병이 벌써 오랜 줄 아시고 이르시되 네가 낫고자 하느냐

당시 예수님은 수많은 무리 중에 있던, 무려 38년 동안이나 못에 먼저 들어가려고 대기하던 그 병자를 지목하시고는 다가가서 상황에 맞지 않은 전혀 엉뚱한 질문을 하셨다. 이 질문은 38년 된 병자가 그동안 먼저 물에 들어가지 못해 속상했을 것을 생각하면 너무 생뚱맞다. 그 병자의 낫고자 하는 갈망을 어찌 말로 다할 수 있었겠는가?

"네가 낫고자 하느냐?"

예수님은 그에게 단도직입적으로 질문하셨다. 나는 이 말씀을 곰곰이 묵상하다가 무릎을 탁 쳤다.

'너의 실체를 보아라' 그리고 '나의 실체를 보아라, 내가 바로 메시야이다, 나를 믿으라.'

예수님은 수많은 병자들 중 38년 된 병자에게 먼저 다가가 그를 부르셔서(calling) 복음의 자리로 초청하셨던 것이다. 그러나 아쉽게도 그 병자는 여전히 구원의 실체이신 예수님에겐 무관심했고 오로지 병의 치유 자체에만 매몰되어 복음에는 관심조차 없었다.

다음에 나오는 7절은 한심하고 안타까운 우리들의 과거 모습이자 처절한 우리들의 현실을 드러내고 있다. 그러나 8절은 완전한 반전으로써 하나님의 택정(선택과 유기)하심을 따라 전적인 은혜로 구원을 얻게 되는 우리들의 모습을 보여주고 있다.

7 병자가 대답하되 주여 물이 동할 때에 나를 못에 넣어 줄 사람이 없어 내가 가는 동안에 다른 사람이 먼저 내려가나이다

　병자는 아직도 예수님께 직접적이고도 근본적인 도움을 구하지 못하고 자신의 현실만을 바라보고 있다.

　"나를 못에 넣어 줄 사람이 없어 내가 이 모양입니다"라며 참 구원자이신 예수님을 몰라보고 신세한탄과 함께 자기를 도와줄 사람만을 구하고 있다. 즉 그는 자기 병을 낫기 위해 자신의 행위나 노력에 더 집중하고 있었던 것이다.

　"내가 가는 동안에 다른 사람이 먼저 내려가나이다."

　이런 그의 고백 속에서는 자신의 마음에 쌓이고 쌓인 지난날의 수많은 불평과 짜증, 불만, 원망, 증오를 볼 수 있다. 더 나아가 그것들을 폭포처럼 마구 쏟아버리는 것 같은 느낌을 받게 되는데 이것이 바로 죄인 된 우리들의 적나라한 모습이다.

8 예수께서 가라사대 일어나 네 자리를 들고 걸어가라 하시니 9 그 사람이 곧 나아서 자리를 들고 걸어가니라 이 날은 안식일이니

　이는 마가복음 2장 1-12절에서 예수님이 네 명의 친구에 의해 인도된 중풍병자에게 하신 말씀(이르시되, 2:5)과 유사하다. 이 구절에서 예수님은 말씀(가라사대)으로 치유하시는 신적(神的)인 능력을 보여주셨다. 그 병자는 주의 은혜로 병이 곧 나아서 모두가 보는 가운데 뚜벅뚜벅 걸어갔던 것이다.

"오직 믿음(Sola Fide)으로!"

"오직 말씀(Sola Scriptura)만을 의지하여!"

"오직 은혜(Sola Gratia)로!"

한편 안식일은 단순히 쉬는 날이 아니라 생명 회복을 위해 존재하는(마 10:12) 날로서 안식일의 주인은 예수님이다. 진정한 안식이란 단순히 의식주의 풍요함이나 휴식을 즐기는 것이 아니다. 인간을 옥죄는 죄에서, 영육 간의 모든 질병에서 해방되어야만 진정한 자유, 진정한 안식을 누릴 수 있다. 그렇기에 오히려 죄 사함을 누리고 영육 간의 질병을 치유받는 것이 진정한 안식이며 동시에 안식일에 누려야 할 일이다.

그런 의미에서 삼위하나님 안에서의 매사 매 순간은 모두가 다 안식인 것이며 그 날들은 모두가 다 안식일임을 알아야 한다(신 5:12-15; 렘 17:19-27). 그러므로 안식일이라 하더라도 하나님 안에서의 땀과 노동은 진정한 안식이며 안식일에 해야할 일들이다.

곧 생명 회복에 관한 모든 일들은 안식일에 해야 할 당연한 누림인 것이다. 즉 유대인들이 목숨 걸고 지켰던 율법과는 그 차원이 완전히 다른 것이라는 말이다.

본래 유대인들에게도 안식일은 축복과 기쁨의 날이었다. 그러나 그들은 혹시라도 세속화되는 것을 막고자 미쉬나(Mishnah)를 제정하여 구별되게 지키려고 안간힘을 썼던 것[34]이다. 하지만 세월이 흐르며 안식일은 퇴색되어 버렸고 의미조차 왜곡되어 버리고 말았다. 그렇기에 예수님은 안식일의 정확한 의미를 다시 가르쳐 주시고자 했던 것이다.

10 유대인들이 병 나은 사람에게 이르되 안식일인데 네가 자리를 들고 가는 것이 옳지 아니하니라

이 구절에서는 놀랍게도 유대인들이 38년 된 병자가 나은 것을 보고 그에게 축복의 말은 고사하고 안식일 준수법(미쉬나) 여부를 따져 묻고 있는 것을 볼 수 있다. 관찰자의 입장에서 어안이 벙벙하기는 하나 그들의 모습에서 자꾸 우리의 모습이 오버랩된다. 이는 마치 소아시아 일곱 교회 중 에베소교회가 처음에는 사랑을 품은 진리로 상대를 대하다가 나중에는 첫사랑을 잃어버리고는 교리적 순결만을 강조하며 진리(생명력 없는 형식적 전통주의자)를 무기삼아 상대를 난도질하던 모습이 연상된다.

한편 십계명의 제 4계명은 "안식일을 기억하여 그 날을 거룩히 지키라"고 했다. 그렇다면 예수님의 부활을 기념하는 주일(일요일)이 아니라 금요일 저녁부터 토요일 저녁인 안식일을 거룩히 지키라는 것인가?

이에 대하여는 출애굽기 20장과 신명기 5장을 깊이 묵상하면 그 답은 선명해진다. 왜냐하면 출애굽기에는 창조주 하나님을 기억하라는 말씀이

---

34 미쉬나(Mishnah)는 장로들의 유전(tradition of the Elders, 막 7장)으로 미드라쉬(Midrash)와 탈무드(Talmud)로 되어있다. 다시 탈무드는 미쉬나(농사법, 정결법, 안식일, 금식법, 결혼과 이훈, 성소법, 희생제사법, 민사법, 형사법 등을 기록한 책)와 게마라(Gemara, 미쉬나의 완결작)로 되어있다.

있고 신명기에는 삼위하나님 안에서만 안식을 누리며 쉬라는 말씀이 있기 때문이다. 결국 안식일을 거룩히 지키라는 것은 안식일이 맞냐 주일이 맞냐의 문제가 아니라 창조주 하나님을 기억하고 삼위하나님 안에서만 안식을 누리고 쉬라는 것을 가리킨다.

당연히 예배의 날을 정하는 것도 중요하고 예배의 장소도 있어야(요 4:20-24) 하지만 진정한 예배란 신령과 진리로(요 4:24) 드리는 하나님이 기뻐하시는 거룩한 산 예배임을 잊지 말아야 한다.

11 대답하되 나를 낫게 한 그가 자리를 들고 걸어가라 하더라 한대 12 저희가 묻되 너더러 자리를 들고 걸어가라 한 사람이 누구냐 하되

이 구절을 가만히 살펴보면 병 고침받은 사람이나 유대인이나 예수의 신적 능력에는 그다지 관심이 없음을 알 수 있다. 병자의 경우 자신을 낫게 해주신 그리스도 예수에 대한 감사가 별로 없어 보인다. 유대인들 또한 그가 누구에게 어떻게 치유받았는가라는 것보다는 '누가 감히 안식일을 범하였는가'라는 율법 준수 여부에만 온통 관심이 가 있는 듯하다.

그들은 당연히 '네가 진짜 38년된 병자가 맞냐, 누가 너를 낫게 했냐, 그렇다면 너를 낫게 한 그분은 도대체 누구냐'라는 것에 관심을 가졌어야 한다.

13 고침을 받은 사람이 그가 누구신지 알지 못하니 이는 거기 사람이 많으므로

예수께서 이미 피하셨음이라

"고침을 받은 사람"은 다름 아닌 "병 나은 사람"(10절)이다. 그는 예수님의 은혜로 인해 값없이 온전히 나은 사람이 되었다.

"고침받은 사람이 그가 누구신지 알지 못하니"라는 것은 에베소서 2장 8-9절의 말씀처럼 그 병자가 병고침을 받은 것은 그 자신의 행위나 율법이 아니라 오직 하나님의 은혜로 구원되었다라는 것을 함의하고 있는 것이다.

14 그 후에 예수께서 성전에서 그 사람을 만나 이르시되 보라 네가 나았으니 더 심한 것이 생기지 않게 다시는 죄를 범치 말라 하시니 15 그 사람이 유대인들에게 가서 자기를 고친 이는 예수라 하니라

예수님은 육적인 치유에도 관심이 있지만 영적인 부분에 훨씬 더 관심이 많으시다. 영혼을 지극히 사랑하시는 예수님은 요한복음 9장 35절에서처럼 그 사람(38년 된 병자)을 다시 만나러 오셨다. 그리고는 진정으로 회개한 후 "더 이상 죄 된 생활을 하지 말고 죄에서 떠나라(Goodspeed, Morris)"고 말씀하셨다. 즉 하나님의 뜻인 '거룩함(살전 4:3; 5:16-18)으로 살기 위해 몸부림치라'고 하셨다.

그제서야 38년 된 병자는 자기를 낫게 해주신 분이 예수님임을 알게 되었다. 이 사람의 그 다음 태도는 약간 고개를 갸우뚱거리게 만든다. 왜냐하면 15절에서 그 병자의 표현은 얼핏 유대인들에게 가서 고자질하는 것처럼 보이기 때문이다. 물론 자신의 병을 '예수가 고쳤다'라고 선언하는 것에 방점을 두면 예수님의 신적 능력을 드러내는 것이기도 하다. 그러나 다른 한편으로는 구태여 그 병자가 자기의 안식일 준수법 위반에 대한 변명처럼 보이는 행위를 한 것은 병을 고쳐주신 예수 그리스도에 대한 바른 태도(attitude)가 아니었던 듯하다.

16 그러므로 안식일에 이러한 일을 행하신다 하여 유대인들이 예수를 핍박하게 된지라 17 예수께서 저희에게 이르시되 내 아버지께서 이제까지 일하시니 나도 일한다 하시매

이 외에도 예수는 안식일에 여러 가지 다른 일들을 행하셨다(마 12:1-8; 10-14; 눅 13:10-16).

17절의 "이르시되"라는 말은 법적인 공식 답변으로서 예수님이 38년 된 병자를 치유한 행위가 정당하다라는 것을 드러내고 있다.

공관복음의 안식일 논쟁에서의 논점은 크게 두 가지이다. 첫째는 선행과 생명, 영혼에 대한 사랑의 우월성이고 둘째는 인자가 곧 안식일의 주인이라는 것이다.

요한복음에서 유대인들은 하나님과 동일시하고 있는 예수님에 대해 신성모독(神聖冒瀆)이라고 분개했다. 그러나 예수님은 확실하게 성부하나님이 자신의 아버지라며 자신과 동일시하셨다(요 10:30, 14:9). 그런 예수님은 안식일을 통해 당신이 참 하나님이심을 더욱 선명하게 보여주셨다. 성부하나님은 7일째 안식하신 창조주 하나님이시다. 17절에서는 "이제까지 일하신다"하고 하시며 당신 스스로가 역사의 주관자 하나님임을 드러내고 있다. 즉 예수님은 하나님이시며 또한 창조주시요 역사의 주관자라는 것이다. 그러므로 예수님은 안식일의 주인이시다. 그렇기에 당연히 안식일에도 사역(선행, 영혼, 생명, 사랑의 사역)을 할 수 있다라고 말씀하셨다.

18 유대인들이 이를 인하여 더욱 예수를 죽이고자 하니 이는 안식일만 범할 뿐 아니라 하나님을 자기의 친 아버지라 하여 자기를 하나님과 동등으로 삼으심이 러라

아타나시우스(Athanasius, A.D. 293-373)는 그리스도의 신성을 부인하는 아리우스(Arianism, A.D. 250-336)에 대항하여 삼위일체의 정통교리를 확립했다. 조덕영 교수는 그에 대해 '니케아신조를 지킨 가장 존경할 만한 정통 교부'라고 평가했다. 초대교회 교부들은 이 구절을 근거로 존재론적 동질성(Essential equality) 교리를 확립했다. 한편 요한복음 14장 28절은 기능론적 종속성(Functional subordination)을 보여주고 있다.

"내가 갔다가 너희에게로 온다 하는 말을 너희가 들었나니 나를 사랑하였더면 나의 아버지께로 감을 기뻐하였으리라 아버지는 나보다 크심이니라"_요 14:28

레위기 24장 16절에는 '여호와의 이름을 훼방하면 돌로 쳐 죽이라'고 명령했다. 그러므로 유대인들은 이 말씀에 근거하여 메시야이신 예수를 몰라보고 하나님을 자기의 친 아버지라고 하는 예수를 향해 돌을 들어 쳐 죽이려고 했던 것이다.

19 그러므로 예수께서 저희에게 이르시되 내가 진실로 진실로 너희에게 이르노니 아들이 아버지의 하시는 일을 보지 않고는 아무것도 스스로 할 수 없나니 아버지께서 행하시는 그것을 아들도 그와 같이 행하느니라

예수님이 "아무것도 스스로 할 수 없나니"라고 수동적 입장을 취하시며 말씀하신 것에서는 당신의 기능론적 종속성(functional subordination)을 잘 드러내고 있다. 동시에 20절과 10장 30절을 통하여는 존재론적 동질성(essential equality)을 드러내셨다.

19-29절은 "아들"이라는 단어가 자주 반복된다. 여기서 "하나님의 아들"이란 부자지간이라는 의미보다는 '하나님의 특성을 지닌 예수님'이라는 의미이다. 예를 들어 세베대의 아들들에게 우레의 아들(막 3:17)이라고 칭한 것은 그들의 성질머리 즉 다혈질적 특성을 이야기한 것처럼.

한편 고대사회에서는 가업을 이을 때 먼저 아버지의 하는 일을 아들이 물려 받게 했다. "보게 하다" 곧 "위임하고 인수인계"하는 것에는 떼려야 뗄 수 없는 신뢰하는 관계라는 말이 내포되어 있다. 이를 염두에 두고 예수는 당신께서 '아버지 하나님의 일을 보았다'라고 말씀하신 것이다. 삼위하나님은 언제나 한마음 한뜻이 되어 모든 사역을 함께 충돌됨 없이 완벽하게 감당하신다(요 14:10-12). 우리가 행하는 선한 일은 우리 안에 주인 되시는 성령님께서 하신다.

20 아버지께서 아들을 사랑하사 자기의 행하시는 것을 다 아들에게 보이시고 또

그보다 더 큰 일을 보이사 너희로 기이히 여기게 하시리라

"자기의 행하시는 것"이란 먼저는 38년 된 병자를 치유한 것을 가리키나 동시에 '인간에 대한 구속 계획'을 가리키고 있다.

또한 "아들에게 보이시고~더 큰 일을 보이사"라는 것은 기적이나 능력이 아니라 예수 그리스도의 십자가 보혈을 통해 구속 계획을 성취하심(14:10)을 의미한다. 즉 예수 그리스도 새 언약의 성취를 말한다. "더 큰 일"이란 요한복음 1장 50절, 5장 20절, 14장 12절에 동일하게 강조되고 있으며 이는 요한복음 5장 21-22절에서 밝혀 주듯 죽은 자들(카데마이, 계 14:6)을 살리는 것(구원)과 땅에 속한 자들(카토이케오, 계 13:12,14)을 심판하는 것을 말한다. 즉 세상에 복음을 전함으로 예수를 영접하는 자는 구원(영생)이요 불신자는 심판(유황불못)을 받게 되는 것을 말한다. 복음의 이중성을 잘 드러내고 있다.

"기이히 여기다"라는 것은 4장 27절의 "이상히 여기다(다우마조, θαυμάζω, ν)와 동일한데 이는 '놀라다, 칭찬하다, 인정하다'라는 의미이다. 요한복음 4장 27절, 7장 21절에도 동일한 단어가 사용되었다.

21 아버지께서 죽은 자들을 일으켜 살리심 같이 아들도 자기의 원하는 자들을 살리느니라

"~같이"라는 것은 삼위하나님의 존재론적 동질성을 알게 하는 전치사이다. 예수께서 죽은 자를 살리시는 표적은 나사로를 살리심(11:39-44), 야이로의 딸을 살리심(막 5:35-43), 나인성 과부의 아들을 살리심(눅 7:11-16)을

통해 동일하게 반복적으로 보여주셨다. 상기의 표적들은 과거, 현재, 미래에 영원히 계속 이어지게 될 구속주이신 예수의 사역을 보여준 것이다. 그러므로 요한복음 11장 25-26절의 말씀처럼 예수를 믿게 되면 죽어도 살겠고 살아서 나를 믿는 자는 영원히 죽지 않게 될 것이다.

22 아버지께서 아무도 심판하지 아니하시고 심판을 다 아들에게 맡기셨으니

신명기 1장 17절에 의하면 모든 심판권은 성부하나님께 있다. 그러나 요한복음 3장 35절과 사도행전 17장 31절에 의하면 아버지 하나님은 성자이신 예수께 그 심판권을 주셨다고 했다. 그날에 재림의 예수께서 백보좌 심판을 한 후에는 다시 성부하나님께로 돌려지게 될 것이다(고전 15:23-28). 이는 '다른 하나님, 한 분 하나님'의 개념을 바르게 정립해야 선명하게 이해할 수 있다. 결국 삼위일체 하나님을 온전히 다 이해할 수는 없어도 바르게 이해하려면 존재론적 동질성과 기능론적 종속성을 통한 개념을 잘 정립해야만 한다.

23 이는 모든 사람으로 아버지를 공경하는 것 같이 아들을 공경하게 하려 하심이라 아들을 공경치 아니하는 자는 그를 보내신 아버지를 공경치 아니하느니라 24 내가 진실로 진실로 너희에게 이르노니 내 말을 듣고 또 나 보내신 이를 믿는 자는 영생을 얻었고 심판(정죄)에 이르지 아니하나니 사망에서 생명으로 옮겼느니라

23절은 아직도 예수의 신성(神性)을 거부하고 있는 여호와의 증인 (Jehova's Witness)과 같은 이단들에게 경고하는 말씀이다.

24절은 영생(신원)과 심판(영별 혹은 정죄)을 구분짓는 핵심구절 중 하나이다. 골로새서 1장 13절은 우리를 흑암의 권세에서 건져내사 미래형 하나님나라에서 영생토록 살게하기 위해 옮기셨다라고 말씀하고 있다. 그리스도인은 예수를 믿은 후에는 성령님을 주인으로 모시고 현재형 하나님나라를 살아가게 된다. 모든 인간에게 주어지는 죽음 곧 육신의 장막을 벗은 다음에는 미래형 하나님나라로 옮겨간다. 사도 바울은 이곳에서 떠나 저곳으로 가는 것뿐이라며 육신적 죽음을 '옮김 혹은 이동(ἀνάλυσις, nf)'이라고 했다[35]. 그렇기에 요한복음 11장 25-26절은 예수를 믿는 자는 죽어도 살겠고 살아서 나를 믿는 자는 영원히 죽지 않을 것이라고 말씀하셨던 것이다.

24절은 로마서 10장 17절에의 '믿음과 들음'에 유의하며 묵상해야 할 구절이다.

"옮기다"의 헬라어는 2가지이다. 첫째는 메타바이노(μεταβαίνω; v, I change my place (abode), leave, depart, remove, pass over.)인데 이는 '상태의 변화'를 의미한다. 즉 이전의 모든 생활을 청산하고 그 관계를 끊는 것을 말한다. 다른 하나인 아나뤼시스(ἀνάλυσις; nf, a loosing, departing, departure (from this life))로서 '이곳에서 저곳에로의 이동'을 의미하며 이는 동사 아나뤼오(ἀναλύω, to unloose for departure)에서 파생되었다. 24절의

---

35 육신적 죽음을 '이동(ἀνάλυσις, nf, a loosing, departing, departure (from this life); (Probably a metaphor from the yoking and unyoking of transport animals))'이라고 한다.

"옮겼느니라"에 해당하는 헬라어이다.

25 진실로 진실로 너희에게 이르노니 죽은 자들이 하나님의 아들의 음성을 들을 때가 오나니 곧 이 때라 듣는 자는 살아나리라

　"진실로 진실로(아멘, ἀμήν, verily, truly, amen)"에서의 '아멘'의 헬라어는 히브리어와 음역(אָמֵן)이 동일하다. 참고로 히브리어 아멘(אָמֵן)은 동사 아만(אָמַן, to confirm, support)에서 파생되었다. '아멘 아멘'을 중복하여 사용한 것은 요한복음에만 약 25회 나온다. 이 구절은 자신이 하나님의 아들이며 동시에 참 신(神)이심을 밝힌 것이다.

　"죽은 자(호이 네크로이, οἱ νεκροὶ)"라는 말은 '영적으로 죽은 자'를 가리키는 것으로 이때 죽음의 헬라어 네크로스(νεκρός, adj: dead, n: a corpse)는 '불신자의 죽음'을 의미한다.

　"듣는 자는 살아나리라"는 말은 '영적으로 죽었다 하더라도 예수의 음성을 듣고 순종할 때 생명을 얻는다'라고 학자들은 해석한다. 그러나 나는 조금 다르게 해석한다. 예수님이 재림하실 때 예수의 음성을 듣게 되는 모든 사람 곧 의인도 악인도 부활하기에(행 24:15) 재림의 때에는 '모두가 살아나게' 될 것(요 5:28)이지만 그리스도인들은 영생을, 불신자는 백보좌 심판을 통해 영벌을 받게 될 것이다(요 5:29). 즉 유기된 사람 또한 예수님의 재림 시에 다시 부활체로 살아나기는 하나 재림의 그날에는 순종의 여부와 관계없이 유기되었기에 구원을 받을 수가 없다. 참고로 그리스도인의 부활체(고전 15:42-44)와는 달리 불신자의 부활체에 관하여는 성경이 함구하고 있어 그 나라에 가기까지는 우리가 알 수가 없다.

26 아버지께서 자기 속에 생명이 있음 같이 아들에게도 생명을 주어 그 속에 있게 하셨고 27 또 인자됨을 인하여 심판하는 권세를 주셨느니라

시편 36편 9절에 의하면 '생명의 원천은 하나님께 있다'라고 하셨다. 하나님은 당신의 독생자 예수에게 "생명을 주어 그 속에 있게 하셨다"라고 하셨는데 이는 '성부하나님이 부여하셨다'라는 의미가 아니다. 왜냐하면 예수님은 하나님이시기 때문이다.

그렇다면 무슨 의미일까? 그것은 아버지 안에 생명이 있듯이 그리스도 예수 안에도 생명이 있다라는 존재론적 동질성(Essential Equality)을 말씀하고 있는 것이다.

"인자됨을 인하여 심판하는 권세를 받았다"라는 것은 죄인을 구하기 위해 인간으로 오셔야만 했고(빌 2:5-8, 성육신) 역사상 유일한 의인이신 예수님은 십자가 보혈이라는 대가 지불(속량, 엑사고라조)을 통해 하나님의 공의를 만족하시키셨다.

부활하신 예수님은 승천하셔서 하나님 우편에서 승리주로 계시다가 마지막 때(마지막 날, 재림의 그날, 심판의 날, 최후 승리의 날)가 되면 반드시 심판주로 오실 것이다. 물론 초림하신 예수님은 이미(already) 그리스도 새 언약의 '성취'를 하셨기에 심판의 권세를 가지신 하나님이시다. 그런 재림의 예수님은 그리스도 새 언약의 '완성'을 위해 승리주, 심판주로 오실 것이다.

28 이를 기이히 여기지 말라 무덤 속에 있는 자가 다 그의 음성을 들을 때가 오나니

25절에서처럼 예수의 재림[36](6대 재림)시에는 모두가 다 있는 그 자리에서 예수의 음성을 듣게 될 것(가견적 재림 혹은 전 우주적 재림)이다. 또한 백보좌 심판을 받기 위해 모든 사람 즉 의인도 악인도 모두가 다 부활하게 된다(행 24:15, 요 5:29). 차이가 있다면 의인은 영생의 부활로, 악인은 영벌 곧 심판의 부활일 뿐이다. 이를 기이하게 여길 필요는 전혀 없다. 재림 후 그날에는 자명하게 일어날 일이며 그것을 우리 모두가 다 똑똑히 목도하게 될 것이기 때문이다.

29 선한 일을 행한 자는 생명의 부활로, 악한 일을 행한 자는 심판의 부활로 나오리라

"선한 일"이 예수를 믿은 것이라면 "악한 일"은 예수를 안 믿은 불신(불의)과 불순종(패역함)을 가리킨다. 예수님이 재림하실 그날에는 의인과 악인의 부활이 반드시 있을 것이며 둘 다 백보좌 심판대에서 심판을 받게 될 것이다(행 25:15). 이때 의인의 심판은 악인의 심판과 달리 신원(vindication)이라고 한다. 곧 24절의 내 말을 듣고 또 나 보내신 이를 믿는 '믿음'을 "선한 일"이라고 한다. 그러므로 이 구절에서의 선한 일, 악한 일의 의미

---

36 6대 재림이란 전 우주적 재림(가견적 재림), 완성적 재림, 승리적 재림, 인격적 재림, 신체적 재림, 돌발적 재림을 말한다. cf.『복음은 삶을 단순하게 한다』, 더 메이커, 이선일, 2018

는 윤리적이거나 도덕적 차원의 문제가 아니다.

"선하다(아가도스, ἀγαθός, adj)의 헬라어가 아가도스라면 히브리어는 토브[37](בוֹט, Adjective; verb)이다. 하나님의 창조물인 우리는 그분과의 바른 관계와 교제를 가질 때 비로소 "보시기에 좋았더라(아가도스, 토브)"가 된다.

"선한 일(ἔργον ἀγαθὸν, 에르곤 아가돈)"이란 주권자이신 성령님의 통치, 질서, 지배 아래에서 성령의 열매를 맺는 일을 가리킨다(살전 1:5; 2:13; 갈 5:22-23). 앞서 언급한 "선한 일"이라는 동일한 의미(구원과 심판, 복음 전파)로 쓰인 곳이 빌립보서 1장 6절(착한 일), 히브리서 13장 21절(선한 일, JC로 말미암아 우리 속에 이루기 원하시는 것), 여호수아 23장 14-15절(בוֹט, 모든 선한 일, 토브/עַר, 불길한 일, 라아, adversity, evil, bad)이다.

30 내가 아무것도 스스로 할 수 없노라 듣는 대로 심판하노니 나는 나의 원대로 하려 하지 않고 나를 보내신 이의 원대로 하려는고로 내 심판은 의로우니라

이 구절은 언뜻 22절의 말씀과 배치되는 듯하다. 그러나 6장 39절, 7장 16절의 말씀과 함께 해석하면 그 의미가 명확해진다. "아무것도 스스로 할 수 없다"라는 것은 예수님께서 할 수 없다는 의미가 아니라 모든 것을 '아버지의 뜻대로만 하겠다'라는 뜻이다.

---

37 '선하다'라는 헬라어는 아가도스(ἀγαθός, adj, intrinsically good, good in nature, good whether it be seen to be so or not, the widest and most colorless of all words with this meaning)이며 히브리어는 토브(בוֹט, Adjective; verb; verb; feminine; noun masculine; noun feminine; noun feminine, beautiful, pleasant, agreeable, good, best, better, bountiful, cheerful, at ease, fair word, be in favor)이다.

31 내가 만일 나를 위하여 증거하면 내 증거는 참되지 아니하되

"나를 위하여 증거하면 내 증거는 참되지 아니하되"라는 것은 예수님이 "나는 기적이나 보이려고 혹은 이 땅에 나를 증명이나 하려고 오지 않았다"라고 말씀하시는 것과 같다(마 4:1-11). 이는 얼핏 8장 12-14절의 말씀과 상반되는 듯 하나 문맥의 흐름을 잘 살펴보면 전혀 배치되지 않음을 알 수 있다.

한편 이 구절이 예수의 기능론적 종속성에 방점(십자가 보혈로 구속을 통한 구원)을 둔 것이라면 8장 12-14절은 존재론적 동질성에 방점(예수는 하나님이시다)을 둔 것이다.

"예수께서 대답하여 가라사대 내가 나를 위하여 증거하여도 내 증거가 참되니 나는 내가 어디서 오며 어디로 가는 것을 앎이어니와 너희는 내가 어디서 오며 어디로 가는 것을 알지 못하느니라"_요 8:14

32 나를 위하여 증거하시는 이가 따로 있으니 나를 위하여 증거하시는 그 증거가 참인 줄 아노라

"나를 위하여 증거하시는 이가 따로 있으니"에서는 삼위일체 하나님의 서로 충돌되지 않는 완벽한 공동사역을 보여주고 있다. 또한 유대인의 재판법에서는 두 세명의 증인이 필요하다(신 19:15)라는 역사적 문화적 배경도 함의되어 있다.

인식론[38](認識論, epistemology)을 근거로 5장에서는 '네 증인 혹은 네 증거'를 드러내고 있다. 네(4) 증인에서의 첫째 증인은 33-35절에서 세례 요한으로서 그는 예수 그리스도보다 6개월 앞서서 이 땅에 태어나 증인의 자격으로 예수를 증거했다. 둘째 증인은 36절에서 예수님 자신 스스로가 증인이라고 선언했다. 예수님은 "아버지께서 내게 주사 이루게 하신 그리스도의 역사"라고 말씀하시며 성부하나님의 유일한 기름 부음을 받아 그리스도, 메시야로 예수님 자신이 이 땅에 보냄을 받았다라고 증거했다. 셋째 증인으로는 32, 37절에 성부하나님께서 친히 예수의 증인이라고 말씀하셨다. 마지막 네째는 39절에 구약의 성경말씀(히브리 정경, TNK)인 하나님의 말씀이 예수를 증거하고 있다고 말씀하고 있다.

《네 증인》

구절	증인
33-35절	세례 요한
36절	예수님
32, 37절	성부하나님
39절	구약 히브리 정경(TNK)

33 너희가 요한에게 사람을 보내매 요한이 진리에 대하여 증거하였느니라

38　철학의 일부분으로 인식, 지식의 기원, 구조, 범위, 방법 등을 탐구하는 학문, 두산백과 참조

이 구절은 요한복음 1장 19-28절과 연관이 있는 것으로 세례 요한은 자기 소명을 분명히 하고 있다. 그는 "길이요 진리요 생명이신 예수(요 14:6)"와 자신을 철저히 분리했다. 그리고는 자기 자신은 오직 "주의 길을 곧게 하라고 광야에서 외치는 자의 소리"일 뿐이라고 했다.

더 나아가 세례 요한은 1장 29절에서 예수님을 가리켜 "세상 죄를 지고 가는 하나님의 어린 양"이라며 예수님만이 구속주이심을 확실하게 증언했다. 또한 1장 36절에서는 "하나님의 어린 양"이라며 예수님은 역사의 주관자 하나님으로서 존재론적 동질성의 하나님임을 확실히 드러내고 있다.

34 그러나 나는 사람에게서 증거를 취하지 아니하노라 다만 이 말을 하는 것은 너희로 구원을 얻게 하려 함이니라

이 구절에서는 세례 요한이 예수 그리스도의 신성을 증거하며 자신의 증거는 단순히 사람의 증거가 아님을 천명하고 있다. 그러면서 5장 32절에서 언급한 인식론(Epistemology)의 '네(4) 증거' 즉 33, 36, 37, 39절의 증거를 들이대며 그 증거만으로 '충분하다'라고 말하고 있는 것이다.

결국 자신이 증거(천국 복음)하는 그 복음을 믿으면 구원을 얻게 되는데 이는 충분한 가치가 있으며 효용성에서도 충분하다(요 10:40-42)라고 말씀하고 있다.

한편 예수님의 초림이란 택정된 자들에게 "구원을 얻게 하려함"이지 단순히 기적을 베풀거나 자신을 증명하려 온 것이 아님을 알아야 한다. 그

렇기에 예수님은 마태복음 4장 1-11절에서 시험받으실 때에 전혀 기적을 행치 않으셨던 것이다.

35 요한은 켜서 비취는 등불이라 너희가 일시 그 빛에 즐거이 있기를 원하였거니와

예수님은 세례 요한을 가리켜 "켜서 비취는 등불"이라 지칭하셨다. 그러나 실상은 예수님만이 '참 빛(요 1:9)이요 세상의 빛(요 9:5)'이시다. 세례 요한은 진정 영적 어두움을 몰아내고 진리를 드러내시는 예수님 당신을 소개하는 그 일에 하나님의 종(아포스톨로스, 보내심을 받은 자)으로서의 역할을 잘 감당(요 1:7)한 것이라고 이 구절에서 예수님은 칭찬하고 있는 것이다.

한편 세상의 등불은 스스로 발광할 수가 없다. 그러나 참 빛이신 예수님은 스스로 발광할 수가 있다. 결국 등불의 역할로 부름받은 세례 요한도 성령님에 의해 인도되어져야만 참 빛이신 예수를 드러내는, 예수의 길을 인도하는 등불이 될 수 있다라는 것이다.

"등불(뤼크노스, λύχνος, nm)"은 인위적인 방법에 의해 빛을 발한다[39]. 반면에 포스(φῶς, nn)는 '스스로 빛을 발하는 발광체'라는 의미이다. 결국 예수를 가리키는 "그 빛"이란 모든 빛의 근원이자 참 빛으로서 진정한 세상의

---

39 '등불'의 헬라어는 뤼크노스(λύχνος, nm, an oil-fed portable "lamp," usually set on a stand (Abbott-Smith))인데 이는 '인위적인 방법에 의해 빛을 발하는 것'을 말한다. 반면에 포스(φῶς, nn)는 properly, light (especially in terms of its results, what it manifests); in the NT, the manifestation of God's self-existent life; divine illumination to reveal and impart life, through Christ)이다.

빛(요 1:5-9; 9:5)이라는 말이다. 세례 요한은 그 빛을 받아 반짝이는 등불(계 21:11, 포스테르, 뤼크노스)로서 그 빛을 증거하는 자였다라는 것이다.

36 내게는 요한의 증거보다 더 큰 증거가 있으니 아버지께서 내게 주사 이루게 하시는 역사 곧 나의 하는 그 역사가 아버지께서 나를 보내신 것을 나를 위하여 증거하는 것이요

'역사(에르곤, ἔργον, nn)'라는 단어는 요한복음에 자주 사용된 표적(세메이온, σημεῖον, nn)이라는 말과 동의어[40]이다. '역사'란 구원자 예수의 그리스도, 메시야이심을 드러내는 증거를 의미한다.

37 또한 나를 보내신 아버지께서 친히 나를 위하여 증거하셨느니라 너희는 아무 때에도 그 음성을 듣지 못하였고 그 형용을 보지 못하였으며 **38** 그 말씀이 너희 속에 거하지 아니하니 이는 그의 보내신 자를 믿지 아니함이니라

"나를 보내신 아버지께서"라는 말에는 성부하나님께서 예수를 당신의 '유일한 기름 부음 받은 자'로 이 땅에 그리스도, 메시야로 보내셨다라는 것을 의미한다. 한편 예수께서 그리스도이심을 증거하신 분은 성령님(고전 12:3)이시다.

---

40   역사(에르곤, ἔργον, nn)는 from ergō, "to work, accomplish") – a work or worker who accomplishes something. érgon ("work") is a deed (action) that carries out (completes) an inner desire (intension, purpose)이다.

"음성, 형용"은 출애굽 후 시내산에서 이스라엘이 경험했던 모든 것들을 담고 있는 단어이다(출 19:9, 11; 신 5:23-27).

'예수님만 하나님을 보았다'라는 것은 그리스도의 선재성(先在性)과 유일성(唯一性)을 강조하는 것인바 요한복음 1장 18절, 6장 46절, 요한일서 4장 12절에서도 그렇게 말씀하고 있다.

또한 "말씀이 너희 속에 거하지 않았다"라는 것은 42절의 "하나님을 사랑하는 것이 너희 속에 없다"라는 것을 가리킨다. 이렇게 지적한 이유는 하나님의 음성도 형용도 보지 못했을 뿐만 아니라 그(성부하나님)의 보내신 예수를 믿지 않음 때문이라는 것이다. 그렇기에 39절은 내(예수 그리스도)게 대해 증거한 성경을 통달하지도 알지도 못하는 유대인들을 지적하고 있는 것이다.

39 너희가 성경에서 영생을 얻는 줄 생각하고 성경을 상고하거니와 이 성경이 곧 내게 대하여 증거하는 것이로다 40 그러나 너희가 영생을 얻기 위하여 내게 오기를 원하지 아니하는도다

39절에 3번이나 반복하여 언급되고 있는 "성경"이란 구약(TNK)과 하나님의 말씀(벧후 1:20-21; 살전 1:5, 2:13)을 가리킨다.

성경의 원저자는 성령님(딤후 3:16-17)이시다. 모든 성경은 하나님의 감동(6대 속성, 3대 영감)으로 된 것($\theta\epsilon\acute{o}\pi\nu\epsilon\nu\sigma\tau\sigma\varsigma$, adj, God breathed, inspired by God)으로 교훈과 책망과 바르게 함과 의로 교육하기에 유익하다. 누가복음 24장 44절에서는 성경(구약, TNK)은 복음의 주체이신 예수 그리스도에 관한 기록이라고 선명하게 말씀하고 있다.

"상고하다(에류나오; ἐρευνάω; v, I search diligently, examine)"라는 말은 사도 행전 17장 11절에 나오는 아나크리노(ἀνακρίνω, v, I examine, question)와 비슷한 의미로서 이는 접두어 '다시(again, back)'라는 의미의 아나(ἀνα)와 '깊이 생각하다'라는 의미의 크리노(κρίνω)의 합성어이다.

한편 "상고하다(에류나오, ἐρευνάω)"라는 말이 고린도전서 2장 10절에서 는 "통달하다"로 번역되어 있다. 결국 "성경을 상고하거니와"라는 것은 성경을 깊이 묵상하고 통달함으로 예수님만이 그리스도, 메시야임을 알 고 예수를 통해 영생 곧 생명(요 20:31)을 얻으라는 것이다.

41 나는 사람에게 영광을 취하지 아니하노라

예수님은 유대인들의 칭찬이나 인정을 필요로 하지 않으셨다. 지금까 지(요 5:19-40) 예수님은 당신의 신성(神性)에 대해 말씀하시면서 애써 유대 인들의 긍정을 얻으려고 하지도 않으셨다. 왜냐하면 성부하나님께서 그 리스도 메시야이신 예수님에게 이미 영광을 허락하셨기 때문이다. 그 예 수는 과거와 현재, 그리고 앞으로도 영원히 영광스러운 변함없는 하나님 (요 17:1, 5)이시다.

42 다만 하나님을 사랑하는 것이 너희 속에 없음을 알았노라

42절의 "하나님을 사랑하는 것이"라는 말은 "하나님을 향한 너희 인간들의 사랑이"라는 의미인데 이는 헬라어로 텐 아가펜 투 데우(τὴν ἀγάπην τοῦ Θεοῦ(the love of God)라고 되어있는바 소유격을 사용했다. 그러므로 문법 그대로 이 구절을 해석하면 '하나님'의' 사랑이 너희 속에 없음을 알았다'라는 것이 되어 문맥의 의미가 이상해진다.

그러나 헬라어에서는 문맥에 따라 소유격이 주격(계 15:3, 모세의 노래=모세가 불렀던 노래)이나 목적격의 의미(계 15:3, 어린 양의 노래=어린 양을 찬양하는 노래)를 지닌다. 그러므로 소유격의 의미로 해석하면 '하나님의 인간들을 향한 사랑'이 된다. 한편 목적격으로 해석하면 '하나님을 향한 인간의 사랑'이 된다. 나는 후자의 목적격으로 해석한 Bernard, Bultmann, Lightfoot, Barrett 등의 주석에 동의한다.

"이름(오노마, ὄνομα, nn, a name, authority, character, reputation)"은 히브리어로 쉠(שׁם)인데 히브리적 사고에서는 그 사람이나 사물의 인격, 존재 자체를 가리킨다[41].

43 나는 내 아버지의 이름으로 왔으매 너희가 영접지 아니하나 만일 다른 사람이 자기 이름으로 오면 영접하리라

"다른 사람"이란 거짓 선지자 혹은 거짓 그리스도를 가리킨다.

---

41 "이름"은 히브리적 사고에서는 그 사람이나 사물의 인격, 존재자체((figuratively) the manifestation or revelation of someone's character, i.e. as distinguishing them from all others. Thus "praying in the name of Christ" means to pray as directed (authorized) by Him, bringing revelation that flows out of being in His presence. "Praying in Jesus' name" therefore is not a "religious formula" just to end prayers (or get what we want)를 가리킨다.

44 너희가 서로 영광을 취하고 유일하신 하나님께로부터 오는 영광은 구하지 아니하니 어찌 나를 믿을 수 있느냐

　이 구절의 당시 배경을 통한 해석은 다음과 같다. 당시 성직자(성직권)를 존중하며 특별한 성직이라고 강조하던 교권주의자(Clericalist)들은 사람들로부터 영광 취하기를 즐겨했다. 그들은 사욕을 취하고 권력, 명예, 부(副) 등 세속적 성공을 위해서는 진리를 서슴없이 왜곡했다. 그들은 율법을 과시하기 위해 성경(구약, TNK)을 읽었고 경건의 생활을 일부러 드러내기위해 기도하기도 했다.

　"하나님께로부터 오는 영광"을 구하라는 것은 하나님과의 바른 관계와 교제 가운데 그분의 영광에 동참하라는 의미이다. 여기서 '영광'이란 하나님의 능력, 성품, 속성을 가리킨다.

45 내가 너희를 아버지께 고소할까 생각지 말라 너희를 고소하는 이가 있으니 곧 너희의 바라는 자 모세니라

　"고소(告訴, 카테고레오; κατηγορέω, to make accusation)"에 해당하는 헬라어 카테고레오는 카타(κατά, down, against, according to)와 아고류오(ἀγορεύω, properly, to speak against in court, to accuse)의 합성어로서 이는 범죄 사실에 대한 범인의 처벌을 요구하는 것이다.

46 모세를 믿었더면 또 나를 믿었으리니 이는 그가 내게 대하여 기록하였음이라

이 구절은 모세오경의 메시야 예언들(창 3:15; 9:26; 민 21:4-9; 24:17; 신 18:15-18)을 언급하면서 '모세를 믿었더라면 그가 증언했던 나 예수를 믿었을것'이라고 말씀하고 있는 것이다.

47 그러나 그의 글도 믿지 아니하거든 어찌 내 말을 믿겠느냐 하시니라

"글과 말(그라마신, γράμμασιν)/레마신, ῥήμασιν)"의 헬라어에서는 두 단어 모두 다 각각 '마신(μασιν)'이라는 동일한 음역을 가지고 있다. 즉 동일한 음역의 반복을 통한 말장난(wordplay)을 보여주고 있는 것이다. 이는 "너희들이 그렇게나 존경한다는 모세의 말(요 9:28-29)조차도 고작 그 정도로 취급한다면 나의 말인들 오죽하겠냐"라는 예수님의 질책이다.

Sarah Kim

2022. 3.3

은혜 위에 은혜러라

*

Grace for Grace

Χάριν ἀντὶ χάριτος

예수(Ἰησοῦς), 그리스도(Χριστὸς), 생명(ζωή)

오병이어(五餠二魚)
생명의 떡, 산 떡, 참 떡
네 번째 표적

6장은 세상의 떡과 대조하면서 생명의 떡, 참 떡, 하늘로서 내려온 산 떡의 차이를 설명하는 이야기로 시작된다.

예수님이 5,000명을 먹이시고 열 두 바구니를 남긴 오병이어 이야기는 4복음서에 공통적으로 다 나온다(마 14:13-21; 막 6:30-44; 눅 9:10-17; 요 6:1-14). 이와 비슷하게 4,000명을 먹이시고 일곱 광주리를 남긴 칠병이어 이야기도 두 개의 복음서에 나온다(마 15:32-39; 막 8:1-10).

한편 오병이어와 칠병이어는 상징적 의미를 담고 있다.

먼저 7병 2어에서의 7은 언약의 수이자 가나안 7족속을 가리키는 이방의 수이며 4,000은 4×1,000으로 4는 땅의 수를, 1,000(10×10×10)은 "아주 많다, 충만하다"라는 말이다. 곧 7병 2어에서의 4,000이란 헬라어 카데마이(계 14:6, ἐπὶ τοὺς καθημένους ἐπὶ τῆς γῆς)로서 구원받기로 작정된 아무라도 능히 셀 수 없는 '이방인'의 큰 무리를 가리킨다(계 7:9). 따라서 7병 2어는 성부하나님의 택정함을 입은 '이방인'에게도 생명의 떡을 먹이시겠다는 예수 그리스도의 새 언약을 보여주는 예표라 할 수 있다.

5병 2어에서의 5,000은 5×1,000으로 5는 모세오경을 뜻한다. '1,000(10×10×10)'은 상기 7병 2어에서 언급한 것처럼 카데마이(계 14:6, ἐπὶ τοὺς καθημένους ἐπὶ τῆς γῆς)로서 구원받기로 작정된 아무라도 능히 셀 수 없는 '유대인'의 큰 무리를 가리킨다(계 7:9). 12의 경우는 3+4=7과 동일한 의미인 3×4=12인 언약의 수, 약속의 수, 맹세의 수, 완전 수이다. 즉 성부하나님의 택정함을 입은 '유대인'에게도 생명의 떡을 먹이시겠다는 예수 그리스도의 새 언약을 보여주는 예표이다.

따라서 오병이어나 칠병이어의 표적은 개인적 축복을 위함이 아니다. 이 표적은 자신의 소중한 양식을 바친 소년에게 더 큰 복으로 되돌려주겠다라는 것을 강조하는 이야기가 아니라는 것이다. 오히려 이 표적은 '예수는 생명의 떡이시다'라는 것과 "예수, 그리스도, 생명"을 강조한 것이다.

또한 오병이어의 표적을 매개하는 "보리떡과 작은 물고기"는 이중적 함의를 지니고 있다. 첫째는 낮은 자로 오신 예수, 즉 '초림의 구속주 예수님'을 상징한다. 둘째는 우리가 먹고 살기 위해 아둥바둥하며 조금이라도 더 축척하기 위해 땀과 눈물을 쏟는 양식들(재물, 건강, 명예, 권력 등등)은 알고 보면 "보리떡과 작은 물고기"처럼 "하찮은 것"이라는 의미를 함의(含意,

implication)하고 있다. 그러므로 오병이어나 칠병이어에 등장하는 "보리떡과 작은 물고기"는 진정한 생명의 떡이신 예수님을 통해 보다 더 풍성한 생명양식을 공급받아 영생을 누려야 할 것을 말씀하고 있는 것이다.

오병이어 이야기는 최후의 만찬과 같이 유월절에 있었던 사건으로 실상은 유월절 어린 양이신 예수의 살과 피에 관한 이야기이다. 그렇기에 5병 2어 이야기는 요한복음 6장 53절 이하부터 곧장 최후의 만찬으로 이어지는 것이다.

최후의 만찬 이야기는 마태복음 26장 26-30절, 마가복음 14장 22-26절, 누가복음 22장 15-20절, 고린도전서 11장 23-25절에서도 잘 보여주고 있다. 즉 신약에서의 예수님의 십자가 죽음과 부활은 구약에서의 유월절의 종말론적 성취이기에 살과 피를 언급(요 6:11, 53-57)한 오병이어 이야기와 깊이 연관되어 있다.

그러므로 오병이어와 칠병이어는 구원에 관한 이야기임을 알아야 한다. 생명의 떡이신 예수로만 영생을 얻으며 건너편 땅(미래형 하나님나라)에 도달하려면 예수를 영접하여야만 가능(요 5:21)함을 말씀하고 있는 것이다.

요한복음은 대부분 각 장마다 구절의 분량이 상당히 길며 21장, 879절로 구성되어 있는 교리와 복음에 대한 총체적인 복음서이다. 특히 이곳 6장은 71절까지 있는데 길이 만큼이나 중요도 또한 만만치 않다. 생명의 떡이요 참 떡, 하늘로서 내려온 산 떡이신 예수 그리스도, 그 예수님은 십자가 보혈의 대가 지불을 통해 구원을 성취하신 구속주임을 선명하게 보여주고 있다.

6-1 그 후에 예수께서 갈릴리 바다 곧 디베랴 바다 건너편으로 가시매

"그 후에"라는 단어는 '시간적인 간격이 있음'을 의도적으로 드러내는 말이다. 요한복음에는 공관복음에 공통적으로 나오는 "예수의 갈릴리 사역(마 8-9, 11-13장; 막 3-5장; 눅7-8장)"이 생략되어 있다. 즉 요한복음은 예수님의 갈릴리 사역을 상세하게 기록하지 않고 중요한 사건, 곧 표적을 중심으로 기록한 것이다.

갈릴리 바다는 "디베랴 바다"로도 불리는데(요 21:1) 원래 바다가 아니라 사실은 호수이다. 성경에서는 상징적으로 "바다"란 '세상'을 의미한다. 요한계시록 15장 2절에는 "불이 섞인 유리바다"라는 말이 나오는데 이는 '세상'을 의미한다. 한편 '천국(미래형 하나님나라)'을 상징하는 말은 '유리 바다'로 기록되어 있다. '불'이 섞여있기에 불 바다 혹은 유황 불못을 쉽게 연상할 수 있다. "바다"의 또 다른 상징적 의미는 '짐승(계 13장) 혹은 음녀(계 17장)'이다.

"디베랴(Tiberias; Τιβεριάς, nf)"라는 도시는 헤롯 안디바가 건설했으며 로마의 2대 황제 티베리우스(Τιβέριος, nm)의 이름을 따서 명명한 것이다.

갈릴리 바다 "건너편"이란 벳새다를 가리킨다.

2 큰 무리가 따르니 이는 병인들에게 행하시는 표적을 봄이러라

본 구절에서는 "따르다, 행하다, 보다"라는 세 동사를 주의깊게 살펴야 한다. 이는 당시 예수를 따랐던 무리들의 믿음을 폭로하는 것이다. 곧 진짜 믿음이냐 가짜 믿음이냐라는 것을 드러내고자 함이다.

결국 그들 믿음의 실체는 기적을 보고 믿었던 따랐던 '가짜 믿음'이라는 것이다. 이를 증명하기라도 하듯 66절을 보면, 이제껏 예수를 따르던 무리들이 예수님이 자기들에게 세상적인 유익을 줄 수 없을 것이라고 판단되자 지체없이 떠나며 "다시는 그와 함께 다니지 아니하더라"고 기록하고 있다.

가시적이고 초월적인 기적이 있는 곳에 쏠리는 것이 바로 인간의 연약함이다. 그런 기적과 표적이 있는 곳에는 자신들이 챙길 유익이 있기에 언제 어느 때고 많은 무리가 따르기 마련이다. 그러고 보면 기적이란 '욕망의 다른 이름'임을 알 수 있다. 그것은 탐욕이요 탐심이며 그 자체가 또 하나의 우상이다(골 3:5). 그렇기에 그러한 기적이 사라지면 그를 따르던 무리들은 거침없이 떠나버린다. 그러므로 기적을 보고 믿는 것은 가짜 믿음인 것이다. 결국 기적을 베푸는 예수님의 팬(Fan)이라는 말이기에 '예수를 믿는다'라고 하는 것과는 아무런 상관관계가 없다.

그러므로 그리스도의 참 제자된 우리는 기적에 집중할 것이 아니라 그것을 행하시는 예수님께 집중해야 한다. 기적을 믿는 것이 아니라 예수를 믿어야 하는 것이다.

3 예수께서 산에 오르사 제자들과 함께 거기 앉으시니 4 마침 유대인의 명절인 유월절이 가까운지라

많은 학자들은 갈릴리 지역의 이 "산"이 갈릴리 바다 북서쪽 골란 고원에 위치한 팔복산(the Mount of the Beatitudes, 마 5:1; 막 3:13; 마 28:16)이라고 추측하고 있다.

이 구절에서의 "유월절"은 2장 13절에 이어 두번째이다. 5장 1절에 의하면 예수님은 첫번째 유월절에 예루살렘으로 가셨다. 그러나 두번째 유월절에는 갈릴리에 머물면서(7:1-2) 네 번째 표적을 보여주고 있다. 결국 6장의 오병이어 이야기(네 번째 표적)는 유월절과 관련이 있음을 암시한 것이다.

예수님은 유월절 어린 양으로서 우리를 살리기 위해 살과 피(십자가 보혈)를 아낌없이 우리를 위해 쏟아주신 "하늘로서 내려온 산 떡이신 구속주"라는 것이다. 살과 피는 예수님의 몸을 가리키는 바 그 몸은 하늘로서 내려오는 산 떡 곧 생명의 떡(요 6:35, 41, 49-51)이다. 피는 53-56절에서 네 번이나 언급되었는데 십자가 보혈을 의미한다. 50-58절에서 산 떡이신 예수는 하늘로서 온 초림의 대속제물 되신 구속주이시며 그 떡을 먹는 자만이 영생을 얻게 된다라는 것이다.

5 예수께서 눈을 들어 큰 무리가 자기에게로 오는 것을 보시고 빌립에게 이르시되 우리가 어디서 떡을 사서 이 사람들로 먹게 하겠느냐 하시니 **6** 이렇게 말씀하심은 친히 어떻게 하실 것을 아시고 빌립을 시험코자 하심이라

예수님은 제자들에게 "우리가"라는 주어를 사용하셨다. 이는 예수님께서 앞으로 함께 하실 의도를 슬쩍 암시하신 표현이다.

가만히 살펴보면 당시 예수님은 "어떻게"라고 묻지 않으셨는데 그것은 당신께서 알아서 하시겠다라는 의미였다. 그렇기에 예수님은 "어떻게 (how)"가 아니라 "어디서(πόθεν, Adv, Interrogative, where)"라고 물으셨던 것이다. 한편 "어디서"라는 말은 "하늘에서"라는 것을 함의(含意)한 것으로 내가 주는 떡은 하늘로서 내려온 산 떡, 곧 생명의 떡이라는 의미이다. 그 떡은 예수의 몸을 말한다. 예수님은 십자가를 통해 마치 떡이 조각조각 떼어짐으로 무리를 먹이셨듯 당신의 몸이 십자가에서 갈기갈기 찢기어져 무리를 먹이심으로 인간의 구속을 성취하실 것을 말씀하셨던 것이다.

그런데 생각해 볼 것이 하나 있다. 예수님은 수제자인 베드로를 제쳐두고 왜 빌립에게 '충분한 떡'을 구할 수 있는지를 물으셨을까? 크리소스톰(Crysostom)은 이에 대해 예수님이 빌립의 연약한 믿음을 연단하기 위함[42]이라고 말했다. 나는 이 의견에 전적으로 동의한다.

"친히 ~ 아시고"라는 것은 예수의 전지성(omniscience)을 나타낸 것이다. 그러기에 "시험코자 하심이라"에서의 '시험'은 빌립에 대한 테스트 (test)이자 연약한 빌립을 단단하게 훈련(training)시키기 원하시는 예수님의 마음이 담겨 있는 것이다. 주의할 것은 예수님은 어느 누구도 시험(유혹, temptation)하지 않으신다라는 점이다(약 1:13).

7 빌립이 대답하되 각 사람으로 조금씩 받게 할지라도 이백 데나리온의 떡이 부족하리이다

---

42 『그랜드 종합주석 13권』, p699참조

이 구절을 통해 치밀하고 계산적인 빌립의 성격을 잘 관찰할 수 있다. 동시에 2장 1-11절의 가나 혼인잔치를 통해 놀라운 기적(물이 최상급 포도주로)을 이미 목격했던 빌립임에도 불구하고 아직도 그는 연약한 신앙 상태에 머물러 있음을 보여주고 있다.

8 제자 중 하나 곧 시몬 베드로의 형제 안드레가 예수께 여짜오되 9 여기 한 아이가 있어 보리떡 다섯 개와 물고기 두 마리를 가졌나이다 그러나 그것이 이 많은 사람에게 얼마나 되겠삽나이까

"안드레"는 세례 요한의 제자이자 시몬 베드로의 동생이다(막 1:16; 요 1:40-41). 그는 빌립과는 달리 식사 문제를 해결하기 위해 뭔가 먹을 것을 구하려고 청중 속으로 뛰어들었던 현실적인 인물이다. 그의 성격과 행동으로 보면 확실히 베드로와 형제임에 틀림없는 듯하다. 소위 생각이나 말보다 행동이 앞서는, 대책없이 약간 나대는, 그러나 주저앉아 손가락만 빠는 그런 성격은 아닌 듯하다. 결국 그는 책임감있게 끝까지 추적하여 비록 보잘 것 없기는 하지만 먹을 것을 가진 소년을 찾아냈다.

"보리떡 5개와 물고기 2마리"는 '초라하고 적은 양'을 의미한다. 당시 보리떡은 밀로 된 빵보다 훨씬 값이 저렴했다(왕하 4:42-44; 계 6:6). 또한 소년이 건넨 생선은 제대로 자란 먹음직한 큰 생선인 일뒤스(ἰχθύς, 요 21:11, fish)가 아니라 살이 별로 없는 자그마한 물고기인 옵사리온(ὀψάριον, a little fish)이었다.

10 예수께서 가라사대 이 사람들로 앉게 하라 하신대 그곳에 잔디가 많은지라 사람들이 앉으니 수효가 오천쯤 되더라

"이 사람들로 앉게 하라"에서의 '사람들(안드로포스)'과 "사람들이 앉으니"에서 사용된 '사람들(아네르, 안드로스)'에 해당하는 헬라어는 각각 다르다. 전자는 예수님이 지칭한 사람들(ἄνθρωπος; nm, human)로서 남녀 아이들을 모두 포함하는 불특정 다수를 뜻한다. 반면에 후자는 유대인인 사도 요한이 지칭한 사람들(ἀνήρ; ἀνδρός; nm, a male human being; husband)로서 히브리 남자들을 뜻한다. 이는 히브리사람들의 '사람을 계수'하는 방법이다.

"앉게 하라"는 것은 '기대어 눕게 하라'는 의미를 내포하고 있다. 당시 유대인들은 음식을 먹을 때 비스듬히 누워 먹었다.

"잔디"라는 말에서는 시편 23편에서의 목자가 양을 잔잔한 시냇물가와 푸른 초장으로 인도하는 장면이 연상된다.

11 예수께서 떡을 가져 축사하신 후에 앉은 자들에게 나눠 주시고 고기도 그렇게 저희의 원대로 주시다

"축사하다(유카리스테오; εὐχαριστέω)"라는 말은 '감사하다'라는 의미도 있다. 이는 성만찬(유카리스트; Eucharist)에 해당하는 단어와 어원이 같다. 즉 오병이어 표적은 "성례전적 의미"도 함의하고 있음을 알 수 있다.

"떡을 가져~고기도 그렇게 자기의 원대로 주시다"에서 떡과 고기는 바로 예수의 살(몸)과 피를 의미한다. 마태복음 14장 19절, 마가복음 6장 41

절, 누가복음 9장 16절의 오병이어 사건에서도 "축사하시고~떡을 떼어"라고 기술되어 있다.

"떡을 떼어"라는 말에서 떡은 예수의 몸이신 '살'을 의미하며 "떼다"라는 것은 '찢다, 부수다(카타클라오; $\kappa\alpha\tau\alpha\kappa\lambda\acute{\alpha}\omega$, v, break up; to break down)'라는 뜻이다. 즉 예수님은 인류의 죄를 대속하시기 위해 십자가상에서 우리를 위해 몸이 찢기어지고 부수어지셨다라는 말이다.

한편 당시 예수님은 전능(Omni-potent)하신 하나님이셨으나 보리떡을 보다 더 고급스러운 찰떡으로 바꾸지 않으셨다. 또한 작은 생선을 맛있고 큰 고급 생선으로 바꾸지도 않으셨다. 곧 기적을 베푸시기는 하셨으나 양의 기적일 뿐 질적으로는 전혀 향상시키지 않으셨다.

왜 그러셨을까?

결국 예수님은 인생의 풍요로움을 추구하는 것에는 관심이 없으셨던 것이다. 이는 '추구하지 말라'는 것이 아니라 '기복신앙에 빠져들지 말라'는 의미를 담고 있다. 또한 세상의 떡이나 구약의 만나가 아닌 유일한 참 떡, 산 떡, 하늘로서 내려온 생명의 떡이신 예수께만 집중하라는 것이다.

12 저희가 배부른 후에 예수께서 제자들에게 이르시되 남은 조각을 거두고 버리는 것이 없게 하라 하시므로 **13** 이에 거두니 보리떡 다섯 개로 먹고 남은 조각이 열두 바구니에 찼더라

"버리는 것이 없게 하라"는 것은 상징적으로 하늘 양식의 소중함을 일깨워 준 것이다. 모든 사람은 유한된 한 번 인생을 살아가기 위해 보리떡

과 작은 생선같은 떡과 고기가 필요하다. 그러나 영생을 위하여는 영원하고 참된 양식인 "생명의 떡"이 있어야 한다. 결국 유한되고 제한된 한 번뿐인 직선 인생을 사는 동안 "하늘로서 내려온 산 떡"이신 예수를 붙들고 살아야 한다라는 것이다.

"찼더라"라는 말은 비록 하찮은 보리떡 5개와 작은 물고기 2마리뿐이었으나 남은 조각은 열두 바구니에 가득찰 정도로 풍성했다라는 것을 보여주고 있다. 즉 예수로 인해서만 우리의 삶은 진정으로 풍성해질 수 있다는 것을 함의하고 있다.

14 그 사람들이 예수의 행하신 이 표적을 보고 말하되 이는 참으로 세상에 오실 그 선지자라 하더라 **15** 그러므로 예수께서 저희가 와서 자기를 억지로 잡아 임금 삼으려는 줄을 아시고 다시 혼자 산으로 떠나 가시니라

우리는 "이 표적을 보고 말하되~참으로 오실 그 선지자라(14절)"는 말씀을 되새겨보며 본인이 가지고 있는 신앙이 기적에 의한 가짜 믿음은 아닌지 반드시 점검해 보아야 한다. 참 성도는 기적을 추구하는 것이 아니라 기적을 베푸신 예수를 바라보고 그 예수님만 믿는 사람들이다.

"그 선지자"라는 것은 신명기 18장 15절에서 말씀하신 '모세'를 가리킨다. 유대인들은 하나님의 도구로 쓰인 모세가 광야에서 만나와 메추라기를 통해 이스라엘 백성들의 양식을 공급했듯이 예수님도 이스라엘의 왕이 되셔서 모세처럼 무리들에게 일용할 양식의 기적을 베풀어 주길 내심 기대하고 있었다. 그러나 예수님은 무리들의 요구에 전혀 다르게 반응하

셨다. 더 나아가 본문에는 예수님이 "백성을 떠나 혼자 산으로 가시니라"고 기록되어 있다. 곧 백성들에게 일용할 것을 주기는커녕 그들을 멀리하고 계심을 볼 수 있다.

이와는 달리 예수님을 왕으로 모시지 않으려는 그들을 향해 죽이라고 말씀하신 누가복음 19장 27절의 말씀과는 약간 차이가 있는데 그 이유를 찬찬히 묵상해보라.

"그리고 나의 왕됨을 원치 아니하던 저 원수들을 이리로 끌어다가 내 앞에서 죽이라 하였느니라"_눅 19:27

결국 예수님은 민족적 이스라엘에게만 정치적 자유, 경제적 풍요, 사회적 평등을 주러 오신 왕이나 정치 지도자가 아니라 만왕의 왕이신 하나님임을 알아야 한다.

이 구절인 요한복음 6장 15절은 누가복음 9장 18절(따로 기도), 마가복음 6장 46절(기도하러 산으로), 마태복음 14장 23절(따로, 산에, 혼자)의 구절과 평행한다. 사복음서에서 공히 다루고 있는 오병이어의 표적 후에 나타나는 예수님의 반응은 놀랍게도 조용히 혼자 지내는 모습이었다. "다시", "혼자", "산으로"라는 말씀으로부터 우리는 예수님의 공생애 사역과 삶을 선명하게 보게 된다.

"다시"라는 말은 습관이나 정례화된 삶의 태도를 의미하는 것이며 "혼자"라는 것은 따로 구별하여 매번 하나님과의 독대의 시간을 가졌음을 의미한다. 예수님은 "산으로"라는 표현에서처럼 산에 오르고 내리는 모든 여정에서 하나님과의 긴긴 대화와 묵상의 태도를 보여주셨다.

16 저물매 제자들이 바다에 내려가서 **17** 배를 타고 바다를 건너 가버나움으로 가는데 이미 어두웠고 예수는 아직 저희에게 오시지 아니하셨더니

"가버나움(Capernaum; Καπερναούμ)"은 '나훔의 마을'이라는 뜻으로 히브리어 카파르(כָּפָר, nm, a village)와 나훔(נַחוּם, an Israelite prophet)의 합성어이다. 나훔은 나함(נָחַם, v, to be sorry, console oneself, comfort)에서 파생되었다. 즉 가버나움은 '안위, 위로의 마을'이라는 뜻이다. 가버나움은 갈릴리 호수 북서부에 위치한 성읍이며 세리 마태가 부름받은 곳이기도 하다(마 9:9-13).

18 큰 바람이 불어 파도가 일어나더라

이 구절의 원문에는 "테(τέ, and, 게다가)"라는 강한 접속사가 있어 제자들의 급박한 상황을 예상할 수 있다.

당시 배에 예수님은 계시지 않았고 날은 저물었으며 배는 거의 속도를 내지 못하고 있었다. 그러던 중 설상가상(雪上加霜)으로 갑자기 불어닥친 돌풍(Squall, 비구름, 강수나 뇌우를 동반하는 스콜) 때문에 목적지가 아닌 다른 방향으로 표류할 처지였기에 제자들의 '멘붕'은 쉽게 예상할 수 있다.

한편 "바람"은 '세상 풍조(엡 2:2)'를, "파도"는 '인생을 살아가는 동안 닥치게 되는 크고 작은 고초나 돌발 상황'을 상징한다.

19 제자들이 노를 저어 십여 리쯤 가다가 예수께서 바다 위로 걸어 배에 가까이

오심을 보고 두려워하거늘

"십여 리쯤"은 헬라식 거리로 환산하면 25~30스타디온(στάδιον)이다. 1스타디온은 약 185m이므로 4.6~5.6Km 정도의 거리이다. 즉 제자들은 밤새 십여 리를 이동하는데 그쳤던 것이다. 이는 벳새다에서 가버나움까지의 직선거리에 해당한다. 그러나 배가 다른 방향으로 향하는 바람에 오히려 목적지와 더 멀어지고 말았다라는 뜻이다. 두 지역과 동서남북 사방(四方)을 알기 위해서는 갈릴리호수와 상(上) 요단강과 하(下) 요단강의 지리적 상황을 이해해야 한다.

헬몬산에서 흘러내리는 만년설이 녹은 물이 단의 작은 호수(훌레 호수)에 고이면 그 물은 갈릴리호수로 흘러 들어간다. 요르단에서의 헬라어 "요르(יָרַד)"는 '흐르다'라는 뜻이다. 따라서 "요르단강(Jordan river)"이라는 것은 "단으로부터 흘러내리는 강'이란 의미이다. 곧 단 지역의 호수에서 갈릴리로 흐르는 강이 상(上) 요르단강이다. 또한 갈릴리 호수에서 팔레스타인을 종단하면서 최종 종착지인 사해로 흘러 들어가는 것을 하(下) 요르단강이라고 한다.

결국 요르단강은 두 지류가 있는데 하나는 상(上) 요르단강이고 다른 하나는 하(下) 요르단강이다. 갈릴리호수(또는 바다)를 중심으로 위 아래에 상 요단강과 하 요단강이 구분되어 있는 것이다. 그리고 갈릴리호수의 서쪽 위에서부터 아래의 순서로 고라신, 가버나움, 게네사렛, 막달라, 디베랴, 나사렛, 나인이 있다. 한편 갈릴리 바다 서쪽에 있는 가버나움의 대칭인 곳, 즉 동쪽에 있는 마을이 벳새다이다.

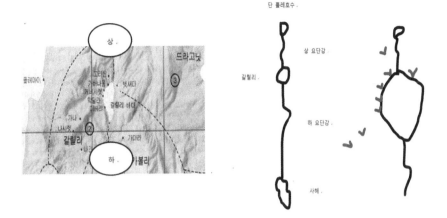

"예수께서 바다 위(에피 테스 달라세스; ἐπὶ τῆς θαλάσσης; on the sea)로 걸어" 라는 말은 예수님께서 바다 위(on the sea)를 걸어 배 위의 제자들에게 다가가셨음을 의미한다. 그러나 요한복음 21장 1절의 영어번역에서는 'at the sea'로 사용되었다. 그러다 보니 원어를 번역하는 과정에서 어떤 학자들은 예수님이 바다가 아니라 해변가 또는 호숫가를 돌아서 걸었다라고 주장하기도 한다. 이는 예수님의 하나님이심을 믿기 싫어하는 무리들의 억지일 뿐이다. 공관복음인 마태복음 14장 25절, 마가복음 6장 49절에는 분명히 '바다 위를 걸었다(on the sea)'라고 되어 있다.

20 가라사대 내니 두려워 말라 하신대

"내니(에고 에이미; Ἐγώ εἰμι"는 "나는~이다(I am)"에서의 '에고 에이미'라는 것은 예수님의 자기 계시를 드러내고 있는 말이다. 이런 표현이 요한복음에는 "진실로 나는~이다"라고 되어 있으며 그렇게 강조한 표현이 여러 군데에 반복적으로 등장하고 있다(요 6:35; 10:7; 11:25).

21 이에 기뻐서 배로 영접하니 배는 곧 저희의 가려던 땅에 이르렀더라

"영접하다"라는 헬라어에는 중요한 두 가지가 있는데 "람바노 (λαμβάνω, 요 1:12; 6:19)"와 "데코마이(δέχομαι, 요 4:45)"이다. 전자는 진짜 믿음을, 후자는 기적 등 가시적인 것을 보고 영접한 가짜 믿음(요 6:2)을 말한다.

19절은 바다 위로 걸어오시는 예수님을, 21절은 "예수님을 배로 영접 (람바노)하니 곧(즉시로) 저희의 가려던 땅(미래형 하나님나라)에 이르게" 됨을 보여주고 있다. 이는 "길이요 진리요 생명이신(요 14:6) 예수"를 영접함으로 미래형 하나님나라에 도달하게 됨을 말씀해주고 있다.

그렇다. 구원은 오직 예수 그리스도로 말미암는다. 한편 비슷한 사건을 다른 관점으로 기록한 마태복음 14장 24-33절에는 예수가 바다 위로 걸어서 오니 유령이라 착각하며 공포에 떠는 제자들의 모습(25-26)과 아울러 예수의 능력으로 베드로가 물 위로 걸어보려는 시도를 하다가 믿음이 적은 자라고 지적(28-31)받는 장면이 이어 나온다. 또한 마가복음 6장 48-52절에도 마가복음 4장 36-41절의 경우처럼 예수님께서 믿음이 없어 마음이 둔해진 제자들을 안타깝게 보시며 책망하는 장면이 나온다. 결국 믿음은 적다 많다의 문제가 아니라 진위 문제이다.

22 이튿날 바다 건너편에 섰는 무리가 배 한 척 밖에 다른 배가 거기 없는 것과 또 어제 예수께서 제자들과 함께 그 배에 오르지 아니하시고 제자들만 가는 것을 보았더니 23 (그러나 디베랴에서 배들이 주의 축사하신 후 여럿이 떡 먹던 그곳에 가까이 왔더라) 24 무리가 거기 예수도 없으시고 제자들도 없음을 보고 곧 배들을 타고 예수를 찾으러 가버나움으로 가서

괄호 안의 내용은 일부 사본에는 없다는 뜻이다. 그러다 보니 일부 학자들은 후대에 삽입된 구절이라고 주장한다. 동시에 '편집설'을 주장하며 성경의 6대 속성(무오류성, 완전성, 충분성, 명료성, 권위성, 최종성)에 대해 공격하기도 한다. 나는 일부 다른 사본에는 그 내용이 있기에 오히려 '편집설'을 너무 단정적으로 주장하는 것은 안 된다라고 생각한다.

초대교회는 정경화 작업(구약 AD 90년, 신약 AD 397년)이전에 이미 4복음서와 바울서신, 사도서신 등을 정경으로 믿고 교회에서 회람하고 있었다. 당시는 출판업이 발달되지 않았기 때문에 '파피루스'에 필사하여 교회가 회람했다고 한다. 결국 사본 상의 차이는 전달 과정과 보존 과정의 훼손 때문이지 성경을 누군가가 편집했다라고 하며 성경의 권위성을 무시하는 것은 실상 말씀을 무시하는 태도에 지나지 않는다. 또한 성경의 정경화 작업이 후대에 완료된 것은 교회가 고난을 견디는 과정에서 늦어진 것일 뿐이다. 오히려 성경이 진리라는 것을 대변하는 이유 중에 하나가 바로 많은 사본을 갖는다라는 점이다. 정경의 사본에 그 내용이 있다면 하나님의 말씀을 하나라도 놓치지 않겠다는 신중함으로 받아들이는 것이 옳다고 생각된다.

25 바다 건너편에서 만나 랍비여 어느 때에 여기 오셨나이까 하니

"랍비(ῥαββί)"는 히브리어 라브(רב, chief)에서 왔는데 이는 라바브(רבב, v, to be or become many or much)에서 파생되었다. Hendriksen에 의하면 예수 님이 부활하신 다음에는 예수께 대하여 주님(κύριος)이라고만 칭하고 일반 적 칭호인 랍비라는 말은 사라졌다고 한다.

26 예수께서 대답하여 가라사대 내가 진실로 진실로 너희에게 이르노니 너희가 나를 찾는 것은 표적을 본 까닭이 아니요 떡을 먹고 배부른 까닭이로다 27 썩는 양식을 위하여 일하지 말고 영생하도록 있는 양식을 위하여 하라 이 양식은 인자 가 너희에게 주리니 인자는 아버지 하나님의 인치신 자니라

"썩는 양식"이란 자기 만족, 자기 소욕을 위한 모든 행위를 가리킨다. 그렇기에 자신의 배를 채우는 유형, 무형의 모든 것을 양식이라고 한 것이 다. 곧 구원을 위한 자신의 율법적 행위, 자기 의(義) 등 모든 종교 행위 (신앙 생활)조차도 썩는 양식에 불과하다라는 것이다. 만약 자신의 신앙생활을 하나님과의 거래로 생각하여 그에 상응하는 반대급부를 구한다면 그 것은 썩는 양식일 뿐이다. 기복적인 행위 또한 썩는 양식이므로 계속하여 달라고만 하지 말고 주신 것이 무엇이든 간에 현재형 하나님나라의 확장 과 하나님의 영광을 위해 사용하면 좋은 도구인 것이다. 즉 양식이 나쁘 다는 것이 아니라 그것을 물신(物神)으로 숭배하는 것이 문제인 것이다.

생존을 위한 썩는 양식과 달리 "영생하도록 있는 양식"이란 생명, 영생을 위한 양식을 말한다. 즉 '썩지 않는 양식'이란 하나님나라의 완성을 향해 가는 과정에서 우리를 향한 하나님의 뜻대로 사는 것, 현재형 하나님나라의 확장을 위해 살아가는 것, 하나님의 기쁨으로 살아가는 모든 것을 말한다. 우리는 스스로는 아무것도 할 수 없다. 이 모든 것은 우리가 행하기는 하지만 우리 안에서 역사하시는 성령하나님께서 인도해가신다는 사실을 알아야 한다.

"이 양식은 인자가 너희에게 주리니"라는 것은 예수의 대속사역을 통해 우리가 영생(요 3:16)을 얻게 되었다라는 의미이다. 예수는 영원히 살아계시는 하나님이시다(요 17:24, 존재론적 동질성).

"하나님의 인치신 자"라는 것은 예수님만이 성부하나님의 유일한 기름부음 받은 자(그리스도, 메시야)라는 의미로서 성부하나님의 인간에 대한 구속계획을 성취하기 위해 이땅에 오신 하나님이라는 의미이다. 성부하나님은 구속사의 중보자(the Mediator)로서의 역할을 예수님께 위임한 것(5:19-30)이라는 Murray의 해석에 나는 동의한다.

28 저희가 묻되 우리가 어떻게하여야 하나님의 일을 하오리이까 29 예수께서 대답하여 가라사대 하나님의 보내신 자를 믿는 것이 하나님의 일이니라 하시니

"하나님의 일"이란 '하나님께서 사람들에게 요구하시는 일'이라는 의미로서 율법으로는 구원에 이를 수 없음을 알고 구원자이신 예수께 나아오는 것을 의미한다(요 6:29; 갈 3:24).

30 저희가 묻되 그러면 우리로 보고 당신을 믿게 행하시는 표적이 무엇이니이까 하시는 일이 무엇이니이까 **31** 기록된 바 하늘에서 저희에게 떡을 주어 먹게 하였다 함과 같이 우리 조상들은 광야에서 만나를 먹었나이다

고린도전서 1장 22절은 "헬라인들은 지혜를 구하고 유대인들은 표적을 구한다"라고 말씀하고 있는데 가만히 보면 유대인들은 이미 요한복음 2장 1-11절, 4장 46-54절, 5장 1-9절을 통해 표적을 보여주셨음에도 불구하고 더 큰 표적을 계속 구하고 있는 것을 볼 수 있다. 일반적으로 기적을 보고 예수를 좇게 된 무리들은 계속하여 더 큰 기적을 추구하고 더 많은 기적들을 요구하게 된다. 그러다가 기적이 사라지면 자신이 소유하고 있다고 느꼈던 믿음은 금방 허물어지고 사라져버리고 만다. 그것은 가짜 믿음일 뿐이다.

예수님이 행하시는 "표적"은 단순한 기적이 아니다. 누가복음 12장 50절에서는 "나의 받을 세례"라고 말씀하셨는데 곧 예수 그리스도의 십자가 고난을 말한다. 이를 누가복음 11장 29-30절과 마태복음 12장 38-41절에서는 '요나의 표적'이라고 말씀하셨다. 요나가 3일 밤낮 물고기 뱃속에 들어감으로 풍랑을 만나 죽을 뻔했던 배에 탄 사람들이 살아났듯이 예수님의 십자가 보혈과 사흘의 죽음을 통해 택정 받은(엡 1:3-6) 사람들이 살아나게 되는 것을 '표적'이라고 말씀하고 있는 것이다.

31절에서 유대인들은 예수와 모세를 비교하며 "그는 광야에서 장정 600,000명에게 만나를 먹였는데 예수는 겨우 5,000명을 먹인 것은 조금 약하지 않냐"라는 뉘앙스가 내포되어 있다.

"만나(μάννα; "What is it?", 출 16:15)"란 히브리어로 만(מָן)이다. "이게 뭐냐, 아무것도 아니네(nothing)"라는 뜻이다. 출애굽한 백성이 광야에서 매일 매일 하나님께 받은 양식이었던 '만나'는 생존을 위해 매우 귀한 것은 사실이었다. 그러나 만나는 먹어도 먹어도 그 다음날이 되면 배고프게 된다. 왜냐하면 그것은 일시적인 것이요 생명(영생)에는 전혀 영향을 미치지 못하는 것이었기 때문이다.

32 예수께서 이르시되 내가 진실로 진실로 너희에게 이르노니 하늘에서 내린 떡은 모세가 준 것이 아니라 오직 내 아버지가 하늘에서 내린 참 떡을 너희에게 주시나니 33 하나님의 떡은 하늘에서 내려 세상에게 생명을 주는 것이니라

예수님은 유대인들에게 "너희가 자랑하는 그 만나는 모세가 아니라 하나님이 주신 것(출'16:15)'이며 만나라는 떡은 생존을 위한 일시적인 것으로서 썩어질 양식(출 16:20-21)일 뿐임을 말씀하고 있다.

반면에 하늘로서 내려온 참 떡은 세상에 생명(영생)을 주며 그 "하나님의 떡"만이 영원한 것임을 말씀하고 있다. 즉 만나는 모형일 뿐이며 그 만나를 주신 것은 장차 하나님께서 주실 실체이신 참 떡, 예수 그리스도를 예표한 것임을 분명히 드러내고 있다.

34 저희가 가로되 주여 이 떡을 항상 우리에게 주소서

"이 떡"이란 요한복음 6장 32, 33, 48, 51절에서 언급한 참 떡, 하나님의 떡, 생명의 떡, 하늘로서 내려온 산 떡을 가리킨다.

35 예수께서 가라사대 내가 곧 생명의 떡이니 내게 오는 자는 결코 주리지 아니할 터이요 나를 믿는 자는 영원히 목마르지 아니하리라

"생명의 떡"이란 '하나님의 말씀'을 의미한다(암 8:11).

36 그러나 내가 너희더러 이르기를 너희는 나를 보고도 믿지 아니하는도다 하였느니라 **37** 아버지께서 내게 주시는 자는 다 내게로 올 것이요 내게 오는 자는 내가 결코 내어 쫓지 아니하리라

이 구절과 함께 요한복음 6장 44, 65절은 개혁주의의 주요한 5대 교리(the 5 points of Calvinism, TULIP)를 내포하고 있다.

첫째는 인간의 전적 부패 교리(Total Depravity)이다. 이는 전적 타락, 전적 무능이라고도 불리운다(Total Corruption or or Total Inability; 엡 2:1; 고전 2:14; 롬 5:12; 7:18,23; 시 51:5).

둘째, 무조건적 선택 교리(Unconditional Election)이다. 이는 성부하나님의 절대주권적 택정하심을 따라 창세 전에 택자를 무조건적으로 선택하셨다라는 의미이다(롬 9:15, 21; 엡 1:4-5, 2:10).

셋째는 제한속죄 교리(Limited Atonement) 이다(요 17:16, 엡 1:4, 마 26:28, 1:21).

넷째, 불가항력적 은혜 교리(Irresistible Grace)이다. 이는 성령하나님의 내

적 부르심을 입은 신자는 삼위하나님의 부름에 저항할 수가 없으며 그 은혜를 인하여 믿음으로 구원을 얻게 된다(요 6:37-40; 롬 8:18-39; 벧전 5:10).

다섯째는 성도의 견인 교리(Perseverance of the Saints)이다. 성도의 궁극적인 구원이라고도 한다. 택함받은 신자는 성령의 보호와 인도하심에 의해 확실히 구원을 얻게 되는 것이다(엡 2:13-18; 요 10:28-29; 롬 11:29; 빌 1:6; 살후 3:3; 딤후 1:12; 4:18; 요일 3:9; 5:18; 행 27:25).

상기의 5대 교리는 지난 역사상 어거스틴과 펠라기우스 사이에서, 루터와 에라스무스 사이에서, 칼빈과 알미니우스 사이에서 격한 신학 논쟁을 통해 도르트회의(1619)에서 확립된 중요한 개혁주의의 핵심이기도 하다.

38 내가 하늘로서 내려온 것은 내 뜻을 행하려 함이 아니요 39 나를 보내신 이의 뜻을 행하려 함이니라 나를 보내신 이의 뜻은 내게 주신 자 중에 내가 하나도 잃어버리지 아니하고 마지막 날에 다시 살리는 이것이니라

예수님은 하나님의 뜻(델레마 데우)을 행하기 위해 성육신하셨다(히 10:7; 요 10:10; 요 17:6, 9; 벧후 3:9; 마 24:21-22). 곧 하나님의 뜻이란 "내게 주신 자 중에 내가 하나도 잃어버리지 아니하고 마지막 날에 다시 살리는 것"을 말한다.

40 내 아버지의 뜻은 아들을 보고 믿는 자마다 영생을 얻는 이것이니 마지막 날에 내가 이를 다시 살리리라 하시니라

"마지막 날(테 에스카테 헤메라; τῇ ἐσχάτῃ ἡμέρᾳ; the last day)"이라 함은 '그날, 승리의 날, 종말의 끝날, 말세지말, 예수 재림의 날, 최후 심판의 날'을 가리킨다(요 6:40, 44). 즉 여기서 나오는 "마지막 날"은 종말(말세) 시대의 기간이 아니라 "종말의 끝날", 곧 "'예수님이 재림하시는 그날"을 의미한다.

"다시 살린다"라는 것은 예수님이 재림하시면 의인은 생명의 부활로 영생을 누리게 된다라는 의미이다. 한편 예수님이 재림하시면 의인도 악인도 모두가 다 부활하게 된다(행 24:15, 요 5:29). 그때 악인은 심판의 부활(요 5:29)로 영벌(유황 불못, 영원한 죽음, 둘째 사망, 계 20:10)을 받게 된다.

41 자기가 하늘로서 내려온 떡이라 하시므로 유대인들이 예수께 대하여 수군거려 42 가로되 이는 요셉의 아들 예수가 아니냐 그 부모를 우리가 아는데 제가 지금 어찌하여 하늘로서 내려왔다 하느냐 43 예수께서 대답하여 가라사대 너희는 서로 수군거리지 말라 44 나를 보내신 아버지께서 이끌지 아니하면 아무라도 내게 올 수 없으니 오는 그를 내가 마지막 날에 다시 살리리라

42절의 "이는(후토스; οὗτός)"이라는 말의 뉘앙스 속에는 '경멸'의 뜻이 담겨있다. 의역하면 "이 녀석 봐라!"는 뜻이 된다.

한편 예수의 가족과 형제에 관하여는 마태복음(13:55)과 마가복음(6:3)에서는 소상하게 밝히고 있으나 누가복음(4:22)과 요한복음(1:45, 6:42)에서는 '요셉의 아들' 정도로만 간략히 소개하고 있다.

44절에 의하면 우리의 구원은 '아버지 하나님의 택정하심에 따른 이끄심'때문이라고 했다. 즉 만세 전에 하나님의 은혜로 인한 택정하심(엡 1:3-

6, 롬 8:30)때문이라는 것이다. 그렇기에 구원은 전적인 하나님의 주권 영역임을 알아야 한다. "이끌다(헬퀴오; ἐλκύω; to drag, draw in)"라는 것은 앞서 언급했던 개혁주의 5대교리인 TULIP을 한마디로 요약한 것이다. "살리리라"는 것은 "마지막 아담인 예수께서 살려주는 영이 되신다"라는 말이다 (고전 1:24; 15:45).

45 선지자의 글에 저희가 다 하나님의 가르치심을 받으리라 기록되었은즉 아버지께 듣고 배운 사람마다 내게로 오느니라

"선지자의 글"이란 복수를 뜻하는 '선지자들의 글'이라는 의미로서(마 26:56; 롬 16:26) 이는 '구약의 선지서(히브리 정경 중 8권의 네비임)'를 가리킨다.

"저희가 다 하나님의 가르침을 받으리라"는 말씀은 이사야 54장 13절에 잘 기록되어 있다. 한편 듣고도 깨닫지 못하는 자에 대해 이사야 6장 9-10절은 마태복음 13장 13-17절과 함께 진리의 말씀을 듣지 못하면 사람이 주께로 나아오지 못한다라고 말씀하고 있다.

"여호와께서 가라사대 가서 이 백성에게 이르기를 너희가 듣기는 들어도 깨닫지 못할 것이요 보기는 보아도 알지 못하리라 하여 이 백성의 마음으로 둔하게 하며 그 귀가 막히고 눈이 감기게 하라 염려컨대 그들이 눈으로 보고 귀로 듣고 마음으로 깨달아 다시 돌아와 고침을 받을까 하노라"_사 6:9-10

"믿음은 들음에서 나며 들음은 그리스도의 말씀으로 말미암았느니라"_롬 10:17

46 이는 아버지를 본 자가 다 있는 것이 아니라 오직 하나님에게서 온 자만 아버지를 보았느니라

"하나님에게서 온 자이신 예수님만이 하나님을 보았다"라고 했는데 이는 "만물의 근본이신 하나님은 예수를 통해서만 볼 수 있다"라는 뜻이다. 존재론적 동질성과 기능론적 종속성을 다시 상기해 보면 아멘이 저절로 나오게 될 것이다.

47 진실로 진실로 너희에게 이르노니 믿는 자는 영생을 가졌나니 **48** 내가 곧 생명의 떡이로라

"믿는 자는 영생을 가졌나니"라는 말씀에서 "영생(조엔 아이오니온; ζωὴν αἰώνιον; eternal life)"의 의미는 영벌(사망)에서 생명(영생)으로 옮기움을 받고 영적 부활한 상태로 지금(현재형 하나님나라)부터 앞으로 영원히 하나님나라(미래형)에서 사는 것을 가리킨다.

49 너희 조상들은 광야에서 만나를 먹었어도 죽었거니와 **50** 이는 하늘로서 내려오는 떡이니 사람으로 하여금 먹고 죽지 아니하게 하는 것이니라

"만나"는 생존을 위한 육신적 양식이기에 매일 먹고도 죽었지만 생명의 떡이신 예수를 믿으면 영생(요 6:33, 35, 40)을 얻게 된다. 이는 마치 구약시

대 율법의 희생제물은 계속 드려져야 했는데 반해 유월절 어린 양이신 예수 그리스도는 영 단번(once for all)에 속죄 사역을 완수하셨음을 드러내고 있다.

"만나를 먹었어도 죽었거니와"라는 것은 생명의 떡이신 예수 그리스도 대신에 '만나만 구하는 자'는 반드시 죽게 될 것이라는 말이다. 반면에 '예수만 구하는 자'는 죽어도 살겠고 살아서 믿는 자는 영원히 죽지 않게 될 것이라는 말이다.

열왕기하 2장 23-25절에는 엘리야 승천 후 엘리사가 벧엘(house of God, בֵּית־אֵל)로 올라가는 장면을 기록하고 있다. 당시 엘리사가 길을 가고 있었는데 철없는 아이들이 따라다니며 엘리사를 놀려댔다.

"대머리여 올라가라 대머리여 올라가라."

이는 "너 같은 선지자는 필요 없으니 너도 올라가라"는 의미이다. 즉 "하나님을 의뢰(의존)하지 않겠다. 하나님은 필요 없다"라는 불신의 외침이었다. 그러자 암곰 두 마리가 갑자기 나와서 42명의 아이들을 모조리 물어죽여 버렸다. 얼핏 상식적으로는 이해가 안 된다. 아이들이 조금 놀렸기로서니…….

비슷한 사례가 하나 더 있다. 역사를 좀더 거슬러 올라가 여호수아 6-7장의 여리고성과 아이성으로 가보자. 여리고 성을 이스라엘 군대가 엿새 동안 매일 한 차례씩 그리고 마지막 제칠일 새벽부터는 성을 일곱 번 돌았다. 결국 총 13번(6회/6일까지+7회/7일째)을 "외치지 말며 음성을 들레지 말며 너희 입에서 아무 말도 내지 말라(수 6:10)"는 명령을 따라 돌았다. 마지막 일곱째날에 양각나팔소리가 들릴 때에 일제히 큰 소리로 외쳤던 함성에 의해 그렇게나 견고함을 자랑하던 여리고 성벽은 힘없이 무너져 내리며(수 6:20) 결국은 함락되고 말았다. 전적인 하나님의 은혜였다.

엄청난 첫 승리를 맛본 후 가나안에 들어와서 득의양양(得意揚揚)하던 이스라엘 군대는 그 다음에 있던 아이성을 치려고 했다. 당시 여리고성의 승리에 흠뻑 취해있던 그들은 보잘 것 없고 조그만 성을 바라보며 잔뜩 거들먹거렸을 것이다. 마치 자신들의 실력이 대단하기라도 한 듯……. 그러나 예상했던 결과와는 달리 이스라엘은 아이성 1차 공격에서 맥없이 무너지고 말았다. 자신들의 적나라한 실상을 보게 된 것이다.

설상가상(雪上加霜)으로 가나안 사람과 그 땅 모든 거민들이 그러한 비참한 소식을 들어 버렸다(수 7:9). 가나안 땅에 있던 적들은 일제히 '혹시나 했는데 역시나'라며 안심을 하는 등 분위기가 바뀌어져 버렸다. 이스라엘은 여리고성의 기세를 몰아 보다 쉽게 전쟁을 이끌어가려던 계획이 수포로 돌아갈 지경에 이르게 된 것이다. 일촉즉발(一觸卽發)의 순간 여호수아와 장로들은 무릎을 바싹 꿇고 하나님께 부르짖었다. 오늘날을 살아가는 우리들은 이런 모습을 배워야 한다. 여호와하나님은 아이성 패배의 원인에 대해 자초지종(自初至終)을 말씀해 주셨고 그리하여 아간의 범죄(수 7장)를 알게 되었다.

여호수아는 하나님의 말씀대로 아간과 그에 속한 모든 것을 아골 골짜기로 끌고가 돌로 치고 불 사르고 돌무더기(아골 골짜기)를 쌓았다. 얼핏 상식적으로는 이해가 안 된다. 조금 가졌기로서니 그렇게까지…….

이번에는 사도행전 5장의 초대교회로 가보자. 아나니아와 삽비라 부부 이야기가 나온다. 그들은 자기의 소유를 다 팔아 사도들의 발 앞에 두었다. 단지 약간을 감춘 채⋯⋯.

그 결과는 죽음이었다. 이것 또한 이해가 안 된다. 그만큼 드렸으면 십일조는 훨씬 넘었을 듯한데 조금 가졌기로서니 죽이기까지⋯⋯. 그렇다면 아예 내지도 않았던 사람들은⋯⋯.

이 세 가지 이야기를 통해 우리는 아버지 하나님의 마음과 뜻을 잘 분별함이 필요하다.

먼저 첫 번째 말씀을 통하여는 하나님의 이름이나 하나님의 보내신 선지자를 조롱하거나 경시해서는 안 된다라는 것이다. 하나님은 엘리사를 선지자로 부르셨다. 그의 외모나 달변이나 표적 행함 때문이 아니었다. 그를 부르셔서 당신의 뜻을 전하고자 함이었다. 결국 선지자를 조롱하는 것은 하나님을 만홀히 여기는 것과 같은 것이다.

두 번째 말씀에서는 교만하지 말아야 한다는 것이다. 더 나아가 모든 것은 하나님이 하셨음을 인정해야 한다라는 것이다. 여호수아의 가나안 정복 전쟁이란 땅의 점령만을 의미하는 것이 아니었다. 이스라엘은 하나님의 구별된 백성으로서 하나님의 뜻을 따라 하나님만 순종하겠다고 언약을 맺은 선민들이다. 따라서 우상을 숭배했던 여리고는 당연히 정복의 대상이었다. 결국 우상숭배를 물리친 영적 싸움이었다라는 것이다. 우리는 하나님 앞에서 겸손해야 하며 하나님의 자녀라면 상황과 환경에도 불구하고 오직 하나님의 뜻대로 그분의 명령을 따라 순종하는 것이 마땅하다. 모든 일의 과정이나 결과는 하나님이 하셨음을 알아야 한다.

세 번째, 아나니아와 삽비라 부부의 심판을 통하여는 '하나님 외에 다른 것에 의존하는 것, 즉 탐심은 우상숭배'라는 것을 알려준 것이다. 아나니

아와 삽비라는 하나님과 돈을 함께 붙잡으려 했다. 또한 바나바가 헌금을 드림으로 그가 사람들 앞에서 칭송받는 것을 보며 시기했던 것같다. 그들 부부는 하나님의 칭찬보다 사람의 칭찬에 마음을 두는 실수를 범했던 것이다. 그 어떤 경우에도 헌금은 복의 통로나 칭찬의 대상이 아니라 성도 된 자로서 마땅히 누려야 할 특권이자 즐거운 의무일 뿐이다.

물질의 많고 적음에 관계없이 조금이라도 물질에 탐닉하는 것은 탐심에서 비롯된 것으로 하나님을 온전히 신뢰하지 않는 우상숭배가 됨을 알아야 한다. 고린도전서 3장 16-17절의 말씀처럼 우리는 하나님의 집(벧엘)으로서 성전임을 명심해야 한다.

51 나는 하늘로서 내려온 산 떡이니 사람이 이 떡을 먹으면 영생하리라 나의 줄 떡은 곧 세상의 생명을 위한 내 살이로라 하시니라

이 구절의 전반 부분인 "나는 하늘로서~영생하리라"는 약속은 50절의 말씀을 반복하고 있는 것이다. 반면에 후반절의 말씀인 "나의 줄 떡은"이라는 것은 53절부터 시작되는 성만찬의 도입부로서 예수님이 당신 자신을 대속제물로 내어주실 것을 말씀하고 있는 것이다(요 6:53-58; 마 26:26-29).

52 이러므로 유대인들이 서로 다투어 가로되 이 사람이 어찌 능히 제 살을 우리에게 주어 먹게 하겠느냐

유대인들이 "이 사람이~"라고 거칠게 말하고 있는 이유는 42절의 "이는(후토스; οὗτός)"과 비슷한 뉘앙스로서 경멸을 담고 있는 표현이다. 당시 유대인들은 예수님의 말씀을 귀담아 듣지 않았을 뿐만 아니라 더 나아가 그를 멸시하기까지 했다. 즉 "이 녀석 봐라"로 바꾸어 해석해보면 그 뜻이 선명해진다.

53 예수께서 이르시되 내가 진실로 진실로 너희에게 이르노니 인자의 살을 먹지 아니하고 인자의 피를 마시지 아니하면 너희 속에 생명이 없느니라 54 내 살을 먹고 내 피를 마시는 자는 영생을 가졌고 마지막 날에 내가 그를 다시 살리리니 55 내 살은 참된 양식이요 내 피는 참된 음료로다 56 내 살을 먹고 내 피를 마시는 자는 내 안에 거하고 나도 그 안에 거하나니

"살과 피를 마신다"라는 것은 "그리스도를 온전히 받아들이는 것" 즉 대속제물이자 화목 제물이신 예수와의 하나 됨, 불가분리의 인격적 연합 혹은 합일(Union with Christ)을 뜻한다. 곧 바른 관계와 친밀한 교제를 의미한다.

일반적으로 네 종류의 인간이 있다.

첫째, 절대로 죄를 지을 수 없는 인간(not able to sin)이다. 이 사람은 에덴의 회복을 이룬 곳인 미래형 하나님나라에서 영생을 누리게 될 사람으로 부활체로서 삼위하나님과 함께 할 그들은 결코 죄를 지을 수 없는 사람이다.

둘째, 영적 죽음 상태에서 죄성을 갖고 태어나 틈만 나면 죄를 짓게 되

는 인간(able to sin)이다. 이들은 에덴동산에서 하나님과 같이 되려하여 선악과를 먹고 쫓겨난 죄인 된 인간의 후예들이다.

셋째, 죄를 안 지을 수 없는 인간(not able not to sin)이다. 이들은 죄인이기에 원바는 바 선보다는 원치 않는 악으로 빨리 달려가는 인간을 말한다. 이들 둘째와 셋째는 생명의 떡이요 산 떡이신 초림의 구속주 예수 그리스도로 말미암아 하나님의 은혜로 의롭다 칭함을 받을 수 있다.

넷째, 하나님의 은혜로 만세 전에 택정하심을 따라 때가 되매 예수를 믿게 된 인간은 죄를 안 지을 수도 있게 되었다(able not to sin). 물론 결코 죄를 안 짓는다라는 의미가 아니다. 죄와 싸우되 몸부림치며 피흘리기까지 싸운다라는 말이다.

57 살아계신 아버지께서 나를 보내시매 내가 아버지로 인하여 사는 것 같이 나를 먹는 그 사람도 나로 인하여 살리라

"살아계신 아버지께서 나를 보내시매"라는 것은 성부하나님의 유일한 기름 부음을 받은 구원자 예수님만이 그리스도, 메시야로 이 땅에 오셨다라는 의미이다. 기능론적 종속성이다.

"인하여(디아; διά, (a) through, throughout, (b) for the sake of, because of)"라는 것은 이 구절에서는 "말미암아, ~을 위하여, ~때문에"로 사용되었다(요일 4:9). 즉 예수로 말미암아 우리가 살게 된다라는 것이다. 이는 존재론적 동질성을 드러내고 있다.

만약 "~에 의하여, ~을 통하여"로 해석한다면 성자가 성부를 떠나서는 살 수가 없다라는 의미가 된다. 이는 기능론적 종속성을 드러내는 것이다.

"나를 먹는 그 사람도 나로 인하여 살리라"는 말씀은 구약의 아담과 정반대되는 상황을 암시한 것이다. 아담은 선악과를 먹고 불순종하여 본인도 죽었고 그 후손인 우리도 죽게 되었다. 반면에 오늘을 살아가는 그리스도인들은 생명의 떡이신 예수의 피와 살을 먹어 살아나게 되었다. 결국이 구절은 구속사의 전 과정이 창세기에서 시작하여 세월을 뛰어넘으면서 요한복음의 구속사로 이어지는 것을 보여주고 있다.

58 이것은 하늘로서 내려온 떡이니 조상들이 먹고도 죽은 그것과 같지 아니하여이 떡을 먹는 자는 영원히 살리라

58절은 49-51절의 요약이다. 산 떡이신 예수 그리스도, 구약시대의 율법을 상징하는 만나, 그리고 영적 죽음, 육신적 죽음, 영생을 비교 묵상하며 상기구절을 점검해 보라.

59 이 말씀은 예수께서 가버나움 회당에서 가르치실 때에 하셨느니라

예수님이 가버나움 회당에서 가르치실 때는 AD 30년경이다. 그때의상황은 마가복음 10장 32-45절에 잘 나타나 있다.

"회당(쉬나고게; συναγωγή; nf, an assembly, congregation, synagogue)"은 바벨론 포로기 때 유대인들이 성전 중심의 종교활동에 제약을 받게 되자 이를피하기 위해 설립했다. 당시 유대인들은 어디에 가든지 남성 10명이 모이면 회당을 설립하곤 했다. 그 회당에서 신앙 교육과 예배, 기도 생활을 했다. 회당은 포로기 이후에도 존속하였으며 디아스포라 유대인들에 의해 계속되었다.

60 제자 중 여럿이 듣고 말하되 이 말씀은 어렵도다 누가 들을 수 있느냐 한대

'영생의 말씀'만이 우리 삶의 기준과 원칙이다. 우리는 일상의 삶에서 자신의 뜻이나 유익이 성령님보다 말씀보다 앞서 나가서는 안 된다. '오직 말씀(Sola Scriptura)'이어야 한다.

"어렵도다(스클레로스; σκληρός, adj)"라는 헬라어는 동사 스켈로(σκέλλω)에서 파생되었으며 이중적 함의[43]가 들어있다. 즉 '내용이 어렵다'라는 의미(Bernard)와 그 '내용이 마음에 걸린다'라는 의미(Heddriksen, Meyer)가 있는데 나는 후자를 지지한다.

61 예수께서 스스로 제자들이 이 말씀에 대하여 수군거리는 줄 아시고 가라사대 이 말이 너희에게 걸림이 되느냐 62 그러면 너희가 인자의 이전 있던 곳으로 올라가는 것을 볼 것 같으면 어찌 하려느냐

"수군거리는 줄 아시고~인자의 이전 있던 곳으로 올라가는 것을"이라

---

43 스클레로스(σκληρός, adj)는 properly, hard (because dried out); (figuratively) stiff, stubborn (unyielding) describing people who "won't budge" (bend, submit), or what is unyieldingly harsh)인데 이는 동사 스켈로(σκέλλω)에서 파생되었으며 이중적 함의가 있다.

는 단락에서는 예수 그리스도의 전지성(全知性)과 선재성(先在性)을 드러 내고 있다.

한편 62절은 학자들 간에 두 가지 해석으로 나뉘고 있다. 첫째, 한 부류는 "만일 인자가 이전 있던 곳으로 올라가는 것을 보면 그때에는 믿지 않겠느냐"라고 해석한다. 이는 예수의 승천(그리스도의 승귀로서의 부활, 승천)이 너희의 걸림돌을 제거해 줄 것이라는 의미이다. 둘째, 다른 학파는 "만일 인자가 이전 있던 곳으로 올라가는 것을 보면 그때에는 더욱 믿기 어려울 것이 아니냐"라고 해석한다. 이 경우 예수의 십자가 수난(예수의 자기 비하로서의 십자가 수난)을 보게 되면 더욱 믿기 어렵게 될 것(Bultmann)이라는 의미이다.

한편 "올라가다"라는 것은 '승천'을 슬쩍 드러내는 단어이다. 이것 또한 학자들은 두 가지로 해석[44]하고 있다. Meyer, Brown, Murray 등은 "올라가다"라는 것을 "십자가 수난과 부활"을 의미한다고 해석한다. 반면 Hendriksen, Westcott, Morris, Bernard 등은 "예수의 승천(요 20:17)"을 의미한다고 한다. 그러나 십자가 수난과 부활 없이 승천은 있을 수 없기에 나는 둘 다 균형 있게 취하여 해석함이 좋다라고 생각한다.

63 살리는 것은 영이니 육은 무익하니라 내가 너희에게 이른 말이 영이요 생명이라

---

44 『그랜드 종합주석 13권』, p708 재인용

"살리는(조오포이운; ζωοποιοῦν)"이라는 것은 '생명을 주다(giving life)'라는 뜻이다. 동사는 조오포이에오(ζωοποιέω; to make alive)이다. 요한복음 5장 21절에 의하면 성부와 성자에게는 '생명 부여의 능력'이 동시에 있다라고 하셨다.

한편 구약의 율법을 상징하는 육(갈 3:10-13)은 선악과를 먹으면 죽었고(창 2:17) 먹으면 쫓겨나야만 했다(창 3:24). 즉 율법인 육은 무익한 것이라는 의미이다. 반면에 "살리는 것"은 생명의 떡인 예수(6:50-58)로서 '참 떡'이신 예수를 먹어야 죽지 않고 '생명의 떡'이신 예수를 먹어야 내어쫓김을 당치 않게 된다(6:37)라는 것이다. 한편 "살리는 것은 영"이라는 말을 고린도전서 15장 45절에서는 "살려주는 영"이라고 했다.

"영"이란 '영적인 것'이라는 의미로 생명의 떡이신 예수와 그를 믿는 믿음을 가리킨다. 반면에 "육"은 육적인 것으로 타락하고 부패한 인간과 불신앙을 말한다. 그러므로 영벌로 인도하는 육은 아주 무익한 것이다.

"너희에게 이른 말"에서의 '말'이란 헬라어로 레마(ρῆμα)인데 이는 26-58절까지의 전체를 가리킨다.

"영이요 생명이라"는 표현은 중언법(hendiadys; 이사일의〈二詞一意〉; 예. nice and warm처럼 'and'로 두 단어를 연결하여 하나의 뜻을 나타낸 것)으로 두 단어를 연결하여 하나의 뜻을 강조한 것이다.

64 그러나 너희 중에 믿지 아니하는 자들이 있느니라 하시니 이는 예수께서 믿지 아니하는 자들이 누구며 자기를 팔 자가 누군지 처음부터 아심이러라

"믿지 아니하는 자들"이란 66절의 예수를 떠날 자들과 예수를 팔 자인 가롯 유다를 가리킨다(요 13:21-30, 마 26:14-16).

"처음부터 아심"이라는 말 속에는 예수 그리스도의 전지성(全知性)과 선재성(先在性)이 함의되어 있다.

65 또 가라사대 이러하므로 전에 너희에게 말하기를 내 아버지께서 오게 하여 주지 아니하시면 누구든지 내게 올 수 없다 하였노라 하시니라

이 구절은 요한복음 6장 37, 44절의 말씀을 다시 들려주고 있는 부분이다. 우리를 예수께로 인도하신 이는 우리를 만세 전에 택정하셨던 하나님이시며 우리의 구원은 그분의 전적인 은혜로 인한 것이다.

66 이러므로 제자 중에 많이 물러가고 다시 그와 함께 다니지 아니하더라

"함께 다니지 아니하더라"는 것은 '믿음의 포기 곧 변절이나 배도'를 말한다. 일반적으로 인간들은 자신의 이기적 욕심이나 의도하던 목표가 사라지게 되면 가짜들의 경우에는 언제든지 떠나버린다.

67 예수께서 열두 제자에게 이르시되 너희도 가려느냐 68 시몬 베드로가 대답하되 주여 영생의 말씀이 계시매 우리가 뉘게로 가오리이까 69 우리가 주는 하나님의 거룩하신 자신 줄 믿고 알았삽나이다

68-69절에서의 "우리가~우리가"라는 호소에는 베드로의 즉흥적이고 재빠른 반응을 보여주고 있다. 동시에 다른 제자들을 대표하여 답한 내용이기도 하다. 그럼에도 불구하고 하나님께서는 여전히 베드로를 붙들고 계심을 보여준 구절이다. 그렇다고 하여 베드로의 신앙이 견고하다라는 의미는 아니다. 하나님께서 우리를 붙드시고 있기에 우리가 예수를 떠날 수가 없다라는 의미이다. 이것이야말로 하나님의 전적인 은혜이자 진정한 복음인 것이다. 시편 139편 7-10절에서의 다윗의 경우도 동일하게 이해할 수 있다.

예수는 영생의 말씀이다. 그런 베드로의 고백이 우리의 고백이 되어야 하며 우리 믿음의 근간이 되어야 한다. 다시 말하면 예수의 기적을 보고 믿는 것이 아니라 예수님 그 자체를 믿어야 한다라는 것이다.

"계시매(에코: ἔχω, to have, hold)"라는 것은 '소유하다'라는 의미이다. 주님을 가리켜 "하나님의 거룩한 자(막 1:24, 눅 4:34)"라고 하였는데 이는 '하나님만이 거룩하시다'라는 귀한 믿음의 고백이다. 동시에 하나님의 아들인 예수님만이 거룩하심(요 10:36)을 고백한 것이다.

"믿고 알았삽나이다"에서 "믿다"라는 헬라어는 페피스튜카멘(πεπιστεύκαμεν, have believed, πιστεύω)이고 "알다"의 헬라어는 에그노카멘(ἐγνώκαμεν, have known, γινώσκω)인데 이는 둘 다 완료형이란 점에 유의해야 한다. 즉 "믿음으로 믿음에 이르게 되었다"라는 의미이다(롬 1:17). 동시에 "진리를 알게 되어 더욱더 확고하게 믿게 되었다"라는 뜻이기도 하다. 이제 후로 우리는 더욱더 예수를 믿는 것과 아는 일에 하나가 되어야 할 것이다(엡 4:13).

베드로는 요한복음 6장 68-69절이나 마태복음 16장 16절에서 예수 그리스도를 주인으로 고백한 후에 왜 3번씩이나 예수님을 모른다고 부인했을까? 더 나아가 부인하다 못해 저주까지 했던 이유는 무엇일까?

이에 대한 답은 요한복음 6장 44, 65절과 함께 개혁주의 5대 교리(TULIP)를 통해 이해해야 한다[45]. 그러면 시편 139편 7-10절에서의 다윗의 경우를 이해할 수 있다.

70 예수께서 대답하시되 내가 너희 열둘을 택하지 아니하였느냐 그러나 너희 중에 한 사람은 마귀니라 하시니

"마귀(디아볼로스; $\delta\iota\acute{\alpha}\beta o\lambda o\varsigma$, adj. slanderous; the Slanderer, the Devil; 딤전 3:6, 벧전 5:8)"라는 말은 사단($\Sigma\alpha\tau\alpha\nu\tilde{\alpha}\varsigma$, שָׂטָן)이라는 말과 동의어이다. 한편 다이모니온($\delta\alpha\iota\mu\acute{o}\nu\iota o\nu$)은 사단의 졸개인 귀신들로서 복수로 쓰였다(마 12:24).

71 이 말씀은 가룟 시몬의 아들 유다를 가리키심이라 저는 열둘 중의 하나로 예

---

45 인간의 전적 부패는 영적 무능, 전적 타락이라고도 한다. 영적 죽음(사망)상태로 태어난 인간은 성령으로 거듭나기 전에는 하나님께로 나아갈 수가 없다. 무조건적 선택은 하나님의 절대 주권적 선택에 의해 긍휼히 여길 자를 긍휼히 여기고 불쌍히 여길 자를 불쌍히 여겨 인간을 구원하신다.
제한속죄는 성부하나님의 택정하심에 따라 구속 계획을 성취하러오신 예수님은 택자들만을 위해(요 17:16, 엡 1:4, 마 1:21, 26:28) 대속제물 되셨다. 이후 택정함을 받은 자들은 믿음을 통해 죄와 사망의 법에서 해방된다. 더 나아가 죄로 막혔던 하나님과의 화목을 누리게 된다.
불가항력적인 은혜는 기능론적 종속성을 통해 복음의 정의를 상고하면 이해에 도움이 된다. 성령님의 내적 부르심을 통해 예수를 주로 모신 자는 하나님의 자녀가 된다. 택하시고 부르신 하나님의 은혜는 저항할 수 없는 크신 은혜이다.
성도의 견인은 성부하나님의 택정함을 받아 예수의 십자가 보혈로 구원을 얻은 우리는 성령님의 인치심을 통해 하나님의 자녀되어 영생을 누리게 된다는 것이다.

수를 팔 자러라

이는 시편 41편 9절의 말씀이다. "팔다"라는 것은 '배반하다'라는 의미이다. "에멜렌 파라디도나이(ἔμελλεν παραδιδόναι; was about to betray)"라는 문장에 사용된 동사는 각각 멜로(μέλλω, to be about to)와 파라디도미(παραδίδωμι, to hand over, to give or deliver over, to betray)이다. Morris는 미완료과거 시제이기는 하나 확실히 예견되는 미래 사건이라고 했다.

한편 파라디도미(παραδίδωμι)라는 헬라어는 로마서 1장 24, 26, 28절에 '내어버려 두매'에서 사용된 동일한 단어로서 이는 '사단의 권세에 넘겨주었다'라는 의미이다. 정신이 번쩍드는 단어이다.

은혜 위에 은혜러라
*

Grace for Grace
Χάριν ἀντὶ χάριτος

예수(Ἰησοῦς), 그리스도(Χριστὸς), 생명(ζωή)

생수의 강

6장에서는 유월절을 배경으로 어린 양이신 예수 그리스도만이 참 떡, 생명의 떡, 하늘로서 내려온 산 떡이라고 했다.

이어서 7-10장은 한 묶음인데 '그리스도 메시야이신 예수님'을 드러내며 예수님만이 생명의 떡, 참떡이시고 생수이시며 세상의 빛이자 생명의 빛이라고 말씀하고 있다.

6장이 유월절을 배경으로 구원을 성취(그리스도 예수의 초림과 그로 인한 새 언약의 성취)하신 생명의 떡이신 예수를 강조했다면 7-8장은 초막절을 배경으로 진정한 생수이시고 세상의 빛이자 생명의 빛으로 구원을 성취하러 오신 예수를 부각시키고 있다. 9장은 세상의 빛, 생명의 빛으로 오신 예수 그리스도를 통해 맹인의 눈이 보게 되는 여섯 번째 표적을 보여주고 있다. 10장은 유대인의 잘못된 민속 메시야관 혹은 민속 메시야사상(정치적 자유, 경제적 풍요, 사회적 평등, 군사적 강력한 힘을 가진 메시야를 대망)을 통해 진정하고 참된(선한) 목자와 거짓 목자를 폭로하고 있다.

우리는 출애굽 사건을 통해 역사의 주관자 하나님은 시작과 과정, 그 결과(완성)를 인도하시는 하나님이심을 기억해야 한다.

앞서 가시며 인도하시는 나하흐의 하나님

늘 함께 손잡고 가시는 에트의 하나님

뒤에서 밀어주시며 동행하시는 할라크의 하나님

그리스도인 된 우리는 오직 삼위하나님께만 찬양과 경배, 감사를 올려드려야 한다. 이후 생명의 성령의 법으로 인해 죄와 사망의 법에서 벗어나 진정한 자유를 누리며 살아가야 할 것이다. 종국적으로는 출애굽을 통해 가나안에 정착하기까지의 예표인 이 세상을 떠나 미래형 하나님나라에서 영생을 소망할 수 있어야 한다.

결국 7장을 통하여는 유월절(초실절, 무교절), 오순절(칠칠절, 맥추절), 초막절(수장절, 장막절)을 주신 아버지 하나님의 마음을 바르게 읽어내야 한다.

애굽	홍해	광야	가나안
세상	물세례	성령 세례 -현재형 하나님나라	영생 -미래형 하나님나라
초림-예수 그리스도 새 언약의 성취			재림-완성
시내산-율법		시온산-복음 오직 말씀	부활체=찬양과 경배 Soli Deo Gloria 고전 15:42-44 영광스러운 몸, 강한 몸 썩지아니할 몸, 신령한 몸
유월절 초실절	칠칠절 or 오순절	무교절-거룩함 쓴나물, 무교병, 띠를 띠고 신을 신고 지팡이를 잡고 급히 먹으라 (긴박, 긴급성) 장막절-감사 1)1주 초막 2)실로암 물 -금주전자 -성전 제단 흘러 넘치게 3)성전 안팎-촛불 밝 힘-생명의 빛, 세상의 빛	새 하늘과 새 땅 생명나무 실과 생명수의 강

7-1 이 후에 예수께서 갈릴리에서 다니시고 유대에서 다니려 아니하심은 유대인들이 죽이려 함이러라

"이 후에"라는 것은 유월절(6:4)과 초막절(7:2)사이의 기간을 말한다. 마태복음(14-18장)과 마가복음(7-9장)에는 예수의 행적이 잘 기록되어 있다.

2 유대인의 명절인 초막절이 가까운지라

"초막절(σκηνοπηγία; the feast of tabernacles)"은 유대인의 3대 명절 중 하나이다(신 16:1-17). 이는 "풀로 장막을 만든다"라는 뜻으로 장막절(장막을 짓는 절기; σκηνή, a tent + πήγνυμι, to make fast), 수장절(추수 후 감사절기)이라고도 한다(출 23:16; 34:22; 레 23:34-36; 39-44; 민 29:12-40; 신 16:16).

초막절은 유대력으로 7월 15일부터 1주간 진행하도록 제정되었다. 이스라엘 백성은 7일 동안 광야에 초막을 짓고 매일 화제를 드리다가 8일째 날(왕상 8:2, 11, 13, 62-66)에 대성회로 마감을 한다(레 23:39). 풍성한 곡식을 주신 것은 하나님의 공급하심 때문임을 알고 가을 추수 후 감사하는 절기이다. 더 나아가 미래형 하나님나라에서의 풍성한 삶을 예표하는 것이기도 하다.

이스라엘은 초막절에 다음의 3가지를 순종해야만 했다.

첫째, 일주일 간 '초막(장막)'을 지어 그 안에서 생활했다. 이는 출애굽 한 후 광야에서 장막 생활하던 그 삶을 기억하라는 뜻이 담기어져 있다. "장막"은 '하나님의 보호하심, 함께(에트)하심, 인도(나하흐)하심, 동행(할라크)하심, 지키심, 돌보심'을 상징한다(계 8:15, 21:3). 곧 요한복음 1장 14절의 "거하시매(스케노오; σκηνόω, I dwell as in a tent)"라는 '장막을 치다, 품어 안다'라는 뜻이다. 동일한 의미의 히브리어가 창세기 1장 2절의 '운행하다(라하프; רחף)'인데 이는 '암탉이 알을 품다'라는 의미이다.

둘째, 장막절에는 제사장이 금 주전자를 들고 실로암 못(요 9:7, 아랫못, 사 22:9/왕의 못 느 2:14/기혼샘 즉 윗못과 연결)의 '물'을 길러다가 성전의 번제단에 부어 성전 바닥에 흘러 넘치게 했다. 제1-6일까지는 하루에 한 번, 7일째에는 7번이나 물을 부었다.[46] 이는 광야에서 넘쳐 흐르는 물로 이스라엘 백성들을 마시게 하셨던 사건(민 20장, 출 17장)을 기억하라는 것이다. 동시에 에스겔서 47장의 성전에서 흘러나온 생명수를 가리키는 것으로서 이는 진정한 생수(복음)이신 예수를 통해 풍성한 은혜가 공급될 것을 예표한 것이다.

셋째, 당시 장막절기에는 성전 문 밖에 큰 '촛대'와 성전 실내에 '촛불'을 환하게 밝혔는데 이는 광야에서 불기둥과 구름기둥(이는 둘이 아닌 하나임. 낮과 밤에 제각각의 역할을 한 것, 출 14:24)으로 앞서서 약속의 땅으로 인도하신 하나님께 감사하라는 의미이다. 동시에 큰 빛(사 9:1-2)이신 예수님, 세상의 빛, 생명의 빛이신 예수님(요 8:12), 이방의 빛(사 42:6-7)이신 예수님께서 소경의 눈을 밝혀주시며 요한복음 9장의 날 때부터 맹인 된 사람 등등 영안이 어두운 사람들에게 빛을 허락하실 것을 예표한 것이다. 한편 칠칠절은 맥추절(출 23:16), 오순절(민 28:26, 신 16:10)이라고도 한다. 유월절 후 첫 안식일 다음날인 밀의 첫단을 드리는 초실절로부터 50일째되는 날(출 34:22)

---

46 지식백과, 라이프성경사전 참고

을 가리킨다. 이날은 모든 노동을 중단하고 이스라엘 모든 남자들이 하나님께 나아가 성회로 모여 제사(소제, 번제, 속죄제, 화목제 등)를 드렸다(레 23:15-22). 전승에 의하면 바로 이날에 시내산에서 율법을 받았다(클라인 교수, 웨스트민스트신학교수)고 한다.

유월절(Passover)은 초실절(유월절 후 3일째, 예수님의 십자가 죽음 후 3일째인 부활의 날, 부활의 첫 열매이신 예수님), 무교절(유월절 후 7일째)이라고도(출 12장) 한다.

3 그 형제들이 예수께 이르되 당신의 행하는 일을 제자들도 보게 여기를 떠나 유대로 가소서

"그 형제들"이란 예수의 친형제들을 가리키는데 마태복음 13장 55-56절은 야고보, 요셉, 시몬, 유다, 그리고 2명 이상의 누이들을 말하고 있다. 한편 여기서 "유대"는 '예루살렘'을 의미한다.

"당신의 행하는 일"은 예수의 가르침이 아니라 예수께서 행하신 가시적인 기적을 염두에 두고 한 말이다. 유대인들의 전통적인 메시야관은 정치적 독립, 경제적 풍요, 사회적 평등, 군사적 부강을 가져다줄 메시야였다. 그렇기에 당시 영적 분별력이 결여된 예수의 형제들의 권면(정치적 야망을 가지고 예루살렘으로 가라)은 요한복음 6장 15절에서 세속적인 욕망으로 임금 삼으려던 무리들과 대동소이(大同小異)했던 것이다.

4 스스로 나타나기를 구하면서 묻혀서 일하는 사람이 없나니 이 일을 행하려 하

거든 자신을 세상에 나타내소서 하니 5 이는 그 형제들이라도 예수를 믿지 아니함이러라

"행하려 하거든"이라는 말 속에는 예수님에 대한 형제들의 불신과 약간의 비아냥이 숨어 있다. 동시에 예수가 세상적으로 뜨게 될 때 자신들에게도 콩고물이 떨어질 것에 대한 일말(一抹)의 기대가 들어있었던 것이다. 요한일서 2장 15-16절의 말씀이 연상된다.

"세상"이란 '많은 사람, 무리들, 대중'을 뜻한다. 4절은 누가복음(8:16, 11:33, 12:2)을 인용하면서 형제들이 반박한(H. Reynolds) 것이라고 해석한다. 결국 형제들의 그런 요구는 예수를 믿지 않은 것에 기인한다고 해석할 수 있다. 에베소서 2장 8절은 단호하게 혈연이 아니라 은혜를 인하여 믿음으로 구원받은 것이라고 말씀하셨다.

5절은 죄인 된 인간의 악함, 곧 전적 부패(Total Depravity)와 전적 타락(Toatl Corruption), 전적 무능(Total Inability)의 모습을 가감 없이 보여준 것이다. 바로 오늘날 우리들의 모습이기도 하다.

6 예수께서 가라사대 내 때는 아직 이르지 아니하였거니와 너희 때는 늘 준비되어 있느니라

"내 때"라는 것은 구속 계획의 성취를 위한 하나님의 뜻으로서 구원과 심판을 위한 십자가 죽음의 때를 가리킨다(요 13:1; 갈 4:4). 더 나아가 포괄적으로는 구속 계획의 완성을 위한 재림까지도 포함한다(마 24:30; 계 1:7). 그러므로 나는 이렇게 해석한 Crysostom, C. K. Barrett의 해석에 동의

한다. 다른 한편의 학자들은 예수께서 자신을 공개적으로 메시야임을 드러내는 때라고 해석하기도 하나 나는 전자를 지지한다.

반면 "너희 때"란 인간들이 기회만 있으면 호시탐탐 노리며 사람들로부터의 칭찬이나 세상의 명예나 인기, 권력을 얻으려는 끝없는 욕심의 때를 가리킨다.

7 세상이 너희를 미워하지 못하되 나를 미워하나니 이는 내가 세상의 행사를 악하다 증거함이라

"세상의 행사를 악하다 증거함이라"는 것은 '하나님께 열심이 있다는 유대인들의 종교적 열심, 자기 의(義), 율법적 행위를 악하다'라고 한 것이다.

세상이 예수를 미워하는 것은 빛되신 예수가 그들의 죄성을 폭로했기 때문이다(요 3:19-20; 8:7-9). 반면에 세상이 우리를 미워하지 않은 것은 예수의 사역에 동참하지 않았기 때문이다. 즉 우리가 세상과 적당하게 타협하고 적절하게 어울려 지내다보니 그들이 우리를 미워하지 않은 것이라는 말이다(요 15:19).

8 너희는 명절에 올라가라 나는 내 때가 아직 차지 못하였으니 이 명절에 아직 올라가지 아니하노라

이 구절에서의 "내 때"가 가리키는 것은 예수의 십자가 죽음의 때가 아니라 '예루살렘에 올라갈 때'를 말한다. 그렇기에 뒤의 "아직"에 방점을 두어 해석한다면 예수는 그 시점에 그의 형제들과 함께 예루살렘에 올라가지 않겠다라는 것이었다.

신명기 16장 16-17절에 의하면 유대인들은 일 년에 세 번, 곧 무교절(유월절, 초실절), 칠칠절(오순절, 맥추절, 전승에 의하면, 이스라엘 백성이 시내산에서 율법을 받았다고 함, 웨스터민스트신학교 클라인 교수), 초막절(수장절, 장막절)에 하나님 여호와께서 택하신 곳(예루살렘)에 가서 제사를 드렸다.

유월절에는 출애굽기 12장 1-20절, 레위기 23장 4-8절에 의하면 성회로 모이라고 했다. 특히 출애굽기에서는 쓴 나물과 무교병을 먹고 양고기는 남기지 말고 전부 다 먹으라고 했다.

여기서 쓴 나물이란 애굽에서의 고난과 수치를 기억하고 하나님의 은혜로 그곳에서 건져주심에 감사하라는 의미이다.

무교병이란 발효(죄, 세상)하지 않은 떡을 먹으라는 의미와 함께 발효해서 먹을 시간이 없으니 급박함과 긴박감을 가지라는 이중적 의미가 들어있다. 더하여 무교병은 신령한 떡이라는 의미로 죄에서 건짐을 받은 후 무교병화되어 거룩함을 유지하라는 것이기도 하다.

양고기는 전부 다 불에 구워 먹고 하나도 남기지 말고 혹시라도 남으면 모두 다 태워버리라고 했다. 이는 유월절 어린 양되신 예수 그리스도의 수난을 통한 온전한 죽음과 함께 복음의 통전성(通典性, integrity, 온전함, 완전한 상태)을 의미한다. 당시 희생되어질 어린 양은 식구들과 10-14일 동안 함께 했다. 그런 후 14일(출 12:6)에는 그 식구들을 대신하여 죽임을 당했다. 그 양의 피는 양을 먹을 집의 문 좌우 설주와 인방에 발랐다(출 12:7). 그 날 밤에 고기는 날 것이나 삶아서 먹지 말고 반드시 구워 먹되 무교병과 함께 쓴 나물과 아울러 먹고 아침까지 남은 것은 다 태우라(출 12:10)고 했다. 이때 이스라엘 백성은 허리에 띠를 띠고(엡 1:13, 6:14) 발에 신을 신고(엡 6:15) 손에 지팡이를 잡고(막 6:8) 급히 먹어야만(출 12:11) 했다.

유월절 어린 양의 죽음은 우리 위해 대신 죽으신 예수 그리스도의 십자가 죽음(요 1:29)을 예표한다. 쓴 나물은 우리가 지은 죄와 애굽에서의 수치와 고난을 상징한다. 쓴 나물을 먹는다는 것은 그 쓴 나물을 대신 짊어지신 예수님과 그곳에서 건져주신 하나님의 은혜를 감사하며 깊이 생각하라는 것이다.

발효가 없는 무교병을 먹는다는 것은 고린도전서 5장 7-8절의 말씀처럼 순전한 무교병 즉 누룩 없는 떡으로서 "순전함과 진실함으로" 누룩 없는 자로서의 삶을 살아가야 한다라는 의미이다. 이후 참 떡(6:32), 생명의 떡(6:35, 48)이신 예수를 먹음으로 예수 그리스도 안에서 참 무교병이 되어 누룩 없는 자로 거룩하게 살아가야만 한다. 그런 작은 예수를 가리켜 "점도 없고 흠도 없는(딤전 6:14, 벧후 3:14)" 자 곧 그리스도인이라고 한다.

9 이 말씀을 하시고 갈릴리에 머물러 계시니라 10 그 형제들이 명절에 올라간 후 자기도 올라가시되 나타내지 않고 비밀히 하시니라

예수의 형제들은 초막절을 지내러 먼저 예루살렘으로 올라갔다. 반면에 예수님은 그대로 갈릴리에 계셨다. 형제들의 태도는 예수님과 함께하는 것보다 종교적인 의식, 율법적인 의무가 그들에게는 우선순위임을 보여주고 있다. 오늘날 종교 열광주의에 빠진 일부 신자들의 모습과 흡사하다.

한편 예수님도 율법을 준행(신 16:16, 갈 4:4)하시려고 어느 누구에게도 알리지 않고 예루살렘으로 올라가셨다.

11 명절 중에 유대인들이 예수를 찾으면서 그가 어디 있느냐 하고

유대인들은 "그가 어디에 있느냐(Ποῦ ἐστιν ἐκεῖνος, Where is He)"라고 따져 물었다. 그들은 예수님을 "그(에케이노스; ἐκεῖνος, 9:28)"라고 지칭했는데 이는 "그 작자, 그 녀석" 정도의 경멸적 표현이었다. 가만히 보면 그들의 태도는 상당히 거칠다. 동일하게 6장 42절의 "이는 요셉의 아들 예수가 아니냐"라는 것에서 '이는'의 헬라어는 후토스(οὗτός)이다. 역시나 경멸적 어투인바 "어쭈, 이 녀석 봐라"의 정도로 해석할 수 있다.

12 예수께 대하여 무리 중에서 수군거림이 많아 혹은 좋은 사람이라 하며 혹은 아니라 무리를 미혹하게 한다 하나

"수군거리다(공귀조; γογγύζω, v. mutter, murmur/γογγυσμός, nm, a muttering, murmuring)"의 헬라어는 공귀조인데 이런 태도로 살아가는 것을 하나님은 싫어하신다(6:41, 43, 롬 1:29). 하나님의 은혜로 430년의 종살이에서 출애굽했던 이스라엘 백성은 광야에서 끊임없이 수군거리며 불평했다(빌 2:14, 원망과 시비; 행 6:1, 원망, 은연 중의 불평). 그 결과 출애굽 1세대는 남은 안식인 가나안에(히 3-4장) 들어가지 못했다.

"좋다(아가도스; 갈 6:10; ἀγαθός)"라는 단어는 '하나님에게만 사용되어지는 용어'이다[47]. 히브리어로는 토브(טוב)이다(창 1:4, 10, 12, 18, 21, 25, 31). "좋다"의 또 다른 헬라어 칼로스(갈 6:9, καλός)는 '윤리적, 도덕적인 선, 아름답고 가치있는 일'을 말하며 아가도스와는 구별된다.

하나님의 속성을 의미하는 "의(義)"는 디카이오쉬네(δικαιοσύνη, nf)이다.[48] 이는 디카이오스(δίκαιος, adj)에서 파생되었다.

"미혹하다(플라나오; πλανάω, go astray, get off-course)"라는 것은 '타락시키다, 길을 잃게 하다'라는 의미이다.

13 그러나 유대인들을 두려워하므로 드러나게 그를 말하는 자가 없더라

이 구절에서의 유대인들이란 종교지도자들인 바리새인과 제사장들을 가리킨다. 무리들은 이들에 의한 '출교(9:22)를 두려워했다. 사실 모든 두려움은 인간이라면 누구에게나 다 끔찍한 것이다. 나는 아내가 암수술 후

---

47 "좋다"라는 헬라어는 아가도스(갈 6:10, ἀγαθός, inherently (intrinsically) good; as to the believer, describes what originates from God and is empowered by Him in their life, through faith)이며 '하나님에게만 사용되어지는 용어'이다. 히브리어로는 토브((טוב), 창 1:4, 10, 12, 18, 21, 25, 31)이다. 또 다른 헬라어가 칼로스(갈 6:9, καλός, beautiful, worthy, noble, hornorable, attractively good; good that inspires (motivates) others to embrace what is lovely (beautiful, praiseworthy); i.e. well done so as to be winsome (appealing)이다.

48 "의(義)"의 헬라어는 디카이오쉬네(δικαιοσύνη, nf, properly, judicial approval (the verdict of approval); in the NT, the approval of God ("divine approval")이다. 이는 디카이오스(δίκαιος, adj. díkaios (an adjective, derived from dikē, "right, judicial approval") – properly, "approved by God" (J. Thayer); righteous; "just in the eyes of God" (Souter), ["Righteous" relates to conformity to God's standard (justice). For more on the root-idea see the cognate noun]에서 파생되었다.

항암치료, 방사선 치료하는 과정에서 많이 두려웠다. 그래서 『유방암, 아내는 아프고 남편은 두렵다』(산지)라는 책을 쓰며 고통의 긴긴 시간을 통과했다.

잠언 29장 25절은 두려움에 사로잡히면 올무에 빠진다라고 경고하고 있다. 우리는 복음과 십자가를 붙들고 담대하게, 당당하게 진리를 자랑할 수 있도록 순간순간 성령님의 능력을 힘입어야 할 것이다(갈 6:14).

14 이미 명절의 중간이 되어 예수께서 성전에 올라가사 가르치시니 15 유대인들이 기이히 여겨 가로되 이 사람은 배우지 아니하였거늘 어떻게 글을 아느냐 하니

유대인들은 바벨론 포로기 전에는 히브리어를 사용했다. 그러다가 포로기 이후에는 아람어를 사용했고 신약 시대에 와서는 일부 랍비들만 히브리어를 사용했다. 이런 역사적 사실을 잘 아는 유대인들은 예수님께서 구약을 히브리어로 가르치는 것을 보고 놀랐던 것이다.

"글(γράμμα, nn, a letter of the alphabet; collectively: written (revelation); (a) a written document, a letter, an epistle, (b) writings, literature, learning)에 해당하는 헬라어는 그람마인데 이는 '성경(요 5:47, 딤후 3:15)이나 학문(letters), 지식(행 26:24)'을 의미한다. 동사는 그라포(γράφω, to write)이다.

사도 바울의 경우(행 22:3)와 달리 예수님은 랍비 교육을 받지 않아 랍비적인 형식을 지니지 않았다. 반면에 유대인 랍비들은 기록된 토라(Written Torah, Pentateuch, 모세오경)와 구전된 토라(Oral Torah or Tradition, 장로들의 유전) 둘

다에 권위를 두었다.

15절의 경우는 오늘날의 상황과도 비슷해 보인다. 성경 교사로, 청년 사역자로 있는 저자는 성경과 교리로 훈련이 잘된 멘티들로부터 교회 내에서 사역을 할 때 저항을 받는다고 호소하는 말을 자주 들어왔다. 즉 신학을 하지 않은 평신도가 성경을 가르치는 것을 금한다라는 것이다. 2,000년 전이나 지금이나 그렇게 변하지 않는 것이 교권주의(Clericalism)인 듯하다. 사무엘상 4장 21-22절의 "이가봇(אִיכָבוֹד, "inglorious", a son of Phinehas)"이라고 외치는 엘리 제사장의 며느리 비느하스의 아내가 외쳤던 소리가 들리는 듯하다.

16 예수께서 대답하여 가라사대 내 교훈은 내 것이 아니요 나를 보내신 이의 것이니라 17 사람이 하나님의 뜻을 행하려 하면 이 교훈이 하나님께로서 왔는지 내가 스스로 말함인지 알리라 18 스스로 말하는 자는 자기 영광만 구하되 보내신 이의 영광을 구하는 자는 참되니 그 속에 불의가 없느니라

예수님은 "나의 교훈은 나를 보내신 하나님의 교훈"이라고 말씀하시며 당신의 신적 권위를 드러내고 있다(7:18, 28; 4:34; 5:23-24, 30, 37; 6:38-40, 44). 여기서 주목할 것은 '교훈들'이 아니라 '내 교훈(Ἐμὴ διδαχὴ, My teaching, N-NFS)'이라고 말씀하신 것이다. 즉 '예수님이 전한 하나님의 교훈'이란 '완전한 하나의 전체'를 의미하는 것[49]으로 헬라어 디다케(διδαχή,

---

49 아더 핑크의 『요한복음 강해』, pp395-396

nf, doctrine, teaching)는 단수로 쓰였다. 디모데전서 4장 6절이나 디모데후서 3장 16절에도 동일하게 단수로 쓰였다. 반면에 '사람의 가르침들(골 2:22), 여러 가지 다른 교훈들(히 13:9), 귀신의 가르침들(딤전 4:1)'은 모두 다 복수(디다스칼리아스, διδασκαλίας, teachings)로 쓰였다.

18절의 "스스로 말하는 자"는 교법사 혹은 율법사들을 가리킨다(마 22:35, 눅 5:17, 7:30, 11:45-46, 행 5:34, 딤전 1:7). 그들은 율법을 부분적으로 해석하면서 상대에게 올가미를 씌우곤 했고 자신들의 배를 불렸으며 영광만을 취했다. 이 구절은 하나님의 영광만을 구하는 예수의 진실성과 완전성을 그들과 대조하면서 교법사들의 불의를 드러내고 있는 말씀이다.

19 모세가 너희에게 율법을 주지 아니하였느냐 너희 중에 율법을 지키는 자가 없도다 너희가 어찌하여 나를 죽이려 하느냐

"율법을 지키는 자가 없도다"라는 것은 신명기 18장 15-22절의 말씀을 들어 지적한 것이다.

"죽이려는 것"에서의 살인은 출애굽기 20장 13절의 제6계명을 어긴 것이다. 더하여 마태복음 23장 23절에서는 율법을 지킨다고 하면서도 의(義)와 인(仁)과 신(信)을 저버리는 그들의 행태를 지적하고 있다. 결국 예수님은 그들이 율법의 일부를 겨우 지키면서(갈 3:10) 모든 율법을 다 지키는 것처럼 말하고 있다라며 그들의 위선을 폭로하고 있는 것이다.

20 무리가 대답하되 당신은 귀신이 들렸도다 누가 당신을 죽이려 하나이까

무리들은 예수님께 "당신은 귀신이 들렸도다"라며 예수님의 말씀을 거부할 뿐만 아니라 무시까지 했다. 이는 공관복음에서 바리새인들이 퍼부었던 비난(마 11:18, 눅 7:33)과 비슷하다. 예수님은 엄청난 모욕에도 불구하고 유대인들에게 악을 악으로 갚지 않으셨다(벧전 2:21-23).

21 예수께서 대답하여 가라사대 내가 한 가지 일을 행하매 너희가 다 이를 인하여 괴이히 여기는도다

"한 가지 일"이란 요한복음 5장 1-9절의 38년 된 병자를 고치신 일을 말한다.

한편 세 번째 표적을 통해서는 예수께서 안식일 논쟁을 의도적으로 일으키고 있는 것을 볼 수 있다(요 5:9-18). 왜냐하면 예수님은 보란 듯이 '안식일'에 병자를 고치셨기 때문이다. 그러자 바리새인들은 예수를 '이상히' 여겼다. 이때 예수님은 유대인들을 향해, 너희들은 나를 "괴이히 여기는도다"라고 말씀하셨다.

만약 예수님이 안식일 하루 전이나 후에 병자를 고쳤으면 그다지 문제가 없었을텐데…….

상식적으로 보면 안식일 논쟁도 피하고 병자도 고쳤으면 훨씬 더 예수님의 권위가 올라갔을 것이다. 그러나 예수님은 38년을 기다린 병자를 하필이면 '안식일'에 고치셨다. 이는 예수께서 안식일의 주인이심을 스스로 드러내기 위해 38년 된 병자에게 그것도 안식일에 치유를 행하셨던 것이다.

7장 21절의 "괴이히 여기다"와 4장 27절의 "이상히 여기다"의 헬라어는 동일한 다우마조($\theta \alpha \nu \mu \acute{\alpha} \zeta \omega$, v)이다. 이는 '놀라다, 칭찬하다, 인정하다'라는 의미이다. 5장 20절에도 동일한 헬라어 단어가 사용되었다.

22 모세가 너희에게 할례를 주었으니 (그러나 할례는 모세에게서 난 것이 아니요 조상들에게서 난 것이라) 그러므로 너희가 안식일에도 사람에게 할례를 주느니라 23 모세의 율법을 폐하지 아니하려고 사람이 안식일에도 할례를 받는 일이 있거든 내가 안식일에 사람의 전신을 건전케 한 것으로 너희가 나를 노여워하느냐

"할례"는 하나님과 이스라엘 사이의 언약의 표징이다(창 17:10-11; 레 12:3). 바리새인들은 율법을 준수하려고 생후 8일에 반드시 할례를 행했다. 그러다 보니 할례를 행하는 기간이 안식일과 겹치기도 했다. 그렇다 하더라도 율법 준수 때문에 안식일에도 불구하고 부득이하게 할례를 행하곤 했다. 랍비 요세(R. Jose)는 "할례는 엄중한 안식일 규례를 능가하기에 위대하다"라고 말하기도 했다.[50]

예수님은 바리새인들의 이같은 태도를 꼬집으며 그들의 허점을 파고 드셨다. 예수님은 안식일이라 할지라도 율법 준수를 위해 할례를 행한다면 "할례라는 의식보다 훨씬 귀한 사람의 생명을 살리는 것은 정당하다"

---

50 『그랜드 종합주석 13권』, p726 재인용

라고 선언하셨던 것이다. 즉 할례가 사람의 구원을 위한 것이라고 믿는다면 진짜 생명을 구한 것이 무슨 잘못이냐라고 예수님은 되묻고 있는 것이다. 그러면서 안식일은 그 '날(the Sabbath)' 자체를 위해 있는 것이 아니라 사람을(막 2:27) 위해 있다라고 선언하셨다.

아더 핑크에 의하면 23절의 "모세의 율법"이란 하나님께서 모세에게 율법을 주신 후에 부여해주신 도덕적, 사회적, 의식(儀式)적인 율법들을 의미한다라고 했다.

"노여워하다(χολάω, full of bile; (figuratively) filled with bitter anger and hence harsh even violent)"에 해당하는 헬라어는 콜라오인데 이는 '격렬한 악의(惡意)'를 의미한다. 바리새인들은 예수님의 이러한 대답을 듣고 그를 죽이고 싶은 분노로 가득찼다라는 것이다. 한편 이 단어는 담즙을 의미하는 콜레(χολή, nf, gall, bitter herbs)에서 파생되었다. 의학용어로 '담낭'을 Gall bladder라고 한다.

24 외모로 판단하지 말고 공의의 판단으로 판단하라 하시니라

μὴ κρίνετε κατ᾽ ὄψιν, ἀλλὰ τὴν δικαίαν δικαίαν κρίνετε.

(not judge according to appearance, but the righteous judgement judge.)

"외모로(κατ᾽ ὄψιν; according to appearance)"에 해당하는 헬라어는 카트 오푸신인데 이는 '피상적으로'라는 의미로 추상적인 관찰 혹은 편견, 불의의 뇌물 등을 받고서 부당하게 판결하는 것을 말한다(출 23:8; 신 16:18-19; 슥 7:9-10). 야고보서 2장 1절에는 "사람을 외모로 취하지 말라"고 말씀하셨다.

"외식"이란 겉과 속이 다른 것이라기보다는 '사람에게 보이려고 자기를 드러내는(자기 義) 것 혹은 자기의 영광을 위해서 하는 행위'를 말한다(눅 18:9-14; 마 6:1-5; 23:13-33).

"공의로 판단하라"는 것은 율법의 가르침대로 공정한 판단 즉 하나님이 원하시는 판단을 하라는 의미이다(사 11:3; 삼상 16:7). 여기서 "판단하다"라는 헬라어는 "크리노(κρίνω)"인데 이는 '차별하다, 심판하다, 부정적으로 판결하다(to separate (distinguish); judge; come to a choice (decision, judgment) by making a judgment – either positive (a verdict in favor of) or negative (which rejects or condemns))'라는 뜻이다.

"공의의 판단으로 판단하라"에서 '판단'이란 단어가 두 번 연속 사용되었다. 전자의 경우 크리네테(κρίνετε)라는 헬라어를 사용하고 있는바 현재 명령법으로서 부정사 메(μὴ)와 쓰여 현재 진행되고 있는 일의 중지를 요구하는 강조적 용법이다. 반면에 후자의 크리나테(κρίνατε)는 부정과거 시제로서 특정한 사례 즉 5장의 안식일 논쟁을 올바로 판단하라는 의미이다.[51]

아모스 5장 24절에는 "공의(공법)를 물같이, 정의를 하수같이 흘릴찌로다"라고 말씀하셨다. 이때 공의란 히브리어로 쩨다카(צְדָקָה, nf, righteousness)이며 정의는 히브리어로 미쉬파트(מִשְׁפָּט, nm, judgment)이다. 결국 '공의'란 모든 것의 기준이 되는 하나님의 말씀을 의미하며 '정의'란 기준이 되는 그 말씀에 따라 심판이 주어질 것을 의미한다. 이를 연결하면 하나님의 말씀

---

51 『그랜드 종합주석 13권』, p727 재인용

만이 앞서 가야하며 물같이 흘러가야 하고 그에 따라 반드시 하나님의 심판이 하수같이 면면히 있을 것임을 가리키고 있다.

25 예루살렘 사람 중에서 혹이 말하되 이는 저희가 죽이고자 하는 그 사람이 아니냐 **26** 보라 드러나게 말하되 저희가 아무 말도 아니하는도다 당국자들은 이 사람을 참으로 그리스도인 줄 알았는가 **27** 그러나 우리는 이 사람이 어디서 왔는지 아노라 그리스도께서 오실 때에는 어디서 오시는지 아는 자가 없으리라 하는지라

"저희가 아무 말도 아니하는도다"라는 말은 그들이 암묵적으로 시인 (tacit approval)을 했다라는 의미로서 원래 '침묵'이란 '시인'을 뜻한다. "저희"란 당국자들인 유대인 종교지도자들을 가리키며 특히 산헤드린 공회의 구성원들을 가리킨다.

27절은 메시야닉 비밀(Messianic secret)에 관해 영안이 어두운 사람들을 향한 폭로이기도 하다. 당시 유대인들이 가지고 있던 메시아관에 의하면 "메시야는 다윗의 후손으로서 베들레헴에서 탄생한다(사 9:6-7; 미 5:2)"라는 것이었다. 그렇다면 예수님은 실제로 베들레헴 마굿간에서 탄생하셨으니(마 2:1-18; 눅 2:1-20) 장소적 측면에서는 가능성이 훨씬 높아진다. 그러나 예수를 막연하게 부정하고 싶었던 그들은 피상적으로 '카더라' 통신을 드러내며 예수님이 자라난 곳인 갈릴리 나사렛에서 탄생한 것으로 둔갑시켰다(마 2:19-23; 눅 2:39). 물론 예수님이 베들레헴에서 출생한 것을 그들이 알았다 하더라도 그들은 애써 예수를 부정했을 것이다. 아무튼 바리

새인들은 예수께서 갈릴리 지역, 곧 천한 이방인의 마을에서 탄생한 것으로 폄하하였고 더 나아가 나사렛에서 성장했다는 이유로 더 더욱 무시했던 것이다.

이와는 달리 일부 유대인들은 "메시야는 홀연히 구름을 타고 오실 것(단 7:13, 말 3:1)"으로 믿고 있었다. 그렇기에 그들은 27절의 하반절에서 "어디서 오시는지 아는 자가 없다"라고 말했던 것이다.

28 예수께서 성전에서 가르치시며 외쳐 가라사대 너희가 나를 알고 내가 어디서 온 것도 알거니와 내가 스스로 온 것이 아니로라 나를 보내신 이는 참이시니 너희는 그를 알지 못하나

이 구절은 예수의 출신지를 말하는 유대인과 신적 기원(메시아닉 비밀)을 말하는 예수의 말씀을 대조하고 있다.

28절은 마태복음 11장 27절의 말씀을 다시 확증하고 있다. "알거니와 ~내가" 사이에는 헬라어 카이(καὶ)가 있는데 이는 단순히 '그리고'라는 의미가 아니라 '그럼에도 불구하고'라는 의미이다.

29 나는 아노니 이는 내가 그에게서 났고 그가 나를 보내셨음이니라 하신대

이 구절은 예수님의 신적 기원("내가 그에게서 났고")과 신적 사명("그가 나를 보내셨음이라")을 말씀하고 있는 것으로 이는 요한복음의 중심 주제이기도 하다(1:18, 3:13, 6:38, 8:29).

30 저희가 예수를 잡고자 하나 손을 대는 자가 없으니 이는 그의 때가 아직 이르지 아니하였음이러라

인간의 모든 계획은 하나님의 허락(작정과 예정, 섭리와 경륜, 잠 19:21) 하에서만 가능한 것을 보여주는 구절이다. 더 나아가 잠언 21장 30절에는 하나님의 작정과 예정은 어느 누구도 대적할 수 없다라고 말씀하고 있다.

"그의 때"란 예수 그리스도의 십자가 구속 사역의 때를 말한다.

31 무리 중에 많은 사람이 예수를 믿고 말하되 그리스도께서 오실지라도 그 행하실 표적이 이 사람의 행한 것보다 더 많으랴 하니

"~믿고(에피스튜산; ἐπίστευσαν)"라는 말의 헬라어는 에피스튜산인데 이는 제 2 부정과거시제로서 이제 믿음이 서서히 싹트기 시작했음을 말한다. "그리스도께서 오실지라도"의 뜻은 '그가 오실 때에는 언제든지'라는 의미이다(A. Robertson).

전통적인 유대인의 메시야관은 표적(Messianic sign)이 동반되어야만 했다(사 35:5-6, 마 11:2-5). 그러나 가시적이고 초현실적인 표적만을 보고 믿는 것은 유아기적 믿음이거나 가짜 믿음일 확률이 높다. 진정한 믿음이란 표적을 보고 믿는 것이 아니라 그 모든 것을 행하시는 예수님 자체를 그리스도 메시야로 믿는 것이다. 그럼에도 불구하고 사도 요한은 한 발 물러서서 표적을 기초하여 믿음이 성숙될 수도 있다(Morris)라는 것까지도 받

아들이고 있다.

하나님의 작정과 예정, 섭리와 경륜을 통해 우리는 이런 부분들을 선명하게 이해해야 한다.

32 예수께 대하여 무리의 수군거리는 것이 바리새인들에게 들린지라 대제사장들과 바리새인들이 그를 잡으려고 하속들을 보내니

"수군거리다"라는 단어는 6장 41, 43, 61절에서도 계속 반복하여 사용되었는데 이는 '불평, 비방, 원망, 불만을 쏟아 내는 것'을 가리킨다. 그 헬라어는 공귀조(γογγύζω, I whisper, murmur, grumble (generally of smoldering discontent)이다. 로마서 1장 29-32절에도 동일하게 쓰였으며 계속하여 그렇게 하는 것은 사형에 해당하는 것이라고 말씀하셨다.

33 예수께서 이르시되 내가 너희와 함께 조금 더 있다가 나를 보내신 이에게로 돌아가겠노라

이 구절에서는 '예수님의 전지성(全知性)'을 드러내고 있다. "돌아가겠다"의 헬라어는 휘파고(ὑπάγω)인데 이는 '아래로 가다'라는 의미[52]로서 휘포 (ὑπό, by, under)와 아고(ἄγω, to lead, bring, carry)의 합성어이다. 즉 '아버지께

---

[52] 휘파고(ὑπάγω)는 to lead away under someone's authority (mission, objective)인데 이는 '아래로 가다'라는 의미이다. 이는 휘포(ὑπό, by, under, "under authority" of someone working directly as a subordinate (under someone/something else))와 아고(ἄγω, to lead, bring, carry)의 합성어이다.

로 가겠다'라는 것으로 '본래 있던 곳으로 되돌아감'을 의미한다(8:14,21, 13:3,33,36, 14:4,5,28, 15:16, 16:4).

34 너희가 나를 찾아도 만나지 못할 터이요 나 있는 곳에 오지도 못하리라 하신대

34절은 마태복음 7장 22-23절의 말씀에 대한 경고의 결과이기도 하다. 즉 "나를 찾아도 만나지 못할 것"이라는 말은 저들은 영원한 죽음(마 25:41-46, 둘째 사망, 계 20:14) 속에서 세세토록 밤낮 괴로움을 당하며(계 20:10) 죄 가운데서 죽을 것(요 8:21, 죽지도 않고 영원히 고통가운데 사는것)이기 때문이다.

"나 있는 곳"이란 요한복음 1장 1-3절의 삼위하나님과의 '함께' 있게 될 그 자리를 말한다. 34-35절은 잠언 1장 24-28절, 누가복음 13장 24-25절, 이사야 55장 6절의 말씀과 상통하는 구절이다.

35 이에 유대인들이 서로 묻되 이 사람이 어디로 가기에 우리가 저를 만나지 못하리요 헬라인 중에 흩어져 사는 자들에게로 가서 헬라인을 가르칠 터인가 36 나를 찾아도 만나지 못할 터이요 나 있는 곳에 오지도 못하리라 한 이 말이 무슨 말이냐 하니라

"흩어져 살다(약 1:1; 벧전 1:1)"라는 것에서의 헬라어 디아스포라(διασπορά, nf)는 동사 디아스페이로(행 8:1; 약 4:1, διασπείρω)에서 유래

[53] 되었다. 한편 디아스페이로(διασπείρω)는 디아(διά)와 동사 스페이로 (σπείρω, to sow (seed))의 합성어이다.

"헬라인 중에 흩어져 사는 자들"이란 디아스포라 유대인을 가리키는 것 이며 "헬라인"이란 이방인으로서의 헬라인을 말한다. 결국 이 말(35-36절) 속에는 예수를 향한 유대인들의 조롱 섞인 야유가 함의(含意)되어 있다.[54]

37 명절 끝날 곧 큰날에 예수께서 서서 외쳐 가라사대 누구든지 목마르거든 내 게로 와서 마시라

명절 끝날 즉 "큰날(19:31)"이란 초막절 7일 후의 8일째 성회로 모이는 날(레 23:36)을 가리킨다. 8과 3은 부활의 수(마 28:1), 하늘의 수, 재창조의 수로서 '새로운 시작'을 의미한다. 이 구절에서는 당신 스스로 "생명의 물 (생수)"이심을 드러내고 있다. 초막절을 지키느라 금 주전자로 실로암 못의 물을 퍼나르며 하나님의 영광이 돌아오기를 갈망했던 그들에게 진정한 생수이신 당신을 드러내신 것이다.

---

53 디아스포라(약 1:1, 벧전 1:1, διασπορά, nf)는 lit: scattering abroad of seed by the sower, hence: dispersion, used especially of the Jews who had migrated and were scattered over the ancient world)인데 이는 동사 디아스페이로(행 8:1, 약 4:1, διασπείρω, to sow throughout, disperse (in foreign lands)에서 유래되었다. 디아스페이로(행 8:1, 약 4:1, διασπείρω)는 디아(διά, (a) gen: through, throughout, by the instrumentality of, (b) acc: through, on account of, by reason of, for the sake of, because of)와 동사 스페이로(σπείρω, to sow (seed))의 합성어이다.

54 BC 년722 북이스라엘, BC 586년 남 유다 멸망후 유대인들은 앗시리아, 바벨론, 이집 트, 소아시아 등지로 흩어졌고 AD 70년 로마에 의한 예루살렘 함락은 더욱더 디아스포라를 양산시켰다. 신구약 중간기 시대(BC 400-4)에 알렉산더의 동방원정 이후로 대부분 헬라화 (Hellenization)되었고 이들을 위해 헬라어역본(BC 150년경, LXX, 70인역)이 만들어졌다. 예수 님 당시 이 성경을 사용했다. 그랜드 종합주석 13권, p729-730

이 구절에서는 특히 "목마르거든($\delta\iota\psi\acute{\alpha}\omega$, v. to thirst), 내게로 오라 ($\check{\epsilon}\rho\chi o\mu\alpha\iota$, v. to come, go), 마시라($\pi\acute{\iota}\nu\omega$, v. to drink)"라는 세개의 동사에 유의해야 한다.

7일 간 천지를 창조하셨던 하나님은 8이라는 '재창조'의 숫자를 드러내시며 이후로 생수이신 예수께서 구원의 성취(초림의 십자가 죽음)와 완성(재림)이라는 재창조의 역사를 이어갈 것을 말씀하고 있다.

"누구든지"가 가리키는 것은 갈라디아서 3장 28절에서 구체적으로 말씀하셨다. "유대인이든 헬라인이든, 종이든 자유인이든, 여자든 남자든 다 그리스도 예수 안에서는 하나"라는 것이다.

"목마르거든"에 주목하라. 사람은 갈증이 생기면 당연히 물을 찾고 물을 먹어야 해갈된다. 결국 영적 갈증의 해결은 생수이신 예수 그리스도뿐이라는 것이다. 이 생수가 바로 예수님이다. 예수를 믿게 되면 성령님의 내주가 있게 되어 영적 갈증을 해갈하게 되는 것이다. 그렇기에 '물(예수)과 성령'으로만 거듭나게 되는 것이다.

38 나를 믿는 자는 성경에 이름과 같이 그 배에서 생수의 강이 흘러나리라 하시니

예수 믿는 자를 가리켜 잠언은 지혜있는 자(13:14), 여호와를 경외하는 자(14:27)라고 했다. 그(예수와 그리스도인)에게서는 생수의 강(성령충만, 요 14:16-17; 행 21:4)이 흘러날 것(성령의 임재와 충만)이다. 왜냐하면 생수의 근원이 바로 예수(렘 2:13; 17:12-13) 그리스도이시기 때문이다. 그렇기에 예수를 믿는 자에게는 성령의 임재(내주성령 곧 성령세례)가 있다. 이후 그리스도인들은 성령충만함(주권, 통치, 질서, 지배개념)으로 나아가야 한다(계 7:17; 22:1-2; 겔 47:1-12).

한편 "배"의 헬라어는 코일리아(κοιλία, nf, 내장기관 또는 인간의 마음; belly, abdomen, heart, a general term covering any organ in the abdomen, e.g. stomach, womb; met: the inner man)인데 이는 '양심이나 전(全) 인격, 자궁, 사람의 마음심층부(가슴)'를 의미(욥 15:35; 잠 18:8)한다. "그 배"에서의 '그'는 예수를 믿는 자 곧 그리스도인을 가리킨다. 빌립보서 3장 19절은 "그들의 신은 배"라고 말씀하고 있다. 이는 인간에게 있어서 먹고 사는 '배'가 가장 큰 관심과 돌봄을 받기에 신(神)이라고 한 것이다. 즉 인간은 매일매일 먹어서 그 배를 채운다 하더라도 시간이 지나면 금방 다시 배가 고파진다. 결국 한평생 인간의 식욕에 대한 욕구는 충족되지 않는 것이다. 그러나 그 배에서 생수가 흘러나오면 모든 것이 해결된다라는 것이다.

39 이는 그를 믿는 자의 받을 성령을 가리켜 말씀하신 것이라 (예수께서 아직 영광을 받지 못하신고로 성령이 아직 저희에게 계시지 아니하시더라)

"생수"란 예수님을 가리키기도 하며 동시에 '성령님'을 가리키기도 한다. 진리의 영이신 성령님은 예수의 영이시다. 즉 존재론적 동질성 (Essential Equality)을 말씀하고 있는 것이다. 고린도전서 10장 4절에는 출애굽 시 조상들은 반석이신 예수 그리스도로부터 신령한 음료를 마셨다라고 말씀하셨다. 스가랴 14장 7-8절, 에스겔 47:1-2, 8-12절에도 예수는 '살리는 물, 생수, 반석, 성전'임을 밝히고 있다. 즉 예수는 성령이며 다른 하나님, 한 분 하나님으로서 존재론적 동질성이자 기능론적 종속성을 만족하는 하나님이시다.

"영광을 받다(요 1:14; 7:39; 13:31-32)"의 헬라어는 에독사스데(ἐδοξάσθη)인데 요한복음 1장 14절에서는 성육신에 대해, 그리고 12장 16, 23절에는 십자가 죽음에 각각 적용되었다. 이를 정돈하면 13장 31-32절에서 말씀하신 것처럼 초림의 예수님이 성부 하나님의 구속 계획을 성취하심으로 영광을 돌렸고 예수님도 영광을 받으신 것을 가리킨다. 요한이 의도하는 '영광'은 그리스도의 승귀를 함의하고 있다. 결국 '영광'이란 하나님의 능력, 성품, 속성을 이 땅에 드러내는 것과 아울러 삼위하나님께만 찬양과 경배를 올려드림이라는 이중적인 의미가 있다.

팔호 안의 말씀은 성경을 제법 아는 그리스도인들에게는 상당히 당황스러운 구절이다. 존재론적 동질성인 삼위하나님은 태초부터 지금까지, 앞으로도 영원히 함께하신다. 진실로 아멘이다. 그러나 기능론적 종속성에서 그리스도, 메시야로서 오신 근본 하나님의 본체이신 초림의 예수님은 모든 것을 다 이루시고 승천하셨다. 그 이후에야 오순절 성령강림을 통해 또 다른 보혜사(14:16, 26, 15:26, 16:7)이신 파라클레토스(παράκλητος, nm, (a) an advocate, intercessor, (b) a consoler, comforter, helper, (c) Paraclete)가 우리 가운데 오신다. 결국 이 구절은 예수님의 승천 후에 성령님이 오셔야만 사역(요 14:16-21, 26; 16:7-15)이 가능하다라는 것이다. 그렇다고 하여 순차적으로 오시는 삼위하나님으로 이해한다든가 시대별로 나누어 존재하셨던 하나님으로 이해하면 안 된다. 우리의 논리나 상식 영역을 훨씬 뛰어넘기에 명확하게 한마디로 표현하기는 어렵지만 삼위하나님은 태초부터 지금까지 그리고 앞으로도 영원히 함께하시는 하나님이시다.

40 이 말씀을 들은 무리 중에서 혹은 이가 참으로 그 선지자라 하며

6장 14절처럼 "참으로 그 선지자"가 가리키는 것은 신명기 18장 15절의 모세 같은 선지자로서의 예수를 말한다.

41 혹은 그리스도라 하며 어떤 이들은 그리스도가 어찌 갈릴리에서 나오겠느냐

갈릴리 지역의 나사렛 동네(마 2:22-23)라는 말에서 "갈릴리" 혹은 "나사렛"이라는 단어는 단순히 지명을 의미하기도 하지만 복음서에서는 '멸시, 천대, 저주, 흑암, 그늘, 사망, 소외' 라는 상징적 의미를 담고 있다(요 1:46; 7:41, 52; 행 22:8).

42 성경에 이르기를 그리스도는 다윗의 씨로 또 다윗의 살던 촌 베들레헴에서 나오리라 하지 아니하였느냐 하며

미가서 5장 2절에는 베들레헴 에브라다에서 다윗의 씨로 예수가 출생될 것을 말씀하고 있다. 거슬러 올라가 보면 유다는 며느리 다말을 통해 쌍둥이 세라와 베레스를(창 38:29-30) 얻게 된다. 차자인 베레스는 7대손인 보아스를 낳고 10대손인 다윗을 낳는다. 정리하면 보아스의 아버지 살몬

은 여리고의 기생 라합에게서(마 1:5) 보아스를 얻고 그 보아스는 모압 여
인 룻에게서(마 1:5) 다윗의 할아버지인 오벳을 얻게 되었다. 오벳은 이새
를, 이새는 다윗을 낳는데 그 다윗의 후손으로 온 여인의 후손, 곧 마리아
에게서 성령의 잉태하심으로 예수님이 이 땅에 인간으로 오신 것이다. 결
국 예수님은 다윗의 후손으로 오신 것이다.

**43 예수를 인하여 무리 중에서 쟁론이 되니 44 그 중에는 그를 잡고자 하는 자들
도 있으나 손을 대는 자가 없었더라**

"쟁론"의 헬라어는 스키스마(σχίσμα, nn, a split, division)인데 이는 동사 스
키조(σχίζω, to cleave, split)에서 파생된 것으로 '패가 갈리어 논쟁하는 극심
한 분열(요 9:16; 10:19)'을 의미한다. 마태복음 10장 34-35절, 누가복음 12
장 51-52절을 연상시킨다.

인간은 자유 의지를 가지고 시시때때로 무엇인가를 스스로 결정한다고
생각하기 쉬우나 모든 것은 하나님의 허락 하에서 이루어짐을 알아야 한
다(렘 10:23).

**45 하속들이 대제사장들과 바리새인들에게로 오니 저희가 묻되 어찌하여 잡아
오지 아니하였느냐 46 하속들이 대답하되 그 사람의 말하는 것처럼 말한 사람은
이 때까지 없었나이다 하니 47 바리새인들이 대답하되 너희도 미혹되었느냐 48
당국자들이나 바리새인 중에 그를 믿는 이가 있느냐 49 율법을 알지 못하는 이
무리는 저주를 받은 자로다**

46절에는 예수님께 감동받은 하속들의 진솔한 대답이 기록되어져 있다. 가만히 보면 그 하속들은 이적이 아니라 "말씀(λόγος)"에 감동된 사람들임을 알 수 있다. 예수님은 말씀이 육신이 되신(1:14) 하나님이시다. 그런 예수님의 말씀은 영이요 생명(6:63)이다.

"미혹되다(프라나오; πλανάω)"라는 것은 '굴복당하다, 설득당하다'라는 뜻이다.

49절의 "이 무리"라는 것은 '어중(於中)이 떠중이'라는 의미인데 이는 상대를 낮잡아 이르는 말로서 '잡다하고 변변찮은 사람들'이라는 말이다.

50 그 중에 한 사람 곧 전에 예수께 왔던 니고데모가 저희에게 말하되 51 우리 율법은 사람의 말을 듣고 그 행한 것을 알기 전에 판결하느냐 52 저희가 대답하여 가로되 너도 갈릴리에서 왔느냐 상고하여 보라 갈릴리에서는 선지자가 나지 못하느니라 하였더라

51절은 바리새인이이자 유대인의 관원인 니고데모가 율법(출 23:1; 신 1:16; 17:4)을 제시하면서 반박하는 장면을 보여주고 있다. 그러자 52절에서는 "너도 그 일당이냐" 곧 "너도 갈릴리에서 왔느냐"라는 말을 하면서 지역 감정을 조장하는 바리새인들의 모습을 보여주고 있다. 예나 지금이나 못된 정치지도자는 자신의 실책을 숨기기위해 은근히 지역 감정을 불러 일으켜 싸움의 상대를 바꿔치기를 해버리곤 한다. 아주 못된 습성이다.

한편 갈릴리에서는 선지자가 나지 못한다라는 말 자체도 실은 사실

(Fact)이 아니다. 열왕기하 14장 25절에 보면 갈릴리 출신(가드헤벨, 나사렛 북동쪽 50km지점)이었던 요나 선지자(욘 1:1)가 나오기 때문이다.

53 [다 각각 집으로 돌아가고

7장 53절-8장 11절까지의 구절은 AD 400년이전의 사본에는 없던 부분이기에 괄호를 해 놓은 것이다. 즉 이 부분은 AD 5C 베자사본(codex Bezae, 사본기호 D)에 처음으로 나타난다.[55] 오래되고 중요한 사본인 시내산 사본(ℵ), 알렉산드리아 사본(A), 바티칸 사본(B), 에브라임 사본(C), 레기우스 사본(L), 프리얼 사본(W) 들에서는 상기의 본문이 발견되지 않는다. 그러다 보니 일부 학자들은 본문의 사건을 배제해야 한다라고 주장한다. 그러나 이 부분은 간음에 대한 이슈(issue)보다는 예수님의 공의와 사랑을 드러내는 부분이기에 받아들여야 한다는 Augustin, St. Jerome, Hendriksen의 생각에 나는 동의한다.

명절은 끝나고 "다 각각 집으로 돌아갔다"라는 것을 의역하면 '그리스도를 떠나갔다'라는 의미이다.

---

55   『그랜드 종합주석 13권』, p746

은혜 위에 은혜러라
*

Grace for Grace
Χάριν ἀντὶ χάριτος

예수(Ἰησοῦς), 그리스도(Χριστὸς), 생명(ζωή)

진리가 너희를 자유케 하리라

6장이 유월절을 배경으로 네 번째 표적인 오병이어 이야기와 다섯 번째 표적인 물 위를 걸으시는 예수님을 통해 "예수, 그리스도, 생명"을 드러냈다라고 한다면, 7-8장은 초막절을 배경으로 하여 "예수, 그리스도, 생명"임을 드러내고 있다.

레위기 23장 39-44절에 의하면 하나님은 유월절을 통해 구원의 성취를 이루시고 초막절을 통해 구원의 완성을 이루실 것을 보여주고 있다. 즉 유월절 어린 양이신 예수의 피로 우리가 살아나 현재형 하나님나라를 살아간다면 수장절(초막절, 장막절)의 풍성함으로 장차 우리는 미래형 하나님나라에서 영원히 살아갈 것이다.

요약하면 유월절을 통해 구원을 이루시고(성취하시고, 칭의; Justification) 칠칠절을 통해 율법을 주셔서 거룩함을 이루어가시고(성화; Sanctification) 초막절을 통해 미래형 하나님나라에서 구원을 완성(영화, Glorification)하셔서 영원토록 풍성하게 살게 되는 그림을 보여주신 것이다.

7장에서는 생수(성령)이신 예수님을 말씀해 주셨고 특히 7장 53-8장 11절에서는 간음하다 현장에서 잡혀 온 여인 이야기를 통해 하나님의 공의와 사랑을 드러내셨다.

8장은 세상의 빛이요 생명의 빛, 참 빛이신 예수님을 드러내고 있으며 수미상관법(Inclusio, 또는 샌드위치 기법)으로 묘사되어 있다. 즉 구원은 율법이 아니라 은혜로만 가능함을 강조하고 있는 것이다.

동일하게 이런 샌드위치 기법을 사용하고 있는 곳이 마태복음 18장 15-20절이다. 이 부분은 흔히 합심기도의 능력으로 오해되는 곳이기도 하다. 그러나 실은 범죄한 형제에 대한 치리의 교훈을 말씀하고 있는 부분이다. 즉 교회 공동체가 행사하는 권징(勸懲)이 믿음의 형제들 다수의 합치된 의견이라면 하나님의 뜻이라고 여길 수 있다라는 것으로 이 부분은 '합심기도의 능력에 대한 교훈'이 아니라 '치리에 대한 교훈'임을 알아야 한다. 이처럼 성경은 전후맥락과 함께 바르게 해석해야 한다.

성경의 기록에는 샌드위치 기법이 있음을 알고 왜 그 사건을 이곳에 두셨는지, 그 사건을 통해 하나님께서 무엇을 말씀하고자 하시는지를 바르게 분별해야 한다.

8-1 예수는 감람 산으로 가시다

"감람산(Mount of Olives)"은 기드론 골짜기를 가로 질러 예루살렘을 내려다보는 곳에 위치하고 있다. 이 산은 풍부한 강우량, 적절한 햇빛, 지중해성 기후(mediterranean climate, 온대 하계 건조 기후)로 인해 감람나무(올리브나무)들이 많이 자생하였기에 '감람산'으로 불렸다.

마태복음 8장 20절에서는 "인자는 머리 둘 곳이 없다"라고 했다. 고린도후서 8장 9절에는 부요하신 예수님이셨으나 우리를 위해 가난하게 되셨다라고 했다. 그렇기에 인간들은 자기의 집으로 갔지만 예수님께서는 요한복음 6장 15절에서처럼 산으로 가셨던 것이다.

2 아침에 다시 성전으로 들어오시니 백성이 다 나오는지라 앉으사 저희를 가르치시더니

아침 일찍부터 성전에서 랍비들이 성경 강론하는 풍경은 에스라 시대(느8:3)부터 있어 왔다.

시편 57편 7-11, 108편 1-13절에도 새벽을 깨우는 것이 기록되어 있다. 하루가 시작되는 첫 시간에 말씀과 기도로 출발하는 것은 너무 중요하다. 나 또한 매일 아침 정해놓고 2시간 동안 말씀을 연구하며 묵상하곤 한다. 밤에도 2-3시간 말씀을 묵상하나 이른 아침 시간에 들려주시는 성령님의 음성이 가장 또렷하고 세미하다. 그 음성을 듣는 것이 너무 즐겁다. 나의 행복한 일상 중의 하나이다.

3 서기관들과 바리새인들이 간음 중에 잡힌 여자를 끌고 와서 가운데 세우고

그런데 고요한 시간을 깨뜨리는 사건이 발생했다. 서기관과 바리새인들이 "간음 중에 잡힌 여자"를 정죄하기 위해 끌고 왔던 것이다. 신명기 19장 15절에 의하면 간음한 여인을 정죄하기 위해서는 남편을 제외한 두 명의 증인이 있어야 한다고 말하고 있다. 그런데 본문에는 증인도, 간음한 상대 남자도 없었다. 다만 선동질하는 서기관과 바리새인들의 간계와 조작의 냄새만이 풍겼을 뿐이다. 그 여인을 가운데 세우고 마치 자신들은 죄가 하나도 없기라도 하듯 재판관으로 군림하고 있는 것이다. 오직 그 여인만이 처절한 죄인이고 자신들은 거룩한 듯 오만과 착각에 사로잡힌 군중들을 보여주고 있다.

사실(fact)을 말하자면 예수님만이 진정으로 유일한 재판장되시며 의인이시다. 너나 할 것 없이 우리 모두는 현장에서 간음하다 붙잡힌 그 여인처럼 확실한 죄인일 뿐이다.

4 예수께 말하되 선생이여 이 여자가 간음하다가 현장에서 잡혔나이다 5 모세는 율법에 이러한 여자를 돌로 치라 명하였거니와 선생은 어떻게 말하겠나이까

신명기 22장 22-24절에는 "유부녀나 약혼한 여자가 통간한 경우 두 사람 다 돌로 쳐죽이라"고 명령했다. 그런데 간음한 상대방 남자는 온데간데없고 간음하던 현장에서 여인만 잡아와서는 율법의 일부를 들이대며 심판하하는 것이다.

5절의 "선생은 어떻게 말하겠나이까"라는 말에서는 그들의 교활함이 진하게 묻어난다. 바리새인들은 이 사건을 미끼로 하여 예수님의 결정을 트집 잡아 그 여인과 함께 정죄하려고 모의했던 것이다. 이런 모습이 바로 나하쉬(뱀, 사단, שָׁחָנ)의 특성이다.

이때 만약 예수께서 그 여인을 율법에 의거하여 '돌로 치라'고 하면 두 가지 함정에 빠지게 된다. 먼저는 "죄인과 세리의 친구, 의인이 아닌 죄인을 부르러 왔다, 원수를 사랑하라"던 지금까지의 가르침과 위배된 판결을 내리게 되는 것이다(마 5:44; 9:13; 11:19; 눅 19:10; 요 3:17). 둘째, 당시 유대에는 사형 집행권이 없는데 죽이라고 하면 그것은 살인 교사죄(敎唆罪)에 해당되어 버린다.

그렇다고 하여 만약 예수님께서 그 여인을 "그냥 돌려보내라"고 했다면 이번에는 율법을 어겼다고 몰아부쳤을 것이다(마 5:17; 행 6:13-14). 교활한 그들은 이쪽 저쪽에 모두 다 올무를 쳐 놓았던 것이다. 점점 더 한국 사회에 이런 유의 사람들이 흔하게 관찰되는 것이 못내 속상하다.

6 저희가 이렇게 말함은 고소할 조건을 얻고자 하여 예수를 시험함이러라 예수께서 몸을 굽히사 손가락으로 땅에 쓰시니 7 저희가 묻기를 마지 아니하는지라 이에 일어나 가라사대 너희 중에 죄 없는 자가 먼저 돌로 치라 하시고

"시험함이니라"라는 표현에서 "시험하다(페이라조; πειράζω, v, to make proof of, to attempt, test, tempt)"라는 것은 '악한 의도를 가지고 시험하다(막 8:11; 10:2)'라는 것을 가리킨다. 이는 '상대를 함정에 빠뜨리려고 간계를 부리는 것'을 말한다.

"쓰시다"의 헬라어는 그라포(γράφω)인데 그림이었는지 글귀였는지 혹은 기호였는지는 분명치 않다. 물론 그 내용 또한 분명치 않다. 성경의 6대 속성 중 하나가 명료성인데 이렇게 분명치 않은 것을 보면 그 내용은 중요치 않았다라는 것이며 우리가 몰라도 되는 그 무엇이라 생각된다. 그럼에도 불구하고 나의 상상력은 '민수기 5장을 읽어보라'라고 썼을 듯하다. 그러나 중요한 것은 '쓰시다'의 의미이다. 그것은 '율법은 준행되어 지켜져야함'을 의미한다.

이는 마치 출애굽기에서 처음 돌판을 '직접' 만드시고 그것에 '직접' 글을 쓰신 하나님의 십계명 돌판을 연상시킨다. 즉 뭔가를 쓰셨다는 것은 '율법에 근거한 죄인을 향한 심판'을 상징하고 있다. 율법은 인간의 죄를 정죄하고 심판하시는 하나님의 공의이다. 그렇기에 다음 순간 예수님은 "돌로 치라"고 말씀하셨던 것이다. 즉 율법의 공의를 이루시려 하신 것이다.

그 다음 순간은 더욱 놀랍다. 11절이다. "나도 너를 정죄하지 아니하노니"라고 말씀하시며 여인의 죄를 용서하신 것이다. 하나님이신 예수님의 사랑이 확~ 드러나는 부분이다. 예수님은 현장에서 간음하다가 붙잡힌 여인에게조차 당신의 공의와 사랑을 보여주셨던 것이다. 이는 요한복음 1장 16절의 "은혜 위에 은혜러라"는 소위 은혜로 주신 율법을 완성하신 최고의 은혜인 예수 그리스도의 사랑을 선명하게 보여주신 것이다.

하나님이 '직접 쓰신 것'을 언급하는 부분은 성경에 3회 나온다. 시내산에서 십계명 돌판에(출 24:12; 31:18; 32:16; 34:28; 신 5:22; 9:10)다가 직접 쓰셨고 벨사살 왕에게 경고하며 벽에 쓰셨던 '메네 메네 데겔 우바르신(단 5:24-28)'과 이 구절(요 8:6)이다. 즉 하나님의 쓰신 이 모든 것은 '율법에 근거한 죄인에 대한 심판'을 상징하고 있다.

"묻기를 마지 아니하는지라"에서는 서기관과 바리새인들의 닦달함(grilling), 독촉, 억지 주장, 함정을 파놓은 후 자신들의 의도대로 몰아가려는 간계를 볼 수 있다. 정말 인간의 사악함이란 끝이 없는 듯하다.

죄 없는 자(롬 3:23)가 '먼저' 돌로 치라는 말씀은 그들의 불순한 동기와 추악한 죄 된 상태를 적나라하게 지적하신 것이다. 동시에 율법을 존중하신 예수님의 모습이다.

"너희 중에 죄 없는 자가 먼저 돌로 치라"고 하셨기에 이때 만약 참소한 그들이 여인에게 돌을 던졌다면 그들은 현장의 증인이기에 충분히 그럴 자격은 있다. 그러나 그들 또한 현장에서 간음죄를 보고도 방조한 것이 되기에 본인들 또한 죄인인 것이다. 또한 율법대로라면 간음했던 상대 남자와 함께 끌고 와서 죽였어야 한다. 곧 여인도, 간음한 상대 남자도, 그들을 목격했던 현장의 증인들도 모두 다 죄인인 것이다. 이렇든 저렇든 그들은 결국 꽁무니를 뺄 수밖에 없는 상황이 되어버린 것이다.

8 다시 몸을 굽히사 손가락으로 땅에 쓰시니

6절에 이어 "다시" 손가락으로 땅에 글을 "쓰셨다". 이는 십계명 돌판을 두 번이나 쓰셨던 하나님을 연상시킨다. 처음 쓴 것은 반드시 지켜져야 할 율법을, 두 번째 쓰신 것은 그 율법의 성취를 이루실 예수 그리스도의 십자가 보혈을 상징하고 있다.

나 같으면 '뭘 보고 있니, 빨리 꺼지지 못할까'라고 쓸 것만 같다. 나의 생각을 차치한다면 아마도 예수님께서 땅에 쓰셨던 글은 '민수기 5장을 읽어보라'는 것과 '내가 바로 생수이다(요 7장)'라는 글이었을 것 같다. 훗날 천국에 가면 예수님께 물어보고 싶은 것 중의 하나이다.

처음 십계명 돌판은 하나님께서 돌판도 직접 만드시고 그 위에 하나님께서 직접 쓰시기도 했다. 두 번째 돌판은 모세가 만들고 하나님이 직접 쓰셨다.

처음 것은 거룩한 돌판이 우상숭배(영적간음)하는 죄인들과 함께 할 수 없어 깨지면서 3,000명이 죽게 되었다. 두 번째 돌판은 법궤 안에 들어감으로 율법이 덮개에 의해 가리워진 것이다. 덮게로 율법을 가린다는 것은 '예수님의 십자가 보혈로 덮는다'라는 상징적 의미이다. 그것은 실로 하나님의 은혜이다. 그렇기에 법궤 위 두 그룹의 날개가 만나는 그 아래가 시은좌(Mercy Seat)이며 죄 사함을 얻게 되는 속죄소(Atonement cover)인 것이다. 이는 율법의 정죄(공의의 심판)를 예수의 피(사랑)로 덮으시고 그 십자가의 보혈(피)을 믿는 자는 죄와 사망에서 반드시 다시 살아나게 될 것을 드러내고 있다.

출애굽기 32장 30-35절에서는 모세의 중보로 이스라엘 백성이 살아나게 됨을 보여주고 있다. 마찬가지로 이곳 간음한 여인의 이야기에서는 예수의 중보로 하마터면 율법에 의해 죽을 뻔한 여인인 오늘의 우리(교회)들이 살아나게 되었음을 보여주고 있다.

9 저희가 이 말씀을 듣고 양심의 가책을 받아 어른으로 시작하여 젊은이까지 하나씩 하나씩 나가고 오직 예수와 그 가운데 섰는 여자만 남았더라

이 구절을 통하여 유추해보면 군중들의 경우 말씀을 "듣고" 양심의 가책을 느낀 것까지는 좋았는데 그 다음의 회심이나 결심이 없었던 것으로 보인다. 그들은 빛이 어두움을 물리치는 그 현장을 보았기에 그 빛을 따랐어야만 했다. 그것이 핵심이었는데 그들은 놓쳤다.

로마서 10장 17절은 "믿음은 들음에서 나며 들음은 그리스도의 말씀으로 말미암았느니라"라고 했다. 만약 그들이 예수님의 말씀을 듣고 믿음으로 갔다면 그들은 구원이 되었을 것이다. 그러나 당시 그들은 하나씩 둘씩 모두가 슬그머니 다 빠져나가버리고 말았다. 결국 죄인으로 지목되었던 그 여인만 남았고 율법이 정죄했던 그 여인은 오히려 자신의 상태에 관계없이 구원을 얻게 되었다. 죄인 된 오늘의 우리에게 시사하는 바가 크다.

9절에는 저희가 말씀을 듣고 회개한 것이 아님을 드러내고 있다. 그들은 양심의 가책을 받기는 하였으나 회개하는 대신 그 상황을 모면하기 위해 줄행랑을 치는 선택을 해 버렸던 것이다. 끝까지 회개치 않는 고집스러운 모습이다.

마가복음 12장 31절에서는 하나님 사랑과 이웃 사랑이 가장 큰 계명(눅 10:25-28)이요 온 율법과 선지자의 강령(마 22:40)이라고 말씀하셨다. 그럼에도 불구하고 그들은 율법을 말로만 외쳐댔을 뿐 현실적 삶에서는 율법으로부터 멀리 떨어져 있었던 것이다. 그들은 본인들도 동일한 죄인이었

음에도 불구하고 그 여인만 죄인이라며 잡아다 죽이려 했던 것이다. 그렇기에 마태복음 16장 12절은 바리새인과 사두개인의 교훈(누룩, 교리)을 삼가라고 하셨다.

10 예수께서 일어나사 여자 외에 아무도 없는 것을 보시고 이르시되 여자여 너를 고소하던 그들이 어디 있느냐 너를 정죄한 자가 없느냐 **11** 대답하되 주여 없나이다 예수께서 가라사대 나도 너를 정죄하지 아니하노니 가서 다시는 죄를 범치 말라 하시니라]

"고소, 참소"라는 말은 사단의 특징인데 이는 창세기에서 사단의 속성을 지녔던 뱀의 특성이다. "뱀(나하쉬: שָׁחָנ)"의 히브리어는 나하쉬인데 이는 '간교하다'라는 상징적 의미를 갖고 있다. 독특하게도 뱀은 살아있는 짐승 중 희미한 것만 공격하지 죽은 것은 아예 상대를 안 한다. 이는 성도를 향한 사단의 속성과 같은 것으로 사단은 희미한 성도의 틈새를 노리는 명수이다.

잠시 사단의 3가지 특성과 5가지 전략, 3가지 사단의 도구를 소개하고자 한다.

사단의 3가지 특성이란 교만함(사 14:12-15), 거짓의 아비(요 8:44)이며 고발 혹은 참소(계 12:10)를 잘 하는 특성이 있다.

사단의 5가지 전략이란 첨삭(添削), 왜곡(歪曲), 과장(誇張), 지나간 과거에 대한 지나친 집착, 아직 다가오지 않은 미래에 대한 막연한 두려움이다. 한편 사단의 3가지 도구는 먹음직하고(육신의 정욕, 돌이 떡 되게), 보암직하며 (안목의 정욕, 성전에서 뛰어내리라), 지혜롭게 할 만큼 탐스러운 것(이생의 자랑, 이 세상의 부귀영화를 제시)이다.

참소하던 서기관과 바리새인, 군중들은 이내 곧 예수님을 떠나버린다. 그것으로 그들은 이미 심판(정죄)을 받은 것이다. 하나님과의 관계 단절이기 때문이다. 그러나 죽을 죄인임을 알고 홀로 남은 여인은 오히려 예수님으로 인해 살게된다. 지독한 역설이지만 그 속에 복음이 담겨있음에 감동하게 된다.

예수님은 그 여인에게 "평안히 가라"고 하지 않으시고 "너는 죄인이다. 그러나 나로 인해 의롭게(칭의) 되었다. 그러므로 새로운 피조물답게 살라" 곧 "이제 후로는 죄와 싸우되 피흘리기까지 싸우라"고 도전하셨다(히 12:4). 더 나아가 어찌할 수 없는 연약함으로 죄를 지으면 다시 십자가 보혈에 의지하여 죄를 씻으라고 말씀하셨다(롬 7:18-19). 즉 이제 후로는 어둠에 거하지 말고 빛에 거하여 살라고 말씀하셨다.

12 예수께서 또 일러 가라사대 나는 세상의 빛이니 나를 따르는 자는 어두움에 다니지 아니하고 생명의 빛을 얻으리라

7장 37-38절에는 "예수는 생수이시다"라고 말씀하고 있다. 이어 이곳에는 "예수는 세상의 빛, 생명의 빛"이라고도 말씀하고 계신다(사 42:6; 49:6).

빛은 '거룩과 의'의 상징이다. 7장의 "생수"와 8장의 "세상의 빛, 생명의 빛"은 한 쌍(한 짝, pair)이다. 이는 7-8장의 초막절에 행해졌던 제단에 부었던 실로암 못의 물(7장의 생수)과 성전 안팎의 촛불(8장의 세상의 빛, 생명의 빛)

로 빛을 밝히며 기념하는 행위를 상징하는 것인 바 "생수와 생명의 빛"을 대조하고 있는 것이다.

"나는 세상의 빛이니(에고 에이미, Ἐγώ εἰμι)"라는 표현은 당신의 신성에 대한 자기 선언적 표현법으로 출애굽 후 광야에서 낮에는 구름기둥, 밤에는 불기둥으로 인도하신 하나님임을 드러내고 있는 것이다. 한편 빛은 '여호와 하나님을 지칭'하는 표현으로 당신의 '절대적인 신성'을 의미[56]한다. 즉 빛이신 하나님만이 '영(요 4:14)이시며 빛(요일 1:5)이시고 사랑(요일 4:8)이시다라는 뜻이다. 빛은 '참 지식, 참 거룩, 참 행복'을 상징한다.

이 부분에서 오해하지 말아야 할 것이 있는데 그것은 보편구원론(Universalism)이다. 즉 하나님이 '세상의 빛'이라고 해서 모든 사람을 다 구원한다라는 의미가 아니라는 것이다. 이 부분을 바르게 이해하려면 12절 후반절에 나타난 "따르는 자는"이라는 단어에 주목해야 한다. 요한복음 1장 12절, 3장 16절, 12장 46절에도 역시 "믿는 자, 따르는 자"를 분명히 명시하면서 구분하고 있다는 점에 유의해야 한다. 하나님은 모든 인류에게 보편 타당한 일반은총을 베푸시지만 구원하시고자 작정한 이들을 위해서는 특별은총을 베푸신다. 신자는 하나님의 말씀이신 로고스, 예수님을 믿고 따르는 순종을 통해 빛 되신 하나님이 베푸시는 영생, 곧 특별한 은혜를 받게 되는 것이다.

따라서 "세상의 빛' 되신 예수님의 말씀은 우리에게 큰 위로와 힘이 된다. 어두움(무지와 잘못, 죄와 부패, 고난과 불행) 가운데 이방인으로 살아가던 우

---

56   『Exposition of the Gispel of John』 (Arthur W. Pink/지상우옮김), pp441-442

리는 빛 되신 예수를 통해 밝음으로 왔고 하나님의 자녀가 되었다. 그렇기에 우리 또한 세상 속에서 빛으로 살아가야만 한다(엡 5:8, 마 5:14-16). 동시에 큰 은혜를 주신 하나님께 늘 감사함으로 찬양과 경배를 올려야 한다.

"세상"이라는 단어에는 이중적 함의가 있다. 공관복음에는 15회 사용되었고 요한복음에는 77회 기록되었다[57]고 한다. 요한복음 6장 33절의 경우 세상은 '그리스도인들의 세상'을 의미하나 베드로후서 2장 5절의 세상은 '경건하지 아니한 자들이 사는 세상'을 의미한다.

"생명의 빛"이라는 말 속에는 4가지 뜻이 함의[58]되어 있는데 '생명을 주는(give) 빛, 생명인(is) 빛, 생명으로부터 솟아나는(spring from) 빛, 생명을 비추는(illuminates) 빛' 등이다. 그 '빛'은 예수님 자신을 의미함과 아울러 예수로 인한 영생을 의미하기도 한다.

13 바리새인들이 가로되 네가 너를 위하여 증거하니 네 증거는 참되지 아니하도다

바리새인들은 예수의 말씀, 곧 자기 변증에 대하여 "스스로 증거를 채택한 것이라며 확증할 수 없다"라고 주장했다. 더 나아가 '증인 부족 또는 증거 불충분'을 내세우며 율법적으로 부당하다라고 했다(민 35:30; 신 17:6; 19:15). 가만히 보면 이 구절은 요한복음 5장 31절과 얼핏 충돌되는 것처

---

57 『요한복음 강해(Exposition of the Gispel of John)』 (Arthur W. Pink/지상우옮김), p443 재인용

58 『그랜드 종합주석 13권』, p748-749

럼 보이기도 한다. 그러나 전능하신 성부하나님의 증거(5:32)가 예수의 증거를 뒷받침하기에 둘 다 모순되거나 충돌하지 않을 뿐만 아니라 오히려 최고로 확실한 증거이다. 결국 그들의 상태는 요한복음 1장 5절의 말씀처럼 "빛이 어둠에 비취되 어둠이 깨닫지 못하더라"는 것을 들킨 것이다.

14 예수께서 대답하여 가라사대 내가 나를 위하여 증거하여도 내 증거가 참되니 나는 내가 어디서 오며 어디로 가는 것을 앎이어니와 너희는 내가 어디서 오며 어디로 가는 것을 알지 못하느니라

14절은 예수의 선재성(先在性, Pre-existence, 요 17:5)과 함께 십자가 죽음과 부활 그리고 승천 후 하나님보좌 우편으로 승리주 하나님으로 가실 것(요 13:3; 14:2; 히 1:3)을 말씀하고 있다. 소위 그리스도의 승귀(Ascension of Christ)이다.

또한 요한복음 5장 32절에 의하면 성부하나님의 증거가 있고 예수님 자신의 증거가 있기 때문에 율법을 만족시키는 것이다(민35:30, 신 17:6, 19:15). 더 나아가 5장 33-39절의 세 증거가 더 있으니 더 말해 무엇하랴!

15 너희는 육체를 따라 판단하나 나는 아무도 판단치 아니하노라

"육체"라는 헬라어 사륵스(σάρξ)는 일반적으로 프뉴마(성령)와 대조하여 '죄된 인간'을 의미한다. 그렇기에 15절의 "육체"는 '인간의 외면적 조건'을 가리킨다. 사무엘상 16장 7절에는 '외모로 판단치 않으시는 하나님은 우리의 중심'을 보신다고 말씀하셨다.

한편 "판단(크리노; κρίνω, v, to judge, decide, come to a choice (decision, judgment) by making a judgment))"이라는 것은 '결정하다, 평가를 내리다. 결정에 이르다'라는 뜻이다. 즉 너희는 지금 너희가 바라보는 불완전한 눈으로 나를 평가하나 나는 영적이고 신적인 원리로 평가한다라는 의미이다.

16 만일 내가 판단하여도 내 판단이 참되니 이는 내가 혼자 있는 것이 아니요 나를 보내신 이가 나와 함께 계심이라

이는 14절을 반복하여 말씀하신 것으로 존재론적 동질성과 기능론적 종속성 측면에서 삼위하나님은 태초부터 지금까지 앞으로도 영원히 함께하심을 나타내는 것이다.

바리새인들은 예수님이 "성부하나님이 나와 함께 있다"라고 답하자 "네 아버지가 어디 있느냐(요 8:19)"라며 격앙된 어조로 반격하듯 되묻고 있다. 더 나아가 이후 10장 30절에서 예수님이 다시 "나와 아버지는 하나"라고 말하자 10장 31절에 가서는 억누르고 있던 감정이 폭발하여 그런 예수를 '신성모독죄'라는 명목으로 돌로 쳐죽이려고까지 했다.

17 너희 율법에도 두 사람의 증거가 참되다 기록하였으니 18 내가 나를 위하여 증거하는 자가 되고 나를 보내신 아버지도 나를 위하여 증거하시느니라

예수님은 율법(신 19:15, 17:6, 민 35:30)이 말하는 '두 사람의 증거는 참된 것'이라는 조항을 들어 바리새인들이 요구하는 두 증인으로 하나는 '예수님 자신 스스로'라고 말씀하시며 "내가 나를 위하여 증거하는 자"라고 하셨다. 다른 하나는 '성부하나님'을 증인으로 채택하셔서 "나를 보내신 아버지"라고 말씀하고 있다. 그리하여 예수님은 바리새인들이 주장하는, 율법이 말하는 증인의 조건을 깔끔하게 충족시키심으로 답하셨던 것이다(요 5:37).

19 이에 저희가 묻되 네 아버지가 어디 있느냐 예수께서 대답하시되 너희는 나를 알지 못하고 내 아버지도 알지 못하는도다 나를 알았더면 내 아버지도 알았으리라

19절에서는 존재론적 동질성(Essential Equality)을 잘 드러내고 있다. 마태복음 11장 27절에서는 아들(예수)을 통해 아버지(성부)를 알 수 있다고 말씀하셨다. 그러나 영적으로 둔한 그들은 이런 사실을 깨닫지 못했는데 그런 그들을 가리켜 요한복음 1장 5절은 '어두움에 속하여 빛을 깨닫지 못하는 자들'이라고 말씀하셨다.

20 이 말씀은 성전에서 가르치실 때에 연보궤 앞에서 하셨으나 잡는 사람이 없으니 이는 그의 때가 아직 이르지 아니하였음이러라

당시 "연보궤"는 성전 안마당의 여인의 뜰(the Court of Women)에 있었는데 그 재질은 놋으로 되어있었다(막 12:41-44; 눅 21:1-4). 주둥이는 나팔 모양으로 되어 있어 누구든지 연보하는 것을 볼 수 있게 되어 있었고 그것도 하나가 아니라 13개의 연보함이 줄지어 있었다.[59] 그러다 보니 돈 많은 바리새인은 '보란 듯이' 헌금함에 돈을 쏟아부었다. 반면에 과부는 두 렙돈을 넣으며 행여 초라한 동전 소리가 들릴 까봐 노심초사(勞心焦思)하곤 했다. 한편 이곳 성전에는 예물을 드리러 오는 사람들이 많았다. 그렇기에 예수님은 사람들이 많이 오는 바로 그곳에서 말씀을 가르치고 계셨던 것이다.

참고로 과부의 보잘 것 없는 엽전 두 닢 곧 두 렙돈(한 고드란트)의 이야기는 마가복음 12장 41-44절과 누가복음 21장 1-4절에 나온다. 이는 예수께서 과부의 헌금을 칭찬하거나 헌금의 중요성을 강조한 것이 아니라 당시 종교지도자들이 가난한 과부들의 가산을 삼키려하는 것(막 12:38-40, 눅 20:46-47)을 고발한 것이다.

"그의 때"가 가리키는 것은 '예수님의 십자가 수난의 때'를 말한다.

21 다시 이르시되 내가 가리니 너희가 나를 찾다가 너희 죄 가운데서 죽겠고 나의 가는 곳에는 너희가 오지 못하리라

21절은 요한복음 7장 33-34절의 반복이다.

"나를 찾다가"라는 것에서는 율법(마치 구원에 이르기라도 할 것처럼 율법을 신봉하

59　9개는 율법이 정한 헌금이며 4개는 임의로 내는 헌금이었다고 한다(C.E.S. from Barclay's Talmud), cf. 『아더핑크의 요한복음 강해』, p448 재인용

는 것)을 통한 열심이나 일시적인 종교적 감정을 가졌거나 종교적 열정으로 자기 의(義)를 쌓는다 할지라도 종국적으로 예수님을 믿지 않으면 반드시 영적 사망(둘째 사망, 유황 불못, 계 20:14)에 이르게 될 것이라는 엄중한 경고의 말씀을 하고 있는 것이다.

22 유대인들이 가로되 저가 나의 가는 곳에는 너희가 오지 못하리라 하니 저가 자결하려는가

이 구절 또한 요한복음 7장 35절에서처럼 유대인들은 예수님을 향해 "저가 자결하려는가"라고 하며 조롱하며 빈정거리고 있다.

23 예수께서 가라사대 너희는 아래서 났고 나는 위에서 났으며 너희는 이 세상에 속하였고 나는 이 세상에 속하지 아니하였느니라

"아래서 났다"라는 것은 육신에 속하여 육신의 혈통을 좇았다라는 의미이다. 반면에 예수가 "위에서 났다"라는 것은 예수님이야말로 영원 전부터 계신 성부하나님으로부터 발생하신 근본 하나님이라는 의미이다.

한편 "이 세상에 속하였다"라는 것은 아담이래 모든 인간은 죄와 사망의 지배(롬 5:12; 8:18-22)아래 있게 되었다라는 의미이다. 반면에 예수님은 하늘에 속했으며 사단의 권세를 깨뜨리신(요 16:33) 분이시다.

24 이러므로 내가 너희에게 말하기를 너희가 너희 죄 가운데서 죽으리라 하였노라 너희가 만일 내가 그인 줄 믿지 아니하면 너희 죄 가운데서 죽으리라

"그인 줄 믿지 아니하면"에서 "그"가 가리키는 것은 23절의 "위에서 난 자" 즉 "근본 하나님이신 예수님" 자신을 말한다. 예수님은 성전에 모인 이들과 바리새인들을 향해 자신만이 하나님의 아들이며 너희들이 나를 그리스도 메시야로 믿지 않는다면 영원한 형벌을 받게 될 것이라고 딱 잘라 말씀하셨다.

25 저희가 말하되 네가 누구냐 예수께서 가라사대 나는 처음부터 너희에게 말하여 온 자니라

6-7장에서처럼 이 구절에서도 "네가 누구냐"라며 일관되게 예수를 경멸하는 유대인들을 볼 수 있다. 즉 "네까짓게 감히, 이녀석이" 정도로 의역할 수 있다.

예수님은 "나는 처음부터 너희에게 말하여 온 자"라 말씀하시며, 그리스도의 선재성(先在性)과 신적 기원(基源)을 계시하셨다. 즉 "나는 처음부터 있는자(요 1:1)" 혹은 "스스로 있는자(출 3:14)"라는 것이다. 요한일서 5장 20절에서는 예수님은 단순히 진리를 가르치신 분이 아니라 예수님 당신이 바로 빛이요 진리 그 자체라고 선언하고 있다.

26 내가 너희를 대하여 말하고 판단할 것이 많으나 나를 보내신 이가 참되시매

내가 그에게 들은 그것을 세상에게 말하노라 하시되

예수님은 근본 하나님의 본체시기에 모든 사람을 판단하고 책망할 뿐만아니라 정죄(심판)하시는 분이시다. 신실하신 예수님은 상황이나 환경에 관계없이 성부하나님의 참되심과 영원한 진실만을 말씀하신다. 그런 예수를 믿는 그리스도인인 우리는 오늘을 살아가며 우리의 삶의 태도에 대한 깊은 성찰과 함께 성령님의 인도하심에 대한 예민함을 잃지 말아야 한다.

27 저희는 아버지를 가리켜 말씀하신 줄을 깨닫지 못하더라

이 구절을 보면 영적 무지 상태에 빠진 자와 영적으로 둔감한 자들은 비록 머리가 있어도 깨닫지 못하며 눈이 있어도 보지 못하고 귀가 있어도 듣지 못한다는 것을 알 수 있다.

28 이에 예수께서 가라사대 너희는 인자를 든 후에 내가 그인 줄을 알고 또 내가 스스로 아무것도 하지 아니하고 오직 아버지께서 가르치신 대로 이런 것을 말하는 줄도 알리라

"들다"의 헬라어는 휘포오(ὑψόω, v. ⒜ I raise on high, lift up, ⒝ I exalt, set on high)인데 이는 우리의 '수치와 저주를 몽땅 안고 장대 위에 높이 달리신 예수 그리스도의 십자가 수난(요 3:14; 12:32-34)'을 의미한다.

29 나를 보내신 이가 나와 함께 하시도다 내가 항상 그의 기뻐하시는 일을 행하므로 나를 혼자 두지 아니하셨느니라

요한복음 8장에서 예수님은 4번씩이나 "나를 보내신 이"라고 반복하여 말씀하셨다(8:16, 18, 26, 29).

"나와 함께, 나를 혼자두지 아니하셨다"라는 말에서는 존재론적 동질성을 드러내고 있다.

"그의 기뻐하시는 일"이란 아버지의 뜻(요 4:34)을 행하는 것으로 만세 전에 성부하나님의 은혜로 택정함을 입은 자들을 구원(6:39)하는 것을 말한다.

30 이 말씀을 하시매 많은 사람이 믿더라

이 구절의 "믿더라"는 말의 속뜻은 진실된 영접(람바노)이 아니고 가짜 믿음으로의 영접(데코마이)이라는 것을 함의(含意)하고 있다.

앞서 언급했던 6장 21절에서의 '영접'은 람바노(1:12, 6:19, λαμβάνω)로서 진짜 믿음에 기인한 것이라면 요한복음 4장 45절의 '영접'은 데코마이 (4:45, δέχομαι)로서 표적과 기사 등 가시적인 것을 보고 영접한 가짜 믿음을 가리킨다.

이 구절에서 "믿더라"는 것은 그 다음 구절인 31절의 말씀에 비추어 보면 아마 그들은 일시적인 감화 감동과 함께 깊은 인상을 받은 것으로 추측할 수 있다. 즉 데코마이였다는 것이다. 그렇게 해석한 아더핑크의 견해에 나는 전적으로 동의한다. 그러므로 '구원'은 율법을 사수함으로 혹은 자기 의(義), 절기 준수, 자신의 화려한 스펙으로 인한 것이 아니라 예수 그리스도의 십자가를 믿음으로 받게 되는 하나님의 오직 은혜(Sola Gratia)인 것이다.

31 그러므로 예수께서 자기를 믿은 유대인들에게 이르시되 너희가 내 말에 거하면 참 내 제자가 되고 32 진리를 알지니 진리가 너희를 자유케 하리라

"거하다(메노; μένω)"라는 것에는 그리스도와 교회와의 '지속적인 관계'라는 의미가 숨어있다. 요한복음 15장에는 삼위하나님과 우리와의 관계를 구체적으로 말씀해주고 있다. 또한 '거하면(눅 8:15; 요 14:21)'이라는 단어 속에는 '들음+믿음'이 함의되어 있기도 하다. 이는 8장 9절의 들었으나 믿음이 없어(가짜믿음이기에) 떠나가버린 군중들과 확연하게 대조되고 있다.

한편 말씀(진리) 안에 거한다는 것은 그 말씀을 기준과 원칙으로 살아간다라는 것이다. 그러므로 그리스도인들은 종말 시대 동안에 일곱 재앙을 겪으며 '예수 믿음과 하나님의 계명, 즉 오직 말씀'을 붙들고 인내하며(계 14:12) 견디고 나아가야 한다.

말씀대로 살아가노라면 비록 육체적, 사회적, 경제적 아픔은 있을 수 있으나 진정한 영적 자유를 누리게 된다. 이런 사람들을 가리켜 참 제자(그리스도인, 예수쟁이)라고 하며 그들의 아름다운 모습은 결국 삶의 열매로 드러나게 된다(요 15:8). 그 열매의 백미(白眉)는 서로에 대한 사랑(요 15:12)으로 나타나며 그들은 항상 "먼저 사랑"에 빠르다. 에베소서 5장 9절에는 그 사랑의 열매를 가리켜 "모든 착함과 의로움과 진실함"이라고 했다. 그러므로 31절의 "거하면"이라는 말에는 제자 됨의 조건이 아니라 제자 됨의 특징이 숨어있는 것이다.

참고로 진리와 윤리를 구분할 때 그 미묘한 차이를 알아야 한다. 진리는 '맞다(right) 틀리다(wrong)'의 문제이나 윤리는 '옳다(선하다, good) 옳지 않다(악하다, 나쁘다, bad)'의 문제이다. 그러므로 어떤 상황에서 윤리적으로 옳지 않게 보인다 할지라도 진리(하나님이 기뻐하시는 일)에 어긋나지 않는다면 우리는 언제나 거침없이 진리 쪽에 서야만 한다. 작금의 동성애를 포함한 성평등, 양성평등, 인권 등등 첨예한 논쟁의 한가운데 서 있는 주제들을 대할 때마다 우리는 윤리와 진리의 문제를 잘 구분할 수 있어야 할 것이다.

예수님은 제자들에게 "진리(알레데이아: ἀλήθεια)를 알찌니 진리가 너희를 자유케 하리라(요 8:32)"고 말씀하셨다. 이를 강조하기 위해 헬라어는 정관사를 붙여 "그 진리(τὴν ἀλήθειαν; ἡ ἀλήθεια)"라고 말씀하셨다. "그 진리"란 요한복음 14장 6절에 나오는 예수의 자기 계시적 표현으로 오직 예수 그리스도만이 참되고 유일한 진리임을 가리키는 말이다.

"진리"는 그리스도를 통해 증거된 하나님의 특별계시(요 17:7)로서의 '말씀(로고스)'을 의미한다(Hendriksen, Brown). 나는 그 해석에 동의한다. "진리"란 십자가 보혈에 의해서만 구속 사역이 성취되며 예수가 바로 그리스도 메시야임을 믿는 '믿음'을 가리킨다.

요한복음 8장 31-32절은 36절 말씀과 동일하다. 그렇기에 예수님을 영접하는 자는 하나님의 자녀(요 1:12-13)가 되고 하나님의 아들인 예수님만이 죄의 대가를 온전히 지불하시기 위해 십자가 보혈을 흘리시고 우리를 죄로부터 자유케하신 분이시다(눅 4:18-19). 그 결과 예수를 믿은 우리는 죄의 결과인 죽음으로부터 온전히 자유케 되었다(롬 8:1-2). 그뿐만 아니라 사단의 미혹으로부터(고후 4:4), 영적인 죽음의 어두움으로부터(엡 4:18), 죄의 감옥으로부터(사 61:1) 자유케 되었다.

"자유"라는 헬라어 엘류데로오(ἐλευθερόω, v)는 엘류데로스(ἐλεύθερος, adj)에서 파생[60]되었다. "진정한 자유"란 제 마음대로 생각하고 행동하는 것을 의미하지 않는다. 하나님이 주신 새생명으로 자신을 부인하고 자기 십자가를 지고 주님만을 따르며 사는 삶을 진정한 자유라고 한다.

반대로 '죄'라는 것은 하나님이 주시는 복(영생)을 거절하고 하나님과의 바른 관계와 친밀한 교제를 깨고 스스로 인생의 주인이 되어 살아가는 모든 것을 말한다. 그렇게 살아가는 사람을 가리켜 '죄의 종(둘류오, δουλεύω, v, to be a slave, to serve ⟨-δοῦλος, 둘로스, a slave)으로 살아간다'라고 말한다. 그렇기에 갈라디아서 5장 1, 13절에서는 "죄의 종이 되지 말라"고 하셨고 더 나아가 "그 자유(새생명을 얻은 자유인)로 육체의 기회를 삼지 말라"고 하셨던 것이다.

33 저희가 대답하되 우리가 아브라함의 자손이라 남의 종이 된 적이 없거늘 어

---

60 '자유'의 헬라어는 엘류데로오(ἐλευθερόω, v, properly, set free, release from bondage; (figuratively) to remove the restrictions of sin (darkness) because delivered by God into true spiritual liberty (growth))인데 이는 엘류데로스(ἐλεύθερος, adj. properly, free (liberated), unbound (unshackled); (figuratively) free to realize one's destiny in Christ.)에서 파생되었다.

찌하여 우리가 자유케 되리라 하느냐

바리새인들은 자신들을 "아브라함의 자손"이라며 항변하고 있다. 이는 하갈에서 난 것이 아닌 사라에게서 났다(갈 4:22-23)라는 선민의식의 발로(發露)이다.

"남의 종이 된 적이 없다"라는 것은 적어도 종교적인 자유는 계속 지켜 왔다라는 것을 의미한다. 일면 사실이기도 하다. 왜냐하면 이스라엘은 애굽, 앗수르, 바벨론, 페르시아, 헬라 등의 정치적 지배는 받았지만 종교적인 지배는 한 번도 받지 않았기 때문이다. 그러나 그들은 죄와 불의의 속박에 얽매인(행 8:23) 죄의 종이었으므로 실상은 자유가 없었던 것 또한 사실이다. 단지 그들은 진정한 자유가 없었던 종이라는 사실을 깨닫지 못했을 뿐이다.

34 예수께서 대답하시되 진실로 진실로 너희에게 이르노니 죄를 범하는 자마다 죄의 종이라 **35** 종은 영원히 집에 거하지 못하되 아들은 영원히 거하나니 **36** 그러므로 아들이 너희를 자유케 하면 너희가 참으로 자유하리라

예수님은 31-32절에서 '진리 안에 거하면 자유케 된다'라고 가르쳐 주셨고 진정한 자유란 '진리 안에, 말씀 안에 거하는, 진리대로 말씀대로 살아가는 것'이라고 말씀하셨다.

로마서 3장 9-18절에는 '의인은 하나도 없으며 모두가 다 죄 아래 있다'라고 말씀하고 있다. 따라서 죄를 범하지 않을 수 없는 인간은 모두가 다 죄의 종인 것이다. 그런 자는 하나님의 영광에 이를 수가 없다(롬 3:23).

갈라디아서 4장 1-2절에는 종(후견인과 청지기)과 주인의 아들을 대조하며 유대인의 삶을 통해 율법과 복음(진리)의 차이를 보여주셨다.

당시 유대인들은 자신의 아들이 아주 어린 14세까지는 부모인 자신들의 가르침 하(下)에 두었다. 그러다가 15-25세까지는 각 분야에서 뛰어난 후견인과 청지기를 멘토로 삼아 그들의 아래에 두었다. 이후 아이가 잘 배워 성숙하고 장성하게 되면 그 아들이 아버지의 가업을 이어받아 주인이 된다. 이런 사실에 비추어보면 어렸을 적에는 일시적으로 종이 아들보다 위에 있는 듯 보이며 그 종이 주인의 아들에게 일시적이나마 자유를 줄 듯하지만 그것은 진정한 자유는 아니다.

냉정하게 말하면 진정한 주인은 일시적으로 명령을 할 수 있었던 후견인이 아니라 나이에 관계없이 주인의 아들만이 진짜 주인인 것이다. 아들이 주인으로서 상황과 환경을 자유케 하면 그때 비로소 우리는 자유케 된다. 즉 율법은 몽학선생(초등교사, 후견인 혹은 청지기)으로서 주인(하나님)의 아들 되신 예수님 이 오시기 전까지의 역할일 뿐이다. 예수님 오시기 전에는 죄를 사함 받으려면 짐승을 죽여 제사를 통해 죄 사함을 받았으나 그것은 불완전했다. 때가 되매 아들이 오셔서 주인 된 예수님의 십자가 보혈을 통해 우리는 온전히 영 단번에 자유케 되었다.

유대인들이 그토록 자랑스럽게 여기던 모세도 하나님의 집에 있는 사환(종, 데라폰, θεράπων, refers to a faithful attendant who voluntarily serves another, like a friend serving in a tender, noble way)에 불과했다. 하물며 일반 유대인들은 말해 무엇하랴!

36절은 아버지와 상속자인 아들은 노예를 해방시킬 진정한 권한이 있었기에 예수님께 속하면 자유케 되리라(눅 4:18)고 하셨던 것이다. 그 아들이 바로 예수 그리스도이다.

아더 핑크는 "그리스도의 자유 즉 영적인 자유"에 대해 네 가지로 해석했는데 다음과 같다. 첫째, 하나님의 진노로부터의 구원(사 42:7; 61:1; 롬 8:1-2), 둘째, 사단의 권세로부터의 구원(행 26:18; 골 1:13; 히 2:14-15), 셋째는 죄의 정죄, 죄의 속박으로부터의 구원(롬 6:14, 18; 갈 5:1, 13), 넷째, 하나님이 아닌 자들, 율법의 형벌로부터 구원(갈 2:16-21; 4:8-9) 등이다.

37 나도 너희가 아브라함의 자손인 줄 아노라 그러나 내 말이 너희 속에 있을 곳이 없으므로 나를 죽이려 하는도다

예수님께서도 유대인들을 향해 혈통적으로는 아브라함의 자손이라 인정하셨다. 그런데 그런 유대인들은 메시야이신 예수를 돌을 들어 죽이려고까지 했다(요 8:59). 왜냐하면 그들의 생각과 신학과 마음속에는 예수의 말과 가르침과 사랑이 들어갈 자리가 없었기 때문이다. 진리 안에, 말씀 안에 거하지 않았던 그들의 실상(實像)은 마귀의 자녀들(요 8:44)이었던 것이다. 그렇기에 요한복음 8장 39-41절은 아브라함의 행사가 아닌 너희 아비, 마귀의 행사를 하고 있는 것이라고 지적하신 것이다.

38 나는 내 아버지에게서 본 것을 말하고 너희는 너희 아비에게서 들은 것을 행하느니라

예수님은 성부하나님으로부터 본 것을 말씀하셨다. 하지만 예수님은 바리새인들을 향해 "너희는 너희 아비 마귀로부터 들은 것을 행하고 있다"라고 지적하고 있다. 이는 창세기 3장 5절의 "하나님과 같이" 되려고 시도함으로써 하나님과의 바른 관계(의, 義)를 깨어 버렸던 인류의 대표 아담의 후손이 바로 유대인들의 아비라는 말이다. 그렇다고 하여 아담의 후손이란 유대인만을 의미하는 것이 아니라 죄인 된 모든 인류를 동틀어 말하는 것이다. 곧 아담의 후손인 유대인들이 사탄에게서 들은 것(하나님과 같이 되어)을 실행하고 있음을 강하게 지적하고 있는 것이다.

39 대답하여 가로되 우리 아버지는 아브라함이라 하니 예수께서 가라사대 너희가 아브라함의 자손이면 아브라함의 행사를 할 것이어늘

"아브라함의 행사"라는 것은 '아브라함이 행한 일들'을 가리킨다. 이는 회개에 합당한 열매와(눅 3:8) 하나님의 말씀을 믿음으로 하나님께 순종한 결과 의롭다함을 얻은(롬 4:20-22; 갈 3:6; 약 2:21-24) 것을 말한다.
41절에서는 "아브라함의 행사"에 대한 반대적 개념으로 "너희 아비의 행사"라는 것을 대조하며 드러내셨다.

40 지금 하나님께 들은 진리를 너희에게 말한 사람인 나를 죽이려 하는도다 아브라함은 이렇게 하지 아니하였느니라

이 구절은 "너희가 행하는 일이 아브라함의 행사와 다른 것을 보니 너희는 확실히 아브라함의 자손이 아니다"라고 말씀하고 있는 것이다.

41 너희는 너희 아비의 행사를 하는도다 대답하되 우리가 음란한 데서 나지 아니하였고 아버지는 한 분뿐이시니 곧 하나님이시로다

"너희 아비의 행사"란 44절의 '마귀의 행사'라는 말이다. 곧 창세기 3장에 나오는 '뱀을 가장했던 그 사단'의 행사라는 것이다. 이는 39절의 "아브라함의 행사"라는 말과 대조를 이루고 있다.

"우리가 음란한 데서 나지 아니하였고"라는 유대인들의 말 속에는 비수(匕首, dagger)와 함께 상당히 모욕적인 내용이 들어 있다. 신명기 14장 1-2절에 의하면, 유대인들은 하나님을 자기들의 아버지로 여겼다. 또한 그들은 자신들만이 육신적 아브라함의 적통(嫡統, 적자자손의 계통)으로 여겼다. 반면에 예수는 마리아의 사생자(私生子)에 불과하다(T. Walker)라는 뉘앙스의 모욕이 "우리가 음란한 데서 나지 아니하였고"라는 말의 저변에 깔려있었던 것이다.

42 예수께서 가라사대 하나님이 너희 아버지였으면 너희가 나를 사랑하였으리니 이는 내가 하나님께로 나서 왔음이라 나는 스스로 온 것이 아니요 아버지께서 나를 보내신 것이니라

이 구절은 요한일서 5장 1절의 말씀과 상통한다.

"예수께서 그리스도이심을(성부하나님께서 기름 부으셔서 이 땅에 보내심) 믿는 자

마다 하나님께로서 난 자니 또한 내신 이를 사랑하는 자마다 그에게서 난 자를 사랑하느니라"_요일 5:1

요한복음 14장 21절에는 "나의 계명을 가지고 지키는 자가 나를 사랑하는 자"라고 말씀하셨다. 곧 너희가 나를 사랑한다면 내 말을 들을 것인데 그렇지 않은 것을 보니 너희는 아브라함의 자손이 아니라고 지적하고 있는 것이다.

43 어찌하여 내 말을 깨닫지 못하느냐 이는 내 말을 들을 줄 알지 못함이로다

그들이 들을 줄 모르는 것은 영적인 귀머거리인 탓이요 눈 앞에 계신 예수 그리스도를 보고도 깨닫지 못하는 것은 영안이 어두울 뿐만 아니라 영적으로 우둔하고 그 마음은 완악하기 때문이라는 것이다.

44 너희는 너희 아비 마귀에게서 났으니 너희 아비의 욕심을 너희도 행하고자 하느니라 저는 처음부터 살인한 자요 진리가 그 속에 없으므로 진리에 서지 못하고 거짓을 말할 때마다 제 것으로 말하나니 이는 저가 거짓말장이요 거짓의 아비가 되었음이니라

"너희 아비 마귀(투 파트로스 투 디아볼루; τοῦ πατρὸς τοῦ διαβόλου)"라는 것을 문자적으로 해석하면 '마귀의 아버지'라는 의미가 된다. 영지주의자들은 "그 아버지"를 하나님으로 잘못 해석(마귀의 하나님)하여 악의 기원은 하나님이라고 주장하기도 했다. 그러나 실상은 천사 중 하나가 타락한 것이 사단(사 14:12)이다.

나는 "너희 아비 마귀에게서 났으니"라는 것을 '본성 자체가 영적 죽음 상태로 태어난 죄인이기에 거짓인 마귀의 영향 아래 있게 된 자 즉 마귀에게 속아 마귀의 자식처럼 살아가는' 것으로 해석한다. 결국 사단에게 속한 자(사단의 자식)는 그 아비의 욕망(욕심, 뜻)대로 살아가게 되는 것이다. 그는 "그 진리", 곧 '예수'가 없기에 "그 진리, 곧 예수님의 말씀" 안에 머물지 못하게 되는 것이다. 곧 32절의 말씀대로 그들은 '자유치 못한, 죄의 종'이 된다라는 의미이다.

"진리를 알찌니 진리가 너희를 자유케 하리라" _요 8"32

그렇다. 마귀는 살인자요 거짓말쟁이이다. 창세기 4장 8절에 의하면 아벨을 죽인 가인의 배후에도 마귀가 있었음을 보여주고 있다.

"거짓을 말할 때마다 제 것으로 말하나니"라는 것은 공동번역에서는 "그가 거짓말을 할 때마다 제 본성을 드러낸다"라고 했다. 나는 사단이 거짓말쟁이, 거짓의 아비이고 거짓의 근원이기에 그는 언제나 '거짓말을 마치 참인 것처럼 말한다'라고 해석한다.

유대인들은 종교 행위를 늘상 외식(外飾)으로 행했다. "외식(딤전 4:2; ὑπόκρισις; 휘포크리시스, nf)"이란 '겉과 속이 다른 것, 겉만 보기 좋게 꾸미어 드러낸 것'을 말한다. 동시에 '나를 자랑하고, 내 존재를 증명하기 위해 행하는 모든 종교 행위"를 가리키기도 한다.[61] 결국 바리새인들이 율법

---

61 '외식(딤전 4:2, ὑπόκρισις, 휘포크리시스, nf)은 under-judging, playacting, ("hypocrisy, insincerity") literally refers to "someone acting under a mask," and implies a specific application (type) of hypocrisy')이다.

을 준수하고 절기를 준수한 것은 외식의 행위였고 거짓의 아비 마귀에게서 나온 것이었다라는 의미이다.

45 내가 진리를 말하므로 너희가 나를 믿지 아니하는도다

이는 마치 어두움이 빛을 용납하지 못하는 것과 같다. 진리이신 예수님께 다가가면 그들의 더러움, 추한 모습이 드러나기에 가까이 가지 않을 뿐만 아니라 배척한다라는 것을 지적하고 있다.

46 너희 중에 누가 나를 죄로 책잡겠느냐 내가 진리를 말하매 어찌하여 나를 믿지 아니하느냐 47 하나님께 속한 자는 하나님의 말씀을 듣나니 너희가 듣지 아니함은 하나님께 속하지 아니하였음이로다

46절은 당연히 예수는 죄가 없으시기에(히 4:15) 죄로 책잡을 수 없다고 말씀하신 것이다(요 14:21,24; 요일 5:1). 동시에 하나님께 속한 자는 당연히 하나님의 말씀을 듣고 그 말씀을 기준과 원칙으로 삼아 살아가게 된다라는 것이다.

48 유대인들이 대답하여 가로되 우리가 너를 사마리아 사람이라 또는 귀신이 들렸다 하는 말이 옳지 아니하냐

당시 "귀신이 들렸다"라는 말은 '제정신이 아니고 미쳤다'라는 의미로서 상대에게 엄청난 모욕을 주는 것이었다. 더 나아가 유대인들은 예수가 갈릴리 출신임을(요 7:41, 52) 알았으면서도 마치 당시 상종하지도 않고 개 취급했던 '사마리아 사람'이라고 우기며 예수님께 엄청난 언어폭력을 가했다. 당시 유대인들은 그렇게 수시로 예수에게 모욕을 주곤 했으며 그들의 예수에 대한 태도는 경멸 그 자체였다.

49 예수께서 대답하시되 나는 귀신 들린 것이 아니라 오직 내 아버지를 공경함이어늘 너희가 나를 무시하는도다

예수님은 유대인들이 당신은 귀신들렸으며 미쳤다라고 모독함에도 불구하고 이에 대해 일일이 대응하지 않으셨다. 오히려 하나님의 아들이신 예수님은 성부하나님의 일을 묵묵히 하는 것이야말로 아버지 하나님을 공경하는 것이라고 말씀하셨다. 그렇기에 너희가 나를 무시하는 그것은 곧 하나님을 무시하는 행동이라고 지적하고 있다.

50 나는 내 영광을 구치 아니하나 구하고 판단하시는 이가 계시니라 51 진실로 진실로 너희에게 이르노니 사람이 내 말을 지키면 죽음을 영원히 보지 아니하리라

50절에서는 자기를 낮추시며 인간으로 초림하신 구속주 예수님 당신에 대한 실상을 보여주고 있다(빌 2:5-8). 우리 예수님께서는 당신의 영광을 구하고 판단하실 분은 오직 성부하나님이라고 말씀하고 있다.

51절의 "죽음"이란 인간이라면 누구나 한 번은 반드시 죽게 되는 육신적 죽음(히 9:27)을 가리키는 것이 아니라 백보좌 심판 후 불신자에게 주어지게 될 둘째 사망 곧 영원한 죽음(세세토록 밤낮 괴로움을 당하는 것, 계 20:10)을 말한다.

또한 이 구절을 통해 우리는 예수 그리스도를 통해서만 구원을 얻고 영생을 얻어 미래형 하나님나라에 들어갈 수 있음을 알 수 있다. 그렇기에 "영생"이란 예수를 믿은 후 구원을 얻어 영적 부활이 되는 순간부터 현재형 하나님나라에서 영생을 누리게 되고, 육신적 죽음을 통과하여 미래형 하나님나라에서도 둘째 사망을 겪지 않고 영원히 영생을 누리게 되는 것이다. 결국 예수를 믿으면 그 순간부터 영원히 영생을 누리게 되는 것이다.

52 유대인들이 가로되 지금 네가 귀신들린 줄을 아노라 아브라함과 선지자들도 죽었거늘 네 말은 사람이 내 말을 지키면 죽음을 영원히 맛보지 아니하리라 하니

52절에서 말하는 "죽음"이란 육신의 장막을 벗는 것을 의미하는 것이 아니라 죄의 삯인 사망이라는 죽음(롬 6:23, 영원한 사망)을 말하는 것이다. '삯'이란 용병의 목숨 값이라는 의미로 헬라어로는 옵소니온 (ὀψώνιον, nn) 이라고 한다[62].

예수님을 믿은 후 그의 말을 가지고 지키며 살아가는 하나님의 자녀된

---

62 옵소니온(ὀψώνιον, nn)은 provisions, wages, (from opson, "meat" and onemoai, "purchase") - properly, the purchase of meat (food); later, "ration-money paid to soldiers") 이다.

우리는 사망에서 생명으로 옮겨져 영원히 죽지 않게(영생을 누리게) 된다. 또한 직선적으로만 이해할 때에는 심판주이시자 승리주 예수님의 재림 후 우리는 부활체가 되어 백보좌 심판을 거쳐 영생을 누리게 된다. 반면에 불신자들은 예수를 믿지 않기에 지금도 앞으로도 영원히 유황불못에 들어가 영원한 죽음(둘째 사망, 세세토록 밤낮 괴로움을 당함, 계 20:10)을 맞게 된다.

한편 예수를 믿었던 아브라함이나 선지자들은 믿음으로 구원을 얻었기에 "죽음을 맛보지 않았다"라고 하셨다. 이는 육신적 죽음 후에 곧 바로 부활하기 때문이다. 그러한 사실을 몰랐던 유대인들은 예수님을 힐난하고 있다. 모든 인간은 죽음 후에 시공이 초월된다. 하나님은 우리 개개인의 죽음에 역사를 맞추어 두셨다. 우리는 죽은 후에 곧 바로 부활이 된다. 그 부활은 예수님의 재림에 맞추어져 있다. 우리가 죽은 후 예수님이 1,000년 뒤에 오시더라도 그 천 년은 우리의 죽은 시점과 붙어버린다. 아브라함이나 선지자들 마찬가지로 그때 죽었으나 그들의 죽음 후에는 시공이 초월되기에 지금 그들은 살아있는 것이다. 기독교의 신비가 여기에 있다.

그러나 이런 영생의 비밀(mystery, 신비)을 모르는 유대인들은 그들 조상들이 죽었다라고 하면서 오히려 예수님을 향해 "귀신들렸다느니 미쳤다느니"라며 이상한 사람 취급을 하고 있었던 것이다. 즉 그들은 육신적 죽음만을 말하고 있는 것으로 죽음 이후의 신비를 모르고 있었던 것이다.

한편 "죽음을 영원히 맛보지 아니하리라"는 것에서 '죽음'은 둘째 사망 곧 영원한 죽음을 가리키는 것이다.

53 너는 이미 죽은 우리 조상 아브라함보다 크냐 또 선지자들도 죽었거늘 너는 너를 누구라 하느냐

이 구절은 요한복음 4장 12절에서 사마리아 여인의 질문과 유사하다. 차이점이 있다면 사마리아 여인은 질문하고 정답을 얻어 구원을 얻게 된 반면에 유대인들은 예수님께 질문 후 그들이 듣고 싶은 대답이 없자 분개했다라는 것이다. 그들의 결국은 사마리아 여인과 달리 영원한 죽음 곧 둘째 사망이라는 심판을 받게 되었다라는 것이다.

유대인들은 예수님께 "너는 너를 누구라 하느냐"라고 질문했는데 이렇게 물은 배경에는 예수를 하찮게(foolish) 여기는 지독한 오만함이 배어 있다.

54 예수께서 대답하시되 내가 내게 영광을 돌리면 내 영광이 아무것도 아니어니와 내게 영광을 돌리시는 이는 내 아버지시니 곧 너희가 너희 하나님이라 칭하는 그이시라

예수님은 그들을 향해 "내게 영광을 돌리시는 분은 너희가 하나님이라고 칭하는 분"이라 말씀하셨다. 그리고는 그 하나님이 바로 "내 아버지시다"라고 말씀하셨다. 예수님과 성부하나님의 관계를 드러낸 것으로 존재론적 동질성을 말씀하고 있다. 히브리서 1장 2-3절의 기독론(Christology)에서는 예수님은 "하나님의 영광의 광채시요 본체의 형상"이라고 분명하게 말씀하셨다.

55 너희는 그를 알지 못하되 나는 아노니 만일 내가 알지 못한다 하면 나도 너희 같이 거짓말장이가 되리라 나는 그를 알고 또 그의 말씀을 지키노라

"알다"라는 것의 헬라어에는 두 가지가 있는데 기노스코(요 17:25, γινώσκω)와 오이다(요 7:28-29, οἶδα)이다.[63] 기노스코는 '경험적으로 알게 되다, 인지하다'라는 의미이고 오이다는 '실제 봄으로 알게 되다(見, 시력: physical see)'라는 의미이다.

참고로 '견(見)'이라는 오이다에 대해 호라오(ὁράω)라는 헬라어는 관(觀, 영적 통찰; spiritual see)에 해당한다.

하나님이신 예수님은 '당신은 하나님을 정확히 알고 하나님의 말씀을 지킨다'라고 하셨다. 즉 예수님이 바로 하나님이시며 그 예수님의 말씀은 곧 하나님의 말씀이라는 것이다.

56 너희 조상 아브라함은 나의 때 볼 것을 즐거워하다가 보고 기뻐하였느니라

"나의 때"란 예수 그리스도의 성육신 후 십자가 수난의 때를 말한다. "즐거워하다가"라는 말은 '간절히 소망하다가'라는 의미이다.

BC 2,000년에 살았던 아브라함이 BC 4년에 초림하신 예수를 바라보

---

63 "알다"의 헬라어는 두 가지인데 기노스코(요 17:25, γινώσκω, to know, especially through personal experience (first hand acquaintance))와 오이다(요 7:28-29, οἶδα, properly, to see with physical eyes (cf. Ro1:11), as it naturally bridges to the metaphorical sense: perceiving ("mentally seeing"). This is akin to the expressions: "I see what You mean"; "I see what you are saying.")이다.

고 기뻐하였다라고 표현한 것의 의미는 '메시야 대망사상을 가리키는 것으로 창세기 12장 1-3절, 22장 특히 17-18절, 히브리서 11장 10-12, 17-19절이 뒷받침하고 있다. 그렇기에 BC 2,000년의 아브라함이 예수의 십자가 수난의 때(AD 30년 중반)를 "보고 기뻐하였다"라고 표현한 것은 얼핏 이해하기 어려운 것도 사실이지만 앞서(52절) 설명했던 기독교의 신비(죽음 이후 시공 초월)를 영안으로 바라보면 그다지 어렵지도 않다.

모든 사람은 육신적 죽음(히 9:27) 후에 즉시 부활체로 부활(행 24:15; 요 5:29)하게 된다. 물론 부활은 당연히 예수님의 재림과 동시에 일어난다. 문제는 예수님께서 언제 재림하실 것인가이다. 여기에 그리스도인들의 딜레마(Dilemma)가 있다. 만약 내가 오늘 죽었다고 할 때 내가 죽은 후 예수님의 재림이 늦어지게 되면 '나는 그동안 어디에서 어떤 상태로 있게 될까'라는 의문점이 생길 수밖에 없다.

그러나 그리스도인은 이런 딜레마에 대해 전혀 걱정할 필요가 없다. 52절에서도 언급했지만 그리스도인들은 죽음 후 곧장 부활체로 변하여 바로 미래형 하나님나라에 들어가 영생을 누리게 되기 때문이다. 그러므로 그리스도인들은 육신적 죽음도 그 죽음 이후도 걱정할 필요가 전혀 없다. 죽음과 동시에 또 다른 삶(현재형 하나님나라에서 미래형 하나님나라에로의 이동, 옮김, 아나뤼오)이 열리기 때문이다. 즉 나의 죽는 그 날(개인적 종말)이 바로 이 세상의 마지막 날이요 역사적 종말이자 예수 재림의 바로 그 날이 되는 것이다.

모든 인간은 자신이 죽게 될 그날을 모른다. 그러나 언제가 되든 상관없이 우리가 죽는 그날에 예수의 재림이 있으며 그날에 우리는 부활체로 변하여 곧장 미래형 하나님나라로 들어가게 됨을 알아야 한다. 그렇다고 하여 불충분한 이 글을 읽고 충분히 이해하지 못한 채 섣불리 단정짓는 우는 범하지 말았으면 한다.

죽음과 부활의 신비에 관한 모든 것을 다 설명하는 데에는 한계가 있지만 분명한 것은 '하나님나라에는 시공(時空)의 의미가 없다'라는 것이다. '천 년이 하루 같고 하루가 천 년' 같을 뿐이다(벧후 3:8). 그렇기에 우리가 육신적 죽음 후 100년 뒤에 예수님이 오시든 1,000년 뒤에 오시든지 간에 그 시간은 의미가 없으며 한순간이 된다는 것을 이해하는 것이 중요하다. 왜냐하면 예수님은 시간을 초월하시는 영원한 하나님이시기 때문이다. 우리가 죽은 후 500년 뒤에 예수님이 오시더라도 우리가 죽는 그날에 우리는 곧 바로 부활체로 변한 후 미래형 하나님나라에 들어가게 되는 것이다.

결국 예수님이 언제 오시든 상관없으며 그 기간은 전혀 의미가 없고 한 정점이 되어버리기에 우리의 육신적 죽음 바로 그 시점이 예수님의 재림의 그날이 되는 것이다. 이 부분을 찬찬히 그리고 깊게 다시 묵상해보라! 그렇다고 섣불리 예수님의 재림의 날을 알게 되었다고 떠벌리지는 말라!

사실 BC 2,000년의 아브라함이 2,000년의 기간을 훌쩍 뛰어넘어 AD 30년 중반에 예수의 십자가 수난을 믿음으로 본 것은 전혀 이상한 것도 이해하기 어려운 것도 아니다. 인간의 육신적 죽음 이후의 기간은 전혀 의미가 없음을 염두에 둔다면 육신적 죽음 그 자체와 죽음 이후의 영생에의 의문점이 쉽게 해결될 수 있다. 그렇다면 모든 인간들에게 공히 힘들고 어렵게 느껴지고 있는 일생에 한 번뿐인 '순교'가 그리스도인들에게 훨씬 더 가깝게 다가올 수가 있다.

모든 인간은 죽음과 죽음 이후를 확실히 알게 되면 한 번뿐인 인생을 보다 더 알차게 살아갈 수가 있다. 더 나아가 그리스도인의 경우 순교에 대한 은근한 소망마저 생길 수 있다. 그리하여 상황과 환경을 통한 하나님의 허락하심 속에 '순교'를 받아들여 미래형 하나님나라에로 직통하려고 할 것이다.

아더 핑크는 '아브라함이 그리스도의 때를 본 것'에 대해 명쾌하게 세 가지로 설명했는데 첫째, 히브리서 11장 13, 10, 16절에 의해 하나님의 약속을 믿는 믿음으로 그리스도의 때를 보았다고 했다. 둘째는 창세기 22장의 모리야(מֹרִיָּה)산의 이삭 사건을 통해 상징적으로 보았다라고 설명한다. 셋째, 시편 25편 14절에 의해 하나님을 경외하는 자에게 특별계시로 보여 주셨다고 했다. 나는 아더 핑크의 생각에 더하여 아브라함이 그때 직접 보았다라고 생각하고 있다.

57 유대인들이 가로되 네가 아직 오십도 못되었는데 아브라함을 보았느냐

누가복음 3장 23절에 의하면, 예수님의 공생애 사역 시작은 AD 26년 경인데 그때 예수님의 나이는 30세 정도였다. 이후 3년 반 동안 공생애 사역 후 AD 30년 중반에 십자가에 죽으시고 부활하셨다. 즉 예수님은 랍비나 선지자, 제사장들이 그 직무를 수행하게 되는 나이인 30세에 공식적인 사역을 시작하셨던 것이다. 당시 30세의 나이는 결코 적은 나이가 아니었다. 그렇다 하더라도 BC 2,000년에 살았던 아브라함에 대해 '너무 잘 아는 것처럼' 말씀하는 모습을 보고 당시 영안이 열리지 않았던 유대인들로서는 흥분을 넘어 분개했던 것은 당연하다. 그렇기에 그들은 "네가 아직 오십도 못 되었는데"라며 '아직 머리에 피도 안 마른 녀석이'라며 빈정거렸던 것이다.

58 예수께서 가라사대 진실로 진실로 너희에게 이르노니 아브라함이 나기 전부터 내가 있느니라 하시니

요한복음 1장 1-2절에서처럼 그리스도의 선재성(先在性, pre-existence)과 영원성(永遠性, eternity)을 보여주고 있는 구절이다. 상기 구절을 자세히 보면 아브라함의 경우에는 "나다(기노마이, γίνομαι, to emerge, become)"라고 기록되어 있지만 예수님의 경우에는 "있다(에이미, εἰμί, I am, I exist)"라고 표현하고 있음에 유의하여 해석해야 한다.

"나다"라는 것은 '어느 한 출생 시점'을 말하지만 "있다"라는 것은 창세 전부터 계신 그리스도의 영원성과 선재성(요 14:10, 16:28, 17:5)을 함의하고 있는 것이다.

59 저희가 돌을 들어 치려 하거늘 예수께서 숨어 성전에서 나가시니라

유대인들이 예수를 돌로 쳐 죽이려했던 것은 그들로서는 정당한 율법의 근거(레 24:11, 16, 여호와의 이름 훼방 곧 신성모독죄)이기는 했다. 그러나 그들의 결정적인 오류는 예수가 하나님이심을 믿지 않은 것이다.

은혜 위에 은혜러라

*

Grace for Grace

Χάριν ἀντὶ χάριτος

예수(Ἰησοῦς), 그리스도(Χριστὸς), 생명(ζωή)

날 때부터 소경 된 사람

6장에서 예수님은 유월절을 배경으로 네 번째 표적인 오병이어 사건을 보여주시며 당신은 세상에 단순히 떡을 주러 오신 분이 아니라 당신 자체가 '참 떡, 생명의 떡'이라고 선명하게 밝히셨다. 그런 예수님은 "하늘에서 내린 떡(6:32), 하나님의 떡(6:33), 생명의 떡(6:35, 48), 하늘로서 내려오는 떡(6:50), 하늘로서 내려온 산 떡(6:51), 하늘로서 내려온 떡(6:58)"이시다. 특별히 요한복음에 나타나는 특징적인 예수님의 자기 계시 표현, 곧 "에고 에이미(Ἐγώ εἰμι, I am, 나는~이다)"를 통해 예수님은 "나를 먹는 자는 죽지 아니하며(6:50) 더 나아가 영생을 얻게 된다(6:51, 58)"라고 약속하셨다.

예수님은 6장 16-21절에서 "예수, 그리스도, 생명"(요 20:31)이심을 재차 강조하시며 다섯 번째 표적인 물 위를 걸어 배 위로 올라오셔서 제자들을 구해주셨을 뿐만 아니라 평안을 허락하셨다. 특히 6장 21절에는 제자들이 예수를 배로 "영접(요 1:12; 5:21; 6:19, λαμβάνω)"하자 그 배가 곧 저희들의 '가려는 땅'에 이르게 됨을 보여주고 있다. 즉 예수님은 창조주요 만물의 통치자이실 뿐만 아니라 오직 예수 그리스도를 '참 믿음(영접, 람바노)'으로만 "땅(미래형 하나님나라)"에 이르게 됨을 보여주신 것이다.

7-8장에서 예수님은 초막절을 배경으로 실로암 못의 물이 중요한 것이 아니라 진정한 생수(요 7:37-39)이신 당신이 중요하며 그런 당신을 드러내셨다. 또한 성전 안팎을 밝히던 촛불의 실체가 바로 "세상의 빛, 생명의 빛(8:12)"이신 당신이라고 드러내셨다. 또한 어둠에서 빛으로, 영육 간의 심한 갈증으로부터 진정한 해갈이 이루어질 것을 7장 53절-8장 11절의 '현장에서 간음하다 잡힌 여인 이야기'를 통해 보여주셨다.

9장에서는 그런 생명의 빛, 세상의 빛이신 예수를 통해 "나면서부터 소경인 사람을 고치시는 여섯 번째 표적"을 보여주시고 있다. "실로암 못에 가서 씻으라"는 명령은 8장 31절의 "내 말에 거하면"의 구조와 비슷하다. 소위 "들으라, 믿으라, 그리고 가라"는 것이다. 그러므로 우리는 예수의 말씀을 잘 듣고 그 말씀을 믿고 순종하고 가면 되는 것이다.

일반적으로 "빛"이란 창세기 1장 3절과 16절에서 말하는 "빛"과는 완전히 다르다. 전자는 히브리어로 오르(אוֹר, nf, illumination or (concrete) luminary (in every sense, including lightning, happiness, etc.))인 반면에 후자는 마오르(מָאוֹר, nm, a luminary, 발광체)로서 이 단어는 오르에서 파생되었다. 즉 '오르'라는 빛은 요한복음 1장(4, 5, 9)과 계시록(21:11, 24, 오르는 헬라어로 포스, 마오르는 포스테르), 이사야(9:2)의 참 빛이신 예수를 상징하는데 반해 '마오르'는 태양, 달, 별 등 발광체를 가리킨다.

9-1 예수께서 길 가실 때에 날 때부터 소경 된 사람을 보신지라

여기서 "길"이란 예루살렘 거리를 가리키는 것으로 7절의 실로암 못이 언급되었기 때문이다. 실로암 못(왕하 18:17)은 예루살렘 성 바깥의 기혼 샘(윗못)에서 예루살렘 성전 남쪽 언덕 오벨(기드론과 힌놈의 골짜기사이에 위치)을 거쳐 성 안으로 그 물길을 들어오게 했던 2개의 못 가운데 한 곳(아랫 못, lower pool, 사 22:9)이다.

"날 때부터 소경"이었다는 것은 문자 그대로 앞을 보지 못하는 맹인임을 가리키고 있다. 더하여 나는 '영적 죽음 상태로 태어난 죄성을 가진 사람'으로도 해석한다. 이는 바로 우리들의 처절하고도 무기력한 적나라한 모습이기도 하다. 죄인으로서 아무것도 할 수 없는 우리를 만세 전에 당신의 은혜로 택정해 주시고 때가 되매 구속주이신 예수님은 "직접", 그리고 "먼저" 찾아와 주셨다. 그 구원자 예수를 만난 후 소경된 우리는 보게 되었고(살아나게 되었고) 믿게 되었으며 종국적으로 우리 모두는 영육 간에 온전히 치유되어 살아나게 되었다.

"보다"의 헬라어[64] 호라오(ὁράω, v)는 예수께서 우리의 죄인 된 성품을 "알고(perceive)" 먼저 찾아오셨다라는 의미이다. 또 다른 헬라어가 오이다 (οἶδα, v)이다. 앞서 언급했지만 전자(ὁράω)가 관(觀, 영적 통찰; spiritual see)이 라면 후자(οἶδα)는 견(見, 시력: physical see)에 해당한다.

참고로 '알다'에 해당하는 헬라어 기노스코는 '경험적으로 알게 되다, 인지하다'라는 의미이다.

당시 "소경"을 향하여는 요한복음 9장 34절에서처럼 죄인 혹은 저주받 은 자라는 편견과 잘못된 인식이 있었다. 예수님은 그런 사회적, 종교적 편견을 깨셨다. 그렇기에 소경을 바라보시고는 외면치 않으시고 곧장 다 가가셨던 것이다. 예수님은 긍휼의 '눈길'과 자비의 '발길'로 소경을 치유 와 회복 그리고 구원하기 위해 '보시고' 직접 '찾아가셨던' 것이다.

한편 그런 병인들에 대한 통념을 잘 알고 있던 사도 바울(AD 5-AD 68)도 자신의 약함(안질로 알려진 고질병)을 교회에 먼저 드러내며 죄인 됨을 고백했 다. 그러나 갈라디아 교회는 그런 사실에 전혀 개의치 않았을 뿐만 아니 라 오히려 하나님의 천사와 같이, 그리스도 예수와 같이 영접[65](δέχομαι, to receive in a welcoming (receptive) way) 했던 것을 우리는 익히 잘 알고 있 다(갈 4:13-14).

64　"보다"의 헬라어가 두개가 있는데 그 하나가 호라오(ὁράω, v, properly, see, often with metaphorical meaning: "to see with the mind" (i.e. spiritually see, 관), i.e. perceive (with inward spiritual perception))이다. 예수는 우리의 죄인 된 성품을 '알고(perceive)' 찾아오셨 다. 또 다른 하나가 오이다(견, οἶδα, v, properly, to see with physical eyes(cf. Ro 1:11), as it naturally bridges to the metaphorical sense: perceiving("mentally seeing"). This is akin to the expressions: "I see what You mean"; "I see what you are saying.")이다.

65　람바노(λαμβάνω, 믿음으로 영접한 경우에 사용됨)가 아닌 데코마이(δέχομαι)로 쓰인 것은 믿음의 문제가 아니라 약함을 지닌 바울을 따스한 마음으로 받아들였기 때문이다.

2 제자들이 물어 가로되 랍비여 이 사람이 소경으로 난 것이 뉘 죄로 인함이오니 이까 자기오니이까 그 부모오니이까

제자들은 예수님이 소경을 찾아가는 그 모습을 보고 질문을 했다. 이 소 경은 "뉘 죄로 인함이오니이까"라는 질문에서는 제자들 또한 당시 육신 적 질병에 대한 동일한 사회적 통념을 지니고 있었다는 사실을 알 수 있 다. 당시 유대인이었던 제자들도 관념적으로는 질병과 재앙을 죄의 징벌 (요 5:14; 신 28:61; 대하 21:14-15; 전 5:17; 고전 11:30)이나 부모의 죄(민 14:18; 시 79:8; 사 65:7)로 인한 것이라고 생각했던 듯하다. 그러나 성경은 반드시 그 렇다라고 하지 않았다(신 24:16; 대하 25:4; 욥 2:1-10; 눅 13:1-5). 오히려 신앙훈 련(행 14:22, 연단)이나 자고(自高)하지 말라고 주신 것이라고 했다(고후 12:7; 벧 전 4:12-14).

모든 병(病)이 죄의 결과라고 한 것은 당시 환생의 교리에 입각한 윤회 사상에 사로잡힌 결과였다. 즉 전생에 지었던 죄로 인해 그 결과 이생에 서 병을 얻게 된 것이라고 생각했던 것이다. 또한 시편 58편 3절의 경우 를 잘못 해석하면 모태에서 태아가 죄를 지었기에 출생하면 병을 얻게 된 다라고 생각하기도 했다.

유대인들의 경우 개인적 종류의 고난(질병이나 경제적 궁핍, 사고)은 그 개인 의 죄(인과응보)로 인식하고 있었다. 그 소경은 선천적으로 소경이었기 때문 에 이 사람이 출생 전 태내에서 죄를 지었든지 아니면 그가 출생하기 전 에 그의 부모가 죄를 지은 결과일 것이라고 유대인들은 단정적으로 생각하고 있었던 것이다.

한편 이러한 인과응보론적 해석은 "가계에 흐르는 저주를 끊으라"라는 가계저주론을 한때 양산하기도 했다. 더 나아가 질병은 유전(출 20:5; 민 14:18)이라고 착각하기도 했다. 그러나 "아비의 죄를 인하여 자식 삼 사대에까지 이르게 하겠다"라는 말의 본심은 "하나님은 죄를 정말 싫어하신다"라는 뜻이지 '유전'과는 전혀 별개의 말씀임을 알아야 한다.

신명기 24장 16절, 역대하 25장 4절은 "각 사람은 자기 죄에 죽임을 당할 것"이라고 말씀하셨다.

죄로 인해 인간은 연약해졌고 자연이나 만물을 다스리기보다는 오히려 파괴하였으며 그로 인해 신체적 질병도 많이 발생하고야 말았다. 하나님은 특정한 개인에게 질병을 허락하신다고 하더라도 그때그때 다 설명하지는 않으신다. 더 나아가 질병이 인과응보(因果應報) 때문이라고 결코 말씀하지도 않으셨다.

소경을 대하시는 예수님을 보면 하나님의 자비와 긍휼, 사랑을 금방 느끼게 된다. 예수님은 소경을 치유하시고 눈을 뜨게 하심으로 하나님의 뜻을 이루려는 의도를 드러내셨다. 유진 피터슨은 "예수를 통해 이루실 구원 이야기, 성부하나님의 하시는 일을 나타내려고 병을 허락하셨다"라고 말했다. 문제는 우리가 매번 하나님의 크신 경륜을 다 알 수 없다는데 있다.

따라서 질병이나 재앙조차도 하나님의 허락 하에서만 일어난다는 것을 기억해야 한다. 때로는 하나님의 그 섭리와 경륜은 우리가 알 수 있게, 더 많이는 우리가 모르게 일어난다라는 것이다. 그러므로 하나님을 진정 신뢰한다면 비록 우리가 그 이유를 다 모른다고 할지라도 신뢰함으로 믿고 나아가야 할 뿐이다. 동시에 말씀을 가르쳐주시는 성령님께 아버지의 마음을 정확히 읽게 되기를 간구해야 할 것이다.

3 예수께서 대답하시되 이 사람이나 그 부모가 죄를 범한 것이 아니라 그에게서 하나님의 하시는 일을 나타내고자 하심이니라

"하나님의 하시고자 하는 일을 나타내고자 하심"의 내용은 11장 4절에서 선명하게 말씀하셨다. 한편 "하나님의 하시는 일(타 에르가 투 데우, τὰ ἔργα τοῦ Θεοῦ, the works of God)"이라는 것은 '하나님의 일' 혹은 '하나님의 영광'으로 번역할 수 있다. 즉 질병을 주신 것은 그 결과를 가지고 하나님의 기적을 보게 하려는 당신의 경륜이라는 것이다. 앞서 언급했지만 유진 피터슨은 예수를 통해 이루실 구원 이야기, 성부하나님의 하시는 일을 나타내려고 병을 허락하셨다라고 했다. 나는 9장 4절의 말씀에 비추어 볼 때 이 해석에 전적으로 동의한다. 그러나 이런 유의 민감한 부분(하나님의 영광을 위해 네게 지금의 암을 허락하셨다 등등)에의 언급은 타인이 아닌 자신에게만 적용하는 것이 좋다. 어설프게 위로한답시고 주변사람에게 마구 갖다붙이는 것은 상대에게 한 번 더 상처를 주는 꼴이 되고 만다. 반드시 자신에게만 적용하라!

아무튼 2절에서 보인 제자들의 질문 방향은 상당히 어긋났음을 알 수 있다. 당시에 유행하던 환생 교리의 영향으로 '본인의 질병이 부모의 죄거나 아니면 전생에 지은 죄의 결과라느니 혹은 유전(출 20:5, 신 24:16, 대하

25:4)이라느니 모태에서 태아가 죄를 지어 출생 후 질병을(시 58:3) 얻었다라느니' 등등의 생각들은 성부하나님의 마음과 상당히 동떨어진 것임을 알아야 한다.

4 때가 아직 낮이매 나를 보내신 이의 일을 우리가 하여야 하리라 밤이 오리니 그 때는 아무도 일할 수 없느니라

이 구절에서의 "낮"이란 예수님의 공생애 기간을 가리킨다면 "밤"은 십자가 수난의 기간을 상징한다. "나를 보내신 이의 일"이란 하나님의 유일한 기름 부음 받은 자 즉 그리스도, 메시야로 오신 예수님은 '그 일'을 위해 오셨는데 이는 예수님을 보내신 하나님의 일이라는 의미이다. 그렇기에 '그 일'이란 십자가 보혈이라는 대가 지불(공의)을 통해 구속(사랑)을 이루어('다 이루었다', 테텔레스타이, 요 19:30, Τετέλεσται, It has been finished) 택정함을 받은 자의 구원을 성취하는 것을 말한다.

그 다음 단어인 "우리가 하여야 하리니"에서의 '우리가'라는 단어는 예수님의 승천 시 '우리'에게 주셨던 "지상 대명령(Great Commandment, 마 28:18-20; 고후 5:18-21)"을 강력하게 연상시키고 있다. 예수님은 우리와 함께(God works with us) 일하기를 원하신다. 예수님은 우리를 현재형 하나님나라 확장에 동참시키시고 '그 일(세상을 하나님과 화목케 하신 일, Peacemaker)'을 우리 앞서서 먼저 행하심으로 본을 보여주셨다. 동시에 우리 또한 한 번 인생에서 '그 일(고후 5:18-21, 그리스도의 대사 즉 세상을 하나님과 화목하게 하는 일)'을 하게 하셨다. 그렇기에 그리스도인들은 이 구절에서의 '우리가(예수님과 하나님의 자녀 된 우리)'라는 단어를 떠올릴 때마다 주님의 우리를 향한 마음을 잘 읽고 그에 따라 유한된 한 번 인생 동안에 주신 그 일을 즐거이 감당해 나가야 할 것이다. 그러나 본래 문맥의 뜻에 따르면 "우리가"가 아닌 "내가(예수님)"라고 해야 한다. 왜냐하면 예수님만이 대속제물, 화목 제물되셨기 때문이다. "그 일"에 예수님은 우리를 동역자로 삼으신 것뿐이다.

"하여야(데이; δεῖ, v, what must happen, absolutely necessary, inevitable)"라는 것에서의 헬라어 '데이(계 1:1, 4:1)'는 '반드시 해야 한다'라는 당위적 의미를 담고 있다.

5 내가 세상에 있는 동안에는 세상의 빛이로라

이 구절은 예수님만이 요한복음 1장 4, 5, 9절에서 말씀하신대로 어두움에 거하는 자들에게 생명의 길을 제시해 주는 유일한 세상의 빛이요 생명의 빛(8:12)이며 참 빛이시라는 것이다. 이는 이방의 빛으로 땅끝까지 구원을 베풀겠다(요 3:17)라고 하신 이사야 49장 6절의 말씀을 연상시킨다.

6 이 말씀을 하시고 땅에 침을 뱉아 진흙을 이겨 그의 눈에 바르시고

이 구절과 11절을 통해 보면 소경은 날 때부터 맹인이었으며 전혀 앞을 보지 못하던 사람이었음을 알 수 있다. 맹인을 고치는 것은 상식적으로는 불가능하나 전능하신(παντοκράτωρ, nm, almighty, 10회/신약) 예수님은 그를 고쳐주셔서 처음으로 광명한 세상을 보게 하셨다.

주목할 것은 예수님의 치료 과정은 특이하게도 "침을 뱉어 진흙을 이겨" 소경의 눈에 바르셨다라는 것이다. "침을 뱉어"라는 말은 소경이 그 상황을 보아야만 할 수 있는 말이다. 그런데 소경이었기에 볼 수가 없었다. 이는 아마도 침이 묻어 있음을 느꼈다라는 말이라 생각된다. 그렇기에 11절에서 소경의 말은 "그 사람이 진흙을 이겨" 내 눈에 바르고 실로암에 가서 씻으라고 했다고 말한 것이다. '침을 뱉어'라는 말이 생략되어 있는 이유이다. 소경이었던 그는 앞을 전혀 보지 못했기에 당연히 침을 뱉는 것은 보지 못했던 것이다.

그러나 분명한 진실은 침이나 진흙에 있는 것이 아니라 예수께서 직접 자신을 고쳤다라는 사실(fact)에 있었다. 그러므로 논란의 소지가 될 수 있는 침을 뱉는 장면을 보았다는 것을 11절에서는 아예 빼어버린 것이다. 그리고 누가 보더라도 확실한 사실(fact)인 진흙을 이겨 눈에 바르고 실로암 못에 가서 씻은 후 낫게 된 것을 증언했다.

7 이르시되 실로암 못에 가서 씻으라 하시니 (실로암은 번역하면 보냄을 받았다는 뜻이라) 이에 가서 씻고 밝은 눈으로 왔더라

6-7절에서 예수님은 진흙을 바르는 특정한 치유 행위를 통해 소경을 보게 하셨다라고 밝히고 있다. 그동안에는 예수님이 행하신 대부분의 치유사역(Healing ministry)이 말씀으로만(마 9:27-31; 12:22; 15:30; 막 10:46-52) 이루어졌었다. 그러므로 우리는 문자적으로 해석하여 특정 행위(진흙이나 밀가루, 안수나 안찰 등)에 집중하는 우를 범하여서는 곤란하다. 더 나아가 예수님

의 표적 이야기(Messianic sign)를 접할 때마다 병 그 자체의 치유보다는 요한복음의 기록 목적(요 20:31)인 "예수, 그리스도, 생명"에 방점을 두어야 할 것이다.

당시 "실로암(Σιλωάμ; Siloam, a spring within the walls)"은 예루살렘 남동쪽에 있었는데 히브리어 실로아흐(שִׁלֹחַ)에서 유래되었다. 실로암은 창세기 49장 10절의 실로(שִׁילֹה, perhaps "he whose it is", a Messianic title)와 연결해 보면 '예수'를 상징(Crysostom, Hendriksen)한다. 그러므로 "실로암 물에 가서 씻으라"는 것은 예수로만 온전한 치유가 된다라는 상징적 의미인데 나는 이 해석에 동의한다.

다시 말하면 "실로암 못에 가서 씻으라"는 것은 예수의 말씀을 '듣고, 믿고, 가라'는 의미로서 생명의 빛이요 참 빛이신 예수의 말씀을 듣고 믿고 순종해야 살게 될 것을 의미한다. 이는 8장 31절의 "내 말에 거하면"에서의 "들음+믿음+순종"과 상통한다. 이로 인해 구약의 열왕기하 5장 14절에서는 나아만 장군이 병고침을 받았다. 결국 "들음+믿음+순종"은 갈라디아서 2장 20절의 예수님과 함께 십자가에 죽었다가 예수님의 부활시에 함께 다시 살아난 고린도후서 5장 17절에의 새로운 피조물 된 우리들의 마땅한 삶의 태도(들음+믿음+순종)이다.

8 이웃 사람들과 및 전에 저가 걸인인 것을 보았던 사람들이 가로되 이는 앉아서 구걸하던 자가 아니냐 9 혹은 그 사람이라 하며 혹은 아니라 그와 비슷하다 하거늘 제 말은 내가 그로라 하니

소경은 이웃 사람들과 그의 지인들에게 "내가 그로라"고 당당히 밝혔다. 그는 그들 앞에서 '거리낌없이 말했던 것이다(Ἐκεῖνος ἔλεγεν)'.

이는 예수님께서 당신을 가리켜 '에고 에이미(Ἐγώ εἰμι)'라고 하시며 '나는 나다'라는 자기선언적 의미로 자주 사용하셨던 말씀이기도 하다. 소경은 자신이 앉아서 구걸하던, 이전에 전혀 앞을 보지 못하던 그 사람이었다라는 것과 예수께서 치유해 주신 후 지금은 앞을 보게 된 그 거지였던 자가 바로 '나다'라고 당당히 알리고 있는 것이다.

10 저희가 묻되 그러면 네 눈이 어떻게 떠졌느냐

원래대로라면 사람들은 눈을 뜬 사람에게 "누가 네 눈을 뜨게 해 주었느냐"라고 질문하는 것이 맞다. 그러나 그들은 "어떻게"라고 물었다. 즉 유대인들은 "누가(Who or Whom)"에는 관심이 없이 그저 "어떻게(How)"라는 방법에만 집중하고 있었다. 오늘날의 일부 교인들에게서 보여지는 행태이다. 병 고침을 받은 후 그 일을 이루신 성령님보다는 치유사역 자체에만 관심을 가지는 것과 별반 다름이 없다.

11 대답하되 예수라 하는 그 사람이 진흙을 이겨 내 눈에 바르고 나더러 실로암에 가서 씻으라 하기에 가서 씻었더니 보게 되었노라

9장을 찬찬히 읽다 보면 소경의 신앙 성장 단계를 볼 수 있다. 그는 맨 처음 예수님을 가리켜 "그 사람(11, 15)"이라고 지칭했다. 이후 선지자(17),

경건하여 하나님의 뜻대로 행하는 자(31), 주(38, κύριος)라고 고백하기에 까지 이르게 된다. 이는 사마리아 여인의 경우와 비슷하다. 그녀 또한 4장 9절의 유대인에서 시작하여 선지자(4:19)라고 부르다가 마지막에는 그리스도(4:29)로 고백했던 것이다.

12 저희가 가로되 그가 어디 있느냐 가로되 알지 못하노라 하니라 13 저희가 전에 소경 되었던 사람을 데리고 바리새인들에게 갔더라

당시 유대인들은 그동안 힘들고 어려움 가운데 처했던 약자 중의 약자인 소경이 세상을 보게 된 사실에 대해 함께 기뻐하면서 축복을 해 주었다면 참으로 멋질 뻔했다. 그러나 유대인들은 그를 바리새인들에게 굳이 데려갔다. 예수님이 보여주신 표적에 대한 불신과 더불어 또한 '사촌이 땅을 사면 배가 아프듯' 뭔가 뒤틀린 심사를 보인 것이다. 그들은 스스로가 나그네 환대법(약자보호)이라는 율법을 어기고 있다는 사실조차도 모른 채 전에 소경이었던 자를 몰아세웠고 예수님을 체포하기 위한 증인으로 삼고자 했던 것이다.

14 예수께서 진흙을 이겨 눈을 뜨게 하신 날은 안식일이라

율법의 안식일 규정(출 20:8-11)을 보란 듯이 어겨버린 예수, 동시에 초현실적이고 초월적인 표적(메시야닉 사인)을 보이신 것에 대해 당시의 무리들은 상당히 복합적인 머리 아픔(Headache)으로 다가왔을 듯하다. 앞서 요한복음 5장에서도 그랬다.

15 그러므로 바리새인들도 그 어떻게 보게 된 것을 물으니 가로되 그 사람이 진흙을 내 눈에 바르매 내가 씻고 보나이다 하니

바리새인들은 눈을 뜬 사람에게 "누가"가 아니라 "어떻게"라고 계속하여 질문하고 있다. 기적을 일으킨 분에 대하여는 아예 드러내지 않으려는 악의적인 의도 속에 그 기적을 폄하하려는 저의(底意, ulterior motive[purpose])마저 들어 있다.

16 바리새인 중에 혹은 말하되 이 사람이 안식일을 지키지 아니하니 하나님께로서 온 자가 아니라 하며 혹은 말하되 죄인으로서 어떻게 이러한 표적을 행하겠느냐 하여 피차 쟁론이 되었더니

미쉬나(Mishna)에[66] 의하면 "안식일에는 회반죽을 하면 안 된다(Shabbath 24:3)"라는 조항과 함께 "안식일에는 눈에 침을 바르는 의료 행위는 안 된다(Shabbath 14:17-18)"라는 조항이 있었다. 예수님이 소경을 고친 행위는 이를 정면으로 위반한 것이었다.

또한 어떤 선지자가 이적과 기사를 보였다 하더라도 그를 청종하지 말라고 신명기 13장 1-5절은 말씀하셨다. 그런데 예수님은 이 말씀을 위반

하셨기에 그들은 예수에 대한 부정적인 마음을 가졌을 수도 있다. 그러나 마가복음 2장 27-28절에서 예수님은 단순한 선지자가 아니라 하나님이시며 안식일의 주인이시고 안식일은 사람을 위해 있는 것이라고 분명하게 말씀하셨다. 그렇기에 바리새인들은 일부분의 말씀 만을 가지고 갑론을박(甲論乙駁)하며 논쟁하고 있었던 것이다.

17 이에 소경 되었던 자에게 다시 묻되 그 사람이 네 눈을 뜨게 하였으니 너는 그를 어떠한 사람이라 하느냐 대답하되 선지자니이다 한대

이 구절에서는 소경을 약간 겁박하고 위협하는 듯한 바리새인들의 태도가 엿보인다. 그럼에도 불구하고 소경은 굴하지 않고 자신의 견해를 제법 당당하게 밝히고 있다. 한계가 있다면 예수님을 가리켜 그리스도 메시야가 아니라 선지자라고 고백한 것이다.

18 유대인들이 저가 소경으로 있다가 보게 된 것을 믿지 아니하고 그 부모를 불러 묻되

이 구절에서 '소경'이 상징하는 것은 영벌을 받게 될 불신자(영적 맹인)를 말하는 것으로 예수님이 하나님이심을 보지 못함으로 인해 믿지 않는 사람을 상징한다. 즉 불신자란 믿지 않는 자, 두 마음을 품으면서 의심하는 자, 패역하고 진실함이 없는 자(신 32:20)를 가리킨다.

반면에 그리스도인이란 영적인 분별력이 뛰어나고 하나님의 말씀에 민감하게 반응하는 마음, 잘 듣는 큰 귀와 더불어 영안이 밝아 예수님의 하나님 되심을 믿어 구원과 영생으로 나아간 사람을 가리킨다. 25절과 연관 지어 해석하면 이해가 훨씬 넓어질 수 있다.

19 이는 너희 말에 소경으로 났다 하는 너희 아들이냐 그러면 지금은 어떻게 되어 보느냐 **20** 그 부모가 대답하여 가로되 이가 우리 아들인 것과 소경으로 난 것을 아나이다 **21** 그러나 지금 어떻게 되어 보는지 또는 누가 그 눈을 뜨게 하였는지 우리는 알지 못하나이다 저에게 물어 보시오 저가 장성하였으니 자기 일을 말하리이다

우리가 유한된 한 번 인생을 살아가며 정확하게 알고 붙들어야 할 것 중 하나는 "어떻게"와 "누가"에 대한 확고한 답이다. 우리가 구원을 얻은 것은 예수 그리스도의 십자가 보혈 때문('어떻게'에 대한 답)이며 그 예수님만이 그리스도 메시야로서 완전한 하나님('누가'에 대한 답)이심을 알아야 한다.

22 그 부모가 이렇게 말한 것은 이미 유대인들이 누구든지 예수를 그리스도로 시인하는 자는 출교하기로 결의하였으므로 저희를 무서워함이러라

당시 "출교(黜敎; put out of the synagogue, expelled from the congregation, ἀποσυνάγωγος)"라는 심판은 유대인들로서는 상당히 큰 불명예였을 뿐만 아니라 공중 집회, 매매 행위, 식사 교제 등 유대 사회나 주변 지인들과의 단절까지도 포함된 중벌이었다. '출교'에 해당하는 헬라어 아포쉬나고고

스(ἀποσυνάγωγος)는 아포(ἀπό, prep, from, away from)와 쉬나고게(συναγωγή, nf, an assembly, congregation, synagogue, either the place or the people gathered together in the place)의 합성어인데 이는 '회당으로부터의 혹은 회당 밖으로의 추방'을 의미한다(스 10:8; 출 12:15; 레 17:4). 참고로 출교에는 일주일 정도의 약한 파문인 '네지파'가 있는가 하면 30일 정도의 공식적 파문(일상 생활 교류 금지, 종교 예식은 참여 가능)인 "니두이 혹은 쏨마타"가 있고 영구적인 출교인 "헤렘"이 있다.[67]

23 이러므로 그 부모가 말하기를 저가 장성하였으니 저에게 물어 보시오 하였더라

이 구절에서 우리는 부모를 포함하여 모든 인간은 완전하게 신뢰의 대상이 아니라는 것을 알 수 있다(빌3:3). 신뢰할 수 있는 유일한 분은 오직 예수뿐이다.

24 이에 저희가 소경 되었던 사람을 두 번째 불러 이르되 너는 영광을 하나님께 돌리라 우리는 저 사람이 죄인인 줄 아노라

예수를 가리켜 죄인(하마르톨로스; ἁμαρτωλός sinner, adj, sinning, sinful, depraved, detestable)이라고 정죄한 것은 지독한 신성모독(神聖冒瀆)이다. 더

---

67   『그랜드 종합주석 13권』, p772 재인용

나아가 "너는 하나님께 영광을 돌리라"고 말한 것에는 '예수는 하나님이 아니다'라는 그들의 강압적인 요구가 담겨 있다.

25 대답하되 그가 죄인인지 내가 알지 못하나 한 가지 아는 것은 내가 소경으로 있다가 지금 보는 그것이니이다

이 구절에서 쓰인 '알다'의 헬라어는 오이다(οἶδα, be aware, behold, consider, perceive, I know, remember, appreciate, physical seeing (sight)physical eyes)이다.

앞서 언급했지만 호라오(ὁράω)를 관(觀, spiritual see, 한번 깊이 생각해 봐)이라고 한다면 오이다(οἶδα)는 견(見, physical see, 떨어지는 폭포의 장관을 봐)에 해당한다. 그렇기에 이 구절에서 사용된 '알다'의 헬라어는 오이다(οἶδα)로서 소경의 경우 내가 직접 경험하고 본 것(견, 見, physical see)때문에 '안다'라고 한 것이다. 즉 소경의 경우 예수께서 육신적인 눈을 뜨게 해 주셨기에 알기는 하지만 아직은 그분을 보는 영적인 눈(영안)은 떠지지 않았다. 그렇기에 예수님이 진정한 하나님이신 것을 알지 못하고 있었던 것이다.

26 저희가 가로되 그 사람이 네게 무엇을 하였느냐 어떻게 네 눈을 뜨게 하였느냐

이 구절을 통하여는 사단이 자주 사용하는 전략을 알 수 있다. 바로 첨삭(添削), 과장(誇張), 왜곡(歪曲) 등이다. 때로는 겁박하듯이 두려움을 조장하기도 한다. 바리새인들은 어떻게든 소경의 생각을 흔들기 위해 여러 가지

돌발 상황을 연출하려고 애를 쓰고 있다. 소경을 눈 뜨게 하신 예수님보다는 그가 네게 "무엇을 하였느냐, 어떻게 네 눈을 뜨게 하였느냐"라고 반복하여 집요하게 묻고 그것에만 관심을 두고 있는 것을 볼 수 있다.

27 대답하되 내가 이미 일렀어도 듣지 아니하고 어찌하여 다시 듣고자 하나이까 당신들도 그 제자가 되려 하나이까

"다시"라는 것은 15, 17, 26절에서 물었던 것에 "이미" 답을 했음에도 불구하고 계속 반복하여 묻자 소경은 열을 받아 슬쩍 되받아치고 있는 말이다.

28 저희가 욕하여 가로되 너는 그의 제자나 우리는 모세의 제자라

"욕하다"에 해당하는 헬라어는 로이도레오(λοιδορέω, v)인데 이는 '바리새인들이 소경을 저주하며 파문시켰음'을 의미[68]한다.

"너는~우리는"이라는 표현은 각각의 정체성을 드러내는 단어이다. '나는 누구인가(Who am I)'라는 명제가 바로 정체성(Identity)이다. 내가 누구인지를 알아야 그렇게 말하고 그렇게 행동하며 정체성대로 살아갈 수가 있다.

그러므로 우리는 언제 어디서나 '내가 누구인지'를 명확하게 알아야 한

---

68   로이도레오(λοιδορέω, v)는 to abuse, revile, roperly, to say harsh things (make verbal assaults); to revile; to spue bitter (tasteless) statements, using mean-spirited, insulting words to demoralize (humiliate)이다.

다. 혹여라도 '너는 누구냐'라고 물으면 우리는(정체성은) 예수님의 제자이 며 하나님의 자녀인 것을 당당하게 거침없이 주저함 없이 대답할 수 있어 야 한다.

29 하나님이 모세에게는 말씀하신 줄을 우리가 알거니와 이 사람은 어디서 왔는 지 알지 못하노라

유대인들이 7장 27절에서는 "우리는 이 사람이 어디서 왔는지 아노라" 고 했는데 반해 이 구절에서는 "이 사람은 어디서 왔는지 알지 못하노라" 고 말하며 앞뒤가 맞지 않는 모순된 말을 하고 있다. 진리를 부정하는 사 람들의 대부분은 이렇듯 종국적으로는 자기 모순에 빠지게 되어있다.

한편 "하나님이 모세에게는 말씀하신 줄을 우리가 알거니와"라는 것을 보면 그들은 '토라(모세오경)에 기록(출 3:1-4:17; 6:1-13; 레 1:1-2; 민 14:11-35; 신 10:1-3)된 내용에 관하여는 잘 알고 있다'라는 말이다. 그러나 진실로 그들 이 토라를 잘 알았더라면 모세를 믿었을 것이고 만약 모세를 진정으로 믿 었다라고 한다면 예수님 또한 진실로 믿었을 것이다(요 5:46).

30 그 사람이 대답하여 가로되 이상하다 이 사람이 내 눈을 뜨게 하였으되 당신 들이 그가 어디서 왔는지 알지 못하는도다

"이상하다(엔 투토 가르 토 다우마스톤 에스틴: Ἐν τούτῳ γὰρ τὸ θαυμαστόν ἐστιν; Why herein is a marvellous thing)"라는 것은 '왜 이런 분명한 사실이 믿

기 어려운가'라는 의미이다.

그들이 알지 못했던 이유는 영적 무지와 더불어 지독한 교만으로 인해 자기 생각에 갇혀있었을 뿐만 아니라 더 나아가 한쪽으로 지나치게 치우쳐진 지독한 편견 때문(딤전 6:4)이었다.

31 하나님이 죄인을 듣지 아니하시고 경건하여 그의 뜻대로 행하는 자는 들으시는 줄을 우리가 아나이다

구약의 기본 사상은 '하나님은 죄인의 간구는 듣지 않으시고 의인의 기도를 들으신다'라는 것이다(욥 27:9; 시 66:18; 잠 28:9; 사 1:15; 59:2). 동시에 하나님은 죄인 됨을 인정하며 상한 심령을 쏟아내는 기도를 원하시는 분이라는 것이다(시 34:18; 51:17; 사 42:3; 61:1; 눅 18:10-14).

"경건"의 헬라어 중 데오세베스(θεοσεβής, adj)라는 단어가 있는데 이는 데오스(θεός)와 세보마이(σέβομαι, v)의 합성어[69]이다. 즉 '하나님을 예배, 경배하는 것'을 가리킨다. '경건'의 또 다른 단어가 유세베이아(εὐσέβεια, nf)인데 이는 유(εὖ)와 세보마이(σέβομαι)의 합성어로서 '바른 예배를 드리

---

69 "경건"의 헬라어는 그 하나가 데오세베스(θεοσεβής, adj, God-fearing, properly, reverence (towards God); true piety shown by devout worshipers, i.e. God-fearing people who venerate the things of God (used only in Jn 9:31)인데 이는 데오스(θεός)와 세보마이(σέβομαι, v, to worship, properly, personally esteem; to hold something (someone) in high respect; showing the reverence or awe (veneration) of someone who is devout)의 합성어이다. 즉 '하나님을 예배, 경배하는 것'을 가리킨다. 또 다른 하나가 유세베이아(εὐσέβεια, nf, piety (towards God), godliness, devotion, godliness)인데 이는 유(εὖ, well, well done, good, rightly; also used as an exclamation)와 세보마이(σέβομαι)의 합성어이다. 즉 '바른 예배를 드리는 것(("godly heart-response") naturally expresses itself in reverence for God, i.e. what He calls sacred (worthy of veneration))'을 경건이라고 한다.

다'라는 의미이다.

"행하다"의 헬라어는 포이에오(ποιέω, to make, do)인데 이는 현재 가정법으로 '계속 행하다'라는 의미가 내재되어 있다.

32 창세 이후로 소경으로 난 자의 눈을 뜨게 하였다 함을 듣지 못하였으니

'소경이 보게 되는 것'이란 메시야닉 사인을 가리키는 것으로 이는 구약의 선지서(Nebiim)에서 예수님 오시기 수백 년 전에 여러 번이나 반복하여 이미 예고되어 있던 약속의 말씀이다. 곧 이 구절은 메시야닉 사인(Messianic sign, 사 29:18; 35:5-6; 42:7; 61:1)을 연상시키는 듯한 발언인 것이다.

33 이 사람이 하나님께로부터 오지 아니하였으면 아무 일도 할 수 없으리이다

이 구절은 소경이 유대인들에게 대답을 겸하여 "그렇게 생각되지 않냐"라며 슬쩍 동의를 구하는 질문 형식의 답이다. 이는 고린도전서 1장 27절의 "미련한 자들을 택하사 지혜 있는 자들을 부끄럽게 하시고 세상의 약한 것들을 택하사 강한 것들을 부끄럽게 하신다"라는 말씀의 실례를 정확히 보여주고 있다.

34 저희가 대답하여 가로되 네가 온전히 죄 가운데서 나서 우리를 가르치느냐 하고 이에 쫓아내어 보내니라

이 구절에서 "우리를 가르치느냐"라는 질문 속에는 지독한 오만함이 묻어 있다. 오늘날의 교회 공동체에서도 종종 이런 유의 현상이 목격된다. 소위 목사 청빙을 할 때이다. 어느 신학교를 나왔으며 학위는 있는지 등등을 따지며 "감히 우리 교회에…"라는 이야기를 종종 듣곤 한다. 갈수록 태산이다. 당황스럽다.

"쫓아내어 보냈다"라는 것은 파문뿐만 아니라 구걸도 못하게 출교를 한 것으로 '죽음에 버금가는 두려움'을 퍼부은 것이다. '출교'에 대하여는 9장 22절의 말씀을 다시 참고하라!

계시록 6장 9-11절에 의하면 종말(교회) 시대에는 일곱재앙은 강도, 범위, 크기, 세기의 측면에서 전 지구적으로 반복되고 지역적으로 차이가 있다. 종말 시대의 한 조각을 살아가는 신실한 교회의 경우 순전하게 살면 살수록 한시적이고 제한적인 권세를 받은 악한 세력들로부터 조롱과 멸시, 핍박과 불이익, 박해, 심지어는 순교까지 강요당하게 된다. 이러한 때 우리는 요한계시록 14장 12절의 말씀을 따라 예수 믿음과 하나님의 계명을 붙들고 인내함으로 살아가되 갈라디아서 1장 10절의 말씀으로 나아가야 한다.

35 예수께서 저희가 그 사람을 쫓아냈다 하는 말을 들으셨더니 그를 만나사 가라사대 네가 인자를 믿느냐

요한복음 4장 7절, 6장 37-39절의 말씀처럼 예수님은 하나님께서 당신께 주신 자는 하나도 잃어버리지 않고 반드시 다시 찾으시고 살리신다.

그렇기에 예수님은 그 소경을 찾아가셨던 것이다. 그 덕분에 소경은 세상의 빛, 생명의 빛이신 구원자 예수 그리스도를 보게 되고 진정으로 믿게 되어 구원의 빛으로 들어가게 되었다.

36 대답하여 가로되 주여 그가 누구시오니이까 내가 믿고자 하나이다 37 예수께서 가라사대 네가 그를 보았거니와 지금 너와 말하는 자가 그이니라 38 가로되 주여 내가 믿나이다 하고 절하는지라

"보았거니와"에서의 헬라어 "보다"는 호라오(ὁράω, 관)이다. 앞서 '보다'라는 헬라어는 두 가지가 있다고 했다. 하나는 호라오(ὁράω, v)이고 다른 하나는 오이다(요 7:28-29, οἶδα)이다. 호라오가 관(觀, spiritual see, 먹어 봐, 들어 봐, 생각해 봐)이라면 오이다는 견(見, physical see, 산과 바다를 보라, 장엄함 폭포를 보라)에 해당한다.

예수님의 말씀을 들은(롬 10:17, 요 5:25) 그 소경은 그 예수를 믿음으로 구원을 얻게 되었다. 반면에 보았다라고 하면서 자만하던 바리새인들은 어두움에 속한 영적 소경이었던 까닭에 그리스도 메시야이신 예수를 보지도 믿지도 못함으로 심판(영벌)에 처하고 말았다.

"믿나이다"라는 헬라어는 피스튜오(Πιστεύω)인데 이는 신앙생활의 근간이 되는 진실된 고백이다. 왜냐하면 믿음(피스티스)은 명사로서 하나님의 전적인 은혜이자 허락하신 선물이며 명사인 믿음의 동사화 과정(피스튜오)이 신앙생활이기 때문이다.

사도신경의 첫 단어가 바로 피스튜오인 크레도(Credo, 라틴어)로 시작하는데 이는 사도신경을 통한 신앙고백으로서 '삼위하나님을 믿는 사도들과 같은 신앙에 선 사람들의 고백'이라는 의미이다.

39 예수께서 가라사대 내가 심판하러 이 세상에 왔으니 보지 못하는 자들은 보게 하고 보는 자들은 소경되게 하려 함이라 하시니

이 구절은 은혜와 심판의 양면성을 보여주는 구절이다. 왜냐하면 보지 못하는 자들을 보게한 것은 은혜요 신원(vindication)이지만 본다라고 하던 자들을 소경되게 한 것은 심판(영벌)에 해당하기 때문이다. 후자의 경우는 장차 백보좌 심판을 통해 영벌에 처해질 것이다.

"심판"의 헬라어는 크리마(κρίμα, nn, (a) a judgment, a verdict; sometimes implying an adverse verdict, a condemnation, (b) a case at law, a lawsuit)인데 이는 '단 한 번만 기록에 남아있는 단어 (hapax legomenon)'로서 '하나님의 심판'을 가리키며 '채로 치는(shred) 구별의 과정(A. Robertson)'을 뜻한다.

9장 18, 39, 41절의 '보다'는 블레포(βλέπω, v)인데 이는 '영육 간에 보게 됨'을 의미[70]한다.

40 바리새인 중에 예수와 함께 있던 자들이 이 말씀을 듣고 가로되 우리도 소경

---

70 블레포(βλέπω, v)는 suggests "to see something physical, with spiritual results (perception)." That is, it carries what is seen into the non-physical (immaterial) realm so a person can take the needed action (respond, beware, be alert)이다.

인가 41 예수께서 가라사대 너희가 소경 되었더면 죄가 없으려니와 본다고 하니 너희 죄가 그저 있느니라

　"소경되었더면"이라는 말 속에는 "죄인임을 알고 예수를 따랐다면 사마리아 여인이나 간음 중에 잡힌 여인처럼 용서를 받았을 것"이라는 의미가 들어 있다. 반면에 본다고 하면서도 보지 못하는, 깨닫지 못하는 죄인인 너희들은 심판을 자초하게 된 것임을 경고하고 있다. 즉 차라리 소경이어서 율법을 몰랐다면 엉뚱한 방향으로 나아가지 않고 화를 면했을 수도 있었을텐데…….

2021. 1월 정미

은혜 위에 은혜러라

*

Grace for Grace

Χάριν ἀντὶ χάριτος

예수(Ἰησοῦς), 그리스도(Χριστὸς), 생명(ζωή)

나는 선한 목자라

요한복음 6장은 유월절을 배경으로 기록한 것으로 예수님만이 하늘로서 내려온 산 떡, 참 떡, 생명의 떡으로서 "사람이 이 떡을 먹으면 영생하리라(6:51)"고 약속하셨다.

7-8장은 초막절이 배경인데 예수님만이 생수이며 "그 예수를 믿는 자는 그 배에서 생수의 강이 흘러나리라(7:38)"고 하셨으며 또한 예수님만이 세상의 빛, 생명의 빛이라고 하시며 그 예수를 따르게 되면 "어두움에 다니지 아니하게 될 것(8:12)"이라고 약속하셨다.

10장에서는 수전절을 배경으로 성전에서 봉헌(의식 행위, 제사)하는 행위를 보며 "나와 아버지는 하나(10:30)"라고 하시며 성전의 실체이신 당신 곧 예수를 믿고 따르면 "영생을 얻게 될 것(10:28)"을 말씀하고 있다. 더 나아가 진정한 성전 봉헌은 진정한 성전이신 예수님이 십자가에 못박혀 하나님께 희생 제물(의로우신 예수님은 유월절 어린 양이시다. 義 = 羊 + 我)로 드려지는 것임을 '수전절'을 통해 드러내고 있다.

요한복음은 기록 목적에 맞게 일관되게 "예수, 그리스도, 생명"을 강조한다. 그러므로 "내가 곧 길이요 진리요 생명(14:6)"이신 예수님의 그리스도 메시야 되심이 점진적으로, 논리적으로 계시되고 있다.

전반부 표적들의 책(1:19-12:50, Book of signs)에서는 7가지 표적을 보이셨다. 가나 혼인잔치(2:1-12), 왕의 신하 아들을 고치신(살리신) 예수(4:43-54), 38년 된 병자 치유(5:1-18), 오병이어의 표적(6:1-15), 물 위를 걸으신 예수님(6:16-21), 날 때부터 맹인된 사람을 고치신 예수님(9:1-41), 그리고 마지막으로 죽은 지 나흘 된 나사로를 살리신 예수님(11:1-44)을 보여주셨다.

상기 일곱 가지 표적들은 모두 10장 전반부의 "선한 목자이신 예수님(10:11, 14)"을 드러내고 있다. 예수님만이 "양으로 생명을 얻게 하고 더 풍성히 얻게하시는 분(10:10)"임을 드러낸 것이다. 예수님만이 유일한 "양의 문(10:7, 9)"이요 그 문으로 들어가야만 보호를 받게 된다라고 말씀하고 있다.

결국 10장은 양의 목숨을 지키기 위해 당신의 목숨까지도 불사(不死)하는 예수님만이 진정한 목자, 선한 목자임을 말씀하고 있는 것이다. 그런 예수님의 은혜와 사랑은 성경 전체의 맥락을 잇는 6대 언약에서 보았듯이 진실로 영원하며 역동적이다.

10-1 내가 진실로 진실로 너희에게 이르노니 양의 우리에 문으로 들어가지 아니하고 다른 데로 넘어가는 자는 절도며 강도요

당시 팔레스타인에서 볼 수 있었던 높이 약 3m정도의 울타리로 된 공간적 영역인 '양의 우리'는 문이 하나 밖에 없었다. 유대인 마을 공동체는 동네마다 큰 우리를 지어놓고는 공동으로 관리했던 것이다. 저녁이 되면 각자의 양을 공동으로 관리하는 우리에 넣어두었다. 하나 밖에 없는 문에는 양의 목자들이 밤새도록 돌아가며 지키고 있어 그 우리에는 도적이나 맹수들이 들어갈 수가 없었다. 그 다음날 아침이 되면 목자들이 와서 각자 자기 양들의 이름을 부르면 놀랍게도 그 양들은 정확하게 자기 목자의 음성을 듣고 자기의 목자를 따라나섰다고 한다. 그렇기에 요한복음 10장 26-27절에는 "내 양은 내 음성을 들으며 나를 따른다"라고 기록되어 있는 것이다.

선한 목자이신 예수님 외의 다른 이들을 가리켜 가짜 목자, 삯군 목자라고 한다. 이들을 가리켜 절도요 강도라고 했다. 이는 마태복음 23장 13, 15절, 누가복음 11장 52절에 나오는 종교지도자들을 상징하고 있는 것이다.

칼빈이나 루터는 양의 우리를 하나님나라로 해석했으나 전체 구절로 보면 약간 어색하게 느껴진다. 나 또한 현재형 하나님나라로 해석하기는 하나 협의(狹義)의 의미에서 나는 오늘날의 교회 공동체로 해석한다.

2 문으로 들어가는 이가 양의 목자라

"양의 목자(10:1, 7)"는 예수 그리스도를, '양의 주인'은 성부하나님을, '양'은 택정받은 성도들을 가리킨다. 참고로 요한계시록 3장 8절에는 예수님을 "열린 문"으로 상징하고 있기도 하다.

"문지기"는 양들의 목자들이 돌아가며 지켰는데 이 또한 예수 그리스도(성령님)를 의미한다.

그러나 당시의 배경을 보면 목자들이 문을 관리하는 '문지기(세례 요한, 선지자들 등)'를 고용하기도 했다. 그러므로 '문지기'가 누구냐라는 것으로 왈가왈부하는 것은 소모적이다. 이를 언급한 이유는 2절에서 이 정도의 이해가 전제되어야 그 다음 구절부터의 해석이 자연스러워지기 때문이다.

3 문지기는 그를 위하여 문을 열고 양은 그의 음성을 듣나니 그가 자기 양의 이름을 각각 불러 인도하여 내느니라

이 구절에서의 "문지기"는 고용된 목자를 가리키며 "그를 위하여"에서의 '그'는 선한목자이신 예수 그리스도를, 양은 성도들을 가리킨다.

"각각"이라는 단어에는 택정함을 따른 구원의 개별성(마 18:12, 케네스 E. 베일리교수, 중동학자)이라는 의미가 상징적으로 들어있다.

"불러, 부르다"의 헬라어는 포네오(φωνέω, ν)이다.[71] 하나님께서는 때가 되매 우리를 부르셔서 구원하셨는데 이는 만세 전에 당신의 택정함을 따른 지극한 은혜인 것이다. 곧 우리 모두는 만세 전에 그 분의 뜻대로 택정함을 입어 때가 되매 부르심을 입은 것(롬 8:28)이라는 말이다. 이를 5개의 단어와 문장으로 요약하면 '미리 아심, 미리 정하심, 부르심, 의롭게 하심, 영화롭게 하심'이다. "부르심"을 중심으로 앞의 두 가지를 "창세 전에 이루신 영원 속의 구원시작"이라고 한다면 뒤의 두 가지는 "역사 속의 구원의 시작점"이라고 할 수 있다.

소위 예지 예정[72]이나 세대주의적 해석(유대인이 안 믿어서 이방인이 구원받게 됨)보다는 무한하신 하나님의 은혜와 사랑(언약) 속의 예정[73]임을 알아야 한다. 예정에 관한 구절들(롬 8:28-30)은 다음과 같다(신 7:6; 렘 31:3; 암 3:2; 마 7:22; 행 2:23, 4:27; 행 13:46-48; 롬 3:21, 5:1, 11:2; 갈 1:15, 5:16; 약 1:17; 벧전 1:2, 1:18). 마태복음 22장 14절[74]의 "청함(일반적 부르심, 클레토스, κλητός)을 받은

---

71 포네오(φωνέω, ν)는 I give forth a sound, hence: (a) of a cock: I crow, (b) of men: I shout, (c) trans: I call (to myself), summon; I invite, address/φωνή, nf, a sound, noise, voice, language, dialect)이다.

72 '예지 예정'이란 알미니안주의자들의 주장으로 사람이 믿을 것을 하나님이 미리 아시고 선택하셨다는 것이다. 만약 그렇다면 구원의 주도권은 사람에게 있는 것이 되어버린다.

73 우리는 하나님의 작정과 예정, 섭리와 경륜의 개념을 먼저 알아야 한다. 그런 후 하나님의 선택과 유기를 통해 나를 택해주신 하나님께 감사해야 한다. 그저 하나님의 은혜이다. 모든 주도권이 하나님께 있다. 창세 전에 유대인이든 이방인이든 하나님의 은혜로 택정함을 입은 것이다.

74 "청함(일반적 부르심, 클레토스, κλητός)은 called, ("divinely called") focuses on God's general call – i.e. the call (invitation) He gives to all people, so all can receive His salvation. God desires every person to call out to Him and receive His salvation (1 Tim 2:4,5)이고 택함(효과적 부르심, 에클레크토스, ἐκλεκτός)은 select, chosen out, elect, choice, select, sometimes as subst: of those chosen out by God for the rendering of special service to Him (of the Hebrew race, particular Hebrews, the Messiah, and the Christians)이다.

자는 많되 택함(효과적 부르심, 에클레크토스, ἐκλεκτός)을 입은 자는 적으니라"
는 말씀을 깊이 묵상하면 그 이해가 더욱 깊어질 것이다.

"인도하다"의 헬라어는 엑사고(히브리어 나하흐, ἐξάγω, נָחָה)인데 이는 '앞서
가며 인도하다, 앞에 서서 데리고 가다'라는 의미이다.

4 자기 양을 다 내어 놓은 후에 앞서 가면 양들이 그의 음성을 아는 고로 따라오되

"내어놓다"의 헬라어는 에크발로[75](ἐκβάλλω, v)인데 이는 에크(ἐκ)와 발
로(βάλλω, v)의 합성어로서 '강제로 몰아내다'라는 의미인데 요한복음 9
장 34절에도 동일하게(유대인들이 소경을 쫓아내다) 사용되었다.

선한 목자이신 예수님께서 양들을 우리 밖으로 에크발로 곧 '강제적으
로 쫓아내다'라고 해석하는 것은 뭔가 어색하고 약간은 부담스럽다. 그러
므로 직독할 것이 아니라 '강권적인 역사하심'이라고 의역을 해야 본문의
의미가 더 가까워진다.

한편 '선택과 유기'는 전적으로 그분의 주권에 속한다. 우리는 이 교리
를 이해할 때 조심해야할 것이 있다. 상대에게 '유기'를 적용해서는 안 된
다라는 것이다. 더 나아가 '선택'의 경우 자신에게 적용하여 그럴 자격이
전혀 없는 나를 버리지 않으시고 당신의 은혜로 선택해주셔서 지금의 이
자리에 있게하심에 감사와 찬양, 경배를 올려야 한다.

---

75 에크발로(ἐκβάλλω, v)는 I throw (cast, put) out; I banish; I bring forth, produce)이며
에크(ἐκ, from out, out from among, from, suggesting from the interior outwards)와 발로
(βάλλω, v, (a) I cast, throw, rush, (b) often, in the weaker sense: I place, put, drop)의 합
성어이다.

5 타인의 음성은 알지 못하는 고로 타인을 따르지 아니하고 도리어 도망하느니라

"타인"이란 1절에서의 '절도와 강도'를 가리킨다. 또한 12절의 '삯꾼 목자'를 가리키기도 한다. 종국적으로는 당시 유대인 지도자들을 가리켜 '타인'이라고 했던 것이다.

6 예수께서 이 비유로 저희에게 말씀하셨으나 저희는 그 하신 말씀이 무엇인지 알지 못하니라

"비유"의 헬라어 단어에는 두 가지가 있다. 첫째가 파로이미아 (παροιμία, nf, παροιμίας)인데 파라(παρά)와 오이오마이(οἴομαι or οἴμαι) 혹은 파라(παρά by, aside from (cf. παρά, IV. 2))와 오이모스(οἶμος way)의 합성 어이다. 즉 '속담에 빗대어서 상징적으로 말하다(properly, a saying out of the usual course or deviating from the usual manner of speaking)'라는 의미이다. 둘째 가 파라볼레[76](마 13:3; 막 12:12; 눅 18:1; παραβολή nf)이다.

한편 성경에서 종종 비유로 말씀하신 이유는 신비스러운 하나님나라의 비밀을 이해한 후에 '믿고 받아들이는' 사람 외에는 그 비밀을 알지 못하

---

76 파라볼레(마 13:3, 막 12:12, 눅 18:1, παραβολή nf)는 pará, "close beside, with" and 906 /bállō, "to cast") – a parable; a teaching aid cast alongside the truth being taught. This casts additional light by using an arresting or familiar analogy, (which is often fictitious or metaphorical, but not necessarily). (a) a comparison, (b) a parable, often of those uttered by our Lord, (c) a proverb, an adage)이다.

게 하려함이었다.

"알지 못하다"라는 말이 자주 반복되고 있는데 이는 요한복음의 기저에 흐르는 '질타(叱咤, criticism)'라는 의미가 내재되어 있는 것이다.

7 그러므로 예수께서 다시 이르시되 내가 진실로 진실로 너희에게 말하노니 나는 양의 문이라

"나는 양의 문이라"는 것은 '자기 선언'을 드러내신 말씀으로 곧 '에고 에이미(나는~나다)"인 것이다. 전체를 헬라어로 표현하면 에고 에이미 헤 뒤라 톤 프로바톤(ἐγώ εἰμι ἡ θύρα τῶν προβάτων)인네 이는 '양들이 들어가는 문 혹은 양의 우리의 문'이라는 의미로서 결국 '양의 문'인 내가 바로 14절의 "나는 선한 목자"라는 것을 가리킨다.

1절에서의 '우리(αὐλή, nf, sheep-fold)의 문'과 7절의 '양의 문'의 차이점에 주목해야 한다. '양의 문'이 예수 그리스도라면 '우리의 문'은 이스라엘의 거짓 목자들을 가리키고 있다.

거짓목자를 의미하는 우리(αὐλή, 아울레, nf, sheep-fold)의 문이 양을 '가두려는 것'이라면 선한 목자인 양의 문은 보호하고 그 다음 날 아침에 자기의 양을 골라내어 우리에서 '끌어내기 위함'에 방점이 있다. 이 말씀을 통해 오늘날의 이단 종파들과 정통 교단을 구별할 수 있는 지혜를 얻을 수 있다.

이단들은 언제나 자신들 속에 가두려는 경향을 가진다. 한편 건강한 교회는 양육된 성도들을 울타리 밖 즉 세상으로 끌어내어 세상 속에서 각자의 역할(푸른 풀밭, 맑은 물가로 미숙한 양들을 인도)을 하게 한다.

다른 관점에서 바라볼 수 있는 또 하나의 해석은 우리(αὐλή) 안의 양무리들로부터 선한 목자에게 속한 양들을 분리하기 위해 끌어내는(불러내는) 것이다. 이는 출애굽기 33장에서[77] 이스라엘 진(유대교)의 바깥에 회막을 설치함으로 하나님을 거역하던 그 이스라엘 진(유대교, 우리 안의 양들로부터)을 떠나 진 밖에 설치했던 회막으로 다시 돌아오게 했던 것과 유사하다.

8 나보다 먼저 온 자는 다 절도요 강도니 양들이 듣지 아니하였느니라

예수보다 먼저 온 자는 모두가 다 절도요 강도인데 이는 신구약 중간기에 출현했던 거짓 선지자들(행 5:36-37, 드다, 갈릴리유다, 종교지도자들, 특히 바리새인과 서기관들, 마 3:7, 23:13, 24, 33; 눅 11:52; 고후 11:13; 벧후 2:17; 유 1:12-13) 등등을 가리킨다.

"절도(竊盜, theft, burglary)"의 헬라어는 클레프테스(κλέπτης, nm)인데 이는 '어떤 일을 몰래하는 사람'을 말한다. 반면에 "강도(强盜, robber, mugg)"의 헬라어는 레스테스(λῃστής, nm)인데 이는 특히 '폭력까지 사용하는 사람'을 가리킨다.[78] 이 구절에서 예수님이 하신 10절 말씀의 의도는, 거짓 목

77　『아더핑크의 요한복음 강해』, p529-530

78　"절도(竊盜, theft, burglary)"의 헬라어는 클레프테스(κλέπτης, nm, a thief who steals by stealth (in secret), rather than in the open with violence)인데 이는 '어떤 일을 몰래하는 사람'을 가리킨다. 반면에 "강도(強盜, robber, mugg)"의 헬라어는 레스테스(λῃστής, nm, lēstḗs ("a bandit, briard") is a thief who also plunders and pillages – an unscrupulous marauder (malefactor), exploiting the vulnerable without hesitating to use violence)인데 이는 특히 '폭력까지 사용하는 사람'을 가리킨다.

자들이란 도둑질에다 폭력까지 행하는 무리라는 것이다.

9 내가 문이니 누구든지 나로 말미암아 들어가면 구원을 얻고 또는 들어가며 나오며 꼴을 얻으리라

"내가 문(출 12:23)"이라는 것은 구원에 이르는 유일한 길이요 진리요 생명이신 분은 예수님 밖에 없음을 천명(天命, Providence, God's will, a mandate from Heaven)하고 있는 말씀이다. 사도행전 4장 12절, 요한복음 14장 6절의 말씀이 이를 강력하게 뒷받침하고 있다. 그렇다. 예수님만이 진정한 목자(민 27:15-17), 선한 목자(요 10:11)이시다.

"누구든지"라는 것은 구원의 보편성을(요 8:17; 3:16; 행 13:48), "나로 말미암아(δι' ἐμοῦ, by Me)"라는 것은 계시(진리)의 절대적 배타성을, "구원을 얻고(σωθήσεται, he will be saved)"라는 것은 영적+육적 구원인 전 인격적인 구원을 말한다.[79] 소데세타이(σωθήσεται)는 소조(σῴζω, v, To save/from σῶς 'safe and sound', 안전하고 견고한 혹은 건강한)의 미래형이다.

"들어가며 나오며(신 28:6, 19)"라는 의미는 하나밖에 없는 문이 출구임과 동시에 입구라는 말이다. 즉 들어가야만 된다라든지 혹은 나가야만 한다라고하는 그 행위 자체보다는 구원받은 이후 그 사람의 일상적인 삶 전체를 의미[80]하고 있다. 나의 표현으로 바꾸면 어떤 행위에 국한되어야만 꼴

79　『그랜드 종합주석 13권』, p788

80　이는 히브리적 용법(Semitism)으로 대유법(제유법, synecdoche, 사물의 한 부분으로 그 사물의 전체를 나타내는 수사법, 예, 사람이 빵만으로 살 빵=식량수 없다.)이라 한다. 『그랜

을 얻을 수 있는 것이 아니라 선한 목자에게 속한 양은 어디에서 무엇을 하든지 일상의 모든 삶에서 목자로부터 주어지는 풍성한 꼴을 얻을 수 있게 된다라는 의미이다.

느헤미야 3장에 의하면 성벽에는 10개의 성문이 있었는데 그중에 유독 양문에만 빗장이 없다라고 했다. '빗장이 없다'라는 것은 구원을 얻은 이 후에는 그 문을 자유롭게 마음대로 출입(出入)할 수 있는 '자유함(갈 5:1; 요 8:32)'이 주어진다라는 것을 함의(含意)하고 있다.

이 단어와 함께하는 "꼴"은 헬라어로 노메(νομή, nf, a pasture, a grazing) 인데 이는 '영생하도록 솟아나는 샘물(요 4:14), 생명의 떡(요 6:35), 생명의 빛(요 8:12)'을 상징하며 일상적이고도 지속적인 축복을 의미한다. 동시에 '꼴'은 '푸른 풀밭, 잔잔한 물가'를 의미하기도 하는데 시편 23편의 그림 이 연상된다.

10 도적이 오는 것은 도적질하고 죽이고 멸망시키려는 것뿐이요 내가 온 것은 양으로 생명을 얻게 하고 더 풍성히 얻게 하려는 것이라

이 구절은 예수님께서 초림하신 분명한 목적을 말씀하고 있을 뿐만 아 니라 요한복음의 핵심구절 중 하나이기도 하다.

사단은 목자이신 예수님의 양된 우리가 들어가며 나오며 꼴(말이나 소에게 먹이는 풀, green-feed, fodder)을 얻는(10:9) 것에 매번 어깃장을 놓으며 방해한

드 종합주석 13권』, p788 참고,

다. 악한 세력들은 우리가 잘 되는 '꼴(state)'을 보지 못한다. 그런 마귀의 행태는 베드로전서 5장 8절에 잘 나타나 있으며 그런 마귀에 대한 대책은 그 다음 구절인 9절과 4장 8절에 잘 나타나 있다.

"근신하라 깨어라 너희 대적 마귀가 우는 사자같이 두루 다니며 삼킬 자를 찾나니"_벧전 5:8

"너희는 믿음을 굳게 하여 저를 대적하라 이는 세상에 있는 너희 형제들도 동일한 고난을 당하는 줄 앎이니라"_벧전 5:9

"만물의 마지막이 가까웠으니 그러므로 너희는 정신을 차리고 근신하여 기도하라"_벧전 4:8

한편 절도요 강도로 상징된 유대 종교지도자들을 가리켜 한마디로 '마음심보가 고약한(be ill-natured)'이라고 표현하는데 이는 사단의 특성과 매한가지(마 23:15)이다.

11 나는 선한 목자라 선한 목자는 양들을 위하여 목숨을 버리거니와

"선한 목자"라는 것은 '신적이며 영적인 목자'라는 의미로서 그들은 양들을 위해 풍성한 꼴(말이나 소에게 먹이는 풀, green-feed, fodder)을 먹이고 맑은 물가로 인도하며 양들을 보호하고 지키기 위해 맹수와 목숨을 걸고 싸운다.

구약에서는 하나님을 "먹이시며 안으시며 인도하시는" 선한 목자(시 23:1; 95:7; 사 40:11; 렘 31:10)로 표현하기도 했다.

"대저 저는 우리 하나님이시요 우리는 그의 기르시는 백성이며 그 손의 양이라 너희가 오늘날 그 음성 듣기를 원하노라"_시 95:7

"그는 목자같이 양무리를 먹이시며 어린 양을 그 팔로 모아 품에 안으시며 젖먹이는 암컷들을 온순히 인도하시리로다" _사 40:11

"열방이여 너희는 나 여호와의 말을 듣고 먼 섬에 전파하여 이르기를 이스라엘을 흩으신 자가 그를 모으시고 목자가 그 양무리에게 행함같이 그를 지키시리로다" _렘 30:10

12 삯꾼은 목자도 아니요 양도 제 양이 아니라 이리가 오는 것을 보면 양을 버리고 달아나나니 이리가 양을 늑탈하고 또 헤치느니라 13 달아나는 것은 저가 삯꾼인 까닭에 양을 돌아보지 아니함이나

"삯꾼"의 헬라어는 미스도토스(μισθωτός, nm, hired, a hired servant)이며 동사는 미스도오(μισθόω, to let for hire, to hire)인데 이는 명사 미스도스(μισθός, (a) pay, wages, salary, (b) reward, recompense, punishment)에서 파생되었다. 이들은 참 목자가 아니기에 만약 맹수나 늑대 무리들이 나타나서 자신의 생명이 위협을 받게 되면 뒤돌아보지 않고 양들을 두고 줄행랑을 쳤다. 이것은 당시 삯꾼의 흔한 행태였다. 그러나 당시의 문화적 배경을 살펴보면 그렇게 고용된 목자들의 그러한 행위를 가리켜 아주 나쁘게만 말할 수는 없다. 원래 '삯군 목자들'의 경우 미쉬나(Mishna)에는 자신들의 생명이 위험하게 되면 그렇게 해도 된다라고 되어있기 때문이다. 그러나 분명한 것이 있다면, 참 목자와는 엄청난 차이가 있다라는 것이다.

한편 삯꾼 목자라는 것은 "양도 제 양이 아니라"는 말에서처럼 진정한 양의 주인은 아니다. 그들에게는 양에 대한 소유권이 없으니 당연히 양을 향한 진정한 사랑이 있을 리가 없다. 적당히 시간을 때우면서 양을 지켜주고 돈을 받으면 그만인 것이다. 그들은 돈을 목적으로 일하는 사람이기에 자신들의 노동에 대한 보수를 받는 것뿐(눅 10:7)이다. 그렇기에 양들의 형편과 처지에 자신들의 목숨을 걸 이유가 전혀 없는 것이다. 즉 '삯꾼 목자'의 특징은 일보다 삯을 더 사랑하고 삯을 얻기 위하여 일을 하는 것이다. 이들을 가리켜 존 웨슬리는 "상이 없으면 일을 하지 않으려는 사람"이라고 했다.

14 나는 선한 목자라 내가 내 양을 알고 양도 나를 아는 것이 **15** 아버지께서 나를 아시고 내가 아버지를 아는 것 같으니 나는 양을 위하여 목숨을 버리노라

14절의 "내 양"이란 말에는 첫째는 '소속, 소유'를 의미(요 6:37, 44, 65; 17:6-7)하며 둘째는 '서로를 잘 안다'라는 친밀감이라는 의미가 내재되어 있다.

"아는 것 같으니"에서의 '같으니'의 헬라어는 카도스($\kappa\alpha\theta\acute{\omega}\varsigma$, according as, just as)인데 이는 17장 21절의 경우에서처럼 존재론적 동질성에 근거한 성부와 성자 간의 상호이해 혹은 상호지식을 말하고 있다.[81]

"나는 양을 위하여 목숨을 버리노라"는 것은 요한복음 15장 13절의 말씀에 연결되는데 이는 곧 '예수님의 십자가 죽음'을 예표(요 16:16)하고 있다.

---

81   『그랜드 종합주석 13권』, p789

"알다"라는 말이 계속하여 반복되고 있는데 이는 헬라어로 기노스코 (γινώσκω, v, to come to know, recognize, perceive)로서 '미리 아심'이라는 의미이다(예정, 롬 8:29-30; 11:2; 행 2:23; 4:23-28; 벧전 1:2, 20).

16 또 이 우리에 들지 아니한 다른 양들이 내게 있어 내가 인도하여야 할 터이니 저희도 내 음성을 듣고 한 무리가 되어 한 목자에게 있으리라

이 구절의 "우리(sheep-fold)"라는 것은 '양 무리(sheep herd) 혹은 떼(flock)'를 지칭하는 것으로 10장 1절의 '우리[82](αὐλή, nf)'와 동일한 헬라어를 사용한다. 단, 1절에서의 '우리(아울레)'가 울타리가 쳐져 있는 장소인 '공간 영역'을 지칭한다면 이 구절인 16절에서는 '시간적 영역'을 가리킨다. 즉 "이 우리에 들지 아니한"이라는 것은 '아직 우리(sheep-fold) 속에 들지 않은'이라는 의미이다. 계시록 14장 6절의 카데마이(14:6, κάθημαι, τοὺς καθημένους ἐπὶ τῆς γῆς, those dwelling on the earth)를 가리키는 것으로 그들은 만세 전에 택정함을 받은 자들인데 아직 복음을 듣지 못하여 세상 속에서 살아가는 사람들을 말한다.

이 구절에서의 '한 우리(αὐλή, nf, sheep-fold) 안의 한 무리, 한 목자'를 잘못 해석하여 RCC(Roman Catholic Church)는 '한 교회 한 교황'을 주장한다. 그러나 실제적인 의미는 '여러 우리(αὐλή)안에 있더라도 예수님 안에서는

---

82 '우리(αὐλή, nf)는 sheep-fold, a building with an interior courtyard; an uncovered, walled area that is enclosed but without a roof; an open-air (interior) courtyard of a mansion or palace)'이다.

한 무리'라는 의미이다. 다시 말하면 여러 교회 안에 있어도 교회의 주인 되신, 한 목자 곧 예수 그리스도께 속하는 것이 중요하다라는 의미이다.

"한 목자에게 있으리라"에서 '한 목자'라는 것은 에스겔 34장 23절과 37장 24절에서는 다윗왕으로 묘사된 메시야를 가리킨다.

"내가 한 목자를 그들의 위에 세워 먹이게 하리니 그는 내 종 다윗이라 그가 그들을 먹이고 그들의 목자가 될찌라"_겔 34:23

"내 종 다윗이 그들의 왕이 되리니 그들에게 다 한 목자가 있을 것이라 그들이 내 규례를 준행하고 내 율례를 지켜 행하며"_겔 37:24

17 아버지께서 나를 사랑하시는 것은 내가 다시 목숨을 얻기 위하여 목숨을 버림이라

이 구절은 달리 해석하면 '내가 목숨을 버리기 때문에 아버지께서 나를 사랑하신다. 내가 목숨을 버리는 것은 그 목숨을 다시 얻으려는 것(공동번역, 새번역)'이라는 말이다. 이는 예수님의 십자가 죽음과 부활, 그리고 영광을 얻으실 것과 믿는 자의 영생(고전 15:12-19)을 예표하고 있다.

18 이를 내게서 빼앗는 자가 있는 것이 아니라 내가 스스로 버리노라 나는 버릴 권세도 있고 다시 얻을 권세도 있으니 이 계명은 내 아버지에게서 받았노라 하시니라

"스스로 버리노라(10:11)"는 것은 베드로전서 2장 24절말씀의 예수 그리스도께서 "친히 나무에 달려 그 몸으로 우리 죄를 담당"하셨다는 것을 말한다.

"버릴 권세도 있고 다시 얻을 권세도 있으니"라는 말은 예수님의 죽음은 자발적이며 그리스도 메시야이신 예수님만이 하실 수 있다라는 것을 의미한다. 그렇다고 하여 예수님이 자살했다라는 말이 아니다. 근본 하나님이신 예수님만이 버릴 권세도 다시 얻을 권세도 있다라는 것이다. 또한 예수의 죽음과 부활은 삼위하나님의 합력사역(롬 6:4; 8:11)임을 드러내는 것이다.

"계명"은 헬라어로 엔톨레(ἐντολή, nf, an ordinance, injunction, command, law)인데 이는 '명령, 사명, 책무, 권세'로도 해석한다. 즉 계명이란 예수께서 성부하나님의 구속 계획을 성취하러 오신 것(엔톨레)을 말한다. 빌립보서 2장 8절과 요한복음 6장 38절에서 반복하여 말씀하고 있다.

19 이 말씀을 인하여 유대인 중에 다시 분쟁이 일어나니 **20** 그 중에 많은 사람이 말하되 저가 귀신 들려 미쳤거늘 어찌하여 그 말을 듣느냐 하며 **21** 혹은 말하되 이 말은 귀신 들린 자의 말이 아니라 귀신이 소경의 눈을 뜨게 할 수 있느냐 하더라

"이 말씀을 인하여~다시 분쟁이 일어나니"라는 말씀에서는 예수님께서 자신을 가리켜 지칭하셨던 '걸림돌과 거치는 바위(롬 9:33; 사 8:14; 28:16)'라는 구절이 연상된다(눅 2:34; 마 10:34).

"분쟁"의 헬라어는 스키스마(σχίσμα, nn, a rent, as in a garment; a division, dissention)인데 이는 스키조(σχίζω, v, to cleave, split)에서 파생되었다.

22 예루살렘에 수전절이 이르니 때는 겨울이라

수전절(the Feast of Dedication or Light, 하누카, 빛의 축제)이란 봉헌절 혹은 광명절로도 불리는 것으로 성전 봉헌을 기념하는 절기이다. 헬라어로는 엥카이니아(ἐγκαίνια, nn, dedication, renewal (of religious services))인데 '어둠을 밝히다'라는 의미이다. 이는 히브리서에서 사용된 엥카이니조(ἐγκαινίζω; 히 9:18/세우다, 10:19-20/열어 놓다)의 명사형이다.[83] 히브리어로는 하누카(חֲנֻכָּה, Hanukkah, 빛의 축제)로 불렸다.

수전절은 "피흘림"과 관련이 있다. 수전절을 통해 어둠을 밝히며 성전 봉헌을 기념하는 것은 예수님의 십자가 보혈이라는 몸 된 성전을 봉헌한 것으로 이를 통해 죄와 사망의 어두움에서 벗어나 빛의 자녀가 되었음을 나타낸다.

한편 이 절기는 태양력으로 12월 25일부터 8일 동안 열렸으며 가지가 9개인 촛대(hanukkiyah)에 불을 밝혔기 때문에 빛의 축제(등화제, Lights)라고 했다. BC 164년경 셀류코스(Σέλευκος) 왕조의 안티오쿠스 에피파네스 4세(마 24:15, 살후 2:4)로부터 유다 마카비(Judas Maccabeus, BC 164)가 스룹바벨 성전을 되찾은 후 이교도의 신상(제우스)을 치워 버리고 불을 밝혀 신께

---

83 엥카이니조(ἐγκαινίζω, v)는 I consecrate, dedicate, renovate/(from 1722 /en, "in" and kainizō, "make fresh, new") – properly, make qualitatively new (like consecrating or dedicating something); to renew (inaugurate), advancing to a new sphere (dimension) of reality)로서 열어놓다(consecrated or dedicated, 10:19-20), 세우다(dedicated)라는 의미이다.

성전을 봉헌(봉헌절)했던 것을 기념하는 절기이다.

사도 요한이 이 부분에서 유대인의 절기인 수전절을 특별히 언급한 이유는 성전의 실체(요 2:21)로 오신 예수님은 정작 솔로몬 행각에 머물게 하면서 하찮은 모형인 성전만을 봉헌하며 절기를 지키고 있는 유대인을 꼬집기 위함이다. 그런 유대인들을 가리켜 '겨울(자기 의(義), 행위 율법)에 속한 자', '영적 어두움에 속한 자(요 1:5; 13:30)'라고 한다. 그렇기에 이 구절에서 "때는 겨울이라"고 상징적으로 슬쩍 언급했던 것이다. 한편 예레미야는 겨울에 속한 자인 유대인들의 경우 여름도 지나고 추수할 때도 지나버린 즉 구원을 얻지 못할(렘 8:20) 자들이라고 칭하고 있다.

"추수할 때가 지나고 여름이 다하였으니 우리는 구원을 얻지 못한다 하는도다"_렘 8:20

요한복음 8장 12절, 9장 5절에서 예수님은 당신 스스로를 가리켜 참 성전으로서 세상의 빛, 생명의 빛이라고 말씀하셨다.

23 예수께서 성전 안 솔로몬 행각에서 다니시니

"솔로몬 행각(Solomon's Colonnade, 행 3:11. 5:12)"이란 솔로몬 성전 동편에 있는 양쪽으로 줄줄이 늘어선 162개 기둥으로서 벽이 없고 지붕만 있는 복도로 이루어진 주랑(柱廊)을 가리킨다. 솔로몬 성전이 AD 70년 디도(Titus)에 의해 무너질 때 파손되지 않고 유일하게 남은 부분이다.

"다니시니"라는 것은 '가르치시니'라는 의미이다.

"솔로몬 행각"의 위치는 성전 안 마당인 여인의 뜰에서 가장 바깥에 위치한 성전 밖 마당인 이방인의 뜰로 나있는 곳에 있다.[84] 성전 봉헌을 기념하는 수전절에 성전의 실체이신 예수는 정작 성소와 지성소에서 가장 멀리 떨어진 성전 바깥에서 다니고 계신다라는 것은 실로 아이러니가 아닐 수 없다.

24 유대인들이 에워싸고 가로되 당신이 언제까지나 우리 마음을 의혹케 하려나 이까 그리스도여든 밝히 말하시오 하니

"당신이 언제까지나 우리 마음을 의혹케 하려나이까?"

Ἕως πότε πότε ψυχὴν ἡμῶν αἴρεις;

Until when the soul of us hold you in suspense?

How long will you keep us in suspense?

"마음을 의혹케 하다"라는 것은 '영혼을 들어올리다', '마음을 졸이게 하다(공동번역, 새번역)'라는 의미이다. 유대인들이 예수님께 질문한 의도 속에는 교묘한 인간의 사악함이 가득 들어 있다. 마치 그들은 본래는 양심적인 사람이었으나 예수님 때문에 자기들이 의심하게 되었다라며 핑계를 대고 있는 것이다. 즉 그들이 예수님께 책임을 전가하면서 핑계대는 것을 적나라하게 드러낸 것이다. 이는 창세기 3장 12절의 아담의 '핑계, 책임 전가'의 모습이 연상된다.

"의심(약 1:6)"의 헬라어는 디아크리노(διακρίνω, ν)인데 이는 디아(διά)와

---

84 성전(성소와 지성소)을 중심으로 성전 안 마당인 제사장의 뜰, 유대인(이스라엘)의 뜰, 여인의 뜰(헌금함, 13개), 그리고 성전 밖 마당인 이방인의 뜰과 솔로몬 행각이 있다.

크리노(κρίνω)의 합성어이다. 두 마음(약 1:8, δίψυχος) 즉 마음이 둘로 나뉘는 것을 말하며 디스(δίς)와 푸쉬케(ψυχή, nf)의 합성어이다. 이를 가리켜 마태복음(6:25, 27, 28, 30, 31, 34)에서는 '염려(μεριμνάω, v/μέριμνα, nf)라고 했다.[85] "의심'이란 두 마음 즉 마음이 둘로 나뉘는 것을 말하며 '염려'는 하나님을 신뢰하지 못하는 불신을 말한다.

"밝히 말씀하소서"라는 말 속에는 종교지도자들의 악한 목적 즉 그들 마음 속에 깊숙이 품고 있는 사악한 의도가 그대로 드러나 있다. 상대를 올무에 빠뜨리려는 간계가 바로 사단의 속성이다.

25 예수께서 대답하시되 내가 너희에게 말하였으되 믿지 아니하는도다 내가 내 아버지의 이름으로 행하는 일들이 나를 증거하는 것이어늘

"너희에게 말하였으되"라는 것은 이미 내가 '나는 생명의 떡(6:35), 영원

---

85 '의심(약 1:6)'의 헬라어는 디아크리노(διακρίνω, v, I separate, distinguish, discern one thing from another; I doubt, hesitate, waver)이다. 이는 디아(διά, through, on account of, because of)와 크리노(κρίνω, (a) I judge, whether in a law-court or privately: sometimes with cognate nouns emphasizing the notion of the verb, (b) I decide, I think (it) good)의 합성어이다.
이는 두 마음(약 1:8, δίψυχος, properly, "two souled"; (figuratively) "double-minded," i.e. a person "split in half," vacillating like a "spiritual schizophrenic.") 즉 마음이 둘로 나뉘는 것을 말한다. 디스(δίς, twice, entirely, utterly, δύο, two)와 푸쉬케(ψυχή, nf, psyxḗ (from psyxō, "to breathe, blow" which is the root of the English words "psyche," "psychology") – soul (psyche); a person's distinct identity (unique personhood), i.e. individual personality.)의 합성어이다.
이를 가리켜 마태복음(6:25, 27, 28, 30, 31, 34)에서는 '염려(μεριμνάω, v/μέριμνα, nf, "a part, as opposed to the whole") – properly, drawn in opposite directions; "divided into parts" (A. T. Robertson); (figuratively) "to go to pieces" because pulled apart (in different directions), like the force exerted by sinful anxiety (worry). Positively)'라고 했다.

한 생수(7:38), 세상의 빛이요 생명의 빛(8:12), 선한 목자(10:11)라고 말했다'라는 의미이다.

신명기 18장 15-22절에 의하면 여호와의 이름으로 말하는 선지자들의 예언이 그대로 성취되면 그것은 하나님으로부터 말미암은 것이라고 했다. 그러나 유대인들은 율법도 예수의 증거도 표적도 그 어느 것도 믿지 않았다.

26 너희가 내 양이 아니므로 믿지 아니하는도다

앞서 25절의 말씀에서 보았듯이 유대인들의 불신앙은 결과적으로는 성부하나님의 유기(遺棄)의 결과이다. 에베소서 2장 8-9절에서는 믿음(피스티스)을 하나님의 선물이라고 했다. 그렇기에 성부께서 아들에게 주신 양(사람)만이 창세 전에 택정되어진 참된 양(택자)이라는 의미이다.

27 내 양은 내 음성을 들으며 나는 저희를 알며 저희는 나를 따르느니라

"따르다(아콜루데오; ἀκολουθέω, v, to follow)"라는 헬라어는 이 구절에서 현재진행형인 아콜루두신(ἀκολουθοῦσίν)으로 쓰였음에 주목해야 한다.

"듣다"의 헬라어는 아쿠오(ἀκούω, v, to hear, listen, o hear God's voice which prompts Him to birth faith within)인데 이 또한 현재진행형인 아쿠우신(ἀκούουσιν)으로 쓰였다. 즉 "들으며~따르느니라"는 것에는 '지금껏 앞으로도 영원히 들으며 따른다'라는 의미가 들어있다.

26-27절은 믿음은 들음(들으며)에서 나며 그 들음으로 예수를 알아가게 되며(알며) 그런 양(교회, 성도)은 그 분의 음성에 순종(따르느니라)하게 된다라는 것이다. 이는 요한복음 9장 7절의 "실로암 못에 가서 씻으라"는 말씀을 듣고 믿음으로 순종했던, 날 때부터 맹인된 자가 취했던 모습이며 그렇게 함으로써 그는 눈을 뜨게 되었고 영적으로 살아나게 되었다.

잠언 20장 12절에 의하면 듣는 귀와 보는 눈을 여호와께서 지으시고 그것을 사람에게 주셨다라고 하셨다. 그러므로 진정한 그리스도인의 삶의 태도는 "믿음(명사, 피스티스, πίστις, nf) + 들음 + 알아감(신앙생활) + 믿음(동사, 피스튜오, πιστεύω) + 순종"이라는 도식이 성립되어야만 한다.

28 내가 저희에게 영생을 주노니 영원히 멸망치 아니할 터이요 또 저희를 내 손에서 빼앗을 자가 없느니라

이 구절은 요한복음의 기록 목적인 20장 31절의 반복된 말씀이다. 오직 "예수, 그리스도, 생명(영생)"이라는 것이다.

"주노니"의 헬라어는 디도미(δίδωμι, v, to give)로서 현재형인 것(요 5:24; 마 25:31-46)에 주목해야 한다. 한편 "다른 사람의 권세 아래로 넘겨주다(내어 버려두다)"라는 비슷한 의미의 파라디도미(παραδίδωμι, to hand over, to give or deliver over, to betray, 롬 1:24, 26, 28)가 있는데 이는 파라(παρά, from close-beside)와 디도미(properly, to give (turn) over; "hand over from," i.e. to deliver over with a sense of close (personal) involvement)의 합성어이다.

"영원히 멸망치 아니할 터이요"라는 것은 '결단코~하지 아니하다'라는 말이다(요 3:16; 6:37, 39; 17:12; 18:9). 그렇기에 하나님의 자녀들의 생명은 하나님 안에 감취어졌으며(골 3:3) 그 어떤 것도 구원에 하등의 영향을 미치지 못한다(고후 4:7-10)라는 것이다. 즉 택정함을 얻은 참 성도는 비록 육신을 가졌기에 넘어지고 엎드러지기는 하나, 배교하거나 아주 자빠지지(엎어지다, fall down)는 않음을 알아야 한다(시 37:24). 그러므로 사단은 종말 시대 동안에 교회인 우리를 한시적으로 제한된 허용 범위 내에서만 괴롭히고 애를 태울 수는 있으나 결단코 우리의 영혼을 움켜잡을 수 없음을 알아야 한다.

29 저희를 주신 내 아버지는 만유보다 크시매 아무도 아버지 손에서 빼앗을 수 없느니라

"내 아버지"란 고백은 예수님만이 하실 수 있다. 그렇기에 예수님만이 바로 유일한 하나님의 독생자(sonship, 요 3:16)이심을 강조하신 말씀이다.

30 나와 아버지는 하나이니라 하신대

"하나"에 사용된 헬라어는 남성인 에이스(εἷς, 남성man, one)가 아니라 중성인 헨(ἕν, 중성)이다. 이는 성부와 성자가 한 본질(Essence)이요 본체(빌 2:6)이심을 의미한다. 즉 삼위일체 하나님의 존재론적 동질성(Essential Equality)을 나타내고 있다. 요한복음 5장 18절, 14장 9절의 말씀 또한 마찬가지이다. 즉 능력과 작용, 위격에 있어서 하나(존재론적 동질성)라는 의미이다.

31 유대인들이 다시 돌을 들어 치려 하거늘 **32** 예수께서 대답하시되 내가 아버지께로 말미암아 여러 가지 선한 일을 너희에게 보였거늘 그 중에 어떤 일로 나를 돌로 치려 하느냐

유대인들이 돌을 들어 치려고 했던 것은 '신성모독(神聖冒瀆, Blasphemy) 죄'라고 생각했기 때문이다(레 24:16). 이들의 행동은 결국 생명존중보다도 율법을 더 중시했다라는 것이다. 그런 유대인들은 예수님께 '걸려 넘어지고' 말았다. '거치다, 걸려 넘어지다'의 헬라어가 바로 '배척하다'라는 의미의 스칸달리조(막 6:3, 롬 9:33, σκανδαλίζω, v)이다.[86]

33 유대인들이 대답하되 선한 일을 인하여 우리가 너를 돌로 치려는 것이 아니라 참람함을 인함이니 네가 사람이 되어 자칭 하나님이라 함이로라

"참람함"의 헬라어는 블라스페미아(블라스페미아; βλασφημία, nf, sluggish/slow reputation, fame)인데 이는 '신성모독(神聖冒瀆)'을 가리키는 영어 blasphemy의 어원이다.

---

86 스칸달리조(막 6:3, 롬 9:33, σκανδαλίζω, v)는 properly, set a snare ("stumbling-block"); (figuratively) "to hinder right conduct or thought; to cause to stumble" – literally, "to fall into a trap" (Abbott-Smith)/σκάνδαλον, nn, properly, the trigger of a trap (the mechanism closing a trap down on the unsuspecting victim); (figuratively) an offense, putting a negative cause-and-effect relationship into motion.)이다.

34 예수께서 가라사대 너희 율법에 기록한 바 내가 너희를 신이라 하였노라 하지 아니하였느냐

"너희 율법에"라는 말에서의 "너희"라는 것은 '너희가 그것을 중히 여기는(Hendriksen)'이라는 말로서 '너희가 중히 여기는 율법에'라는 의미이다.

"율법"은 헬라어로 노모스(νόμος, nm)라고 하는데 이는 일반적으로 오세오경을 말하나 때로는 성경 전체(요 12:34; 15:25; 롬 3:19)를 말하기도 한다.

시편 86편 8절의 "주여 신들 중에 주와 같은 자 없사오며"에서의 "신들(gods)"이란 신의 권한을 대행하는 것으로 여겨진 재판관들(이스라엘 방백들)을 가리킨다. 그들이 권위와 권세로 하나님의 위엄을 대신하여 다스렸기 때문에 '신들'이라고 했던 것이다. 이를 35절에서는 하나님의 말씀을 받은 선지자들(대언자들, 모세, 이사야, 예레미야, 세례 요한 등)을 가리켰고 36절에서는 예수님 자신을 신(神)이라고 말씀하셨다.

35 성경은 폐하지 못하나니 하나님의 말씀을 받은 사람들을 신이라 하셨거든

"성경은 폐하지 못한다"라는 것은 성경의 완전성(마 5:17), 영구불변성(사 40:8), 계시의 종결성(계 22:18-19)에 근거를 두고 있다. 이는 "기록된 말씀" 즉 정경에 대한 6대 속성과 3대 영감을 드러내는 것이다. 6대 속성이란 무오류성, 완전성, 충분성, 명료성, 권위성, 최종성을 말하며 3대 영감이란 완전 영감, 축자 영감, 유기 영감을 말한다.

예수님은 하나님의 말씀을 받은 사람들을 신(神)에 비유하기도 했다. '신들(gods)'에 대해 학자들은 세 가지를 말하였는데 곧 이스라엘의 사사들, 하나님의 천사들, 하나님의 말씀을 받은 영적 이스라엘 백성들이라고 했다. 나는 세 번째를 지지한다.

예수님은 '하나님의 말씀을 받은 이스라엘 백성'인 유대인들이 정작 '영원하신 말씀'으로 이 땅에 오신 당신을 몰라보는 것에 대해 꾸중하고 있다.

36 하물며 아버지께서 거룩하게 하사 세상에 보내신 자가 나는 하나님 아들이라 하는 것으로 너희가 어찌 참람하다 하느냐

이 구절에서의 "하나님 아들(시 82:6)'이라는 것은 존재론적인 신(神)이 아니라 예수님께서 26절에서 말씀하셨던 영적 이스라엘 백성으로서의 '신(神, 영적 이스라엘 백성)'이라는 의미이다. 즉 하나님의 일을 위임받은 대리인으로서의 구별된 신적 존재라는 의미이다. 더 나아가 하나님의 말씀과 사명을 가진 진정한 의미의 인간(에덴동산의 하나님의 형상을 닮은 사람, 쩨렘, 데무트)의 자리로 돌아간 사람(하나님 형상이 회복된 사람)이라는 의미이다.

"형상(에이콘; εἰκών, nf, mirror-like representation, resemblance)"이란 내적일치 혹은 본질을 의미한다(고후 3:18; 4:4; 골 1:15).

신구약 중간기 시대에 셀류코스(Σέλευκος) 왕조는 안티오쿠스 에피파네스(Ἀντίοχος ὁ Ἐπιφανής) 가문이 통치했다. 그 중 4세(BC 215-163, 마 24:15; 살후 2:4)가 가장 악랄하고 교활했다. 그 왕은 스룹바벨 성전을 정복한 후 성전 내에 제우스 신상을 세우고 돼지 피, 돼지 고기로 제단에 바치게 했다. 이로 인해 핫시딤이 동참했던 유명한 "마카비 혁명(B.C.166)"이 일어난다. 여기서 에피파네스(Epiphanes, Ἐπιφανής)라는 말은 헬라어 '데오스 에피파네스'에서 나온 말로 '명백히 나타난 신'이라는 의미이다. 이는 에피파네스 자신을 마치 36절에서의 '신적 존재'라는 말을 뛰어 넘어 '신의 현현'이라고 말한 것과 같다. '에피파네스'를 조롱하여 생긴 말에 에피마네스(Epimanes, 미친 놈, 정신병자)가 있다.

37 만일 내가 내 아버지의 일을 행치 아니하거든 나를 믿지 말려니와 38 내가 행하거든 나를 믿지 아니할지라도 그 일은 믿으라 그러면 너희가 아버지께서 내 안에 계시고 내가 아버지 안에 있음을 깨달아 알리라 하신대

"믿음"에 대한 정확하고도 심도 깊은 의미를 제대로 알려면 '믿음'의 품사에 따른 헬라어 3단어를 아는 것이 중요하다. 믿음의 헬라어 명사는 피스티스(πίστις, nf)이고 동사는 피스튜오(πιστεύω)이며 형용사가 피스토스(πιστός)이다.

예수님은 당신 스스로를 가리켜 "아버지께서 거룩하게 하사 보내신 자(10:36)"라고 계시하셨다. 그런 예수님은 유대인들에게 "나를 믿지 못한다 할지라도 내가 행한 기적은 보고 믿으라"고 도전하셨다. 앞서 34-35절에는 신의 권한을 대행하는 것으로 여겨진 재판관들(이스라엘 방백들)을 '신(神)들'이라고 했는데 그들은 하나님의 일을 많이 하지 않았다. 그러나 예수님은 당신을 그리스도 메시야로 보내셨던 아버지 하나님의 일만 하셨다. 그렇기에 예수께서 하셨던 그 일은 믿으라고 말씀하고 있는 것이다.

39 저희가 다시 예수를 잡고자 하였으나 그 손에서 벗어나 나가시니라

이유인 즉 아직은 예수님의 십자가 수난의 때가 아니었기 때문이다.

40 다시 요단 강 저편 요한이 처음으로 침례 주던 곳에 가사 거기 거하시니

이 구절에서의 베다니는 요한복음 1장 28절의 요단강 건너편 베레아 지방의 베다니(Bethany, beyond Jordan)를 가리키는 것으로 세례 요한이 예수님을 비롯한 많은 사람들에게 세례를 베풀던 곳이다.

또 다른 베다니는 예루살렘 근처에 위치한 지역으로 마르다와 마리아, 나사로의 집이 있던 마을이다(막 11:1, 눅 19:29, 요 11:1, 18, 12:1, Bethany, the home of Lazarus, Martha, and Mary, near Jerusalem).

한편 "베다니(Βηθανία, nf, "house of affliction" or "house of dates", Bethany, the name of two cities in Palestine)"라는 헬라어는 히브리어 베이트와 아니아흐의 합성어(עֲנִיָּה בֵּית, house of depression or misery (cf. B. D. American edition)로 '번뇌하는 자의 집, 날짜의 집, 대추야자(마 21:17, 요 11:1)의 집'이라는 의미이다.

41 많은 사람이 왔다가 말하되 요한은 아무 표적도 행치 아니하였으나 요한이 이 사람을 가리켜 말한 것은 참이라 하더라 **42** 그리하여 거기서 많은 사람이 예수를 믿으니라

요한이란 "세례 요한"을 가리키는 것으로 그는 실제로 "하나님께로부터 보내심을 받은 자(1:6), 빛에 대하여 증거하러 온 자(1:7, 8), 광야에서 외치는 자의 소리(1:23)"였다. 요한복음 1장에서 세례 요한의 이야기(예수, 그리스도, 생명)가 나오고 다시 10장에서 세례 요한의 이야기(예수, 그리스도, 생명)가 나오는 것을 볼 수 있는데 이를 수미상관법(Inclusio, 샌드위치 기법)이라고 한다.

"참(알레데이아; ἀλήθεια, nf, ἀληθής, adj, equivalent to ἀληθινός)"이라는 것은 '예수님만이 진리이시다'라는 것을 가리킨다. 한편 "참"은 요한복음 1장의 서론에서 말한 것으로 예수는 말씀이 육신이 되신(예수는, 1:14) 하나님으로서 세상을 창조하셨고(1:1-4) 참 빛 곧 세상에 와서 각 사람에게 비취는 빛(생명, 1:9)이시며 성부하나님의 품 속에 있는 독생하신 하나님(1:18)이시다. 또한 '세상 죄를 지고가는 하나님의 어린 양(1:29, 예수는 구속주 하나님)'이시자 '하나님의 어린 양(1:36, 어린 양 예수 그리스도는 하나님)'이셨다.

그분은 가나 혼인잔치(2:1-11)의 주인공이셨고 십자가 보혈을 상징하는 포도주를 통해 기쁨과 희락을 허락하신 분이셨다. 예수님은 성전의 실체(2:21)이셨고 메시야 곧 그리스도(4:25)이시며 안식일의 주인(마 12:8, 요 5:17)이시다.

더 나아가 예수님만이 생명의 떡(6:35, 48)이요 하늘로서 내려온 산 떡(6:51)이시며 생수(7:37-38)이시다. 그는 세상의 빛이요 생명의 빛(8:12)이며 선한 목자(10:11)시요 하나님의 아들(10:36)이시다. 이 모든 것이 진리(ἀλήθεια)임을 알게 되자 모든 사람들은 예수를 믿게 된 것이다. 그리하여 42절은 "많은 사람이 예수를 믿으니라"고 말씀하고 있다.

이어서 11장에서는 죽은 나사로의 다시 살아남에 대한 이야기가 나오는데 이는 예수의 7가지 표적 중 절정에 해당하는 것이다. 요한복음의 전반부에서 7가지 표적을 보이신 것은 "예수, 그리스도, 생명"을 드러내기 위함이었다. 이제 바야흐로 죽은 자를 살리시는 그 예수를 보게 되고 그 예수를 믿는 자마다 멸망치 않고 하나님의 은혜(엡 2:8-9)로 영생을 얻게 되는 것을 목도하게 된다.

은혜 위에 은혜러라

*

Grace for Grace

Χάριν ἀντὶ χάριτος

예수(Ἰησοῦς), 그리스도(Χριστὸς), 생명(ζωή)

나사로가 잠들었다
그러나 내가 깨우러 가노라

"표적들의 책(The Book of Signs, 요 1:19-12:50)"을 통하여는 일곱 가지 표적들을 통해 계속하여 일관되게 "예수, 그리스도, 생명"임을 드러내고 있다. 특히 이곳 11장은 앞서 언급했던 여섯 가지 표적 후의 마지막 절정(climax)인 일곱 번째 표적을 보여주고 있다. 그것은 예수님께서 나흘이나 지나버려 완전히 죽어서 무덤에 있던 죽은 나사로를 살리신 것이다.

한편 신약에는 죽은 자를 살렸던 이야기가 몇 번 나오는데 살아난 시간에 따라 각각 약간의 차이가 있다. 야이로 딸의 경우에는 "죽은 직후에" 살아났고(막 5:22; 눅 8:41) 나인성 과부의 아들은 "장사되기 직전에" 살아났다(눅 7:11-17). 그러나 나사로의 경우는 "무덤에 있은 지 나흘(11:17)"이었다. 이들 모두의 이야기는 "부활이요 생명이신" 예수 그리스도를 드러내고자 한 것이다.

결국 예수님은 죽은 자를 살리실 뿐만 아니라 예수님만이 죽음을 몰아내시는 영생의 원천(근원)이심을 증거하고 있는 것이다. 따라서 요한복음 11장 25-27절에서는 "예수님만이 부활이요 생명이시며 그리스도 메시야로서 세상에 오시는 하나님의 아들"이라 선언하고 있다.

"예수를 믿는 자는 죽어도 살겠고"라는 것은 모든 인간은 한 번은 죽기에(육신적 죽음, 히 9:27, 과거, 현재, 미래) 육신적 죽음을 통과해야만 한다. 그리스도인은 죽음 후에는 곧장 변화된 몸 부활체(고전 15:42-44)로 살아날 것을 의미하고 있다. 이후 백보좌 심판을 통해 신원(Vindication)을 받아 영생을 누리게 됨을 의미한다.

"살아서 예수를 믿는 자는 영원히 죽지 아니하리니"라는 것은 살아 생전에 예수를 믿어 영적 죽음에서 살아났기에 영적 부활된 자는 그때부터 영생을 누리게 된다라는 것이다. 그러나 육체를 가진 인간은 반드시 죽음을 통과할 수밖에 없다. 곧 육신적 죽음이라는 이동(옮김, 아날뤼세오스, 딤후 4:6)을 통해 현재형 하나님나라에서 미래형 하나님나라로 옮겨가는 것이기에 구원 이후 육신적으로 살아있는 동안에도 하나님나라를 누리게 되며 죽음 이후에도 미래형 하나님나라에서 영생을 누리게 됨으로 영원히 죽지 아니하리라"고 약속하셨던 것이다.

일단의 학자들은 요한복음 11장 25절은 예수님 초림 전의 구약시대를 의미하며 26절은 초림 후의 신약시대를 상징한다라고 했다. 나는 일정 부분 이에 동의하지만 앞서 언급했듯이 요한복음의 주제가 "예수, 그리스도, 생명(요 20:31)"이기에 시공(時空)을 나누는 것에 그다지 관심이 없다. 인간에 대한 하나님의 구원은 당신의 작정과 예정에 따른 섭리 하의 경륜이므로 신비이며 오묘함에 감사할 뿐이다.

반복하지만 '죽어도 살겠고'라는 것은 영적 죽음 상태에서 예수를 믿어 영적 부활된 그리스도인들이기에 비록 육신적 죽음을 맞는다 하더라도 곧장 부활되어 부활체로서 영생을 누리기에 '죽어도 살겠고'라고 한 것이다. 또한 "살아서 나를 믿는 자는 영원히 죽지 않는다"라는 것은 역시 만세 전, 태초(아르케, 올람)부터 계셨던 예수를 믿음으로 말미암아 영적 죽음에서 즉시 살아나고(영적 부활) 그 즉시 성령님을 주인으로 모시고 현재형 하나님나라를 살다가 반드시 맞게 되는 육신적 죽음(히 9:27) 후에는 미래형 하나님나라에서 영원히 살게될 것(영생)이므로 영원히 죽지 않는 것이라는 말이다.

그러므로 죄와 허물로 죽을 수밖에 없었던 죄인이었던 우리가 예수를 믿으면 시공(時空)에는 관계없이 믿음(피스티스, 만세 전에 하나님의 은혜로 택정하심 속에 주어진, 허락하신 믿음)으로 인해 그 즉시 영적 죽음에서 영적 부활되어 이후 하나님나라(현재형)에서 성령하나님을 주인으로 모시고 영생을 누리게 되는 것이다. 그리고 한 번 인생에서 반드시 맞닥뜨리게 되는 '육신적 죽음'에서의 '죽음'이란 현재형 하나님나라에서 미래형 하나님나라에로의 이동(옮김, 아나뤼오)일 뿐이기에 계속하여 하나님나라(현재형과 미래형)에서 영생을 누리며 살아가는 것이 된다. 결국 예수를 믿으면 그 즉시로 영생을 누리게 되고 앞으로도 영원히 영생을 누리게 된다라는 것이다.

결론적으로 창세 전에 하나님의 은혜로 택정된 자는 때가 되면 복음이 들려져 반드시 돌아오게 되어 있다. 곧 택정되어 그리스도인이 된 자는 예수 그리스도로 말미암아 하나님의 은혜로 영생을 누리게 된다. 그렇기에 예수를 믿고 나면 그 즉시로 현재형 하나님나라를 살아가는 것이며 장차 미래형 하나님나라에서 영원히 영생을 누리게 됨으로 지금도 앞으로도 영원히 '하나님나라'를 살아가는 것이라는 의미이다. 할렐루야!

11-1 어떤 병든 자가 있으니 이는 마리아와 그 형제 마르다의 촌 베다니에 사는 나사로라

"베다니(베다니아; Βηθανία, nf, "house of affliction" or "house of dates")"라는 단어는 베이트(בֵית)와 아니아흐(עֲנִיָּה)의 합성어로서 '고통의 집(house of depression or misery)'이라는 의미도 있다.

"나사로"라는 이름은 누가복음 16장 20절에 한 번 더 나오는데 요한복음의 나사로와 상관관계가 전혀 없다. 참고로 나사로의 헬라어로는 나자로스(Λάζαρος, nm)이며 히브리어는 엘레아자르(אֶלְעָזָר, God has helped)인데 이는 헬라어식 축소형이다.

한편 누가복음과 요한복음에 나오는 동명이인(同名異人)인 나사로는 가정 환경(거지와 부자)이나 가족 배경(독신과 누이들)이 너무나 판이(判異)하다. 나는 이런 부분에서 '같은 이름, 다른 인생'을 보며 하나님의 뜻을 묵상하는 시간을 갖곤 한다. 왕이었던 사울과 사도였던 사울(사도 바울) 또한 '같은 이름, 다른 인생'을 살았다. 사도행전에 나오는 세 명의 아나니아와 세명의 시몬도 그랬다.[87]

결론적으로 '한번 인생, 어떻게 살다가 죽은 것인가, 무엇을 하다가 죽을 것인가'를 심각하게 고민했으면 한다.

【 같은 이름, 다른 인생 】

동명이인	같은 이름	다른 인생
1) 나사로	눅: 나사로 요: 나사로	눅: 거지, 독신 요: 부잣집 아들, 누이들 등 가족이 있었음
2) 사울	베냐민지파: 사울왕 베냐민지파, 바리새파: 사울-〉사도 바울	용두사미(龍頭蛇尾) 아포스톨로스 대기만성(大器晩成)
3) 아나니아	아나니아 선지자 아나니아와 삽비라 아나니아 대제사장	하나님의 사람 성령님을 속임 간사, 성직 매매, 부정축재, 전임 대제사장 살인 교사, 변호사 더둘로와 함께 바울을 고소함
4) 시몬	마술사 시몬 므두장이 시몬 베드로 시몬	표적과 기사를 따름, 돈으로 은혜를 사려고 함 베드로에게 숙식을 제공 예수님의 제자(사도)

---

87 '아나니아'라는 이름은 '하나님은 은혜로우시다'라는 뜻이다. 사도행전에는 아나니아와 삽비라 부부(행 5장), 바울을 안수했던 아나니아 선지자(행 9장), 바울을 고소했던 아나니아 대제사장(행 24장)이 나온다. 한편 시몬의 경우도 시몬 베드로와 므두장이 시몬과 마술사 시몬이 있다.

2 이 마리아는 향유를 주께 붓고 머리털로 주의 발을 씻기던 자요 병든 나사로는 그의 오라비러라

사복음서에는 여인의 향유 옥합 이야기가 약간씩 차이를 보이며 기록되어 있다. 마태복음과 마가복음에는 향유를 머리에 부었다면(마 26:7; 막 14:3) 누가복음과 요한복음에는 발에 부었다(눅 7:38; 요 12:3). 이런 차이에 대해 나는 틀리고 맞고의 문제보다는 묵상의 풍성함에 방점을 두고 해석하곤 한다.

11장의 이 구절에서는 나사로를 소개하며 마리아의 향유 옥합 이야기를 슬쩍 언급하였으나 다음 장인 12장에서는 1-8절까지 향유 옥합 이야기를 보다 자세히 기록하고 있다. 그리고 향유 옥합만큼이나 귀한 여인의 "머리털"을 언급하고 있다.

결국 마리아의 향유 옥합 이야기는 예수를 지극히 사랑하는 마음과 한번 인생을 살며 가장 귀하고 소중한 것을 예수님께 기꺼이 바칠 수 있는 가라는 것에 방점을 두어야 한다라고 나는 생각한다.

3 이에 그 누이들이 예수께 사람을 보내어 가로되 주여 보시옵소서 사랑하시는 자가 병들었나이다 하니

나사로의 누이들은 그녀의 오라비가 병들어 죽게 되자 자신들이 절대적으로 신뢰하고 있던 예수님께 자신들의 절망적인 처지를 호소하며

'SOS'를 쳤다.[88] 그들과 예수와의 관계와 교제, 예수에 대한 그녀들의 속마음과 태도를 엿볼 수 있다. 또한 그 누이들은 자신들의 처지가 비록 급하기는 하나 직접적으로 병을 고쳐달라기보다는 그들이 처한 급박한 상황을 먼저 얘기하고 있다. 그저 예수님의 자비와 긍휼을 바라는 그들의 겸손한 모습을 볼 수 있다. 또한 "주여"라는 호칭에서 더욱더 그들의 마음이 잘 드러나고 있다.

4 예수께서 들으시고 가라사대 이 병은 죽을 병이 아니라 하나님의 영광을 위함이요 하나님의 아들로 이를 인하여 영광을 얻게 하려 함이라 하시더라

예수님은 그 소식을 가지고 온 사람들에게 "죽을 병이 아니라 하나님의 영광을 위함"이라고 하시며 또한 "하나님의 아들로 이를 인하여 영광을 얻게 하려 함이라"고 말씀하셨다. 즉 나사로가 비록 죽는다 하더라도 당신께서 다시 살리실 것(11:11)과 나사로에게 육신적 죽음이 찾아온다고 하더라도 그것은 영원한 죽음(둘째 사망)이 아니기에 육신적 죽음으로는 모든 것이 끝난 것이 아님을 말씀하고 있는 것이다.

우리가 흔히 갖는 선입견(先入見) 중 하나는 '모든 질병은 죄의 결과'라고 하는 것이다. 그러나 고린도전서 4장 5절은 "주께서 오시기까지 아무것도 판단하지 말라"고 하셨다. 곧 모든 것은 하나님이 판단하신다라는 것

---

88 참고로 'SOS'는 구조를 위한 대표적인 모스부호이다. 이는 1952년 아르헨티나 부에노스 아이레스 국제전기통신조약 부속 무선 규칙에 의해 세계공통의 조난신호로 규정됨. Cf. 위키백과

이다. 우리는 어떤 상황이나 환경에 대해 하나님의 뜻을 물을 수는 있으나 자의로 속단하는 것에는 '극한 절제'가 필요하다. 그러므로 성경이 말하는 것까지만 말하고 성경이 침묵하면 침묵하는 것이 바람직하며 나는 이런 태도를 지금도 앞으로도 견지할 것이다.

한편 예수님은 나사로의 죽음을 두고 "하나님의 영광을 위함이요~아들로 인하여 영광을 얻게 하려 함이라"고 말씀하셨는데 이는 '다른(사역 면에서는 구분되나 분할되지 않는, 기능론적 종속성) 하나님, 한 분(본체로는, 존재론적 동질성) 하나님'이신 삼위일체 하나님을 드러내고 있다. 곧 한 본질(본체, Substance, Essence) 안에서 서로서로 영광을 돌리는 친밀한 교통하심(페리코레시스)을 볼 수 있다.

"영광[89](카보드, כָּבוֹד, nm/독사, δόξα, nf)"이란 이중적 의미로서 '하나님을 영화롭게 하는'이라는 '찬양과 경배를 올려드리다'라는 의미(Praise the Lord)'와 더불어 '하나님의 능력이나 성품, 속성을 이 땅에 드러내는 것'을 의미하기도 한다.

속죄소에 나타난 하나님의 영광, 광채를 '쉐키나(שכינה, shekinah)'라고 하는데 이는 '무거운 존재, 전능자의 임재'를 상징한다. 결국 진정한 복음(福音)인 예수 그리스도의 십자가 보혈은 하나님의 능력(롬 1:16)이 이 땅에 계시된 것으로 예수님에게나 성부 하나님에게나 지극한 영광이었다. 또한 나사로의 죽음에서 살아남 또한 무한하신 하나님의 영광인 것이다.

---

89 영광(카보드, כָּבוֹד, nm)은 Glory, hornor, abundance/독사, δόξα, nf, (from dokeō, "exercising personal opinion which determines value"); glory corresponds to the OT word, kabo (OT 3519, "to be heavy"). Both terms convey God's infinite, intrinsic worth (substance, essence)이다.

5 예수께서 본래 마르다와 그 동생과 나사로를 사랑하시더니

5절과 6절 사이의 원문에는 한글번역에 없는 헬라어 운(οὖν, therefore)이 있다. 그렇기에 6절은 "그러므로 나사로가 병들었다 함을 들으시고~"라고 해석할 수 있다. 그런데 예수님은 마르다, 마리아, 나사로를 사랑한다고 하면서도 웬일인지 나사로의 병이 더 깊어지기 전에 서둘러 가야할 것 같은데 늦장을 부리며 이틀을 더 체류하셨던 것이다. 따라서 뭔가 앞뒤 문장이 어울리지 않는다.

결국 이 구절을 통해 예수님은 모든 것을 자의로 행치 않으시고(하실 수 있음에도 불구하고) 아버지의 뜻을 구하는, 성부하나님에 대한 의존성(수동성)을 보여주고 있다. 더 나아가 예수님은 당신의 뜻이 아니라 아버지의 뜻을 행하기 위해 이 땅에 오셨음을 드러내고 있다.

6 나사로가 병들었다 함을 들으시고 그 계시던 곳에 이틀을 더 유하시고

예수님은 "이틀을 더 유하셨다"라고 하셨는데 이는 '사흘째에 이동하셨다'라는 것이다. 결국 예수님은 나사로가 죽은 후에 이동하심으로 장례를 치르고 있던 가족들에게 죽은 나사로를 살리심으로 최고의 기쁨을 주시게 될 것을 함의(含意)하고 있다.

"삼 일째(사흘째)"는 여호수아(3:2, 5:10)가 여리고로 진격하기 전에 이스라엘 백성들로 하여금 기도하며 성결케했던 기간이었다. 그리고는 '삼 일째에' 요단강을 건너 길갈에 진을 친 후 여리고 평지에서 유월절을 지켰는데 나사로의 이야기와 여호수아로 인한 요단강 도하의 이야기가 묘한 대조를 보여주고 있다.

유월절이란 말에는 죽임 당하신 어린 양이라는 의미가 담겨있다. 즉 예수님의 죽음 이후 여호수아와 이스라엘 백성들은 사망과 죽음, 죄를 상징하던 여리고를 무너뜨림으로 최고의 기쁨을 만끽할 수 있었다라는 것이다. 이는 마치 가나 혼인잔치(요 2:1-11)에서 기쁨, 희락을 의미하는 포도주가 떨어져 슬픔에 잠길 뻔했다가 유월절 어린 양이신 예수 그리스도의 십자가 보혈을 의미하는 포도주로 인해 기쁨과 희락이 회복되었던 이야기와 비슷하다.

결국 예수님께서 나사로가 병들어 죽게 되었음에도 불구하고 지체하신 것은 일부러 골든타임을 놓치려던 것도, 극적 효과를 보이면서 상대를 애태우려 한 것도 아니었다. 그것은 예수께서 이 땅에 단순히 병을 고치러 오신 분이 아님을 분명하게 드러내시기 위함이었다. 더 나아가 모든 일에 성부하나님의 작정하신 때를 묵묵히 기다리며 아버지의 뜻을 따라 하나님의 영광만을 높이시려는 예수님의 수동적 자세였던 것이다.

그런 예수님은 매사에 하나님보다 말씀보다 앞서 가지 않으셨다. 우리 또한 예수님의 그런 태도를 본받아 성부하나님의 마음(아버지 마음)을 먼저 헤아리며 그 뜻(델레마 데우, 아버지의 뜻)을 따라가야 한다. 많은 경우 우리가 맞닥뜨리는 그 상황과 환경이 이해되지 않을 수 있다. 그러나 하나님을 신뢰한다면 그 뜻이 이해가 안되더라도 그냥 묵묵히 걸어가야 한다.

힘들지라도……

신뢰함으로…….

7 그 후에 제자들에게 이르시되 유대로 다시 가자 하시니 8 제자들이 말하되 랍비여 방금도 유대인들이 돌로 치려 하였는데 또 그리로 가시려 하나이까

유대 지역은 요단강 서편에 있는 유대를 가리킨다. 따라서 "자신을 적대시하는 유대인들이 있는 곳"이라는 의미가 함의되어 있다. 그렇기에 예수님은 유대인들이 던지는 돌에 맞더라도(요 10:31, 39, 물론 그런 불상사는 벌어지지 않겠지만) 당신의 때(요 8:20)가 가까워졌기에 아버지의 뜻을 따라 나사로를 살리시고 그를 통해 하나님께 영광 돌리신 후 당신은 성부하나님의 보내심(하나님의 뜻, 델레마 데우)에 따른 십자가 수난을 감당하고자 하셨던 것이다. 그러므로 돌에 맞는 한이 있더라도 베다니의 나사로에게 가려는 것이었다.

그런 예수님은 하나님의 때(요 8:20; 10:4)가 가까웠기에 죽음을 불사하고 하나님께 영광 돌리기 위해 나사로의 집으로 향하셨다. 결코 죽음을 불사하신 예수의 대속 죽음으로 인해 나사로는 살아났다. 그리하여 예수를 믿은 우리 모두가 살아나게 된 것이다.

9 예수께서 대답하시되 낮이 열 두시가 아니냐 사람이 낮에 다니면 이 세상의 빛을 보므로 실족하지 아니하고 10 밤에 다니면 빛이 그 사람 안에 없는 고로 실족하느니라

"낮이 열 두시가 아니냐"라는 질문은 9장 4절의 "때가 아직 낮이매"라는 말의 의미와 같다. 세상의 빛이신 예수님의 공생애 사역이 아직은 남았다라는 의미이다.

"낮과 빛"은 예수님을, "밤과 어두움"은 세상을 가리킨다.

빛이신 예수(주의 말씀) 안에 거하면 실족하지 않게 된다. 왜냐하면 시편 119편 105절은 "주의 말씀은 내 발의 등이요 내 길의 빛이니이다"라고 했기 때문이다. 내 발의 등이요 내 길의 빛이신 예수를 떠나 밤과 어두움을 상징하는 세상에서 정신없이 이리 저리 돌아다니다 보면 당연히 실족할 수밖에 없는 것이다.

11 이 말씀을 하신 후에 또 가라사대 우리 친구 나사로가 잠들었도다 그러나 내가 깨우러 가노라

"이 말씀"이란 요한복음 11장 4, 7, 9절을 가리키는데 이는 예수님의 성부하나님께 대한 수동적 입장으로서 '겸손과 의존, 순종'의 태도를 보여주신 것이다. 예수님은 언제나 자의로 행하지 않으시고 매사를 아버지의 뜻(델레마 데우)을 따라 한 템포씩 늦게 가는 것을 보여주고 있다.

"잠들었도다"라는 것은 나사로가 육적 죽음을 당한 것은 맞지만 영적 죽음은 아니다라는 의미이다. 부활이요 생명이신 예수를 통해 당장 영적 부활(죽어도 살겠고)은 물론이요 예수님의 재림 후 변화된 몸, 부활체로 육적 부활(살아서 나를 믿는 자는 영원히 죽지 아니하리라)까지도 누리게 될 것을 말씀하고 있는 것이다.

아더핑크는 '잠'에 대해 다음의 몇 가지로 설명했는데 나의 생각을 덧붙여 표현해 보겠다.[90]

첫째, 잠과 죽음은 비슷하다. '잠'이란 그 다음 날의 '깸, 다시 일어남'을 함의하고 있다. '잠'을 상징하는 육신적 죽음 또한 마찬가지로 부활이라는 '깸, 다시 일어남'이 있다. 그렇기에 '육신적 죽음'이란 해가 없을 뿐만 아니라 현재형 하나님나라에서 미래형 하나님나라에로의 단순한 이동(옮김, 아나뤼오) 혹은 미래형 하나님나라에로의 첫 관문이자 첫 발자국이기에 감사의 조건인 것이다.

둘째, 잠이 하루의 슬픔과 수고가 끝난 후 주어지는 달콤한 휴식(전 5:12: 계 14:13)이라면 육신적 죽음은 일생(一生)의 슬픔과 수고가 끝난 후 주어지는 영생(永生)으로의 영원한 휴식이다.

셋째, 잠을 잔 후에는 그 다음 날에 쉽게 그리고 반드시 깨어나 다시 일어나듯이 죽음 이후에도 쉽게 그리고 반드시 부활할 것이다(단 12:2).

넷째, 잠을 통하여 '일상(日常, daily life)'의 희로애락(喜怒哀樂)에서 벗어나는 연습을 하듯 죽음을 통과함으로 '일생(一生)'의 희로애락을 벗어날 수 있음을 배워야 한다.

다섯째, 잠을 통하여 그 다음 날에 해야할 일을 준비하고 기대하는 것이 중요하듯 죽음을 준비하고 잘 통과하여 그 다음 삶을 기대하라는 가르침이다.

여섯째, 잠자는 동안 호흡(expiration & inspiration)과 심장의 박동(pulsation)

---

90   『아더핑크의 요한복음 강해』, pp 594-597

에 대한 염려 없이 주님 안에서 편안하게 자듯이 죽음 후에도 우리는 삼위하나님과 함께 평안함 속에서 영생을 누리게 될 것을 암시해 주는 것이다.

12 제자들이 가로되 주여 잠들었으면 낫겠나이다 하더라

"낫겠나이다"의 헬라어는 소데세타이(σωθήσεται, he will get well. 영육 간의 구속을 의미)이며 그 동사는 소조[91](σῴζω)이다.

참고로 구원자의 헬라어 소테르(Σωτήρ, savior, nm)와 구원의 헬라어 소테리아(Σωτηρία, nf, salvation)의 어원은 동일하다.

13 예수는 그의 죽음을 가리켜 말씀하신 것이나 저희는 잠들어 쉬는 것을 가리켜 말씀하심인 줄 생각하는지라 14 이에 예수께서 밝히 이르시되 나사로가 죽었느니라

"잠들었도다"라는 것은 나사로의 육적 죽음은 맞지만(나사로가 죽었느니라) 영적 죽음은 아니다라는 의미이다. 들어도 깨닫지 못하는 영적 둔감 상태에 있는, 영안이 어두운, 어리석은 우리들의 모습을 보는 듯하다.

---

91 소조(σῴζω)는 to save, sṓzō (from sōs, "safe, rescued") – properly, deliver out of danger and into safety; used principally of God rescuing believers from the penalty and power of sin – and into His provisions (safety)이다.

15 내가 거기 있지 아니한 것을 너희를 위하여 기뻐하노니 이는 너희로 믿게 하려 함이라 그러나 그에게로 가자 하신대 **16** 디두모라 하는 도마가 다른 제자들에게 말하되 우리도 주와 함께 죽으러 가자 하니라

"그러나 그에게로 가자"라는 말은 Robertson에 의하면 '나사로가 죽었다. 그러나 그것에 개의치 말고 더욱 큰 목적을 위해 그에게로 가자'라고 해석했는데 전적으로 동감(同感)한다. 나는 '하나님의 영광을 드러내기 위해 이제는 나사로에게로 가자'라는 것으로 해석한다.

"디두모(Δίδυμος, nm, Twin)"가 헬라어식 표기라면 "도마(Θωμᾶς, nm)"는 아람어식 표기이다. 이는 토암(תְּאוֹם)에서 유래되었다. 그는 12제자 중 하나로서 예수님 승천 후 이방 땅인 인도에서 복음과 십자가만 자랑하다가 순교했다고 한다. 그렇기에 그는 헬라식인 디두모라고 더 자주 불리웠다.

"죽으러 가자"라는 도마의 말에서 아더 핑크는 깊은 슬픔이 느껴진다고 했다. 당시 예수님은 11절에서 분명하게 "살리러(깨우러) 가자"라고 했는데…….

나는 이 구절(11:16)에서 도마의 신앙 수준을 느끼게 된다. 아마도 그는 매 순간 순간마다 자기의 수준만큼 예수를 믿고 따랐던 것 같다. 지금의 비장한 상황인 "죽으러 가자"라는 것도 그렇게 여겨진다. 왜냐하면 도마는 예수님께서 부활하신 후 첫 번째 제자들이 모인 그 자리에 없었던 사람이다(20:24). 이후 제자들로부터 얘기를 전해들었으나 도마는 "보지 않으면 믿을 수 없다"라며 단호하게 잘라 말했다. 당시 그의 신앙 수준은 딱 거기까지였다. 그러나 이후 두 번째 나타나신 예수를 뵙고서는 "나의 주

시며 나의 하나님"이라고 고백(20:28)했다. 그리고는 그 신앙 수준에 맞게 도마는 전승에 의하면 AD 82년 인도에서 순교했다고 한다. 나는 여기서 예수 그리스도를 믿는 것과 아는 일의 중요성(엡 4:13)을 다시 절절이 느끼게 된다.

17 예수께서 와서 보시니 나사로가 무덤에 있은 지 이미 나흘이라 18 베다니는 예루살렘에서 가깝기가 한 오 리쯤 되매

고온다습한 팔레스타인 기후를 감안하면 나사로가 무덤에 있은 지 나흘이라고 했는데 이 정도 기간이면 부패뿐만 아니라 회생될 가능성은 아예 없는 완전한 죽음을 의미한다. 유대인들의 전통적인 관념은 사람이 죽으면 3일 동안은 그 영혼이 시신을 떠나지 않고 머물면서 혹시라도 있을지 모를 소생의 기회를 기다린다라는 것(계 11:9)이다.[92] 그렇기에 유대인들은 7일 동안 장례식을 거행하곤 했다.

참고로 우리나라는 3일 동안 장례를 치르는데 이는 여러 가지 다른 변수도 있겠지만 유대인들의 관념과 마찬가지로 혹시라도 살아돌아오지 않을까라는 기대감 때문이라고 한다. 이후 염(殮)을 마치면 발인과 더불어 장지로 향한다.

아무튼 "죽은 지 4일"이라고 콕 찝어 표현한 것은 나사로는 완전한 죽

---

92 H.L Strack & P. Billerbeck, Kommentar zum Neuen Testament aus Talmud und Midrash II, p544, 『그랜드 종합주석13권』, p808재인용

음 상태였다라는 것이다. 또 다른 하나는 아더 핑크의 견해인데[93] 그는 4일 동안 무덤에 있는 나사로의 상태는 죄와 허물, 부패 덩어리 가운데 죽어 있는 우리들의 영적 모습을 의미한다라고 했다. 즉 하나님과의 단절이라는 것이다. 더 나아가 "하루"는 '천년을 의미(벧후 3:8)'라는데 아담의 타락으로부터 예수님 오시기까지 약 4,000년 동안 우리는 하나님과의 단절 상태에 있었다라는 것이다. 예수님 오시기 전 우리들의 영적 상태를 무덤에 있는 나사로를 통해 적나라하게 보여주신 것이다. 그러므로 아더 핑크는 '나사로'를 타락한 인간으로, '무덤'을 죽음의 자리로, '4일(나흘)'을 4,000년으로(벧후 3:8) 상징적으로 해석하고 있다. 즉 타락한 인간은 4,000년 동안 죽음의 자리에 있었다는 것이다.

아더 핑크의 해석에 동의하기는 하나 나는 나사로의 완전한 죽음을 통해 사망에서 생명으로 옮기시는, 성부하나님의 유일한 기름 부음 받은 자이신 구원자 예수 곧 "예수, 그리스도, 생명"이신 예수님께 초점을 더 맞추고 싶다.

베다나 예루살렘 지역은 사해의 서쪽에 있으며 그 거리가 "오 리쯤" 된다고 했는데 이는 2.8Km 정도의 거리를 말한다.

19 많은 유대인이 마르다와 마리아에게 그 오라비의 일로 위문하러 왔더니 **20** 마르다는 예수 오신다는 말을 듣고 나가 맞되 마리아는 집에 앉았더라

93　『아더핑크의 요한복음 강해』, pp.601-602

"많은 유대인들이~위문하러 왔더니"라는 표현을 통해 나사로가 살아나는 그 순간을 보게 될 사람이 많을 것을 드러내고 있다. 그리고 많은 조문객들이 있었다라는 사실은 생전에 그의 평판이 좋았음을 의미하기도 하며 또한 그의 가정이 제법 부유했음도 암시하고 있다.

한편 20절에서는 마르다와 마리아의 성격적 차이를 극명하게 볼 수 있다. 한 편이 적극적이고 분명한 성격에다가 분주하고 흥분 잘하고 감정을 쉽게 노출하는 성격이라면 다른 한 편은 조용하고 온화하고 사색적이며 다소 소극적인 성격임을 알 수 있다.

21 마르다가 예수께 여짜오되 주께서 여기 계셨더면 내 오라비가 죽지 아니하였겠나이다

이 구절은 마르다의 예수에 대한 원망이나 비난이라기보다는 설움에 복받쳐 사무쳐 올라오는 슬픔, 비통, 눈물을 드러낸 것이다.

한편 이 구절에서의 마르다의 말(주께서 여기 계셨더면 내 오라비가 죽지 아니하였겠나이다)과 32절에서의 마리아의 말(주께서 여기 계셨더면 내 오라비가 죽지 아니하였겠나이다)은 문자적으로는 동일하나 그 의미(속마음)에 있어서는 약간의 차이가 있다. 우리는 두 자매의 말을 통해 육적인 것과 영적인 것, 믿음과 불신이 섞여있는 상황에서 우리의 마음이 어디에 더 많이 쏠려있느냐에 대한 차이를 볼 수 있어야 한다.

마르다	마리아
육적인 것에 관심	영적인 것에 관심
기적에 관심	예수님의 능력에 관심
불신에 기초	믿음에 기초
빨리 오셨으면 혹시나?	주님이 여기 계셨다면 반드시!

22 그러나 나는 이제라도 주께서 무엇이든지 하나님께 구하시는 것을 하나님이 주실 줄을 아나이다

"구하다'의 헬라어에는 아이테오(αἰτέω)와 에로타오(ἐρωτάω)의 2가지가 있다.[94] 전자(아이테오, αἰτέω)의 경우 일반적으로 피조물이 창조주께 은혜를 구할 때 사용하는 것이라면 후자(에로타오, ἐρωτάω)의 경우는 아들이 아버지께 구하는 간곡한 청원을 말한다. 이 구절에서는 전자(아이테오, αἰτέω)로 쓰였다. 즉 마르다의 표현은 '예수 그리스도를 하나님이 아니라 사람

---

94 "구하다'의 헬라어는 아이테오(αἰτέω, signifies to ask for something to be given not done giving prominence to the thing asked for rather than the person and hence is rarely used in exhortation)와 에로타오(ἐρωτάω, on the other hand, is to request a person to do (rarely to give) something; referring more directly to the person, it is naturally used in exhortation, etc.)의 2가지가 있다.

의 수준, 즉 선지자 정도로 여긴 것이다'라고 해석한 아더 핑크[95]의 해석에 나는 줄을 섰다.

23 예수께서 가라사대 네 오라비가 다시 살리라 24 마르다가 가로되 마지막 날 부활에는 다시 살 줄을 내가 아나이다

이 구절을 통해 보면 마르다의 신앙은 종말론적인 부활에만 관심이 있는 듯하다. 그러나 예수님을 믿게 되면 지금도 살아남(영적 부활, 첫째 부활)은 물론이요 앞으로도 영원히 살게(영생) 된다. 그렇기에 생명의 주권자이신 예수님은 당장에 죽었던 나사로를 곧 바로 살리셨던 것이다. 그런 예수님은 '생명의 주(요 14:6)'이셨다. 결국 죽은 나사로를 살리심으로 요한복음 20장 31절의 '예수, 그리스도, 생명'임을 드러내신 것이다.

25 예수께서 가라사대 나는 부활이요 생명이니 나를 믿는 자는 죽어도 살겠고

"부활이요 생명이니"라는 것은 부활의 첫 열매(레쉬트)이신 예수를 통해 영원한 생명(영생)이 주어진다라는 의미이다(고전 15:12-19). 그렇기에 "부활이요 생명"이란 순서를 의도적으로 드러낸 것이다. "부활"의 헬라어 아나스타시스(ἀνάστασις, nf, a standing up, a resurrection, a raising up, rising)는 동사 아니스테미(ἀνίστημι)에서 유래되었는데 이는 아나(ἀνά, up, again)와 히

---

95 『아더핑크의 요한복음 강해』, pp.604-605

스테미(ἵστημι, to stand") – literally, "stand up" (or "stand again"), referring to physical resurrection (of the body))의 합성어이다. 또한 "생명"은 조에(ζωή, life (physical and spiritual), nf)이며 "영생"은 조엔 아이오니온(ζωὴν αἰώνιον, αἰώνιος, eternal, Agelong, adj)이다.

요한복음 5장 25절에서는 "죽은 자들이~살아나리라"고 말씀하셨다. 곧 부활이 먼저이며 그 다음이 생명이다. 데살로니가전서 4장 16절에도 부활 후 영생이 주어진다고 말씀하셨다. 고린도전서 15장 51절, 로마서 8장 11절에도 동일하게 부활 후 생명(영생)을 말씀하고 있다. 결국 '부활이요 생명'인 것이다.

또한 부활이요 생명이신 예수와의 생명적 연합(Union Christ)에 의해 우리는 부활의 자녀가 되었다. 그 예수는 우리의 수치와 저주를 몽땅 안고 십자가 보혈이라는 대가 지불(구속)을 통해 하나님의 공의를 만족시키셨다. 그 십자가에 우리 또한 못 박혔고(갈2:20) 그리하여 예수님과 하나가 되었다. 이후 주와 합한 자는 한 영(고전 6:17)이며 하나(요 17:21)이고 새로운 피조물(고후 5:17)이다. 그런 우리는 만세 전에 아버지의 택정하심 속에 있었던 것으로(엡 1:4) 그 구원자이신 예수는 우리의 머리가 되신 하나님이시다 (고전 15:22).

"죽어도 살겠고"라는 말에서는 나사로가 다시 살아날 것을 암시하고 있다. '죽어도'라는 것은 과거시제(죽었다, ἀποθάνῃ, ἀποθνήσκω, v, to die)인데 반하여 '살겠고'라는 것은 현재분사(계속 살 것, ζήσεται, he will live, ζάω, to live)이다.

26 무릇 살아서 나를 믿는 자는 영원히 죽지 아니하리니 이것을 네가 믿느냐

'육신적 죽음-생명(영생)'과 '생명(영생)-육신적 죽음'의 도식을 생각하면 25-26절은 좀 더 이해가 쉽다.

성경은 말씀하시길, 육신적 죽음은 끝이 아니라 영원으로 들어가는 첫 관문이자 영생에의 첫 발자국이라고 했다. 그렇기에 사도 바울은 죽음을 '이동(옮김, 아나뤼오, 딤후 4:6)'이라고 했다. 나는 현재형 하나님나라에서 미래형 하나님나라에로의 '옮김'이라고 해석한다. 더 나아가 '죽음은 삶과 동의어'라고 생각한다. 우리는 죽으면 곧장 부활체가 되어 분명한 장소 개념인 미래형 하나님나라(거룩한 성 새 예루살렘, 계 21-22장)로 옮기게 된다. 육신적 죽음 이후 부활체로 살아가는 우리들은 '그때에는' 시공의 의미가 없는 세계에서 살아가게 된다. 이런 진리를 깨닫게 되면 한 번 인생에서 순교(죽음)가 좀 더 가까이 다가올 수 있다. 할렐루야!

악인이든 의인이든간에 모든 인간은 육신적 죽음 후에는 부활하게 된다(요 5:29, 행 24:15). 특히 그리스도인들은 육신적 죽음 후 영생의 부활을 통해 영원한 죽음인 둘째 사망의 해를 받지 않게 된다. 계시록 20장 6절의 말씀이 이를 뒷받침하고 있다.

27 가로되 주여 그러하외다 주는 그리스도시요 세상에 오시는 하나님의 아들이신 줄 내가 믿나이다

이 구절에서 마르다가 고백한 '예수는 그리스도, 메시야'라고 한 신앙고백은 아주 중요하다. 왜냐하면 복음은 그 핵심을 제대로 듣고 알고 받아들이는 것이 중요(롬 10:17, 엡 4:13)하기 때문이다. 그랬던 마르다가 39절에서는 한 번 멈칫한다. 초보 신앙인들의 모습을 보는 듯하다.

분명한 것은 믿음이란 있고 없고의 문제(명사, 피스티스)이지 '강하다 약하다, 많다 적다, 크다 작다'의 개념이 아니라는 것이다. 그러나 명사인 믿음(피스티스)의 동사(피스튜오)화 과정이 바로 '신앙생활'이라는 관점에서 본다면 신앙이 점점 더 성숙해질수록 멈칫거림의 정도나 빈도가 훨씬 줄어들 것이라 생각된다.

한편 "세상에 오시는 하나님의 아들"이라는 것은 창세기 12장 3절, 로마서 4장 17절, 9장 6-7절, 10장 11-12절이 좀 더 자세하게 설명해주고 있다. 여기서는 소유격의 주격화를 볼 수 있는데 '그 아들은 곧 하나님'이라는 의미이다. 즉 구원자 예수는 성부하나님의 유일한 기름 부음 받은 자(기능론적 종속성)로서 진정한 하나님(존재론적 동질성)이라는 의미이다.

28 이 말을 하고 돌아가서 가만히 그 형제 마리아를 불러 말하되 선생님이 오셔서 너를 부르신다 하니 29 마리아가 이 말을 듣고 급히 일어나 예수께 나아가매 30 예수는 아직 마을로 들어오지 아니하시고 마르다의 맞던 곳에 그저 계시더라

마르다는 예수님을 주님이라고 부르지 않고 "선생님(διδάσκαλος, nm, a teacher)"이라 불렀다. 이는 당시 대부분의 유대인들은 예수를 적대시했기에 마르다는 그 예수를 '주님'이라고 불러서 분란이 일어나는 것을 원치 않았기 때문이다.

한편 28절과 30절의 행간을 가만히 보면 예수님은 특별히 마리아에게 부활의 진리에 대해 가르쳐 주시려고 했던 듯하다.

31 마리아와 함께 집에 있어 위로하던 유대인들은 그의 급히 일어나 나가는 것을 보고 곡하러 무덤에 가는 줄로 생각하고 따라가더니

이 구절과 20절을 가만히 비교해보면 약간의 미묘한 차이를 발견할 수가 있다.

마르다가 집을 떠날 때에는 문상을 갔던 유대인들이 그 뒤를 따라가지 않았다. 반면에 마리아가 집을 떠날 때에는 뒤따라 갔다. 이는 평상시 두 사람이 어떻게 처신했는지의 차이점을 보여준다. 아마도 마리아는 평상시 고아와 과부들 즉 약자를 보호하고 그들과 마음을 같이하며 주변의 사람들에게 보다 더 세미하게 긍휼과 동정을 베푼 듯하다.

32 마리아가 예수 계신 곳에 와서 보이고 그 발 앞에 엎드리어 가로되 주께서 여기 계셨더면 내 오라비가 죽지 아니하였겠나이다 하더라

21절에서의 마르다의 말과 이 구절에서 마리아의 말은 문자적으로는 똑같다. 그러나 헬라어 원문에는 미묘한 차이가 있다.

마르다의 경우에는 "주께서 여기 계셨더면 내 오라비가 죽지 아니하였겠나이다(εἰ ἦς ὧδε if You had been here, οὐκ not ἄν ἀπέθανεν would have died ὁ ἀδελφός μου of me)"라고 했다.

마리아는 "주께서 여기 계셨더면 죽지 아니하였겠나이다. 내 오라비가
(εἰ ἦς ὧδε, οὐκ not ἄν μου of me ἀπέθανεν would have died ὁ the ἀδελφός;
brother)"라고 했던 것이다. 즉 마르다는 '오라비의 죽음'에 초점이 맞추
어져 있다면 마리아는 '주님의 임재 속에서는 결코 죽음이 엄몰치 못했을
것'이라는 예수에 대한 '신앙고백'에 초점을 맞춘 것이라는 아더 핑크의
해석에 전적으로 공감한다.

**33 예수께서 그의 우는 것과 또 함께 온 유대인들의 우는 것을 보시고 심령에 통
분히 여기시고 민망히 여기사**

"통분히 여기신 것(11:38, 단 11:30)"은 죄와 사망의 굴레에 갇힌 영혼들을
붙들고 있는 악의 세력을 향하신 예수님의 통분이다. 한편 "통분히 여기
다(에네브리메사토; ἐνεβριμήσατο)"의 동사가 엠브리마오마이(ἐμβριμάομαι,
to be moved with anger, to admonish sternly, from βρίμη, 힘)인데 이는 '분노로
인해 말처럼 콧김을 내뿜다' 혹은 '강한 분노와 불쾌감으로 호되게 꾸짖
다'라는 의미이다.

반면에 "민망히 여기다"의 헬라어는 에타락센 헤아우톤(ἐτάραξεν
ἑαυτόν, troubled hinself)인데 이는 '스스로 동요되다' 혹은 '분을 못이겨 크
게 치를 떨다'라는 의미이다. 이는 타랏쏘[96](ταράσσω, v)라는 동사가 재귀

---

96 타랏쏘(ταράσσω, v)는 properly, put in motion (to agitate back-and-forth, shake to-
and-fro); (figuratively) to set in motion what needs to remain still (at ease); to "trouble"
("agitate"), causing inner perplexity (emotional agitation) from getting too stirred up inside
("upset")이다.

대명사를 수반한 형태이다. 그러므로 예수님은 사망의 세력을 향해 통분히 여기시며 박살내고자 하심이었던 것이다.

34 가라사대 그를 어디 두었느냐 가로되 주여 와서 보옵소서 하니 35 예수께서 눈물을 흘리시더라

예수님의 눈물은 인성으로서의 감성적 눈물이라기보다는 우리의 슬픔과 눈물을 대신한 것이었다. 한편 신약성경에서 예수님은 3번 우셨다. 이 구절과 함께 예루살렘(의 멸망)을 보시고(예견하시고, 눅 19:41) 우셨으며 겟세마네 동산에서 예수님은 우셨다(히 5:7, 마 26:39, 42, 44, 막 14:35-42).

요한복음에는 그리스도의 신적 영광과 인간적 완전함이 혼재되어 있다.

신인양성이신 예수님의 신성(神性)에 대하여 요한복음 1장에서는 '태초에 말씀으로 계시면서 하나님과 함께 하셨고 창조주 하나님이시며 하나님의 어린 양'이라고 말씀하셨다. 이는 삼위하나님의 존재론적 동질성을 드러내고 있는 것이다. 동시에 예수님의 인성(人性)에 대하여는 길가시다가 피곤해하셨고(4:6), 통분히 여기시고(12:33, 38) 민망히 여기시며(12:33) 눈물을 흘리셨다(12:35). 십자가상에서는 목마르다(19:28)라고 하셨다.

신인양성의 예수님은 성육신하신 하나님의 아들을 상징하는 '휘장'의 원형에서도 찾아볼 수가 있다. 출애굽기 26장 31절에는 휘장의 재료에 대해 디테일한 설명이 있다. 그것은 "청색, 자색, 홍색"으로 되어 있는데 순서조차 바뀌지 않고 출애굽기에 20여 회 기록되어 있다.[97] 그 이유는 휘장을 짤 때 '청자홍'의 순서로 짰기 때문이다. 결국 '청자홍'은 성육신하신 예수 그리스도에게서 나타났으며 그 예수님만이 신인양성(자색)의 하나님이셨다라는 것이다.

'청색'은 하늘을 나타내며 하나님의 아들로서의 예수(신성으로서 왕으로 오신 예수, 마태복음)를 가리킨다. '홍색'은 희생과 인간적 영광(역사상 유일한 의인이자 인성으로서 종으로 오신 예수, 마가복음)을 가리키며 '자색'은 '청+홍'을 섞은 색깔로서 완전한 신이시자 완전한 인간이신 신인양성을 의미한다.

예를 들면 십자가상에서 "다 이루었다(요 19:30)"라고 하신 것에서는 청색(신성)이 드러난 것이며 "내가 목마르다(요 19:28)"에서는 홍색(인성)이, 어머니 마리아를 위해 제자 요한에게 부탁했던 "네 어머니라(요 19:27)"는 부분에서는 자색(신인양성)이 드러난다.

또 다른 예는 죽은 나사로에게 "나사로야 나오라(11:43)"고 말씀하시는 부분에서는 청색(신성)이, "통분히 여기시고 비통히 여기시며 눈물을 흘리시는 부분(11:33, 38, 35)"에서는 홍색(인성)이, "얼굴에는 수건이 싸였고 수족에는 베로 동여있는(11:44)" 나사로를 보며 "풀어놓아 다니게 하라"고 말씀하신 부분에서는 자색(신인양성)이 드러난다.

36 이에 유대인들이 말하되 보라 그를 어떻게 사랑하였는가 하며 37 그 중 어떤 이는 말하되 소경의 눈을 뜨게 한 이 사람이 그 사람은 죽지 않게 할 수 없었더냐

---

97   『아더핑크의 요한복음 강해』, pp612-614

하더라 **38** 이에 예수께서 다시 속으로 통분히 여기시며 무덤에 가시니 무덤이 굴이라 돌로 막았거늘

무덤 입구는 짐승의 접근이나 도굴의 방지를 위해 돌로 막아놓았는데 그 돌은 장정 몇 사람이 옮겨야할 정도로 무겁고 컸다(Brown, A. Robertson)고 한다.

39 예수께서 가라사대 돌을 옮겨 놓으라 하시니 그 죽은 자의 누이 마르다가 가로되 주여 죽은 지가 나흘이 되었으매 벌써 냄새가 나나이다

"돌을 옮겨 놓으라"는 예수님의 말씀을 통해 긴장과 설렘, 동시에 묘한 궁금함이 몰려옴을 느낄 수 있다. 전능(Omni-potent)하신 예수님은 말씀으로 모든 것을 하셨다. 천지창조뿐만 아니라 인생의 생사화복 등등…….

이 사건을 좀 더 돋보이도록 하려면, 누가 보더라도 무겁고 거대한 무덤의 돌을 말씀으로 먼저 옮기신 후에 뒤이어 나사로를 살리셨다면 훨씬 더 극적이지 않았을까라는 아쉬움이 든다. 그런 궁금함이 더해가던 순간에 40절은 그 해답을 명쾌하게 제시하고 있다.

이 사건은 단순히 나사로의 살아남을 말하려는 것이 아니었다. 나사로의 살아남은 예수 그리스도의 십자가 대속 죽음의 결과이며 그리하여 나사로도 그 가족도 유대인들도 하나님의 영광을 보게 될 것을 드러낸 것이었다. 즉 초현실적인 기적을 드러내려는 것이 아니라 예수, 그리스도, 생명임을 드러내려함이었다는 말이다.

"냄새가 나나이다"라는 말에서의 '냄새'에 대해 좀 더 묵상하자. 고린도

후서 2장 16절에는 냄새를 풍기는 두 종류의 사람이 있는데 생명에 이르는 냄새와 사망에 이르는(무덤 안의) 냄새이다.

"무덤 안의 냄새"는 사망의 종으로 살면서 썩은 냄새를 풍기는 죄인 된 우리들의 삶의 모습, 곧 죄성(罪性)을 말한다. 오늘날 사람들은 점점 더 죄에 대해 무디어져가고 있다. 그러다 보니 죄가 드러나도 전혀 부끄러워하지 않는다. 심지어는 죄를 희화화(戱畵化, caricature)하여 상대의 죄나 본인의 죄가 드러나더라도 피식 웃어버린다. 그것은 뻔뻔한 것일 뿐만 아니라 심각한 짓이다. 이런 일이 반복되면 결국은 죄에 대해 무감각해져서 죄짓는 것 자체를 일반화(일상화)시켜버린다. 종국적으로는 죄가 폭로되는 것을 즐기려 할 것이다. 작금의 한국 정치에서 일어나고 있는 현실이기도 하다.

성경은 "죄가 장성한즉 사망"을 낳는다라고 경고하고 있다. 그것은 하나님이 싫어하시는 것이며 종국적으로 무서운 결과를 초래하게 된다. 폭력이나 죄를 소재로 하는 개그콘서트나 코미디(comedy)는 정말 조심해야 한다. 재미있다고 하여 온 가족이 모여 낄낄거리는 동안 아이들은 독을 먹는 것이 되고 동시에 본인도 독을 먹는 꼴이 된다.

한편 이 구절의 후반부에서는 마르다의 신앙 수준과 함께 그녀의 성격을 다시 한번 볼 수있다. 더 나아가 마르다의 "주여 죽은 지가 나흘이 되었으매 벌써 냄새가 나나이다"라는 말로 인해 하마터면 그리스도의 영광이 막힐 뻔했다. 아찔한 순간이다. 아더 핑크는 이것을 "마르다의 슬픈 거부"라고 명명하기도 했다.

40 예수께서 가라사대 내 말이 네가 믿으면 하나님의 영광을 보리라 하지 아니하였느냐 하신대

이 구절에서의 "내 말이 네가 믿으면 하나님의 영광을 보리라"고 하셨는데 이것은 11장 4절에서 하셨던 그 말씀을 가리킨다.

"예수께서 들으시고 가라사대 이 병은 죽을 병이 아니라 하나님의 영광을 위함이요 하나님의 아들로 인하여 영광을 얻게 하려함이라 하시더라"
_요 11:4

한편 "믿으면~보리라"는 것은 6장 69절의 "믿으면~알게 된다"라는 말씀과 대조하여 묵상하면 우리를 향하신 아버지 하나님의 마음을 알 수가 있게 된다. 성경은 믿음은 들음에서 난다(롬 10:17)라고 했다. 이후 우리는 '믿는 것과 아는 일에 하나가 되어(엡 4:13)' 온전한 그리스도인으로 살아가야 할 것이다.

41 돌을 옮겨 놓으니 예수께서 눈을 들어 우러러보시고 가라사대 아버지여 내 말을 들으신 것을 감사하나이다

갈라디아서 4장 6절의 경우처럼 성부하나님에 대하여 "아버지"라는 호칭을 쓰셨는데 이는 예수님만 사용하실 수 있는 단어이다. 그런데 감사하게도 예수를 믿게 된 우리 또한 그 예수를 힘입어 '아바 아버지'라 부를 수 있게(마 6:9-13) 되었음에 그저 감사할 뿐이다.

한편 "내 말을 들으신 것을 감사하나이다"와 "내 말을 들으시는 줄을 내가 알았나이다"라는 것은 요한복음 8장 29절과 시편 16편 8절의 말씀을 뒷받침하는 것이다. 더 나아가 시편 66편 18절, 요한일서 3장 22절, 히브리서 7장 25절에서 하신 말씀 그 자체이기도 하다.

42 항상 내 말을 들으시는 줄을 내가 알았나이다 그러나 이 말씀 하옵는 것은 둘러선 무리를 위함이니 곧 아버지께서 나를 보내신 것을 저희로 믿게 하려 함이니이다

"아버지께서 나를 보내셨다"라는 것은 예수님이야말로 '성부하나님의 유일한 기름 부음 받은 자'로서 그리스도 곧 메시야이심을 드러낸 말이다.

한편 이 구절 중 "둘러선 무리들'은 갈멜산상의 엘리야와 그를 둘러싼 850명의 바알과 아세라 선지자들, 그리고 아합 왕과 이스라엘 백성들을 연상시킨다. 하나님을 향한 엘리야의 그 외침은 열왕기상 18장 36-37절에 잘 나타나 있다.

"저녁 소제 드릴 때에 이르러 선지자 엘리야가 나아가서 말하되 아브라함과 이삭과 이스라엘의 하나님 여호와여 주께서 이스라엘 중에서 하나님이 되심과 내가 주의 종이 됨과 내가 주의 말씀대로 이 모든 일을 행하는 것을 오늘날 알게 하옵소서 여호와여 내게 응답하옵소서 내게 응답하옵소서 이 백성으로 주 여호와는 하나님이신 것과 주는 저희의 마음으로 돌이키게 하시는 것을 알게 하옵소서 하매"_왕상 18:36-37

43 이 말씀을 하시고 큰 소리로 나사로야 나오라 부르시니 **44** 죽은 자가 수족을 베로 동인 채로 나오는데 그 얼굴은 수건에 싸였더라 예수께서 가라사대 풀어 놓아 다니게 하라 하시니라

"큰소리로 부르다"라는 것의 헬라어는 크라우가즈(κραυγάζ, v, I cry aloud, shout, exclaim)인데 이는 신약에 8회(요 11:43; 12:13; 18:40; 19:6, 12, 15; 마 12:19; 행 22:23)나오는 중 요한복음에만 무려 6회가 나온다.[98] 특별히 이 구절에서는 나사로를 향한 예수님의 호령이 발하고 있다. 이는 마치 데살로니가전서 4장 16-17절의 재림주이신 예수님의 "주의 호령"처럼 들리는 듯하다. 안타깝게도 이 구절을 제외하고는 크라우가즈(κραυγάζ, v)라는 헬라어 단어가 모두 다 '예수님을 죽이라고 고함을 지를 때'에 사용되었다. 이는 예수님의 대속 죽음으로 나사로가 다시 살아나게 됨을 내포하고 있는 것이다.

"수건"의 헬라어는 수다리온(σουδάριον, a handkerchief, a head cloth (for the dead), nn)인데 이는 20장 7절에 예수님의 얼굴을 감쌌던 그 수건인 수다리온(σουδάριον)과 동일한 단어이다. 이는 나사로의 죽음과 예수님의 죽음을 하나로 그리고 있는 것이며 또한 나사로의 살아남과 예수님의 부활을 하나로 그리고 있는 것이다.

"죽은 자가 수족을 베(수의)로 동인 채로 나오는데"라는 문장을 가만히 상상해 보면 약간 어리둥절해진다. 게다가 얼굴은 수건으로 가리워져 있으니 앞이 안 보여 걸어나오는데 많이 어려웠을 것이다. 이를 역으로 생

---

98 『그랜드 종합주석 13권』, pp812-813

각하면 그렇기에 예수님의 초자연적인 권능을 느끼기에 충분하다라는 것이다.

"베로 동이다"에서 '베(수의)'는 사망을 의미한다. 이 구절을 통해 우리는 예수를 믿고 살아나더라도(새사람이 되더라도) 여전히 수족을 동여맨 상태인 옛 사람의 흔적이 남아있게 됨을 알 수 있다. 그렇기에 인간은 육신의 장막을 벗는 그날까지 로마서 7장 18-25절처럼 "오호라 나는 곤고한 사람이라"는 탄식을 쏟아낼 수밖에 없는 것이다.

"풀어놓아 다니게 하라"는 명령에서 우리는 시원스러움과 자유함을 동시에 느낄 수 있다(갈 5:1; 롬 8:1-2). 그리스도인은 예수로 인해 살아나게 되었고 이후 죄를 짓게 되더라도 십자가 보혈로 씻음 받고 용서받게 되며 성령님에 의해 정결케(거룩케) 되기에 그분 안에서는 진정한 자유(요 8:32, 36)를 누리게 되는 것이다.

한편 "풀어놓아 다니게 하라"의 헬라어는 Λύσατε αὐτὸν καὶ ἄφετε αὐτὸν ὑπάγειν(뤼사테 아우톤 카이 아페테 아우톤 휘파게인, Unbind him and allow him to go)인데 이는 18장 8절의 "이 사람들의 가는 것을 용납하라"의 헬라어 ἄφετε τούτους ὑπάγειν(아페테 투투스 휘파게인, Allow these to go away)와 동일한 의미이다.

18장 12절에는 예수의 결박 장면이 나온다. 예수님께서 결박당하신 후 십자가를 통해 대신 죽으심으로 제자들이 결박당하지 않았듯이 예수님이 대신 죽으심으로 나사로가 살아나게 됨을 보여주고 있다. 사망에서 생명과 자유함으로 나아가게 하심을 보여주고 있는 바 나사로의 살아남에는 예수님의 죽음이 반드시 전제되어야 함을 보여주고 있다.

45 마리아에게 와서 예수의 하신 일을 본 많은 유대인이 저를 믿었으나 **46** 그 중에 어떤 자는 바리새인들에게 가서 예수의 하신 일을 고하니라

　유한된 한 번 인생을 살아가며 예수를 나의 주, 나의 하나님으로 믿고 영접함으로 구원을 얻어 기쁨과 감사로 살아간, 예수의 하신 일을 본 많은 유대인들이 있는가 하면 불신과 반역함으로 인해 악역에 쓰임 받은, 바리새인들에게 찾아가 예수의 하신 일을 고한 무리들도 있다. 오늘 교회된 우리들은 창세 전에 하나님의 은혜로 택정하심을 받아 지금의 이 자리에 있게 하셨음을 알고 그저 감사하고 또 감사해야할 것이다.

47 이에 대제사장들과 바리새인들이 공회를 모으고 가로되 이 사람이 많은 표적을 행하니 우리가 어떻게 하겠느냐 **48** 만일 저를 이대로 두면 모든 사람이 저를 믿을 것이요 그리고 로마인들이 와서 우리 땅과 민족을 빼앗아 가리라 하니

　사단의 특징은 '상대가 잘 되는 꼴을 못본다라는 것'이다. 더 나아가 자기의 야욕, 탐욕을 위해서라면 상대를 희생시키는 일까지도 서슴치 않는다라는 것이다. 이 구절에서의 대제사장들과 바리새인들은 지독히 못된 지도자들의 전형으로서 그들의 행태는 세례 요한의 삶, 곧 "그는 쇠하여야겠고 나는 흥하여야 하리라"는 모습과 정반대이다. 마치 오늘날의 그릇된 정치지도자나 종교지도자들의 모습을 보는 것만 같다.
　"우리 땅"에 해당하는 헬라어는 토포스(τόπος, nm, a place)인데 여기서는

'성전'을 가리킨다. 한편 대제사장들과 바리새인들에게 있어서의 성전은 그들의 영향력과 권력의 중심지요 자기들의 거룩한 소유물이었다. 결국 자기들의 세속적인 자산에 대한 위협을 감지하게 되자 예수를 배척하고 있었던 것이다. 누가복음 20장 14절을 보는 듯하다.

"농부들이 그를 보고 서로 의논하여 가로되 이는 상속자니 죽이고 그 유업을 우리의 것으로 만들자 하고"_눅 20:14

49 그 중에 한 사람 그 해 대제사장인 가야바가 저희에게 말하되 너희가 아무것도 알지 못하는도다 50 한 사람이 백성을 위하여 죽어서 온 민족이 망하지 않게 되는 것이 너희에게 유익한 줄을 생각지 아니하는도다 하였으니 51 이 말은 스스로 함이 아니요 그 해에 대제사장이므로 예수께서 그 민족을 위하시고 52 또 그 민족만 위할 뿐 아니라 흩어진 하나님의 자녀를 모아 하나가 되게 하기 위하여 죽으실 것을 미리 말함이러라

가야바는 안나스의 뒤를 이은 대제사장이다. 요한복음 18장 13-14절에 의하면, 그는 간사한 꾀를 내었던 인물이다.

"먼저 안나스에게로 끌고 가니 안나스는 그 해의 대제사장인 가야바의 장인이라 가야바는 유대인들에게 한 사람이 백성을 위하여 죽는 것이 유익하다 권고하던 자더라"_요 18:13-14

"흩어진 하나님의 자녀"라는 것은 10장 16절에서 언급하셨던 '아직 우리에 들지 아니한 양들'을 말하며 계시록에서 언급한 카데마이(계 4:2-3, 4, 9; 5:13; 14:6, Κάθημαι, v, to be seated)를 가리킨다. 카데마이란 아직은 땅에

있으나 장차 하나님께로 오게 될 자들(ἐπὶ τοὺς καθημένους ἐπὶ τῆς γῆς)을 말한다.

"죽으실 것을"이라는 것의 보충 설명은 요한복음 1장 29절, 10장 11절, 12장 24절에서 말씀하고 있다.

53 이 날부터는 저희가 예수를 죽이려고 모의하니라 54 그러므로 예수께서 다시 유대인 가운데 드러나게 다니지 아니하시고 여기를 떠나 빈 들 가까운 곳인 에브라임이라는 동리에 가서 제자들과 함께 거기 유하시니라

얼핏 53절은 이해가 어렵다. 왜냐하면 예수께서 많은 표적을 행하셨을 뿐만(47) 아니라 죽은 나사로까지도 살리셨는데 오히려 예수를 죽이려고 유대인들이 혈안이 되었다라고 했기 때문이다. 결국 기적이나 표적은 인간을 바꿀 수 없다는 것을 보여주고 있다. 오늘날 일부 그리스도인들은 말씀보다는 기적을 찾아다닌다. 안타까운 모습이 아닐 수 없다. 올바른 그리스도인이라면 "그리 아니하실지라도"를 붙잡아야 한다. "오직 말씀, 오직 예수, 오직 복음"을 붙잡아야 한다. 계시록 14장 12절의 말씀이 울려온다.

한편 "빈 들"이란 '죽음의 땅, 불임의 땅'을 함의하고 있는 반면에 그 다음 단어인 에브라임(אֶפְרַיִם, fruitful, double fruit)은 정반대의 개념이다. 이를 통해 예수님이 가시는 곳은 비록 죽음과 불임의 땅이라 할지라도 그 땅을 풍성한 생명, 아름다운 열매로 채우실 것을 암시하는 것으로 나는 해석한다.

55 유대인의 유월절이 가까우매 많은 사람이 자기를 성결케 하기 위하여 유월절 전에 시골서 예루살렘으로 올라갔더니

이 구절에서는 자기 의나 율법적인 행태, 인간들의 종교에 대한 지나친 열정적인 태도를 보여주고 있다. 가만히 보면 그들은 내적인 정결이나 거룩함보다는 의식적(儀式的) 정결에 관심이 더 많은 듯하다.

56 저희가 예수를 찾으며 성전에 서서 서로 말하되 너희 생각에는 어떠하뇨 저가 명절에 오지 아니하겠느냐 하니 **57** 이는 대제사장들과 바리새인들이 누구든지 예수 있는 곳을 알거든 고하여 잡게 하라 명령하였음이러라

요한복음 2장 13절과 6장 4절에 이어 3번째로 유월절을 언급하고 있다. 이로 보아 예수님의 공생애는 3년 이상이었음을 간접적으로 알려준다.

"유대인의 유월절이 가까운지라 예수께서 예루살렘으로 올라가셨더니"
_요 2:13

"마침 유대인의 명절인 유월절이 가까운지라"_요 6:4

"저희가 예수를 찾으며 성전에 서서 서로 말하되 너희 생각에는 어떠하뇨 저가 명절에 오지 아니하겠느냐 하니"_요 11:56

은혜 위에 은혜러라
*

Grace for Grace
Χάριν ἀντὶ χάριτος

예수(Ἰησοῦς), 그리스도(Χριστὸς), 생명(ζωή)

인자가 들려야 하리라
향유 옥합 이야기

12장은 표적들의 책(The Book of signs)중 마지막 장으로서 앞선 11장과 이곳 12장은 매우 긴밀한 관계가 있다.

11장에서는 하나님의 은혜로 만세 전에 택정된 자로 예표된 나사로의 완전한 죽음(11:27)을 보여주신 후 예수 그리스도로 말미암아 다시 살아나게 됨(11:42-43)을 대조하며 보여주고 있다.

12장에서는 그 결과 잔치가 베풀어지고(12:2) 나사로는 예수와 함께 식탁에 앉아 음식을 먹게 된다. 마치 목자이신 예수님의 인도하심을 따라갔던 양이 잔잔한 시냇물가와 푸른 초장에서 한가롭게 풍성한 꼴을 먹는 모습을 연상할 수 있다(시편 23편). 더 나아가 어린 양의 혼인잔치인 장차 미래형 하나님나라에서의 삶을 살짝 상상할 수도 있게 한다. 이는 우리가 예수 그리스도의 피(엡 2:13, 5-6)로 살아나(영적 부활) 장차 그곳에서 예수님과 더불어 영생을 누리게 될 것을 보여주고 있는 것이다(요 14:3; 17:22; 계 22:3).

여인의 향유 옥합 도유(塗油, 바를 도, inuction, anointing) 이야기(episode)는 진정한 헌신과 섬김에 대한 이야기로서 일종의 '헌금 이야기'이기도 하지만 실상은 예수님의 '장례(葬禮) 이야기(인자가 들려야 하리라, 요 12:32-34)'이자 '복음 이야기'임을 알아야 한다.

먼저 '헌금 이야기'라 함은 최고의 예물로서의 향유 옥합을 드리는 것이 바로 참된 헌금이며 그런 헌금이 바로 예배라는 의미이다. 더 나아가 최고의 헌금 곧 최고의 예배는 예수 그리스도의 십자가 죽음에 동참하는 것(12:7-8)이라는 의미이다. 그러므로 헌금 이야기로서의 향유 옥합 이야기는 단순히 예물을 드림이나 섬김에만 그쳐서는 안 된다. 그리스도와 함께 십자가에 못 박히는 데까지 나아가야 한다(갈 2:20).

둘째, '장례 이야기'라 함은 그리스도 메시야로서 성부하나님의 유일한 기름 부음을 받아 구속주로 이 땅에 오신 초림의 예수님께서 다시 향유 옥합으로 기름 부음을 받고 성부하나님의 뜻을 따라 십자가 보혈을 흘리게 될 것을 암시하며 준비하는 장례 행위라는 의미이다. 하나님은 향유 옥합을 부은 마리아를 하나님의 도구로 들어 쓰셔서 구속주로서의 예수님의 사역을 재차 알려주는 역할을 감당하게 하신 것이다. 즉 향유 옥합으로 기름 부음을 받은 것은 이 땅에 오신 그리스도 메시야이신 예수님의 십자가 보혈로 성부하나님의 구속 계획을 성취하기 위함임을 반복하여 알려주신 것이다.

셋째, '복음 이야기'라 함은 '향유'는 기쁨, 희락을 상징(사 61:1-3)하는데 이는 마치 가나 혼인잔치(요 2장)의 '포도주'가 기쁨과 희락을 상징하는 것과 동일한 패턴이다. 여기서 '향유'나 '포도주'는 예수 그리스도 곧 복음을 상징한다. 이는 마치 초림의 예수께서 십자가 보혈로 대속 죽음을 통해 다 이루시고 부활 후 승천하셨다가 승리주이신 예수께서 재림하셔서 있게 될 어린 양의 혼인잔치와 맞닿아 있다. '어린 양의 혼인잔치'란 우리가 장차 미래형 하나님나라에서 삼위하나님께 찬양과 경배를 올리게 될 하늘나라 잔치를 가리킨다. 그것은 최고의 복된 소식 곧 복음이다. 그렇기에 향유 옥합 에피소드는 복음이야기인 것이다.

11장에서 보았듯이 나사로의 죽음은 하나님과 예수 그리스도의 영광을 위해(11:4) 허락된 것이었다. 곧 나사로의 죽음에는 예수 그리스도의 죽음이 전제되어 있었고 나사로의 다시 살아남(11:43-44)에는 예수님의 부활이 전제되어 있었다. 그렇기에 나사로의 다시 살아남은 성부하나님과 예수 그리스도의 영광으로 이어지는 것(요 11:4)이다. 즉 나사로의 죽음이 예수의 죽음으로, 나사로의 다시 살아남이 예수의 부활로 연결되어 하나의 그림처럼 연결되어 있는 것이다.

그러므로 여인의 향유 옥합 도유(塗油, 바를 도, inuction, anointing) 이야기 (episode)는 '헌금 이야기'로서 최고의 헌금이란 가장 귀한 것을 드리는 것이며 그 예물이 바로 예배라는 것이다. 더 나아가 "예수, 그리스도, 생명" 임을 드러내기위해 유월절 어린 양이시고 대속 제물이신 예수님의 '장례

이야기'이자 예수로 인해 주어질 '복음 이야기'인 것이다. 그러므로 단순히 헌신이나 섬김의 교훈에만 그쳐서는 안 된다(시 50:7-15; 신 12:5-7).

마태복음(26:12-13)과 마가복음(14:8-9)에는 여인의 향유 옥합 도유(塗油, 바를 도, inuction, anointing) 이야기(episode) 끝에 '복음이 전파되는 곳에 이 여인의 이야기가 함께 전해질 것'이라는 말을 붙임으로 향유 옥합 도유이야기는 복음의 이야기임을 더욱 선명하게 드러내고 있다.

한편 "인자가 들려지는 것"이란 예수 그리스도의 십자가 수난을 의미하며 구속주로서의 "다 이루심(테텔레스타이)"이자 예수 그리스도 새 언약의 "성취"이다. 그런 예수님만이 그리스도, 메시야이시며 구원자이시고 진정한 대속 제물, 화목 제물 되신 분이시다. 길이요 진리요 생명이시다.

결국 예수님의 "십자가 들림(초림의 대속 제물, 화목 제물)"을 드러내기 위해 11장의 나사로의 죽음과 다시 살아남을 보여주셨으며 이후 12장에서는 여인의 향유 옥합 도유(塗油, 바를 도, inuction, anointing) 이야기(episode)가 등장하고 있는 것이다.

12-1 유월절 엿새 전에 예수께서 베다니에 이르시니 이곳은 예수께서 죽은 자 가운데서 살리신 나사로의 있는 곳이라 2 거기서 예수를 위하여 잔치할새 마르다는 일을 보고 나사로는 예수와 함께 앉은 자 중에 있더라

시간 순서로 기록된 요한복음은 예수님의 공생애 말기에 일어난 사건

이다. "죽음, 살아남, 함께 앉음(1-2)"의 도식은 에베소서 2장 5-6절의 말씀과 동일하다. 죄로 인해 "죽었던" 우리가 예수로 인해 "살아나" 예수와 "함께" 한 가족이 되어 앉아있는 모습을 보여주고 있다. 이후 재림 시 어린 양의 혼인잔치에 참여하게 됨으로 미래형 하나님나라에서 영생을 누리게 됨을 말씀하고 있다.

"함께" 하시는 하나님을 가리켜 성자하나님이신 예수 그리스도 즉 에트(אֵת)의 하나님(임마누엘 하나님, Ἐμμανουήλ, God with us. עִמָּנוּאֵל)이라고 한다.

앞서 가시며 인도하시는 하나님을 가리켜 성부하나님 즉 나하흐(엑사고, ἐξάγω, נָחָה)의 하나님이라고 한다.

매사 매 순간 나의 고집대로 가려 할 때마다 늘 동행하셔서 뒤에서 밀어주시며 당신의 의도대로 가게 하시는 주인 되신 하나님을 가리켜 성령하나님 즉 할라크(הָלַךְ)의 하나님이라고 한다. 이를 도식으로 그리면 십자가가 된다.

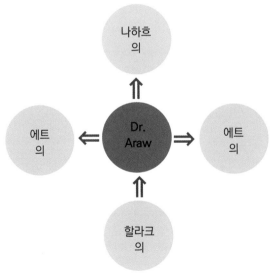

한편 "함께 앉았다"라는 것은 한 상에 둘러앉아(시 23:5) 먹고 마시는 관계 즉 '한 가족이 되었다'라는 의미이다. 하나님은 우리의 아버지이시며 우리는 그의 자녀이다.

베다니는 예루살렘 부근의 베다니(요 11:1, 5리 즉 약 2Km)를 말한다. 반면에 요한복음 1장 28절의 베다니는 요단강 동편 지역을 말한다.

"나사로는 예수와 함께 앉은 자 중에 있더라"는 구절에서는 미래형 하나님나라에서 왕 같은 제사장으로서 백보좌 심판대 위에 앉은 교회인 우리들의 모습(계 20:4)이 연상된다.

3 마리아는 지극히 비싼 향유 곧 순전한 나드 한 근을 가져다가 예수의 발에 붓고 자기 머리털로 그의 발을 씻으니 향유 냄새가 집에 가득하더라

"나드(νάρδος, nf, nard (spikenard); an Indian plant, "the nardostachys nardus jatamansi, used for the preparation of a fragrant ointment; ointment of nard: Mk 14:3; Jn 12:3" (Abbott-Smith))"는 아가서 1장 12절에 나오는 나도(נֵרְדְּ, nard) 기름의 향유로서 동인도 지방에서 나는 아주 비싼 향유이다. 이는 '순종, 순결, 헌신, 약속'이라는 의미가 있다.

"머리털로 발을 씻는 것"은 머리를 풀어야만 가능한 동작이며 '머리를 푼다'라는 것은 자신이 철저하게 죄인이며 부정한 자임을 드러내는(민 5:18) 진정한 신앙고백이다. 동시에 여인에게 있어 머리카락은 최고의 것 즉 영광을 의미(고전 11:15)한다. 결국 "발을 씻겨주는' 행위는 '순복(順服)'과 함께 철저한 겸손, 그리고 스스로 종임을 드러낸 것이다. 예수님 또한 제자들의 발을 씻기셨다(13장). 예수님의 그 모습에서 우리는 진정한 향유 냄새(고후 2:14-16, 요 11:39)를 맡게 되는데 이를 가리켜 그리스도의 향기요 생명에 이르는 냄새라고 한다.

한편 성도에 있어서 진정한 헌신이란, 예수 그리스도의 십자가 죽음에 기꺼이 동참할 뿐만 아니라 이 땅에서 하나님께 영광을 돌려드리고 하나님의 영광을 드러내며 복음과 십자가의 증인으로 살아가는 것을 말한다. 단순히 섬기고 봉사하며 사역하며 뭔가를 드리는 것만을 '헌신'이라고 하지 않는다. 그러므로 여인이 부었던 300데나리온(20,000U$)이나 되는 엄청난 가격의 향유 옥합은 전혀 관심의 대상이 아니다.

향유 옥합 도유(塗油, 바를 도)이야기는 마태복음, 마가복음, 요한복음과 누가복음의 기술이 약간씩 다르다. (표 참고)

【향유 옥합 이야기 비교】

구절	막 14:1-9	마 26:6-13	요 12:1-8	눅 7:36-50
장소	베다니 나병 환자 시몬의 집(3)	베다니 문둥이 시몬의 집(6)	베다니 나사로의 집(1) *마르다의 남편: 시몬 (전(前)에 나병 환자, 지금 치유됨)	예의 없는 시몬 바리새인의 집 (44-45, 36) *마, 막: 시몬과 동명이인 *창녀인 베다니 마리아 *8:2 일곱 귀신 들린 막달라마리아 는 아님
시기	유월절과 무교절 이틀 전(1)	유월절 이틀 전(2)	유월절 엿새 전(1)	공생애 중 (초기)
	잔치에서 예수님의 책망을 들은 유다의 배신에 초점 공회에서 예수를 죽이기로 결의		시간순서	
도유	머리(3)	머리(7)	발(3)	발(38)
이유	예수의 장례 준비(8)	예수의 장사 준비(12)	예수의 장사 준비(7)	본인의 죄인 됨을 고백(38-39) & 죄 사함(48)

4 제자 중 하나로서 예수를 잡아 줄 가룟 유다가 말하되 **5** 이 향유를 어찌하여 삼백 데나리온에 팔아 가난한 자들에게 주지 아니하였느냐 하니

여인의 "향유 옥합"이야기는 내게 있는 것 중 최고의 것을 헌금으로 드림을 의미한다. 곧 헌금이란 '예물'이며 '구약의 희생제물'을 의미한다.

즉 우리를 위해 '희생제물 되신 예수님'이 바로 헌금이며 그렇기에 그리스도인 된 우리 또한 예수님의 그 길을 따라 희생제물이 되겠다는 결단의 증표가 바로 '헌금(연보)'인 것이다. 그러므로 예수쟁이인 우리는 매사 매 순간 삶으로의 헌금뿐 아니라 예물로서의 헌금도 드려야 한다.

중요한 것은 헌금이란 하나님을 '위하여'가 아니라 감사함으로 하나님을 '향하여' '드리는' 것이다.

고린도후서 8-9장은 연보(捐補, 버릴 연, 도울 보, 헌금)장이다. 특히 당시 가장 가난했던 마케도니아 교회는 연보에 대한 고린도후서의 말씀을 잘 알고 있었기에 희생제물로서의 연보를 자원함으로 기쁘게, 감사함으로 넘치게 드릴 수 있었다.

그들의 진정한 헌금은 다음의 도식으로 나타낼 수 있다.

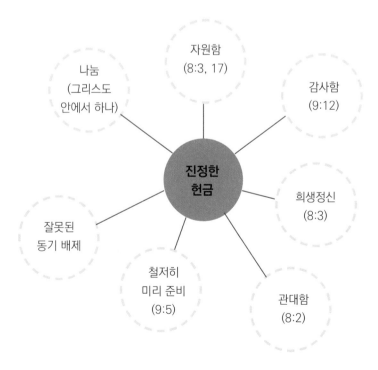

헌금이란 하나님을 위한 것도 아니요 단순히 상대를 돕기 위한 것도 아니다. 그저 하나님께서 우리에게 베푸신 구원의 은혜를 예물로서의 헌금으로 신앙고백하는 것이며 더 나아가 우리를 위해 희생제물되신 예수를 본받아 우리 또한 희생제물이 되겠다라는 신앙고백의 행위이다.

그러므로 헌금을 드리는 것은 예배(고후 8:1, 고전 16:2, 행 20:7, 계 1:10)이다. 한편 신명기 14장 22-29절에서 말씀하고 있는 십일조[99] 또한 단순한 물질이 아니라 구원받은 백성이 마땅히 드려야하는 신앙고백이요 감사 정신이다. 헌금은 결단코 축복의 통로가 아니다. 이미 복받은(바라크, בָּרַךְ, v, to kneel, bless) 사람, 복있는(에세르, אֶשֶׁר, nm/אֶשֶׁר, v, to go straight, go on, advance) 사람의 마땅히 해야 할 감사인 것이다.

한편 오늘날의 화폐 가치로 환산해 보면 300데나리온은 약 20,000U$ 이상이 된다. 은 30세겔은 200U$ 정도의 가치이다.

6 이렇게 말함은 가난한 자들을 생각함이 아니요 저는 도적이라 돈 궤를 맡고 거기 넣는 것을 훔쳐감이러라

5-6절을 통해 가룟 유다는 부유한 마리아의 지나친 듯한 예물과 소위

---

99 십일조의 '조(條)'는 가지 조인데 이는 나무 전체를 대표할 수 있는 최고의 가지라는 의미이다. 십일조는 감사의 정신과 함께 나머지 아홉도 모두 주의 뜻대로 사용하겠다는 결단이기도 하다. 원래 구약에서는 44.6+a%(레위인 10%, 가족들의 잔치 10%, 약자 보호 3.3%, 추수 시 밭의 네 귀퉁이 22.6%, 추수 시 떨어진 것 주우면 안 됨, 레 19:10)의 십일조를 드렸다. 모든 그리스도인들은 십일조를 통해 신앙고백을 한다. 축복의 통로(계약금)가 아니다. 창세기 14장 17절 아브라함이 멜기세덱에게 주었던 그 십일조가 기원이다(신 14장: 느 10:37-38; 말 3:7-8; 히 7:2,4).

'잘 나감'에 대하여 큰 불편이 있었던 듯하다. 게다가 그런 마리아를 용인하는 듯한 예수님을 보며 그를 향한 불편함을 감추지 않았다.

나는 이 부분에서 가룟 유다 같은 부류나 그런 그리스도인들에게 당부하고픈 말이 있다. 다른 사람이 땀과 눈물로 번 돈으로 하나님의 영광을 위하여 지나치게 쓰든 아니든 간에 하나님나라의 확장을 위해 쓰는 것을 볼 때 제발 가타부타 하지 말았으면 하는 것이다. 그 지체가 자기가 번 돈으로 선교를 하든, 장학 사역을 하든 아니면 무엇을 하든 간에 그냥 박수만 쳐주길 마란다. 그리고 가난한 사람들을 위한 구제가 부족해 보이거나 어떤 부분의 빈 구멍이 보이거든 본인 또한 그동안 자신이 열심히 벌었던 돈으로 그 부분을 말없이 메우면 되는 것이다.

당시 마리아는 예수의 장례를 위해 엄청난 거액인 300데나리온(20,000U$)을 아끼지 않았다. 반면에 그것에 시비를 걸었던 가룟 유다는 예수를 고작 은 삼십(200U$)이라는 헐값에 팔아넘겼다. 한편 십자가에 달려 돌아가시기 전에 기도하시던 그 겟세마네 동산에서 친한 척 키스하던 가룟 유다의 그 장면이 내게는 자주자주 교차되곤 한다. 그렇기에 나는 향유 옥합 도유 이야기를 묵상할 때마다 마리아와 가룟 유다의 대조된 인상(얼굴 표정)이 자주 자주 떠오르곤 한다.

7 예수께서 가라사대 저를 가만두어 나의 장사할 날을 위하여 이를 두게 하라

우리는 종종 매사 매 순간에 절약했던 모든 것(재물, 건강, 재능 등등)을 현재형 하나님나라 확장을 위해 복음 전파에 사용해야 할 때가 있다. 그렇게 사용하는 것을 '거룩한 낭비'라고 한다. 그러므로 특히 그리스도인들은 절대가치(Core value, 핵심가치)에 대한 개념이 분명해야 한다. 그래야만 우선순위(Priority)를 바르게 정할 수 있어 그리스도인으로서 올바른 삶을 살아갈 수가 있다. 가치에 따라 우선순위로 살아가는 것은 유한된 한 번 인생에 꼭 필요한, 동시에 너무나 중요한 일이다.

마리아의 향유 옥합 도유이야기에서의 그 '도유'행위는 예수님 당신의 장례를 준비하는 예비 행위였음을 강조(장례이야기)하고 있다(마 26:12, 막 14:8). 더 나아가 마태복음 26장 13절, 마가복음 14장 9절을 보면 이 에피소드는 '복음 이야기'이기도 함을 알 수 있다.

"내가 진실로 너희에게 이르노니 온 천하에 어디서든지 이 복음이 전파되는 곳에는 이 여자의 행한 일도 말하여 저를 기념하리라 하시니라"_마 26:13, 막 14:9

8 가난한 자들은 항상 너희와 함께 있거니와 나는 항상 있지 아니하리라 하시니라

역사 이래로 가난한 자들(신 15:7-8, 11)은 항상 우리 주변에 있어 왔다. 그들에게 행해야 할 바른 태도에 관하여는 신명기 15장에서 말씀해주셨다.

그리고 보면 지구상에서 떠들고 있는 많은 공산주의자들이나 사회주의자들의 주장이 얼마나 공허한지를 여실히 알 수 있다. 그들은 마치 자기들이 가난한 자가 없는 공평한 세상을 만들기라도 할 듯이 떠들어 댄다. 정작 가장 탐욕스럽고 이기적인 자신들을 알고 있기는 한지…….

그들은 평등을 외치지만 실제로는 철저히 계급적이고 불평등을 조장하며 그들만의 세상을 만들어 그들만 누리고 살아간다. 그런 그들을 향해 성경은 '쓸데없는 짓거리'를 하는 사람들이라고 딱 잘라 말한다. 그들이 가장 모르고 있는 것은 자신을 포함한 모든 인간은 전적 타락, 전적 부패, 전적 무능한 죄인이라는 사실이다.

아더 핑크는 "나는 항상 있지 아니하리라"는 말을 좀 더 광의(廣義)적으로 해석하여 '화체설(化體說, transubstantiation)'을 부인하는 것으로 해석했다. 소위 '화체설'이란 성찬식의 빵과 포도주가 그리스도의 몸과 피의 실체로 변한다라는 것이다. '화체설을 부인하는 것'이라는 해석에는 조금 과하다는 생각은 있으나 화체설을 그다지 긍정적으로 받아들이지 않는, 기념설(쯔빙글리파, Symbolism, 상징설, Commemoration)을 받아들이고 있는 나는 이 해석에 동의한다.

참고로 교파를 가르는 중요한 변수인 '성만찬' 규례를 간략하게 소개[100] 하면 다음과 같다. 로마 카톨릭(Roman Catholic Church, RCC)은 화체설을, 루터파는 공재설(共在說) 혹은 공체설, (Consubstantiation)을, 개혁파는 칼빈의 영적 임재설(Spiritual presence)을, 쯔빙글리파는 기념설=공재(체)설+상징설을 주장한다. 또한 성만찬에 사용되는 '빵'의 발효 유(有, 동방교회)무(無, 서방교회)에 따라 동방교회와 서방교회가 나뉘어지기도 한다. 나는 캔터베리의

---

100   로마 카톨릭(Roman Catholic Church, RCC, 화체설), 루터파(공재설(共在說) 혹은 공체설, Consubstantiation, 그리스도께서 떡과 포도주 '안에' '함께' 연합되어 있어 실제로 임재한다는 견해), 개혁파(칼빈의 영적 임재설, Spiritual presence, 떡과 포도주에 예수 그리스도께서 영적으로 임재한다, 쯔빙글리의 상징설과 루터의 공체설의 중간 입장), 쯔빙글리파(기념설=공재(체)설+상징설, 그리스도는 성체 안에 표징과 상징으로만 현존한다)가 있다. 또한 성만찬에 사용되는 '빵'의 발효 유(有, 동방교회) 무(無, 서방교회)에 따라 동방교회와 서방교회가 나뉘어지기도 했다. 나는 캔터베리의 대주교였던 안셀름(1033-1109, Anselm of Canterbury)의 생각(발효 유무가 아니라 예수님의 몸인 빵의 의미가 중요)에 동의한다.

대주교였던 안셀름(1033-1109, Anselm of Canterbury)의 생각(발효 유무가 아니라 예수님의 몸인 빵의 의미가 중요)에 동의한다.

9 유대인의 큰 무리가 예수께서 여기 계신 줄을 알고 오니 이는 예수만 위함이 아니요 죽은 자 가운데서 살리신 나사로도 보려 함이러라 10 대제사장들이 나사로까지 죽이려고 모의하니 11 나사로 까닭에 많은 유대인이 가서 예수를 믿음이러라

대제사장들의 경우 대부분이 사두개파(대제사장 사독의 후손, 아론의 셋째 아들 엘르아살 계열, 민 3:2-4)였다. 그들은 예수님의 부활을 믿지 않았다(행 23:8). 그런데 유대인들의 통념상 완전히 죽었던(죽은 지 4일) 나사로가 현실 세계에서 다시 살아났으니 당황스러울 수밖에……

또한 엄연한 사실(fact) 앞에서 자기들에게 미칠 손해(損害)득실(得失)만을 따지고 있는 그들의 모습에서 오늘 우리들의 모습이 오버랩된다.

12 그 이튿날에는 명절에 온 큰 무리가 예수께서 예루살렘으로 오신다 함을 듣고 13 종려나무 가지를 가지고 맞으러 나가 외치되 호산나 찬송하리로다 주의 이름으로 오시는 이 곧 이스라엘의 왕이시여 하더라

"그 이튿날"이란 주일로서 종려주일(Palm Sunday)을 말한다. 원래 종려 가지는 초막절(장막절, 수장절(출 23:16, 추수감사절), Feast of Tabernacles or booths)에 사용(레 23:40)하는 것이다. 계시록 7장 9절에 의하면 '종려 가

지'는 '승리'를 상징한다. 구원받은 자는 장차 미래형 하나님나라(유리 바닷가에 서서, 계 7:9; 15:2)에서 종려가지를 흔들며 삼위하나님을 찬양하게 될 것이다.

"나가 외치되"라는 말에서는 그들의 이익을 위해 외치고 있는 저들의 속셈이 들어있다. 곧 유대인들은 다윗왕국 같은 강력한 나라를 이끌 수 있는 힘있는 메시야를 대망했는데 이러한 '민속 메시야 사상'을 동시에 꼬집고 있는 것이다.

"호산나"의 헬라어는 Ὠσαννά(הוֹשִׁיעָה נָא, 호시아흐, Oh, save now!" or "Please save!", 시 118:25)인데 이는 'Save us. Help us(하나님 살려주세요, 시 118:25)'라는 의미이다. 참고로 이사야 선지의 이름은 예샤야후(יְשַׁעְיָהוּ)인데 '여호와는 우리의 구원'이라는 의미이다. 이는 호산나와 어원이 같다. 즉 호산나란 '죄로부터의 구원'을 가리킨다.

그들은 종려 가지를 들고 마치 BC 2세기의 마카비를 환영하듯 "이스라엘의 왕"이라고 외쳤다. 이는 유대인들의 '민속 메시야 사상'을 가감없이 드러내고 있는 것이다. 즉 진짜 메시야라면 로마로부터의 압제와 현실의 고통에서 구원해달라는 요구였던 것이다. 그러나 예수님은 육적 이스라엘을 위해 오시지 않았다. 또한 로마로부터의 독립을 위해 온 것도 아니다. 영적 이스라엘 백성을 죄와 사망, 죽음으로부터 구하기 위해 오셨다. 그 예수는 유대인으로 구속주로 초림하셨으며 향후 아버지 하나님의 때(카이로스)가 되면 재림주로서 만왕의 왕, 만주의 주이신(계 19:16) 승리주, 심판주로 오실 것이다.

14 예수는 한 어린 나귀를 만나서 타시니 **15** 이는 기록된 바 시온 딸아 두려워 말라 보라 너의 왕이 나귀 새끼를 타고 오신다 함과 같더라

초림의 예수님은 가장 낮은 자, 약한 자로서 나귀 새끼(어린 나귀)를 타고 (슥 9:9; 창 49:10-11) 오셨다면 재림의 예수님은 "주의 호령과 천사장의 소리와 하나님의 나팔로 친히 하늘로 좇아 강림(살전 4:16)"하시되 백마를 타고(계 19:11) 오실 것이다. 즉 초림의 예수님이 유월절 어린 양이신 구속주, 대속주로 오셨다면 재림의 예수님은 만왕의 왕, 만주의 주, 승리주, 심판주로 오실 것이라는 의미이다.

"기록된 바"라는 것은 스가랴 9장 9-12절의 말씀을 인용하고 있는 것으로 '에브라임의 병거와 예루살렘의 말을 끊어 버리겠고 전쟁하는 활도 끊어버리겠다'라며 유대주의[101](Judea主義, Judeaism, Zionism, 시온운동, 시온주의)를 부술 것을 말씀하고 있다. 십자가 수난 즉 언약의 피를 통해 그렇게 하겠다고 하셨다. 그렇게 초림의 예수님은 기름 부음 받은 자(시 20:6)로 이 땅에 오셨다. 이후 십자가 수난과 죽음을 위해 나귀 새끼를 타고 예루살렘으로 입성하셨다(마 21:1-11; 막 11:1-11; 눅 19:28-40).

"시온 딸"은 '예루살렘의 거민이나 그 성 자체'를 의미한다(사 1:8; 61:3; 62:11; 렘 4:31; 6:23; 애 2:4, 8, 10, 13; 슥 2:10).

---

[101] 유대주의(Judea主義, Judeaism, Zionism, 시온 운동, 시온주의)란 세계 각지에 흩어져 있던 유대인이 그들 선조의 땅인 팔레스타인에 조국을 재건하려는 운동을 말한다. 네이버 지식백과

16 제자들은 처음에 이 일을 깨닫지 못하였다가 예수께서 영광을 얻으신 후에야 이것이 예수께 대하여 기록된 것임과 사람들이 예수께 이같이 한 것인 줄 생각났더라

"영광을 얻으신"의 헬라어는 에독사스데(ἐδοξάσθη, was glorified)인데 이 말 속에는 이중적 함의(含意)가 들어있다. 예수님은 십자가 죽음(요 7:39)을 통해 영광이 되셨고(하나님의 능력과 성품, 속성이 이 땅에 드러났고) 승천과 부활(요 12:23; 13:31)을 통해 영광을 얻으셨음(찬양과 경배를 받으셨음)을 의미한다.

17 나사로를 무덤에서 불러내어 죽은 자 가운데서 살리실 때에 함께 있던 무리가 증거한지라 **18** 이에 무리가 예수를 맞음은 이 표적 행하심을 들었음이러라 **19** 바리새인들이 서로 말하되 볼지어다 너희 하는 일이 쓸 데 없다 보라 온 세상이 저를 좇는도다 하니라

본절에서는 예수님을 대적하는 무리들을 바리새인들로 표현했고 10절에서는 대제사장들로, 11장 47, 57절에서는 대제사장들과 바리새인들로 기술되었다. 이들은 모두가 다 동일한 의미(종교 기득권자들)로서의 다른 표현일 뿐이다. 시편 2편과 창세기 49장 10-11절에는 포도나무에 나귀가 매여있음을 말씀하고 있다. 포도나무는 예수를, 나귀는 우리를 말한다. 즉 우리는 반드시 포도나무에 붙어있어야만(연합, Union with Christ) 된다. 포도나무이신 예수는 십자가 보혈인 포도주와 포도즙을 내어 우리의 옷을 빨아 희게 해 주셨다(계 7:14).

20 명절에 예배하러 올라온 사람 중에 헬라인 몇이 있는데

"헬라인 몇이 있는데"에서의 '헬라인'을 가리키는 헬라어에는 헬레네스(Ἕλληνές, all Greek-speaking (i.e. educated) non-Jews)와 헬레니스테스(Ἑλληνιστής, Greek-speaking Jew)가 있다. 전자가 유대교로 개종한 이방인들(개종자들, proselytes)을 의미한다면 후자는 양친 중 한쪽이 유대인이거나 헬라지역에 오래 살아서 헬라어를 말하는 유대인들을 가리킨다. 이 구절에서는 헬레네스(Ἕλληνές)로 사용되었다.

21 저희가 갈릴리 벳새다 사람 빌립에게 가서 청하여 가로되 선생이여 우리가 예수를 뵈옵고자 하나이다 하니

이방인인 헬라인들(Ἕλληνές, all Greek-speaking (i.e. educated) non-Jews)이 예수를 뵙고자 하였다. 바야흐로 구속사에서 드디어 이방인들이 등장하는 장면을 보고 있다. 결국 유대인이든 이방인이든 구원에 이르는 길은 '오직 예수'뿐임을 함의하고 있다. 더 나아가 예수님은 24절의 한 알의 밀처럼 죽어 많은 열매를 맺게 될 것을 드러내고 있다.

22 빌립이 안드레에게 가서 말하고 안드레와 빌립이 예수께 가서 여짜온대 23 예수께서 대답하여 가라사대 인자의 영광을 얻을 때가 왔도다

"인자의 영광을 얻을 때"라는 것은 예수님께서 온 인류(유대인이든 이방인이든 간에, 갈 3:28; 롬 10:9-13)를 위한 대속적 죽음과 부활, 승천을 통해 영광(찬양과 경배)을 얻을 때(요 13:21; 14:13; 17:1)를 말한다. 한편 이 구절은 2장 4절과 7장 30절의 "내 때가 아직 이르지 아니하였다"라는 말씀과 대조된다.

'영광(δόξα, nf, God's infinite, intrinsic worth (substance, essence))'이란 이중적 의미로서 첫째, 하나님의 능력, 성품과 속성을 이 땅에 드러내는 것과 둘째, 찬양과 경배를 올려드리는 것을 말한다. 그렇기에 영광을 올려드리신 예수님의 십자가 죽음에는 하나님의 영광으로서의 공의와 사랑이 들어있다. 부활, 승천하신 예수님은 승리주 하나님으로 영광(찬양과 경배)을 받으셨다.

24 내가 진실로 진실로 너희에게 이르노니 한 알의 밀이 땅에 떨어져 죽지 아니하면 한 알 그대로 있고 죽으면 많은 열매를 맺느니라

씨앗은 땅에 심기면 그 씨앗이 죽어야 싹이 트고 줄기가 울창하게 뻗어난다. 그 줄기에는 무성한 잎이 맺히며 향기 만발한 아름다운 꽃이 열리게 되고 종국적으로는 풍성한 열매가 맺힌다. 곧 죽어야 살아나고(창조의 원리) 죽어야 많은 열매를 맺히게 되는(증대의 법칙) 것이다.

예를 들면 딱딱한 호두는 그 안에서 씨눈이 딱딱한 껍질을 뚫고 나와야 열매를 맺게 된다. 그렇기에 죽는 것이 사는 것이며 죽는 것이 풍성한 열매를 맺게 됨으로 살아나는 것이 된다. 지독한 역설이지만 가만히 묵상해 보면 '복음'의 깊은 의미를 알 수 있게 한다. 오늘날을 살아가는 그리스도인들은 세상 속에서 이 모양 저 모양으로 죽었기에 풍성한 열매를 맺게 된 것이다. 그렇다고 하여 '너희들도 세상에서 씨앗으로 죽어야만 한다' 라는 헌신과 희생만을 강조하려는 것은 아니다. 20-21절과 연관하여 해석하면 '한 알의 밀알 되신 예수의 죽음을 통해서 풍성한 열매를 맺는다'는 역설적인(paradoxical) 사실을 보여주려는 것이다. 즉 아담 한 사람으로 인해 모든 사람에게 사망이 들어왔고 대속적인 죽음을 통한 예수 한 분으로 인해 영생을 얻게 된, 그리고 얻게 될 것(롬 5:12, 17, 21)을 드러낸 것이다. 밀알이 땅에 떨어져 죽어 그 밀알에서 수확된 열매가 또 다른 밀알이듯이 우리를 위하여 대신 죽으신 예수님께서 부활하셔서 승리주 하나님이 되신 것처럼 그리스도인 된 작은 예수로서의 우리 또한 이 땅에서 예수님처럼 살다가 죽어 하나님나라에서 승리의 삶을 살아가야 할 것이다.

그렇다면 '씨뿌리는 자의 비유'가 말씀하고자 하는 것은 분명하다. 단순히 '좋은 밭이 되자'라는 것이 아니다. 비록 '돌밭, 가시밭, 길가' 같은 우리라 할지라도 옥토에 뿌려진 씨앗처럼 30, 60, 100배의 결실을 맺게 하고야 말겠다는 '하나님의 열심'을 강조한 것이다. 결국 나를 온전히 부정하는 그 순간 불가능한 나를 가능케 하시는 그 예수가 바로 '복음'인 것을 생생하게 느낄 수 있다.

마태복음 13장 1-23절, 마가복음 4장 1-9절, 누가복음 8장 4-8절을 다시 찬찬히 읽으면 성령님의 세미한 음성을 들을 수 있다. 로마서 10장 16-17절에는 '듣다'라는 말이 4번이나 반복되어 나온다. "순종, 전하는 바, 들음, 들음'이란 모두 다 헬라어로 아콘(ἀκοή, nf)인데 이는 동사 아쿠오(ἀκούω)에서 파생되었다. 믿음은 들음에서 난다. 그러므로 성경을 통해 하나님의 음성을 들으면 믿음이 더욱더 견고해지게 된다.

이사야 7장 23-25절은 질려(엉겅퀴, 찔레)와 형극(荊棘, thorn, distress)인 가시밭을, 이사야 8장 13-15절은 돌밭인 인간들을 말씀하고 있는데 이는 결국 '패역한 상태의 우리들'을 가리킨다.

이사야 6장 9-13절에서는 '거룩한 씨이신 예수를 그루터기에 심어 열매를 맺게 하겠다'라고 하셨다. 즉 한 알의 밀알이 심겨져 많은 열매가 맺게 되는 것은 땅의 종류, 재질에 관계없이 '우리를 향한 하나님의 열심(왕하 19:31; 사 9:7; 37:32)' 때문이라는 것이다. 결국 자기 의를 드러내며 우리도 '좋은 밭이 되자'라는 것이 아니라 하나님의 뜻(델레마 데우)을 따라 '우리도 예수를 본(本)받아 죽자'라는 말씀인 것이다.

25 자기 생명을 사랑하는 자는 잃어버릴 것이요 이 세상에서 자기 생명을 미워하는 자는 영생하도록 보존하리라

이 구절은 누가복음 14장 26-27절의 말씀과 연관된다. 동시에 다른 공관복음에서도 예수님은 이 말씀을 자주 강조하셨다(마 10:39; 16:25; 막 8:35; 10:39; 눅 9:24; 17:23).

한편 예수를 믿으면 그 즉시로 영적으로 부활되어 영생을 누리게 된다. 그리하여 이 땅에서 성령님을 주인으로 모시고 그분의 통치, 질서, 지배하에서 현재형 하나님나라를 누리게 되는 것이다. 또한 모두가 죽게 되는 한 번의 육신적 죽음 후에는 즉시 부활체로 변하여 미래형 하나님나라에서(마 25:31-46) 영생을 누리게 된다. 그렇기에 '죽음'은 현재형 하나님나라에서 미래형 하나님나라에로의 이동(옮김, 아나뤼오, 딤후 4:6)일 뿐이다. 결국 우리는 예수를 믿는 그 순간부터 하나님나라에서 영생을 누리는 것이다.

"자기 생명을 미워하는 자"라는 것은 '자기를 부인하고 자신의 안일을 멀리하고 세상을 미워하는 것'을 말한다. 역으로 자기 생명을 사랑하는 것은 세상(유대주의, 성공, 물질주의 등등)과 적당하게 타협함은 물론이요 세상을 사랑하여 세상 속으로 들어가는 것으로 그 결과 구원, 영생과는 점점 더 멀어지게 된다.

26 사람이 나를 섬기려면 나를 따르라 나 있는 곳에 나를 섬기는 자도 거기 있으리니 사람이 나를 섬기면 내 아버지께서 저를 귀히 여기시리라

"나 있는 곳, 거기"가 가리키는 곳은 '미래형 하나님나라'이고 "나를 섬기는 자"가 가리키는 것은 '천국의 성도들(계 21:1-7)'이다. 그렇기에 우리는 로마서 8장 17-18절의 말씀을 반복하며 지금을 참아낼 수 있는 것이다.

"자녀이면 또한 후사 곧 하나님의 후사요 그리스도와 함께한 후사니 우리가 그와 함께 영광을 받기 위하여 고난도 함께 받아야 될 것이니라 생각건대 현재의 고난은 장차 우리에게 나타날 영광과 족히 비교할 수 없도다"_롬 8:17-18

27 지금 내 마음이 민망하니 무슨 말을 하리요 아버지여 나를 구원하여 이 때를 면하게 하여 주옵소서 그러나 내가 이를 위하여 이 때에 왔나이다

"민망하다"의 헬라어는 타랏소(ταράσσω, v)인데 이는 '흔들다, 동요하다'라는 의미이다. 겟세마네 동산에서 번민하며 기도하는 예수님의 모습(마 26:36-46; 막 14:32-42; 눅 22:39-46)이 연상된다.

나는 이 구절에서 인성으로서의 예수님께서 '이 때를 면하게 해 달라'고 하신 그 기도가 특별히 마음에 와 닿는다. 그러나 다음 순간 성부하나님께 부여받은 사명, 즉 그리스도 메시야로서 구속 계획의 성취를 위해 인간적인 연약함을 압도하시는 예수님의 기도를 접하면서 또한 깊이 감동하게 되기도 한다.

예수님의 십자가 사역은 성부하나님께도 영광이요 당신에게도 영광(요 12:23; 17:1)이었다. 동시에 예수를 믿는 세상의 모든 자에게는 영생(17:2)을 부여하시는 것이었다.

28 아버지여 아버지의 이름을 영광스럽게 하옵소서 하시니 이에 하늘에서 소리가 나서 가로되 내가 이미 영광스럽게 하였고 또 다시 영광스럽게 하리라 하신대 **29** 곁에 서서 들은 무리는 우뢰가 울었다고도 하며 또 어떤이들은 천사가 저에게 말하였다고도 하니 **30** 예수께서 대답하여 가라사대 이 소리가 난 것은 나를 위한 것이 아니요 너희를 위한 것이니라

"하늘에서 소리가 나서"에서의 '소리'는 하나님의 임재(臨在, presence)와 현현(顯現, theophany)을 가리킨다. 예수님이 요단 강에서 세례를 받을 때(막 1:11; 마 3:17; 눅 3:21-22)와 변화산 상에서(마 17:5; 막 9:7; 눅 9:35)도 동일한 하나님의 소리(임재(臨在, presence)와 현현(顯現, theophany)이 있었다.

"나를 위한 것이 아니요 너희를 위한 것이니라"는 것이란 당연히 예수

님의 초림은 구속주로 오셨으니 인류의 구원과 관계됨으로 "너희를 위한 것"이라고 말씀하셨던 것이다.

31 이제 이 세상의 심판이 이르렀으니 이 세상 임금이 쫓겨나리라

예수 그리스도의 십자가 대속 사역으로 인해 사단의 권세(참소권)는 심판을 받고 깨뜨려졌다. 그리하여 무저갱에 갇힌 것이다(계 20:1-3). Already 이다. 동시에 그동안 죄의 종노릇하던 사람들은 예수 그리스도를 통해 사망에서 생명으로 옮겨졌다(요일 3:14). 그러나 최후 심판은 마지막 날 백보좌 심판에서 행해질 것(마 25:31-46; 계 20:11-15)이므로 재림주이신 예수님의 백보좌 심판은 아직('Not yet') 임하지 않은 것이다.

한편 "이 세상 임금"은 사탄을 지칭(요 14:30; 16:11)한다. 바울은 '이 세대의 관원(고전 2:6-8)', '이 세상의 신(고후 4:4)', '공중의 권세 잡은 자(엡 2:2)', 어두움의 세상 주관자(엡 6:12)' 등으로 달리 표현하기도 했다.

32 내가 땅에서 들리면 모든 사람을 내게로 이끌겠노라 하시니 33 이렇게 말씀하심은 자기가 어떠한 죽음으로 죽을 것을 보이심이러라

"들리다"의 헬라어는 휘프소오(ὑψόω, to lift or raise up, to exalt, uplift)인데 이는 '십자가에 달려 땅에서 들려 올려짐(요 3:14, 8:28)'이라는 의미이다.

"이끌겠노라"라는 의미는 부활을 함의하고 있다. 더 나아가 그리스도의 승귀(Ascension of Christ, Exaltation)의 과정을 의미하기도 한다. 즉 십자가를 통해 드러나는 예수의 구속적 사랑, 십자가를 통해 선언하는 복음적 진리, 십자가로 인한 하나님과 인간 사이의 화해를 공표한 것이다.

한편 "모든 사람"이라는 것을 만인구원설(Universalism)로 오해해서는 안 된다. 오직 구원은 만세 전에 당신의 은혜로 아버지 하나님께서 택정한 사람만 얻게 되는 것이다.

참고로 사람뿐만 아니라 모든 사물에도 구속적 효과를 미친다라고 하는 우주적 구속(Cosmic redemption)이 있는데 이는 어색하다. 만인구원설(Universalism)과 우주적 구속(Cosmic redemption)을 함께 제안하는 견해를 만물회복론(apocatastasis)이라고 하는데 Origen, Clement등이 주장하였다. 이는 하나님의 진노의 개념은 약화시키면서 사랑의 완전성을 강조하는 신학 경향이기에 이 또한 어색하기는 매한가지이다.[102]

34 이에 무리가 대답하되 우리는 율법에서 그리스도가 영원히 계신다 함을 들었거늘 너는 어찌하여 인자가 들려야 하리라 하느냐 이 인자는 누구냐

요한복음 10장 34절의 경우처럼 이 구절의 "율법" 또한 모세오경이 아니라 '성경 전체'를 가리킨다. 그렇기에 성경에서 '율법'이라고 말할 때에는 모세오경(토라)을 가리키는지 구약 전체를 가리키는지 아니면 성경 전체를 가리키는 지를 잘 분별하며 읽어야 한다.

한편 율법에서 "그리스도가 영원히 계신다"라고 했는데 이는 다윗 왕가

---

102   『그랜드 종합주석 13권』, p835 재인용

의 영원한 통치(삼하 7:12-16; 시 89:3-4, 26-29; 110:4; 사 9:7; 겔 37:25; 단 7:14)에 대한 약속을 인용하면서 다윗 언약으로 오실 그리스도 메시야의 영원한 통치를 빗대며 말하고 있는 것이다.

35 예수께서 가라사대 아직 잠시 동안 빛이 너희 중에 있으니 빛이 있을 동안에 다녀 어두움에 붙잡히지 않게 하라 어두움에 다니는 자는 그 가는 바를 알지 못하느니라 36 너희에게 아직 빛이 있을 동안에 빛을 믿으라 그리하면 빛의 아들이 되리라 예수께서 이 말씀을 하시고 저희를 떠나가서 숨으시니라

　율법과 자기 의를 드러내는 유대인들에게 예수 그리스도는 오직 십자가 보혈의 은혜로만 구원이 주어지게 됨을 밀알의 교훈을 빗대어 재차 복음의 진리를 강조하고 있다. 이 구절에서는 "빛" 대신 "예수 그리스도"를 대입해도 무방하다.

　한편 "빛의 아들"이라는 표현은 에베소서 5장 8절, 데살로니가전서 5장 5절, 누가복음 16장 8절에서도 반복하여 말씀하고 있다.

　"너희가 전에는 어두움이더니 이제는 주 안에서 빛이라 빛의 자녀들처럼 행하라"_엡 5:8

　"너희는 다 빛의 아들이요 낮의 아들이라 우리가 밤이나 어두움에 속하지 아니하나니"_살전 5:5

　"주인이 이 옳지 않은 청지기가 일을 지혜있게 하였으므로 칭찬하였으니 이 세대의 아들들이 자기 시대에 있어서는 빛의 아들들보다 더 지혜로움이니라"_눅 16:8

37 이렇게 많은 표적을 저희 앞에서 행하셨으나 저를 믿지 아니하니

2장을 기점으로 11장까지 일곱 가지 표적을 통해 예수, 그리스도, 생명을 계속 반복하여 드러내셨으나 저들은 초현실적인 기적에만 관심을 가질 뿐 정작 예수님은 배척했다. 오늘날 일부 그리스도인들의 복음에 대한 무관심과 동시에 초현실적인 기적에만 지나친 집착을 보이는 것과 매한가지이다.

38 이는 선지자 이사야의 말씀을 이루려 하심이라 가로되 주여 우리에게 들은 바를 누가 믿었으며 주의 팔이 뉘게 나타났나이까 하였더라 39 저희가 능히 믿지 못한 것은 이 까닭이니 곧 이사야가 다시 일렀으되 40 저희 눈을 멀게 하시고 저희 마음을 완고하게 하셨으니 이는 저희로 하여금 눈으로 보고 마음으로 깨닫고 돌이켜 내게 고침을 받지 못하게 하려함이니라 하였음이더라

이사야 53장 1절의 '고난받는 종 메시야'에 관한 것으로 예수가 바로 그 그리스도, 메시야이시다라는 것을 말씀하고 있다. 동시에 이를 알지 못하고 있는 유대인들의 영적 무지와 불신앙을 지적하고 있는 것이다.

38절의 "주의 팔이 나타났다"라는 것은 예수의 신적 능력이 표적들(Signs)로 나타난 것을 의미한다. 40절은 이사야 6장 9-10절의 말씀을 인용한 것으로 성경의 다른 여러 부분에서도 인용되고 있다(마 13:15; 막 4:12; 눅 8:10; 행 28:26). 즉 하나님의 긍휼과 자비하심에도 불구하고 끝까지 돌이키지 않으면 심판을 받게 될 것을 말씀하신 것이다.

요한복음 1장 5, 9절에 의하면 영적으로 어두운 자들에게는 하나님께서 당신을 숨기셨기 때문에 사람들은 깨닫지 못하여 능히 믿지 못하게 된다라고 하셨다. 물론 원인 제공은 인간이다(창 3:22-24). 왜냐하면 인간이 선악의 판단자가 되어 하나님을 무시한 것자체가 죄이기 때문이다.

영생(요 6:51-52; 창 3:22)의 히브리어는 올람(עוֹלָם, long duration, antiquity, futurity, forever), 하아이(חָיָה, live, save life)인데 이는 '신적 생명, 숨겨진 삶'이라는 의미이다. 즉 에덴동산에서 생명과(예수를 상징)를 따 먹은 사건은 하나님을 인생의 도우미로 전락시켜버린 것을 의미한다. 결국 선악과를 먹은 인간은 신본(神本)이 아닌 인본주의(人本主義)에 물든 인간이 되어버렸던 것이다.

하나님은 모든 사람(אָדָם, nm, man, mankind/아담)을 땅(אֲדָמָה, nf, ground, land/아다마)의 흙(עָפָר, nm, dry earth, dust/아파르)으로 지으셨다(창 2:7; 3:19). 그런 인간은 하나님 앞에서 자신을 부인하는, 즉 하나님께 주권을 온전히 돌려드리는 삶을 살아야 한다. 자신의 영광이 아닌 하나님의 영광을 위해 살아야 한다. 그러나 인간은 정반대의 길을 선택하며 선악과를 먹어버렸다. 그 결과 에덴동산에서 쫓겨났으며 동시에 하나님은 생명나무(영생)의 길을 화염검으로 막아버리셨다. 죄를 품고 영생을 누리는 것 자체가 최악이기 때문이다.

고린도전서 11장 23-29절은 성찬식에 대한 말씀이다. 예수의 죽음을 상징하는 떡과 포도주를 합당치 않게(27, ἀναξίως, unworthily, in an unworthy manner)먹고 마시는 것은 주의 몸과 피를 범하는 죄(11:27)라고 했다. 또한 분변치 못하고(29, διακρίνω) 먹고 마시는 것은 자기의 죄를 먹고 마시는 것(11:29)이라고 했다. 여기서 합당치 않게 먹고 마시는 것과 분변치 못하고 먹고 마시는 것이란 '가치 없이 만드는 것'을 가리킨다.

이사야 예언의 성취는 하나님의 예지(Foreknowledge)와 예정(Predestination)에 의한 것이다. 그러므로 만세 전에 하나님은 당신의 은혜로 우리를 택정(예정)하셔서 때가 되매 우리를 부르신 것이다.

상기의 구절은 그 옛날 아담과 하와가 자유의지(Free will, 자유선택, Free choice, 창 3:22-24)로 선악과를 따먹었듯이 지금의 유대인들도 자발적 의지로 불신앙을 초래한 것이다라는 것이다. 가만히 보면 삼위하나님의 절대주권에 의한 예정과 인간의 자유의지에 따라 실현되는 죄의 과정은 우리의 논리가 미치지 못하는 신비(mystery)의 영역 중 하나이기도 하다.

41 이사야가 이렇게 말한 것은 주의 영광을 보고 주를 가리켜 말한 것이라 42 그러나 관원 중에도 저를 믿는 자가 많되 바리새인들을 인하여 드러나게 말하지 못하니 이는 출회를 당할까 두려워함이라 43 저희는 사람의 영광을 하나님의 영광보다 더 사랑하였더라

"관원 중에도"라는 의미는 그중에 니고데모(요 7:50-51), 아리마대 요셉(요 19:38)도 있었다라는 것을 함의하고 있다.

43절의 경우 갈라디아서 1장 10절의 말씀이 세게 다가오는 듯하다.

"이제 내가 사람들에게 좋게 하랴 하나님께 좋게 하랴 사람들에게 기쁨을 구하랴 내가 지금까지 사람의 기쁨을 구하는 것이었다면 그리스도의 종이 아니니라"_갈 1:10

'사람의 영광을 하나님의 영광보다 더 사랑했다'라는 것은 하나님의 영광이 아니라 하나님께 '영 꽝!'이었다라는 의미이다. 누가복음 12장 8-9절은 이런 유의 사람을 가리켜 '가짜'라고 했다. 야고보서 4장 4절은 이런 유를 가리켜 '스스로 하나님과 원수되는 것'이라고 더 세게 말씀하셨다.

44 예수께서 외쳐 가라사대 나를 믿는 자는 나를 믿는 것이 아니요 나를 보내신 이를 믿는 것이며 45 나를 보는 자는 나를 보내신 이를 보는 것이니라

이 말씀에서는 존재론적 동질성(Essential Equality)을 드러내고 있다. 이는 이미 요한복음 1장 18절, 5장 24절, 8장 19절, 10장 38절에서 반복적으로 말씀하신 것이다. 히브리서 1장 2-3절의 말씀(Christology, 기독론의 요체)을 빌리면 예수님은 하나님의 영광의 광채시요 그 본체의 형상이시다.

46 나는 빛으로 세상에 왔나니 무릇 나를 믿는 자로 어두움에 거하지 않게 하려 함이로라

예수님은 참 빛으로서 세상에 와서 각 사람에게 비취는 세상의 빛, 생명의 빛이시다(요 1:9, 8:12).

"빛으로 왔나니(요 3:19; 8:12; 9:5; 12:35) 무릇 나를 믿는 자는 어두움에 거하지 않게 하려 함"이라는 것은 '사단의 권세, 어두움, 죄로 인해 패망하게 된 것으로부터 하나님께로 돌아가게(행 26:18; 골 1:13) 하려 함'이라는 것을 가리킨다.

47 사람이 내 말을 듣고 지키지 아니할지라도 내가 저를 심판하지 아니하노라 내가 온 것은 세상을 심판하려 함이 아니요 세상을 구원하려 함이로라

이 구절은 만왕의 왕이신 재림의 예수님이 심판주로서 오시는 것에 대해 초림의 예수님은 구속주이시며 세상을 구원하러 오신 것임을 강조하고 있다(마 1:21; 요 3:16).

48 나를 저버리고 내 말을 받지 아니하는 자를 심판할 이가 있으니 곧 나의 한 그 말이 마지막 날에 저를 심판하리라

장차 오실 예수 그리스도 새 언약의 완성이신 만주의 주, 만왕의 왕이신 재림의 예수님은 승리주이시며 심판주이시다(요 5:22; 8:15-16; 9:39; 16:8,11; 고후 5:10; 계 19:11-16).

"저버리다"의 헬라어는 아데테오[103](ἀθετέω, "un-place")인데 이 단어의 반의어(反意語) "받다"의 헬라어 람바노(λαμβάνω)는 '오직 믿음'으로 인한 '진정한 영접'을 의미한다. 결국 '저버리다'라는 것은 가짜 영접 곧 초현실적인 기적이나 표적만을 보고 따라가는 것, 예수님의 말씀을 아예 거절하거나 무시, 묵살하는 것을 가리키는 말로서 그런 유의 사람들은 종국적

---

103   아데테오(ἀθετέω, "un-place")는 properly, do away with; reject what is already laid down; to set aside (disregard as spurious); nullify, make void; to break faith (Abbott-Smith)이다.

으로 유황불못 심판(살후 1:8; 신 18:19)을 피할 수 없게 될 것이다.

49 내가 내 자의로 말한 것이 아니요 나를 보내신 아버지께서 나의 말할 것과 이를 것을 친히 명령하여 주셨으니

이는 요한복음 5장 30절, 7장 16절, 8장 26-28절의 반복되는 말씀이다.

"내가 아무것도 스스로 할 수 없노라 듣는대로 심판하노니 나는 나의 원대로 하려하지 않고 나를 보내신 이의 원대로 하려는고로 내 심판은 의로우니라"_요 5:30

"예수께서 대답하여 가라사대 내 교훈은 내 것이 아니요 나를 보내신 이의 것이니라"_요 7:16

"내가 너희를 대하여 말하고 판단할 것이 많으나 나를 보내신 이가 참되시매 내가 그에게 들은 그것을 세상에게 말하노라 하시되 저희는 아버지를 가리켜 말씀하신 줄을 깨닫지 못하더라 이에 예수께서 가라사대 너희는 인자를 든 후에 내가 그인 줄을 알고 또 내가 스스로 아무것도 하지 아니하고 오직 아버지께서 가르치신대로 이런 것을 말하는 줄도 알리라"_요 8:26-28

50 나는 그의 명령이 영생인 줄 아노라 그러므로 나의 이르는 것은 내 아버지께서 내게 말씀하신 그대로 이르노라 하시니라

요한복음 3장 11절, 5장 32절, 8장 55절의 요약이다.

"진실로 진실로 네게 이르노니 우리는 아는 것을 말하고 보는 것을 증거하노라 그러나 너희가 우리 증거를 받지 아니하는도다"_요 3:11

"나를 위하여 증거하시는 이가 따로 있으니 나를 위하여 증거하시는 그 증거가 참인줄 아노라"_요 5:32

"너희는 그를 알지 못하되 나는 아노니 만일 내가 알지 못한다하면 나도 너희 같이 거짓말쟁이가 되리라 나는 그를 알고 또 그의 말씀을 지키노라"_요 8:55

"하나님의 명령"이란 죄로 죽을 수밖에 없던 인간들에게 영생 즉 구원을 가져다준 것(요 6:38-40; 10:14-18)인데 이는 모세가 신명기 18장 15, 18절에서 말한 '오실' 선지자와 그 선지자로 '오신' 하나님의 아들 예수 그리스도의 공생애 사역을 연관시키고 있다.

예수님은 하나님의 명령을 따라 구속을 통한 인간의 구원, 영생을 위해 대가 지불을 위하여 죽음의 길 즉 십자가 수난을 당하셨다. 그렇기에 요한복음 13장 1절에서 예수님은 유월절을 향해 뚜벅뚜벅 걸어가신 것이다. 히브리서 13장 12절의 말씀이 근엄하게 다가온다.

"그러므로 예수도 자기 피로써 백성을 거룩케 하려고 성문 밖에서 고난을 받으셨느니라"_히 13:12

은혜 위에 은혜러라
*

Grace for Grace
Χάριν ἀντὶ χάριτος

예수('Ἰησοῦς), 그리스도(Χριστὸς), 생명(ζωή)

이미 목욕한 자는 발밖에 씻을 필요가 없느니라

요한복음은 크게 네 부분으로 나눌 수 있다. 첫째는 1장 1절에서 18절까지로서 프롤로그(Prologue)에 해당한다. 둘째는 1장 19절에서 12장 50절까지로 일곱 가지 표적을 통해 "예수, 그리스도, 생명"을 드러낸 표적들의 책(The Book of Signs)으로 초현실적인 기적(miracle) 같은 표적(사인, sign)을 통해 "예수, 그리스도, 생명"이심을 보여주셨다. 마지막 넷째 부분은 '나가는 글'로서 21장 1절에서 25절까지로 에필로그(Epilogue)이다.

이 장부터 시작되는 "영광의 책(The Book of Glory)"으로 불리는 곳은 요한복음의 셋째 부분으로 13장 1절부터 20장 31절까지이다. 여기서 "영광의 책"이란 영광이 "되신" 예수님, 영광을 "받으신" 성부하나님에 대한 책이라는 의미이다. 예수님은 아버지의 뜻을 따라 모든 것을 행하셨고 모든 것에 결코 앞서가지 않으셨다. 공생애 전에는 수동적 입장을 취하셨고 공생애 사역 또한 아버지의 뜻을 따라 행하시며 아버지의 뜻을 "다 이루셨다".

한편 "영광"이란 '하나님을 찬양하고 경배'하는 '올려드리다'라는 의미와 함께 '하나님의 능력, 속성과 성품을 이 땅에 드러내다'라는 이중적 의미를 내포하고 있다. 전자가 하나님을 찬양하고 영광의 박수를 올려드리는 것이라면, 후자는 초림하신 구속주이신 예수님이 성육신하셔서 십자가 보혈을 통해 대속 사역을 온전히 이루시고 진정한 구속주(Savior)가 되신 하나님의 능력을 말한다. 이후 예수님은 부활 승천하셔서 하나님의 우편에 승리주로 계시다가 하나님의 때와 기한이 되면 심판주로 재림하셔서 모든 것을 심판하실 것이다.

결국 예수의 하나님 되심을 인정하는 것과 삼위일체 하나님(존재론적 동질성, 기능론적 종속성)의 성품과 속성을 잘 알고 하나님과의 바른 관계와 친밀한 교제를 유지하는 것이 하나님께 영광을 돌리는 일이다. 더 나아가 그런 삼위하나님의 성품, 속성, 능력을 우리가 이 땅에서 드러내는 것이 하나님의 영광을 올려드리는 것이다.

세족식(Maundy Thursday; Pedilavium)으로 시작하는 13장에서는 예수의 십자가 죽음이 예표되어 있다. 유월절을 앞두고 예수님은 "겉옷을 벗고 수건을 가져다가 허리에 두르시고" 세족식을 거행하셨다. 세족식이라는 의식은 예수 안에서 제자들이 하나의 가족 공동체라는 것과 그리스도와의 하나 됨(Union with Christ; 영접과 연합)을 보여주는 것이었다. 따라서 세족식은 예수님이 직접 보여주신 '성례전'이다. 결국 세족식은 기독론적으로 볼 때 예수의 십자가 보혈로 죄씻음(루오, 원죄에 대한 회개)을 얻기 위해 이미 영적으로 목욕한 사람들은 발만 씻으면 된다라는(니프토, 자범죄에 대한 회개) 것을 가르쳐 주신 것이다.

한편 '예수 그리스도는 물과 피로 임하셨다(요일 5:6)'라는 말씀에서 "물"이 의미하는 것은 성령님에 의한 성도들의 상태 즉 실제적인 성결(자범죄를 회개함으로 거룩함 유지, 상태의 변화)을 의미하는 예표이다. "피(십자가 보혈)"는 하나님이신 예수님이 영 단번(once for all)에 죄인 된 우리를 위하여 대가를 지불하심으로 법적인 성결(원죄에서 해결됨으로 구원, 신분의 변화)이 된 것을 말한다.

"발을 씻기신 후에 옷을 입으시고(12절)"라는 모습에서는 장차 죽음을 이기시고 부활하실 예수님을 보여주고 있다. 따라서 세족식에는 예수님의 죽음과 부활이 예표되어 있다.

예수님은 십자가의 죽음과 부활을 통해 영광이 되셨고 성부하나님은 영광을 받으셨다(빌 2:5-11). 그러므로 모든 사람은 물과 피로 임하신 이(요일 5:6), 곧 예수 그리스도를 믿음으로 구원이 된다. 동시에 물(예수, 말씀)과 성령(피)으로 거듭나지 않으면, 즉 예수와 성령에 의하지 아니하고는 하나님나라에 결코 들어갈 수가 없다(요 3:5).

13-1 유월절 전에 예수께서 자기가 세상을 떠나 아버지께로 돌아가실 때가 이른 줄 아시고 세상에 있는 자기 사람들을 사랑하시되 끝까지 사랑하시니라

"유월절 전에"라는 것은 '그리스도의 죽음 전날 밤'을 의미한다. 유대인들은 유월절을 지내기 위해서 니산 달(the month of Nisan, 아빕 월, 히브리력 1월, 양력 3-4월), 곧 정월 14일이 끝날 무렵에 어린 양을 잡아 먹었다(출 12:6, 8). 이후 15일부터 7일 동안 명절을 지냈다(민 28:17). 이를 무교절이라고 한다. 참고로 '유월절(Passover, 유월절 희생양이신 어린 양 예수 그리스도), 초실절(Feast of Firstfruits, 부활의 첫 열매이신 예수 그리스도), 무교절(Feast of Unleavened Bread, 구원과 소망을 허락하신 예수 그리스도)'은 같은 절기를 말하기도 하지만 엄밀하게 구별하면 약간의 차이가 있다.

"때가 이른 줄 아시고"에서의 '때'라는 것은 앞에서 반복하여 언급했던 "내 때(요 2:4; 7:6, 8; 8:20)"를 말한다. 곧 성부하나님의 구속 계획을 성취하기 위해 그리스도 메시야로 오신 예수 그리스도의 십자가 죽음의 때를 가리킨다.

한편 "이 세상에서(9:39; 12:25, 31)"라는 말과 "세상을 떠나 아버지께로 돌아가실 때가"라는 표현에서의 '세상'의 차이에 주목할 필요가 있다. 전자가 죄로 인해 오염된 세상이라면 후자는 죄가 없는 하늘나라를 가리키고 있다. 후자인 하나님나라에는 삼위하나님이 계시며 그곳에서 우리는 영생을 누리게 될 것이다. 한편 예수님은 당신이 '어디서 왔으며(origin; 기원) 부활 후 승천하여 어디로 갈지(fate; 운명, 미래형 하나님나라)를 확실히 아심을(οἶδα, 요 13:3)' 밝히고 있다.

"자기 사람들을 사랑하시되"에서의 '자기 사람들'이란 13장 18절에서의 "나의 택한 자들"을 가리키는 것으로 모든 사람을 의미하지 않는다. 즉 보편구원론(Universalism)이 아니라는 것이다. 곧 '자기 사람들'이란 사도들을 포함한 복음 전파를 통해 하나님의 자녀가 된 그리스도인들을 가리키며 현재형 하나님나라로서 하나님나라를 확장해 갈 모든 제자들(요 17:6,9,11,15)을 가리킨다.

우리가 하나님께 속한 자가 된 것은 성부하나님의 은혜로 만세 전에 택정하심 때문이요 예수님의 십자가 보혈이라는 대가 지불 덕분이었다. 성령님께서는 예수님만이 그리스도 메시야이심을 가르쳐주시고(고전 12:3) 우리에게 믿음(피스티스)을 선물로 주셨다. 그 믿음(피스티스)으로 우리는 믿게 되어(피스튜오) 구원을 얻게 된 것이다. 이후 성령님은 그런 우리를 하나님의 자녀로 인쳐 주셨다. 돌이켜 보면 그 구원에 우리가 한 일은 아무것도 없다. 그저 하나님의 은혜이다. 오직 은혜(Sola Gratia)!

"끝까지 사랑하시니라"에서의 자기 사람들을 끝까지 사랑하신 예수님의 실제적인 모습은 요한복음 18장 8절에서 잘 알 수 있다. 당시 배신자 가룟 유다는 군대와 함께 대제사장들과 바리새인들에게서 얻은 하속들을 데리고 예수를 잡으러 왔다. 그때 예수님은 그들을 향해 "이 사람들의 가는 것을 용납하라"고 하셨다. 주님의 말씀에서 우리는 예수님의 자기 사람들을 '끝까지 사랑'하신 모습을 보게 된다. 여기서 "끝까지"라는 것은 '완전히(분량적인 면) 혹은 마지막 죽기까지(기간적인 면)'라는 의미로서 헬라어로는 에이스 텔로스($\varepsilon\iota\varsigma\ \tau\acute{\varepsilon}\lambda o\varsigma$, to the end)라고 한다. 결국 예수님의 사랑은 '영원히 동일'하시고 '영원'하시고 '변함이 없으시다'.

2 마귀가 벌써 시몬의 아들 가룟 유다의 마음에 예수를 팔려는 생각을 넣었더니

"시몬의 아들 가룟 유다"라고 기록한 것은 가룟 유다의 배신을 노골적으로 드러내기 위함이다. 한편 "마귀가~생각을 넣었다"라는 것은 사탄이 탐욕스러운 가룟 유다의 마음을 지배(통치)했다라는 의미이다. 그리스도인 된 우리는 성령님께 온전한 주권을 드리고 그분의 통치, 질서, 지배하에 살아가야 한다. "지배되다"라는 것은 에베소서 5장 18절의 '취하다(μεθύσκω, 메뒤스코, to intoxicate, make drunk)', '충만하다(πληρόω, 플레로오, to make full, to complete, to fill, diffuse throughout one's soul)'라는 말이다. 즉 '취하다, 충만하다'라는 것은 '지배 개념'을 말한다. 그러므로 '성령충만'이란 '성령님의 온전한 지배, 성령님의 온전한 통치하심'이라는 의미이다.

3 저녁 먹는 중 예수는 아버지께서 모든 것을 자기 손에 맡기신 것과 또 자기가 하나님께로부터 오셨다가 하나님께로 돌아가실 것을 아시고

"하나님께로"에 해당하는 헬라어는 '프로스 톤 데온(πρὸς τὸν Θεὸν)'이다. 이는 요한복음 1장 1절의 "하나님과 함께"라는 헬라어 원어와 동일하다. 즉 이 말에는 예수 그리스도의 선재성(先在性)이 함의되어 있다라는 것이다.

"태초에 말씀이 계시니라 이 말씀이 하나님과 함께 계셨으니(요 1;1)"라는 것으로부터는 '예수님은 하나님과 함께 있던 그 자리로 되돌아간다'라

는 뜻이 함의되어 있다. 예수님은 당신의 기원(하나님께로부터)과 당신에게 맡기신 사명(맡기신 것)과 부활 승천 후의 운명(하나님의 오른편에 승리주로 가심)에 관해 확실하게 알고 계셨다(οἶδα, 요 13:1)라는 말이다.

4 저녁 잡수시던 자리에서 일어나 겉옷을 벗고 수건을 가져다가 허리에 두르시고

이 구절에서의 "겉옷(타 휘마티아, τὰ ἱμάτια, the garments, pl)"의 헬라어는 요한복음 19장 23절에서 예수님이 십자가 수난을 당할 때 입으셨던 예수님의 그 옷(ἱμάτιον, nn)과 동일한 헬라어이다. 즉 세족식에서의 옷과 십자가상에서 벗겨진 그 옷이 동일하다는 것을 언급함으로 세족식이 예수님의 십자가 수난을 상징하고 있음을 드러낸 것이다.

또한 예수님의 세족식을 행하시는 모습에서 사용된 두 동사인 이 구절의 "벗고(눅 17:8, 12:35-37, 전형적인 노예의 모습)"와 12절의 "입으시고"라는 헬라어를 묵상하면 말씀은 더욱 풍성해진다. 전자의 "벗고(티데미; τίθημι; to place, lay, set, fix)"라는 것은 '목숨을 버리다'라는 의미로서 예수 그리스도의 십자가 죽음을 상징한다. 반면에 후자인 "입으시고(람바노; λαμβάνω; to take; receive)"라는 것은 예수님이 십자가에서 죽으심으로 모든 것을 다 이루시고 부활 승천하셔서 승리주되신 예수 그리스도를 보여주고 있다.

예수님은 세족식 때 "겉옷을 벗고 수건을 가져다가 허리에 두르시고"라는 말씀을 통해 전형적인 종의 모습(눅 12:35-48)을 보여주셨다. 원래 "종"은 주인보다 먼저 "허리에 띠를 띠고 등불을 켜고 서 있어야만(눅 12:35)"하는 것이다. 그런데 예수님은 우리의 종이 아니라 우리의 주인 되신 하나님이시다. 그럼에도 불구하고 하나님이신 예수님은 종의 자리로 먼저 내려가셔서 우리를 섬겨주셨을 뿐만 아니라 우리를 살리기 위해 초림주로 희생 제물되시기 위해 가장 낮은 자로 오셨던 것이다.

"너희 안에 이 마음을 품으라 곧 그리스도 예수의 마음이니 그는 근본 하나님의 본체시나 하나님과 동등됨을 취할 것으로 여기지 아니하시고 오히려 자기를 비워 종의 형체를 가져 사람들과 같이 되셨고 사람의 모양으로 나타나셨으매 죽기까지 복종하였으니 곧 십자가에 죽으심이라"_빌 2:5-8

결국 요한복음 13장은 세족식을 통해 구속주(대속주)로서 종으로 오신(마가복음) 예수님을 보여주신 것이다. 그리스도인들은 예수님을 본받아 유한되고 제한된 한 번의 직선인생을 살아가며 예수 그리스도의 종으로 살아가야 할 것이다.

5 이에 대야에 물을 담아 제자들의 발을 씻기시고 그 두르신 수건으로 씻기기를 시작하여

이 구절에서의 "대야"는 이중적 의미를 갖고 있는데 첫째는 성전의 물두멍을 상징한다(출 30:17-21). 이는 물 곧 말씀이신 예수 그리스도를 의미한다. 둘째, 성전의 제단을 상징하는데 이는 피 곧 구속주이신 예수 그리스도를 의미한다. 결국 "대야"가 상징하는 것은 요한복음 19장 34절에서 예수께서 흘리신 '물과 피' 즉 십자가 수난을 말한다.

'피'는 영 단번(once for all)의 속죄를 위한 것으로 예수님이시고 '물'은 반복적으로 회개함으로 죄를 씻어 정결케하는 것으로 성령님이 주체이시다. 곧 피는 예수로 인해, 물은 성령의 인도 하에 진행된다라는 것이다. 결국 요한복음 3장 5절에서의 "물과 성령"을 가리킨다.

	물(Sanctification)	피(Justification)
비교	반복적으로 씻어 정결케 함 자범죄(actual sins)	영 단번의 속죄 원죄(original sin)
성전	물두멍	번제단
회개	니프토 발만 씻으면 됨	루오 온몸을 씻음
주체	성령님	예수님

또한 "물"은 말씀을 의미하기도 한다. 시편 119편 9절에는 행실을 깨끗케 함에는 "말씀"이 중요함을 강조하고 있다. 그렇기에 교회란 세상으로부터 부름을 받아 물(말씀)로 씻겨져서 거룩케 된 자들(엡 5:26, 25)의 모임(공동체, 에클레시아)을 말한다.

"씻기시고, 씻기기를"이라는 말씀에서는 우리가 스스로 씻는 것이 아니라 예수님에 의해 우리가 '씻김을 받아야 함'을 말씀하고 있다.

"씻다"라는 의미를 보다 더 정확하게 알려면 출애굽기 30장 20-21절을 찬찬히 묵상하면 된다. 구약에는 "물로 씻어, 수족을 씻어 죽기를 면해야 한다"라고 말씀하고 있다. 그러므로 "씻는다"라는 것은 죄를 씻어 용서받음으로 구원이 되는 것을 말하며 이를 '믿는다(요 6:64)'라고 표현한 것이다.

한편 만세 전에 성부하나님의 은혜로 택정함을 받아 때가 되매 복음이 들려져서 믿음이 주어지게 되어(수족이 씻겨져서) 죽음이 면해짐으로 얻은 구원을 '믿는' 것을 '믿음'이라고 하다. 그러므로 믿음으로 구원이 된 것은 오로지 하나님의 은혜(Sola Gratia)로서 그분의 전적인 주권 영역이다. 그렇기에 예수님은 요한복음 13장 8절에서 "내가 너를 씻기지 아니하면 네가 나와 상관이 없느니라"고 말씀하셨던 것이다.

한편 세족식은 예수께서 직접 행하신 성례전을 상징하는 바 이는 향후 당신께서 지실 십자가 보혈로 죄씻음(원죄와 자범죄)을 통해 영 단번의 죄 사함을 허락하실 것을 보여준 것이다.

6 시몬 베드로에게 이르시니 가로되 주여 주께서 내 발을 씻기시나이까

"발을 씻긴다"라는 것은 죄씻음을 통한 그리스도와의 연합(Union with Christ)을 의미하는 것으로 이제 후로는 그리스도와 '한가족'이며 이제 우리는 "하나다(하나 됨=영접+연합, Union with Christ)'라는 것을 말한다.

"온 몸과 발을 씻음 받는다"라는 것은 예수를 구세주(Savior)로 영접한 후 성령님을 주인으로 모시고 그분의 통치, 질서, 지배 하에서 그분께만 주권을 드리고 살아가는 '성령충만'의 삶을 살아간다라는 의미이다. 이는 하나님께 절대의존적인 존재가 되었음을 말하는 것으로 이러한 태도야말로 자기를 부인한 진정한 종의 모습이다.

7 예수께서 대답하여 가라사대 나의 하는 것을 네가 이제는 알지 못하나 이 후에는 알리라

"이제는"이 가리키는 것은 세족식을 거행하는 지금의 시점을 말하는 것이고 "이 후에는"이라는 것은 또 다른 보혜사이신 파라클레토스 (Παράκλητος, 예수의 영, 진리의 영)가 오셔서 모든 것을 밝혀주실 미래의 시점을 말하고 있는 것이다.

이 구절에서 사용된 "알다"에 해당하는 두 개의 헬라어 동사가 있는데 하나는 "알지 못하나"에서의 헬라어 오이다(οἶδα)라는 "알다[104] 와 "이후에는 알리라"에서의 헬라어 기노스코[105](γινώσκω)라는 "알다"가 있다. 전자의 오이다(οἶδα)가 일반적 지각(눈에 보이는 것을 보고 아는 것)을 말한다면 후자의 기노스코(γινώσκω)는 본질적 지각(영안)을 가리킨다.

한편 "보다"라는 헬라어도 두 가지가 있는데 첫째 호라오(ὁράω)는 관(觀, spiritual see, 생각해 봐, 영안)이라는 의미이나 '눈에 보이는 것만을 보고 아는 것'을 뜻하는 오이다(οἶδα)는 견(見, physical see, 떨어지는 폭포의 장관을 봐, 육안)이라는 의미이다.

따라서 이 구절의 '이 후에는 알리라(알다)'에서 쓰인 헬라어는 오이다(οἶδα, 육안)가 아니라 기노스코(γινώσκω)이다. 이는 본질적 지각(영안)을 사

---

104 오이다(οἶδα)는 properly, to see with physical eyes (cf. Ro 1:11), as it naturally bridges to the metaphorical sense: perceiving ("mentally seeing"). This is akin to the expressions: "I see what You mean"; "I see what you are saying")이다.

105 기노스코(γινώσκω)는 properly, to know, especially through personal experience (first-hand acquaintance), experientially know)이다.

용하여 향후에는 선명하게 보게 될 것을 말씀하고 있다. 참고로 9장에서 소경의 경우 비록 예수께서 눈을 뜨게 해 주셨으나 아직은 그분을 보는 영적인 눈은 떠지지 않았기에 예수님이 하나님이신 줄을 알지 못했었다. 이때 그 소경의 경우 영적인 눈이 떠지지 않은 상태이기에 견(見, physical see, 육안)이라는 헬라어 오이다(οἶδα)가 사용되었다.

8 베드로가 가로되 내 발을 절대로 씻기지 못하시리이다 예수께서 대답하시되 내가 너를 씻기지 아니하면 네가 나와 상관이 없느니라

"내 발을 절대로 씻기지 못하리이다"라는 것은 예수님에 대한 겸손이라 기보다는 직독하면 "나는 당신처럼 천한 종이나 하는, 다른 사람의 더러운 발을 씻기는 일은 하고 싶지 않습니다"라는 베드로의 속내를 드러내고 있는 것이다. 마태복음 16장 22절의 "베드로가 예수를 붙들고 간하여 가로되 주여 그리 마옵소서 이 일이 결코 주에게 미치지 아니하리이다"에서도 베드로의 속내가 그대로 드러나고 있다. 그런 베드로의 황당스러운 반응에 예수님은 마태복음 16장 23-28절과 요한복음 13장 8-10절로 말씀하셨다.

한편 이런 베드로의 염치(廉恥)처럼 보이는 행위는 얼핏 주님에 대한 예의로 보이기도 하지만 실제론 주님보다 앞서 나간 태도라고 할 수 있다.

결국 상징적으로 세족식을 행하는 것은 성례전에 참예하는 것이며 구원(칭의, 성화)이 내포되어 있기에 이를 행할 때마다 하나님의 일방적 은혜에 감사할 것밖에 없다. 곧 영 죽을 죄인이었던 우리에게, 먼지보다 못한 우리에게 구원의 은혜를 베풀어주시는 그분 앞에서 우리는 염치(廉恥)가릴 것 없이 감사함으로 그냥 넙죽 받아야만 한다. 구원은 대가없이, 값없이 주어진 최고의 선물이기 때문이다. 우리는 예수님 앞에서 자기를 부인(눅 9:23, ἀρνέομαι, deny, refuse)하지 않고 자존심을 내세우며 자신의 의(義, 롬 10:3, τὴν ἰδίαν δικαιοσύνην, the own righteousness)를 드러내다가 망한 가룟 유다나 바리새인들을 반면교사(反面敎師)로 삼아야 할 것이다.

"상관이 없다(no part with)"에서의 '상관'이란 요한복음 14장 27절에서의 "나의 평안"을 가리키며 이는 헬라어로 메로스(μέρος, nn, a part, share, portion/μείρομαι to share, receive one's due portion, to get as a section or allotment)이다. 누가복음 15장 12절의 "분깃" 즉 '상속할 재산 혹은 약속된 땅을 받는 것'을 의미하기도 한다.

비슷한 의미를 담은 구절이 빌립보서 2장 6절의 "취할 것으로 여기지 아니하시고"의 헬라어 하르파그모스(ἁρπαγμός, nm, the act of seizing or the thing seized, spoil, an object of eager desire, a prize)이다. 이는 동사 하르파조(ἁρπάζω, I seize, snatch, obtain by robbery, to seize)에서 파생되었다.

결국 "상관이 없다"라는 것은 나의 평안을 누릴 수 없을 뿐만 아니라 분깃도 없고 상속할 재산도 없어 천국을 기업으로 얻지 못한다라는 것으로 소위 '너는 내 가족이 아니다'라는 선언이다. 포도나무 원줄기에서 떨어져 나가버린 가지(요 15:5)와 같다라는 의미이다.

또한 "상관"은 '친교(고후 6:15) 혹은 연합'을 의미하기도 한다. 우리는 예수님과의 바른 관계를 정립한 후 친밀한 교제로 나아가야 한다. 이것을 설명하는 좋은 그림이 출애굽기 21장 2-6절의 말씀이다. 당시 히브리 종들은 주인의 집에서 6년 동안 열심히 일하면 제칠 년에는 주인의 집을 떠나 자유할 수 있었다.

문제는 총각으로 들어왔다가 주인의 집에서 결혼하여 자식을 얻었을 경우이다. 이때 아내와 자식들은 주인에게 속하는 것이기에 본인 혼자 나가야만 했다. 그러면 종의 경우 최종적으로 결단하고 주인과 처자를 사랑함으로 자유를 포기하면 재판장에게 간 후 문이나 문설주로 데리고 가서 송곳으로 그 귀를 뚫게 된다. 그런 후에는 영영히 주인의 집을 섬기게 된다. 이는 '주인에게 예속되었다'라는 의미가 아니라 '주인의 통치 하에서 모든 혜택을 누리게 되는 자유인이 되었다'라는 의미이다. 여기서 '종'이란 '하나님의 자녀'를, '주인'이란 '예수님'을 상징한다. 귀걸이(종의 상징, 귀를 뚫는 행위, 흉터인 흔적, 스티그마)를 통해 주인(하나님나라)께 속하게 된 것을 가리켜 '상관 혹은 연합'이 되었다라고 한다.

요한복음 15장의 포도나무와 가지의 비유도 '상관 혹은 연합'의 개념을 알 수 있는 좋은 실례이다. 포도나무는 주인이신 예수님을, 가지는 종인 하나님의 자녀들을 가리킨다. 포도나무에서 떨어져 나가면 그 가지는 말라서 죽어버린다. 그러나 포도나무에 붙어있기만 하면(상관 혹은 연합) 싱싱한 살아있는 가지가 된다. 이를 가리켜 '상관 혹은 연합이 되었다'라고 한다. 이후 포도나무이신 예수님께 연합되어 붙어있는, 가지된 우리는 농부이신 아버지하나님, 포도나무이신 예수님으로 인해 풍성한 열매를 맺게 되고 장차 상속자의 대열(신분은 자녀, 역할은 하나님의 종)에 들어가게 될 것이다.

9 시몬 베드로가 가로되 주여 내 발뿐 아니라 손과 머리도 씻겨 주옵소서 10 예수께서 가라사대 이미 목욕한 자는 발밖에 씻을 필요가 없느니라 온 몸이 깨끗하니라 너희가 깨끗하나 다는 아니니라 하시니

"이미 목욕한 자"라는 것은 만세 전에 하나님의 전적인 은혜로 택함을 입어 때가 되매 복음이 들려져 구원을 받게된 자(운명적, 신분적, 선언적으로 구원받은 중생된 자)를 가리킨다. 구원이란 온 몸의 씻김을 받은 것(예수님의 보혈로 영 단번에 얻은 칭의로 구원의 과거시제를 의미)이고 반복적으로 계속하여 발을 씻는 다라는 것은 구원 이후에 원치 않게 짓게 된 자범죄에 대한 회개(성령님의 인도하심을 따라 지속적인 회개와 함께 정결케 된 자로서 이미 온 몸을 씻음받은 자임을 재확인하는 것/성화의 과정으로 구원의 현재시제를 뜻한다)를 통해 정결케 되는 것을 말한다.

"발밖에 씻을 필요가 없다"라는 말씀은 당시의 문화적 배경(cultural background)을 따라 해석해야 한다. 로마제국은 목욕 문화가 활발했다. 목욕탕은 엄청 컸는데 다 씻은 후 걸어 나와서 옷을 갈아입는 곳까지 거리가 꽤 되다보니 또 다시 발이 더럽혀지곤 했다. 그렇기에 옷을 갈아 입은 다음 더러워진 발을 다시 씻어야만 했다. 이런 배경을 통해 "온 몸을 씻은 자는 발만 씻으면 된다"라는 비유로 쉽게 풀어주셨던 것이다.

한편 "씻다[106]"라는 헬라어 동사 두 개에 주목할 필요가 있다. 하나는 루오(λούω)이고 다른 하나는 니프토(νίπτω)이다. 전자 루오(λούω)가 원죄를

---

106 루오(λούω)는 properly, to wash (cleanse), especially the entire person (bathing the whole body), "fully-washing" (literally and metaphorically) - i.e. a complete bathing to cleanse the entire person (body))이고 다른 하나는 니프토(νίπτω, To cleanse (especially the hands or the feet or the face); ceremonially, to perform ablution)이다

회개하는 온 몸을 씻는 것(히 10:14, 골 1:12; 딛 3:5; 출 29:4; 레 8:6; 요일 1:7)으로서 already라면 후자 니프토(νίπτω)는 발만 씻는 것으로 아직은 not yet 이므로 반복적으로 죄를 짓게 되는데 이런 자범죄를 회개하는 것을 가리킨다(출 30:19, 21).

"회개하다"에 해당하는 헬라어는 호모로게오(ὁμολογέω) 또는 메타노에오(μετανοέω)이다. 특히 호모로게오의 3가지 의미를 묵상하면 저절로 감사와 찬양이 우러나오게 된다. 그 3가지 의미가 바로 '고백하다(자백하다. I confess)', '찬양하다(I praise, celebrate)', '감사하다(give thanks)'이다.

참고로 히브리서 13장 15절에 사용된 호모로게오(ὁμολογέω)는 '입술의 열매, 예수의 이름을 증거, 찬미의 제사'라는 의미이다. 이를 연결하면 우리가 지은 죄를 진정으로 회개하는 것은 하나님 편에서는 우리의 그 회개를 '찬양으로, 감사로, 예수의 이름을 증거하는 것으로 받아들인다'라는 의미이다. 할렐루야! 은혜와 자비의 하나님께서 주시는 이런 깨달음 앞에 우리는 그저 할렐루야만 외칠 뿐이다.

"다는 아니니라"고 하셨던 것은 요한복음 6장 70-71절에서 이미 말씀하신 것으로 '가룟 유다'를 염두에 두고 하신 말씀이다.

11 이는 자기를 팔 자가 누구인지 아심이라 그러므로 다는 깨끗지 아니하다 하시니라

예수님의 전지하심(Omni-science)은 이미 가룟 유다의 배신(요6:64, 70, 71)을 알고 계셨다. 가룟 유다는 유기(reprobation)된 자였으며 마귀였음을 알고 계셨다라는 것이다. 이 때문에 "다는 깨끗지 아니하다"라고 말씀하셨던 것이다.

12 저희 발을 씻기신 후에 옷을 입으시고 다시 앉아 저희에게 이르시되 내가 너희에게 행한 것을 너희가 아느냐

"저희 발을 씻기신 후에"라는 말씀에서는 '주도권'이 누구에게 있는가를 살피는 것이 중요하다. 왜냐하면 "씻다"라는 단어는 '구원 혹은 믿음'의 또 다른 단어이기 때문이다. 구원을 위해 하나님은 모든 것을 행하셨다. 구원의 전 과정은 하나님의 전적인 주권이다. 하나님의 은혜로 만세 전에 택정(election)함을 받아 때가 되매 복음이 들려져서 구원이 된 자는 온 몸이 이미 "씻겨진('씻은'이 아니다)" 것에 감사해야 한다. 레위기 20장 8절, 예레미야 31장 33절, 고린도후서 2장 14절을 묵상하며 그 주도권에 대해 다시 한번 더 찬찬히 새겨보아야 할 것이다.

"너희는 내 규례를 지켜 행하라 나는 너희를 거룩케 하는 여호와니라" _레 20:8

"나 여호와가 말하노라 그 날 후에 내가 이스라엘 집에 세울 언약은 이러하니 곧 내가 나의 법을 그들의 속에 두며 그 마음에 기록하여 나는 그들의 하나님이 되고 그들은 내 백성이 될 것이라" _렘 31:33

"항상 우리를 그리스도 안에서 이기게 하시고 우리로 말미암아 각처에서 그리스도를 아는 냄새를 나타내시는 하나님께 감사하노라" _고후 2:14

4절에서의 "겉옷을 벗고"와 이 구절에서의 "옷을 입으시고"라는 말은 서로 대조되는 단어이다. 전자의 경우 종으로 오신 초림주 예수의 역할(십자가 수난과 죽음, 다 이루었다. 테텔레스타이)을 상징한다면 후자의 경우 제자들의 발을 씻기신 후 옷을 입었다는 것으로 그 역할을 완수하신, 죽음을 이기시고 부활하신 승리주 예수님을 상징한다.

"내가 너희에게 행한 것을 아느냐"라는 것은 의문문이 아니라 명령문이다. 곧 주님은 우리들에게 솔선수범(率先垂範)의 실천을 명하신 것이다. 8절의 "씻김"이 구속(구원, 칭의, Justification)적 의미를 나타내는 것이라면 이 구절에서의 "씻김"은 그리스도인의 상태 곧 성화(Sanctification)를 나타낸다.

13 너희가 나를 선생이라 또는 주라 하니 너희 말이 옳도다 내가 그러하다 **14** 내가 주와 또는 선생이 되어 너희 발을 씻겼으니 너희도 서로 발을 씻기는 것이 옳으니라

제자들은 예수님에 대해 "선생(διδάσκαλος, nm, an instructor, a teacher, master)이라 혹은 주(κύριος, nm, lord, master)"라고 고백했다. 그런 고백에 대해 예수님은 마태복음 12장 37절을 허락하셨다.

"네 말로 의롭다함을 받고 네 말로 정죄함을 받으리라"_마 12:37

C. Barrett는 13절을 '소전제에서 대전제에로의 전개 형식'이라고 했다.[107] 소전제란 선생으로서 발을 씻기신 것을, 대전제는 제자들도 서로 발을 씻기는 실천이 있어야 함을 말씀한다. 한편 예수님이 진정 우리의

---

107 『그랜드 종합주석 13권』, pp.854-855

주와 선생이라는 것을 알게 하신 분은 우리에게 지각을 주신 성령님의 은혜(요일 5:20, 고전 12:3)임을 알아야 한다.

"서로 발을 씻기는 것이 옳으니라"는 말씀은 오늘을 사는 우리들에게 특별히 큰 울림으로 다가온다. 명심할 것은 고린도후서 2장 14-17절이다. 즉 발을 씻기는 그 일(모든 종류의 사역들)에 우리가 성령님보다 앞서서는 안 된다는 것이다. 우리는 그 어떤 것도 말씀보다 성령님보다 앞서지 말아야 하며 예수 그리스도 안에서만 섬겨야 한다.

사실 온전한 순종과 섬김, 헌신은 그분의 능력을 덧입어야만 가능할 뿐이다. 성령님보다 앞서지 말라. 주권을 하나님께 온전히 드리라. 유한되고 제한된 직선 일 회 인생을 살아가며 자기의 의를 드러내지 않도록 매사 매 순간 근신하고 절제해야 할 것이다.

21세기인 오늘날 교회 공동체 내부에서 빈번하게 일어나는 안타까운 현상이 있다면 아군과 적군을 구분 못 하고 서로를 헐뜯기 바쁜 것이다. 점점 더 나와 생각이 다르고 관심사가 다르면 무조건 상대가 틀렸다고 쉽게 단정짓곤 한다. 상대를 대하는 태도가 상당히 거칠기까지 하다.

이때 우리는 매사 매순간 '전선(Front line or Enemy lines)'을 잘 구분할 줄 알아야 한다. 즉 '얄미운 아군'과 '친근을 가장하는 적군'을 잘 구별해야 한다라는 것이다. 만약 '얄미운 아군'이라는 확신이 서게 되면 힘들더라도 기다려 주라. 그들의 발을 씻기는 일에 주저하지 않는 결단이 필요하다. 이와는 달리 친근을 가장하는 적군이라면 우유부단해서는 안 된다. 아닌 줄 알면서 머뭇거리면서 그들과 가까이 지내는 우(遇)를 범치 말아야 한다. 결론적으로 하나님이 주시는 지혜를 통해 매사 매 순간의 언행심사를 살피고 언제나 하나님의 뜻을 정확하게 분별하며 행동해야 할 것이다. 모든 것의 원동력은 성령님임을 잊지 말고 필요할 때마다 그분의 능력으로 그들의 발을 씻겨주면 된다.

"옳으니라(오페일로; ὀφείλω, v, to owe, be indebted)"는 것은 '빚지다(마 18:30)'라는 의미로 '빚을 갚는 것이 당연하듯 섬기는 것도 당연한 의무'라는 뜻이다. 성 금요일(Good Friday)에 대해 세족식은 고난주간 가운데 목요일에 행해졌다고 하여 세족 목요일(Maundy Thursday)로 불리기도 했다.

15 내가 너희에게 행한 것 같이 너희도 행하게 하려 하여 본을 보였노라

이 구절은 곧바로 13장 34-35절로 연결된다.

"새 계명을 너희에게 주노니 서로 사랑하라 내가 너희를 사랑한 것 같이 너희도 서로 사랑하라 너희가 서로 사랑하면 이로써 모든 사람이 너희가 내 제자인 줄 알리라"_요 13:34-35

우리가 무엇인가를 실천하려할 때에는 항상 "그럼에도 불구하고"와 "내가 먼저"가 전제되어야 한다. 매사에 '네가 먼저 해야 나도 한다'라는 식은 곤란하다.

"본(本)"이란 '모범, 실례, 솔선수범'을 의미하는데 이의 헬라어는 휘포데이그마[108](ὑπόδειγμα, nn)로서 동사 휘포데이크뉘미(ὑποδείκνυμι)에서

---

108 휘포데이그마(ὑπόδειγμα, nn)는 (a) a figure, copy, (b) an example, model)로서 동사 휘포데이크뉘미(ὑποδείκνυμι, to show secretly, to show by tracing out, to teach, make known)에서 파생되었다.

파생되었다. "본"을 보임에 관하여는 고린도전서 10장 31-11장 1절, 4장 9-16절에 적나라하게 상세히 기술되어 있다.

진정으로 "본"을 보이기 원하는가? 그렇다면 먼저 기득권을 내려놓으라. 스스로 낮은 자리로 내려가 겸손하게 자신을 감추며 절제하며 자기의 의(義)를 드러내지 말고 예수님이 보여주신 본(本)을 따라 섬기는 종으로 살아가야 한다. 그렇게 행동하기란 쉽지 않다. 왜냐하면 나의 상태에 따라 내게 다가오는 동일한 짐(burden, stress)이라 하더라도 그 무게는 매번 다르기 때문이다. 더 나아가 인간은 본성적으로 부패하고 타락한 죄인이기 때문이다. 그러다보니 누군가가 나를 지속적으로 업신여기거나 자주 비웃으면 저절로 주먹에 힘이 들어갈 수밖에 없다. 또한 억누르기 힘든 욕망은 나의 심부 저변(밑바닥)에서 숨죽이며 꿈틀거리다가 기회나 틈이 생기면 얼른 튀어나오곤 한다. 또한 내가 스스로 낮은 자리에 갔음에도 불구하고 주변에서 이를 알아주지 않으면 역정을 내도록 부추긴다.

결국 진정한 본(本)을 보이는 성도의 삶이란, 낮고 비천한 상황 속에서도 '그럼에도 불구하고' 묵묵히 걸어가는 것이고 요동치 않으며 의연한 모습을 보이는 것이다. 분명한 것은 우리가 지극히 약할 때 예수님이 오롯이 드러나게 된다는 사실이다. 더 나아가 우리가 약할 때 예수님의 능력이 우리를 감싸주신다는 사실(고후 12:9-10)이다.

16 내가 진실로 진실로 너희에게 이르노니 종이 상전보다 크지 못하고 보냄을 받은 자가 보낸 자보다 크지 못하니 17 너희가 이것을 알고 행하면 복이 있으리라

종이 상전보다 크지 못하듯 성부하나님의 유일한 기름 부음 받은 자인 그리스도는 기능론적 종속성(Functional subordination) 상 성부하나님보다 크지 못하다. 당연히 존재론적 동질성(Essential equality) 상으로는 전혀 위격의 차이나 변화가 없으실 뿐만 아니라 본체는 하나이시다. "다른 하나님, 한 분 하나님"이신 것이다. 이는 결코 양태론적 단일신론(Modalistic Monarchianism, Modalism)을 말하는 것도 아니요 삼신론(Tritheism)은 더 더욱 아니다. 그리스도 예수는 성부하나님의 구속 계획을 성취하시기 위해 십자가에서 죽으심으로 하나님의 뜻을 다 이루시고 하나님 보좌 우편으로 가셨다. 그리하여 요한복음 12장 23, 28절은 성부하나님을 영광스럽게 하셨고 자신도 영광을 얻은 것이라고 말씀하고 있다.

"보냄을 받은 자들(사도; 아포스톨로스; ἀπόστολος, nm)[109]"이란 세상 속에서 살며 세상과 타협하지 않는 사람들이다. 더 나아가 세상에 복음과 십자가를 자랑함으로 복음을 전하는 사람들이다(행 1:8; 요 17:18; 20:21-23).

"이것을 알고 행하면"에서의 '이것'이란 13장 8절(우리의 발을 주님의 손에 맡김), 13절(그리스도를 선생 혹은 주라 고백), 14절(서로의 발을 씻겨 주는 것), 15절(그리스도처럼 겸손으로 행함)의 내용을 말한다.

"복"의 헬라어는 마카리오스(마카리오스; μακάριος, adj)[110]인데 이는 가시적, 육신적, 현세적 복이 아니라 구원의 복으로서 예수 그리스도께서 주

---

109 아포스톨로스(ἀπόστολος, nm)는 a messenger, envoy, delegate, one commissioned by another to represent him in some way, especially a man sent out by Jesus Christ Himself to preach the Gospel; an apostle)이다.

110 "복"이란 헬라어로 마카리오스(μακάριος, adj., properly, when God extends His benefits (the advantages He confers); blessed)이며 히브리어로는 바라크(בָּרַךְ, v, kneel, bless, thanked)와 에세르(אֶשֶׁר, nm, happiness, blessedness/אָשַׁר, v, to go straight, go on, advance)이다.

신 마음의 평안, 미래형 하나님나라에의 입성과 영생을 가리킨다. 히브리어로는 바라크(בָּרַךְ, v)와 에세르(אֶשֶׁר, nm /אָשַׁר, v)인데 이는 하나님께 무릎 꿇고 경배하며 감사하는 사람은 이미 복받은 사람이며 길이요 진리요 생명이신 예수를 따라 올바른 그 길을 걸어가는 사람은 이미 복받은 사람이라는 의미이다.

18 내가 너희를 다 가리켜 말하는 것이 아니라 내가 나의 택한 자들이 누구인지 앎이라 그러나 내 떡을 먹는 자가 내게 발꿈치를 들었다 한 성경을 응하게 하려는 것이니라

"나의 택한 자"라는 것은 13장 1절의 하나님의 은혜로 만세 전에 택정된 자들인 "자기 사람들"을 가리킨다.

"내 떡을 먹는 자가 내게 발꿈치를 들었다"라는 것은 시편 41편 9절을 인용한 것이다. "내 떡을 먹는 자"라는 것은 식탁 교제(Table fellowship)를 할 만큼 가까운 친구 혹은 가족을 의미한다.

"발꿈치를 들었다"라는 것은 E. F Bishop에 의하면 고대 근동에서 발꿈치를 들어 발바닥을 보이는 행동은 상대를 경멸하는 표시로 여겨졌다[111]고 한다. 한편 이 구절은 다윗을 향해 쿠데타를 펼쳤던 아히도벨이나 압살롬을 두고 한 말이다. 150편으로 된 시편은 총 5권으로 되어 있다. 시편 1권인 1-41편은 모두 다윗의 시편으로서 하나님의 언약을 확인하

---

111 『그랜드 종합주석 13권』, p855

는 것인 바 창조주 하나님을 찬양하는 내용으로서 창세기의 주제와 유사하다. 특히 1권의 마지막인 41편은 발꿈치를 들어버린 사람에게서 배신당한 기록 곧 배신자와 배신자의 행위를 주제로 다루었다. 그렇기에 다윗이 병상에서 쓴 이 시편(시 41:3)에 당시 아들 압살롬과 친구 아히도벨의 배신이 언급되어 있는 것이다. 거슬러 올라가면 에덴동산에서도 비슷한 배신 곧 아담의 창조주 하나님에 대한 배신이 있었다. 그때 죽어 마땅했던 아담은 하나님께서 일방적으로 허락하신 원시복음(창 3:15, 아담언약)으로 살아나게 된다. 세월이 흘러 야곱은 악착같이 에서의 발꿈치를 붙잡고 태어나 결국 승리하게 된다.

시편 2권은 해방과 구속의 내용을 담고 있으며 42-72편까지를 말한다. 출애굽기의 주제와 유사하다.

시편 3권은 예배와 성소(제사와 성결, 예배와 거룩)의 내용을 담고 있는데 73-89편까지를 말한다. 레위기의 주제와 유사하다.

시편 4권은 인생순례의 내용을 담고 있으며 90-106편까지를 말한다. 민수기의 주제와 유사하다.

시편 5권은 말씀과 찬양의 내용을 담고 있는데 107-150편까지를 말한다. 신명기의 주제와 유사하다. 결국 시편 1-150편은 모세오경(토라)의 내용으로서 언젠가 시편에 대한 주석을 쓸 기회가 주어지면 자세히 언급하고 싶다.

한편 이 구절에서 쓰인 "발꿈치"라는 단어는 창세기 3장 15절, 25장 26절, 시 41편 9절에도 동일하게 3회가 나온다. 헬라어로는 프테르나(πτέρνα, nf)이며 히브리어는 아케브(עָקֵב, nm, heel, footprint, hind part/עָקַב, v, to follow at the heel, assail insidiously, circumvent, overreach)이다. 흥미로운 단어이다. 아담언약인 원시복음(창 3:15)을 생각하면서 야곱이 형 에서의 발꿈치(예수의 상한, 못박힌 발)를 '잡은(붙든)' 것(창 25:26)과 예수를 파는 가룟 유다의 발꿈치를 '드는(던져버리는, 배신하여 팔아버린)' 행위(시 41:9)를 대조하여 연결해 보라. 무엇이 보이는가?

'예수께서 발꿈치를 상하셨다'라는 것은 십자가를 지심(달리심)을 상징한다. 우리는 예수님의 십자가 즉 구속(속량)이라는 대가 지불을 통해 구원을 얻게 되었다. 그 십자가(상한 발꿈치)를 놓지 않고 끝까지 붙잡은 야곱은 인간적으로 보기에 야비했으나 은혜로 택함을 받게 된다. 베드로는 잘난 척은 혼자 다하다가 처음에는 세 번이나 예수님을 부인하지만 나중에는 끝까지 예수님의 상한 발꿈치를 붙잡아 승리하게 된다. 반면에 가룟 유다는 마지막까지 발꿈치를 "들어버렸다". 그렇게 가룟 유다는 예수를 "던져버림"으로 안타까운 종말을 고하게 되었던 것이다.

19 지금부터 일이 이루기 전에 미리 너희에게 이름은 일이 이룰 때에 내가 그인 줄 너희로 믿게 하려 함이로라

"일이 이루기 전에 미리 너희에게 이름은" 이라고 말씀했던 이유는 제자들의 요동치는 믿음을 견고케 하려는 것과 혹시라도 의심으로 인해 흔들린다면 다시 원상태로 회복되게 하려는 의도였다. 예수님은 성육신, 십자가 수난과 죽음, 부활을 통해 아버지 하나님의 뜻을 이루셨다. 동시에 제자들을 향하여는 더욱 굳센 믿음에 이르도록(coming of full fiath) 의도하신 것이다. 17-19절은 예수님이 추구하셨던 섬김의 도이다.

20 내가 진실로 진실로 너희에게 이르노니 나의 보낸 자를 영접하는 자는 나를 영접하는 것이요 나를 영접하는 자는 나를 보내신 이를 영접하는 것이니라

이 구절을 16절과 연결하면 성부하나님은 예수 그리스도를 이 땅에 보내셨고 예수님은 제자들을 땅끝까지 보내셨다. 그렇기에 제자된 그리스도인들은 세상을 하나님과 화목하게 하는 직책 곧 그리스도의 대사(Christ's ambassador)임을 잘 알아야 한다.

제자 혹은 사도를 뜻하는 "보내심을 받은 자(아포스톨로스)"라는 말 속에는 그럴 만한 자격을 갖추었기 때문에 선택되어져 보냄을 받은 것이다라는 의미가 아니다. "보내심을 받은 자"의 소명과 사명은 오직 역사의 주관자 되신 하나님의 주권적인 선택일 뿐이라는 것이다. 그렇게 부름받은 사명자는 그분의 뜻(델레마 데우)을 따라 충성되게 순종함으로 살아가 한다.

모든 것의 주권은 하나님께 있다. 그렇기에 하나님은 애굽의 바로를 통해 당신을 드러내셨고(롬 9:17) 바사의 고레스를 당신의 섭리와 경륜의 도구로 사용하시어 이스라엘의 남은 자들이 바벨론 포로에서 귀환하게 하셨다.

21 예수께서 이 말씀을 하시고 심령에 민망하여 증거하여 가라사대 내가 진실로 진실로 너희에게 이르노니 너희 중 하나가 나를 팔리라 하시니 22 제자들이 서

로 보며 뉘게 대하여 말씀하시는지 의심하더라

예수님은 요한복음 6장 70절에서 "너희 중 하나는 마귀니라"고 말씀하셨다. 이곳 13장에서도 "너희가 깨끗하나 다는 아니니라(10)", "자기를 팔 자가 누구인지 아심이라(11)", "내 떡을 먹는 자가 내게 발꿈치를 들었다(18)", "너희 중 하나가 나를 팔리라(21)"라고 반복하여 말씀하고 있다. 이는 오늘의 우리에게도 동일하게 엄청 아프게 큰 울림으로 메아리치며 다가오는 말씀이다.

"너희 중 하나가"

"내 떡을 먹는 자가"

"너희가 깨끗하나 다는 아니니라"

"자기를 팔 자가"

한편 "의심하더라"는 것은 '길을 잃다, 당혹스럽다'라는 의미로 헬라어는 아포레오(ἀπορέω, v, to be at a loss, be perplexed)인데 이는 '판단력을 잃고 어리둥절한 상황'을 가리킨다.

23 예수의 제자 중 하나 곧 그의 사랑하시는 자가 예수의 품에 의지하여 누웠는지라 24 시몬 베드로가 머릿짓을 하여 말하되 말씀하신 자가 누구인지 말하라 한대

마태복음 16장 23절에는 인간적으로 너무 앞서 나갔다가 예수님께 야단맞았던 베드로의 뜨끔했던 장면이 있다. 그때의 트라우마(trauma)였을까? 이 상황에서 베드로는 뒤쪽에 한발짝 물러 서 있는 것을 볼 수 있다.

베드로는 도대체 21절의 그가 누구인지 너무 궁금하여 물어보고 싶었으나 마태복음의 트라우마가 생각나니 그럴 수가 없어 베드로는 사도 요한에게 물어봐 달라고 눈짓한 것이다.

25 그가 예수의 가슴에 그대로 의지하여 말하되 주여 누구오니이까 26 예수께서 대답하시되 내가 한 조각을 찍어다가 주는 자가 그니라 하시고 곧 한 조각을 찍으셔다가 가룟 시몬의 아들 유다를 주시니

"가룟"은 이스카리오테스(Ἰσκαριώτης, nm, Iscariot, surname of Judas and his father)라는 지명이름으로 히브리어 이쉬(אִישׁ, v, show one self a man)와 키르야(קְרִיָּא, nf, a city/קִרְיָה, nf, Aramic origin, a town or city)의 합성어이다.

참고로 열심당(the Zealots)은 '헌신한 신자, 큰 뜻을 품은 자, 지원자'를 뜻한다(마 10:4; 막 3:18; 눅 6:15; 행 1:13). 이들은 셀롯(눅 6:15), 셀롯인(행 1:13), 가나안인(마 10:4, 막 3:18)이라고도 불렸으며 바리새파 중에서도 가장 극단적이고 호전적인 분파였다. 셀롯인 가나안인(a Canaanite, Κανανίτης, nm, Cananaean, Aramaic for Zealot, surname of one of the twelve apostles)은 '가나나인'이라고도 했는데 이는 아람어 칸나(from Chaldean קַנְאָן, Hebrew קַנָּא)를 음역한 것이다. 한편 그들은 시카리(Sicari)라고도 불렸는데 이들은 옷 속에 단검(음역을 본따서 나는 '식칼'을 품고 다니는 사람이라고 칭한다)을 품고 다니며 암살을 일삼았고 다윗 왕국의 재건을 꿈꾸는 일종의 유대인들의 독립투사들이었다. 훗날 그들은 마사다(Masada, AD 74. 5)에서 전멸당했다.

고대 근동 사회에서는 식사 중에 한 조각을 찍어다가 주는 섬김은 주빈

(主賓)이 손님을 친근하게 대하는 식사예절이기도 했다. 이 말은 이때에 예수님께서 가룟 유다(Judas Iscariot)에게 회개의 기회를 주신 것이라는 의미이다. 그러나 안타깝게도 이미 마귀의 지배를 받고 있었던 유다의 경우 다시 돌이키기에는 너무 강퍅해져 있었다.

상상이긴 하지만 만약 예수님께서 필자를 향해 '나를 팔려는 자가 바로 너다'라고 하시며 한 조각을 주셨다면 나는 조금의 망설임도 없이 예수님의 발을 붙들고 놓지 않았을 것이다. 이것은 오늘날 그리스도인 된 우리가 취해야 할 바른 태도이다. 다시 말하면 과거의 후회스러운 일들이나 잘못들에 대해 성령님의 지적을 받으면 좌고우면(左顧右眄) 할 것 없이 납작 엎드려야 한다라는 것이다.

27 조각을 받은 후 곧 사단이 그 속에 들어간지라 이에 예수께서 유다에게 이르시되 네 하는 일을 속히 하라 하시니

"사단(사타나스; Σατανᾶς, nm, the adversary, Satan, the devil)"은 히브리어로 사탄(שָׂטָן, nm, adversary, also the name of the superhuman adversary of God)이다. 그렇기에 나는 히브리어 음역을 따서 사단이 아닌 '사탄'으로 표기하곤 한다. 메시아(Messiah) 또한 야훼(יְהֹוָה)의 발음을 따서 '메시야'라고 표기한다. 한편 샬롬은 일몰 신(神)의 이름과 겹치기에 '살롬'으로 표기한다. 맞고 틀리고의 문제라기 보다는 필자는 그렇게 의미를 두고 구분하여왔다.

"들어간지라"의 헬라어는 에이세르코마이(εἰσέρχομαι, v)[112]"인데 이는 에이스(εἰς)와 에르코마이(ἔρχομαι, v, to come, go)의 합성어로서 '악한 영의 인간 내 침입'으로 설명할 수 있다(막 5:12; 눅 8:30; 11:26; 22:3). 이 말은 '지배개념'이라는 말로서 악한 영의 통치와 지배, 그리고 그의 질서 하(下)에 들어가는 것을 의미한다.

그렇다면 악한 영(사마귀; 사단, 마귀, 귀신)이, 성령이 주인으로 계신(내주(內住) 성령) 그리스도인들의 마음에 침입이 가능할까?

나는 택정함을 입은 자에게는 결코 악한 영이 침입(주권, 지배, 통치, 질서)할 수 없다라고 생각한다. 단지 악한 영의 미혹에 넘어가는(사단이 밀 까부르듯 하려고, 눅 22:31) 경우가 있을 수는 있겠으나 구원은 취소되지 않기에 결코 침입(지배)함으로 인해 종국적인 구원의 취소는 안 된다고 굳게 믿고 있다. 그렇다면 가룟 유다의 경우는 어떨까? 확실한 것은 미래형 하나님나라에 가게 되면 알겠지만 구원이 안 되었을, 유기되었을 가능성이 클 듯하다.

28 이 말씀을 무슨 뜻으로 하셨는지 그 앉은 자 중에 아는 이가 없고 29 어떤 이들은 유다가 돈 궤를 맡았으므로 명절에 우리의 쓸 물건을 사라 하시는지 혹 가난한 자들에게 무엇을 주라 하시는 줄로 생각하더라 30 유다가 그 조각을 받고 곧 나가니 밤이러라

---

112 에이세르코마이(εἰσέρχομαι, v)는 eis, "into, unto" and 2064/erxomai, "come") – properly, come into, go (enter) into; (figuratively) to enter into for an important purpose – for the believer, doing so to experience the result of the Lord's eternal blessing)이다.

"밤이러라"는 것은 '유다의 영적 상황'을 상징적으로 말한 것이다. 이는 세상의 빛, 생명의 빛 되신 예수 그리스도의 반대편에 섰다라는 것으로 어둠의 권세(눅 22:53)의 시작을 알리는 신호탄이다. 요한복음 3장 2절, 19장 39절에도 '밤'이라는 단어가 사용되었는데 이 역시 동일한 상징적 의미이다.

한편 "예수를 파는 유다가 대답하여 가로되 랍비여 내니이까 대답하시되 네가 말하였다 하시니라"라고 기록된 마태복음 26장 25절에는 유다의 강한 질문과 함께 예수님의 직설적이기는 하나 회개하고 돌아오기를 바라시는 답이 분명하게 표현되어 있다.

이때 가룟 유다는 비록 뜨끔했을 지라도 빨리 판단을 한 후 즉시 회개하고 돌아섰어야 했다. '위기는 기회'라는 말 그대로 그때가 절호의 찬스였기 때문이다. 그러나 예수님이 진정한 그리스도 메시야임을 몰랐던 유다는 기어이 돌아올 수 없는 강을 건너고야 말았다. 그렇기에 가룟 유다는 유기된 자였을 것이라고 나는 생각하고 있다. 고린도전서 12장 3절 또한 이를 뒷받침하고 있다.

그렇다면 이런 가룟 유다를 제자로 부르신 것은 무슨 이유일까? 정확하게 알 수는 없지만 시편 41편 9절의 말씀을 응하게 하려고 가까운 친구로 동시에 제자로 허락하셨던 것은 아닐까 싶다. 곧 하나님의 섭리와 경륜, 작정과 예정에 사용된 하나님의 일꾼이라는 말이다.

로마서 13장을 보면 하나님의 섭리와 경륜에 쓰이는 "하나님의 도구(하나님의 사자, 하나님의 일꾼)"가 있는데 두 종류이다. 즉 역사의 주관자 하나님의 도구로 사용되더라도 하나님의 마음에 합한(렘 3:15, 행 13:22, 삼상 13:14, 시

89:20) 일꾼이 있는가 하면 악한 일에 쓰임받는 일꾼도 있기 때문이다.

오늘날의 교회 공동체 안에도 하나님의 일꾼 중에는 알곡과 더불어 온 갖 종류의 수많은 가라지들이 있다. 쭉정이들 때문에 알곡이 많은 피해를 겪는 것 또한 사실이다. 그렇기에 하나님의 섭리와 경륜에 대해 고개가 갸우뚱거려질 때가 많다. 그러나 지나고 보면 그들은 알곡을 훈련시키기 위한 '하나님의 도구' 곧 하나님의 사자, 하나님의 일꾼이었던 것을 알게 된다. 심지어는 마귀조차도 구속사의 한 방편이자 도구임을 알 수가 있다.

31 저가 나간 후에 예수께서 가라사대 지금 인자가 영광을 얻었고 하나님도 인 자를 인하여 영광을 얻으셨도다 32 만일 하나님이 저로 인하여 영광을 얻으셨으 면 하나님도 자기로 인하여 저에게 영광을 주시리니 곧 주시리라

우리는 예수님께서 인간의 수치와 저주를 몽땅 안고 치욕을 상징하는 나무 위 십자가에서 죽으실 것을 가리켜 영광을 받으신 것으로 묘사한 대 목을 들을 때마다 순간적으로는 의아하게 된다. 만약 요단강에서 세례를 받으셨을 때나 변화산에서의 폼나는 때였다면 "영광"이라는 단어가 어울 리겠지만…….

그러나 "영광"이라는 단어의 정확한 이중적 의미를 되새겨보면 금방 이 해를 할 수 있다. '영광'이란 하나님을 찬양하고 경배하는 것으로 '올려드 린다'라는 의미 외에도 하나님의 능력과 성품, 속성을 이 땅에 드러내다 라는 의미가 있다. 그렇기에 예수 그리스도의 십자가 죽음은 예수님에게 도 영광이었고 성부하나님께도 최고의 영광이었던 것이다.

예수 그리스도의 십자가 죽음[113]은 하나님의 공의, 능력, 거룩하심, 신실하심, 사랑이 십자가 상에서 크게 영광을 받으신 것으로 온 우주의 모든 역사가 지켜보았고 또 그 이후 오고 오는 모든 세대가 보았고 보고 보게 될 것이다. 또한 아담은 불순종했으나 둘째 아담인 예수는 순종하셨다 (슥 13:7: 롬 5장). 더 나아가 예수의 십자가 죽음으로 사단의 머리를 깨부수었고(무저갱에 가둠, 계 20:2-3) 죽음의 권세를 이기시고 부활하셨다. 이후 예수 그리스도를 믿는 모든 이들을 사망에서 생명으로 옮기셨다. 결국 예수 그리스도의 십자가 죽음은 우리의 구원됨의 근원이요 예수님께도 동시에 성부하나님께도 영광이 되신 가장 분명한 표징(sign)이다. 하나님은 그 예수를 살리셨고 올리셨으며 모든 이름 위에 뛰어난 이름을 주셨다(빌 2:9).

33 소자들아 내가 아직 잠시 너희와 함께 있겠노라 너희가 나를 찾을 터이나 그러나 일찍 내가 유대인들에게 너희는 나의 가는 곳에 올 수 없다고 말한 것과 같이 지금 너희에게도 이르노라

요한복음 7장 33-34절에서도 사용된 이 표현을 가리켜 "예언적 원근통시법(Prophetic foreshortening)"이라고 한다. 가까운 미래에 일어날 일과 먼 미래에 일어날 일을 동시에 예언하면서 하나님의 구원의 사건을 한꺼번에 그리고 단번에 조망하고 있다라는 것이다.

분명한 것은 하나님의 계시는 정한 때가 있어 인간의 관점에서는 더딜

---

113 『아더핑크의 요한복음 강해』 , pp.759-763

수도 있고(합 2:3) 때로는 빠를 수도 있다(사 10:25)라는 것이다.

34 새 계명을 너희에게 주노니 서로 사랑하라 내가 너희를 사랑한 것 같이 너희도 서로 사랑하라 35 너희가 서로 사랑하면 이로써 모든 사람이 너희가 내 제자인 줄 알리라

15절에 이어진 말씀으로 "서로 사랑하라"는 표현에서 생략된 단어가 있는데 '네가 먼저'가 아닌 '내가 먼저'라는 말이다. 이는 새 계명에 있어서 핵심 중의 핵심이다. 우리는 서로 사랑하되 '내가 먼저' 상대를 사랑해야 한다. 한편 이 구절부터 예수님의 강화(講話, 14-16장)가 시작되는데 바로 '새 계명'에 관한 말씀이다(14:15, 21; 15:10, 12; 요일 2:7-11).

한편 구약성경도 이웃 사랑을 명령하고 있다(레 19:18). 물론 예수님은 이웃의 범위를 훨씬 더 확장하여 말씀하셨지만. 제자들은 이제부터 "내가 너희를 사랑한 것 같이"에서처럼 그리스도가 우리를 사랑하신 '것 같이(카도스, καθώς, adv, according as, just as)' 너희도 서로 사랑하라는 명령을 받았다. 사랑의 대상이 동족 이스라엘에서 모든 민족에게로 확대되고 있음을 볼 수 있다.

"새 계명"에서의 "새(new)"에 해당하는 헬라어는 두 개가 있는데[114] 하

---

114 하나는 카이노스(καινός, properly, new in quality (innovation), fresh in development or opportunity – because "not found exactly like this before.")이고 다른 하나는 네오스(νέος, is properly so with respect to age -- new, new ("new on the scene"); recently revealed or "what was not there before" (TDNT), including what is recently discovered. /néos ("new on the scene") suggests something "new in time" – in contrast to its near-synonym (kainós, "new in quality")이다.

나는 카이노스(καινός)이고 다른 하나는 네오스(νέος)이다. 전자는 형식(form)이나 질(quality)적인 면에서 새로워진 것을 말하며 후자는 시간적으로 최근의 것을 말한다. 이 구절에서는 전자(카이노스, καινός)로 쓰였다. 요한계시록 21장 2절의 "거룩한 성 새 예루살렘(τὴν πόλιν τὴν ἁγίαν, Ἰερουσαλὴμ καινὴν)"에서의 "새(new)"에 해당하는 헬라어는 카이노스(καινός, adj, properly, new in quality (innovation), fresh in development or opportunity – because "not found exactly like this before.")인데 이는 형식이나 질적인 면에서 완전히 새로워진 새 하늘과 새 땅(계 21:1) 곧 미래형 하나님나라를 말한다.

하나님 사랑과 이웃 사랑은 성령님이 주시는 능력으로 '내가' 사랑하는 것이며 '먼저' 사랑하는 새 계명이 바로 옛 계명(구약의 하나님 사랑, 이웃 사랑, 율법의 구속력으로 행함)을 완성한 것이다.

"사랑하면"이라는 표현 안에는 '연속적이고 계속적이며 지속적'인 사랑이라는 의미가 내포되어 있다.

36 시몬 베드로가 가로되 주여 어디로 가시나이까 예수께서 대답하시되 나의 가는 곳에 네가 지금은 따라올 수 없으나 후에는 따라오리라

33절의 "내가 가는 곳"이란 '십자가 수난과 죽음'을 의미하나 이 구절에서의 "나의 가는 곳"이란 성부하나님이 계시는 미래형 하나님나라를 가리킨다. 그렇기에 "후에는 따라오리라"고 하셨는데 이는 곧 '육신적 죽음 후에는 올 수 있다'라고 말씀하신 것이다.

37 베드로가 가로되 주여 내가 지금은 어찌하여 따를 수 없나이까 주를 위하여 내 목숨을 버리겠나이다

베드로가 말한 "지금은 어찌하여"라는 질문 속에는 죄인 된 연약한 자신의 존재를 알지 못하는 영적 무지(無知, ignorance, stupidity)가 들어있다.

흔히 우리가 저지르는 잘못 중 하나는 우리가 제법 "깨끗하다, 좋다, 괜찮다"라고 착각하는 경우이다. 비록 도덕적으로, 윤리적으로, 사회적으로 제법 "괜찮다"라고 하더라도 교만하지 말아야 한다. '자기 의(義)'를 내세우며 자기 스스로를 높이 평가하려는 경향도 자제해야 한다. 그렇지 않으면 세월의 흐름과 함께 우리도 모르는 사이에 자연스럽게 "주를 위하여 내 목숨을 버리겠나이다"라는 결연한 의지를 보이게 된다. 칭찬받을 일이기는 하다. 그러나 아차하면 하나님의 섭리와 계획보다 앞서가는 우를 범하기 쉽다.

38 예수께서 대답하시되 네가 나를 위하여 네 목숨을 버리겠느냐 내가 진실로 진실로 네게 이르노니 닭 울기 전에 네가 세 번 나를 부인하리라

제한되고 유한된 연약한 인간이 감히 전능하신 하나님을 '위하여' 무엇인가를 하겠다라고 설치는 것만큼 우스꽝스러운 것이 없다. 혹여라도 우리가 무엇을 했다면 그것은 우리 스스로가 한 것이 아니라 우리 안에 주인으로 계신 성령님의 능력으로 한 것일 뿐이다.

결국 종종 우리가 "주를 위하여"라고 표현하는 것은 하나님의 전적인 은혜로 발을 씻기신(요 13:4-8) 예수님의 구원의 주권 영역을 차지하려는 것일 뿐이다. 조금 더 직설적으로 표현한다면 하나님의 영광의 자리를 탐하려는 것일 뿐이다. 그것은 "하나님과 같이 되려고(창 3:6)" 선악과를 따 먹었던 아담과 하와의 길로 들어가게 될 소지가 크다. 결국 우리는 한 번 인생을 살아가며 하나님과의 분명한 관계(선악과를 제정하신 이유, 바른 관계와 친밀한 교제)를 흐트리지 않도록 최선을 다해야 한다.

한편 목숨을 버리기까지라고 얘기하며 자신있게 나섰던 베드로는 결국은 대제사장 가야바의 집뜰에서 보기좋게 나가 떨어져 버리고 만다. 제한된 인간인 우리는 그저 "깨어 유혹에 빠지지 않도록 근신하고 기도(벧전 4:7; 5:8)"해야 할 뿐이며 무엇을 하든지 성령충만(주권, 질서, 지배, 통치)함으로 성령님의 인도하심과 도우심으로 한 발자국씩 걸어가야 한다. 38절은 누가복음 22장 34절과 상통한다.

은혜 위에 은혜러라

*

Grace for Grace

Χάριν ἀντὶ χάριτος

예수(Ἰησοῦς), 그리스도(Χριστὸς), 생명(ζωή)

미래형 하나님나라

14장은 영광의 책(The Book of Glory, 요 13:1-20:31)에 해당하는 부분으로 '영광'의 이중적 의미를 생각하며 말씀을 찬찬히 묵상함이 필요하다.

"다른 하나님, 한 분 하나님"으로 요약되는 삼위일체에 관하여는 프롤로그(prologue)에 해당하는 1장 1절에서 18절에 이르기까지 이미 설명했다.

두 번째 부분(요 1:19-12:50)은 표적들의 책(The Book of Signs)으로 사도 요한은 일곱 가지 표적을 통해 "예수, 그리스도, 생명"이라는 요한복음의 주제를 일관되게 드러냈다.

일곱 가지 표적이란 첫째, 가나 혼인잔치를 통하여는 진정한 잔치의 주인은 예수님이시며 또한 잔치의 기쁨을 배가하기 위해 포도주를 허락하신 분도 예수님이심을 드러내고 있다.

둘째는 왕의 신하의 아들을 말씀으로 고치신 사건이다. 그 신하는 예수님을 믿음으로 죽은 아들의 회복됨과 치유함을 선물받았다.

셋째, 38년 된 병자 역시 예수를 믿음으로 병고침을 받았다. 더 나아가 그의 치유는 안식일에 일어났는데 이 치유를 통해 예수님은 진정한 안식일의 주인이심을 동시에 보여주셨다.

넷째는 유월절에 일어난 사건으로 예수님은 오병이어로 가장(家長)만 5,000명(실제로는 그보다 많은 이들에게)을 먹이셨는데 이는 당신이야말로 스스로 "하늘로서 내려온 산 떡, 생명의 떡, 참 떡"이심을 계시하신 것이다.

다섯째, 풍랑으로 두려워하는 제자들을 안심시키기 위해 물 위로 걸어오신 예수님은 풍랑 이는 호수마저 잔잔케 하심으로 예수님만이 역사의 주관자 하나님이심을 드러내셨다. 또한 제자들은 그 예수를 배 위로 영접(입으로 시인, 마음으로 믿음)하였다. 그리하여 그들이 가고자 했던 땅(하나님나라)에 도달할 수 있었는데 이는 예수를 통해서만 하나님나라에 들어갈 수 있음을 드러낸 것이다.

여섯째, 예수님은 날 때부터 맹인된 자를 보게 하셨다. 이로 인해 당신은 "세상의 빛, 생명의 빛"으로 오셨음을 드러내셨다.

마지막 일곱째 표적은 앞서 여섯가지 표적들의 최고 절정으로 죽은 나사로를 살리신 사건이다. 이는 예수의 죽음이 전제되면서 예수의 대신 죽음(대속 죽음)을 통해 죽었던 나사로가 다시 살아나게 됨을 보여주고 있다. 즉 예수님은 우리를 살리기 위해 대신 죽으신 구속주이시라는 것이다.

요한복음의 넷째 부분(요 21:1-25)은 '나가는 글'로서 에필로그(epilogue)에 해당한다.

영광의 책(Book of Glory, 13:1-20:31)인 이곳 14장에는 하나님의 영광, 예수의 영광이 구체적으로 나타날 뿐만 아니라 성취까지도 보여준다. 그것은 성령님을 통해서 일어난 것이다. "영광"이란 '하나님을 찬양하고 경배'하는 '올려드리다'라는 의미와 함께 '하나님의 능력, 속성, 성품을 이 땅에 드러내다'라는 의미가 있다. 전자가 하나님을 찬양하고 영광의 박수를 올려드리는 것이라면 후자는 초림하신 구속주(십자가 보혈)이신 예수님과 재림하실 승리주(심판주)이신 예수님의 하나님 되심을 인정하고 삼위하나님(존재론적 동질성, 기능론적 종속성)과의 바른 관계과 친밀한 교제를 유지하며 이 땅에서 하나님의 하나님 되심을 드러내는 것을 말한다.

요한복음 14장을 통하여는 영광이 되신 예수님, 영광을 받으신 성부하나님에 대해(빌 2:9-11) 잘 알아가야 할 뿐만 아니라 성령의 능력을 힘입어 묵묵히 아버지의 뜻(델레마 데우)만을 이루어가시는 예수님을 바라볼 수 있어야 한다.

12장에 나온 향유 옥합 도유이야기는 앞서 언급했듯이 헌금 이야기, 장례 이야기, 복음 이야기라고 했다.

13장은 세족식(洗足式, maundy, pedilavium)에 관한 것으로 구속주로서의 예수님이 십자가 죽음을 통해 모든 것을 다 이루시고 부활하시어 승리주로 오심을 예표한 이야기라고 역시 앞서 언급했다. 죽음 이기시고 부활하신 예수님은 500여 형제가 보는 가운데 다시 오실 것(재림)을 약속하신 다음 구름을 타고 '승천'하셨다.

"어디로 가셨을까, 왜 승천하셨나, 왜 재림하시나."

14장의 초반부는 상기 질문에 대해 명확히 대답하고 있다. 곧 "예수, 그리스도, 생명"을 통해 미래형 하나님나라에서 교회가 누리게 될 영원한 삶을 약속하신 것이다.

'하나님나라'라는 개념은 크게 둘로 나눌 수가 있다. 나는 이를『복음은 삶을 단순하게 한다』에서 자세히 기술했다. 첫째, 현재형 하나님나라(눅 17장)는 주권, 통치, 질서, 지배 개념으로 장소 개념이 아니다. 둘째, 미래형 하나님나라(요 14장)는 지금은 비록 우리가 볼 수 없으나 반드시 존재하는 장소 개념으로 장차 우리가 가게될 장소이다.[115]

예수를 믿음으로 구원을 얻은 하나님의 자녀 된 교회는 그 날에 우리를 데리러 오시는 예수님과 함께 하나님나라(미래형 하나님나라, 장소 개념)에 들어가 영생을 누리게 될 것이다.

14-1 너희는 마음에 근심하지 말라 하나님을 믿으니 또 나를 믿으라

14장 1절은 13장 36절(시몬 베드로가 가로되 주여 어디로 가시나이까 예수께서 대답하시되 나의 가는 곳에 네가 지금은 따라올 수 없으나 후에는 따라오리라)에 연결하여 읽으면

115　물론 부활체로 살아갈 장소개념인 미래형 하나님나라는 지금의 육신을 갖고 살아가는 '장소(3차원적인)'와는 다를 수 있다. 왜냐하면 그 나라는 시공(時空)의 의미가 없는 곳이기 때문이다. 그러나 분명한 것은, 그 나라는 반드시 존재하는 장소 개념이라는 것이다. 아무튼 그 나라를 현세의 한계를 지닌 장소처럼 단언하는 것도 곤란하다. 그렇다고 하여 장소 개념의 천국이 없다고 말하는 것은 더더욱 지나친 것이다.

쉽게 이해할 수가 있다. 제자들은 세족식에서 예수님이 말씀하신 것을 듣고는 근심이 깊어졌다. 더 나아가 예수님의 십자가 죽음이 임박했다는 사실에 대해서는 아예 수용조차 못했다. 이는 제자들이 예수님을 온전히 신뢰하지 못했기 때문이다. 그러므로 믿음의 반의어(反義語, antonym)는 의심과 염려, 그리고 근심이다. '근심'의 헬라어가 바로 타라쏘[116](ταράσσω, v)이다 .

한편 근심과 염려는 자기부인을 하지 못한 자기 주장에서 나오는 것으로 그 뿌리는 아직 일어나지 않는 미래의 일, 즉 불안감이다. 곧 통제할수 없는 한계나 결핍에서 나온다. 그렇기에 근심과 염려는 결국 마음을 둘로 나누어버리는데 이를 '의심 곧 두 마음'이라고 한다. 즉 의심은 의심을 더 부풀리게 하여 더 많고 복잡한 의심으로 나아가게 한다. 이때 우리는 하나님을 믿고 또 예수님을 굳게 붙들면 근심도, 염려도, 의심도 사라지게 됨을 맛볼 수 있다.

"하나님을 믿으니 또 나를 믿으라(πιστεύετε εἰς τὸν Θεόν, καὶ εἰς ἐμὲ πιστεύετε. Believe in God, believe also in Me.)"는 명령은 '지속적으로 하나님을 믿고 또 나를 믿으라(Hendriksen)'는 뜻으로 해석할 수 있다. 즉 하나님의 절대적인 주권과 무한하신 지혜와 변함없는 신실함과 넘치는 크신 사랑을 믿으라는 의미이다. 그렇기에 우리는 그 말씀을 따라 '어제나 오늘

---

116 타라쏘(ταράσσω, v, properly, put in motion (to agitate back-and-forth, shake to-and-fro); (figuratively) to set in motion what needs to remain still (at ease); to "trouble" ("agitate"), causing inner perplexity (emotional agitation) from getting too stirred up inside ("upset"))이다.

이나 영원토록 동일하신 예수님'만을 바라보고 나아가야 할 것이다.

2 내 아버지 집에 거할 곳이 많도다 그렇지 않으면 너희에게 일렀으리라 내가 너희를 위하여 처소를 예비하러 가노니

이 구절은 14장 18절의 "내가 너희를 고아와 같이 버려두지 아니하고 너희에게로 오리라"는 말씀으로 곧장 연결하여 읽으면 쉽게 이해할 수가 있다. 즉 문법적으로 3절부터 17절까지는 괄호 안으로 묶어 한 문장으로 이해할 수 있다.

"집"이라는 헬라어는 오이키아(οἰκία, nf)이며 "거할 곳"에서의 '곳'이란 헬라어는 모네(14:2, 23, μονή, nf)이고 "처소"의 헬라어는 토포스(τόπος)인데 모두 다 장소를 의미한다.[117] 즉 "아버지 집"은 성도들이 거할 최후의 거처인 영원한 본향으로서 분명한 장소 개념(요 2:16; 14:2; 눅 15:25)인 미래형 하나님나라를 말한다. "거할 곳(왕상 6:5-6; 렘 35:1-4)" 또한 영원히 살 곳이라는 의미로 우리가 장래 거할 집의 영구성을 의미한다.

신약성경은 천국을 '하나님나라(country, 눅 19:2; 히 11:6)'로 묘사하고 있다. 물론 하나님은 구약 시대에 선민으로 세우셨던 이스라엘 민족을 부르셔서 다시 하나님의 나라를 세울 것이라 말씀하시기도 했다. 그러나 이때의 이스라엘이란 영적 이스라엘을 의미하는 것으로 하나님의 나라란 특

---

117 오이키아(οἰκία, nf)는 a house, dwelling, household)이고 모네(14:2, 23, μονή, nf)는 an abiding, an abode(거처), an abiding dwelling-place (i.e. not transitory)이며 토포스(τόπος)는 a place, region, seat, room이다.

정 민족이 중심이 된 나라가 아니라 예수님 안에서 한 지체된 현재형 하나님나라와 미래형 하나님나라를 다시 세우시겠다라는 의미이다.

아더핑크는 다음과 같이 천국을 구체적으로 해석했다.[118] 그는 신약에서의 하나님나라는 구체적으로 '천국의 광대함'을 의미한다라고 했다. "성(히 11:10, 계 21:2)"으로 불리우는 하나님나라는 '거주자가 아주 많다'라는 의미이고 "왕국(kingdom, 벧후 1:11)"이란 '천국의 질서정연함'을 뜻하며 "낙원(눅 23:43, 계 2:7)"은 '천국의 기쁨'을 상징한다라고 했다. 한편 "아버지의 집(본향, 하나님과 그의 백성들의 집)"은 '천국의 영원함'이라고 했는데 이에 대해 나는 전적으로 공감한다. 분명한 장소인 미래형 하나님나라는 우리를 품어안는 곳으로 우리가 사랑받는 곳일 뿐만 아니라 우리를 늘 환영하는 곳이며 영원한 안식과 평화를 누리게 될 곳이다. 그곳에서 우리는 삼위하나님과 사랑하는 지체들과 영원히 함께 거하게 될 것이다.

한편 "내가 너희를 위하여 거처를 예비하러 가노라"는 말씀에서는 아쉽게도 "어떻게"라는 구체적인 방법이 빠져 있다. 나는 이 부분이 무척 궁금하기는 하나 뒤이어 나오는 3절로 인하여 소망을 가진다. 비록 방법은 말씀하지 않으셨으나 예수님께서 확실하게 거처를 예비하면 친히 우리를 데리러 다시 오신다(재림)라고 약속했기 때문이다(살전 4:16-17). 예수님은 당신 대신에 대사(ambassador)를 보내겠다고 말씀하지 않으시고 직접 오시마 약속하셨다. 그러므로 교회는 예수님이 "어떻게", 곧 구체적인 재림의

---

118 『아더핑크의 요한복음 강해』, pp773-774

방법에 대해서는 알 수 없어 아쉽기는 하나 재림의 그날은 반드시 임할 것이라는 사실을 붙들어야 하고 장차 반드시 명약관화(明若觀火)하게 보게 될 것이다.

3 가서 너희를 위하여 처소를 예비하면 내가 다시 와서 너희를 내게로 영접하여 나 있는 곳에 너희도 있게 하리라

14장은 예수님이 제자들과 더 이상 함께 하지 못 하게 될 상황이 올 것을 전제로 말씀하고 있다. 그럼에도 불구하고 예수님의 부재(不在)는 제자들에게 절망이 아닌 확실한 소망을 주고 있음을 보게 된다. 왜냐하면 3절부터 소망의 이유를 말씀하셨기 때문이다.

예수 그리스도는 죽음을 이기시고 부활하셔서 승천하셨다. 그리고는 하나님 보좌 우편에서 승리주로서 우리를 위해 하늘 처소를 예비하신다. 하나님의 때와 기한이 되면 반드시 재림하시겠다고 약속하셨다.

"나 있는 곳(호푸; ὅπου, adv, where, whither, in what place)"에서의 '호푸(ὅπου, adv)'라는 헬라어는 호스(ὅς, Relative Pronoun, 관계대명사, usually rel. who, which, that, also demonstrative this, that)와 포우(πού, adv, somewhere)의 합성어인데 이는 성부하나님이 계신 미래형 하나님나라인 바로 그 장소를 의미한다.

장차 예수님이 재림하시기 전까지 우리가 살아가야 할 이 땅에서의 제한된 육신은 already~not yet이기에 불완전하다. 모든 것들에 매사 매순간이 낯설고 어색하기만 하다. 그러나 초림의 예수님이 오셔서 모든 것을 다 이루시고 가신 후 예수를 믿어 구원을 얻은 우리 안에는 성령님이 내주하셔서 현재형 하나님나라를 누리게 되었다. 그분께 온전한 주권을 드리고 그분의 통치, 질서, 지배 하에서 살아감으로 하나님과의 바른 관계와 친밀한 교제인 샬롬을 누리며 살아가게 되었다. 물론 완전하게 완성되는 때는 예수님의 재림 후 부활체로 살아갈 미래형 하나님나라에서이지만……

  오늘의 상황을 한계는 있지만 적나라하게 표현하면 아버지께서 자녀된 우리에게 주신 당신의 나라(현재형 하나님나라)를 사단에게 빼앗겼다라고 할 수 있다. 그렇기에 우리는 예수님의 재림 전까지 적극적으로 복음을 전함으로 하나님나라를 확장해 나가야 한다. 현재형 하나님나라의 확장이다. 당연히 택정함을 따른 수(數)와 양(量)적인 하나님나라를 말한다.

  한편 오늘을 살아가는 우리의 근심은 우리 각자의 연약한 믿음 때문이지 사단의 강함으로 인한 것은 결코 아니다. 영원한 본향이 아닌 이 땅에서의 한 번 인생은 나그네로서의 삶이며 나그네 된 백성(벧전 2:9)'으로 살아가는 것뿐임을 잊지 말아야 한다.

  우리가 살아가는 종말 시대(42개월, 3년 반, 삼일 반, 1,260일 등) 동안에는 사단의 악한 세력들에게 제한적, 한시적으로 괴롭힘을 당할 수 있다. 그러나 위축될 필요는 전혀 없다. 이 모든 것은 하나님의 허용 하에서만 이루어지는 것일 뿐만 아니라 우리의 거룩함을 위한 훈련의 과정으로 허락하셨기 때문이다. 그러므로 주의 재림을 갈망하며 구별된 하나님의 백성으로 살아가야 하고 더 나아가 오히려 그런 고난을 거뜬히 헤쳐나가는 것이 필요하다. 이때 우리가 할 일은 계시록 14장 12절의 말씀을 붙드는 것이다.

"성도들의 인내가 여기 있나니 저희는 하나님의 계명과 예수 믿음을 지키는 자니라"_계 14:12

더하여 그날까지 아더핑크는 다음의 5가지를 붙들라고 권면하고 있다.[119]

1) 주 예수 그리스도 안에 있는 믿음

2) 예수께서 마련하신 그곳, 미래형 하나님나라가 바로 우리의 영원한 본향이 되리라는 믿음

3) 예수로 인해 미래형 하나님나라에 들어갈 수 있게 된 것

4) 우리를 그곳에 데려가시기 위해 예수님은 반드시 재림하신다는 것

5) 하나님나라에서 삼위하나님과 함께 영생을 누리게 될 확정된 미래가 있다는 것

4 내가 가는 곳에 그 길을 너희가 알리라

"내가 가는 곳"이 가리키는 것은 앞의 3절을 의미한다.

"그 길(호도스; ὁδός, nf, a way, road, journey, path)"이란 "길이요 진리요 생명"이신 예수 그리스도를 가리킨다. 곧 미래형 하나님나라에 가는 유일한 통로는 오직 예수님뿐이라는 말이다.

이를 달리 표현하면 "경로, 과정"을 통해 이르게 될 그 장소(미래형 하나님나라)뿐만 아니라 그곳(미래형 하나님나라)에 갈 수 있는 "방법" 또한 예수 그리

---

119   『아더핑크의 요한복음 강해』, p777

스도뿐이라는 말이다. 결국 예수님이 말씀하신 "내가 가는 곳"이란 성부 하나님이 계신 하나님나라이며 그곳에 가는 유일한 경로, 과정, 방법은 오직 예수를 믿는 것뿐이라는 말이다.

5 도마가 가로되 주여 어디로 가시는지 우리가 알지 못하거늘 그 길을 어찌 알겠 삽나이까

당시까지만 해도 도마는 물질중심적이고 현실주의적이며 합리적으로 사고하던 제자였다. 그런 그는 주께서 가실 길(운명, destination)도, 주님께서 말씀하시는 길(유일한 길이신 예수님)도 알지 못했다. 이는 도마의 영적 분별력 의 결여를 보여주고 있는 부분이다. 어디 도마뿐이었을까? 이 구절을 통 해 우리 또한 도마와 상당히 비슷한 생각 속에 살고 있지는 않은 지를 점 검할 필요가 있다.

6 예수께서 가라사대 내가 곧 길이요 진리요 생명이니 나로 말미암지 않고는 아 버지께로 올 자가 없느니라

태초에 아담은 에덴동산에서 세 가지 특권을 누리고 있었다. 창조주를 알았고 그분과 교제를 나누었으며 영생을 누리고 있었다. 하지만 그(하와 와 함께)는 사탄의 유혹에 넘어가 "하나님과 같이 되려 하여(창 3:5)" 선악과 를 따 먹음으로 하나님과의 관계는 깨지고 그로 인한 교제도 상실했다(엡 4:18; 전 7:29). 결국 아담은 죄의 결과 세 가지 특권이 즉시 상실되고 말았다. 아담의 원죄로 인해 영적 특권이 상실된 인류는 죄와 사망으로부터의 해방, 하나님과의 관계와 교제의 회복이 절실했다. 그 방법은 오직 길이요 진리요 생명이신 예수 그리스도에 의해서만 가능하다.

예수님만이 진리(골 2:3)이시며 예수님만이 하나님의 완전하고 궁극적인 계시이시다. 그 예수님은 죄로 인해 죽었던 우리를 성부하나님과 화목시키는 영적 가교(Peacemaker; Moderator, 창 28:12; 요 1:51)이시다. 생명이신 예수를 통해서만(요 5:24; 3:36; 10:10; 행 4:12) 우리는 영적 죽음에서 다시 살아날(영적부활) 수 있다. 예수 그리스도는 죽음에서 해방된 유일한 분이시다.

"내가 곧 길이요 진리요 생명이니"라는 것은 다양하게 해석할 수 있는데[120] 나는 세 가지 견해를 통해 이해를 하고 있다.

첫째, '길과 진리는 하나님나라의 영원한 생명으로 인도한다'라는 것이다. 히브리 사상에서 진리는 길의 형용사적으로 쓰이기에 "나는 생명에 이르는 진정한 길이다"로 해석할 수 있다(Ambrose, Leo the Great, Maldonatus).

둘째, '나는 진리와 생명으로 인도하는 길이다'라는 해석이다. 이는 진리와 생명을 종말론적(eschatological)이고 신적인 실체(divine realities)로 보고 해석하는 견해이다(라틴 교부들 다수, Clement of Alexander, Augustinus, Thomas Aquinas, Westcott, V. Taylor).

셋째, '예수는 진리요 생명이기에 길이 된다'라고 해석하며 "길"을 강조하는 견해이다(Bengel, Weiss, Schlatter, Tillmann, Dela Potterie, Stsarthmann).

---

120 『그랜드 종합주석 13권』, p871

한편 "나로 말미암지 않고는 아버지께로 올 자가 없느니라"는 말씀에는 그저 아멘일 뿐이다. 예수 그리스도는 하나님께 이르는 유일한 길이다(고전 3:11; 행 4:12; 딤전 2:5; 히 10:19-22). 아버지 하나님께 이르는 길은 오직 예수 그리스도뿐이다(행 4:12; 딛 2:5). 그러므로 "그 길(ἡ, ὁδὸς)이요 그 진리(ἡ, ἀλήθεια)요 그 생명(ἡ, ζωή)이니"라는 말씀에는 모두 다 "그"라고 강조된 정관사 헤(ἡ, '그')가 붙어 있는 것이다.

7 너희가 나를 알았더면 내 아버지도 알았으리로다 이제부터는 너희가 그를 알았고 또 보았느니라

성육신(Incarnation)하신 예수님은 신인 양성의 하나님으로 육신으로 나타나신 하나님이셨고 하나님의 독생자요(요 1:1, 14, 18, 독특한 아들) 존재론적 동질성이신 하나님(요 10:30, 17:11)이시다.

한편 인간의 바른 인식은 믿으면 보게 되어 있다. '보아야 믿는다'라고 하는 것은 제한된 인간의 인식 범위의 한계일 뿐이다. 그러므로 '보고 믿는다'라든지 '보여주면 믿겠다'라고 하는 것은 믿음이 아니다. 요한복음 11장 40절은 '믿으면 보리라'고 말씀하고 있다.

"예수께서 가라사대 내 말이 네가 믿으면 하나님의 영광을 보리라 하지 아니하였느냐 하신대" _요 11:40

8 빌립이 가로되 주여 아버지를 우리에게 보여 주옵소서 그리하면 족하겠나이다

아마도 빌립의 경우에는 모세와 아론, 나답과 아비후 등에게서 일어
났던 것처럼 구약시대의 초월적인 하나님의 현현(Theophany) 혹은 임재
(Presence)를 기대했던 것 같다(출 24:9-11; 33:18-23; 사 40:5).

**9 예수께서 가라사대 빌립아 내가 이렇게 오래 너희와 함께 있으되 네가 나를 알
지 못하느냐 나를 본 자는 아버지를 보았거늘 어찌하여 아버지를 보이라 하느냐**

요한복음은 존재론적 동질성(Essential Equality)에 관해 여러 번 반복하여
말씀하고 있다(요 1:14, 18; 3:33-36; 5:17-18; 6:29, 38, 57; 7:29; 8:16, 19, 28-29,
42, 54-55; 10:15, 30, 33, 37-38; 12:45; 13:31). 예수님은 빌립뿐만 아니라 다
른 제자들에게도 "너는 내가 누구인지 아직도 확실히 모르고 있구나. 나
는 아버지의 독생자의 영광이요 하나님의 영광의 광채요 본체의 형상이
다. 내 안에는 신성의 모든 충만이 육체로 거하고 있다(골 2:9)"라고 말씀하
셨다.

**10 나는 아버지 안에 있고 아버지는 내 안에 계신 것을 네가 믿지 아니하느냐 내
가 너희에게 이르는 말이 스스로 하는 것이 아니라 아버지께서 내 안에 계셔 그
의 일을 하시는 것이라 11 내가 아버지 안에 있고 아버지께서 내 안에 계심을 믿
으라 그렇지 못하겠거든 행하는 그 일을 인하여 나를 믿으라**

10-11절에서 예수님은 계속하여 존재론적 동질성(Essential Equality)과
기능론적 종속성(Functional Subordination)을 함축하여 말씀해 주시며 완전

(완벽하여 충돌이 없는)하고 친밀한 삼위일체 하나님의 구속 사역을 말씀하고 있다.

사실 삼위(Trinity)일체 교리는 우리의 지식이나 논리로 완전하게 이해하거나 한 마디로 요약하기가 어려운 것이 사실이다. 아니 불가능하다. 그러나 성경을 통해 하나님의 마음을 정확하게 분별하려면 "삼위일체"만큼은 한 문장으로 개념화(conceptualization)하는 것 또한 필요하다. 그렇기에 필자는 지난 나의 책들에서 비록 불완전하나마 한 문장으로 소개하려고 노력해왔다.[121]

"다른 하나님, 한 분 하나님"

한편 "그의 일, 그 일(11절)"에서 "행하는 그 일을 인하여 믿으라(요 12:37-38, 표적 자체만으로는 믿지 않는다)"는 명령은 구약 말씀을 배경으로 한 것이다. 그것은 요나서를 통한 그 표적(마 12:38-41) 곧 십자가의 은혜(보혈, 요 6:30, 53)를 보고 믿으라고 명령하신 것이다. 구속주로 초림하신 예수님은 우리를 살리기 위해 죽으러 오셨다(요 10:10; 빌 2:6). 우리를 위하여 죽으시고 부활하신 예수님은 요나의 표적, 나사로의 표적을 똑똑히 보고 믿으라고 말씀하신 것이다.

"예수 그리스도의 십자가 보혈"은 영 죽을 죄인이었던 인간에게는 최고의 복음이다. 그러므로 기독교는 언제나 기-승-전-'예수 그리스도 십자가 복음'으로 연결된다. 하나님의 은혜의 복음 곧 십자가 보혈이 바로 기

---

121 Cf. 『복음은 삶을 단순하게 한다』, 『복음은 삶을 선명하게 한다』, 『예수 그리스도 새 언약의 성취와 완성 1,2권 (요한계시록 주석)』 등

독교의 핵심이다.

12 내가 진실로 진실로 너희에게 이르노니 나를 믿는 자는 나의 하는 일을 저도 할 것이요 또한 이보다 큰 것도 하리니 이는 내가 아버지께로 감이니라

"나를 믿는 자는 나의 일을 저도 할 것이요"라는 예수님의 말씀을 곡해하여 초현실적이거나 기적적인 일을 자신도 할 수 있다라며 마치 그것이 믿음의 척도라도 되는 듯 행동하는 것은 본말(本末)이 전도된 것이다. '누구든지 예수를 믿기만 하면 그런 유의 기적적인 일 등등을 행할 수 있다'라는 말에 정직하게 자신의 내면을 살펴보면 그 속에는 엄청난 탐욕이나 욕망이 깃들어있음을 쉽게 알 수 있다. 소위 창세기 3장 5절의 '하나님과 같이 되려는' 것이 도사리고 있음을 알아야 한다.

우리의 궁극적 관심은 분명하다. 그것은 우리를 향하신 하나님의 뜻을 행하는 일이다. 기적을 행하며 놀라운 일들을 펼쳐보이는 것보다는 '하나님의 은혜의 복음'을 전함으로 현재형 하나님나라를 확장해 나가는 것이 시급할 뿐이다. 곧 예수님의 행하셨던 표적 등 초현실적인 것만이 기적이 아니라 구원으로 인한 '천국(하나님나라)복음'이 최고의 기적인 것이다.

그렇다면 초현실적인 기적의 경우는 어떠할까? 누가복음 10장 19절의 경우에는 "모든 믿는 자에게 기적을 주신 것이 아니라 당시 사도들과 70인의 제자들에게 하나님의 사역을 잘 감당하라"고 주셨던 것이다. 히브리서 2장 4절에도 '당신의 뜻을 따라 주셨다'라고 말씀하고 있다.

예수와 연합(Union with Christ; Mutual Indwelling, 상호 내주)된 그리스도인들은

당연히 '예수님이 하신 일'을 그들도 하게 될 것이다. 아버지의 뜻대로 행하시는 것이 '예수님이 하신 일'이기에 우리 또한 세상을 하나님과 화목케하는 일을 감당해야 한다(고후 5:18-20).

"나의 일"과 "이보다 큰 것"이란 예수 그리스도의 십자가 죽음을 말한다. 이는 예수의 십자가 죽음에 동참함으로 땅끝까지 복음을 전하는 것(행 1:8; 2:41; 4:4)과 복음을 통해 사망의 권세에서 영혼을 살리고 해방시키는 것, 그리고 초현실적인 기적을 베푸는 것 등을 모두 포함한다. 그리하여 예수님의 재림 때에는 십자가 죽음을 이기시고 부활하신 예수님처럼 우리도 부활체로 살아나서 미래형 하나님나라에서 영생을 누리게 될 것이다.

13 너희가 내 이름으로 무엇을 구하든지 내가 시행하리니 이는 아버지로 하여금 아들을 인하여 영광을 얻으시게 하려 함이라 14 내 이름으로 무엇이든지 내게 구하면 내가 시행하리라

"무엇"이라는 것은 '무엇이든지 다 구하라'는 기도 제목의 범위라기보다는 '하나님이 원하시고 기뻐하시는 삶'에 초점을 맞춘 모든 것을 말한다. 결국 "무엇"이란 요한복음 6장 38-39, 10장 10절의 '생명 즉 영생'을 말한다. 우리는 항상 최우선적으로 영혼 구원을 위해 성부하나님께 지속적으로 구해야 한다.

10-14절에 나오는 "그의 일, 그 일, 나의 하는 일, 이보다 큰 것, 무엇을 구하든지, 무엇이든지" 등등 '이 모든 것'이 가리키는 것은 '요나의 표적 즉 십자가 죽음'을 나타낸다. 결국 우리는 예수 그리스도의 부활의 복음

을 전하며 그리스도의 증인으로서의 삶을 살아가야 한다. 그런 우리는 복음 전파의 삶을 살기 위해 부름받은 존재들이다.

요한일서 5장 14-15절에 "주의 뜻"대로 무엇을 구하면 주님은 들으신다"라고 하셨다. 동일하게 요한복음 15장 7절에서도 주님 안에 거하면서 "무엇이든지 원하는 대로 구하라"고 하셨음에 주목해야 한다. 결론적으로 우리가 최우선적으로 해야 할 일은 하나님의 은혜의 복음전파를 통한 "생명 구원"인 것이다.

"내 이름으로 무엇이든지 내게 구하면 내가 시행하리라"는 것에서 예수님의 이름에는 당연히 절대적인 권세가 있다. "그 이름으로 무엇이든지 구하면"이라는 구절 뒤에는 곧장 '할렐루야 아멘'이 이어져야 한다. 지난날부터 지금까지 필자는 예수님의 이름 아래에서 영적 특권을 누려왔다. 쉬지 않고 기도하며 주님께 매달려왔다. 당연히 기도할 때마다 즉시 응답 오기를 바라는 마음은 가득했으나 그 결과가 예스(Yes)이든지 노(No)라고 하든지 기다리라고(Wait) 하든지 그리 상관하지 않았다.

솔직한 마음으로는 매번 예스(yes)를 원했지만, 하나님은 '노(No)'로 응답하실 때가 참 많았다. 그만큼 나의 욕심이 많이 개입되었던 것이다. 그럼에도 불구하고 나는 예스(Yes)나 노(No)에는 생각보다 힘들어하지 않았다. 나의 경우는 기다림(Wait)이 가장 힘들었다.

"이름(14:13, 14; 15:16; 16:23, 24, 26; 17:6, 11, 12, 26)"이란 전(全) 존재의 상징으로서 그 속에는 특성, 속성, 능력, 성품이라는 의미가 내포되어 있다(시 124:6-8; 잠 18:10). 그래서 야곱은 얍복강 가에서 "당신의 이름을 고하소서(창 32:29)"라고 물었던 것이다.

3-14절까지를 찬찬히 묵상하면 성도가 어떻게 기도하는 것이 바른 기도인지를 잘 알 수가 있다. 기도는 성부하나님께(네게, 존재론적 동질성), 성령님의 도움을 바라며(구하면, 존재론적 동질성), 예수의 이름으로 기도(중보자이신 예수님, 창 28:12; 요 1:51)해야 한다. 그러면 삼위하나님은 그 기도에 반드시 응답하신다(내가 시행하리라).

Yes이든, No이든, Wait이든 간에······.

그렇다면 '그리스도의 이름으로 기도한다'라는 의미는 무엇일까? 아더 핑크[122]에 의하면 그는 "신자가 마치 그리스도 메시야로서의 지위에 있는 것처럼 예수와 연합(Union with Christ)하여 일체가 되어 기도하는 것"이라고 했다. 또한 성부하나님 앞에서 독생자이신 예수의 공로를 의지하여 기도하게 되면 성부하나님은 우리 너머에 있는 참 간구자이신 예수를 보신다라고 했다. 마지막으로 그리스도의 영광을 위해 동시에 하나님의 영광이 되는 것만 기도하는 것이 중요하다라고 했다.

최근에 기도를 왜곡하는 사람들이 점점 더 많아지고 있어 안타깝다. 기도가 마치 이미 예수님께서 사인한 백지수표에 내가 마음대로 기입하는 것이라고 해석하는 사람들이 너무 흔하다. '기도를 하는 것'이 하나님의 은혜에 의한 우리들에게 부여된 특권이라는 생각보다 '기도하는 사람'의 공로나 능력을 강조하는 이들이 많이 생겨났다. 이는 한 단어로 표현하면 망상(Delusion, False belief)인 것이다.

기도는 하나님 앞에 겸손하게 무릎을 꿇는 '지극한 순종'의 또 다른 이

---

122   『아더핑크의 요한복음 강해』, pp.791-792

름이다. 성부하나님께 아버지의 뜻을 따라 예수님의 이름으로 기도할 때 성령님께서는 무엇이든지 허락하신다. 그렇기에 우리는 하나님의 뜻(델레마 데우)을 잘 분별하며 간구해야 (요일 5:14-15) 할 것이다.

15 너희가 나를 사랑하면 나의 계명을 지키리라

예수님을 지속적으로 사랑하는 참 제자라면 당연히 그분의 계명(하나님 사랑, 이웃 사랑)을 실천하며 따라간다. 그렇기에 "나의 계명"인 "사랑의 계명(새 계명; 요 13:34-35)"을 지속적으로 지키는 그이가 바로 참 제자인 것이다.

한편 "사랑"은 참된 믿음의 원천이요 참된 기도의 목표이다. 사랑에는 순종이 반드시 내포되어 있다. 순종 없는 사랑은 또 하나의 기만이요 조작(manipulation)에 불과하다. 그러므로 진정 예수님을 사랑한다면 그분의 새 계명에 당연히 순종하게 되어 있다.

16 내가 아버지께 구하겠으니 그가 또 다른 보혜사를 너희에게 주사 영원토록 너희와 함께 있게 하시리니

"보혜사(Comforter)"에 해당하는 헬라어는 "파라클레토스(Comforter, παράκλητος, nm)이며 영단어는 Comforter인데 이는 '~와 나란히'라는 콤(com)이라는 단어와 '강한'이라는 포르티스(fortis)가 결합된 말(Comforter)로서 '그를 필요로 하는 사람의 곁에 서서 그 사람을 강하게 해 주는 자'라는 의미이다. 한편 헬라어 "파라클레토스(παράκλητος, nm,

(a) an advocate, intercessor, (b) a consoler, comforter, helper, (c) Paraclete)"는 '보호자, 변호자, 조력자, 위로자, 상담자'로 해석할 수 있다. 파라(παρα, from close-beside)와 칼레오(καλέω, to call)의 합성어인 동사 파라칼레오(παρακαλέω, properly, "make a call" from being "close-up and personal.")에서 파생되었다.

성령님을 "또 다른 보혜사"라고 표현한 것은 성령님은 보혜사이신 예수님께서 지상에 계실 때 행하셨던 모든 것을 대신하여 행하실 '하나님의 영, 진리의 영, 예수의 영'이시다라는 말이다. 우리는 "보혜사 예수님과 또 다른 보혜사이신 성령님"을 의지하며 온전한 주권을 드리고 그분의 도우심과 인도하심을 따라가야 한다. 왜냐하면 예수 그리스도와 성령님은 교회(성도)의 안팎에서 중보하시고 역사하시기 때문이다.

보혜사이신 예수님이 부활 승천하신 후 또 다른 보혜사이신 성령님이 오셨다. 그분은 우리 안에 내주하시며 주인 되심으로 우리를 다스리시고 지배하시며 우리는 그 질서에 순응하며 살아간다. 이를 가리켜 현재형 하나님나라를 살아간다라고 말한다. 그러한 우리는 앞서 가시며 인도하여 가시고, 함께 하시며, 뒤에서 밀어주시며 동행하시는 삼위하나님과 연합하여 하나가 되었다. 삼위하나님은 우리에게 늘 필요한 은혜와 위로와 용기와 격려와 열정과 새 힘을 공급하신다(히 7:25; 롬 8:26).

"보혜사와 또 다른 보혜사"라고 할 때에는 단순히 둘(Two)이라는 의미가 아니다. 중보가 되신(The Mediator) 예수님, 중보가 되실 성령님, 하나님의 영이신 내주하시는 성령님과의 하나 됨(요일 2:1)을 가리킨다. 곧 삼위하나님은 '다른 하나님, 한 분 하나님'으로서 신적 위격이 동일하시며 한 본체이시자 기능론적 종속성을 통해 서로 충돌하지 않으시며 완벽한 공동사역을 행하신다라는 의미이다. 태초부터 지금까지, 앞으로도 영원히…….

17 저는 진리의 영이라 세상은 능히 저를 받지 못하나니 이는 저를 보지도 못하고 알지도 못함이라 그러나 너희는 저를 아나니 저는 너희와 함께 거하심이요 또 너희 속에 계시겠음이라

"진리(예수)의 영(토 퓨뉴마 테스 알레데이아스; τὸ Πνεῦμα τῆς ἀληθείας; the Spirit of truth)"이라는 말을 주격으로 해석하느냐 소유격으로 해석하느냐에 따라 그 의미는 약간 달라진다.

주격으로 해석하면 진리(예수)의 영은 "진리가 되신 영"이 된다. 곧 성령은 진리(예수, 요일 5:7)라는 의미이다. 반면에 소유격으로 해석하면 "진리(예수)의 성격을 지니신 영"으로 성령의 진실된 속성이 바로 진리라는 의미가 되어 목적격적인 해석이 된다. 즉 성령은 진리(예수)를 전달하는 영(요 16:13)이요 진리(예수)를 증거하고 밝히시는 영(요 15:26-27)이라는 의미이다. 나는 둘 다 무방한 해석이라고 생각한다. 얼핏 혼란스럽기도 하나 삼위일체론(다른 하나님, 한 분 하나님)의 개념을 가지고 잘 생각해보면 쉽게 이해할 수가 있다.

한편 "받지 못하고 보지도 못하고 알지도 못하고"라는 것은 근본적으로 제자들이 성령을 믿는데 있어서 영적인 한계를 지녔다라는 것을 의미한다. 제자들은 영적 통찰력(분별력)의 부족과 영적 지식의 부족, 더 나아가 성령님을 인정하지 않으려는 황소고집 때문에 더더욱 예수님의 말씀을 이해하지 못했다. 결국 그들이 성령을 보지 못한 것은 아직 물(예수)과 성령으로 거듭나지 않았기 때문이다. 레위기 14장 10-20절은 "희생의 피(예수의 상징, 구원의 과거시제)위에 기름(성령의 상징, 구원의 현재시제)을 바를 것"이라고 하셨는 바 이는 구속주이신 예수 그리스도의 십자가 보혈로 말미암아 성령님이 우리 안에 거하게 되었다라는 것을 상징하고 있다.

"영원토록 너희와 함께 있게 하시리니(16)"에서의 '함께 하심'의 헬라어는 메타 휘민(«μεθ' ὑμῖν, μετά, with you)인데 이 말 속에는 '성령님과 성도간의 바른 관계에 따른 친밀한 교제(14:9, 15, 27)'라는 전제가 내포되어 있다. '바른 관계와 친밀한 교제'란 성령님을 주인으로 모시고(온전한 주권이양) 그분의 통치와 질서, 지배 하에서 살아가는 것을 말한다. 결국 이 말은 주인 되신 성령님이 우리와 함께(에트의 하나님, 임마누엘의 하나님)하셔서 우리를 다스리시고 앞서가시며 인도(나하흐의 하나님)하여 가시고 뒤에서 밀어주시는 동행(할라크의 하나님)하시는 하나님이 되시겠다라는 약속이다.

"너희와 함께 거하심(17)"에 해당하는 헬라어는 파라 휘민(παρ' ὑμῖν, with you)인데 이는 '성도에 대한 성령의 인격적 임재'를 의미한다(요 14:23; 요 8:38). 우리 안에 계셔서 우리의 주인 되신 그분은 우리와 인격적으로 교제하시며 우리를 인격적으로 대우하시는 좋으신 하나님이시다라는 것이다.

"너희 속에 계시겠음(17)"에 해당하는 헬라어는 엔 휘민(ἐν ὑμῖν, in you)인데 이는 '성령님의 내재'를 뜻한다(요 14:10). "내주하시는 성령"으로서 우리 안에 계셔서(내재하셔서) 미래형 하나님나라에 가기까지 주인으로 거하시는 좋으신 하나님이시다라는 것이다.

우리의 참 주인 되신 삼위하나님은 어제도 오늘도 앞으로도 영원히 우리의 주인되시며 우리와 함께 하실 것이다.

18 내가 너희를 고아와 같이 버려두지 아니하고 너희에게로 오리라

"고아와 같이 버려두지 아니하고"라는 말을 해석하려면 문화적 배경을 잘 고려해야 한다. 유교문화권에는 '군사부일체(君師父一體)'라는 사상이 있는데 같은 동양문화권인 유대사회나 헬라사회도 마찬가지였다. 당시 유대사회에서 랍비들이 죽으면 마치 아비의 죽음과 같이 대우하였다. 헬라사회에서도 소크라테스가 죽었을 때 그의 제자들을 향해 사람들은 "고아"라고 불렀다(Brown)고 한다.

이 구절의 경우에도 마찬가지로 사실상 주와 선생이셨던 예수님이 승천하시면 이 땅에 남겨지게 되는 제자들은 고아와 다름이 없게 된다. 그러나 제자들은 예수님의 승천 후 하나님의 약속을 따라 곧 오시게 될 "또다른 보혜사이신 성령님"의 강림을 믿었기에 당황하지 않을 수 있었다. 그렇기에 그들의 경우는 고아가 아닌 것이다. 또한 장차 예수님께서 재림하심으로 우리가 부모(주와 선생)를 다시 되찾게 되는 것이기에 우리들은 고아가 아니며 더 나아가 그런 우리들을 향해 고아와 같이 버려두지 않겠다라고 말씀하시기도 했던 것이다.

"너희에게로 오리라"는 것은 부활하신 후 직접 찾아오시고(3회, 요 20:19, 26; 21:14) 승천하신 후에는 영적으로 찾아오시며 재림의 그날에는 영광으로 찾아오셔서 우리를 미래형 하나님나라로 인도하시겠다라는 의미이다.

성경은 삼위하나님께서 언제 어디서나 우리와 함께 하신다고 반복적으로 약속하고 있음을 알아야 한다(히 13:5; 마 28:20; 갈 2:20; 골 1:27).

19 조금 있으면 세상은 다시 나를 보지 못할 터이로되 너희는 나를 보리니 이는 내가 살았고 너희도 살겠음이라

"조금 있으면"의 헬라어는 에티 미크론(ἔτι μικρὸν, yet a little while)인데 이는 '임박한 예수의 십자가 수난과 죽음'을 가리킨다. 더 나아가 부활, 승천 그리고 재림에 이르기까지의 시기 곧 "종말론적 중간시기(Eschatological interim)"로 보기도 한다. 나는 예수님의 초림후 십자가에서의 대속 죽음 그리고 사흘 뒤의 부활, 40여일 후 승천하셨던 그 이후로부터 재림 전까지의 시대 곧 종말 시대(교회 시대)로 해석한다.

"너희는 나를 보리니"라는 것은 종말 시대를 지나는 동안 어둠에 속한 불신자 곧 영안이 어두운 사람은 예수께서 그리스도 메시야이심을 알지도 못하고 "보지 못할 터이로되" 그리스도인 된 우리는 영안이 밝아져 예수 그리스도께서 구속사(Redemptive history)를 완성해 가시는 섭리와 경륜을 예수의 영, 진리의 영이신 성령님을 통해 예수님을 생생하게 보게 될 것이며 장차 예수님의 재림 시에 만왕의 왕이신 예수님의 영광을 "보리니(히 2:9; 요일 3:2; 계 22:4)"라는 의미이다.

"내가 살았고 너희도 살겠음이라"는 것은 예수 그리스도의 부활로 말미암아 함께 십자가에서 죽었던 우리가 살아났고(영적 부활, 영적 생명 취득) 앞으로도 영원히 영생을 누리게 될 것이라는 의미이다. 이는 우리가 영원하신 예수 그리스도와 절대적으로 연합(Mutual indwelling, Union with Christ)되었기에 그분 안에서 지금도 앞으로도 영원히 거룩하고 복되게 살 것이라는 의미이다.

20 그 날에는 내가 아버지 안에, 너희가 내 안에, 내가 너희 안에 있는 것을 너희가 알리라

"그 날(엔 에케이네 테 헤메라; ἐν ἐκείνῃ τῇ ἡμέρᾳ)"이 가리키는 것은 '마지막 날(요 6:39-40, 44, 54), 심판의 날, 승리의 날, 재림의 날, 주의 날'을 말한다. 동시에 현재적 의미로서 '그리스도의 부활 승천과 성령님의 강림으로 시작된 교회 시대(종말 시대)'를 가리키기도 한다.

"내가 아버지 안에, 너희가 내 안에, 내가 너희 안에"라는 구절을 통하여는 '다른 하나님(기능론적 종속성, 위격의 독특성, three persons, or hypostases/성부는 말씀이 아니며 성령도 아니다. 그렇다고 하여 본질로부터 분리될 수 없다), 한 분 하나님(존재론적 동질성, A single, simple essence, 우시아, (라) essential/성부는 말씀과 성령과 함께 한 분 하나님이시다. 그렇기에 삼위는 한 하나님의 충만한 존재(tota essentia)와 온전한 본질(tata natura)을 동등하게 갖고 있다)'이신 삼위일체(Trinity) 하나님을 다시 느낄 수 있다(엡 5:5, 마 28:19, 고후 13:13).[123] 우리는 예수 그리스도와의 온전한 연합(Union with Christ)을 이룸으로써 우리 안에는 상호 내주(Mutual indwelling)하시는 삼위일체 하나님이 계심을 알 수 있다. 신학적으로는 상호 통제(Mutual

---

123 〈칼빈과 개혁신학의 기초〉, 김재성, 수원: 합동신학대학원 출판부, 1997

control), 상호 점유(페리코레시스, 상호 교류(교통), 상호 순환)된 삼위일체 하나님을 모시고 있다라고 하며 그런 우리는 삼위하나님께 온전한 주권을 드리고 그분의 질서와 지배, 통치 하에서 성령님의 인도하심과 도우심을 바라며 살아가고 있는 것이다.

앞서 요한복음 14장 10절에는 "내가 아버지 안에, 아버지가 내 안에"라고 했다. 이를 두고 칼빈은 '성부는 충만하게 성자 안에 있고 성령 안에 있다'라고 했다.

참고로 성자는 성부로부터 영원 출생한다. 이는 곧 성부는 무출생적 (unbegotten, agennetos)이고 성자는 성부로부터 출생(begotten, gennetos)했으며 성령은 성부로부터 발출(proceeds, ekporeuetai)했다라고 하는 것이다.

21 나의 계명을 가지고 지키는 자라야 나를 사랑하는 자니 나를 사랑하는 자는 내 아버지께 사랑을 받을 것이요 나도 그를 사랑하여 그에게 나를 나타내리라

예수님은 15절에서 "나를 사랑하면 나의 계명을 지키리라"고 말씀하셨다. 이 구절에서는 "나의 계명을 가지고 지키는 자라야 나를 사랑하는 자"라고 하셨다. 결국 같은 의미로서 동일한 단어나 문장을 피하는 사도 요한의 문체(Johannine style)상 특징이다. 이를 가리켜 히브리문학의 특징이 되는 평행법(parallelism)적인 표현이라고 한다. 즉 "가지고 지킨다"라는 것은 "듣는다"라는 것으로 순종을 말함과 동시에 "믿음이 있다"라는 방증인 것이다. 결국 믿음은 순종(요일 3:18)이라는 아름다운 꽃과 풍성한 열매를 맺게 하는 뿌리이다.

"가지다(에코; ἔχω, to have, hold, possess)"라는 것은 '굳게 단단히 붙들다'라는 의미이다. 한편 "지키다(테레오τηρέω)[124]라는 것은 말씀을 기준과 원칙으로 단단히 붙들고 지켜 나가는 것을 말한다.

"나타내리라(엠파니소; ἐμφανίσω, will show)"에서의 '나타내다'에 해당하는 헬라어는 엠파니조(ἐμφανίζω, to exhibit, appear (in person), to declare)인데 이는 엠파네스(ἐμφανής, adj. manifest, visible, comprehended)에서 파생되었다. 예수님이 부활하신 후 부활체로서 육체적 현시(現示, 나타내 보이심)와 더불어 최후 심판의 때에는 신적 현현(Theophany)하실 것을 동시에 가리키는 것이다. 또한 예수 그리스도께서 지금도 우리들에게 당신을 영적으로 현현(顯現, 나타나심)하심으로 보이시겠다는 약속이다. 나는 이것을 말씀이 육신이 되신 예수께서 '기록된 66권 정경의 말씀(구약 AD 90년, 신약 AD 397년 정경으로 공인)'을 통해 우리의 마음에 위로와 지지를 해 주시며 자신을 드러내시는 것(욥 42:5)으로 해석한다. 그렇기에 우리는 '오직 말씀'일 뿐이다. 결국 우리는 기도로 하나님과 대화하고 묻고 요청(ASK; Ask, Seek, Knock)한다. 그러면 하나님은 말씀으로 우리에게 대답(응답)하시는 것이다.

22 가룟인 아닌 유다가 가로되 주여 어찌하여 자기를 우리에게는 나타내시고 세상에게는 아니하려 하시나이까

"가룟인 아닌 유다"라고 사도 요한이 구태여 자세하게 표현한 것은 '배

---

124 테레오(τηρέω)는 I keep, guard, observe, watch over, (from tēros, "a guard") – properly, maintain (preserve); (figuratively) spiritually guard (watch), keep intact.)이다.

반자인 가룟 유다'에 대한 불편한 감정을 숨기지 않는 의도된 표현이기에 한편으로는 슬픈 구절이다. 이 구절에서의 "가룟인 아닌 유다"는 사도인 다대오(야고보의 아들인 유다)를 가리킨다(마 10:3; 막 3:18).

사도 유다인 다대오의 아버지 이름이 야고보이다. 참고로 신약성경에는 야고보가 많이 나오는데 혼동되지 않도록 정리해 보겠다. 다대오의 아버지 야고보 외에 대표적인 야고보(눅 6:16; 행 1:13) 3명을 각주를 참조하며 구분하길 바란다.[125]

23 예수께서 대답하여 가라사대 사람이 나를 사랑하면 내 말을 지키리니 내 아버지께서 저를 사랑하실 것이요 우리가 저에게 와서 거처를 저와 함께 하리라

이 구절은 요한복음 14장 14, 21절을 반복하고 있는 말씀이다. 21절에서 예수님은 제자들에게 "계명"을 지키면 그들의 마음에 예수님을 나타내시리라고 약속하셨다.

반면 23절에는 "말"을 지키면 성부하나님과 예수께서 그들에게 와서 거처를 함께 하리라고 말씀하셨다. 결국 "계명"과 "말"은 다른 단어 같은 의미를 지니고 있다. 한편 "거처를 함께 한다"라는 것은 친밀한 사귐과 교

---

125 요한복음 14장 22절의 야고보(다대오의 아버지) 외에 성경에 나오는 야고보 중 기억해야 할 3명이 더 있다. 첫째, 세배대의 아들로 사도 요한의 형제인 야고보를 대 야고보(AD 44년 사도 중 가정 먼저 순교)라고 한다. 둘째, 알패오의 아들은 소 야고보인데 AD 54년 순교했다. 셋째, 예수님의 동생이자 예루살렘 교회 목회자였던 야고보는 야고보서의 기록자이다. 그는 AD 62년에 순교했다. 전승에 의하면 성전 꼭대기에서 밀쳐졌는데 부상 당하자 예수님의 메시야임을 부정하지 않는 그를 돌로 쳐 죽였다고 한다.

제를 하시겠다라는 의미이다.

"거처를 저와 함께 하리라"에서의 "거처(모네: μονή, nf)"가 의미하는 것은 현재형 하나님나라(통치, 질서, 지배, 주권개념)와 미래형 하나님나라(장소개념)를 동시에 일컫는다. 그러므로 우리는 지금도 하나님나라(현재형, 주권, 통치, 질서, 지배개념)를 누리고 있고 앞으로도 영원히 하나님나라(미래형, 장소개념)를 누리며 영생함으로 살아갈 것이다.

24 나를 사랑하지 아니하는 자는 내 말을 지키지 아니하나니 너희의 듣는 말은 내 말이 아니요 나를 보내신 아버지의 말씀이니라

"사랑하지 아니하다"와 "지키지 아니하다"의 대조를 통하여 우리는 말씀(Word)을 지키는 자는 하나님을 사랑하는 자임을 알 수 있다. 동시에 하나님을 사랑하는 자는 당연히 하나님의 말씀을 잘 지키는 자라는 것도 알 수 있다.

25 내가 아직 너희와 함께 있어서 이 말을 너희에게 하였거니와

"아직 너희와 함께 있어서"라는 표현에서는 예수님이 제자들로부터 떠날 시점이 임박했으나 좀 더 지체하기를 원한다라는 뉘앙스(nuance)를 느낄 수 있다. 이는 마치 부모가 자식을 바라보며 좀 더 자식과 함께 있기를 바라는 마음과 같다.

26 보혜사 곧 아버지께서 내 이름으로 보내실 성령 그가 너희에게 모든 것을 가르치시고 내가 너희에게 말한 모든 것을 생각나게 하시리라

이 구절이 바로 영원발출설(eternal procession)을 나타낸 것이다. 1648년에 공표된 웨스트민스터(Westminster) 신앙고백서와 대소요리문답은 "삼위일체"에 대해 "성령은 성부와 성자에게서 영원히 나오신다(The Holy Ghost eternally proceeding from the Father and the Son.)"라고 표현하고 있다.

참고로 기독교 교리의 요체(要諦) 중 두 가지를 꼽으라면 '삼위일체 교리'와 '예수 그리스도의 신인양성 교리'라 할 수 있다.

"삼위일체 하나님"이란 '다른 하나님, 한 분 하나님'을 말하며 "신인양성의 하나님"이란 '예수님이야말로 완전한 인간이시요 역사상 유일한 의인이셨고 완전한 신'이라는 말이다. 이단 사이비를 구분할 때, 나는 이 두 부분을 인정한다면 적어도 사이비성이 있다고 단정하고 싶지는 않다.

진리의 영이신 성령하나님은 예수님의 말씀을 "가르치시고", "생각나게" 하시는(요 14:26) 우리 안에 내주하시는 좋으신 주인(하나님)이시다. "생각나게 하다(휘포밈네스코: ὑπομιμνήσκω, v)[126]"라는 것은 '깨닫게 하다, 분별하게 하다, 기억나게 하다'라는 뜻이다.

---

126 휘포밈네스코(ὑπομιμνήσκω, v)는 I remind; pass: I remember, call to mind, to cause (one) to remember/(from 5259 /hypó, "under" and 3403 /mimnéskō, "remember") – properly, to remember because prompted)이다.

27 평안을 너희에게 끼치노니 곧 나의 평안을 너희에게 주노라 내가 너희에게 주는 것은 세상이 주는 것 같지 아니하니라 너희는 마음에 근심도 말고 두려워하지도 말라

이 구절은 요한복음 15장 11절과 같은 내용으로서 예수님은 하나님의 은혜(카리스)를 통해 기쁨(카라)과 감사(유카리스테오)의 조건과 함께 하나님과의 바른 관계과 교제(샬롬)를 통해 지속적으로 더욱 더 풍성한 은혜를 허락하시겠다고 약속하셨다.

아더핑크[127]는 "평안"을 다음의 두 가지로 나누어 설명하고 있다. "평안"의 히브리어 샬롬과 헬라어 에이레네에 내재된 4 가지 주요 의미를 떠올리며 아더핑크의 이 해석을 연결하면 이해가 보다 더 쉬어진다.[128] 아더핑크의 해석에 공감하며 내가 이해한 바를 도표로 설명하고자 한다.

---

127 『아더핑크의 요한복음 강해』, p814

128 『복음은 삶을 선명하게 한다』, 이선일, pp.83-84

끼친(ἀφίημι, v) 평안 객관적 평안 요 13:8 상관 행 8:21 관계	주어진(δίδωμι, v, to give) 평안 주관적 평안 눅 15:12 분깃 행 8:21 분깃
화해(화목)를 의미하는 평안 속죄를 위한 법적 평안 롬 5:1	내적인 안식(고요함, 견고함)을 의미하는 평안 성령체험 후 내적 안식 빌 4:7
양심을 위한 평안	마음을 위한 평안
1)하나님과의 바른 관계과 친밀한 교제(하나 됨) 2)하나님 안에서의 안식, 견고함을 누림 3)번영 4)화평함, 화목함, 평안함	

"세상이 주는 것"이란 세상이 물리적 힘으로 주는 평화(Pax Romana, Pax Britannica, Pax Americana, Pax Sinica 등)를 가리킨다.

한편 "근심(타랏소; ταράσσω, v)[129]", 걱정, 염려(μέριμνα, nf/μεριμνάω, v) 들은 불안감과 불신으로부터 유래된다. 염려하는 상황은 그리스도인들의 마음을 흔들어 버리고 그 마음을 금방 둘로 나누어버린다. 두 마음(δίψυχος, adj)을 의심(διακρίνω, v)이라고 한다. 즉 염려, 의심이라는 두 마음은 언제나 원인과 결과로 서로 얽혀있으며 서로에게 긴밀하게 영향을 미치고 있다. 주의할 것은 상기의 모든 감정은 사탄이 교묘하게 흩뿌려

---

129 타랏소(ταράσσω, v)는 to stir up, to trouble, properly, put in motion (to agitate back-and-forth, shake to-and-fro); (figuratively) to set in motion what needs to remain still (at ease); to "trouble" ("agitate"), causing inner perplexity (emotional agitation) from getting too stirred up inside ("upset"))이다.

놓은 함정[130]이라는 사실이며 우리가 지극히 긴장해야 하는 것이다. 이 단어의 반대말이 바로 믿음이며 그 믿음을 붙들고 이겨나가야 한다.

28 내가 갔다가 너희에게로 온다 하는 말을 너희가 들었나니 나를 사랑하였더면 나의 아버지께로 감을 기뻐하였으리라 아버지는 나보다 크심이니라

이 구절에서는 예수님의 승천과 재림을 반복하여 강조하고 있다.

"아버지께로 감을 기뻐하였으리라"는 말은 당시 제자들이 구속사적 섭리를 알았다면 예수의 그리스도 메시야이심과 또 다른 보혜사 성령님의 강림을 기뻐했을 것이라는 의미이다.

"아버지는 나보다 크심이니라"는 말은 아리우스파(Arianism)처럼 '예수는 하나님이 아니라 가장 뛰어난 피조물'이라는 의미가 아니다. 또한 유니테리언파(Unitarianism)처럼 '성부만이 유일한 하나님'이라는 의미는 더더욱 아니다. 이는 삼위일체론의 기능론적 종속성(Functional Surbodination)을 말하는 것이다.

---

130 염려($\mu\varepsilon\varrho\iota\mu\nu\alpha$, nf, care, worry, anxiety, (see 3307 /merízō, "divide") – properly, a part, separated from the whole; (figuratively) worry (anxiety), dividing and fracturing a person's being into parts/$\mu\varepsilon\varrho\iota\mu\nu\acute{\alpha}\omega$, v)는 불안감, 불신에서 유래된다. 그런 상황은 마음을 둘로 나누어버린다. 두 마음($\delta\acute{\iota}\psi\nu\chi\sigma\varsigma$, adj, (lit: of two souls, of two selves), double-minded, wavering/(an adjective, derived from 1364 /dís, "two" and 5590 /psyxḗ, "soul") – properly, "two souled"; (figuratively) "double-minded," i.e. a person "split in half," vacillating like a "spiritual schizophrenic." This term may have been coined in the NT (R. Lenski, P. Davids)) 즉 의심($\delta\iota\alpha\kappa\varrho\acute{\iota}\nu\omega$, v, (from 1223 /diá, "thoroughly back-and-forth," which intensifies 2919 /krínō, "to judge") – properly, investigate (judge) thoroughly – literally, judging "back-and-forth" which can either (positively) refer to close-reasoning (descrimination) or negatively "over-judging" (going too far, vacillating). Only the context indicates which sense is meant)이다.

29 이제 일이 이루기 전에 너희에게 말한 것은 일이 이룰 때에 너희로 믿게 하려 함이라

"일이 이루기 전에~일이 이룰 때에"에서의 "일"이란 초림주이신 예수님이 성부 하나님의 유일한 기름 부음 받은 자, 곧 그리스도 메시야로서 성육신하신 후 십자가 구속 사역을 온전히 성취하신 사역을 의미한다.

그렇다면 "무엇을 믿게 하려 한다는 것인가"라는 질문에 대한 답이 명확해진다. 요한복음 13장 19절 말씀과 병행하여 유추하면 초림주이신 예수님만이 그리스도 메시야이심을 믿게 하려 함이다.

30 이 후에는 내가 너희와 말을 많이 하지 아니하리니 이 세상 임금이 오겠음이라 그러나 저는 내게 관계할 것이 없으니

"저는 내게 관계할 것이 없다"라는 것은 '사단이 나를 고소할 그 어떤 흠도 내게는 없다'라는 의미이다. 곧 예수 그리스도는 거룩하시고 무죄하시며 흠이 없는 유월절 어린 양이시다.

31 오직 내가 아버지를 사랑하는 것과 아버지의 명하신 대로 행하는 것을 세상으로 알게 하려 함이로라 일어나라 여기를 떠나자 하시니라

"내가 아버지를 사랑하는 것"과 "아버지의 명대로 행하는 것"의 내용은 초림주이자 구속주이신 예수 그리스도가 겪으실 십자가 수난을 말한다.

십자가는 성부하나님의 구속 계획을 성취하기 위한 수단으로 아버지 하나님에 대한 예수님의 지극한 사랑이 내포된 순종이다. 예수님은 아버지하나님을 온전히 사랑하셔서 아버지의 명대로 순종하셨다.

14장 이후 예수님은 만찬 식탁에서 일어나 겟세마네 동산으로 가자고 하시며 겟세마네로 출발하셨다. 요한복음 14-16장은 예수님의 긴 다락방 강화(講話, 담론, discourse)이다.

2022. 3. 20
Sarah Kim

은혜 위에 은혜러라

*

Grace for Grace

Χάριν ἀντὶ χάριτος

예수(Ἰησοῦς), 그리스도(Χριστὸς), 생명(ζωή)

내 기쁨이
너희 안에 있어

14-16장을 가리켜 예수님의 긴 다락방 강화(講話, Discourse, 담론, 담화)라고 부른다.

요한복음은 "7대 표적(Signs)"과 "7대 선언(Declaration, 에고 에이미, 나는 ~이다)"을 통해 "예수, 그리스도, 생명"이라는 그 기록 목적(요 20:31)을 뚜렷하게 드러내며 동시에 요한복음의 핵심을 함축적으로 강조하고 있다.

7대 표적이란 가나 혼인잔치에서 물로 포도주를 만드심(2:1-11), 신하의 아들을 살리심(4:46-54), 베데스다 못의 38년 된 병자를 치유하심(5:1-9), 5병 2어로 5,000명을 먹이심(6:1-13), 물 위를 걸으심(6:16-21), 날 때부터 맹인된 자를 보게 하심(9:1-41), 그리고 마지막 하이라이트로서 죽은 나사로를 살리심(11:1-44)을 말한다. 이는 모두 다 예수 그리스도 안에서만 풍성한 감사와 참 생명의 기쁨, 죽음과 죄의 해결, 부활과 영생을 얻게 됨을 드러낸 것이다.

7대 선언이란 "나는 나다"라고 하는 "에고 에이미"를 사용하는 말로서 예수님의 자기계시 선언을 가리킨다. 예수님은 "나는 하늘로서 내려온 산 떡, 참 떡 즉 생명의 떡(6:35)이라고 하셨다. 또한 세상의 빛, 생명의 빛(8:12)이며 양의 문(10:7)이라고 하셨다. 그런 나는 양들을 위하여 목숨을 버리는 선한 목자(10:11)이며 부활과 생명(11:25)이고 길이요 진리요 생명(14:6)으로서 참 포도나무(15:1)"라고 스스로 선언하셨다.

이곳 15장에서는 '예수 그리스도를 믿는다'는 것은 예배(말씀, 찬양, 기도)를 통해 그분과 교제하는 것임을 강조하고 있다. 믿음은 반드시 삶과 연결(순종, 요 14:21)되어야 하며 더 나아가 그리스도인은 삶을 통한 기독교 윤리와 복음 전파(선교)가 병행되어야 한다. 이 말은 알미니안주의(Arminianism)를 받아들이라는 의미가 아니다. 오히려 15장은 알미니안주의를 거부하는 해석으로 나아가야 한다.

참고로 알미니안주의와 칼빈주의를 표로 비교하면 다음과 같다(2015. 8. 11 Interview with John Piper).

비교	Calvinism (TULIP)	Arminianism
1. Depravity	Total Corruption, 전적 부패 Total Inability,전적 무능 Total Depravity, 전적 타락	인간의 능력 또는 자유의지 Free Will
2. Election or Salvation	Unconditional 무조건적 선택	Conditional 조건적 선택
3. Atonement	Limited 제한 속죄	보편적 대속 (보편속죄) Universal Atonement
4. New Birth	Irresistible Grace 거부할 수 없는 은총	항력적 은혜 (성령은 효과적으로 거부될 수 있다) Obstructable Grace
5. Perseverance	Perseverance of the saints 성도의 견인	은총(은혜)으로부터의 타락 가능성 Falling from Grace

15장에는 "열매(καρπός, nm)"라는 말이 여덟 번이나 반복된다. '8'은 부활의 숫자이다. 한 알의 씨앗이 죽어 열매를 맺는다. 그러므로 "열매"란 죽음에서 살아남(부활, 숫자 8의 의미)을 함의(含意)하고 있다. 또한 14장 31절의 "일어나라 여기를 떠나자"에서도 죽은 자 가운데서 일어난(살아난) 상징적인 행동을 보여주고 있는 바 부활의 전조(前兆, prodrome)를 보여준 것이다.

동일하게 십수 회 반복되고 있는 단어가 "거하다"이다. 이의 헬라어는 메노(μένω, v, to stay, abide, remain)인데 이 단어에는 '관계와 교제'라는 깊은 뜻이 함의되어 있다.

한편 기도란 하나님과의 분명한 관계 속에 이루어지는 친밀한 교제를 의미한다. 그렇기에 기도는 무엇을 구하는 것이라기보다는 기도할 수 있게 하신 하나님을 찬양하는 것이다. 더 나아가 기도의 결과(Yes, No, Waiting)를 얻을 수 있게 하심에 그저 감사하는 것이다. 그러므로 기도란 무엇을 획득하기 위한 방법이 아니라 기도를 할 수 있게 하심에 대한 감사이다. 결국 기도는 하나님께서 우리에게 주신 특권이라는 것이다.

15-1 내가 참 포도나무요 내 아버지는 그 농부라

성부하나님은 농부이시고 예수님은 참 포도나무(시 80:8, 14)이시며 우리는 참 포도나무에 붙어있는(연합, Union with Chist) 가지이다. 그러므로 주의 자녀들은 열매를 맺는 것도 중요하나 나무에 붙어있는 것이 훨씬 더 중요함을 알아야 한다. 가지된 우리는 스스로의 힘이나 노력으로는 결코 열매를 맺을 수 없다. 우리가 열매를 맺으려면 먼저는 농부이신 성부하나님께서 도와주셔야하며(햇빛을 잘 받을수 있도록 가지를 들어 올려주시거나 가지치기를 통해) 둘째는 나무이신 예수님께 붙어 있어 뿌리로부터 공급되는 물과 영양분을 흡수해야만이 가지인 우리들이 비로소 열매(하나님께 영광, 요 15:8)를 맺게 되는 것일 뿐이다.

요한복음 15장에서는 예수님께서 스스로를 가리켜 "참 포도나무"라고 말씀하셨다. 당신만이 귀한 극상품 포도나무라는 것이다(사 5:2). 그렇다면 혹시 부정적 의미를 상징하는 포도나무는 없는 것일까? 당연히 있다. 오늘날 자신을 포도나무인 척하는 이단 사이비교주들이 점점 더 우후죽순

(雨後竹筍)처럼 불어나고 있음에 극도의 분별력이 필요하다. 우리는 참 포도나무이신 예수님만을 붙들고 '예수, 그리스도, 생명'임을 전해야 한다.

예레미야 2장 21절에는 "이방 포도나무의 악한 가지"에 대해 말씀하고 있다. 여기서의 '포도나무'는 악한 열매를 맺고 있는 "들 포도나무"를 가리킨다. 이방이란 예수를 믿지 않는 것을 가리키며 그것을 죄라고 하는데 성경은 이를 악하다라고 말씀하고 있다. 결국 믿지 않은 이방을 가리켜 악하다라는 것이다.

또한 이방 포도나무에 대해 성경은 '소돔의 포도나무(신 32:32)'라고도 말씀하셨다. 에스겔 17장 3-10절, 22-24절은 이 두 포도나무에 대해 그림으로 형상화하듯 잘 설명해주고 있다. 로마서 11장 17-24절에도 돌 감람나무와 참 감람나무를 비유로 대조하며 말씀하셨다.

한편 이사야 5장 1-7절까지는 들포도를 맺은 결과에 대해 말씀하시면서 경고하고 있다. 이사야 27장 2-6절까지에는 그럼에도 불구하고 접붙임(Union with Christ)을 맺은 가지는 회복이 되어 풍성한 열매를 맺을 수 있게 하시겠다고 말씀하고 있다.

2 무릇 내게 있어 과실을 맺지 아니하는 가지는 아버지께서 이를 제해 버리시고 무릇 과실을 맺는 가지는 더 과실을 맺게 하려 하여 이를 깨끗케 하시느니라

바울은 이 구절을 기초하여 참감람나무와 돌감람나무의 비유를 쉽게 묘사했다(롬 11:17-24). 이스라엘은 감람나무로, 족장들은 뿌리로, 가지는 그 후손들을 가리킨다. 반면 참 감람나무의 가지에 접붙임을 받아 그 뿌리의 진액을 받은 돌감람나무는 이방인 그리스도인들을 의미한다고 했다.

"과실 혹은 열매"의 헬라어는 카르포스(καρπός, nm)[131]인데 이는 윤리적 열매(요 15:10-12)와 전도의 열매(요 15:16; 17:17-18)를 모두 함의하고 있다.

"제해 버리시고(아이레이: αἴρει, αἴρω, take away, remove, cut off/lift up, to raise)"와 "깨끗케 하시느니라(카다이레이; καθαίρει, v, καθαίρω, I cleanse, purify, prune, make clean by purging)"에 사용된 두 단어(아이레이와 카다이레이)는 접미 부분의 발음이 동일하다. 이는 언어유희(word play)를 통해 강조하려는 것이다. 이 두 단어는 농부이신 성부하나님께서 과실을 풍성하게 맺도록 돌보시고 가꾸시는 두 방법이기도 하다.

먼저 '제해 버리는'에 해당하는 헬라어는 아이레이(αἴρει)인데 이는 이중적 의미가 있다. 첫째, '나무가 햇빛을 잘 받게 하기 위해 가지를 들어올리는(lift up, to raise)'이라는 의미와 둘째, '잔 가지는 잘라내어 버리는(cut off, remove)'이라는 의미가 있다. 이 구절(요 15:2)에서는 전자의 의미로 사용되었다.

두 번째 방법인 "깨끗케 하다"라는 헬라어[132] 동사는 카다이로(καθαίρω,

---

131 카르포스(καρπός, nm)는 properly, fruit; (figuratively) everything done in true partnership with Christ, i.e. a believer (a branch) lives in union with Christ (the Vine)/By definition, fruit results from two life-streams – the Lord living His life through ours – to yield what is eternal (cf. 1 Jn 4:17))이다.

132 카다이로(καθαίρω, V-PIA-3)는, make clean by purging (removing undesirable elements); hence, "pruned (purged)"; eliminating what is fruitless by purifying (making unmixed))이며 같은 어원에서 파생된 3절에는 카다로스(καθαρός, adj)는 properly, "without admixture" (BAGD); what is separated (purged), hence "clean" (pure) because unmixed (without undesirable elements); (figuratively) spiritually clean because purged (purified by God), i.e. free from the contaminating (soiling) influences of sin)로 사용되었다.

V-PIA-3S/카다로스, καθαρός, adj, 15:3)인데 이는 열매(수확)를 더 많이 맺게 하기 위해 열매 맺지 못하는 곁가지들을 '깨끗하게 손질하여 주신다, 가지를 치다(to prune)'라는 뜻으로 카다이레이(καθαίρει, V-PIA-3S)이다.

결국 "제해 버리시고~깨끗케 하시느니라"는 것은 포도나무의 특성상 가지가 늘어져 땅에 닿으면 햇빛을 받을 수 없게 되는데 이를 들어 올리셔서 햇빛을 받을 수 있게 하신다라는 의미와 더 많은 열매를 맺기 위해 쓸모없는 곁가지들을 손질하신다라는 의미이다.

3 너희는 내가 일러준 말로 이미 깨끗하였으니

"깨끗하였으니"의 헬라어는 카다로이(καθαροί, adj)[133]"인데 이는 2절에서의 헬라어 카다로스(καθαρός, adj)와 동일한 어근 "카다이레이(καθαίρει, V-PIA-3S)"를 강조하기 위한 기법(Chain of ideas) 중 하나로 종교적 청결(히 10:2, 혹은 가지치다(to prune, by Philo of Alexandria))을 상징하고 있다.

"이미 깨끗하다"라는 것은 완전한 성화(sanctification) 또는 영화(Glorification)라기 보다는 믿음으로 말미암은 칭의(이신칭의; justification by faith)를 말한다. 그러므로 이미 깨끗해진 너희는 '내 안에 거하는 삶, 붙어 있는 삶이 중요하다'라는 것에 방점이 있는 것이다.

---

133 카다로이(καθαροί, adj)는 properly, "without admixture" (BAGD); what is separated (purged), hence"clean" (pure) because unmixed (without undesirable elements); (figuratively)spiritually clean because purged (purified by God), i.e. free from the contaminating (soiling) influences of sin)이다.

4 내 안에 거하라 나도 너희 안에 거하리라 가지가 포도나무에 붙어 있지 아니하면 절로 과실을 맺을 수 없음 같이 너희도 내 안에 있지 아니하면 그러하리라

"내 안에 거하라"에서의 '거하다'의 헬라어는 메노(μένω, v, to stay, abide, remain)인데 이는 '영적 거함(요 6:56; 요일 3:24; 4:13, 15-16)'을 의미하는 것으로 '믿다, 사랑하다, 따르다, 순종하다'라는 의미로 쓰이기도 한다. "나도 너희 안에 거하리라"를 직역하면 "또한 나도 너희 안에 거하게 하라"는 뜻이다. 결국 '너희가 나를 믿고 따르면(사랑하면, 순종하면) 나도 너희를 믿고(사랑하고, 순종하고) 너희 안에 거하며 동행하리라'는 의미이다.

참고로 포도나무 재배(번식) 방식에는 크게 두 가지가 있다. 하나는 건강한 가지를 잘라서(Cutting) 다른 곳에 새롭게 심는 방식이다. 이는 건강한 가지의 경우 면역이 있을 뿐만 아니라 경쟁력도 있기에 그렇게 하더라도 살아날 수가 있다. 다른 하나는 연약한 가지를 잘라서 건강한 나무에 접붙임(Grafting, 접목) 하는 방식이다. 이런 경우 그 연약한 가지는 건강한 나무의 뿌리 진액 덕분에 살아날 수가 있다. 두 번째 방식을 통해 연약한 가지된 우리는 건강한 나무이신, 진정한 참 포도나무이신 예수님께 접붙임이 되면 살아나게 되는 것이다.

"붙어있지 아니하면"이라는 말과 함께 "내 안에 있지 아니하면"이라는 두 전제는 '포도나무 비유'에 있어서 아주 중요한 핵심이다. 이는 5절의 "나를 떠나서는", 6절의 "내 안에 거하지 아니하면"이라는 말과 일맥상통(一脈相通)한다. 결국 이곳 요한복음 15장에서는 열매(과실)를 맺고 안 맺고

의 문제가 아니라 "하나님 안에 거하는" 삶이 가장 중요함을 말씀하고 있다. 즉 구원받은 자의 마땅한 도리(삶의 태도)에 대한 말씀이라기보다는 구원은 하나님의 택정하심에 따른 전적인 은혜라는 것이다. 곧 구원은 하나님께 접붙임을 받은 것을 가리킨다. 그러므로 그리스도인의 구원은 결코 취소될 수가 없다.

베드로후서 2장 1-22절을 흘깃 살펴보다 보면 약간의 오해를 불러일으킬 수도 있음에 주의해야 한다. 그러나 이 말씀은 원래부터 유기된, 가짜(개, 돼지)였던 '육적 그리스도인'이 마치 택정된 진짜(사람, 영적 그리스도인)인 척하다가 본래 가짜(개, 돼지)로 되돌아간 것을 말한다. 그러므로 '배도'란 말 속에는 처음부터 '불신 상태'라는 것이 전제되어 있음을 알아야 한다. 그렇기에 이 부분은 엄밀한 의미에서 '구원의 취소나 파기'를 말하는 것이 아니다. 결국 배도자로 상징된 개와 돼지는 원래부터 가짜(유기된 자)였기에 "개가 그 토하였던 것에 돌아가고 돼지가 씻었다가 더러운 구덩이에 도로 누웠다(벧후 2:22)"라고 말씀하신 것이다.

"옮기리라(계 2:5)"와 "토하여 내치리라(계 3:6)"는 말은 예수님의 단정적인 표현으로서 이는 구원 취소에 관한 말씀이 아니라 오히려 그리스도인들을 향해 신앙의 역동성을 더 강력하게 권면하신 표현이다.

고린도전서 9장 27절에는 "버림이 될까(아도키모스; $\dot{\alpha}\delta\acute{o}\kappa\iota\mu o\varsigma$, adj, failing to pass the test)"라는 표현이 나오는데 이는 '칭찬받지 못하다'라는 의미이다. 헬라어 아도키모스($\dot{\alpha}\delta\acute{o}\kappa\iota\mu o\varsigma$, adj)는 부정 접두어 아($\dot{\alpha}$, as a negative particle)와 도키모스($\delta\acute{o}\kappa\iota\mu o\varsigma$ unapproved, i.e. Rejected; by implication, worthless (literally or morally)-castaway, rejected, reprobate)의 합성어이다. 결국 "버림이 될까 두

려워함이로라"는 것은 영적으로 유기된 자를 향한 경고이며 동시에 택정된 자를 향하여는 적극적인 신앙생활을 권면한 것이다.

5 나는 포도나무요 너희는 가지니 저가 내 안에, 내가 저 안에 있으면 이 사람은 과실을 많이 맺나니 나를 떠나서는 너희가 아무것도 할 수 없음이라

이 구절은 8절과 함께 묵상하며 "과실(자기 부인)"과 "영광"의 연결고리를 이해해야 한다. 가지는 포도나무에 붙어 있음으로 살게 된다. 또한 과실을 맺는다라는 것은 눈에 보이는 열매가 아니라 하나님과의 바른 관계와 친밀한 교제를 말씀하고 있는 것이다. 결국 '진정한 과실 혹은 열매를 맺는다'라는 것은 자기 부정(자기 부인)을 의미하는 것으로 그것만이 하나님께 영광이 된다. 이때 과실을 맺는 과정에는 내가 관여할 수 없으며 나 스스로의 힘으로 과실을 맺는 것은 전혀 불가능하다.

그러므로 이 구절에서의 "과실"이란 '열매를 맺는 삶'이라기보다는 '자기를 부인하고 자기 십자가를 지고 주님을 좇는 삶'을 뜻한다.

"나를 떠나서는"이라는 말과 "저가 내 안에 내가 저 안에"라는 말은 주님 안에 거하는 그리스도인의 특징으로 우리의 진실된 고백이 되어야 한다. 우리는 주님을 떠나서는 아무것도 아니며 아무것도 할 수 없다. 내가 주님 안에 주님이 내 안에 계심에 의해 온전한 하나(Union with Christ)를 이루어야 할 뿐이다. 그러므로 우리는 계명을 지킬 뿐만 아니라(요일 3:24) 이웃 사랑(요일 4:16)과 함께 예수님께서 앞서 가시며 본(本)을 보이시고 행하신 그 일을 해야 한다(요일 2:6). 혹여라도 지속적, 반복적으로 습관적인 범죄를 저지르지 않도록 긴장하고 근신해야 한다(요일 3:6).

6 사람이 내 안에 거하지 아니하면 가지처럼 밖에 버리워 말라지나니 사람들이 이것을 모아다가 불에 던져 사르느니라

전반부의 첫 번째 주어 "사람(τις, IPro-NMS)"은 단수이고 후반부에 나오는 "이것을(αὐτὰ, PPro-AN3P)"은 복수로 사용되었기에 이 구절의 경우 전후반부의 내용에 대한 상관관계는 어색하다. 그러므로 이 구절의 방점은 사람을 불에 던지는 심판에 있는 것이 아님을 알아야 한다. 오히려 인간들의 인위적인 공력들(자기 힘으로 맺은 과실들 즉 자기 의의 산물들)을 모아다가 불에 태워버릴 것을 강조한 말이다. 곧 이 구절의 전반부는 예수를 믿지 않으면 죽음(영벌)이라는 것이고 후반부는 자기의 힘으로 이루었던 자기 의의 산물들은 불에 던지어져 태워질 것이라는 의미이다.

우리는 성부하나님의 만세 전에 택정하신 은혜로 죄 사함을 얻은 후 깨끗해(칭의)져서 주님 안에 거하게 되었다. 이후 우리 안에 주인 되신 성령님의 능력으로 인해 열매를 맺게 된 것이다. 그러므로 주님 안에 거하는 자는 이미 깨끗진 자이며 그들만이 성령의 능력으로 과실을 맺게 되는 것이다.

고린도전서 3장 10-15절에는 "예수 그리스도의 터"라는 말이 나온다. 이 터 위에는 인간들의 노력에 의한 여러 가지 잡다하고 다양한 공력들이 놓여있다. 소위 금이나 은이나 보석이나 나무나 풀이나 짚 등등이다. 사람들은 일생 동안 자신의 땀과 눈물로 예수 그리스도의 터 위에 별의별

것들을 세우고 또 세웠다. 그런 다음 자신이 일평생 이 정도 이루었노라고 겸손한 듯 자랑한다.

이 구절을 해석할 때 전통적으로는 이들을 영원한 것과 일시적인 것으로 나누어 전후 3가지씩을 대조하여 왔다. 즉 금, 은, 보석은 타지 않아서 괜찮은 것이라고 했고 나무, 풀, 짚은 불에 타 버리기에 헛된 것이라는 등의 해석이다.

그러나 이들 6가지는 나누어 해석하는 것이 아니라 모두 하나로 묶어서 해석해야 하는 것으로 모두 다 힘의 원리에 근거한 인간들의 인본주의적 산물들을 가리킨다. 결국 상기 6가지를 풀이하면 자기 의, 습관, 물질들, 종교행위, 윤리 도덕적인 것들, 악한 열매들을 상징한다. 이들 모두는 다 태워지게 될 것들이며 종국적으로는 예수 그리스도의 터만 남게 될 것이라는 의미이다.

따라서 고린도전서 3장 14-15절은 반어법적으로 해석하는 것이 맞다. 곧 불에 안 타는 인간의 공력들이란 전혀 없다는 뜻이다. 그러므로 오직 하나님의 은혜와 예수 그리스도의 십자가 보혈만으로 구원을 얻는다는 것으로 '최종 심판'을 강조하고 있는 것이다. 예수 그리스도의 터 위에 있는 자만이, 그리고 예수 그리스도의 터만이 불 가운데서 타지 않고 남게 되는 것이다.

베드로후서 3장 10절(드러나다)과 14절(나타나기를 힘쓰다)에서 "드러나다(휴리스코; εὑρίσκω, V-FIP-3S, I find, learn, discover)"라는 것은 '불순물이 제거되고 온전한 새것으로 나타나다'라는 의미이다. 그래서 "체질(στοιχεῖον, 벧후 3:10)"이 불에 탄다(말 3:2-3)라고 표현한 것이다. "체질"이란 '불순물'로서 세상의 초등학문인 율법을 가리킨다.

누가복음 15장 24절의 "잃었다가 다시 얻었다(εὑρίσκω, v, to find)"라는 것에서 '다시 얻다'의 헬라어가 휴리스코(εὑρίσκω)이다. 그러므로 '종말'은 소멸이 아니라 갱신(롬 8장)이란 의미가 더 적당하다.

7 너희가 내 안에 거하고 내 말이 너희 안에 거하면 무엇이든지 원하는 대로 구하라 그리하면 이루리라

이 구절은 요한복음 14장 14절, 15장 16절, 요한일서 5장 14-15절의 말씀과 상통한다.

"거하고~거하면"이 먼저이고 그 다음이 "구하라 그리하면 이루리라"이다. 이를 "무엇이든지"와 연결하여 도식을 완성시켜 보라. 그런 다음 요한일서 5장 14-15절을 연관하여 묵상하라.

하나님 안에 거함
→ 구하라
→ 이루리라
→ 무엇이든지
→ 주의 뜻대로

기도는 자기의 유익을 위해 무엇인가를 얻기 위한 과정이나 지향점이 되어서는 곤란하다. 또한 목적이나 수단, 방법이 되어서도 안 된다(마 6:31). 기도는 하나님과의 친밀한 교제이자 농도 깊은 사귐의 과정이다. 하나님의 말씀과 기도로 거룩해지는(딤전 4:5) 바 기도는 신앙생활로서 자신의 신앙 수준을 적나라하게 평가해주는 지표이기도 하다. 곧 기도는 신앙생활의 최종적인 결론이요 마지막 종착지라는 의미이다.

"항상 기뻐하라 쉬지 말고 기도하라 범사에 감사하라 이는 그리스도 예수 안에서 너희를 향하신 하나님의 뜻이니라" _살전 5:16-18

따라서 기도를 할 수 있게 하신 하나님께 감격하고 감사하는 태도가 중요하다. 기도는 많이 할수록 자주 할수록 자신의 영과 육에는 큰 유익이 된다. 물론 기도의 응답은 아버지 하나님의 뜻을 따라 예스(yes)로, 때로는 노(no)로, 많은 경우에는 기다리라(wait)는 것으로 응답하실 것이다. 필자의 경우 지난날을 되돌아보면 기다려야 하는 하나님의 침묵(silence)의 시간이 상당히 힘들었다. 차라리 노(no)의 경우라면 그 자리에서 곧장 멈추어 버리거나 아예 잊어버리면 되기에 받아들이기가 차라리 쉬웠다. 당연히 예스(yes)의 경우는 너무 좋았음은 두 말할 나위가 없다.

8 너희가 과실을 많이 맺으면 내 아버지께서 영광을 받으실 것이요 너희가 내 제자가 되리라

과실을 맺으려면 먼저는 전제조건이 있어야 하는데 요한복음 12장 24절에서는 그 씨가 땅에 떨어져 먼저 죽어야만 한다라고 했다. 결국 자신의 힘으로 열매를 맺는 것이 아니라 자신은 관여하지 말고 그냥 땅에 떨어져 죽으면 된다라는 것이다. 이는 오늘의 그리스도인들이 예수 그리스도의 십자가 죽음에 동참하고 매사 매 순간 자기를 부인하고 자기 십가가를 지고 주님의 길을 걸어가면 된다라는 말이다. 언제 어디서든 무엇을 하든지 자신의 힘은 온전히 그리고 완전히 빼는 것이 중요할 뿐이다.

우리는 온전한 주인 되셔서 우리보다 앞서가시며 인도하시는 나하흐의 하나님, 매사 매 순간마다 함께 하시는 에트의 하나님, 늘 동행하시는 할라크의 하나님의 통치 하에 있는 '제자이자 하나님의 자녀'임을 잊지 말아야 한다.

9 아버지께서 나를 사랑하신 것 같이 나도 너희를 사랑하였으니 나의 사랑 안에 거하라 10 내가 아버지의 계명을 지켜 그의 사랑 안에 거하는 것 같이 너희도 내 계명을 지키면 내 사랑 안에 거하리라

이 구절은 요한복음 13장 34-35절의 말씀과 상통한다. 결국 '사랑한다'라는 것은 '주님 안에 거한다'라는 것이고 '주님 안에 거한다'라는 것은 '그의 계명을 지키는 것'을 말한다. 그리스도인들이 결코 잊지 말아야 할 것은 '그 사랑 안에는 믿음이 전제'되어 있어야 한다라는 점이다.

"새 계명을 너희에게 주노니 서로 사랑하라 내가 너희를 사랑한 것같이 너희도 서로 사랑하라 너희가 서로 사랑하면 이로써 모든 사람이 너희가 내 제자인 줄 알리라"_요 13:34-35

11 내가 이것을 너희에게 이름은 내 기쁨이 너희 안에 있어 너희 기쁨을 충만하게 하려 함이니라

이 구절은 14장 27절의 말씀과 같다. 여기서의 "기쁨"은 '평안'을 가리킨다. 한편 "내 기쁨"이 법적 평안(롬 5:1)을 의미한다면 "너희 기쁨"은 하나님 안에서의 안식(빌 4:7)을 의미한다.

한편 '기쁨'의 헬라어는 카라(χαρά, nf, (another feminine noun from the root xar-, "extend favor, lean towards, be favorably disposed") – properly, the awareness (of God's) grace, favor; joy ("grace recognized"))이다. 감사하게도 우리를 향하신 하나님의 뜻은 "항상 기뻐하라(살전 5:16)"는 것이다. 인간이 어떻게 항상 기뻐할 수 있을까? 상식적으로는 당연히 불가능하다. 그러나 가만히 묵상해보면 너무나 쉬운 것이다. 하나님과의 바른 관계와 교제 속에서(샬롬 가운데) 은혜(카리스)를 허락하시면 기쁨(카라)과 감사(유카리스테오)는 넘치게 된다. 결국 예수님이 허락하시면 가능한 것이다. 성령님의 능력으로는 가능한 것이다.

다음의 메카니즘을 가만히 묵상해보라.

'평안'을 뜻하는 샬롬(□ルゥ, nm, completeness, soundness, welfare, peace)은 헬라어로는 에이레네(εἰρήνη, nf)이다. '평강(평안)'이란 네 가지 중요한 의미를 담고 있다. 그 중에 하나님과의 바른 관계와 친밀한 교제, 하나님과의 하나 됨(영접 및 연합)이라는 의미가 바로 "평안, 곧 내 기쁨인 법적 평안"이다. 또한 "너희 기쁨"이라는 것은 "나의 평안"이라는 말로서 하나님 안에서의 견고함, 안식, 그리고 번영, 화평을 말한다.

하나님과 살롬의 관계를 통해 우리는 그분으로부터 무한한 은혜(카리스, χάρις)를 받게 된다. 또한 살롬 가운데 그분께 지속적인 은혜를 구하면 좋으신 하나님은 더욱 더 풍성한 은혜를 허락하신다. 바로 은혜라는 카리스(χάρις)에서 파생된 헬라어 두 단어가 카라(기쁨, χαρά)와 유카리스테오(감사하다, εὐχαριστέω, to be thankful/εὐχάριστος, adj)이다. 즉 하나님과의 바른 관계와 친밀한 교제를 통해 풍성한 은혜를 누리게 되고 그 은혜를 통해 기쁨과 함께 그리아니하실지라도(in spite of)의 감사를 풍성하게 누릴 수 있게 된다라는 것이다.

12 내 계명은 곧 내가 너희를 사랑한 것 같이 너희도 서로 사랑하라 하는 이것이니라

"계명(ἐντολή, nf, an injunction, order, command/(a feminine noun derived from 1722 /en, "in," which intensifies 5056 /télos, "reach the end, consummation") – properly, "in the end," focusing on the end-result (objective) of a command)"이란 '말씀'을 가리키는데 이에 해당하는 헬라어로는 '케리그마(κήρυγμα)', '레마(ῥῆμα)', '로고스(λόγος)'가 있다.

'케리그마(κήρυγμα)'란 31,173구절의 66권 정경으로서 권위의 말씀을 가리킨다. 이는 우리의 이해와 순응과는 관계없으며 선포되어지는 살아있는 생명의 말씀이다. 그중 '레마(ῥῆμα)'는 나에게 다가온 생명의 말씀을 가리키며 '로고스(λόγος, nm, (from 3004 /légō, "speaking to a conclusion") – a word, being the expression of a thought; a saying. 3056 /lógos ("word") is preeminently used of Christ (Jn 1:1), expressing the thoughts of the Father through the Spirit/reasoning expressed by words, 요 1:1)'란 살았고 운동력이 있어 좌우에 날 선 어떤 검보다도 예리한 말씀으로서 나의 라이프 스타일로 주신, 그리하여 앞서가시는 하나님의 말씀을 가리킨다.

우리는 하나님의 말씀 곧 계명을 간직할 뿐만 아니라 그 말씀을 삶의 기준과 원칙으로 지키며 살아가야 한다(요 14:21).

"서로 사랑하라"는 말에는 항상 '그럼에도 불구하고'와 '먼저'라는 두 명제가 전제되어야 함을 기억해야 한다.

'그럼에도 불구하고' 서로 사랑하라

서로 사랑하되 '먼저' 사랑하라'

13 사람이 친구를 위하여 자기 목숨을 버리면 이에서 더 큰 사랑이 없나니 14 너희가 나의 명하는 대로 행하면 곧 나의 친구라 15 이제부터는 너희를 종이라 하지 아니하리니 종은 주인의 하는 것을 알지 못함이라 너희를 친구라 하였노니 내가 내 아버지께 들은 것을 다 너희에게 알게 하였음이니라

예수님은 제자들에게 '나의 명대로 행하는 그 사람이 바로 나의 친구이다'라고 말씀하셨다. 하나님께 속하지 않는 자는 당연히 친구가 아니기에 하나님의 말을 듣지 않게 된다. 곧 하나님의 말을 듣는 너희는 친구이며 그렇기에 주인이신 아버지 하나님께서 하신 말씀을 너희에게 전한다라고 말씀하고 있다. 한편 예수님의 전한 그 말씀대로 살아가는지의 여부를 통해 진리의 영과 미혹의 영을 구분할 수 있다고도 말씀하셨다(요일 4:6).

"우리는 하나님께 속하였으니 하나님을 아는 자는 우리의 말을 듣고 하나님께 속하지 아니한 자는 우리의 말을 듣지 아니하나니 진리의 영과 미혹의 영을 이로써 아느니라"_요일 4:6

"종(둘로스; δοῦλος, properly, someone who belongs to another)"이라는 말은 '노예(slave)'라는 의미와 함께 청지기(steward)라는 의미도 있다.

16 너희가 나를 택한 것이 아니요 내가 너희를 택하여 세웠나니 이는 너희로 가서 과실을 맺게 하고 또 너희 과실이 항상 있게 하여 내 이름으로 아버지께 무엇을 구하든지 다 받게 하려 함이니라

이 구절은 우리를 향한 하나님의 선택 이유와 우리의 기도에 대한 하나님의 응답 이유를 선명하게 밝히고 있다.

우리를 선택하신 하나님의 이유 중 첫째는 우리로 하여금 과실을 풍성하게 맺게 하기 위함이다. 둘째는 하나님의 뜻대로 드렸던 기도에 대한 응답을 주시기 위함이다(요 15:7). 이는 우리의 기도와 하나님께서 허락하시는 열매는 밀접한 상관관계가 있다라는 것을 보여주는 것이다.

"이름(요 14:13, 14; 15:16; 16:23, 24, 26; 17:6, 11, 12, 26)"이란 예수님의 신적 권위를 뜻하는 것으로 전(全) 존재를 상징한다. 그 이름에는 하나님의 특성, 속성, 능력, 성품이 들어있다(시 124:6-8; 잠 18:10). 그래서 야곱은 얍복 강 가에서 하나님의 사자에게 "당신의 이름을 고하소서(창 32:29)"라고 물었던 것이다.

17 내가 이것을 너희에게 명함은 너희로 서로 사랑하게 하려 함이로라 **18** 세상이 너희를 미워하면 너희보다 먼저 나를 미워한 줄을 알라

앞서 언급했지만 '서로 사랑'에는 '먼저'와 '그럼에도 불구하고'가 항상 전제되어 있어야 한다.

18절은 요한일서 3장 13절의 말씀(형제들아 세상이 너희를 미워하거든 이상히 여기지 말라)과 상통한다. "세상"은 잠시(already~not yet) 동안 악의 영역에 속해 있으며(제한적, 한시적 권세) 악한 영의 세력들에게 속해 있는 악한 무리들인데 여기서는 특히 그리스도인들을 대적하는 폭력적인 유대인들을 의미하기도 한다(요 7:6; 8:23; 16:2; 17:9).

19 너희가 세상에 속하였으면 세상이 자기의 것을 사랑할 터이나 너희는 세상에 속한 자가 아니요 도리어 세상에서 나의 택함을 입은 자인 고로 세상이 너희를 미워하느니라

이는 18절의 말씀을 반복하고 있는 구절이다. 요한일서 3장 13절에도 세상이 너희를 미워할지라도 이상히 여기지 말라고 권면하셨다(엡 2:2-3).

"그때에 너희가 그 가운데서 행하여 이 세상 풍속을 좇고 공중의 권세 잡은 자를 따랐으니 곧 지금 불순종의 아들들 가운데서 역사하는 영이라 전에는 우리도 다 그 가운데서 우리 육체의 욕심을 따라 지내며 육체와 마음의 원하는 것을 하여 다른 이들과 같이 본질상 진노의 자녀이었더니"

_엡 2:2-3

20 내가 너희더러 종이 주인보다 더 크지 못하다 한 말을 기억하라 사람들이 나를 핍박하였은즉 너희도 핍박할 터이요 내 말을 지켰은즉 너희 말도 지킬 터이라

"내 말을 지켰은즉 너희 말도 지킬 터이라"는 것은 긍정적인 의미가 아니라 "나를 핍박하였은즉 너희도 핍박할 터이요"라는 말로 보아 부정적 의미를 드러내는 말씀이다. 즉 '그들이 내 말을 지킨 만큼만 너희 말도 그만큼만 지키려할 것이다(Langrange, Dodd)'라는 의미이다. 곧 내 말을 듣지도 않고 지키지도 않은 그들은 내게 속한 자들이 아니기에 미혹의 영에 사로잡힌 자들이다라는 반대적 의미를 함의한 반어법적인 말씀이다.

"우리는 하나님께 속하였으니 하나님을 아는 자는 우리의 말을 듣고 하나님께 속하지 아니한 자는 우리의 말을 듣지 아니하나니 진리의 영과 미혹의 영을 이로써 아느니라"_요일 4:6

21 그러나 사람들이 내 이름을 인하여 이 모든 일을 너희에게 하리니 이는 나 보내신 이를 알지 못함이니라

예수 그리스도께서 "내 이름을 인하여"라고 말씀하신 것은 '하나님의 이름으로 인해(삼상 12:22; 대하 6:32; 렘 14:21)'라는 뜻으로 이는 하나님의 존재 즉 그분의 선(Goodness)이나 능력, 신실성(Fidelity)을 드러낸 것으로 그리스도의 신적 지위를 암시하고 있는 부분이다. 이 구절은 요한일서 2장 12절(예수님의 이름으로 죄 사함을 얻음)이나 요한계시록 2장 3절(예수님의 이름을 인하여

참고 견디고 게으르지 않은 것)의 말씀을 해석하는데 도움이 된다.

"자녀들아 내가 너희에게 쓰는 것은 너희 죄가 그의 이름으로 말미암아 사함을 얻음이요" _요일 2:12

"또 네가 참고 내 이름을 위하여 견디고 게으르지 아니한 것을 아노라" _계 2:3

"이 모든 일"이 가리키는 것은 세상이 제자들을 미워하는 것(18)과 그들을 사랑하지 않으며(19) 핍박하는 것(20)을 말한다.

22 내가 와서 저희에게 말하지 아니하였더면 죄가 없었으려니와 지금은 그 죄를 핑계할 수 없느니라 23 나를 미워하는 자는 또 내 아버지를 미워하느니라

예수 그리스도의 성육신을 부정하는 것과 그리스도의 말씀을 거부하는 것은 죄라고 분명하게 말씀하고 있다. 또한 이 죄는 근본적으로 그리스도 메시야를 미워함에서 기인한다라고 지적하고 있다.

성육신하신 예수님은 보이는 하나님이요 성부하나님은 보이지 않는 하나님이시다. 그렇기에 보이는 성자는 거부하고 보이지 않는 성부만을 사랑한다는 것은 전혀 말이 되지 않는다라는 것이다. 이는 마치 보이지 않는 하나님을 사랑한다라고 하면서 보이는 형제를 미워하는 것과 같은(요일 4:20) 이치(理致)라고 지적하고 있다.

24 내가 아무도 못한 일을 저희 중에서 하지 아니하였더면 저희가 죄 없었으려

니와 지금은 저희가 나와 및 내 아버지를 보았고 또 미워하였도다

　세상은 7가지 표적을 보여주었음에도 믿지 않았다. 이는 성부하나님을 보고도 믿지 않은 것과 동일한 죄라는 의미이다. 예수님이 행하신 이런 표적들은 이스라엘 가운데 처음 보는 일(마 9:33)이었기에 그것을 행하신 예수 안에 성부하나님이 계셨음은 누구나가 다 당연히 알 수 있었던 것이다. 그럼에도 불구하고 예수님을 고의적으로 미워하고 거부한 것은 분명한 '죄'라고 지적하고 있는 것이다(요 10:37-38, 14:10).

25 그러나 이는 저희 율법에 기록된 바 저희가 연고 없이 나를 미워하였다 한 말을 응하게 하려 함이니라

　"율법"이란 일반적으로는 모세오경(토라)을 의미하지만 이 구절에서는 타나크(TNK, 구약 정경)를 말하는 것(요 10:34; 12:34)으로 시편 35편 19절과 69편 4절의 말씀을 인용했다.
　"무리하게 나의 원수된 자로 나를 인하여 기뻐하지 못하게 하시며 무고히 나를 미워하는 자로 눈짓하지 못하게 하소서"_시 35:19
　"무고히 나를 미워하는 자가 내 머리털보다 많고 무리히 내 원수가 되어 나를 끊으려 하는 자가 강하였으니 내가 취치 아니한 것도 물어주게 되었나이다"_시 69:4

26 내가 아버지께로서 너희에게 보낼 보혜사 곧 아버지께로서 나오시는 진리의

성령이 오실 때에 그가 나를 증거하실 것이요

14장에서도 언급했듯이 이는 1648년 공표된 웨스트민스터 (Westminster) 신앙고백서와 대소요리문답의 '삼위일체' 항목에 나오는 말이다. 곧 "성령은 성부와 성자에게서 영원히 나오신다(The Holy Ghost eternally proceeding from the Father and the Son)라는 영원발출설(eternal procession)을 말한다. 정리하면 성부하나님은 낳으시고 성자하나님은 낳아지시고 성령하나님은 나오셨다라는 것이다.

나는 지금껏 삼위일체 하나님을 '다른 하나님, 한 분 하나님'으로 개념화(conceptualization)했다. 당연히 완벽하지는 않다. 그러나 아직까지는 이보다 더 나은 개념을 찾지 못했다. 아무튼 이 부분을 좀 더 보충하고자 한다.

성부 성자 성령 삼위일체 하나님은 존재론적 동질성(Essential Equality) 상 신적 한 분(Ousia)이시며 기능론적 종속성(Functional Subordination) 곧 위격적 본성(Hypostasis)에서는 삼위가 구별되게, 다르게 일하신다. 곧 성부 성자 성령 삼위하나님의 존재 방식은 영원한 현재적 출생으로서 내재적 삼위일체라고 하며 사역 방식은 경륜적 삼위일체라고 하기도 한다.

관계적 방식에서 삼위일체 하나님은 사랑을 통해 삼위 간에 생명의 교제를 하시며 그 생명을 인간에게도 주시고자 영생을 준비하셨다. 이것은 삼위하나님의 뜻이다.

삼위하나님의 인간 창조 목적은 '예정'을 통해 인간과의 교제를 원하셨고 하나님의 생명(영생)을 사람에게도 주어 삼위하나님과의 생명의 교제에 참여케 하셨다. 당연히 인간이 하나님과 교제한다고 하여 신의 본성이나 본체가 되는 것은 아니다. 주인 되신 삼위하나님께서 당신들과의 교제에 인간을 참여케 하심으로 친밀한 사귐과 교제를 원하신 것이다.

시작(Beginning, Origin)이요 근원(Source)이신 성부하나님은 보이지 않으시며 숨겨진 분으로 모든 것은 성부의 뜻(From Will)을 따라 계획된다. 그 보이지 않는 성부를 나타내 보이신 분(Reveal, 성부의 이미지)이 바로 성자 하나님이시다. 그 예수님은 지혜와 말씀을 통하여(Through Wisdom/Word) 성부를 드러내셨다(Design/Ordered disposition).

성령하나님은 당신의 능력(By Power)으로 성자의 사역(예수님만이 그리스도, 메시야이시다)을 효과(Effect)있게 하셨다. 성령님은 우리 안에 내주(주권, 통치 질서, 지배)하시는 주인으로서 우리를 붙드시고(Upholding) 생명(Life giving)뿐만 아니라 그 생명을 소성(vivifying)케 하신다. 파라클레토스이신 보혜사 성령님은 "또 다른 보혜사"이시며(요 14:16) 진리의 말씀을 가르치시고 생각나게 하는 분(요 14:26)이시다. 성령님은 우리를 성경의 모든 진리 가운데로 인도하는 분이시다(요 16:13).

보혜사 성령이 하시는 두 가지 중요 사역은 곧 교회와의 관계와 세상과의 관계로 나눌 수 있다. 전자의 경우 교회가 성령의 전(殿)이 되게 하며 거룩함을 유지하도록 해 주신다(고전 3:16-17). 후자의 경우 세상 속에서 구별되게 거룩함으로 살아가게 하며 세상 속에서 복음을 증거(선포)하거나 증인으로서의 삶을 살아내게 하신다. 더 나아가 죄와 의와 심판에 대해 세상을 책망하시는 성령님은 우리로 하여금 이런 일에 대한 메신저로서 살아가게 하신다(요 16:8-11).

27 너희도 처음부터 나와 함께 있었으므로 증거하느니라

성령님이 "함께하시면"이라고 하여 매사 매 순간마다 현실적인 이벤트를 제공해 주신다거나 세세한 부분까지 답을 주신다고 착각하지는 말아야 한다. 성령님은 내주하셔서 우리가 증인으로서의 삶뿐만 아니라 마지막 그날까지 끝까지 하나님의 계명과 예수 믿음을 가지고 버티게 하시고 (고난을 통과하게 하시고) 견디어가게(참아내며 인내하게) 하시는 것이다. 종국적으로는 우리를 미래형 하나님나라에 인도하셔서 우리와 함께 영생을 누리게 하신다.

"증거하다"의 헬라어는 마르튀레오(μαρτυρέω, v, to bear witness, testify)인데 이는 마르튀스(μάρτυς, nm, a witness; an eye- or ear-witness, 목격자, 증인)에서 파생되었다. 여기에서 파생된 영어단어가 순교자(martyr)이다.

은혜 위에 은혜러라

*

Grace for Grace

Χάριν ἀντὶ χάριτος

예수(Ἰησοῦς), 그리스도(Χριστὸς), 생명(ζωή)

세상에서는
너희가 환난을 당하나

영광의 책(The Book of Glory, 요 13-20장)에서 "영광(δόξα, nf)"이라는 단어에는 이중적인 의미가 담겨 있다. 첫째, '하나님께 찬양과 경배를 올려드린다'라는 의미가 있고 둘째는 '하나님의 능력, 성품, 속성을 이 땅에 드러낸다'라는 의미가 있다.

예수님은 십자가 죽음과 부활을 통해 하나님께 영광을 올려드렸다. 또한 이 땅에서 하나님의 능력을 드러냄으로 예수께서는 영광을 받으셨고 하나님께서도 영광을 받으셨다(요 13:31). 곧 십자가 죽음과 부활은 하나님의 능력이 오롯이 드러난 것이기에 '영광(δόξα, nf)'이라고 한다.

예수님의 십자가 죽음과 함께 우리는 죽었다가 예수님의 부활과 더불어 살아났다. 예수님의 부활을 통해 우리에게는 소망(엘피스)이 생겼으며 하나님의 자녀 된 우리는 이후 미래형 하나님나라에 들어가 영생을 누리게 될 것이다.

13장에서는 세족식 이야기를 통해 십자가 죽음(4-5)과 부활(12)을 말씀해주셨다. 초림하신 구속주로 오신 예수님의 십자가 죽음은 예수 그리스도 새 언약의 성취이다. 이후 우리는 화목제물 되신 예수로 인해 은혜의 보좌에 계신 성부하나님 앞으로 당당하게 나아가게 되었다(히 4:16).

동시에 예수님의 부활을 통해 우리는 소망을 갖게 되었다. 그리하여 예수를 믿은 우리는 그 예수를 통해 미래형 하나님나라에 들어갈 수 있게 되었고 삼위하나님과 영생을 누리게 된 것이다. 즉 세족식을 통해 하나님의 능력과 성품이 드러났기에 '영광($\delta\delta\xi\alpha$, nf)'이라고 한다.

14, 15, 16장은 예수님의 긴 다락방 강화(유월절 설교)를 통해 보혜사 성령을 약속하시고 그 보혜사 성령에 대해 알려주셨다.

특히 이곳 16장에서는 세상을 떠나 천국으로 가신다는 예수님의 말에 제자들은 다가올 환난에 대해 현실적으로 근심하고 있는 것을 보여주고 있다(요 16:1-3). 예수님은 다락방 강화를 통해 또 다른 보혜사 성령님이 오셔서 세상을 책망(엘렝코, 3가지 의미)하실 것을 말씀하고 있다.

동시에 다른 보혜사이신 그 성령님은 우리를 보호하시고 우리의 근심을 기쁨과 평안으로 바꾸시며 환난을 극복할 수 있도록 인도하시며 도우신다라고 말씀하고 있다(요 14:27; 15:11; 16:20, 33).

예수 그리스도의 영인 그 성령님은 믿음(피스티스)의 시대를 여시며 교회들에게 믿음의 눈을 주실 것이다. 만세 전에 택정된 사람들에게는 때가 되면 복음이 들려지게 하시고는 믿음(피스티스)을 주셔서 하나님의 자녀가 되게 하신다.

결국 죽음 이기시고 부활하신 예수께서 승천하심으로 또 다른 보혜사 이신 예수의 영, 진리의 영이신 성령님이 오시게 되고 그 성령님은 하나님의 자녀들의 주인 되셔서 하나님의 자녀들을 미래형 하나님나라에까지 인도하실 것이다.

한편 16장 5-15절은 성령님의 사역에 대해 설명하고 있다. 전통적 해석은 둘로 나누어 5-12절까지는 세상에 대한 성령의 사역으로, 13-15절까지는 제자들과 관련된 성령의 사역으로 설명한다.

여기서 "세상"이란 말은 이중적 함의(含意)를 지니고 있는데 심판받게 될 전체 세상과 하나님에 의해 만세 전에 선택(구원)을 받아 인도하심과 보호하심을 받을 세상으로 나눈다.

16장 8절의 '세상을 책망하시리라'에서의 대상은 예수님이 떠나가실 것에 대해 근심하던 제자들을 가리키는 것이 아니라 전자(심판받게 될 전체 세상)를 가리킨다.

"책망하다"의 헬라어는 엘렝코(ἐλέγχω)인데 이는 신약에서 17회 사용되었다. 그 단어에는 3가지 의미가 있다.

첫째, '밝히 드러내다(to bring to light, expose), 폭로하다(눅, 요, 엡)'라는 의미가 있는가 하면 둘째, '그릇된 것, 잘못된 것을 바로잡다(마, 딤전, 딤후, 딛, 히)'라는 의미가 있다. 셋째는 '죄를 입증하다, 유죄를 선언하다(convict), 고소(고발, 심판, 책망)하다'라는 의미가 있다.

이중 요한복음 16장 8절은 세 번째 의미(요 16:8, 엘렝코, ἐλέγχω)[134]로 사용되었다. 왜냐하면 전치사 페리(περί)가 함께하면 세 번째 의미가 되는데 이 구절의 원문은 엘렝크세이 페리(ἐλέγξει περί)로 되어 있기 때문이다.

동일한 의미를 보여주는 곳이 요한복음 8장 46절의 "너희 중에 누가 나를 죄로 책(고소)잡겠느냐"와 3장 20절의 "그 행위가 드러날까"라고 하는 부분이다. 역시 헬라어 엘렝코(ἐλέγχω)를 사용했는데 이는 '고소(고발)하다, 책망하다, 유죄를 선언하다'라는 의미(법적 용어, 심판 용어)로서 일차적으로는 '세상 전체를 향한' 고소를 가리킨다. 이차적으로는 제자들(택정함을 받은 인간들)에게 남아있는 죄(옛 사람)의 잔재에 대한 고소(심판 용어는 아님, 회개로 연결되는 책망)를 가리킨다.

다시 좀 더 세분하여 3부분으로 나누어 묵상하면 성부하나님의 마음을 보다 더 정확하게 이해할 수 있다. 첫째, 16장 5-7절은 세상 전체에 대한 성령님의 심판 사역이며 둘째, 8-12절은 제자들(인간들)에게 남아있는 죄(옛 사람)의 잔재에 대한 성령님의 사역(검, 불)이고 셋째, 13-15절은 제자들과 관련된 성령님의 사역(보혜사)으로 나눌 수 있다.

첫째(16:5-7)와 둘째 부분(16:8-12)에 대해 성령님은 검(마 10:34)과 불(눅 12:49)을 주러 오셨는 바 책망받을 자에게는 심판으로, 죄 사함(칼로 죄를 도려낸) 후 용서를 받고 제련(製鍊, 욥 23:10) 될 사람에게는 불로 연단(鍊鍛)을 하시기 위해 이 땅에 오셨다. 셋째 부분(16:13-15)에 대하여는 성령님께서 사

---

134 엘렝코(ἐλέγχω)는 properly, to convince with solid, compelling evidence, especially to expose (prove wrong, connect)이다.

랑의 하나님으로 오셔서 우리 안에 계시고 주인되셔서 우리를 거룩함으로 살아가도록 앞서서 인도(나하흐)하시고 곁에서 손을 잡고 함께(에트)하시며 뒤에서 밀어주시고 동행(할라크)하신다라는 것이다.

한편 17장의 '주님의 기도' 이전(前)에 있는 이곳 16장은 예수님의 십자가 수난 전의 유언(遺言)과도 같은 장이다.

그리스도인들의 기도는 삼위하나님과의 친밀한 교제를 전제하고 있기에 교회 된 성도의 귀중한 특권 중 하나이다. 그렇기에 기도는 단순히 개인적 이익이나 욕망, 이기적인 탐욕을 위해 구하는 수단이나 방편이 되어서는 안 된다.

그리고 "근심"에 대한 이야기가 16장에 많이 나오는데 '근심'이란 '믿음'의 반대어로 믿음이 없을 때는 내면으로부터 근심이 생기고 걱정이 늘어나면서 종국적으로는 두려움이 몰려오게 된다. 그러면 마음이 두 갈래로 나뉘어져(두 마음, 약 1:8) 하나님에 대한 의심이 생길 수밖에 없다. 이런 의심은 악순환(vicious cycle)이 되어 더욱 더 많은 근심과 걱정, 염려가 몰려오게 된다. 그러한 때에 요한복음 14장 1절과 27절에서는 위로를 주시면서 해결책을 제시해 주셨다. 동시에 이곳 16장의 마지막 절(33절)에서 샬롬의 관계를 통해 평안과 기쁨을 약속하셨다. 그 결과 세상에서는 환난을 당하나 당당하고 담대하게 될 것이라고 말씀하시고 있다.

참고로 17장은 '영광'에 대해 설명하신 후 '예수님의 대제사장적 기도' 즉 '주님이 하신 기도'를 보여주고 있다. 주님께서 우리에게 가르쳐주신 기도(주기도문, 마 6장, 눅 11장)가 아니라 예수님 당신 자신을 위한 기도(17:1-8)와 사도들을 위한(17:9-19) 기도, 그리고 교회들을 위한(17:20-26) 기도이다.

18-19장에서는 예수께서 하나님의 뜻(그의 일, 그 일, 나의 하는 일, 이보다 큰 것, 무엇을 구하든지, 무엇이든지, 14:10, 11, 12, 13, 14)을 묵묵히 행하시며 아버지의 영광을 드러내시며 당신께서 영광을 받으시기 위해 십자가 고난의 길(Via Dolorosa)과 죽음을 통해 모든 것을 다 이루시는(테텔레스타이) 것에 대해 말씀하고 있다.

20장에서는 죽음을 이기시고 부활하신 예수님을 보여주고 있다. 예수님은 실로 아버지 하나님께는 영광을 올려드린 것이고 예수님 스스로는 영광을 받으신 것이다. 곧 요한복음 13장 31절의 "인자가 영광을 얻었고 하나님도 인자를 인하여 영광을 얻으셨다"라는 의미이다.

16-1 내가 이것을 너희에게 이름은 너희로 실족지 않게 하려 함이니

"이것"이 가리키는 것은 '세상에서 당할 온갖 환난과 핍박(15:18-25)'뿐만 아니라 우리 안에 계셔서 우리를 인도하시는 주인 되신 '보혜사 성령님의 오심(15:26-27)'까지를 함의한다. 그러기에 우리는 최악의 상황과 환경에 처한다 할지라도 결코 실족(失足)하지 않게 될 것이다.

2 사람들이 너희를 출회할 뿐 아니라 때가 이르면 무릇 너희를 죽이는 자가 생각하기를 이것이 하나님을 섬기는 예라 하리라 3 저희가 이런 일을 할 것은 아버지

와 나를 알지 못함이라

AD 1세기에는 열혈당(열심당, Zealotism)이 특히 설치고 다녔는데 이들은 대부분은 국가주의자, 전체주의자, 종교열광주의자, 극단주의자 등이었다.[135] 이들은 자기들의 신앙이나 생각, 사상과 조금이라도 다르면 출회(黜會, excommunication, put out of the synagogue)뿐만 아니라 종교재판이라는 명목으로 박해와 살인마저도 서슴치 않았다.

그들은 자신들의 행동을 정당화했다. 그것이 마치 민수기 25장 6-13절의 말씀이기라도 하듯 곡해(曲解)하며 이런 그들의 행동이야말로 진정으로 '하나님을 섬기는 것'이라고 했다. 그렇기에 그런 자신들의 행동을 가리켜 "하나님을 섬기는 예(禮)"라고 하였던 것이다. 여기서 "예(禮, 라트레이아; λατρεία, nf, sacred (technical) service)"라는 것은 '예배'라는 의미이다. 한편 저희가 이런 일을 하는 것은 성부하나님과 그리스도 예수에 대한 지독한 영적 무지 때문이었다.

4 오직 너희에게 이 말을 이른 것은 너희로 그 때를 당하면 내가 너희에게 이 말한 것을 기억나게 하려 함이요 처음부터 이 말을 하지 아니한 것은 내가 너희와 함께 있었음이니라

---

135 국가주의(Statism)란 국익을 개인의 이익보다 절대적으로 우선하는 사상원리이며 전체주의(Totalitarianism)란 개인은 전체속에서 비로소 존재가치를 갖는다는 주장으로 강력한 국가 권력이 국민 생활을 간섭, 통제하는 사상 및 체재를 말하는데 이탈리아의 파시즘, 독일의 나치즘, 일본의 군국주의, 2차대전후의 공산주의를 지칭한다. 극단주의(Extremism)는 주로 정치에서 이데올로기나 행동의 경향이 극단으로 치우친 상태이다. 특히 행동이 과격하고 급격하고 격렬한 것은 급진주의(Radicalism)라고 한다.

이 구절에서 3번이나 언급한 "이 말"이란 요한복음 15장 18절-16장 4절까지에 기록된 대로 세상이 우리를 미워하는 것과 핍박, 출회, 심지어 목숨을 뺏는 것 등등에 관한 내용을 가리킨다.

"내가 너희와 함께 있었음"이라는 말은 요한복음 14장 16절의 "지금부터 앞으로, 그리고 영원토록 함께"라는 의미이다.

"내가 아버지께 구하겠으니 그가 또 다른 보혜사를 너희에게 주며 영원토록 너희와 함께 있게 하시리니" _요 14:16

5 지금 내가 나를 보내신 이에게로 가는데 너희 중에서 나더러 어디로 가느냐 묻는 자가 없고

"지금"이라는 시점은 요한복음 7장 33절의 "조금 더 있다가" 라는 것보다는 훨씬 더 십자가 수난의 때가 가까워진 시점을 의미한다.

"예수께서 가라사대 내가 너희와 함께 조금 더 있다가 나를 보내신 이에게로 돌아가겠노라" _요 7:33

한편 "내가~가는데"라는 말에는 이중적인 의미가 들어있다. 첫째, 성부 하나님께로 돌아간다라는 의미와 둘째는 자발적인 십자가 죽음에로의 나아감을 가리킨다.

6 도리어 내가 이 말을 하므로 너희 마음에 근심이 가득하였도다

이 구절에서 제자들의 경우 마음에 "근심"이 가득하게 된 이유는 자명해 보인다. 왜냐하면 그들은 은근히 예수께서 초림주로서의 구속 사역을 다 이루신 후 하늘의 아버지께로 돌아가시는 것보다는 자신들과 함께 있음으로 얻게 될 미래에 관한 득실(得失)을 따지며 이기적인 것에 보다 더 집중되어 있었기 때문이다.

참고로 "근심(뤼페; λύπη, nf, distress, vexation; physical or emotional pain; heavy, heart-sorrow)"의 반대어는 '믿음'이다(요 14:1). 그렇기에 근심은 의심의 또 다른 얼굴이요 불신의 동의어이다.

7 그러하나 내가 너희에게 실상을 말하노니 내가 떠나가는 것이 너희에게 유익이라 내가 떠나가지 아니하면 보혜사가 너희에게로 오시지 아니할 것이요 가면 내가 그를 너희에게로 보내리니

"실상(롬 9:1; 딤전 2:7)"이란 것은 헬라어로 알레데이아(ἀλήθεια, nf, truth (true to fact), reality)인데 이는 '진리, 참, 사실'이라는 의미이다. '실상'과 동일한 의미로 히브리서 1장 3절(본체), 11장 1절(실상)에는 휘포스타시스 (ὑπόστασις, nf, (a) confidence, assurance, (b) a giving substance (or reality) to, or a guaranteeing, (c) substance, reality)라는 단어를 사용했다.

"내가 떠나가는 것이 너희에게 유익이라"고 하셨던 예수님의 말씀은 또 다른 보혜사이신 성령님을 보내주시마 약속하셨으니 맞는 말이다. 또한 요한복음 11장 50절, 18장 14절에서의 가야바의 저의가 담긴 말을 빌리자면 당시 유대민족을 생각하면 틀린 말이 아니기는 하다.

"한 사람이 백성을 위하여 죽어서 온 민족이 망하지 않게 되는 것이 너

희에게 유익한 줄을 생각지 아니하는도다 하였으니" _요 11:50

"가야바는 유대인들에게 한 사람이 백성을 위하여 죽는 것이 유익하다 권고하던 자더라" _요 18:14

결국 구속주로서 초림의 예수 그리스도의 길은 성부하나님의 섭리에 따른 것이며 예수님이 승천하셔야 성령님이 강림하실 것임을 암시하고 있는 말씀이다.

한편 예수님께서 제자들에게 성령의 오심이 "유익"이라고 말한 것에는 두 가지 중요한 포인트가 들어있다. 첫째는 예수님의 십자가 죽음(구속, 대속으로 인한 구원, 예수 그리스도 새 언약의 성취)이 주는 유익이 들어있고, 둘째는 예수님의 승천으로 인한 성령님의 강림이 주는 유익(또 다른 보혜사)이 내포되어 있다.

'예수께서 떠나가지 않으면 성령께서 오시지 않는다'라는 말은 인간의 상식이나 지식, 논리로는 도무지 납득이 되지 않는다. 사실 예수 그리스도의 죽음으로 우리에게 새 생명이 주어지게 된다라는 복음 또한 언뜻 모호하기는 매한가지(the very same)이다. 그러나 분명한 것은 우리의 상식이나 이해를 초월하여 구속주이신 예수 그리스도를 입으로 시인하고 마음으로 믿으면 성령님은 우리(교회) 안에 들어오신다라는 사실이다. 그리고는 우리 안에 주인으로 계셔서 우리를 하나님의 자녀로 인(印)쳐주시고 육신의 장막을 벗는 그날까지 '거룩함'으로 살아가도록 이끄신다라는 것이다.

결국 십자가에서 죽으시고 부활하신 후 승천하심으로 미래형 하나님나라에로의 예수님의 가심과 또 다른 보혜사 성령님의 오심은 인간의 논리와 상식에서는 신비(mystery)의 영역이다.

8 그가 와서 죄에 대하여, 의에 대하여, 심판에 대하여 세상을 책망하시리라

"그가~책망하시리라"는 것은 주인 되신 보혜사 성령님께서 교회 된 우리를 보호하실 뿐만 아니라 도우시고 인도하여 가실 것을 약속한 것(8:9-11절)이다. 반대로 불신자들에게는 죄에 대하여, 의에 대하여, 그리고 심판에 대하여 엄정하게 책망(판단, 심판)하실 것을 말씀하신 것이다.

특히 "대하여~책망하시리라"에 해당하는 헬라어는 엘렝크세이 페리(ἐλέγξει περὶ)인데 이는 "~에 대하여 죄를 입증하다, 유죄를 선언하다(convict), 고소(고발, 심판, 책망)하다"라는 의미의 엘렝코(ἐλέγχω, to convince with solid, compelling evidence, especially to expose (prove wrong, connect))로도 해석한다.

결국 엘렝코(ἐλέγχω)라는 헬라어는 "책망"이라는 의미와 아울러 미묘하게 조금씩 다른 3가지 의미가 더 함의되어 있다.

첫째는 '밝히 드러내다, 밝혀주다(to bring to light, expose), 폭로하다(눅, 요, 엡)'라는 의미이고 둘째는 '그릇된 것과 잘못된 것을 바로잡다(마, 딤전, 딤후, 딛, 히), 그릇된 생각을 꾸짖어 바로잡아주다(공동번역, 현대어성경)'라는 의미가 있다. 마지막 셋째는 '죄를 입증하다, 유죄를 선언하다(convict), 고소(고발, 심판)하다'라는 의미가 있다. 이중 세 번째 의미(요 16:8, 엘렝코, ἐλέγχω, to convince with solid, compelling evidence, especially to expose (prove wrong, connect))로 해석함이 마땅하다. 왜냐하면 전치사 페리(περὶ)가 함께 하면 세 번째 의미가 되는데 이 구절(요 16:8)에서는 엘렝크세이 페리(ἐλέγξει περί)로 되어 있기 때문이다.

그럼에도 불구하고 난해하기 이를 데 없는 9-11절을 해석할 때에는 엘렝코(ἐλέγχω)의 상기 3가지 의미를 골고루 적용하여 해석할 것을 권한다.

먼저 9절(죄에 대하여라 함은 저희가 나를 믿지 아니함이요)의 경우는 단연코 '죄를 입증하다, 유죄를 선언하다(convict), 고소(고발, 심판, 책망)하다'라는 세 번째 의미로 해석함이 좋다. 곧 예수를 믿지 않는 것을 가리켜 '죄(Sin & sins)'라고 고소(고발, 심판, 책망)하면서 불신(불의와 불순종)의 죄를 '죄'라고 입증 혹은 선언(convict)하고 있는 것이다. 다시 말하면 예수를 믿지 않은 것 그 자체가 '죄'라는 의미이다.

반면에 10-11절은 '밝히 드러내다, 밝혀주다(to bring to light, expose), 폭로하다(눅, 요, 엡)'라는 첫 번째 의미로 해석할 것을 권한다. 그렇기에 10절(의에 대하여라 함은 내가 아버지께로 가니 너희가 다시 나를 보지 못함이요)의 경우에는 그리스도, 메시야로서 유일한 '의(義)'이신 예수님을 밝히 드러냄은 물론이요 그 예수님은 십자가에서 대속 죽음(초림의 구속주)을 하신 구속주 하나님이요 그 예수를 믿으면 의롭게 됨(칭의)을 밝혀 주셨다. 예수님께서 십자가에서 죽으시고 사망을 이기시고 부활하신 후 승천하심(그리스도의 승귀, 승리주 하나님이심)을 밝히 드러내신 분이 바로 성령님이시다라는 의미이다.

11절(심판에 대하여라 함은 이 세상 임금이 심판을 받았음이니라)의 경우에는 예수 그리스도 새 언약의 성취(초림)와 완성(재림)을 통해 세상(이 세상 임금, 사마귀 등 악한 영적 세력과 추종자)은 심판을 받았고(무저갱에 갇힘, 머리는 깨어지고 꼬리만 살아있음) 심판을 받고 있으며(복음의 이중성 곧 구원과 심판) 심판을 받을 것(백보좌 심판)임을 성령님께서 폭로하시며 밝히 드러내신다라는 첫 번째 의미이다.

이를 표로 다시 요약하면 다음과 같다.

'죄'에 대하여 세상을 책망 (엘렝코, ἐλέγχω)	'의'에 대하여 세상을 책망 (엘렝코, ἐλέγχω)	'심판'에 대하여 세상을 책망 (엘렝코, ἐλέγχω)
불신 불의 불순종	예수 그리스도, 메시야 생명 그리스도의 승귀 (내가 아버지께로 가니)	초림-성취 창 3:15 무저갱 Already~not yet 재림-완성 백보좌 심판
세 번째 의미 고소하다 죄를 입증하다 유죄를 선언(評決)하다	첫 번째 의미 밝히 드러내다 그리스도의 의(義) 유일한 칭의(稱義) 진정한 칭의(稱義) 신적인 칭의(稱義)	첫 번째 의미 폭로하다 밝히 드러내다
심판의 부활(영벌) 둘째 사망, 영원한 죽음 or 생명의 부활(영생) 신령한 몸. 강한 몸, 영광스러운 몸, 썩지 아니할 몸		
9절	10절	11절

9 죄에 대하여라 함은 저희가 나를 믿지 아니함이요

"죄(하마르티아, ἁμαρτία, nf)[136] 에 대하여라 함은"이라는 말은 '죄의 본질에 대하여'라는 말이다. 예수님이 지적하는 죄는 '불신앙(믿지 않는 것)과 불의(불신과 불순종, 패역함), 여호와를 잊은 범죄(겔 22:6-12), 그리스도를 배척한 것(행 2:23), 우선순위와 가치를 하나님보다 다른 것에 두는 것(우상숭배), 하나님의 영광을 위해 하지 않은 모든 윤리 도덕적인 자기 의' 등등을 가리킨다.

10 의에 대하여라 함은 내가 아버지께로 가니 너희가 다시 나를 보지 못함이요

"의(義)"의 헬라어는 디카이오쉬네(δικαιοσύνη, nf, righteousness, הְצְדָקָה)인데 이는 아모스서 5장 24절의 "공의(δικαιοσύνη, nf, righteousness, 쩨다카, הְצְדָקָה)를 물같이 정의(justice or judgement, מִשְׁפָּט, nm, 미쉬파트, 심판, κρίσις, nf)를 하수같이"라는 말씀에서의 '말씀의 공의 혹은 공법, 옳음' 그 자체이신 '예수 그리스도'를 가리킨다. 앞서 9절에서의 '죄'라는 것은 유일한 '의'이신 예수 그리스도를 믿지 않은 그 자체를 가리킨다.

"내가 아버지께로 가니"라는 말씀은 '예수께서 십자가 죽음 후 부활하여 승천할 것'을 암시하는 말씀이다. 예수님은 제자들에게 '나를 보지 못하게 될' 것이라고 말씀하셨다. 즉 그리스도 십자가의 의(義)이신 의로우

---

136 하마르티아(ἁμαρτία, nf)는 loss (forfeiture) because not hitting the target; sin (missing the mark), ("sin, forfeiture because missing the mark") is the brand of sin that emphasizes its self-originated (self-empowered) nature – i.e. it is not originated or empowered by God (i.e. not of faith, His inworked persuasion, cf. Ro 14:23)이다.

신 예수님만(롬 3:20-24)이 미래형 하나님나라로 들어가게 될 것을 말씀하신 것이다. 그렇기에 예수를 믿어 의롭게 된 우리 또한 그 예수를 힘입어 미래형 하나님나라에 들어가게 되는 것이다.

예수님은 십자가 죽음으로 세상의 세속적이고 거짓된 의를 폭로하셨을 뿐만 아니라 더 나아가 '진정한 의, 신적인 의(행 2:22; 7:52; 롬 1:4; 고후 5:21; 요일 2:1), 하나님의 완전한 의'를 드러내셨다. 그럼에도 불구하고 당시 유대인들은 예수님을 행악자로 취급(요 18:30; 19:7)하였으며 급기야는 십자가에 못박아 죽였다. 그러나 구속주이셨던 예수님은 죽음과 부활, 승천을 통해 그리스도의 승귀(Ascension of Christ)를 온전히 이루셨다. 미래형 하나님나라에 계신 그 의로우신 예수님은 그리하여 재림 때까지 볼 수 없게 되었다.

11 심판에 대하여라 함은 이 세상 임금이 심판을 받았음이니라

"심판"의 헬라어는 크리시스(κρίσις, nf, justice or judgement, מִשְׁפָּט, nm)이며 "이 세상 임금"이란 '사단의 세력, 악한 영적 세력과 그 하수인인 세상의 권세잡은 자들(빌라도는 하나의 모형으로 등장한 것)'을 가리킨다.

예수님의 초림은 사단에게는 심판의 시작이었고 예수 그리스도의 십자가 죽음과 부활은 사단을 완전히 무저갱에 결박(히 2:14, 고전 15:55-57, 계 20:3)시킨 것이었다. 그리하여 꼬리는 꿈틀거리나 사단의 머리는 완전히 깨부수어진 것(창 3:15)이다. 이를 가리켜 계시록 20장은 종말 시대(무천년설의 천년왕국) 동안에 사단을 "무저갱에 던져 잠그고 그 위에 인봉하여 천

년이 차도록 다시는 만국을 미혹하지 못하게 한(계 20:3)"것이라고 했다. already~not yet인 것이다.

우리는 종말 시대 동안에 예수님의 이름으로, 성령의 검(말씀)으로 사마귀의 세력과 그 하수인인 악한 자들을 능히 이길 수 있다(요일 2:13). 그럼에도 불구하고 눈에 보이는 현실은 정반대인 듯 보일 때가 많다. 왜냐하면 사단은 여전히 세상의 권세잡은 자로서 하나님으로부터 받은 한시적, 제한적 힘을 지닌 존재이기 때문이다(요일 5:19, 엡 2:2). 앞서 언급했던 already~not yet인 것이다. 감사한 것은 이 세상이나 정욕 등 악한 것은 영원하지 않다(요일 2:17)라는 사실이다.

영원하신 예수님을 믿은 우리만이 영생을 누리게 된다.

지금도 앞으로도 영원히.

제한된 육신을 가진 인간은 예수의 이름으로 악한 세력을 능히 대적할 수 있으나 종말 시대(교회 시대) 동안은 사단 등 악한 세력이 하나님의 허용 범위 안에서 일시적, 제한적인 권세를 부릴 수 있음을 알아야 한다. Oscar Cullmann의 "Already ~ Not yet"를 깊이 묵상할 필요가 있다.

한편 Hendriksen은 예수님의 이 예언(요 16:8-11절)이 사도행전 2장의 베드로의 설교에서 성취되었다라고 해석[137]하고 있다. 그는 "죄"란 예수 그리스도를 배척한 인간의 죄(행 2:23)를, "의"란 하나님의 요구를 만족시키신 그리스도의 십자가의 의(행 2:22)를, "심판"이란 예수 그리스도를 적대시한 자들에 대한 심판(행 2:34-35)을 의미한다고 했다. 결국 그리스도인

---

137 『그랜드 종합주석 13권』, p911-912

은 예수 그리스도의 십자가 죽음과 부활을 힘입어 죄 사함을 입어 의롭다 칭함을 받게 되었고 심판(영벌)을 받지 않게 되었다라는 말이다.

12 내가 아직도 너희에게 이를 것이 많으나 지금은 너희가 감당치 못하리라

"감당하다"의 헬라어는 바스타조[138](βαστάζω, v, a)인데 이는 '이해하다, 인내하다, 옮기다(요 10:31), 십자가를 지다(요 19:17)'라는 의미이다.

13 그러하나 진리의 성령이 오시면 그가 너희를 모든 진리 가운데로 인도하시리니 그가 자의로 말하지 않고 오직 듣는 것을 말하시며 장래 일을 너희에게 알리시리라

이 구절에는 삼위하나님의 기능론적 종속성(functional subordination)이 함의되어 있다. 여기서 "자의로 말하지 않는" 분은 성자와 성령이시다. 왜냐하면 성자는 자신의 모든 것을 성부로부터 말미암았다고 반복적으로 말씀하셨기 때문이다. "오직 듣는 것을 말하시며"라는 말은 성령이 성부와 성자로부터 듣는다라는 것을 의미한다.

14 그가 내 영광을 나타내리니 내 것을 가지고 너희에게 알리겠음이니라 **15** 무릇 아버지께 있는 것은 다 내 것이라 그러므로 내가 말하기를 그가 내 것을 가지

---

138 바스타조(βαστάζω, v, a)는 I carry, bear, (b) I carry (take) away)이다.

고 너희에게 알리리라 하였노라

성자께서 성부의 영광을 나타내듯이(요 13:31; 17:4) 성령께서도 성자의 영광을(요 7:39) 드러내신다라고 말씀하고 있다. 즉 성령의 사역은 철저히 그리스도 중심적(Christoenteric, Eucharistic, 성찬)인 것이다. 그러므로 초림주 예수의 죽음과 부활, 승천으로 예수님께서 영광을 얻으셨고 성부하나님도 영광을 받으신 것이다.

성부하나님은 인간의 구속을 계획하셨다. 성자예수님은 그리스도 메시야로 초림주로 오셔서 아버지 하나님의 그 구속 계획을 십자가 보혈로 성취하셨다. 성령하나님은 예수님만이 그리스도 메시야임을 가르쳐주시고 (골 2:3, 고전 12:3) 우리에게 믿음을 주셔서 우리로 믿게 하셨다. 그리하여 그리스도로 말미암은 그 구속을 각 사람에게 적용하심으로 하나님의 자녀로 인쳐주신다. 그런 우리 안에 주인으로 오신 성령님은 우리를 온전히 다스려주셔서 그날에 이르기까지 거룩함으로 살아가게 하신다. 결국 한 번 인생 동안에는 현재형 하나님나라를 누리며 살아가게 하시며 장차에는 미래형 하나님나라에로 인도하셔서 함께 더불어 영생을 누리게 하실 것이다.

16 조금 있으면 너희가 나를 보지 못하겠고 또 조금 있으면 나를 보리라 하신대 17 제자 중에서 서로 말하되 우리에게 말씀하신 바 조금 있으면 나를 보지 못하겠고 또 조금 있으면 나를 보리라 하시며 또 내가 아버지께로 감이라 하신 것이 무슨 말씀이뇨 하고 18 또 말하되 조금 있으면이라 한 말씀이 무슨 말씀이뇨 무엇을 말씀하시는지 알지 못하노라 하거늘 19 예수께서 그 묻고자 함을 아시고

가라사대 내 말이 조금 있으면 나를 보지 못하겠고 또 조금 있으면 나를 보리라 하므로 서로 문의하느냐

16-19절에는 "조금 있으면(미크로스; μικρός, adj, a little whie)"이라는 말이 자주 반복되고 있는 바 이는 '적은 분량의 시간'을 의미하는 것으로 곧 오순절 성령강림이 임박했음을 나타낸 것이다. 한편 7회(요 16:16,17,18,19절, 세바, שֶׁבַע, seven)나 반복된 이 표현은 예수 그리스도의 십자가 죽음, 부활, 승천과 그리고 재림 사이에 있을 성령님의 강림에 대한 약속(언약, 맹세, 쇠바, שֶׁבַע, v)의 수를 상징하고 있다.

"나를 보지 못하겠고"라고 말씀하신 이유는 예수 그리스도의 십자가 죽음 때문이다. 즉 예수님은 죽음의 길로 가실 것을 말씀하시고 있는 것이다(요 8:21; 13:3; 14:4-5; 16:5, 10).

"또 조금 있으면"이라는 것은 예수께서 무덤에 계신 사흘을 말한다. 그렇기에 "나를 보리라"는 것은 부활 후 제자들이 보게 될(요 20:19, 26; 21:14) 것을 암시하고 있는 것이다.

20 내가 진실로 진실로 너희에게 이르노니 너희는 곡하고 애통하겠으나 세상은 기뻐하리라 너희는 근심하겠으나 너희 근심이 도리어 기쁨이 되리라

예수님의 십자가 죽음으로 제자들은 곡하고 애통할 것이며 세상은 마치 자기들이 승리한 양 기뻐할 것(눅 6:25)이라는 말이다. 그러나 "너희 근심이 기쁨이 될 것(고후 4:17)"은 16절의 말씀처럼 예수님의 십자가 죽음 후에 부활하신 예수님을 보게 될 것이기 때문이다.

"세상"이란 '악한 세력'을 통칭하는 것으로 당시 적의를 품고 있던 유대인 지도자들도 포함하고 있다. "근심"의 헬라어는 뤼페[139](λύπη, nf)인데 이는 '마음과 영혼의 고통'을 말한다.

"되리라"에 해당하는 헬라어 게네세타이(γενήσεται/γίνομαι)[140]에는 '근본적인 변화'라는 의미가 담겨 있다. 바로 요한복음 2장 9절의 "물로 된 포도주"라는 부분에서도 동일한 단어(γεγενημένον, having become)가 사용되었다. 결국 '근심이 기쁨이 되리라'는 것은 이전의 모든 슬픔을 압도하게 될 최상의 기쁨이 될 것(요 20:20, 행 2:46)이라는 의미이다.

21 여자가 해산하게 되면 그 때가 이르렀으므로 근심하나 아이를 낳으면 세상에 사람 난 기쁨을 인하여 그 고통을 다시 기억지 아니하느니라

예수님은 출산을 비유로 언급하시며 "해산(τίκτω, v/יָלַד)"과 그에 따른 "근심(λύπη, nf)"에 대해 말씀하고 있다.[141] 이는 창세기 3장 16절의 말씀을 연상시킨다.

예수님은 산기가 임박한, 해산이 가까운 여인(교회, 12 제자)의 비유를 통

139　(λύπη, nf)는 properly, distress, vexation; (figuratively) physical or emotional pain; heavy, heart-sorrow (grief) that brings a person down)이다.

140　게네세타이(γενήσεται)는 will turn이고 기노마이(γίνομαι)는 properly, to emerge, become, transitioning from one point (realm, condition) to another)이다.

141　해산하다(τίκτω, v)는 to beget, bring forth/יָלַד)이고 근심(λύπη, nf)은 properly, distress, vexation; (figuratively) physical or emotional pain; heavy, heart-sorrow (grief) that brings a person down)이다.

해 성부하나님께서 작정(예정)과 의지(섭리와 경륜)를 실천하셔서 그 결말로 이끄시는 것을 이사야 26장 17-18절, 66장 7-9절에서 좀더 자세하게 부연하여 말씀해주고 있다.

"여호와여 잉태한 여인이 산기가 임박하여 구로하며 부르짖음 같이 우리가 주의 앞에 이러하니이다"_사 26:17-18

"시온은 구로하기 전에 생산하며 고통을 당하기 전에 남자를 낳았으니 이러한 일을 들은 자가 누구이며 이러한 일을 본 자가 누구이뇨 나라가 어찌 하루에 생기겠으며 민족이 어찌 순식간에 나겠느냐 그러나 시온은 구로하는 즉시에 그 자민을 순산하였도다 여호와께서 가라사대 내가 임산케 하였은즉 해산케 아니하겠느냐 네 하나님이 가라사대 나는 해산케 하는 자인즉 어찌 태를 닫겠느냐 하시니라"_사 66:7-9

"잉태하는 고통을 더하리니 네가 수고(근심)하고 자식을 낳을 것이며"라는 말에서 '수고(근심)하고'의 히브리어는 에쩨브(עֶצֶב, nm, in pain)인데 이는 '고통 중에'라는 의미이다. 즉 자식을 낳는 것은 고통이 따르지만 자식을 낳게 되면 그 기쁨은 고통을 훨씬 상회(上廻)하게 될 것이라는 의미이다. 이를 가리켜 많은 학자들[142]은 상징적으로 해석했다. 그런 예수님은 기쁨의 제공자로서 제 2의 새로운 아담(New Adam)이시다. 한편 '고통 중에 태어난 자식으로 인한 기쁨'이라는 문장을 해석함에 있어 제 2의 아담이신 예수 그리스도와 연관하여 세상에 오셔서 죽으시고 부활하신 예수로 인한 기쁨을 '고통 중에 태어난 자식'으로 상징하여 해석한 것에 나는 공감한다.

---

142   『그랜드 종합주석 13권』, p915

22 지금은 너희가 근심하나 내가 다시 너희를 보리니 너희 마음이 기쁠 것이요 너희 기쁨을 빼앗을 자가 없느니라

"내가~기쁠 것이요"라는 것은 이사야 66장 14절의 "너희가 이를 보고 마음이 기뻐서~"와 상통하는 말씀이다.

"너희가 이를 보고 마음이 기뻐서 너희 뼈가 연한 풀의 무성함같으리라 여호와의 손은 그 종들에게 나타나겠고 그의 진노는 그 원수에게 더하리라"_사 66:14

이는 전쟁에서 포로 되었다가 회복된 기쁨을 말하고 있는 것이다. 동시에 영적으로 죄와 사망의 포로 되었던 우리를 자유케 해주신 예수 그리스도의 희생을 함의하고 있다.

"빼앗을 자가 없다"라는 것은 그리스도로 인해 얻게 된 기쁨과 구원은 영원하다라는 의미이다.

23 그 날에는 너희가 아무것도 내게 묻지 아니하리라 내가 진실로 진실로 너희에게 이르노니 너희가 무엇이든지 아버지께 구하는 것을 내 이름으로 주시리라

"그 날"이란 일반적으로는 마지막 날, 최후 심판의 날, 재림의 날을 말하는데 이 구절에서는 '종말 시대(교회 시대)'를 가리키고 있다. 즉 예수 그리스도의 죽음과 부활, 승천, 그리고 성령강림의 날을 의미한다(요 16:26:

14:20).[143]

한편 "묻다"의 헬라어 에로타오(ἐρωτάω, v)와 "구하다"의 헬라어 아이테오(αἰτέω, v)는 비슷한 의미[144]인데 이들은 '질문(묻다, 요 14:26: 요일 2:27)'과 '간구(요 13:6, 25: 14:5, 22: 16:17-18)'라는 의미를 내포하고 있다.

"너희가 무엇이든지 아버지께 구하는 것을 내 이름으로 주시리라"는 것은 '예수의 이름으로 기도하라'는 가르침(요 14:13-14: 15:16: 16:24)과 중보자이신 '예수의 이름'에 능력, 권세가 있음을 믿고 구하라는 말씀이다.

"이름(14:13, 14: 15:16: 16:23, 24, 26: 17:6, 11, 12, 26)"이란 전(全) 존재의 상징으로 그 단어 안에는 특성, 속성, 능력, 성품이라는 의미가 들어있다(시 124:6-8: 잠 18:10). 그래서 야곱은 얍복강 가에서 "당신의 이름을 고하소서(창 32:29)"라고 줄기차게 물었던 것이다.

24 지금까지는 너희가 내 이름으로 아무것도 구하지 아니하였으나 구하라 그리하면 받으리니 너희 기쁨이 충만하리라

이 구절은 그리스도의 승귀 중에서 죽음과 부활, 승천 전(前)의 상황을 배경으로 한 것이다. 놀랍게도 그들은 지금까지 예수의 이름으로 아무것도 구하지 않았던 것이다.

---

143   『그랜드 종합주석 13권』, p916

144   에로타오(ἐρωτάω, v)는 (from eromai, "ask") – make an earnest request, especially by someone on "special footing," i.e. in "preferred position.")이고 아이테오(αἰτέω, v)는 구하다(to ask, request, petition, demand)이다.

"구하라"의 헬라어 원문은 아이테이테(αἰτεῖτε)인데 이는 현재형으로 지속적인 기도 즉 간구(continuous or successive prayer)를 의미한다.

"너희 기쁨이 충만하리라"의 헬라어는 페프레로메네(πεπληρωμένη, may be full)인데 이는 수동태(V-RPM/P-NFS)로 표현된 완곡어법으로 '자주 있지만 늘 있는 것은 아니라(often but not always)'는 의미이다. 요한복음 14장 27절, 15장 11절의 기쁨, 평안을 연결하여 묵상하라.

"평안을 너희에게 끼치노니 곧 나의 평안을 너희에게 주노라 내가 너희에게 주는 것은 세상이 주는 것 같지 아니하니라 너희는 마음에 근심도 말고 두려워하지도 말라"_요 14:27

"내가 이것을 너희에게 이름은 내 기쁨이 너희 안에 있어 너희 기쁨을 충만하게 하려함이니라"_요 15:11

25 이것을 비사로 너희에게 일렀거니와 때가 이르면 다시 비사로 너희에게 이르지 않고 아버지에 대한 것을 밝히 이르리라

"비사"의 헬라어 파로이미아(παροιμία, a byword, a parable, an allegory, N-DFP, מָשָׁל)"는 '비유, 우화'라는 의미로서 어려운 내용을 쉽게 풀어주는 것을 말한다. '비사'의 경우 간혹 수수께끼 같아서 더 헷갈리는 것도 있기는 하다(요 14:22; 16:17-18). 세족식(요 13:8-11)의 비유나 종과 보냄을 받은 자(요 13:16)의 비유, 포도나무와 가지(요 15:1-17)의 비유, 해산하는 여인(요 16:21)의 비유 등이 이에 속한다.

"때가 이르면"에서의 '때'의 헬라어는 호라[145](ὥρα, N-NFS)인데 이는 '성령강림의 때'를 말한다(요 16:23, 26).

한편 "밝히"에 해당하는 헬라어는 팔레시아(παρρησία, N-DFS, freedom of speech, confidence)인데 이는 '확신에 차고 담대하며 주저하지 않음'을 가리키는 말이다.

26 그 날에 너희가 내 이름으로 구할 것이요 내가 너희를 위하여 아버지께 구하겠다 하는 말이 아니니

이 구절(26절)에서의 "그 날"과 23, 25절의 '때(그 날)'는 '성령 강림의 때'라는 점에서는 동일하다. 그러나 26절은 진리의 영이신 성령님으로 인해 영적 무지가 없어지는 때를 가리키며, 23, 25절은 말할 수 없는 탄식으로 우리를 위해 기도해주시는 성령님의 간구(롬 8:26)의 때를 말하는 것으로 미묘한 차이를 묵상할 수 있어야 한다.

"내가 너희를 위하여 아버지께 구하겠다는 말이 아니니"란 말씀은 예수께서 저들을 위해 기도하지 않겠다라는 의미가 아니다. 오히려 예수님은 지금도 앞으로도 우리를 위해 계속적으로 기도하신다(요 14:16; 17:9, 15, 20; 롬 8:34; 히 7:25). 그렇기에 예수님은 승천하시면서 성령 강림 이후에는 모

---

145   호라(ὥρα, N-NFS)는 properly, an hour; (figuratively) a finite "season"; limited time or opportunity to reach a goal (fulfill a purpose); a divinely pre-set time-period; a limited period to accomplish the Lord's specific purpose, i.e. "the hour" in which specific characteristics prevail exactly like that for a limited time)이다.

든 성도가 '예수의 이름으로' 기도하라고 하신 것이다.

바른 기도란 성부하나님께 성령님의 도우심을 바라며 예수님의 이름으로 기도해야 한다. 다시 말하면 분명한 대상과 더불어 성령님의 능력을 의지해야 하며 예수님의 이름에 권세가 있음을 알고 기도해야 한다라는 것이다.

27 이는 너희가 나를 사랑하고 또 나를 하나님께로서 온 줄 믿은 고로 아버지께서 친히 너희를 사랑하심이니라

이 구절에서의 "사랑하다"의 헬라어는 필레오(φιλέω, V-PIA-3S)[146]이다. 반면에 요한복음 14장 21, 23절에서는 아가파오(ἀγαπάω)라는 단어가 사용되었다. 원래 인간의 하나님에 대한 사랑은 필레오로 표현한다. 역으로 하나님의 인간에 대한 사랑은 아가파오이다. 그런데 이 구절인 27절에서는 하나님의 인간에 대한 사랑을 필레오로 사용했다. 이는 혈육적인 애틋함을 드러내기 위해 의도적으로 사용한 것이다.[147]

"친히"라는 것은 성도에 대한 하나님의 능동적인 사랑을 보여주는 친근한 단어이다.

---

146 이 구절에서 사랑은 필레오(φιλέω, V-PIA-3S, **phílos**, "affectionate friendship") – properly, to show warm affection in intimate friendship, characterized by tender, heartfelt consideration and kinship)이다. 반면에 요한복음 14장 21, 23절에서는 아가파오(ἀγαπάω, properly, to prefer, to love; for the believer, preferring to "live through Christ" (1 Jn 4:9,10), i.e. embracing God's will (choosing His choices) and obeying them through His power)이다.

147 『그랜드 종합주석 13권』, p917

"믿은 고로"에서의 믿음은 마치 아버지의 사랑을 얻는 조건으로 제시된 듯 보인다. 그러나 요한복음 14장 21, 23절에서는 믿음이란 예수의 계명을 가지고 지키는 것이 전제조건이 되어야 한다라고 하셨다. 이로 미루어 보아 '사랑과 믿음, 순종, 계명 지킴'은 떼려야 뗄 수 없는 상호 연결된 복합적인 개념임을 알아야 한다.

28 내가 아버지께로 나와서 세상에 왔고 다시 세상을 떠나 아버지께로 가노라 하시니

"나와서~왔고"라는 동사와 "떠나~가노라"는 각각의 두 동사는 언어유희(word play)를 통한 대조적 표현으로 사용되었다. 여기에는 예수 그리스도의 선재성(先在性)과 예수 그리스도의 승귀(Ascension of Christ, 성육신, 죽음과 부활, 승천)가 함의(含意)되어 있어 이 동사들에 주목할 필요가 있다.

"나와서~왔고~떠나~가노라"

나와서	왔고	떠나	가노라
부정과거	완료	부정과거	완료
성육신의 시간성		성육신의 지속적인 효과	
ἐξέρχομαι 엘세르코마이	ἔρχομαι 에르코마이	ἀφίημι 아피에미	Πορεύομαι 포류오마이
to go or come out of	to come, go	(a) I send away (b) I let go, release, permit to depart (c) I remit, forgive (d) I permit, suffer	To go properly, to transport, moving something from one destination (port) to another; (figuratively) to go or depart, emphasizing the personal meaning which is attached to reaching the particular destination.

29 제자들이 말하되 지금은 밝히 말씀하시고 아무 비사도 하지 아니하시니 30 우리가 지금에야 주께서 모든 것을 아시고 또 사람의 물음을 기다리시지 않는 줄 아나이다 이로써 하나님께로서 나오심을 우리가 믿삽나이다 31 예수께서 대답하시되 이제는 너희가 믿느냐

칼빈은 "이제는 너희가 믿느냐"라는 질문을 '너희가 믿음이 확고하다고 자부하느냐'라고 해석했다. 이는 요한복음 13장 38절의 말씀과도 통한

다. 나는 이를 "믿기는 뭘 믿는다는 말이니"라고 반어법적으로 해석한다. 그래야만 32절과 부드럽게 연결이 되기 때문이다.

32 보라 너희가 다 각각 제 곳으로 흩어지고 나를 혼자 둘 때가 오나니 벌써 왔도다 그러나 내가 혼자 있는 것이 아니라 아버지께서 나와 함께 계시느니라

"다 각각 제곳으로 흩어지고"에서의 '흩어지다'라는 것은 이리(늑대)에 의해 '해를 당하는(헤치다)' 양떼를 묘사(요 10:12)하는 말이다. 이의 헬라어는 스코르피조(σκορπίζω, to scatter)이다.

한편 마가복음 14장 27절과 요한복음 11장 52절에서는 디아스코르피조(διασκορπίζω)[148]라는 헬라어를, 스가랴 13장 7절에서는 푸쯔(פּוּץ, to be dispersed or scattered)라는 히브리어를 사용하고 있다.

"아버지께서 나와 함께 계시느니라"는 말씀은 요한복음 8장 16, 29절에서도 동일하게 반복되고 있다.

"만일 내가 판단하여도 내 판단이 참되니 이는 내가 혼자 있는 것이 아니요 나를 보내신 이가 나와 함께 계심이라"_요 8:16

"나를 보내신 이가 나와 함께 하시도다 내가 항상 그의 기뻐하시는 일을 행하므로 나를 혼자 두지 아니하셨느니라"_요 8:29

---

148 디아스코르피조(διασκορπίζω)는 dia, "thoroughly," which intensifies/**skorpízō**, "scatter") – properly, widely scatter, disperse greatly (note the force of the prefix, **diá**)이다.

33 이것을 너희에게 이름은 너희로 내 안에서 평안을 누리게 하려 함이라 세상에서는 너희가 환난을 당하나 담대하라 내가 세상을 이기었노라 하시니라

"이것"이란 제자들을 위로하시는 아버지 하나님의 약속의 말씀을 가리킨다. "평안(14:11; 15:27; 시 121:1-8, εἰρήνη, שָׁלוֹם)"이란 하나님과의 바른 관계와 친밀한 교제를 통한 하나 됨(Union with Christ)을 의미한다.

살롬의 4가지 주요 의미(견고함; security, 안전함; safety, 번영; prosperity, 더할 나위없는 행복; felicity)를 묵상해보라. 그러면 우리가 세상에서는 비록 환난(요 16:2)을 당하더라도 담대하고 당당할 수가 있게 된다. 한편 "담대하라"는 것은 '담대하게 이겨내라'는 의미이다.

"이기었노라"의 헬라어는 에고 네니케카(ἐγὼ νενίκηκα, I have overcome)인데 완료형을 쓰고 있음에 주목해야 한다. 곧 그리스도인 된 우리는 세상에서 이미 승리했다라는 것이다.

니카오[149](νικάω, V-RIA-1S, níkē, "victory")라는 말은 예수 그리스도의 십자가 죽으심과 부활로 인해 예수 그리스도 새 언약이 성취(초림)되었음을 말한다. 동시에 승천하셔서 거처를 예비하시면 다시 재림(그리스도 새 언약의 완성)하셔서 백보좌 심판을 통해 심판(악인의 심판)과 신원(의인의 심판) 후 우리를 미래형 하나님나라로 영접하실 것을 말한다. 이것은 분명한 사실이기에 완료형으로 쓴 것이다.

---

149 니카오(νικάω, V-RIA-1S, níkē, "victory") – properly, conquer (overcome); " 'to carry off the victory, come off victorious.' The verb implies a battle" (K. Wuest)

은혜 위에 은혜러라

*

Grace for Grace

Χάριν ἀντὶ χάριτος

예수(Ἰησοῦς), 그리스도(Χριστὸς), 생명(ζωή)

주의 기도
예수님의 대제사장적 기도

마태복음과 누가복음에서는 예수님이 제자들에게 직접 가르쳐 주신 기도(마 6:9-13, 눅 11:2-4) 곧 '주기도문'이 나온다. 그러나 이곳 요한복음 17장에는 예수님께서 성부하나님께 직접 드리신 '예수님의 대제사장적 기도'가 있다.

요한복음 17장은 13장에 이은 속편이기도 하다. 13장은 세족식을 통해 예수님의 십자가 죽음과 부활(대제사장적 역할)을 말씀하셨다면 17장은 예수님이 대제사장으로서 중보기도를 성부하나님께 올리는 모습을 담은 것이다.

참고로 "유대인의 기도(눅 11:1)"가 있는데 크게 2가지로서 그 중 하나는 카디쉬[150](Kaddish, קַדִּישׁ, 애도자의 기도)이고 다른 하나는 테필라(תְּפִלָּה, nf, prayer, Tepillah, 18번 축복기도, 18th Benedictions, Shemone Esre, 합 3:1; 시 55:17; 단 6:10)이다.

'기도'는 교회 된 성도들의 특권 중 하나이다. 기도는 삼위하나님과의 하나 됨이며 친밀한 교제이다. 그렇기에 기도는 의무가 아니라 특권 중의 특권인 것이다. 은혜의 방편(means of Grace)이다. 기도로 하나님께 구하고 아뢰며 말씀으로 응답받는다. 그렇기에 기도란 단순히 무엇을 얻기 위한 수단이 아님을 명심해야 한다.

성경은 "말씀과 기도로 거룩하여 짐(딤전 4:5)"이라고 하셨다. 예로부터 신앙 선배들은 기도에 질적으로 양적으로 많은 시간들을 할애하며 집중해왔다. 요한 웨슬레는 "적어도 하루에 4시간 이상 기도하지 않는 이는 불쌍한 사람"이라고 일갈하기도 했다. 내가 꿈꾸며 흉내내며 닮고자 하는, 나와 같은 외과의사 출신이었던 D. M. 로이드존스(1899-1981)의 경우 그의 아내의 말을 빌리자면 진정한 "기도의 사람"이었다라고 한다.

한편 예수님의 대제사장적 기도인 17장은 크게 세 부분으로 나누어서 묵상하면 도움이 된다.

첫째 부분(1-5절)은 '예수님 자신을 위한 기도'이다. 예수님은 당신도 영광이 되며(하나님을 올려드리고 하나님의 성품, 속성, 능력이 가시적으로 드러나도록) 성부 하나님도 영광을 받으시도록 간절히 기도했다.

---

150 '카디쉬'는 회당에서 설교후 낭송하는 짧은 기도문인 반면에 '쉐모네 에스레'는 유대인 들이 하루에 3번 드리는 기본적인 기도이다.

둘째 부분(6-19절)은 '제자들을 위한 기도'이다. 예수님은 당신께서 부활 승천하신 후 이 땅에 두고 가야만 하는 당신의 사랑스러운 제자들을 위하여 간절히 기도했다.

셋째 부분(20-26절)은 '믿는 자들인 교회(성도)를 위한 기도'이다. 둘째와 셋째 기도는 특별히 제자와 교회들을 보전해주시고 그들을 우리와 같이 하나 되게 해달라고 기도하신 것이다.

참고로 성부하나님께 드렸던 예수님의 중보기도의 타당성(정당성)을 아더 핑크는 일곱가지[151]로 소개했는데 이를 나의 생각으로 다시 재구성하면 다음과 같다.

첫째, 예수님은 하나님의 아들로서 부자지간이기 때문(17:1)에 당연히 아버지께 중보기도를 올릴 수 있다라고 했다.

둘째, 십자가 죽음의 때(구속으로 인한 구원의 성취 후 부활, 승천의 때)가 이르렀기 (17:1)에 그 죽음을 피하지 않고 잘 감당할 수 있도록 특별히 아버지 하나님께 기도를 올렸다라는 것이다.

셋째, 성부하나님은 당신의 섭리(providence, 작정과 예정이 성취되기 위한 하나님의 간섭과 열심)와 경륜(Administration, decree, 의도와 방향이 있는 특별한 섭리)으로 작정(decree, 창조, 타락, 구속, 완성이라는 전체의 청사진)과 예정(predestination, 택정과 유기)에 의해 예수님을 이 땅에 보내시고 당신의 자녀들을 구속할 권세를 주셨다. 당신을 통해 구속 계획을 열심으로 이루실 아버지 하나님께 당연히 기도를 올릴 수 있는 것이다라고 했다.

---

151 『아더 핑크의 요한복음 강해』, pp.943-945

넷째, 하나님의 택정[152]함을 받은 자들에게 당신 자신(복음 즉 예수, 그리스도, 생명)을 통해 영생을 주신다고 약속하셨기에 중보기도를 올렸다라고 했다.

다섯째, 하나님이신 예수님은 당신을 아는 것 즉 당신과의 교제와 당신을 경배함으로 함께 하는 것이 '영생'을 누리는 것임을 중보기도를 통해 적나라하게 드러내시려는 의도를 가지고 기도를 올렸다라는 것이다.

여섯째, 성육신하신 예수님은 하나님의 본체이심에도 불구하고 공생애 전(前)까지 온전히 수동적 입장을 취하셨고 모든 것에 있어서 아버지께 일절 순종하심으로(Messianic Secret) 성부하나님을 영화롭게 하셨다. 동일하게 중보기도를 올림으로 수동적 입장을 계속 취하고자 하심이라고 했다.

일곱째, 성부하나님의 유일한 기름 부음 받은 자 즉 그리스도, 메시야로 이 땅에 오셔서 성부하나님의 뜻(하라고 하신 일들, 구속 계획)을 다 이루었기에 아버지 하나님께 기도를 올렸다라고 했다.

아더 핑크가 소개[153]한 요한복음 17장 곧 '예수님의 대제사장적 기도'에 대한 다른 이들의 소감을 나의 표현으로 약간 다듬은 후에 함께 나누고자 한다.

"이 기도는 지극히 충만하고 위로에 넘치는 대화 그 다음에 나오는 것으로서 세상에서 지금까지 드려진 기도 중 가장 탁월하다."(매튜 헨리)

"이 기도에는 사상의 숭고함, 엄숙함, 간결한 표현력, 의미의 포괄성

---

152 작정(decree)은 성경적 세계관의 4기둥으로 전체의 청사진을 말하며 예정 (predestination)은 작정이 성취되기 위해 만세 전에 하나님의 택정함을 받은 하나님의 백성들을 복음과 십자가로 구원을 성취케 하는 것이다. 섭리(providence)는 작정과 예정이 성취되기 위한 하나님의 간섭과 열심을 말하며 경륜(dispensation)은 목적이 있는 특별한 섭리를 말한다.

153 『아더 핑크의 요한복음 강해』, pp.924-928 재인용

이 깃들어 있다. 지성소와 성소 사이를 막고 있던 휘장이 중보자(화목제물, 대속제물)이신 예수님으로 인해 열려져 지존자의 은밀한 장소로 들어가게 되었는 바 실로 거룩한 땅(Holy of Holy)에 서 있게 됨으로 신을 벗고 들어가 겸손하게, 경건하게, 준비된 마음으로 하나님의 음성에 귀기울여야 한다."(아더 핑크)

"이는 강렬하며 진심에서 우러나온 기도이다. 그리스도는 우리들에 관해, 그리고 아버지에 관해 그의 마음을 열어 보이셨다. 그리고 그것들을 하나도 빠짐없이 토로(吐露, express one's feelings)하신다. 그것은 아주 정직하고 선명하며 심오하고 풍부하며 광범위하다. 그것을 측량할 수 있는 사람은 아무도 없다."(마르틴 루터)

"아들이신 예수님이 아버지하나님께 바친 이 기도야말로 하늘에서나 땅에서나 우리가 들어왔던 것 중 가장 숭고하고 거룩하며 가장 결실이 풍부하고 탁월한 기도이다."(멜란히톤, 죽기 전 최후의 요한복음 17장 강의에서)

"우리가 지금 고찰하려하는 이 요한복음 17장은 성경 중에서 가장 탁월한 장이다. 그것은 독보적이다."(라일 주교)

"이 요한복음 17장은 모든 성경들 중 그 심오(深奧)성과 범위에 있어서 진실로 필적할 만한 대상이 없다."(W. 켈리, 신중하고 보수적인 작가)

"17장은 이 세상의 가장 탁월한 책 중의 가장 탁월한 부분(간결함, 광범위함, 심오성, 선명함)으로 이보다 더 놀라운 내용도 없으며 이만큼 놀라운 부분도 없다. 성육신하셔서 자신을 희생제물로 바치신 사랑이 집약되어 있다. 은혜로 충만하며 진리로 충만하다."(존 브라운)

17장에서는 특별히 "내게 주신"이라는 말이 자주 반복적으로 등장한다. 이는 수동적 입장을 취하신 예수 그리스도를 드러내고 있는 것이다. 하나님의 본체이신 예수님은 성부하나님의 유일한 기름 부음 받은 자(그리스도, 메시야)로서 수동적 입장을 취하셨다. 대제사장이신 예수님은 마치 구약의 대제사장이 기름 부음 받음으로 수동적 입장을 취하였듯이 동일하게 큰 대제사장(히 4:14)으로서 수동적 입장을 견지하신 겸손하신 하나님이시다. 그런 예수님은 성육신하셔서 공생애 전까지 일절 순종하심으로 배우셨던 것이다(히 5:8-9).

예수님은 3년 반 동안의 공생애 동안 그리고 이후 공생애를 마치시며 성부하나님께서 하라고 하신 일들을 이 땅에서 완수하셨음을 17장을 통해 보여주고 있는데 다음과 같다.

첫째는 이 세상에서 아버지를 영화롭게 해드림(4)이고 둘째는 아버지께서 하라고 하신 일을 다 이루심(4)이다. 셋째는 제자들에게 아버지의 이름을 나타내심이며(6) 넷째는 그들에게 아버지의 말씀을 주신 것이다(8, 14). 다섯째는 마치 목자가 자신의 양떼를 지키듯 예수께서 저희들을 지킨 것(12)이고 여섯째는 저들을 세상으로 파송한 것(18)이며 일곱째는 아버지께서 당신에게 주신 영광을 저들에게도 주신 것(22)이다. 또한 그리스도는 구원자들을 위해 아버지께 7가지를 청원하고 있으며 신자들의 세상과의 7가지 관계, 하나님의 7가지 선물을 말씀하고 있다. 이를 도표로 그리면 다음과 같다.

이 땅에 성육신 하신 구원자 예수님의 사역완수	성도를 위한 예수님의 7가지 청원	성도들의 세상과의 분명한 관계	성부하나님의 7가지 선물 1-4: 중보자인 J.C에게 5-7: 교회들에게
이세상에서 아버지를 영화롭게 함(4)	보전을 청원하심(11)	세상으로부터 그리스도께로 속하게 됨(6)	우주적인 능력, 통치권(2)
하라고 하신 일(초림의 구속 사역)을 이루심(4)	기쁨 충만을 구하심 (13)	세상에 남겨지나 홀로두지 않으심(11)	하실 '일'을 주심(4)
제자들에게 아버지의 이름을 나타내심(6)	악으로부터의 떠나게 되길 청원하심 (15)	세상에 있으나 더 이상 세상에 속하지 않게됨(14)	구원해야 할 백성을 주심(6)
그들에게 아버지의 말씀을 주심(8, 14)	성화를 위한 청원(17)	세상으로부터 증오를 받게 됨(14)	영광이 주어짐(22)
목자가 자신의 양떼를 지키듯 저들을 지키실 것임(12)	하나 됨을 청원(21)	세상의 악이 힘들게 하나 흔들 수 없으며 보존해주실 것임(15)	영생을 허락하심(2)
저들을 세상으로 파송(18)	연합을 구하심(24)	세상에 보냄을 받음 (18)-그리스도의 대사	아버지의 말씀을 주심(8)

　　성부하나님의 유일한 기름 부음 받은 자로서 그리스도 메시야로 오신 성자예수님은 성부하나님의 구속 계획을 성취하러 이 땅에 성육신하셨다. 그리고는 이 땅에서 아버지 하나님의 하라고 하신 일들을 하나씩 이루어 가셨다. 그 일에 일체 먼저 나서지 않으시고 분명하게 수동적 입장

을 취하셨다. 하나님의 본체이심에도 불구하고 하나님과 동등됨을 취할 것으로 여기지 아니하시며…….

이 땅을 떠나시기 전, 구원자 예수님은 제자들과 교회들을 위해 중보를 하셨는데 이른바 이곳 17장의 '예수님의 대제사장적 기도'로서 그들을 위해 성부하나님께 청원을 올렸던 것이다. 한편 이 땅에 남게 될 성도들은 세상에 살되 세상에 속하여 살거나 세상과 적당히 타협하며 살아서는 곤란하다. 세상 속에서 분명한 자기 정체성을 인식하며 살아가고 확고부동(確固不動)한 삶의 목적과 목표를 따라 육신의 장막을 벗는 그날까지 위에서 부르신 부름의 상을 위하여 달려가야 할 것이다.

성부하나님은 예수 그리스도(기능론적 종속성 면에서)와 연합(Union with Christ)된 우리에게 구원이라는 최고의 선물을 주셨다.

한편 17장을 묵상할 때에는 8, 13, 16, 18, 19, 22, 26절의 일곱 부분을 깊이 묵상한 후 다음의 4가지의 핵심단어를 유의하며 이해해야 한다.

첫 번째의 핵심단어는 이중적 의미를 지니고 있는 '영광 혹은 영화(61회, 독사, 17:1)'의 분명한 의미를 정확하게 분별하며 해석해야 한다. 우리가 흔히 자주 외치는 '하나님께 영광'이란 의미는 '하나님과 하늘의 것(능력, 성품, 속성)을 이 땅에 가시적으로 드러내다라는 것(요 11:4, 12:16, 23, 13:31)'과 '하나님의 칭찬, 명예, 명성, 빛나는 영예(요 8:24, 12:28, 15:8, 16:14, 21:19)에 대하여 찬양과 경배를 돌려(올려)드린다'라는 것을 의미한다.

두 번째 핵심단어는 '영생(17:3)'이다. 영생(永生)이란 헬라어로 아이오니오스(αἰώνιος, eternal) 조에(ζωὴ, life)라는 두 단어의 합성어이다. 영생은 단순히 죽음 이후의 영원한 삶만을 의미하지 않고 예수를 믿는 즉시 영원한 삶을 살아가게 됨을 의미한다.

요약하면 예수를 믿으면 즉시 성령님이 우리 안에 내주(內住, 성령 세례)하시게 된다. 그 성령님은 우리의 주인 되셔서 우리와 함께 하시며 우리를 다스리신다(주권, 통치, 질서, 지배). 그렇게 되면 우리 각자(몸)는 성령님이 주인 되신 하나님나라가 되는데 이를 가리켜 현재형 하나님나라라고 한다. 육신적 죽음을 통과한 후 우리는 미래형 하나님나라에 들어가게 된다. 그렇기에 지금 살아 생전에 예수를 믿고 나면 지금도 앞으로도 영원히 삼위하나님 안에 거하여 그분과 교제하고 그분께만 찬양과 경배하며 그분과 함께하는 하나님나라를 살아가는 것이다. 이렇게 지금(현재형 하나님나라)도 앞으로도 영원히(미래형 하나님나라) 하나님나라를 누리고 사는 것을 영생(永生)이라 한다.

세 번째 핵심단어는 '내게 주신(17:22) 영광'에서 '주신(2, 6(2회), 9, 11, 12, 24)'이라는 말이다. 이는 일곱 차례나 사용되었다. 이에 해당하는 헬라어로는 τὴν(텐, the) δόξαν(독산, glory) ἣν(헨, which) δέδωκάς(데도카스, You have given) μοι(모이, Me)인데 여기서 우리는 수동적 입장을 취하고 계시는 예수님을 목도하게 된다. 하나님의 본체이신 예수님은 당연히 수동적 입장을 취하실 필요가 없으시다. 그럼에도 불구하고 기능론적 종속성을 통해 성부하나님의 유일한 기름 부음 받은 자로, 구원자이신 예수께서 그리스도, 메시야로 이 땅에 오셨는데 그는 하나님과 동등됨을 취할 것으로 여기지 않으셨다. '수동적 입장'이란 구약의 대제사장이 수동적으로 기름 부음을 받은 것처럼 대제사장으로 오신 예수님 역시 일체 수동적 입장을 취하셨다라는 것이다.

네 번째 핵심 단어는 '하나가 되게(17:11, 21, 22, 23)'라는 단어이다. 이에 해당하는 헬라어는 ἵνα(히나, so that) ὦσιν(오신, they may be) ἕν(헨, one) καθὼς(카도스, as) ἡμεῖς(헤메이스, we) ἕν(헨, are one)인데 이는 '우리가 하나인 것 같이 저희도 하나가 되게 하옵소서'라는 뜻이다. 우리는 예수님의 십자가 죽음에 동참함으로 함께 죽었고 예수님의 부활하심으로 함께 살아났다(갈 2:20). 이후 우리는 예수 그리스도와 연합(Union with Christ, 하나 됨)되었다. 그리하여 삼위일체 하나님(다른 하나님, 한 분 하나님)의 연합처럼 우리 또한 삼위하나님과의 연합이 되길 소망해야 할 것이다. 즉 하나님의 뜻이 이 땅에서 우리를 통해 이루어지길 기도해야 한다라는 의미이다.

한편 예수님은 우리를 당신과 동일시[154]하셨다. 이 말은 친교(17:2)나 영광 목적(17:11), 세상과 분리된 점(17:14), 직무(17:18), 하나 됨(17:21), 부여받은 영광(17:22), 사랑(17:23)에 있어서의 동일성을 가리키는 말이다.

17-1 예수께서 이 말씀을 하시고 눈을 들어 하늘을 우러러 가라사대 아버지여 때가 이르렀사오니 아들을 영화롭게 하사 아들로 아버지를 영화롭게 하게 하옵소서

1~5절은 예수님이 성부하나님께 당신 자신을 위해 드렸던 직접적인 기도이다.

---

154   『아더 핑크의 요한복음 강해』, p963

"이 말씀"이라는 것은 14-16장까지의 긴 강화설교 전체를 말하기도 하지만 좁은 의미로는 16장 33절의 말씀으로 한정할 수도 있다.

"이것을 너희에게 이름은 너희로 내 안에서 평안을 누리게 하려함이라 세상에서는 너희가 환난을 당하나 담대하라 내가 세상을 이기었노라 하시니라"_요 16:33

"눈을 들어" 기도하고 계시는 예수님의 모습은 구약에서 제사드릴 때의 자세(겔 33:25)와 동일하며 신약에서는 성전 기도의 자세이다(눅 18:11, 13; 요 11:41). 한편 "눈을 들어(시 121:1-2; 123:1)"와 "하늘을 우러러(시 25:1)"에서의 신체적인 자세는 매우 중요(라일 주교)한데 이는 '세상적인 일에 대한 생각과 애착을 끊고 오직 하나님께만 깊은 존경과 경건, 신뢰를 바친다'라는 의미가 들어 있다.

"아버지여"라는 말에서는 예수님과 성부하나님과의 부자 관계(본성의 동일성, 존재론적 동질성)와 서로 간의 사랑(사랑과 존경, 신뢰와 순종)을 볼 수 있다(히 10:5; 눅 1:35; 3:38; 롬 8:29, 32).

"때"가 가리키는 것은 요한복음 12장 23, 27절의 경우처럼 '십자가 죽음의 때'와 더불어 '부활 이후 예수님이 승천하시고 아버지 하나님께로 돌아갈 때' 둘 다를 의미한다. 그러므로 "때"가 이르렀다는 것은 현실적으로 보면 우리들에게 지극한 아픔이요 고난이다. 그러나 믿음을 굳건하게 붙들고 있는 성도라면 그 믿음을 통해 보이는 것만을 바라보는 것이 아니라 저 너머에 있는 보이지 않는 것을 바라보기에(고후 4:17) 극한 고통이나 아픔 속에서도 하나님의 계명과 예수 믿음을 붙들고 인내함으로 이겨나갈 수가 있다(계 14:12).

토머스 맨턴(Thomas Manton, 1620-1677)은 "믿음으로 육적 감각을 패배시켜야 한다. 마음이 천국에 있으면 육체가 지상에서 느끼는 고통에 대항하는 강력한 무기가 된다"라고 했다.

"아들을 영화롭게 하사~아버지를 영화롭게 하옵소서"라고 하신 기도는 십자가 고난과 죽음의 잔을 끝까지 흔들리지 않고 잘 마실 수 있도록 도와주시라는 간구이다. 십자가 죽음은 수치와 저주는 물론이요 극한 고통과 성부하나님과의 관계 단절까지도 의미하는 것이기에 예수님께는 가장 힘든 순종이었다. 그래서 예수님은 아버지 하나님께 당신을 위한 간절한 기도(17:1-8절)를 올리셨던 것이다. 아더 핑크(Arthur Walkington Pink, 1886-1952)는 이 기도에 이중의 목적(소망)과 이중의 주제가 있다라고 했다. 곧 택정받은 자들의 구원을 허락하신 성부하나님의 영화(영광)와 그것을 성취하신 아들의 영화(영광)이다.

"영화 혹은 영광"은 헬라어[155]로 독사(δόξα, nf)이고 동사는 독사조(δοξάζω, v)인데 이는 하나님의 능력, 속성, 성품, 하나님나라의 것을 이 땅에 가시적(십자가 죽음)으로 드러내는(계시되어 있는) 것을 말한다. 동시에 그분의 성품을 찬양하고 경배하며 마음껏 올려드리는 것을 말한다. 즉 하나님의 영광을 위해 예수님은 십자가 수난과 죽음을 당했던 것이다(마 27:54; 막 15:39). 성부하나님은 이렇게까지 자기를 낮춘(빌 2:6) 아들을 지극히 높

---

155 헬라어로 '영광'은 독사(δόξα, nf, from δοκέω(v), "exercising personal opinion which determines value", God's infinite, intrinsic worth (substance, essence), literally means "what evokes good opinion, i.e. that something has inherent, intrinsic worth" (J. Thayer))이다. 동사는 독사조(δοξάζω, v, glorify; properly, to ascribe weight by recognizing real substance (value), "Glorifying God" means valuing Him for who He really is. For example, "giving (ascribing) glory to God" personally acknowledges God in His true character (essence)이다.

이셔서 모든 이름 위에 뛰어난 이름을 주셨다(빌 2:9; 히 1:4). 즉 십자가 수
난을 통해 인간들의 구원을 이루신 예수님은 하나님의 영광이 되셨던 것
이다(Bernard, G. Beasley-Murray). 그렇기에 로마서 1장 25절, 요한복음 17
장 22절, 에베소서 1장 11-14절에는 그 예수를 믿은 우리도 아버지 하나
님의 '영광의 찬미, 찬송'이 되었다라고 했다.

**2 아버지께서 아들에게 주신 모든 자에게 영생을 주게 하시려고 만민을 다스리
는 권세를 아들에게 주셨음이로소이다**

"아들에게 주신 모든 자"라는 것은 만세 전에 하나님의 은혜로 택정하
심을 따라 예수님 안에서, 예수님으로 말미암아 구원받게 된, 받게 될 모
든 사람들을 가리킨다. 이는 6절의 "세상 중에서 내게 주신 사람"을 말한
다. 모든 사람은 나면서부터 영적 죽음 상태이다(엡 2:1). 그중에는 유기된
진짜 죽은 사람(카토이케오)이 있는 가하면 택정함을 받았으나 복음을 듣지
못해 아직은 세상에 있는 사람들이 있다. 후자의 경우 그들은 때가 되면
복음이 전해져 들려짐으로 반드시 돌아게 될 자들(카데마이)이다.
"영생"은 두 단어의 합성어로서 그 헬라어는 조엔 아이오니온(ζωὴν, life/
αἰώνιον, eternal)이다. 이는 삼위하나님과 함께 분명한 장소 개념인 미래
형 하나님나라라는 장막 혹은 거처(요 14:2-4)에서 영원히 함께 사는 것을
말한다. 동시에 장소 개념이 아닌 주권, 통치, 질서, 지배 개념인 현재형
하나님나라에서 오늘까지도 누리는 것을 포함한다. 그러므로 '영생(永生,
eternal life)'이란 예수를 믿은 후 지금도 앞으로도 영원히 영적 부활 상태

에서 영원히 살아가는 것을 가리키는 것으로 질적 양적인 영원한 삶을 의미한다. 단, 육신을 가진 모든 인간은 반드시 '육신적 죽음'이라는 과정을 거쳐야 한다라는 사실이다. 여기서 우리는 '죽음'에 대한 분명한 개념정립(conceptualization)이 있어야 한다. 사도 바울은 '육신적 죽음'을 '이동 혹은 옮김'이라고 했다. 곧 현재형 하나님나라에서 미래형 하나님나라에로의 옮김 혹은 이동이라는 것이다. 그렇기에 그리스도인에게 있어서는 '육신적 죽음'은 단순히 끝이 아니라 미래형 하나님나라에로의 첫 발자국이요 첫 관문을 통과하는 의례일 뿐이라는 사실을 기억해야 한다.

"만민을 다스리는 권세"란 모든 인류, 모든 피조물을 다스리는 통치권을 말한다(벧전 3:22; 마 28:18; 고전 11:3; 골 2:10). 좀 더 엄밀하게 말하면 '만민'이란 '선택된 무리' 혹은 '그에게 책임지워진 자들'을 가리킨다.

3 영생은 곧 유일하신 참 하나님과 그의 보내신 자 예수 그리스도를 아는 것이니이다

"영생"은 그리스도인이 받게 되는 복 중에서 최고의 복(요일 2:25)이다. "유일하신 참 하나님"이란 말 속에는 절대적인 유일성(사 37:20; 요 5:44)과 보편적인 진실성(출 34:6; 계 6:10)을 내포하는 하나님의 속성이 들어 있다. 한편 "그의 보내신 자"라는 말(그리스도, 메시아) 속에는 기능론적 종속성(functional subordination)이 내포되어 있을 뿐만 아니라 동시에 예수님께서 이 땅에 오신 후 근본 하나님의 본체이심에도 불구하고 수동적 입장을 취하셨음을 드러내고 있다.

"그리스도를 아는 것(마 11:27; 시 9:10; 요일 2:3)"이라는 말은 그리스도와 교제하고 그 분을 신뢰하고 사랑하고 그분만을 찬양하고 경배하는 것을 말한다. 여기서 '알다'의 헬라어는 기노스코[156] (γινώσκω)인데 이는 히브리어의 야다(יָדַע, 마 1:25)와 동일한 의미로서 성(性)적인 관계에서도 사용될 정도로 철저하고 밀접한, 인격적인 앎을 의미한다.

4 아버지께서 내게 하라고 주신 일을 내가 이루어 아버지를 이 세상에서 영화롭게 하였사오니 5 아버지여 창세 전에 내가 아버지와 함께 가졌던 영화로써 지금도 아버지와 함께 나를 영화롭게 하옵소서

"아버지께서 내게 하라고 주신 일"이 가리키는 것은 예수님이 성부 하나님의 지상 대리인으로서(요 4:34, 5:36) 아버지의 구속 계획을 성취하기 위해 순종하셨던 성육신, 십자가 수난과 죽음을 말한다. 그런 예수님은 선재성(pre-existence), 영원성(perpetuity), 전지성(omniscience), 전능성(omnipotence)을 가지신 하나님으로 독자적인 사역을 감당할 수도 있으나 끝까지 수동적 입장을 취하심으로 성부하나님께 영광을 돌려드렸다.

한편 이 구절의 "영화롭게 하옵소서"에서의 '영화롭게'라는 이중적 의미는 '찬양과 경배를 올려드리다'라는 뜻이라기 보다는 '십자가 고난과 죽음의 길을 잘 갈 수 있게 해주시옵소서'라는 의미로서의 영광이다. 곧

---

156 기노스코(γινώσκω)는 properly, to know, especially through personal experience (first-hand acquaintance)이다.

하나님의 성품, 능력, 속성이 나를 통해 이 땅에 잘 드러나게 하옵소서라는 의미이다.

"이루어"의 헬라어는 텔레이오오[157](τελειόω)인데 이는 십자가 가상 7언 중 여섯 번째 말인 테텔레스타이(Τετέλεσται, It has been finished. 다 이루었다) 라는 의미와 동일하다.

6 세상 중에서 내게 주신 사람들에게 내가 아버지의 이름을 나타내었나이다 저희는 아버지의 것이었는데 내게 주셨으며 저희는 아버지의 말씀을 지키었나이다

6~19절은 당신의 '제자들을 위한' 예수님의 대제사장적 기도이다.

"세상 중에서 내게 주신 사람들"이란 "아들에게 주신 모든 자(요17:2, 9절)"를 말하는 것으로 17장에서는 "저희"라는 말을 사용하고 있다.

"이름(요 14:13, 14; 15:16; 16:23, 24, 26; 17:6, 11, 12, 26)"이란 전(全) 존재(성자 하나님으로서)의 상징으로 특성, 속성, 능력, 성품이라는 의미가 들어 있다(시 124:6-8; 잠 18:10). 앞서 계속 언급해왔지만 그래서 야곱은 얍복강 가에서 "당신의 이름을 고하소서(창 32:29)"라고 하며 물고 늘어지며 고관절(환도뼈)이 탈구(dislocation)되기까지 붙들었던 것이다.

"아버지의 것이었는데 내게 주셨으며"라는 말씀에는 삼위하나님의 기능론적 종속성(functional subordination)이 내재되어 있다. 우리를 택정하신 성부하나님의 구속 계획에 따라 예수님은 이를 성취하기 위해 이 땅에 오

157　텔레이오오(τελειόω)는 to consummate, reaching the end-stage, i.e. working through the entire process (stages) to reach the final phase (conclusion)이다.

셔서 대가 지불이라는 십자가 보혈로 구속(속량) 후 우리를 구원시키셨다. 성령님은 믿음으로 은혜로 구원받은 우리를 하나님의 자녀로 인(印)치신 후 거룩함으로 살아가게 인도하셨다(벧전 1:2).

토머스 맨턴[158]은 "구원의 근원은 아버지께로부터 나온다"라고 했다. 이 말은 결국 아들을 통해 모든 것이 경영되며 성령께서 모든 것을 적용시킨다라는 의미이다. 결론적으로 모든 것은 아버지 하나님께로부터 나온다라는 것이다. 그리고 그리스도를 통해 성령님의 능력으로 우리에게 주어진다라는 의미이다.

7 지금 저희는 아버지께서 내게 주신 것이 다 아버지께로서 온 것인 줄 알았나이다 8 나는 아버지께서 내게 주신 말씀들을 저희에게 주었사오며 저희는 이것을 받고 내가 아버지께로부터 나온 줄을 참으로 아오며 아버지께서 나를 보내신 줄도 믿었사옵나이다

예수님은 창조주이시자 구속주이시다. 그 예수님은 성부 하나님의 본질을 보여주기 위해 이 땅에 성육신 하셨다. 그렇기에 "아버지의 이름을 나타내었나이다(6), 아버지를 이 세상에서 영화롭게 하였사오니(4), 아버지의 이름을 저희에게 알게 하였고(26)"라고 하셨다. 그 예수님은 말씀 그 자체이시고 말씀의 주체이시다(요 1:1-3).

7-8절에서의 "저희"는 만세 전에 택정함을 입어 때가 되매 복음을 통해

---

158   『아더 핑크의 요한복음 강해』, p949

구원을 얻은 영적 이스라엘(요 6:44, 70; 12:32; 15:16; 17:2, 6)을 가리킨다.

한편 6절과 14절에서의 "말씀"[159]의 헬라어는 로고스(λόγος, nm)이고 8절은 레마타(ῥήματα, N-ANP/ῥῆμα, nn)이다. 학자들은 구분하여 해석하였으나 나는 앞의 두 가지를 굳이 구분할 필요는 없다고 생각한다. 단 살았고 운동력이 있는 아버지의 말씀(요 1장, 로고스, λόγος)과 특별은총으로 주신 권위의 말씀(κήρυγμα, 롬 16:25, 막 16:20), 성령님께서 특별히 내게 들려주시는 아버지의 말씀(레마, ῥῆμα)으로 미묘한 차이를 구분하여 묵상하면 은혜가 새록새록 더하여 질 수는 있다.

한편 8절의 말씀을 순서대로 배열하면 로마서 10장 17절의 말씀과 상통한다.

나는 아버지께서 내게 주신 말씀들을 저희에게 주었사오며

→ 저희는 이것을 받고

→ 내가 아버지께로부터 나온 줄을 참으로 아오며

→ 아버지께서 나를 보내신 줄도 믿었사옵나이다.

즉 믿음은 "들음에서 나며 들음은 그리스도의 말씀으로 말미암았느니라"는 말씀과 상통하는 것이다. "아버지께서 나를 보내셨다"라는 문장은 17장의 대제사장적 기도에서 계속하여 반복되는 것으로 이는 마치 후렴

---

159 "말씀"(17:6, 14)은 로고스(λόγος, nm, ("word") is preeminently used of Christ (Jn 1:1), expressing the thoughts of the Father through the Spirit.)이고 8절은 레마타(ῥήματα, N-ANP/ῥῆμα, nn, ("spoken-word") is commonly used in the NT (and in LXX) for the Lord speaking His dynamic, living word in a believer to inbirth faith ("His inwrought persuasion")) 이다. 살아있는 아버지의 말씀(요 1장, 로고스, λόγος)과 권위의 말씀(κήρυγμα, properly, proclamation, the preaching (heralding) of the Gospel – especially its fundamentals (like Jesus' life, death and resurrection, etc.), 롬 16:25, 막 16:20)을 들려주신 아버지의 말씀(레마, ῥῆμα)의 미묘한 차이는 알아둘 필요가 있다.

구(8, 18, 21, 23, 25)처럼 사용되어 있다. 이는 예수님의 모든 행동의 정당성과 구속사적 의미를 잘 설명해주는 것이다.

9 내가 저희를 위하여 비옵나니 내가 비옵는 것은 세상을 위함이 아니요 내게 주신 자들을 위함이니이다 저희는 아버지의 것이로소이다

"비옵나니"의 헬라어는 에로타오(ἐρωτάω)인데 이는 '묻다, 기도하다'라는 의미이기도 하다. 동의어로 아이테오(αἰτέω)가 있다. 전자는 동등한 위치에서 요구하는 것이고 후자는 종속 관계에 있는 자가 간청하는 것이다.

"세상"이란 택함받지 못한 사람들이 살아가는, 타락한 상태에 있는 인류를 총칭하는 '죄악 세상(엡 2:2; 고전 7:31; 롬 12:2)'을 가리킨다.

10 내 것은 다 아버지의 것이요 아버지의 것은 내 것이온데 내가 저희로 말미암아 영광을 받았나이다

이는 요한복음 16장 15절과 평행구절이다. 토머스 맨턴은 "저희는 아버지의 자녀이며 그리스도의 지체들이고 성령님의 전들이다"라고 했다.

"무릇 아버지께 있는 것은 다 내 것이라 그러므로 내가 말하기를 그가 내 것을 가지고 너희에게 알리리라 하였노라"_요 16:15

11 나는 세상에 더 있지 아니하오나 저희는 세상에 있사옵고 나는 아버지께로

가옵나니 거룩하신 아버지여 내게 주신 아버지의 이름으로 저희를 보전하사 우리와 같이 저희도 하나가 되게 하옵소서

이 구절에서는 "세상, 보전, 하나 됨"이라는 세 단어에 주목하면서 묵상하면 도움이 된다. 세상은 저희를 통해, 보전은 또 다른 보혜사 성령님의 보호를 통해, 하나 됨은 연합(Union with Christ)을 통해 삼위하나님과의 영접과 연합(하나 됨)을 이루게 될것임을 가리킨다.

"거룩하신 아버지여"에서 '거룩'은 하나님의 성품으로서 히브리어로 코데쉬(קֹדֶשׁ, nm, apartness, sacredness, holy)라고 한다. 그 동사는 카다쉬(קָדַשׁ)이다. 헬라어로는 하기오스[160](ἅγιος, adj)라고 한다.

그런데 죄인 된 인간은 결코 거룩할 수가 없다. 우리는 하나님의 성품(코데쉬, קֹדֶשׁ, nm, apartness, sacredness, holy)을 본받아 그분의 능력으로 거룩함(카다쉬, קָדַשׁ)으로 살아가는 것일 뿐이다. 한편 '거룩'이라는 하나님의 성품을 나타내는 단어 속에는 모든 피조물 위에 뛰어나신 하나님의 위대성(사 6:3)이 내재되어 있고 죄와는 온전히 함께 할 수 없다라는 구별성(레 11:44, 45)이 함의되어 있다.

"보전"이란 헬라어로 테레오[161](τηρέω, V-AMA-2S)인데 이는 악에 빠지지 않게 '굳게 붙잡다, 보살피다'라는 의미이다. "하나가 되게 하옵소서"에서의 '하나'에 해당하는 헬라어는 헨(ἕν, adj-NNS, Nominative, 주격)으로 중성

---

160 하기오스(ἅγιος, adj)는 different (unlike), other ("otherness"), holy; for the believer, means "likeness of nature with the Lord" because "different from the world.")이다.

161 테레오(τηρέω, V-AMA-2S, Aorist부정과거, Imperative명령문)는 (from tēros, "a guard") – maintain (preserve); (figuratively) spiritually guard (watch), keep intact.)이다.

명사이다. 이와 비슷하나 약간 추상적인 개념을 의미할 때에는 헤노테스[162](ἑνότης)라는 헬라어를 사용하기도 한다. 즉 '공동체의 하나 됨'이란 연합(Units or Uniformity)의 의미와 함께 통일성(Unity)이라는 말이다. 나는 예수 그리스도 안에서의 다양성(Variety in Unity)으로 해석한다.

12 내가 저희와 함께 있을 때에 내게 주신 아버지의 이름으로 저희를 보전하와 지키었나이다 그 중에 하나도 멸망치 않고 오직 멸망의 자식뿐이오니 이는 성경을 응하게 함이니이다

"멸망의 자식"이라는 말에서의 '멸망'의 헬라어는 아폴레이아[163](ἀπώλεια, nf)인데 이는 '지옥에 떨어뜨림(damnation, 마 7:13; 계 17:8)'이라는 의미로 최종적인 파멸(스올의 구덩이, the Pit of Sheol)의 영역에 있는 자(마 23:15), '적 그리스도(살후 2:3)'를 가리킨다. '음부의 자식, 지옥의 아들, 파멸(솨하트, שַׁחַת)의 아들(벤, בֵּן)'을 지칭한다.

"이는 성경을 응하게 함이니이다"라는 것은 구약의 시편 41편 9절(가룟 유다)과 109편을 인용한 것이다.

"나의 신뢰하는바 내 떡을 먹던 나의 가까운 친구도 나를 대적하여 그 발꿈치를 들었나이다"_시 41:9

162　헤노테스(ἑνότης)는 oneness, unity, (from heis, "one") – oneness (unity), especially the God-produced unity (oneness) between believers – i.e. the harmony from sharing likeness of nature with the Lord (used only in Eph 4:3,13)이다.

163　아폴레이아(ἀπώλεια, nf)는 – destruction, causing someone(something) to be completely severed – cut off (entirely) from what could or should have been. (Note the force of the prefix, apo.)이다.

13 지금 내가 아버지께로 가오니 내가 세상에서 이 말을 하옵는 것은 저희로 내 기쁨을 저희 안에 충만히 가지게 하려 함이니이다

"기쁨(요 16:24)"이 가리키는 것은 요한일서 1장 3-4절의 기쁨을 말하는 것으로 요한복음 14장 27절, 15장 11절에서의 '평안'을 의미한다.

참고로 '평안(샬롬, 에이레네)'의 4가지 의미를 되새겨보면 금방 이해가 될 수 있다. 하나님과의 바른 관계와 친밀한 교제를 통해 우리는 풍성한 은혜(카리스)를 받게 되며 그 은혜를 통해 기쁨(카라)과 감사(유카리스테오)가 넘쳐나게 되기 때문이다.

14 내가 아버지의 말씀을 저희에게 주었사오매 세상이 저희를 미워하였사오니 이는 내가 세상에 속하지 아니함 같이 저희도 세상에 속하지 아니함을 인함이니이다

이 구절은 그리스도인들이 세상에 살지만(dwell in the world) 세상에 속하여서는 안 된다(not belong to the world)라는 말이다. 더 나아가 세상과 타협하거나 세상에 동화되어서는 안 된다라는 것을 가리킨다.

"아버지의 말씀"이란 언약, 생각(사 55:8-11), 뜻, 계획, 진리(요 17:17), 판단(결정), 작정이라는 의미이다. 이사야 55장 8-11절, 시편 105편 5-10절, 히브리서 11장 3절을 깊이 묵상하라. 그런 다음 신명기 8장을 찬찬히 음미해보라.

히브리서 11장 3절은 "믿음으로 모든 세계가 하나님의 말씀으로 지어진 줄을"이라고 했다. 여기서 '하나님의 말씀으로'라는 의미는 삼위하나님의 '뜻과 계획'에 따라 '무에서 유'에로 '말씀'으로 창조되었다라는 것을 가리킨다. '말씀으로'라는 것은 창세기 1장 3절의 "가라사대"와 상통하는데 이는 히브리어로 아마르(אָמַר, v, to utter, say, commanded, thought)라고 한다. 곧 '생각하다, 언약하다, 명령하다'라는 의미인데 이를 묵상해보면 그 해석이 보다 더 선명해진다.

15 내가 비옵는 것은 저희를 세상에서 데려가시기를 위함이 아니요 오직 악에 빠지지 않게 보전하시기를 위함이니이다

"오직 악에 빠지지 않게 보전하시기를 위함이니이다"라는 것은 마태복음 6장 13절의 주기도문인 "다만 악에서 구하옵소서"라는 구절과 상통한다.

"악"이란 헬라어로 포네로스[164](πονηρός, adj)인데 이 구절에서는 투(τοῦ, Art-GMS, Article관사, Genitive소유격) 포네루(πονηροῦ, Adj-GMS)라고 쓰였다. 이는 '악' 혹은 '악한 자'라는 해석이 가능한데 여기서는 후자로서 '사단에게 속한 악한 세력들(요일 2:13-14; 3:12; 5:18-19)'을 의미하고 있다.

---

164 포네로스(πονηρός, adj)는 evil, bad, wicked, malicious, slothful, (an adjective which is also used substantively, derived from pónos, "pain, laborious trouble") – properly, pain-ridden, emphasizing the inevitable agonies (misery) that always go with evil)이다.

16 내가 세상에 속하지 아니함 같이 저희도 세상에 속하지 아니하였삽나이다

요한복음 15장 18-19절과 17장 14절의 말씀을 참조하라. 이는 신분과 본성(본질)의 차이를 알라는 것이다. 더 나아가 주인, 삶의 목적, 시민권을 가진 나라의 차이, 삶의 모습의 차이, 죽음 후의 운명의 차이까지도 함의 하고 있다. 이를 표로 나타내면 다음과 같다.

구분	그리스도인 하늘에 속한 자	불신자 땅에 속한 자
1)신분	그리스도 안에서 사랑받는 자들로 용납됨	아담 안에서 심판 가운데 처함
2)본성 혹은 본질	영에 속함 거룩하고 신성함	육에 속함 악하고 부패함
3)주인	성령님	자기 자신 조상 마귀
4)삶의 목적	Soli Deo Gloria 주권, 통치, 질서, 지배	천상천하(天上天下) 유아독존(唯我獨尊)
5)시민권	현재형 하나님나라 새 하늘과 새 땅	현재형 지옥=사단나라 유황불못
6)삶의 모습	영적 부활 후 거룩함, 정결, 성결	여전한 죄 가운데 거함 육적 죽음
7)죽음 후의 운명	새 하늘과 새 땅	유황불못

17 저희를 진리로 거룩하게 하옵소서 아버지의 말씀은 진리니이다

"정결케 하다"의 헬라어는 카다리조[165](καθαρίζω, ν, καθαρός, adj)이다. 따라서 우리는 예수의 피로 깨끗(정결)케된 이후에는 반드시 거룩함으로 나아가야 한다. 곧 성결(Purification, 칭의, Justification)된 이후 성별(성화, Consecration; Glorification)로 나아가야 하며 그리스도의 복음에 합당하게 증인으로서의 삶을 구별되게 살아가야 한다. 한편 '거룩하다'의 헬라어는 하기아조[166](ἁγιάζω, ν)이다. 상기 두 단어 카다리조와 하기아조는 동의어로 사용되나 약간 구별해야 한다.

'진리로 거룩하게 한다'라는 것은 '말씀으로 거룩하여짐이니라'고 하신 디모데전서 4장 5절을 근거로 하고 있다. 한편 이 구절은 사도들을 위한 기도 만은 아니고 모든 교회들을 위한 기도로 보아야 한다고 나는 해석한다.

"말씀"이란 하나님의 본질 그 자체를 말하며 진리의 구체적인 모습(시 119:142)으로서 그 말씀이 육신이 되신 분이 바로 예수님(요 1:14)이시다. "진리(ἀλήθεια, nf, truth reality)"는 작용하고 활동하는 능력(요 8:32)을 가지고 있다.

---

165 카다리조(καθαρίζω, ν, καθαρός, adj)는 (a primitive word) – properly, "without admixture" (BAGD); what is separated (purged), hence "clean" (pure) because unmixed (without undesirable elements); (figuratively) spiritually clean because purged (purified by God), i.e. free from the contaminating (soiling) influences of sin.)이다.

166 하기아조(ἁγιάζω, ν)는 I make holy, treat as holy, set apart as holy, sanctify, hallow, purify./hagiázō – to regard as special (sacred), i.e. holy ("set apart"), sanctify. (from ἅγιος, adj, "holy", properly, different (unlike), other ("otherness"), holy; for the believer, (hágios) means "likeness of nature with the Lord" because "different from the world.")이다.

18 아버지께서 나를 세상에 보내신 것 같이 나도 저희를 세상에 보내었고

이 구절은 복음의 증인(요 13:16, 행 1:8)이 되라는 말씀으로 여기서 "세상"이란 헬라어로 코스모스[167](κόσμος, nm)인데 이는 대략 6가지로 해석할 수 있다.[168] 본 구절에서는 다섯 번째를 가리킨다(Hendriksen).

첫째, 지구를 포함한(요 21:25) 질서정연한 우주(요 17:5)를 말한다. 둘째, 인류나 인간 사회를 의미하는 환유법적 표현이다(요 16:21). 셋째, 유대인이나 이방인을 총망라한 모든 종족과 족속들을 가리킨다(요 3:16-17; 4:42; 6:33, 51; 8:12; 12:46). 넷째, 일반 대중을 가리킨다(요 7:14; 14:22). 다섯째, 지금은 심판 아래 놓였으나 만세 전에 성부하나님의 택정하심을 따라 때가 되면 복음이 들려져 구원받아야 할 인류(카데마이, 윤리적 의미 포함)를 가리킨다(요 3:19). 여섯째, 하나님과 그의 백성들을 대적한 악한 세력들을 가리킨다(요 7:7; 8:23; 12:31; 14:30; 15:18; 17:9, 14).

나는 마태복음 28장 18-20절에 근거하여 세 번째 견해로 해석하고 동시에 계시록 14장 6절의 말씀을 근거하여 다섯째 의미로 해석한다.

19 또 저희를 위하여 내가 나를 거룩하게 하오니 이는 저희도 진리로 거룩함을

---

167 코스모스(κόσμος, nm)는 (literally, "something ordered") – properly, an "ordered system" (like the universe, creation); the world)이다.

168 『그랜드 종합주석 13권』, p934-935

얻게 하려 함이니이다

"거룩하게 하다(ἁγιάζω)"라는 것은 특별한 제사를 위해 성별된 제사장으로서(출 28:4; 29:21) 예수 그리스도께서 인류의 죄를 위해 자신을 온전히 희생하신 스스로 구별된 제물이 되심(출 28:38; 딛 2:14)을 의미한다. 예수님은 자기의 피로 택정된 하나님의 자녀들을 거룩케 하셨다(히 13:12; 엡 5:25-26).

예수님은 스스로 '거룩(코데쉬)'하시기에 예수를 믿은 제자들의 성결함(거룩함, 카다쉬)은 믿음으로 주어지게 된다(J Reid). 예수님은 스스로 십자가에서 희생제물 되심으로 거룩하여졌다. 이후 제자들은 그 예수 그리스도를 믿음으로, 그 예수를 인하여 거룩함을 얻게 되는 것이다.

20 내가 비옵는 것은 이 사람들만 위함이 아니요 또 저희 말을 인하여 나를 믿는 사람들도 위함이니

20~26절은 '교회를 위한' 예수님의 대제사장적 기도이다.

"저희 말을 인하여"에서의 '말'이란 로고스(λόγος, nm)를 가리키는데 이는 그리스도를 통한 신적 계시(요 17:14; 딛 2:5)라는 의미로서 예수 그리스도의 복음을 증거하는 것(롬 10:14; 히 2:3-4; 행 20:24)을 말한다. '말'이란 기독교의 구원 메시지인 하나님의 은혜의 '복음(εὐαγγέλιον, nn, 유앙겔리온, 눅 5:1; 8:11, 21; 11:28, W. Bauer)'을 가리키기도 한다.

"저희 말을 인하여 나를 믿는 사람들도 위함이니"라는 문장을 바르게 해석하려면 몇 가지 포인트에 중점을 두며 묵상해야 한다.

먼저, "저희 말을 인하여 나를 믿는 사람들"이란 "아들에게 주신 모든 자(2), 세상 중에서 내게 주신 사람들(6), 내게 주신 자들(9)"을 가리킨다. 곧 중보해야 할 대상자들로서 이들의 범위를 만세 전에 택정됨으로 장차 복음이 들려져 믿게 될 '교회들'에게만 국한시켜 그들을 소중히 여겨야 한다(요 17:2, 6, 9).

둘째, 만세 전에 택정함을 입은 후 때가 되매 복음이 들려짐으로 돌아오게 될 하나님의 자녀 곧 택정된 사람들에게만 주신 '그리스도에 대한 믿음(피스티스, 엡 1:3-14; 신 7:6-11; 벧전 1:20-21; 고전 10:1-6)'을 소중히 여겨야 한다.

셋째, 그들의 믿음의 근거와 보증이 되는 믿음 즉 '말씀의 소중함(롬 10:14, 17)'을 귀히 여겨야 한다.

21 아버지께서 내 안에, 내가 아버지 안에 있는 것 같이 저희도 다 하나가 되어 우리 안에 있게 하사 세상으로 아버지께서 나를 보내신 것을 믿게 하옵소서

"하나 됨"이라는 말 안에는 영접과 연합이라는 두 가지 뜻이 함의되어 있다. 성부하나님은 구속주 예수님을 통해 우리를 구원하셨다. 그 예수 그리스도를 믿음으로 예수 안에 있는, 예수와 하나 된 우리는 구원을 받게 된 것이다. 나는 이를 '신묘막측한 연합(Wonderfully & Fearfuly Union)'이라고 칭한다.

"안에", "하나가 됨", "알게, 믿게"의 세 단어에 유의하며 다음의 표(상호

문법적 평행법[169])를 살펴 묵상하면 또 다른 은혜가 될 것이다.

삼위하나님과 성도들 간의 상호 유기체적 연합 (The theme of unity in John, 요 17:20-23, J.F.Raudall)	
A 21a 저희도 다 하나가 되어	A'22b 저희도 하나가 되게 하려함
B21b 아버지께서 내 안에, 내가 아버지안에 있는 것 같이	B'22c-23a 우리가 하나가 된 것 같이 곧 내가 저희 안에 아버지께서 내 안에 계셔
C21c 우리 안에 있게 하사	C'23b 저희로 온전함을 이루어 하나되게 하려함
D21d 세상으로 아버지께서 나를 보내신 것을 믿게 하옵소서	D'23c 나를 보내신 것을 세상으로 알게 하려 함

22 내게 주신 영광을 내가 저희에게 주었사오니 이는 우리가 하나가 된 것 같이 저희도 하나가 되게 하려 함이니이다

"내게 주신 영광"에서의 "내게"란 예수 그리스도를, "주신 영광"이란 십자가 죽음을 가리킨다. 2,000년전 우리는 예수님과 함께 십자가에 달

---

169   『그랜드 종합주석 13권』, p936

림으로(갈 2:20) 하나가 되었고 그리스도와 함께하는 상속자가(롬 8:17) 되었다. 그리하여 로마서 8장 30절에 의하면 그리스도인은 확실한 영화(Glorification)를 선물로 받게 된다. 믿음은 바라는 것들의 실상이요 보지 못하는 것들의 증거(히 11:1)이기 때문이다.

"하나가 되게"라는 것은 히브리어로는 살롬(שָׁלוֹם, nm)이고 헬라어로는 에이레네(εἰρήνη, nf)를 말한다.

23 곧 내가 저희 안에, 아버지께서 내 안에 계셔 저희로 온전함을 이루어 하나가 되게 하려 함은 아버지께서 나를 보내신 것과 또 나를 사랑하심 같이 저희도 사랑하신 것을 세상으로 알게 하려 함이로소이다

"온전함을 이루다(τελειόω, v, V-RPM/P-NMP, 완수하다)"에 해당하는 헬라어는 히나 오신 테텔레이오메노이 에이스 헨(ἵνα ὦσιν τετελειωμένοι εἰς ἕν; that they may be perfected in unity)인데 이는 '다른 하나님, 한 분 하나님'이신 삼위일체 하나님과 우리와의 연합으로 인한 최종 결과인 '온전함과 하나 됨'을 가리킨다. 곧 예수 안에 계신 하나님, 우리 안에 계신 예수님으로 말미암아 우리는 삼위하나님과 '온전함과 하나 됨'을 이루게 되었다.

그러므로 먼저 된(구원을 얻은) 그리스도인들은 아직도 복음을 전해듣지 못한 채 세상에서 살아가고 있는 그들(카데마이, 만세 전에 택정된 자들, 계 14:6)에게 적극적으로 복음을 전해야 한다. 그들이 다 돌아오는 그때에 예수님은 재림을 하실 것이다. 바로 '그 때'를 가리켜 성부하나님의 "때와 시기(행 1:7, 살전 5:1, 벧후 3:9)"라고 한다.

그리스도인들은 하나님과 화목하게 하는 일을 적극적으로 행함(고후 5:18-21)으로써 우리들에게 주신, 세상을 하나님과 '화목하게 하는 직책'을 충성되게(고전 4:1-2) 감당하며 살아가야 한다. 그날(재림의 날)에 이르기까지(빌 3:12-14).

삼위하나님과의 하나 됨을 통해 우리는 현재 온전함을 이루어 살아가고 있다. 그런 우리는 오늘도 내일도 그리고 육신의 장막을 벗는 그날까지 '그리스도의 성품(벧후 1:4)'을 지니고 '예수의 심장(빌 1:8)'을 가지고 '그리스도의 형상(갈 4:19)'을 이루어가되 '그리스도의 장성한 분량이 충만한 데까지 나아가야(엡 4:13)' 할 것이다. 이후 예수 그리스도의 새 언약이 완성되는 그날(재림의 그날)에는 믿음도, 지식도, 사랑도, 거룩함도, 심지어는 영광에 이르기까지(골 3:4, 살후 1:10) 모든 것이 영원토록 온전한 하나가 되어 영생을 누리게 될 것이다.

24 아버지여 내게 주신 자도 나 있는 곳에 나와 함께 있어 아버지께서 창세 전부터 나를 사랑하시므로 내게 주신 나의 영광을 저희로 보게 하시기를 원하옵나이다

"나 있는 곳"이란 요한복음 14장 2-4절의 미래형 하나님나라를 가리키는 것으로 장소 개념인 천국(장막, 영원한 처소, 신천신지, 거룩한 성 새 예루살렘)을 의미한다. 장차 있게 될 그곳에서 우리는 영원히 주님과 함께 살게 된다. 그것은 최고의 즐거움이요 지극한 위로요 가슴 울렁이는 설레임(시 16:11; 왕상 10:8)이다.

초림의 예수님은 승천하시며 요한복음 14장 3절의 말씀을 통해 재림

후 우리를 반드시 미래형 하나님나라에 데려가시겠다고 약속하셨다.

"가서 너희를 위하여 처소를 예비하면 내가 다시 와서 너희를 내게로 영접하여 나 있는 곳에 너희도 있게 하리라"_요 14:3

"내게 주신 나의 영광"이란 성부하나님께서 성자예수님을 그리스도 메시야(the Anointed)로 기름 부으셔서 이 땅에 보내신 후 십자가의 대속 죽음을 통해 예수님이 영광을 받게 하셨던 것(빌 2:9-11)을 말한다. 동시에 예수님을 통해 성부하나님께서도 영광을 받으셨던 것이다(요 13:31).

25 의로우신 아버지여 세상이 아버지를 알지 못하여도 나는 아버지를 알았삽고 저희도 아버지께서 나를 보내신 줄 알았삽나이다

11절에서의 '거룩하신 아버지'라는 말에서의 '거룩'이라는 단어 대신에 이 구절에서는 "의로우신 아버지여"라고 "의(義)"를 강조하고 있다. 그 이유는 요한복음 16장 10절의 성령이 오셔서 세상을 "의"에 대하여 책망(엘렝코, 밝히 드러내다)하실 것임을 암시한 것이다.

의로우신 성부하나님은 비록 "세상이 아버지를 알지 못하여도(롬 1:19-20)" 당신의 때에 당신의 방법으로 택정된 자들을 부르시고 거룩하게 하셔서 종국적으로는 영화롭게 하실 것이다(롬 8:30). 곧 만세 전에 하나님의 의(義)로 택정된 자들은 반드시 하나님의 때에 하나님의 방법으로 구원을 얻어 영광을 입게 된다라는 뜻이다. 그렇기에 성육신 하신 예수님은 하나님을 신뢰하셨기에 공생애 전에도 수동적 입장을 취하셨고(근본 하나님의 본체이셨기에 그럴 필요가 없었음에도) 공생애 동안과 십자가 죽음 앞에서도 성부하나님의 공의와 사랑을 따라 일체 아버지의 뜻대로 행하셨던 것이다.

아버지하나님의 성품은 공의와 사랑인데 그중 공의의 하나님(시 116:5, 렘 12:1)이라고 할 때에는 긍정과 부정의 이중적 의미가 있다. 긍정이라함은 택한 자를 향한 구원하심을(요일 1:9, 영생), 부정이라함은 악한 자(유기된 자, 불신, 불순종, 불법, 불의)를 벌하심(영벌, 둘째 사망, 영원한 죽음)을 가리키기 때문이다.

26 내가 아버지의 이름을 저희에게 알게 하였고 또 알게 하리니 이는 나를 사랑하신 사랑이 저희 안에 있고 나도 저희 안에 있게 하려 함이니이다

예수님의 대제사장적 기도는 이 구절인 26절로 끝을 맺는데 기도에 있어서의 '적절한 맺음말'에 주목해야 한다. 곧 예수님은 "영생, 믿음, 영광"이라는 말로 기도를 끝맺지 않고 "사랑(고전 13:13; 롬 5:5)"으로 기도를 끝맺고 있음에 그저 감동일 뿐이다.

예수님의 사랑은 "영광의 책(The Book of Glory)"이 시작되는 요한복음 13장 1절에서부터 세족식으로 시작하여 일관되게 "사랑"을 드러내고 있다. 요한복음 17장 26절의 예수님의 대제사장적 기도 또한 "사랑"으로 종결했다. 예수님, 하나님, 성령님 곧 다른 하나님(기능론적 종속성), 한 분 하나님(존재론적 동질성)이신 삼위하나님의 크신 은혜에 그저 감사할 뿐이다.

기독교는 유일한 구원자이신 예수를 믿는 종교이며 그 예수를 진리로 복음으로 받아들이는 종교이다. 그렇기에 예수의 이름에만 권세가 있음을 알아야 한다. 여기서 "이름(요 14:13, 14; 15:16; 16:23, 24, 26; 17:6, 11, 12, 26)"이란 문자적 의미라기 보다는 전(全) 존재의 상징으로서 그 이름 안에는 '특성, 속성, 능력, 성품'이라는 의미가 들어있다(시 124:6-8; 잠 18:10). 앞서 계속하여 반복했지만 그래서 야곱은 얍복강 가에서 "당신의 이름을 고하소서(창 32:29)"라고 물었던 것이다.

2022. 3. 19
Sarah Kim

은혜 위에 은혜러라

*

Grace for Grace

Χάριν ἀντὶ χάριτος

예수(Ἰησοῦς), 그리스도(Χριστὸς), 생명(ζωή)

가룟 유다, 말고, 베드로, 안나스와 가야바, 빌라도 그리고 나

요한복음 13-20장까지의 "영광의 책(The Book of Glory, 13~20장)"은 13장의 예수님의 사랑이 내재된 세족식으로 시작했다. 세족식은 예수님의 십자가 수난과 대속적 죽음, 그리고 부활(승천까지도 포함)을 함의하고 있다. 예수님은 십자가 죽음과 부활을 통해 영광이 되셨고 성부하나님은 영광을 받으셨다.

이중 일명 다락방 강화(講話, Discourse)라고 일컫는 14-16장에는 초림하신 예수님께서 성부하나님의 구속 계획인 대속사역을 십자가 보혈로 성취하시고 승천하신 후 승리주 하나님으로서 성부하나님 우편에 계신다라고 말씀하셨다. 그 예수님은 때가 되면 우리를 미래형 하나님나라에 데려가시기 위해 재림(再臨)하실 것을 말씀하셨다. 그날까지 종말(교회) 시대를 살아가는 동안 우리는 앞서서 우리에게 본(本)을 보여주신 예수님을 따라 십자가에 동참하는 마음(요 17:22)으로 복음과 십자가를 자랑하고(복음 전파, 선포) 복음과 십자가의 증인으로 살아가야 한다.

종말(교회) 시대 동안 참 포도나무의 가지된 우리는 농부이신 성부하나님, 포도나무이신 예수님께 잘 붙어있어야만 한다. "나를 떠나서는, 붙어있지 아니하면, 내 안에 거하라"는 말씀을 항상 명심하고 어떤 상황이나 환경에서도 붙어있어야 하고 붙들려 있어야 한다.

그리스도인들은 하나님을 떠나서는 그 어떤 열매도 맺을 수 없다. 포도나무인 예수님께 붙어있기만 하면 농부이신 성부하나님께서 가지를 들어올리셔서 햇빛을 충분히 쬐게 해 주시고 쓸모없이 달려있는 곁가지는 가지치기를 해 주셔서 싱싱한 포도나무의 가지된 우리로 하여금 열매가 주렁주렁 달리게 하실 것이다. 나의 힘으로가 아니라 온전히 예수님을 통해 아버지께서 그렇게 하실 것이다.

우리가 살아가는 한 번 인생인 종말 시대 동안에는 여러 가지 환난과 핍박(인, 나팔, 대접재앙 등 일곱재앙)을 당할 수 있으나 전혀 걱정할 것이 없다. 우리는 예수 믿음과 하나님의 계명을 붙들고 인내로 살아가면 된다(계 14:12). 더하여 늘 우리와 함께 하시며 내주하신 주인 되신 "또 다른 보혜사 성령님"이 성전 된 우리 안에 주인으로 계시기에 우리는 오늘도 그리고 육신의 장막을 벗는 그날까지 당당하게 담대하게 살아갈 수가 있다.

영광의 책 후반부인 18-21장은 요한복음의 결론 부분으로 예수님의 십자가 수난과 죽음, 부활, 그리고 승천하시기 전 제자들에게 당부하셨던 말씀이다.

요한은 '예수님은 기드론 시내를 건너 겟세마네 동산으로 가셨다'[170]라고 기록(18:1)하고 있는데 이를 해석하면 다음과 같다.

"기드론 시내"을 건너 "겟세마네 동산"으로!

이는 어둠(기드론)에서 어둠(산으로 피신)으로 다니셨으나 마침내는 그 어둠을 몰아내고 승리하신 '빛이신 예수'를 보여주신 것이다. 곧 다윗왕이 아들 압살롬의 반역을 피해 기드론을 건너 산으로 피신했다가 종국적으로는 회복함으로 승리했듯이 예수님 또한 기드론을 건너 겟세마네 동산에서 기도하셨고 그곳에서 제자였던 가룟 유다의 배신으로 잡히신 후 십자가 죽음을 통해 다 이루시고(테텔레스타이) 부활, 승천하셔서 하나님 우편에서 승리주 하나님이 되신 진정한 승리를 보여주셨다라는 것이다. 이는 어둠에서 어둠으로 갔다가 빛으로 어둠을 몰아낸 것을 말씀하고 있다.

다시 말하면 다윗왕이 쿠데타를 주동했던 압살롬을 피해 기드론 시내(암울함, 어둠)를 건너 산으로 도망갔지만 종국적으로는 하나님의 개입하심으로 승리하게 됨(삼하 15장, 17-18장)을 연상시키는 부분이다.

한편 어둠에서 어둠으로 가버린 예가 바로 가룟 유다와 아히도벨이다.

---

170 '기드론(קִדְרוֹן, Κεδρών, dusky)'이란 '탁류, 어두움'을 의미하며 예루살렘 동쪽에 위치하고 있다. 이 골짜기를 곧장 건너면 감람산 서쪽 기슭인 겟세마네(Γεθσημανῆ, Gethsemane, an olive orchard on the Mount of Olives, a small place between the brook Kidron and the Mount of Olives near Jerusalem)동산이다. 이는 히브리어 가트(נַּת, a wine press)와 쉐멘(שֶׁמֶן, oil, fat)의 합성어이다.

곧 예수님을 배반한 가룟 유다는 목을 매어 "자살"했고 다윗을 배반한 아히도벨 또한 목을 매어 "자살"했다. 가룟 유다도 아히도벨도 '배반-자살, 배반-자살'로 귀결된 불행한 인생 곧 어둠에서 어둠의 일생을 살다가 어둠에 사로잡혀 죽어버린 슬픈 예이다.

한편 공관복음과 요한복음은 내용상 제법 차이를 보이고 있다. 이는 기록 목적에 따른 것이다. 마태복음이 왕으로 오신 예수님(사자복음, 다윗의 후손으로 오신 유대인을 위한 메시야)에 초점을 두었다면 마가복음은 고난받는 종으로 오신 예수님(소 복음, 로마인을 대상)을, 누가복음은 인자로 오신 예수님(이방인 즉 헬라인을 대상)을 기록했다. 반면에 요한복음은 하나님의 아들 즉 메시야이신 예수님(독수리복음, 열방의 모든 그리스도인들을 대상, 특히 핍박받는 초대교회 성도들을 대상)에 초점을 두었다.

이를 표로 정리하면 다음과 같다.

차이	마태복음 1071구절 28장, 5:17 AD 60	마가복음 678구절 16장, 10:45 AD 60	누가복음 1151구절 24장, 19:10 AD 65	요한복음 879구절 21장,20:31 AD 90-95
별명	사자복음	소복음	인자복음	독수리복음
대상	유대인	로마인	헬라인	핍박받는 초대교회 성도들
예수님의 속성	왕으로 오신 : 이스라엘 왕 다윗의 아들	종으로 오신 : Q의 종(구속 사역)	인자로 오신 : 인간적 완전성(창조), 연민성(회복) 인간적 관계 강조	Q 아들로 오신 : 성육신하신 Q아들, 육체를 취하심 인간 속에 거하시는 말씀: 신적 영광, 그 의 인격의 신성과 위엄
	C가 약속된 Q나라 도래 새 율법 메시야임을 부활로 증거	C; Q께 순종 세상 섬김 예수의 능력 영광 속에 승천	C; 완전한 人 Q-人 중보자 예수의 은혜 성령을 약속	C의 신성 예수의 영광 재림을 약속
휘장에 사용된 실 성막문 첫 번째 덮개	자색 왕 되신 예수님	붉은 색 예수님의 희생	흰색 예수님의 인성	청색 예수님의 신성
모습	J의 탄생 동방박사 세례 족보 시험받으심 변화산 최후 성만찬	 세례 시험받으심 변화산 최후 성만찬 승천	J의 탄생 목자 방문 할례와 결례 (2:21-22) 세례 족보 시험받으심 변화산 예루살렘 방문 최후 성만찬 승천	 세례 최후 성만찬

십자가	1.잡히시기 전 겟세마네 동산 기도 (마 26:36-46, 막 14:32-42, 눅 22:39-46) 2.이 잔이 내게서 지나가게 3.나의 하나님~어찌하여 나를 버리셨나이까 4.베드로의 회개 O 5.디두모의 죄 폭로 X	1.생략 2.생략 3.생략 4.생략 5.드러냄 O
차이	1.사역: 갈릴리 북부와 가버나움 2.다윗의 자손, 인자, 예수의 구속 사역 3.교회 태동 교훈-비유, 사건 중심-객관적, 사실적 묘사 4.유월절 1회 언급	1.유대 남부 예루살렘 2.신성, Q의 아들 3.교회 성숙 교리-강화설교-신 학적 4.3회 언급 유월절 어린 양 되신 예수
요한복음	1)빌라도에게 그의 왕국에 관해 말씀(18:36) 2)진리를 증거하러 세상에 오심(18:37) 3)Q께서 주지 않-J를 십자가에 못 박을 권세 없음(19:11) 4)구세주의 호지 아니한 옷 언급(19:23) 5)부러지지 아니한 다리(19:33) 6)찔린 옆구리에서 나온 물과 피(19:34)	

한편 18장에는 유한된 한 번 인생을 각각 다양하게 살다간 여러 유형의 인물들이 나온다. 그들을 살펴보며 우리 또한 각자에게 주어진 한 번 인생을 어떻게 살다가 죽을 것인지를 점검하고 하나님과 사람 앞에서 선포한 후 단단히 결심할 필요가 있다. 소위 이 장의 소제목인 "가룟 유다, 말고, 베드로, 안나스와 가야바, 빌라도, 그리고 나"라는 토픽(topic, theme)이다.

먼저 셀롯인(Zealot, 시카리-자객, Sicariot, 열심당, 신과 율법에 열성이 있는 자(젤로테스), 민 25:1-15, 31:6) 가룟 유다는 예수님의 제자였다가 자신의 애국적, 개인적 욕심(이스라엘의 독립)을 채우려고 예수님을 희생양으로 삼은 용두사미(龍頭蛇尾)의 인생을 살았던 부류이다.

둘째, 말고는 "왕"이라는 의미의 히브리어(멜레크)에서 파생된 이름을 가진 자였다. 그는 이름 그대로 왕 같은 제사장으로 살아가야 할 사람이었음에도 불구하고 기껏 불법적인 일을 저질렀던 대제사장(불법한 자)의 종노릇이나 하다가 간 사람이다. 자신의 정체성을 잃어버리고 하나님이 허락하신 소중한 인생을 허비한 부류이다.

셋째, 베드로는 수제자임에도 불구하고 세 번이나 예수님을 부인했던, 지난 과거의 수치와 허물을 안고 살았던 사람이다. 그럼에도 불구하고 철저히 회개함으로 자기를 부인하고 자기 몫에 태인 십자가를 지고 예수님을 좇았던, 종국적으로 오고 오는 세대에 복음이 전해지는 곳에는 어디든지 그 이름이 들려지게 된 부류이다.

넷째, 안나스와 가야바는 당시 가장 존경받아야 할 대제사장이었음에도 불구하고 그들의 정체성을 완전히 잃어버리고 세상과 야합하며 권력과 탐욕에 찌들었던 교권주의자들의 부류이다.

다섯째, 빌라도는 법을 집행하는 사람으로서 정의와 공의를 알고 그렇게 집행했어야 함에도 불구하고 자신의 야욕을 위해, 권력유지를 위해 대중과 타협하고 불의를 저지른 부류이다.

마지막으로 상기의 부류들보다 더하면 더했지 결코 못하지 않은 부류가 하나 남았는데 바로 '나 자신'이다.

당신은 어떤가?

당신은 후대에 어떤 사람으로 그 이름을 남길 것인가?

유한하고 제한된 한 번 인생을 어떻게 살다가, 무엇을 하다가 죽을 것인가?

육신의 장막을 벗기 전 꼭 하고픈 일들은 무엇인가?

18-1 예수께서 이 말씀을 하시고 제자들과 함께 기드론 시내 저편으로 나가시니 거기 동산이 있는데 제자들과 함께 들어가시다

"이 말씀을 하시고"에서의 '이 말씀'이란 17장을 가리킨다. "기드론"은 헬라어로 케드론(Κεδρών, a brook and wadi near Jer, a valley near Jerusalem)이며 히브리어로 키드론(קִדְרוֹן, perhaps "dusky", 어두컴컴한, 어스름한, a wadi East of Jer)인데 이는 동사 카다르(קָדַר, to be dark)에서 파생되었다.

겟세마네 동산은 예루살렘 동편, 기드론 시내 건너편, 감람산 기슭에 있었다.

앞서 들어가는 글에서 밝혔지만 다시 반복하려고 한다. 기드론(어둠)에서 겟세마네(제자 유다로부터 배신을 당했던 어두운 곳)로의 이동이란 어둠에서 어둠으로 다니시며 종국적으로 그 어둠을 몰아내신(십자가 보혈로 다 이루심과 죽음 이기시고 부활하심) '빛이신 예수'를 보여주고 있다. 또한 십자가 죽음을 통해 다 이루시고 부활, 승천하심으로 하나님 우편에서 승리주 하나님 되신 진정한 승리를 드러내고 있다. 이는 마치 다윗이 압살롬을 피해 기드론 시내(암울함, 어둠)를 건너 예루살렘 맞은편 감람산 기슭의 겟세마네 동산(어둠)으로 도망갔지만 빛 되신 하나님의 개입으로 어둠의 상징인 압살롬을 물리치고 다시 승리하게 됨(삼하 15장, 17-18장)을 연상시킨다.

예수님을 "배반"했던 가룟 유다는 목을 매어 "자살"했고 다윗을 "배반"했던 아히도벨 또한 목을 매어 "자살"했다. 가룟 유다도 아히도벨도 "배반-자살, 배반-자살"로 이어진 불행한 인생을 살다가 갔다. 이들은 어둠에서 어둠으로 들어가 어둠 속에서 살다가 빛으로 돌아오지 못해 최악의 어두움으로 떨어지고 말았다.

참고로 '어둠'이란 존재하지 않는 것이다. '빛'이 없기에 어두울 뿐이다. 이는 마치 '차가움'이 실제로는 없는 것과 같다. 온도(뜨겁다, 덥다, 미지근하다라고 판단하는 것은 온도의 차이일 뿐)가 없기에 그냥 차게 느껴진 것일 뿐이다.

2 거기는 예수께서 제자들과 가끔 모이시는 곳이므로 예수를 파는 유다도 그곳을 알더라

"가끔 모이시는 곳"이란 감람산을 가리키는 것으로 누가복음 21장 37절에 의하면 예수님은 수난주간 동안 밤마다 '감람산'에서 쉬셨다고 한다.

"파는"의 헬라어는 파라디도미(παραδίδωμι, v, to hand over, to give or deliver over, to betray)인데 이는 로마서(1:24, 26, 28)에서 사용한 의미와 동일하게 "다른 사람의 권세에 넘겨주다(to give (turn) over; "hand over from")", "내어버려두다"라는 말로서 인간에게 주어질 수 있는 최고의 형벌이다.

3 유다가 군대와 및 대제사장들과 바리새인들에게서 얻은 하속들을 데리고 등과 홰와 병기를 가지고 그리로 오는지라

"군대"란 헬라어로 스페이라(σπεῖρα)인데 이는 600명 규모의 로마 군대 단위를 말한다.

"병기"는 검과 몽치(마 26:47; 막 14:48; 눅 22:52)를 말하며 "등과 홰"는 어둠을 밝히는 작은 불빛을 말한다. 예수님은 생명의 빛이요 세상의 빛(요 8:12)으로서 절대적인 빛이시다. 이 구절은 절대적인 빛이신 예수를 보잘 것 없는 빛(등과 홰)을 밝혀가며 잡으러 온 장면을 대조하여 보여주시며 인간의 무지와 한없는 어리석음을 폭로하고 있다.

4 예수께서 그 당할 일을 다 아시고 나아가 가라사대 너희가 누구를 찾느냐 **5** 대답하되 나사렛 예수라 하거늘 가라사대 내로라 하시니라 그를 파는 유다도 저희와 함께 섰더라

"나사렛(마 2:23; 눅 3:1; 요 1:45-46; 7:52, 41; 행 22:8; 민 21:9; 신 18:15; 18-19; 사 61:1-3; 시 2:7)"이란 헬라어로 나조라이오스(Ναζωραῖος, nm, a Nazarene, an inhabitant of Nazareth)인데 이는 '나사렛 사람'이란 의미이다.

나자레트(Ναζαρέτ, Nazareth, a city of Galilee, where Jesus lived before His ministry)는 Nazara or Nazaret or Nazareth로 다양하게 쓰인다. 이는 문자적으로 지명을 의미하기보다는 상징적으로 "멸시, 천대, 저주, 비천, 빈곤, 가난, 어둠"으로 해석해야 한다(마 2:23; 사 11:1).

6 예수께서 저희에게 내로라 하실 때에 저희가 물러가서 땅에 엎드러지는지라

"엎드러지다(핖토; πίπτω, fall under (as under condemnation))"라는 것은 '어둠이 생명의 빛이신 예수님 앞에서 나가 떨어지는 것'을 상징한다. 예수님은 세상의 빛, 생명의 빛, 절대적인 빛이시기에 그에게는 신적 능력과 신적 위엄이 있다. 당연히 어둠은 물러가게 될 수밖에 없다. 더하여 기억할 것은 어둠이 물러가는 것만이 능사가 아니라 어둠이 빛으로 나와야만 한다라는 것이다. 빛이신 예수님을 영접하는 것이 중요하다. 그러면 어둠은 저절로 사라지게 된다.

7 이에 다시 누구를 찾느냐고 물으신대 저희가 말하되 나사렛 예수라 하거늘

대제사장과 바리새인들은 예수님에게 그리스도 예수라 말하지 않고 은근히 비아냥거리며 '나사렛 예수'라고 칭하고 있다. 앞서 언급했지만 '나사렛'이라는 말은 문자적으로 지명이라는 의미도 있으나 "이방의 갈릴리여(마 4:15-16, 흑암, 사망, 그늘)"라는 "멸시, 천대, 저주, 비천, 빈곤, 가난, 어둠"이라는 상징적 의미(마 2:23, 4:15-16, 사 11:1)가 있다. 그러므로 그들은 이를 은근히 드러내며 조롱하고 있었던 것이다.

8 예수께서 대답하시되 너희에게 내로라 하였으니 나를 찾거든 이 사람들의 가

는 것을 용납하라 하시니

이 구절에서는 예수님의 대답을 통해 우리는 요한복음 13장 1절에서 말씀하셨던 "세상에 있는 자기 사람들을 사랑하시되 끝까지 사랑하시니라"고 하신 것에 대한 약속의 이행과 예수님의 대제사장적 중보기도(요 16:26, 17:6-26)에서 보여주셨던 그 "사랑"을 생생하게 목도할 수가 있다.

9 이는 아버지께서 내게 주신 자 중에서 하나도 잃지 아니하였삽나이다 하신 말씀을 응하게 하려 함이러라

이 구절은 요한복음(6:39, 10:38, 13:18, 17:12, 18:32, 19:24, 28, 36)과 누가복음(4:21, 18:31), 사도행전(1:16, 13:27, 29)의 말씀과 상통한다.

10 이에 시몬 베드로가 검을 가졌는데 이것을 빼어 대제사장의 종을 쳐서 오른편 귀를 베어버리니 그 종의 이름은 말고라

당시의 제자들은 두 개의 검을 가지고 다녔다(눅 22:38). 그러다보니 누가복음에서 제자들은 드디어 때(민족주의를 신봉하는 유대인들의 봉기의 때)가 온 줄 알았다. 그러나 예수님은 동문서답(東問西答)하는 제자들을 향해 "족하다(그만해라)"라며 만류하셨다.

한편 그 검으로 말고의 귀를 잘라버린 베드로에 대해 마태복음(26:25)은 "검을 가지는 자는 다 검으로 망하느니라"고 책망하셨다. 다시 한번 더 유대주의자들을 향한 가르침을 주시고 있는 것이다. 그러므로 소위 'Back to Jerusalem'을 지독하게 주장하는 것은 자제해야 한다. 적어도 나는 '그렇다'라고 생각하고 있다.

우리는 재림의 예수님을 고대하며 '마라나타(아멘 주 예수여 오시옵소서, 계 22:20)'를 지속적으로 부르짖어야 하고 더 나아가 소망(엘피스, 미래형 하나님나라에의 입성과 영생)을 붙들고 지금 종말 시대 동안에 일곱 재앙과 사마귀(사단, 마귀, 귀신 및 악한 영들의 추종 세력들)의 한시적인 권세를 견디며 싸우며 나아가야 한다.

"예수 믿음과 하나님의 계명"을 붙들고(계 14:12) '있는 그 자리'에서 주신 소명과 사명을 충성되게 감당하면서……

한편 '검'에는 이중적 함의가 있는데 첫째는 '분쟁, 피부림, 환난, 시련, 고난'이며 둘째는 '성령의 검, 말씀의 검'이다. 이를 연결하면 분쟁과 환난, 시련이 올 때 성령의 검(말씀의 검)으로 이겨내라(돌파하라)는 것이며 더 나아가 말씀을 붙들고 인내하며 살아가라는 의미이다. 그렇기에 누가복음 22장 36절에는 겉옷(소중한 것)을 팔아 '검(말씀)'을 사라고 하셨던 것이다. 그 '검(말씀)'을 간직하고 묵상하면서 때마다 시마다 우리를 건드리는 사단과의 영적 싸움에서 말씀의 검으로 물리쳐야 할 것이다.

또 하나 제자들이 '검'을 가진 이유는 누가복음 22장 35-38절을 보면 알 수 있다. 그것은 제자들이 범법자(강도)의 동류(同類)로 헤아림을 입어야(취급되어야, 사 53:12)했기 때문이다. 강도는 자신의 탐욕을 채우기 위해 칼을 품고 다니는 사람이다. 베드로는 예수님의 의도와는 달리 칼을 품고 다니다가[171] 겟세마네(막 14:32, Γεθσημανῆ)동산에서 칼을 품은 강도의 역할을 하고야 말았다. 즉 그는 칼을 휘두름으로써 강도의 동류가 되었던 것이다.

아무런 죄가 없으시고 의로우신 예수님은 우리의 죄 때문에 범법자(강도)로 취급받으셨다. 그렇기에 예수님은 두 강도(robber, mugger) 사이에서 마치 강도(robber, mugger) 중의 상(上) 강도(robber, mugger) 이기라도 한 것처럼 수치와 저주의 상징인 십자가에 달리셨던 것이다.

범법자가 되는 그 일에 베드로는 검을 휘둘러 말고의 귀를 베어버림으로 하나님에 대하여는 범법자가 되고 말았다. 그리하여 예수님은 범법자가 된 제자 베드로로 인해 '그(범법자)의 동류로(눅 22:37) 여김을 받았다'라고 하는 말이 이루어져 버린 것이다. 한편 범법자의 결과는 사형(죽음)이었으나 예수님은 친히 우리의 죄를 덮어쓰시고 범법자가 되시어 우리 대신 십자가에서 죽으셨다.

결론적으로 말하면, 그리스도인들은 하나님의 말씀 곧 성령의 검으로 영적 싸움을 해야 하고 그 말씀의 검으로 세상을 심판해야 한다. 마치 강도나 범법자처럼 물리적 힘이나 권력을 예표하는 검으로 세상 속에서 권력을 부리거나 마구 휘둘러서는 안 된다라는 것이다.

"말고"의 헬라어는 말코스(Μάλχος, nm)인데 이는 히브리어 멜레크(מֶלֶךְ, a Benjamite, Proper Name Masculine)에서 파생되었고 남성명사 멜레크(מֶלֶךְ, king)와는 동의어이다. '말고'는 '왕'이라는 의미이다.

'왕 같은 제사장'이라는 뜻의 이름을 가졌던 '말고'는 그 이름이 의미하

---

171 겟세마네란 히브리어 가트(גַּת, a wine press, nf)와 쉐멘(שֶׁמֶן, nm, fat, oil)의 합성어로 기름 짜는 틀이라는 의미이며 이는 감람산 내에 있는 동산이다.

는 바대로 왕 같은 제사장으로 살지 못하고 자신의 정체성을 잃어버린 채 불법한 자(대제사장)의 종노릇이나 하며 살았던 아둔한 사람이었다. 한편 예수께서 말고의 귀를 붙여주셔서 그를 회복케 하신 것은 죄에게 종노릇하며 살아가던 우리를 당신의 십자가의 죽음으로 다시 살려내심을 상징하고 있다.

11 예수께서 베드로더러 이르시되 검을 집에 꽂으라 아버지께서 주신 잔을 내가 마시지 아니하겠느냐 하시니라

"아버지께서 주신 잔"에서의 '잔(ποτήριον, 포테리온)'이란 '고통'과 '하나님의 진노'라는 이중적 함의(사 75:8; 사 51:17, 22; 렘 25:15; 겔 23:31-33)가 들어있다.

원래 죄 있는 인간인 우리는 하나님의 '진노'의 잔을 받아 마땅하다. 그러나 예수님께서는 우리를 위하여 대신 그 '고통'의 잔을 받으심으로 우리는 진노의 잔을 피하게 되었고 그리하여 결국 우리는 구원의 잔(시 116:13)을 얻게 된 것이다.

참고로 성경에는 세 종류의 잔이 언급되어 있다. 시편 116편 13절의 구원의 잔이 있는가하면 위로의 잔(렘 16:7; 시 23:5; 마 26:39)이 있고 더 나아가 고난의 잔(시 11:6; 렘 25:15; 시 75:8)에 대한 언급이 있다.

12 이에 군대와 천부장과 유대인의 하속들이 예수를 잡아 결박하여

"이에(οὖν, therefore, then, (and) so)"라는 말은 '그러므로'라는 것으로 바꾸어 읽는 것이 훨씬 더 자연스럽다.

예수께서 결박당하신 이유는 예수님은 우리의 죄를 대신해 드려진 희생제물이었기 때문이다. 모리아산에서 이삭이 결박당했고 구약 제사에서는 짐승이 희생제물로서 결박당했다(시 118:27). 우리는 영적 죽음 상태에서 죄에 의해 결박당했다(시 40:12). 예수님은 택정함을 입은 주의 자녀들을 자유케 하려고 대신 결박을 당하셨다.

"결박하여"라는 말은 11장 44절에서의 나사로가 수족을 베로 동인 채로 나왔다라는 말과 상통한다. 그때 예수님은 나사로를 "풀어놓아 다니게 하라(11:44)"고 하셨는데 이는 '죽음에서 해방되었다'라는 것으로 다시 살아나게 될 것을 말씀하신 것이다.

이 구절에서는 예수님의 결박당하심으로 제자들은 아직 결박당하지 않은 것을 볼 수 있다. 18장 8절에서는 "용납하라"는 말을 사용하였는데 이는 예수님의 대신 죽음으로 제자들도 나사로도 다시 살아나게 됨을 보여주신 것이다. 예수님의 대속 죽음으로 인해 우리는 사망에서 생명으로, 굴레와 멍에로부터 자유함으로 나아가게 되었다. 결론적으로 나사로나 제자들의 자유함이나 살아남에는 예수님의 대속 죽음이 전제되어 있음을 보여주고 있다.

참고로 "풀어놓아 다니게 하라"의 헬라어는 Λύσατε αὐτὸν καὶ ἄφετε αὐτὸν ὑπάγειν(뤼사테 아우톤 카이 아페테 아우톤 휘파게인, Unbind him and allow him to go)이며 18장 8절의 "이 사람들의 가는 것을 용납하라"의 헬라어는 ἄφετε τούτους ὑπάγειν(아페테 투투스 휘파게인, Allow these to go away)인데 이는 둘 다 동일한 의미이다.

13 먼저 안나스에게로 끌고 가니 안나스는 그 해의 대제사장인 가야바의 장인이라

이 구절의 "끌고 가니"라는 말을 통하여는 아무런 저항도 없이 자발적으로 복종하시는 예수님의 모습을 보여주고 있는데 이는 성부하나님의 때를 알고 묵묵히 순종하셨던 것이다.

마치 도살장으로 끌려가는 어린 양처럼…….

대제사장인 안나스에게로 끌려가시는 예수님의 이런 모습은 구약 레위기 17장 5절의 희생제물인 짐승이 제사장에게로 끌려가는 듯한 모습과 아주 흡사하다(사 53장).

14 가야바는 유대인들에게 한 사람이 백성을 위하여 죽는 것이 유익하다 권고하던 자러라

이 구절은 요한복음 11장 49(50-52)절의 말을 상기시킨다. 천부장은 헬라어로 킬리아르코스(χιλίαρχος)인데 당시 기병 240명, 보병 760명의 지휘관이었다.

"잡아 결박하여"라는 말 속에는 창세기 22장 9절의 이삭이 결박당했던 당시의 그림이 선명하게 중첩된다. 이삭의 결박 이야기는 우리를 위하여 대신 죽으신 희생당한 유월절 어린 양(창 22:13, 아일, 숫양, 하나님이 자기를 위하여 친히 준비하시리라, 창 22:8)이신 예수님의 이야기이다. 모리아산의 그 숫양이 바로 유월절 어린 양이신 예수 그리스도를 상징적으로 보여준 것이다. 결국 결박당한 이삭도, 희생당한 숫양도 모두 다 예수 그리스도를 상징하고 있다.

안나스(AD 6-15)는 복음서에 기록된 대제사장으로서 그는 가야바(AD 18-36)의 장인이었다.

15 시몬 베드로와 또 다른 제자 하나가 예수를 따르니 이 제자는 대제사장과 아는 사람이라 예수와 함께 대제사장의 집 뜰에 들어가고

"다른 제자"란 '사도 요한 자신'을 가리킨다. 한편 요한이 대제사장과 아는 사람이었다라는 것에는 두 가지 추론이 가능하다.[172] 왜냐하면 사도 요한의 모친은 예수님의 육신적 어머니였던 마리아와 자매간이었기 때문이다. 이 자매들은 제사장 가문인 엘리사벳과 친족 간(눅 1:5, 36)이었기에 대제사장과는 아는 사이였을 것이다. 둘째, 당시 갈릴리와 예루살렘 간에는 소금에 절인 생선을 거래하곤 했는데 부유했던 세베대의 집안(막 1:20)이 어업과 생선 유통을 했기에 대제사장과도 아는 관계였을 것이다.

16 베드로는 문 밖에 섰는지라 대제사장과 아는 그 다른 제자가 나가서 문 지키는 여자에게 말하여 베드로를 데리고 들어왔더니 17 문 지키는 여종이 베드로에게 말하되 너도 이 사람의 제자 중 하나가 아니냐 하니 그가 말하되 나는 아니라

172　그랜드 종합주석 13권, p953

하고 **18** 그 때가 추운고로 종과 하속들이 숯불을 피우고 서서 쬐니 베드로도 함께 서서 쬐더라

히브리인들은 여자 문지기들을 많이 두었다(행 12:13, 로데). 당시 베드로는 문 지키는 여종이 질문하는데 "나는 아니라(Oὐκ not, εἰμί I am, 욱크 에이미)"고 하며 강하게 부정을 했다. 가만히 보면 베드로의 대답 '욱크 에이미'는 예수님의 '에고 에이미'와 묘한 대조를 이루고 있음을 볼 수 있다.

애매한 상황에서 강한 부정(욱크 에이미)을 하는 모습은 비단 베드로만의 문제가 아니다. 오늘의 우리 또한 여러 가지 상황과 환경 속에서 비겁하고 용기없는 모습과 비굴한 태도를 연일 반복하고 있음에 도전받아야 한다.

마태복음 26장에는 베드로가 예수님을 부인하는 과정을 상세히 소개하고 있다. 이른바 피터증후군을 보게 된다.

"부인"하여 가로되(70)

"맹세하고 또 부인"하여 가로되(72)

"저주하며 맹세"하여 가로되(74)

처음에 베드로는 얼떨결에 예수님을 한 번 부인했다. 그때 재빨리 돌아서야 했다. 그러나 머뭇거렸던 베드로는 두 번째, 세 번째로 가면서는 점점 더 강하게 부정하고 있다. 나는 이를 가리켜 "베드로 증후군(Peter's syndrome)"이라고 칭한다. 일반적으로 사람들은 죄를 지으며 악에 빠져들기 시작할 처음 시초에 얼른 돌이키지 않으면 시간이 지남에 따라 점점 더 깊은 악의 수렁에 빠지게 됨을 알아야 한다.

이를 에스겔 47장의 성전에서 흘러나오던 은혜와 영광의 물과 대조하

여 묵상하면 풍성해진다. 우리는 조금씩 죄의 구렁텅이에 깊이 빠지는 대신 은혜라는 강의 '깊이와 넓이(발목에서 무릎으로, 허리로, 능히 헤엄칠 물)'에 흠뻑 잠겨야 할 것이다.

당시 베드로는 대제사장의 종과 하속들 곁에서 마음을 졸이며 영적 추위와 육적 추위 속에서 떨며 숯불을 쬐고 있었다. 18절의 "숯불"은 A heap of burning coals인데 이 '숯불'은 누가복음 22장 55절과 마가복음 14장 54-67절에도 반복 기술되어 있다. 이 '숯불'은 묘하게도 요한복음 21장 9절에서 절정을 이루게 되는데 바로 부활하신 예수님께서 해변에서 '숯불' 위에 노릇노릇한 떡과 생선을 굽고 계셨던 것이다.

디베랴 바닷가에서.

숯불 위에.

그때 물에서 해변가로 올라온 베드로는 예수님 앞에 놓인 그 '숯불'을 보며 문득 지난날 숯불 앞에서 불을 쬐던 자신의 모습이 순간적으로 스쳐 지나갔을 것이다. 얼굴은 붉어지고 호흡은 가빠지며 놀란 가슴은 철렁 내려앉았을 것이다. 그러나 모든 것을 아시는 좋으신 예수님은 아무것도 아닌 양 오히려 그 사건을 의도적으로 상기시켜 주시며 베드로의 지난날의 상처(트라우마, Trauma)를 치유해주셨던 것이다. 뒤이어 "요한의 아들 시몬아"라고 하시며 그의 정체성(Identity, 소명)을 올바로 일깨워주셨으며 그 정체성대로 "내 양을 먹이라, 치라"고 하시며 사명(Mission)을 맡기셨다.

19 대제사장이 예수에게 그의 제자들과 그의 교훈에 대하여 물으니 20 예수께서

대답하시되 내가 드러내어 놓고 세상에 말하였노라 모든 유대인들의 모이는 회당과 성전에서 항상 가르쳤고 은밀히는 아무것도 말하지 아니하였거늘

예수님은 "은밀히는 아무것도 말하지 아니하였거늘"이라고 말씀하셨는 바 이는 이사야 45장 19절에 잘 나타나 있다.

"나는 흑암한 곳에서 은밀히 말하지 아니하였으며 야곱 자손에게 너희가 나를 헛되이 찾으라 이르지 아니하였노라 나 여호와는 의를 말하고 정직을 고하느니라"_사 45:19

21 어찌하여 내게 묻느냐 내가 무슨 말을 하였는지 들은 자들에게 물어보라 저희가 나의 하던 말을 아느니라

"어찌하여 내게 묻느냐"라는 말씀에서는 고요하지만 위엄에 찬 엄중한 예수님의 소리를 들을 수 있다. 전혀 위축되지 않은 당당함, 위엄, 명료함, 온화함, 반듯함, 넘치는 지혜를 드러내고 계시는 예수님의 모습이다.

"대제사장"이란 오늘날의 교권주의자를 상징하고 있다. 당시의 유대 재판법에는 증인이나 변호인이 반드시 참여해야만 했다. 그러나 이런 규정은 차치하고라도 예수님은 불분명한 고소를 당했고 더 나아가 부당한 취급마저 당했다. 오늘날도 마찬가지이지만 당시 재판장 앞에서 일반적인 피고인들의 태도는 겸손, 소심함, 자비를 구하는 것 중 하나였다고 한다. 그러나 예수님은 앞서 언급했듯이 당당했다.

22 이 말씀을 하시매 곁에 섰는 하속 하나가 손으로 예수를 쳐 가로되 네가 대제사장에게 이같이 대답하느냐 하니

정작 진짜 큰 대제사장이신 예수님(히 4:14)은 무시하며 가짜 대제사장인 안나스(가야바의 장인)에게는 고개를 숙이며 아첨하는 죄인들의 모습을 적나라하게 보여주고 있다.

한편 '손으로 때리는 행위'는 하나님의 형상인 인간의 존엄성을 파괴하는 것으로 당시 금기였다(Dodd). 그럼에도 불구하고 곁에 있던 하속 하나가 예수님을 친 것이다. 그러나 이는 이사야 50장 6절 예언의 성취였던 것이다.

사실을 말하면 당시 손으로 쳤는지 막대기로 쳤는지는 분명치 않다. 이사야서와는 달리 미가서(5:1)에는 "막대기로 이스라엘 재판자의 뺨을 치리로다"라고 되어있기 때문이다. 나는 손이든 막대기든 그 어느 것에도 관심이 없다. 나는 수치와 저주를 받아 마땅한 나를 위해 대신 맞아주신, 나의 모든 짐을 대신 짊어지신 예수님께만 관심이 있을 뿐이다.

23 예수께서 대답하시되 내가 말을 잘못하였으면 그 잘못한 것을 증거하라 잘하였으면 네가 어찌하여 나를 치느냐 하시더라 24 안나스가 예수를 결박한 그대로 대제사장 가야바에게 보내니라

이 구절을 읽는 지금 나는 격한 감정을 억누르느라 무척 힘들다. 그러나 예수님은 전혀 감정을 드러내지도 않으시며 분노에 찬 반박도 아예 없으시다. 그러고 보면 "자기를 부인하고 자기 십자가를 지고"까지는 그렇다 하더라도 '주님을 좇는 일'만큼은 만만치 않을 듯하다. 이렇게 억울한 상황에서 어찌 감정도 분노도 드러내지 않을 수 있을까?

한편 이 구절에서는 가짜 대제사장(안나스, 가야바의 장인)이 다시 가짜 대제사장(가야바)에게 진짜 큰 대제사장(히 3:1; 4:14)이신 예수님을 보내는 아이러니를 보여주고 있다.

25 시몬 베드로가 서서 불을 쬐더니 사람들이 묻되 너도 그 제자 중 하나가 아니냐 베드로가 부인하여 가로되 나는 아니라 하니

베드로는 예수님을 첫 번째로 부인할 때에는 그냥 숨을 죽이고 조용히 앉아 있었다(마 26:69; 눅 22:56). 그러나 두 번째로 부인할 때에는 서서 불을 쬐고 있었다. 그런 그에게서는 안타까움과 초조함이 그대로 전해진다. 세 번째에는 화들짝 놀라서 급기야 저주와 맹세까지 나가버리고 말았다. 이런 베드로의 부인은 마가복음 14장 29, 31절의 말씀이 무색할 정도이다.

"베드로가 여짜오되 다 버릴찌라도 나는 그렇지 않겠나이다"_막 14:29

"베드로가 힘있게 말하되 내가 주와 함께 죽을찌언정 주를 부인하지 않겠나이다 하고 모든 제자도 이와 같이 말하니라"_막 14:31

26 대제사장의 종 하나는 베드로에게 귀를 베어 버리운 사람의 일가라 가로되 네가 그 사람과 함께 동산에 있던 것을 내가 보지 아니하였느냐 27 이에 베드로

가 또 부인하니 곧 닭이 울더라

이 구절과 함께 마태복음 26장 73절의 언급에서는 베드로의 당황스러움이 느껴진다. 묘한 상황 속에서 무심한 시간은 거침없이 흘렀고 베드로의 부인은 거듭되고 있다. 마침 그때 무심한 닭은 야멸차게도 두 번째로 (막 14:30, 닭이 두 번 울기 전에 네가 세 번 나를 부인하리라) 울어버리고 말았던 것이다.

참고로 베드로의 슬픈 타락(예수님 부인)은 우리로 하여금 5가지 교훈을 생각케 한다. 첫째, 모든 인간은 예외없이 다 연약하며 언제 어디서건 넘어질 수 있다. 둘째, 인간은 연약하기에 인간 스스로를 믿어서는 안 된다. 셋째, 늘 깨어 근신하여 기도하지 않으면 언제 어느 때고 넘어질 수 있음을 알아야 한다. 넷째, 있어야 할 곳과 있지 말아야 할 곳, 함께 해야 할 사람과 함께 하지 말아야 할 사람을 구별하는 것의 중요함을 가르쳐준다. 마지막으로 언제 어디서나 사람을 두려워하기 보다는 사람을 창조하시고 심판하시는 하나님을 두려워해야 한다라는 것이다.

한편 요한복음에는 생략된 사건이 마태복음 27장 3-10절에는 나오는데 유다의 자살 사건이다. 유다는 예수를 은 30에 팔았지만 스스로 뉘우친 후 대제사장들과 장로들에게 은 30세겔을 도로 갖다 주었다. 하지만 그의 제안은 거절당했다. 이런 가룟 유다의 태도는 회개라고 볼 수가 없다. 단지 무죄를 선언하듯 돈을 성전에 집어 던진 후 도망치듯 나왔을 뿐이다. 그리고는 스스로 목매고 죽어버렸다. 제사장들은 은 30을 성전고에 넣어두려다 토기장이의 밭을 사서 나그네의 묘지로 만들었다. 그리고는 "피밭"이라고 명명했다.

마태복음(마 27:9)은 예레미야의 예언이 성취되었다라고 말씀하고 있다.

문제는 이 말씀이 스가랴 11장 12-13절에도 있다는 것이다. 그렇다면 '스가랴 선지자로 하신 말씀이 이루어졌다'라고 해야 함에도 마태복음은 예레미야로 하신 말씀이라고 했다.

"내가 그들에게 이르되 너희가 좋게 여기거든 내 고가를 내게 주고 그렇지 아니하거든 말라 그들이 곧 은 삼십을 달아서 내 고가를 삼은지라 여호와께서 내게 이르시되 그들이 나를 헤아린바 그 준가를 토기장이에게 던지라 하시기로 내가 곧 그 은 삼십을 여호와의 전에서 토기장이에게 던지고"_슥 11:12-13

"이에 선지자 예레미야로 하신 말씀이 이루었나니 일렀으되 저희가 그 정가된 자 곧 이스라엘 자손 중에서 정가한 자의 가격 곧 은 삼십을 가지고"_마 27:9

상기 구절 외에 예레미야에도 이와 비슷한 비유가 18, 19, 32장에 있고 로마서 9장 19-24절, 행 1장 18-19절에도 토기장이의 비유가 있다. 이는 모두 다 '하나님의 주권'에 관한 말씀이다.

결국 전체를 종합해 보면 마태복음 27장 9절에서 '예레미야'라고 언급한 것은 문자보다는 상징에 의미를 두고 해석해야 한다. 예레미야의 히브리어는 이르메야흐[173](יִרְמְיָה, "Yah loosens")인데 이는 룸(רוּם, v, to be high or exalted, raise, lift, rise)과 야훼(יְהֹוָה, יְהָ)의 합성어로서 '여호와께서 들어올리시다, 높이시다, 여호와께서 세우시다'라는 의미이다. 결국 "예레미야로 하신 말씀

173　이르메야흐(יִרְמְיָה, "Yah loosens", the name of a number of Isr, Or Yirmyahuw {yir-meh-yaw'-hoo}; from ruwm and Yahh; Jah will rise; Jirmejah, the name of eight or nine Israelites -- Jeremiah.)

이 이루어졌다(마 27:9)"라는 것은 예레미야 선지자를 언급하며 그 이름의
뜻에 함의된 '하나님의 주권'을 말씀하신 것이다.

**28 저희가 예수를 가야바에게서 관정으로 끌고 가니 새벽이라 저희는 더럽힘을
받지 아니하고 유월절 잔치를 먹고자 하여 관정에 들어가지 아니하더라**

당시 "관정"은 이방인의 영역이었으므로 유대인들이 그곳에 들어가면
의식적으로 더럽혀지는 것이 되었다. 그러므로 유월절이 가까운 이때 그
곳에 들어가면 다시 깨끗하게 할 시간적 여유가 없어 그들은 들어가지 않
았던 것이다. 규례(민 19:7; 신 23:11; 행 10:28)를 의식하는 이들의 위선적이
고도 관념적인 종교주의에 빠진 행태(마 23:27-28)를 적나라하게 보여주고
있다.

한편 예수님께서 로마 법정에 서신 이유는 중요하다. 유대인의 배반과
이방인을 예표하는 로마 법정의 죽음을 드러내며 장차 진정한 심판주이
신 재림의 예수님은 유대인뿐만 아니라 이방인의 택정함을 받은 자들이
구원을 얻게 될 것을 보여주신 것이다. 할렐루야!

**29 그러므로 빌라도가 밖으로 저희에게 나가서 말하되 너희가 무슨 일로 이 사
람을 고소하느냐**

빌라도는 대제사장들이 자신을 찾아온 목적보다는 잡아온 사람의 고소
내용에 더 관심이 많았던 듯하다. 그는 예수를 고소한 죄의 성격을 물었

다. 얼핏 인간적으로 볼 때 빌라도의 심문을 시작하는 태도는 꽤 괜찮아 보인다. 그러나 그는 결국 포퓰리즘이라는 정치적 입지와 유대인들로부터의 신임을 선택했고 이로 인해 오고 오는 세대에 사도신경을 통해 빌라도의 이름이 전해지게 되었다.

빌라도의 모습은 세상과 적당하게 타협하고 세상에 동화되어 살아가려는 오늘을 살아가는 우리들의 모습과 아주 흡사하다.

관정으로 끌려오는 예수님을 보며 빌라도는 저들에게 공식적인 고소장을 요구했다. 왜냐하면 빌라도는 일견에 예수의 무죄를 알아보았기 때문이다. 그리하여 그 재판만큼은 피하려고 했으나 종국적으로는 그들의 덫에 걸리고 말았다. 한편 빌라도는 예수를 심문하고 조사할수록 무죄가 드러나기에 진퇴양난(進退兩難)에 빠지고 만다. 빌라도는 세 번이나 무죄를 얘기했고(눅 23:4, 14, 22) 급기야는 타협을 시도했으나 그것마저 실패로 끝나고 말았다. 결국 눈 딱 감고 사실과 관계없이 대제사장들과 서기관들, 그리고 유대인들의 무리와 타협해 버리고 말았다.

30 대답하여 가로되 이 사람이 행악자가 아니었더면 우리가 당신에게 넘기지 아니하였겠나이다

이 구절에서는 유대인들이 예수님의 죄를 정하지도 않은 상태에서 이미 "행악자"로 규정하고 있는 것을 볼 수 있다. 그들은 예수님에게 무죄추정의 원칙은 고사하고 처음부터 '죄수 프레임'을 덧씌웠다. 그리하여 이 재판은 시작부터 불공정했으며 종국적으로는 불의한 결과를 기어이 받아내고야 말았다. 그들은 뱀처럼 교묘하게 세치 혀를 가지고 온갖 거짓말을 그럴싸하게 둘러대면서 빌라도를 향해 그냥 자신들의 의견에 동조만 해 달라고 협박했던 것이다. 누가복음 23장 2절의 말씀이다.

"고소하여 가로되 우리가 이 사람을 보매 우리 백성을 미혹하고 가이사에게 세 바치는 것을 금하며 자칭 왕 그리스도라 하더이다 하니"_눅 23:2

31 빌라도가 가로되 너희가 저를 데려다가 너희 법대로 재판하라 유대인들이 가로되 우리에게는 사람을 죽이는 권이 없나이다 하니

대제사장과 바리새인들의 저의(底意)를 잘 알고 있던 빌라도는 예수의 재판에 부담은 물론이요 더 나아가 책임도 지고 싶지가 않았다. 이 구절을 통하여는 빌라도의 소심함, 우유부단함과 함께 기회주의적이고 주관이 없는 성격의 한 단면을 볼 수 있다.

참고로 유대 역사가였던 Flavius Josephus(AD 37-100, 유대전쟁사, 유대고대사)는 그를 가리켜 '포악하고 잔인하며 용의주도하면서도 출세에 눈 먼 사람'이었다고 평했다.

예수님은 여러 번 반복하여 무죄를 선언 받았음에도(눅 23:7; 23:20; 요 18:31; 18:39; 19:12; 행 3:13; 마 27:19) 불구하고 최종 재판에서는 빌라도의 비겁하고 불의한 판결로 인해 십자가형을 언도받았다. 그리하여 사도신경은 "본디오 빌라도에게 고난을 받으사 십자가에 못 박혀 죽으시고"라고 고발하고 있다. 비겁했던 빌라도는 어리석은 포퓰리스트로서 자신의 권력 유지와 야망을 위해 불법을 택하며 예수를 포기함으로 하나님의 섭리와 경륜를 이루는 그 일에 악역을 담당하고야 말았다. Eusebius of Caesarea(AD 260~340, 그리이스 신학자)에 의하면 그는 결국 자살로 생을 마쳤다라고 한다.

32 이는 예수께서 자기가 어떠한 죽음으로 죽을 것을 가리켜 하신 말씀을 응하게 하려 함이러라

대제사장들과 서기관들, 바리새인들은 빌라도와 연합하여 예수님을 "행악자"라고 몰아부치는 것도 모자라 형을 확정하기도 전에 사형 언도를 미리 내림(요 18:31)으로써 간악한 교권주의자들의 모습을 적나라하게 보여주고 있다. 오늘을 사는 우리도 별반 다를 바 없다.

32절에서의 예수님에 대한 사형 언도는 이미 예수님께서 요한복음(3:14; 8:28; 12:32)과 마태복음(20:19)에서 예언하신 말씀이다.

당시의 십자가 죽음은 십자가에 달려 짧게는 1일에서 길게는 10일 간 고통을 겪게 하면서 서서히 죽이는 최악의 형벌이었다라고 〈유대전쟁사, Flavius Josephus〉는 밝히고 있다. 더 나아가 벌거벗겨서 십자가에 매달았기에 고통도 고통이지만 수치스러움은 극에 달했던 형벌이다.

33 이에 빌라도가 다시 관정에 들어가 예수를 불러 가로되 네가 유대인의 왕이냐 34 예수께서 대답하시되 이는 네가 스스로 하는 말이뇨 다른 사람들이 나를 대하여 네게 한 말이뇨

만약 예수께서 스스로 "왕"이라고 대답했다면 그것은 결국 로마의 경쟁자이자 반역자의 우두머리가 되는 것이기에 그런 예수님을 정죄하기란 훨씬 쉬웠을 것이다. 이와는 반대로 예수께서 "왕"이 아니라고 하면 이를 바라보는 개종한 그리스도인들의 소망은 여지없이 무너지게 된다.

이런 상황에서 예수님은 빌라도에게 오히려 물으신다.

"네가 스스로 하는 말이뇨 다른 사람들이 나를 대하여 네게 한 말이뇨"

예수님의 지혜를 볼 수 있다.

35 빌라도가 대답하되 내가 유대인이냐 네 나라 사람과 대제사장들이 너를 내게 넘겼으니 네가 무엇을 하였느냐

이 구절에서 빌라도는 짜증을 내며 자신의 위선을 덮어버리고 있다. 그러면서 고소자는 이스라엘인이라며 그들의 죄를 들추어내고 있다.

이 구절을 가만히 보면 당시의 시대상을 살펴볼 수 있다. 이는 곧 마태복음 11장 16-19절의 말씀과 상통한다. 당시 경건의 모양을 내려하는 자들인 바리새인들은 예수님이나 세례 요한이 자기들의 모습에 동참하지 않을 뿐더러 정반대로 나가는 것을 보고 비난했다. 세례 요한은 먹지도 않고 마시지도 않자 귀신이 들렸다고 했다가 예수님은 먹고 마시자 먹기를 탐하고 포도주를 즐기는 사람이요 세리와 죄인의 친구라며 정죄했다.

초점은 "무엇을 하느냐 안 하느냐"가 아니라 "누구에게 속해 있느냐"라는 것이다. 진리에 속해 있는 지혜(레브 쇼메아)로운 자녀들은 모든 일에 옳다 함을 얻게 된다. 여기서 지혜란 아버지 하나님의 세미한 마음을 바르게 읽고 그 뜻을 정확하게 분별한 후 하나님의 뜻을 순복하는 것을 말한다.

한편 유대인들은 예수 그리스도에 대해 7가지를 고발했다. 그들은 예수에 대한 죄목으로 성전 파괴자(마 26:61), 행악자(요 18:30), 백성을 미혹한 죄(눅 23:2), 세금 징수 거부죄(눅 23:2), 내란 선동죄(눅 23:5), 정치 쿠데타를 자행한 죄('자칭 왕', 눅 23:2), 신성모독죄('하나님의 아들', 요 19:7)를 들었다.

36 예수께서 대답하시되 내 나라는 이 세상에 속한 것이 아니라 만일 내 나라가 이 세상에 속한 것이었더면 내 종들이 싸워 나로 유대인들에게 넘기우지 않게 하였으리라 이제 내 나라는 여기에 속한 것이 아니니라

이 구절에서는 특히 내 나라는 '이 세상에 있지 않다(not of the world)'가 아니라 "이 세상에 속해 있지 않다(not belong to the world)"라고 한 것임에 유의하며 묵상해야 한다.

"내 종들"이란 마태복음 26장 53절에 의하면 열두 영(군단)도 더 되는 천사를 가리킨다.

37 빌라도가 가로되 그러면 네가 왕이 아니냐 예수께서 대답하시되 네 말과 같이 내가 왕이니라 내가 이를 위하여 났으며 이를 위하여 세상에 왔나니 곧 진리에 대하여 증거하려 함이로다 무릇 진리에 속한 자는 내 소리를 듣느니라 하신대

"이를 위하여"에서의 "이를"이란 지시대명사는 "진리에 대한 증거"를 뜻한다. 즉 구원자이신 예수는 그리스도 메시야로서 성부하나님의 구속

계획을 성취하기 위해 이 땅에 오신 진리이신 하나님이시라는 말이다.

"무릇 진리에 속한 자는 내 소리를 듣느니라"고 하신 이 말씀은 요한일서 3장 18-19절의 말씀과 상통한다.

"이로써 우리가 진리에 속한 줄을 알고 또 우리 마음을 주 앞에서 굳세게 하리로다 우리 마음이 혹 우리를 책망할 일이 있거든 하물며 우리 마음보다 크시고 모든 것을 아시는 하나님일까보냐"_요일 3:18-19

우리는 여기에서 중요한 사실을 하나 깨달아야 한다. 곧 진리(말씀, 예수 그리스도)에 대하여는 믿음으로 받아들여야 한다는 것이다. 그럼에도 불구하고 얄팍한 자신의 지식(논리나 상식)을 가지고 진리를 논한다거나 진리를 분석한답시고 얄량한 지식으로 진리를 조각조각 나누어 판단한다거나 그 진리를 자신의 상식으로 판단해버려서는 안 된다라는 것이다.

38 빌라도가 가로되 진리가 무엇이냐 하더라 이 말을 하고 다시 유대인들에게 나가서 이르되 나는 그에게서 아무 죄도 찾지 못하노라

빌라도가 예수님에게 물었던 "진리가 무엇이냐"라고 한 것은 그가 진리에 대한 갈급한 마음을 가졌다라는 의미가 아니다. 이에 해당하는 헬라어[174]는 티 에스틴 알레데이아(Τί ἐστιν ἀλήθεια)"인데 이는 '진리가 뭐 그리 대단하냐, 진리가 밥 먹여주냐, 도대체 진리가 무엇이기에 네 목숨을 희

---

174 Τί(I Interrogative의문문 Pro indindefin Pronoun부정의문문-N Nominative주격 N Neuter S Singular) ἐστιν(V-P Present I Indicative직설법 A Active능동-3S 3rd person singular) ἀλήθεια(N-N Nominative F Feminine S Singular)

생하려고 하느냐, 너를 이렇게 만든 진리가 도대체 무엇이냐'라는 의미로서 빌라도의 단순한 비아냥과 조롱에 불과한 말이었다. 그렇기에 그는 예수님의 다음 대답은 듣지도 않고 그냥 나가버렸던 것이다.

한편으로는 마음이 불안하기도 하고 영 불편하며 찜찜했던 빌라도는 예수의 무죄를 또 다시 선언(요 19:4, 6)했다. 그럼에도 불구하고 십자가에 못을 박도록 내어준 것(요 19:16)에서는 빌라도의 이율배반적(二律背反的) 행위를 잘 보여주고 있다.

빌라도는 개인적으로 예수를 만왕의 왕으로 전혀 생각지 않았다. 아니 오히려 부인했다. 이와 대척점에 서 있던 인물이 있었으니 곧 세례 요한이다. 그는 요한복음 1장 29절에서 "세상 죄를 지고 가는 하나님의 어린 양"이라며 예수님이야말로 구속주 하나님이라고 증거했다. 또한 요한복음 1장 36절에서는 "하나님의 어린 양"이라며 어린 양이신 예수님이야말로 참 하나님이라고 증언했다. 이에 대해 마태복음 10장 32-33절은 "~사람 앞에서 나를 시인하면 나도~저희를 시인할 것이요~사람 앞에서 나를 부인하면 나도~저를 부인하리라"고 말씀하고 있다.

39 유월절이면 내가 너희에게 한 사람을 놓아주는 전례가 있으니 그러면 너희는 내가 유대인의 왕을 너희에게 놓아주기를 원하느냐 하니 40 저희가 또 소리질러 가로되 이 사람이 아니라 바라바라 하니 바라바는 강도러라

유대인들은 유월절을 기념하기 전에 '특사(특별사면)'를 시행해 왔다. "예수냐, 바라바냐'라는 선택의 갈림길에서 죄인 된 인간들은 하나님의 아들

예수 그리스도를 배척하고야 만다. 심지어는 자신들의 악함을 포장하고 선을 드러내기 위해 죄인 된 인간으로 상징된 바라바, 곧 아비의 아들(바르 혹은 벤+아바, 요 8:39, 41, 44)을 선택했다.

"바라바"는 헬라어[175]로 바라바스(Βαραββᾶς)이며 히브리어 바르 혹은 벤 (בַּר, nm, son, בֵּן)이라는 말과 아바(Ἀββα, Abbá, daddy, papa)라는 말의 합성어로서 '아빠의 아들'이라는 의미이다.

이후 예수님은 누가복음 22장 63-65절, 마가복음 10장 33-34절, 마태복음 27장 27-31절에서 묘사하고 있는 대로 지독한 수난과 모욕을 받게 된다.

한편 진짜 강도인 바라바는 놓아주고 오히려 아무 죄 없으신 예수님은 두 강도들 틈에서 엉뚱하게도 강도가 되어 십자가 죽음을 당하게 되는데 이는 강도 같은 우리를 대신하여 예수님은 스스로 강도가 되셔서 십자가에 달려 죽으심으로 우리를 모든 죄에서 해방시키셨음을 의미한다.

175 　바라바스(Βαραββᾶς)는 "son of Abba", Barabbas, the Israelite robber released instead of Christ, of Aramaic origin bar and Abba)인데 이는 바르(בַּר, nm, son, בֵּן)와 아바(Ἀββα, Abbá – "Father," also used as the term of tender endearment by a beloved child – i.e. in an affectionate, dependent relationship with their father; "daddy," "papa.")의 합성어이다.

은혜 위에 은혜러라
*

Grace for Grace
Χάριν ἀντὶ χάριτος

예수(Ἰησοῦς), 그리스도(Χριστὸς), 생명(ζωή)

다 이루었다

테텔레스타이, Τετέλεσται

들어가는 글(프롤로그)인 서론과 표적들의 책(The Book of signs, 요 1:19-12:50)이 요한복음의 전반부라면 후반부는 영광의 책(The Book of Glory, 13:1-20:31)과 나가는 글(에필로그)로 되어 있다.

예수 그리스도는 세족식(13장)을 통해 십자가 죽음과 부활을 드러내셨다. 이후 14-16장에 걸쳐서 길게 말씀해 주신 다락방 강화(講話, Discourse)를 통하여는 미래형 하나님나라에 대해 설명해 주셨다. 특히 15장에서는 농부이신 하나님, 포도나무이신 예수님, 그 가지인 우리들의 관계와 교제에 대해 가르쳐주시며 가지인 우리들은 포도나무에 단단히 붙어있어야

함을 당부하셨다. 그런 우리는 매사 매 순간 포도나무에 붙어 있어야 할 뿐만 아니라 결코 나무로부터 떨어져서도 안 된다. 그런 관계가 유지되면 농부이신 아버지 하나님은 우리에게 풍성한 열매가 맺힐 수 있게 해 주시마 약속하셨다. 풍성한 열매를 위해 농부이신 성부하나님은 가지를 들어 올려서 햇빛을 쬐게 해 주시고 쓸모없는 곁가지를 쳐 주심으로 우리를 튼실한 가지로 만들어 풍성한 열매가 달리도록 해 주실 것이다. 우리가 할 일은 그저 포도나무에 꼭 붙어있기만 하면 되는 것이다.

스스로 노력하여 뭔가 열매를 맺어 보려는 것, 즉 하나님의 뜻을 떠나서 사역들을 해보겠다는 생각은 일견 기특한 듯 보여도 그 자체가 야망이자 탐욕이며 어리석은 짓임을 알아야 한다. 그렇게 하는 것은 하나님보다 앞서 나가려는 것이며 자기 의를 드러내는 것일 뿐이다.

스스로의 힘으로 뭔가를 이루려는 사역들은 처음에는 마치 가지가 쑥쑥 성장해 나가는 듯 보이지만 조금 지나면 뿌리로부터 양분과 수분이 공급되지 않아 곧 말라 비틀어지게 되고 만다. 그 결국은 사망이다. 그러므로 하나님보다 말씀보다 성령님보다 앞서나가며 사역을 하게 되면 처음에는 잘 되는 듯하나 얼마 지나지 않아 산산조각이 나며 허공으로 날아가 버리게 됨을 알아야 한다.

16장은 보혜사이신 예수님이 승천하신 다음 또 다른 보혜사인 성령님이 오셔서 죄에 대하여, 의에 대하여, 심판에 대하여 세상을 책망하실 것을 말씀하셨다.

'죄에 대하여'라 함은 죄(불의, 불신, 불법, 불순종)를 정하시고 유죄판결을 내려 심판하실 것을 말한다. '의에 대하여'라 함은 예수님만이 진정한 의(義)

이심을 밝히 드러내겠다라는 의미이다. '심판에 대하여'라 함은 이 세상의 악한 세력은 예수를 믿지 않음으로 이미 이 세상에서도 심판을 받은 것이며 동시에 예수의 재림 시에 백보좌 심판을 통해서도 영원한 죽음(둘째사망, 유황불못)을 받게 될 것이라는 의미이다.

17장에서는 아버지하나님을 향한 예수님 당신의 대제사장적 기도를 보여주셨다.

먼저는 자신을 위한 기도(1-5)였다. 예수님은 성부하나님의 구속 계획에 따라 기름 부음을 받은 후 그리스도, 메시야로 이 땅에 오셨다. 그리고는 메시야닉 비밀(Messianic Secret)을 따라 공생애 전까지 일절 순종하심으로 인성으로서의 모든 것을 배우셨다. 3년 반 동안의 공생애를 통하여는 메시야닉 사인(Messianic Signs)을 통해 당신 스스로가 메시야이심을 드러내며 천국 복음을 가르치시고 천국 복음을 전파하셨다. '천국 복음'이란 복음을 통해 천국에의 입성과 영생을 누리게 됨을 가리킨다. 때가 되매 예수님은 당신의 십자가 수난과 죽음의 잔을 통해 모든 것을 다 이루심으로 당신 스스로 영광을 받으셨고 아버지 하나님께도 영광을 돌리셨다.

두 번째로 예수님은 제자들을 위해 중보(6-19)하셨다. 13장 1절의 제자들을 향한 예수님의 '끝까지 사랑'은 예수님의 대제사장적 기도의 마지막 절인 17장 26절에서도 그대로 '사랑'으로 끝맺음을 한 것에서 볼 수 있다. 예수님의 그 사랑에 그저 감격할 뿐이다.

마지막으로 예수님은 교회들을 위한 중보기도(20-26)도 빠뜨리지 않으셨다. 예수님은 세상에 남아있게 될 제자와 교회들을 보전(굳게 붙잡다, 보살피다)해 달라고 중보하셨던 것이다. 또한 삼위일체 하나님의 하나 되심과 같이 저들도 우리처럼 하나되게 하옵소서라고 중보해 주셨다. 할렐루야! 그저 감사할 뿐이다.

18장은 드디어 기드론 시내를 건너 감람산의 겟세마네라는 곳에 이르러 땀방울이 핏방울 되듯 기도 후 가룟 유다의 배신으로 십자가 수난의 시작을 보여주고 있다.

이곳 19장에서는 예수님께서 빌라도에 의해 채찍질을 당한 후 십자가 죽음을 맞게 된다. 예수님께서 십자가 상(上)에서 하신 말씀을 가리켜 '가상 7언(7 Words from the Cross)'이라고 하는데 이를 정리하면 다음과 같다.

첫 마디는 누가복음 23장 34절(Forgiveness → Father, forgive them, for they do not know what they are doing)로서 "아버지여 저희를 사하여 주옵소서 자기의 하는 것을 알지 못함이니이다"라고 말씀하신 것이다. 구속주로 오신 초림의 예수님은 아버지하나님의 택한 백성을 '위하여' 대신 죽으셨다. 하나님의 작정(Decree)과 예정(Predestination)가운데 예수 그리스도로 인해 심판받을 자는 영벌(심판의 부활)로, 신원될 자는 영생(생명의 부활)으로 나아가게 될 것(요 5:29)이다.

두 번째 말씀은 누가복음 23장 43절(Fellowship → I tell you the truth, today you will be with me in paradise)로서 "내가 진실로 네게 이르노니 오늘 네가 나와 함께 낙원에 있으리라"고 말씀하셨다. 성부하나님의 택정하심 가운데 예수 그리스도를 영접한 이는 죽는(육신적 죽음, 히 9:27) 즉시 부활체로 다시 살아나(생명의 부활) 그의 상태나 지난 과거의 행적과는 전혀 상관없이 삼위하나님과 함께 영원히 그 나라에서 영생을 누리게 될 것이다.

세 번째 말씀은 요한복음 19장 26-27절(Relationship → Here is your mother)

로서 "여자여 보소서 아들이니이다~네 어머니라"고 말씀하셨다. 이는 육신적 가족 공동체가 부활 후 미래형 하나님나라에서는 영적 교회 공동체로 변할 것임을 예표하고 있다. 그 나라에서는 아버지하나님과 자녀 된 교회인 우리들은 모두 다 한 가족 공동체로서 영생을 누리게 될 것이다(계 21:7).

네 번째 말씀은 마가복음 15장 34절(Supplication → "Eloi, Eloi, lama sabachthani)로서 "나의 하나님 나의 하나님 어찌하여 나를 버리셨나이까"라고 말씀하셨다. 이는 예수님은 육신적 고통보다도 성부 하나님과의 관계 단절에 대한 고통이 훨씬 더 크셨다라는 것을 암시하고 있다. "버리셨나이까"라고 절규한 것은 '다른 하나님 한 분 하나님'으로서 기능론적 종속성으로서의 삼위일체 하나님이신 예수님이었기에 아버지 하나님으로부터 버림(관계 단절)이 고통스러우셨던 것이다. 곧 예수님은 십자가의 고통과 수치보다도 아버지 하나님과의 관계 단절이 더 고통스러웠다라는 것이다.

다섯 번째 말씀은 요한복음 19장 28절(Enthusiasm(타는 목마름) → I am thirsty)로서 "내가 목마르다"라고 말씀하셨다. 죄 가운데 빠져서 진리에의 타는 목마름으로 몸부림치던 우리를 위해 예수 그리스도는 십자가에 달리심으로 동일한 과정을 거치셨다. 동시에 길이요 진리요 생명이신 당신을 알리셨다. 이는 구속주로 오신 초림의 예수님만이 갈증을 해결할 수 있는 유일한 생수임을 드러낸 것이다.

여섯 번째 말씀은 요한복음 19장 30절(Image of God(하나님을 본받아!) → It is finished)로서 "다 이루었다"라고 말씀하신 것이다. 예수님은 성부하나님의 구속 계획을 십자가 보혈로 온전히 성취하셨다. 그 예수님을 나의 구주 나의 하나님으로 입으로 시인하고 마음으로 믿으면 구원을 얻게 된다라는 확실한 성자하나님의 선포인 것이다.

일곱째 말씀은 누가복음 23장 46절(Providence(하나님 아버지의 섭리와 계획 확신) → Father, into your hands I commit my spirit)로서 "아버지여 내 영혼을 아버지 손에 부탁하나이다"라고 말씀하신 것이다. 인간들의 모든 죄를 다 짊어지신 후 십자가에서 죽으시고 부활 승천하신 예수님은 승리주로서 하나님의 보좌 우편에 계신다. 장차 예수님은 미래형 하나님나라인 그 처소에 데려가시기 위해 반드시 재림하신다.

19-1 이에 빌라도가 예수를 데려다가 채찍질하더라

이사야 53장 5절의 "그가 채찍에 맞음으로"라는 말씀의 예언의 성취이다. 예수님께서 대신 받으신 징계로 우리는 평화를 얻었고 대신 맞으신 채찍으로 인해 우리는 나음을 입게 된 것이다.

"그는 실로 우리의 질고(疾苦)를 지고 우리의 슬픔을 당하였거늘 우리는 생각하기를 그는 징벌(懲罰)을 받아서 하나님에게 맞으며 고난을 당한다 하였노라"_사 53:5

당시 로마의 채찍은 잔혹하기 짝이 없었다. 채찍의 끝은 다섯 갈래로 나뉘어져 있었고 그 끝에는 납이나 동물의 뼈조각이 붙어 있었다. 채찍질을 하면 몸에 착 감기었고 그 채찍을 끌어당길 때마다 살점이 떨어지고 피가 튀면서 범벅이 되었고 이내 곧 하얀 뼈가 고스란히 드러났다. 십자가는 고사하고 채찍에 맞아 죽는 경우도 허다했다. 예수님이 맞으셨던 그 채찍이 바로 우리들의 허물과 죄악 때문이었음을 기억해야 한다. 그러므로 우리 또한 유한되고 제한된 한 번의 직선 인생을 살아가며 "죄와 싸우되 피 흘리기까지(히 12:4)" 싸워야 할 것이다.

2 군병들이 가시로 면류관을 엮어 그의 머리에 씌우고 자색 옷을 입히고

"가시로 면류관을 엮어"라는 것에서는 창세기 3장 18절의 아담이 죄를 지은 후 땅이 저주를 받아 '가시덤불과 엉겅퀴'를 내게 되었다라는 말이 연상된다. 우리의 죄로 인해 땅은 저주를 받았고 그 저주의 부산물인 가시로 만든 면류관을 지금 예수님께서 쓰고 계신 장면을 보고 있는 것이다.

우리를 대신하여…….

십자가 보혈로 모든 것을 다 이루신(Τετέλεσται, 테텔레스타이, It has been finished. 요 19:30) 후 삼일 만에 예수님은 죽음을 이기시고 부활하셨다. 그리하여 회복된 땅에서는 가시덤불과 엉겅퀴 대신 먹을만한 곡식과 채소가 나게 된 것이다.

"자색옷을 입히고"에서의 '자색'은 우리들의 '허물과 죄'를 상징(사 1:18) 한다. '입었다'라는 것은 우리의 죄를 '몽땅 뒤집어쓰셨다'라는 것이다. 결국 예수님에게 관을 씌우고 자색옷을 입힌 것은 왕이라고 대우하듯 하면서 멸시와 함께 모멸감을 느끼게 하면서 조롱하는 것이었다.

3 앞에 와서 가로되 유대인의 왕이여 평안할지어다 하며 손바닥으로 때리더라

미가서 5장 1절에는 '막대기'로 때렸다라고 되어 있다. 손바닥이든 막대기든 무슨 상관이랴……. 아무 죄 없으신 예수님은 우리의 죄 때문에 그렇게 수치와 모욕을 당했던 것이다.

"평안할지어다"라는 말과 "손바닥으로 때리더라"는 두 문장은 매번 읽을 때마다 화가 끓어 오르고 치가 떨리며 그들을 향한 분노로 인하여 숨이 막히곤 한다.

4 빌라도가 다시 밖에 나가 말하되 보라 이 사람을 데리고 너희에게 나오나니 이는 내가 그에게서 아무 죄도 찾지 못한 것을 너희로 알게 하려 함이로다 하더라

빌라도는 이 구절에서 예수님의 죄를 찾지 못했다라고 말하고 있다. 그것도 일곱 번이나……. '7'은 완전수(약속, 언약, 맹세의 수)이다. 즉 빌라도는 예수에게서 그 어떤 죄도 찾지 못했다라는 것을 드러내고 있다. 당연히 예수님은 완벽한 그리고 역사상 유일한 의인이셨기 때문이다.

한편 이사야 53장 8절에서 이사야 선지자 또한 십자가 죽음은 예수의 죄가 아니라 마땅히 형벌받을, 만세 전에 택함을 입은 이(그리스도인과 카데마이, 곧 택정함을 입었으나 아직은 복음을 듣지 못해 세상에 있는 자)들의 죄와 허물 때문이라고 말하고 있다.

한편 빌라도뿐만 아니라 마태복음 27장 4절에서는 예수님을 팔았던 가

롯 유다조차도 예수님의 무죄를 선언하고 있다. 헤롯도(눅 23:15), 빌라도의 아내도(마 27:19), 예수의 곁에서 죽어가던 강도(눅 23:41) 마저도, 더 나아가 십자가 앞에 서 있던 군인들과 백부장(마 27:54) 또한 동일하게 예수님의 무죄를 선언하였다.

5 이에 예수께서 가시 면류관을 쓰고 자색 옷을 입고 나오시니 빌라도가 저희에게 말하되 보라 이 사람이로다 하매

2절과 마찬가지로 "가시 면류관"을 쓰신 것은 창세기 3장 18절의 아담이 죄를 지은 후 땅이 저주를 받아 가시덤불과 엉겅퀴를 내게 된 결과였다. 그 저주의 부산물인 가시를 지금 아무 죄 없으신 예수님께서 우리를 대신하여 쓰고 있는 것이다.

채찍에 맞아 피범벅이 된 예수를 보여주며 "이 사람을 보라"고 빌라도는 말하고 있다. 소위 '이만하면 만족하냐 혹은 이제 그 정도면 되었으니 그만하자'라는 타협안이기도 했다. 그러나 대제사장들과 하속들은 기어이 끝을 보고야 만다. 인간의 악함은 다함이 없다.

사실을 말하면 실제로 저들이 예수를 죽인 것은 아니다. 왜냐하면 저들은 예수님께 손끝하나 댈 수 없는 존재들이기 때문이다. 이 모든 과정은 택정함을 입은 자들의 죄를 지고 가게하신 아버지하나님의 작정(Decree)이요 예정(Predestination)이며 섭리(Providence)이자 경륜(Dispensation)의 그

일[176]에 저들이 도구로 사용된 것일 뿐이다.

6 대제사장들과 하속들이 예수를 보고 소리질러 가로되 십자가에 못 박게 하소서 십자가에 못 박게 하소서 하는지라 빌라도가 가로되 너희가 친히 데려다가 십자가에 못 박으라 나는 그에게서 죄를 찾지 못하노라

"소리질러 가로되"라는 것은 몹시 시끄러운 외침과 함께 무지막지한 고함소리를 가리킨다. 그 소리는 가혹하고 잔인하며 흉악하기 이를 데 없는 감정없는, 차가운 소음이었다.

당시 여자나 노예, 일반 잡범의 경우에는 십자가 죽음에 해당되지 않았다고 한다. 십자가 죽음은 길게는 7-10일 간에 걸쳐 서서히 죽이는 형벌이기에 극악의 고통이었다. 더 나아가 발가벗겨서 매달았기에 수치심은 이루 말로 다할 수가 없는 것이었다(유대전쟁사, Flavius Josephus).

7 유대인들이 대답하되 우리에게 법이 있으니 그 법대로 하면 저가 당연히 죽을 것은 저가 자기를 하나님 아들이라 함이니이다

레위기 24장 16절은 "여호와의 이름을 훼방하면 돌로 쳐죽이라"고 되

---

176 하나님의 작정(Decree)이란 성경적 세계관의 4기둥인 창조, 타락, 구속, 완성의 전체 청사진을, 예정(Predestination)이란 작정이 성취되기 위해 하나님의 백성들의 구원이 성취되는 것을, 섭리(Providence)란 작정과 예정이 성취되기 위한 하나님의 간섭과 열심을, 경륜(Dispensation)이란 의도와 방향, 목적이 있는 특별한 섭리를 가리킨다.

어있다. 즉 신성모독(神聖冒瀆)죄(罪)는 십자가에 못 박는 것이 아니라 돌로 쳐 죽이는 벌이기에 유대인들은 그들 스스로 자신들의 율법을 위반하고 있었던 것이다.

8 빌라도가 이 말을 듣고 더욱 두려워하여

빌라도는 유대인들의 고함소리에 두려워한 것이 아니었다. 그는 무죄인 예수님의 증거와 그 권위의 말씀으로 인한 두려움이 훨씬 컸다. 즉 자신의 판단과는 달리 대중의 압박에 밀려 '무죄한 자로 판명된 예수'를, 기어이 피를 흘리게 함으로 그 피의 대가가 돌아올 것에 대한 두려움이었다.

9 다시 관정에 들어가서 예수께 말하되 너는 어디로서냐 하되 예수께서 대답하여 주지 아니하시는지라

빌라도는 뭔가 알 수 없는 희미한 두려움이 자신에게 엄습하는 것을 느끼게 되자 예수에게 자꾸 되물었다.

"너는 어디로서냐."

"네가 정말 하늘에서 온 자가 맞냐."

이런 빌라도의 의구심은 예수님께 질문하면 할수록, 시간이 흐르면 흐를수록 점점 더 증폭되기만 했을 듯하다.

10 빌라도가 가로되 내게 말하지 아니하느냐 내가 너를 놓을 권세도 있고 십자가에 못 박을 권세도 있는 줄 알지 못하느냐 **11** 예수께서 대답하시되 위에서 주지 아니하셨더면 나를 해할 권세가 없었으리니 그러므로 나를 네게 넘겨준 자의 죄는 더 크니라 하시니

빌라도가 "내가 너를"이라고 한 표현에서는 그의 교만함, 흉포함, 거만함, 오만함이 뚝뚝 묻어난다. 그는 하나님께서 일시적으로 바벨론왕 느부갓네살에게 주셨던 권세(단 5:19)를 흉내내는 듯한 모습을 보여주고 있다.

"위에서 주지 아니하셨더면"이라는 말씀에서는 인간 법정의 권위마저도 인정하고 계시는 예수님을 볼 수 있다. 이로 미루어보건대 예수님은 일거수일투족(一擧手一投足)을 성부하나님의 뜻(롬 13:1; 잠 8:15-16)을 따라 움직이고 계심을 알 수 있다.

'권세'의 헬라어는 엑수시아[177](ἐξουσία, nf)인데 이 "권세"라는 것은 하나님께서 주신 것이다. 그렇기에 하나님의 권세만이 진정한 힘인 것이다. 인간에게 주신 하나님의 권세는 그분의 섭리와 경륜을 이루기 위한 일시적인 도구일 뿐임을 알아야 한다. 한편 이 땅을 살아가는 동안 그리스도인들이 받은 권세란 특권(Authority)을 의미하는 것으로 세상의 '권세 부림'과는 다르다. 오히려 세상과의 구별됨(하나님의 자녀로서의 권세, 하나님의 자녀가 된 권세, 요 1:12)이나 세상에 천국 복음을 전하는 권세(계 11:3, 6, 고후 5:18-21)

---

177 엑수시아(ἐξουσία, nf)는 (a) power, authority, weight, especially: moral authority, influence, (b) in a quasi-personal sense, derived from later Judaism, of a spiritual power, and hence of an earthly power이다.

를 가리킨다.

"나를 넘겨준 자의 죄는 더 크니라"는 말은 하나님의 섭리와 경륜을 이루기 위해 악의 도구로 사용된 저들의 죄조차도 결코 폐하여지지 않을 것임(눅 22:22, 12:47-48)을 말씀하고 있는 것이다.

12 이러하므로 빌라도가 예수를 놓으려고 힘썼으나 유대인들이 소리질러 가로되 이 사람을 놓으면 가이사의 충신이 아니니이다 무릇 자기를 왕이라 하는 자는 가이사를 반역하는 것이니이다

우리는 이 구절을 통하여 두 부류의 야비한 사람들을 보게 되는데 첫째는 유대인들이다. 그들은 마치 로마 황제 가이사의 충신인 양 위선을 떨고 있다. 둘째는 빌라도이다. 그는 유대인들의 간계(奸計)를 이미 파악하여 알고 있었음에도 불구하고 비겁하게 끝까지 비굴함을 택하고 말았다. 종국적으로 그는 대세에 꺾여 굴종(屈從)을 택하고 말았던 것이다. 두 부류의 사람 모두 다 역겹기는 매한가지이다(시 94:20-21).

13 빌라도가 이 말을 듣고 예수를 끌고 나와서 박석(히브리 말로 가바다)이란 곳에서 재판석에 앉았더라

이 구절에서의 "박석(돌을 깐 뜰, 돌판)"이란 헬라어로 리도스트로톤(λιθόστρωτον)인데 이는 리도스(λίθος, nm, a stone)와 스트로토스(στρωτός, spread, covered)의 합성어이다. 히브리어로는 가바다[178](Γαββαθᾶ, גַּבְּתָא, stone pavement/a sort of paved square, on which the procurator had his judgment seat)라고 한다. 한편 박석을 가리키는 리도스(λίθος, nm, a stone)는 모퉁이 돌(기초석)이신 예수를 상징하고 있다.

참고로 베드로의 헬라어는 페트로스(Πέτρος, nm, properly, a stone (pebble), such as a small rock found along a pathway)인데 이는 '남성주격'으로 조약돌 즉 박석이라는 말이다. 이와 달리 페트라(πέτρα, nf, a (large mass of) rock)는 '여성명사'로서 큰 바위 즉 반석(마 16:18)을 의미한다. 그러므로 마태복음 16장 18절에서의 베드로를 향해 "이 반석 위에 내 교회를 세우리니"라고 말씀하셨던 예수님의 말씀을 곡해하면 안 된다. 즉 '반석'이란 베드로만을 지칭하는 것이 아니라 그와 동일한 신앙고백을 하는, 오고 오는 많은 그리스도인들은 모두 다 '반석'이라는 의미이다. 결국 교회는 예수를 주로 고백하는 모든 그리스도인을 말하며 그들이 모인 공동체가 바로 교회 공동체인 것이다. 그러므로 '반석 위에 교회를 세운다'라는 것은 베드로 위에 교회를 세우겠다라는 것이 아니라 교회의 주인 되신 예수님을 머리로 하면서 몸 된 그리스도인들은 아름다운 연합을 이루어가라는 말이다.

열왕기하 16장 17절에는 유다의 12대 왕이었던 아하스의 배교에 대해 말씀하고 있다.

"아하스왕이 물두멍 받침의 옆판을 떼어내고 물두멍을 그 자리에서 옮

---

178 가바다(Γαββαθᾶ)는 Aramaic origin, stone pavement, Gabbatha, a sort of paved square, on which the procurator had his judgment seat, גַּבְּתָא인데 이는 박속을 말한다. 리도스(λίθος, nm, a stone; met: of Jesus as the chief stone in a building)라고 하기도 한다.

기고 또 놋바다를 놋소 위에서 내려다가 돌판 위에 두며"_왕하 16:17

이 구절에서의 "돌판(pavement, 박석)"은 요한복음 19장 13절의 '박석 즉 조약돌'을 의미한다. 결국 열왕기하 16장 17절의 말씀은 이방인 우상숭배자에게 지배당한 유다 왕의 모습을 상징적으로 기록하고 있다. 동일하게 이곳 요한복음 19장에서의 빌라도는 메시야를 배척했던 유대인들에게 지배당하고 있음을 보여주고 있다.

14 이 날은 유월절의 예비일이요 때는 제육시라 빌라도가 유대인들에게 이르되 보라 너희 왕이로다

유월절 만찬(유월절 금요일, 요 19:14, 31-41, 막 15:42)은 이스라엘 백성이 출애굽하기 전날 밤 장자들이 죽음에서 구원된 것을 기념하기 위해 먹은 식사이다. 그러나 실제로 유월절(Passover)이란 노예 상태에서 해방된 그 다음날(민 28:16-17)을 가리킨다.

"유월절의 예비일(Παρασκευὴ τοῦ πάσχα, the Day of Preparation of the Passover)"에서의 전날에 해당하는 '예비일'의 헬라어는 파라스큐에(Παρασκευή, nf, the day of preparation, the day before the Sabbath, Friday)이다.

이는 마치 초막절(유대력 7월 15일) 전의 속죄일(유대력 7월 10일)에 행했던 속죄제나 유월절 전의 유월절만찬, 오순절 전의 칠칠절의 경우와 비슷하다. 즉 같은 말이지만 약간의 미묘한 차이를 구분할 수 있어야 한다.

15 저희가 소리지르되 없이 하소서 없이 하소서 저를 십자가에 못 박게 하소서 빌라도가 가로되 내가 너희 왕을 십자가에 못 박으랴 대제사장들이 대답하되 가이사 외에는 우리에게 왕이 없나이다 하니

이스라엘 백성들의 메시야에 대한 배신은 이사야 53장 3절과 49장 7절에서 미리 예언되었다.

"그는 멸시를 받아서 사람에게 싫어 버린바 되었으며 간고를 많이 겪었으며 질고를 아는 자라 마치 사람들에게 얼굴을 가리우고 보지 않음을 받는 자 같아서 멸시를 당하였고 우리도 그를 귀히 여기지 아니하였도다"_사 53:3

"이스라엘의 구속자, 이스라엘의 거룩한 자이신 여호와께서 사람에게 멸시를 당하는 자, 백성에게 미움을 받는 자, 관원들에게 종이 된 자에게 이같이 이르시되 너를 보고 열왕이 일어서며 방백들이 경배하리니 이는 너를 택한바 신실한 나 여호와 이스라엘의 거룩한 자를 인함이니라"_사 49:7

한편 "가이사 외에는 우리에게 왕이 없나이다"라는 유대인들의 외침을 듣자 정신이 번쩍 든 빌라도는 '혹시나'라는 막연한 두려움에 휩싸이게 된다. 당시 로마 왕궁에 있던 빌라도의 후견인인 '세자누스(Lucius Aelius Sejanus, BC 20-AD 31)'가 마침 시저(Tiberius,. 2대 황제)에 의해 숙청당했던 (according to Josephus) 터라 빌라도 역시 숨죽이며 납작 엎드려있어야 했던 시기였기 때문이다.

그런 상황에서 '가이사 외에는 우리에게 왕이 없나이다'라는 그들의 외침은 왕이라고 자칭하는 예수를 놓아준다면 당신은 더 이상 가이사의 충

신이 아니라는 외침으로 들렸기 때문이다. 그것은 빌라도에게는 아킬레스건이었다. 그는 자신이 살기 위해 결국 예수를 십자가에 못 박히게 내어주고 말았던 것이다. 이후 유대인들에게는 많은 날 동안 왕도 지도자도 제사도 없이(호 3:4) 지내야만 하는 긴 세월을 겪게 된다.

 "이스라엘 자손들이 많은 날 동안 왕도 없고 군도 없고 제사도 없고 주상도 없고 에봇도 없고 드라빔도 없이 지내다가 그 후에 저희가 돌아와서 그 하나님 여호와와 그 왕 다윗을 구하고 말일에는 경외하므로 여호와께로 와 그 은총으로 나아가리라"_호 3:4-5

16 이에 예수를 십자가에 못 박히게 저희에게 넘겨주니라

 빌라도는 로마 정부로부터 파송된 유대 땅을 다스리는 로마의 총독임에도 불구하고 유대인들의 분노를 대신 집행하여 주는 자로 전락(轉落)하고야 말았다. 이를 적나라하게 표현하자면 빌라도는 그들의 심부름꾼이요 노예에 불과했다라는 의미이다.

 예수님은 오전 6시(12MD)에 빌라도로부터 십자가형을 언도(19:16)받은 후 오전 9시(3PM)에 십자가에 달리셨다(요 19:18, 막 15:25). 이후 오후 3시(9PM)에 운명(요 19:30, 막 15:34)하셨다. 유대력의 시간(時間)을 현대의 시간으로 환산하려면 +6을 하면 된다(유대력의 월(月)은 +3이다). 즉 예수님은 오후 3시에 십자가에 달리셨으며 6시간 후인 저녁 9시에 운명하셨다.

17 저희가 예수를 맡으매 예수께서 자기의 십자가를 지시고 해골(히브리 말로 골고다)이라 하는 곳에 나오시니

"해골은 크라니온(κρανίον, nn, a skull)이며 골고다(Γολγοθᾶ)는 갈대아어이자 히브리어로서(Golgotha, Chaldean אַגְּלְגָּלְתָּא, Heb. גָּלְגֹּלֶת (from גָּלַל to roll)) 갈랄에서 파생되었다. 이는 죽음의 왕국 즉 죄로 물든 세상의 본래 모습이다.

갈보리산, 모리아산, 시온산은 모두가 다 같은 말이다. 창세기 22장에는 모리아 땅에 있는 한 산(통칭 모리아산, 22:2)에서 이삭을 제물로 드리려했던 아브라함과 이삭의 이야기가 나온다.

참고로 창세기 22장 8, 14절에는 "준비하시리라, 준비되리라"는 말씀이 있다. 이 약속은 그때로부터 2,000년을 훌쩍 뛰어넘어 지금 그 동일한 산(시온산, 갈보리산, 모리아산)인, 갈보리 언덕 곧 해골산인 골고다에서 희생제물된 유월절 어린 양(가알)을 상징하는 예수님의 십자가에서 진정 성취되고 있다. 히브리서 11장 17-19절에도 동일하게 말씀하고 있다.

"아브라함은 시험을 받을 때에 믿음으로 이삭을 드렸으니 저는 약속을 받은 자로되 그 독생자를 드렸느니라 저에게 이미 말씀하시기를 네 자손이라 칭할 자는 이삭으로 말미암으리라 하셨으니 저가 하나님이 능히 죽은 자 가운데서 다시 살리실 줄로 생각한지라 비유컨대 죽은 자 가운데서 도로 받은 것이니라"_히 11:17-19

18 저희가 거기서 예수를 십자가에 못 박을새 다른 두 사람도 그와 함께 좌우편에 못 박으니 예수는 가운데 있더라

"다른 두 사람도 예수와 함께 좌우편에 못 박으니"라는 것은 '예수님이 강도처럼 취급되어졌다' 라는 의미이다. 이는 이사야 53장 12절의 말씀을 이루게 하려 함이며 동시에 누가복음 22장 37절의 그 예언의 성취, 곧 예수님의 대속적 죽음(vicarious suffering)이 이루어지게 하려 함이다.

"이러므로 내가 그로 존귀한 자와 함께 분깃을 얻게 하며 강한 자와 함께 탈취한 것을 나누게 하리니 이는 그가 자기 영혼을 버려 사망에 이르게 하며 범죄자 중 하나로 헤아림을 입었음이라 그러나 실상은 그가 많은 사람의 죄를 지며 범죄자를 위하여 기도하였느니라 하시니라"_사 53:12

"내가 너희에게 말하노니 기록된바 저는 불법자의 동류로 여김을 받았다 한 말이 내게 이루어져야 하리니 내게 관한 일이 이루어 감이니라"_눅 22:37

또한 돌에 맞아 죽지 않고 십자가에 죽은 것은 시편 22편 16절의 말씀을 이루기 위함이었다.

"개들이 나를 에워쌌으며 악한 무리가 나를 둘러 내 수족을 찔렀나이다"_시 22:16

실상 이런 모든 형벌들은 영 죽을 죄인 된 우리가 받아야 할 것들이었다.

참고로 예수님을 상징하는 구약의 인물 중의 하나가 요셉인데 그의 전 생애를 통해 우리는 예수님의 십자가 수난과 죽음, 부활의 전(全) 과정을 읽을 수 있다.

비교	요셉	예수님
1) 정죄의 장소: 감옥	잘못 없이 감옥에 갇힘	의인이심에도 불구하고 십자가 지심
2) 감옥 내	두 정죄자와 함께 :술 맡았던 관원, 떡 맡았던 관원	좌우편의 두 강도와 함께
3) 수단	술~의 결말: 축복 떡~의 결말: 저주	믿음의 결말: 구원 믿음(-): 저주와 심판
4) 훗날	수치와 수모 -〉위엄과 영광으로	수치와 저주의 십자가 -〉부활 & 승천의 승리
5) 감옥 출소	창 41:14 수염 깎고 옷을 갈아입음	빌 3:21 무덤에 세마포 남겨둠 영광스러운 옷을 입음

19 빌라도가 패를 써서 십자가 위에 붙이니 나사렛 예수 유대인의 왕이라 기록 되었더라 20 예수의 못 박히신 곳이 성에서 가까운 고로 많은 유대인이 이 패를 읽는데 히브리와 로마와 헬라 말로 기록되었더라

빌라도는 "나사렛 예수 유대인의 왕"이라는 말을 세 언어 곧 히브리언 어, 로마 언어, 헬라 언어로 기록하여 십자가 위에 붙였다.

"히브리 말"로 기록했다라는 것은 '종교, 율법, 윤리와 도덕'을 상징하 는 것이며 "로마 말"로 기록했다라는 것은 '법, 힘, 권세, 권력'을 상징하 는 것이고 "헬라 말"로 기록했다라는 것은 '문화와 지식'을 상징하는 것 이다. 결국 이는 '세계의 3대 문명'을 상징하는 것으로 그리스도의 왕권 (Kingship)이 세상의 모든 문화권(온 세계, 온 우주)에 선포될 것을 암시한 것이다.

21 유대인의 대제사장들이 빌라도에게 이르되 유대인의 왕이라 말고 자칭 유대인의 왕이라 쓰라 하니 **22** 빌라도가 대답하되 나의 쓸 것을 썼다 하니라

"유대인의 왕"이란 이스라엘을 지칭하는 것이 아니다. 진정한 유대인이란 '영적 이스라엘'을 말하는 것으로 '전 우주적인 교회'를 가리킨다. 예수님은 우리 모든 교회(성도들)의 왕이시다.

한편 빌라도는 '유대인의 왕'이라고 쓴 것에 대해 '자칭 유대인의 왕'이라고 변경할 의사가 없음을 분명히 했다. 이런 고집은 예수님의 무죄판결에서도 그랬어야 했다. 그러나 이제는 이미 늦었다. 때늦은 후회는 아무 소용이 없는 것이다.

우리의 유한된 일 회 인생 또한 마찬가지이다. 복음을 받아들이되 육신의 장막을 벗는 그 전까지여야 한다. 그 이후에는 늦은 것이며 심판만 있을 뿐이다. 나중에 빌라도는 자살이라는 비참한 최후로 끝을 맺었다고 한다(그리이스의 신학자, Eusebius of Caesar, AD 260-340). 결국 빌라도는 의인을 죽여버렸고 자신도 죽었던 것이다.

23 군병들이 예수를 십자가에 못 박고 그의 옷을 취하여 네 깃에 나눠 각각 한 깃씩 얻고 속옷도 취하니 이 속옷은 호지 아니하고 위에서부터 통으로 짠 것이라

십자가 죽음의 경우 최악의 고통과 더불어 수치까지 주기 위해 벌거벗겨 달아 죽였다. 그 벌거벗음은 에덴동산에서 아담과 하와가 선악과를 따 먹은 후 벌거벗은 것을 알고 수치스럽게 여겼던 것과 술에 취해 수치스러운 줄도 모르고 벌거벗었던 노아를 연상시킨다. 이들은 계시록에 나오는

라오디게아 교회의 벌거벗은 수치(계 3:17)이다. 이 구절에서의 십자가 위에서 벌거벗겨진 예수님은 그렇게 우리의 수치(벌거벗음)를 몽땅 안고 가셨던 것이다.

한편 이 구절에서는 괴상한 장면이 나타나는데 그것은 군병들이 예수를 발가벗기고는 그의 옷을 제비뽑아 나누어 가지는 것이다. 당시, 옷은 상당히 값나가는 일종의 재물이었다. 그렇기로서니 죽은 자의 옷을 벗겨 나누기까지……. 예나 지금이나 '이 세상이나 세상의 것들'을 탐욕스럽게 가지고자 하는 인간 군상들의 적나라한 모습을 보게 된다. 동시에 그들의 모습에서 우리들의 모습이 오버랩되기도 한다.

24 군병들이 서로 말하되 이것을 찢지 말고 누가 얻나 제비 뽑자 하니 이는 성경에 저희가 내 옷을 나누고 내 옷을 제비 뽑나이다 한 것을 응하게 하려 함이러라 군병들은 이런 일을 하고

상기의 일련의 행동들은 결국 시편 22편 18절의 말씀을 응하게 하려 함이었다.

"내 겉옷을 나누며 속옷을 제비 뽑나이다" _시 22:18

군병들은 예수 그리스도의 의(義)의 옷, 공의의 겉옷(사 61:10)을 두고서는 누가 얻게 될지 제비를 뽑았다. 그러나 이 모든 것은 이미 이사야 선지자를 통해 하나님께서 정하신 일이었다. 잠언 16장 33절의 말씀은 이를 뒷받침하고 있다.

"사람이 제비는 뽑으나 일을 작정하기는 여호와께 있느니라" _잠 16:33

결국 하나님의 작정과 예정, 섭리와 경륜은 하나님의 때에 하나님의 방법으로 반드시 이루어지게 됨을 알아야 한다.

한편 창세기에서는 죄를 지은 아담과 하와에게 그 수치를 덜어주기 위해 야훼 엘로힘께서 짐승을 죽여 그들에게 가죽옷을 지어 입히셨음을 말씀하고 있다(창 3:21). 이 구절에서 영 죽을 죄인 된 군병들(인간군상을 상징)이 자신들의 죄를 대신 덮어쓰고 십자가에 달려 돌아가신 둘째 아담인 예수의 겉옷을 벗긴 후 그 옷을 제비뽑아 가져가는 모습과 상통하고 있다.

짐승의 가죽옷이든 예수님의 겉옷이든 간에 둘 다 죄인 된 우리의 수치를 덮어주기 위함이었음에랴…….

25 예수의 십자가 곁에는 그 모친과 이모와 글로바의 아내 마리아와 막달라 마리아가 섰는지라

예수의 십자가 곁에는 5명의 사람들이 있었다. 그 모친 마리아(눅 2:35)와 이모(예수의 모친의 시누이, 요셉의 누이동생, 마 28:1) 즉 글로바의 아내(눅 24:13, 18) 마리아와 막달라 마리아(Maria Magdalena, 눅 7:37-50; 8:2; 23:55; 24:1-10; 마 27:56, 막달라 지방은 디베랴호수 서편에 있다. 일곱 귀신 들렸던 여인)이다. 마태복음 27장 56절에 의하면 네 번째 사람은 야고보와 요한의 어머니 마리아(살로메, 막 15:40)였다. 마지막 다섯 번째는 제자 중 유일하게(마 26:31) 함께 했던 사도 요한이다(요 19:26-27).

한편 '5'는 하늘의 증인의 수 곧 은혜의 수(2=증인의 수, 3=하늘의 수, 5=하늘의 증인, 즉 은혜의 수)로서 미래형 하나님나라에서 예수님과 함께 할 교회를 상징하고 있다. 약간 궁금한 것은, 마르다의 동생 마리아 곧 죽었다가 살아난 나사로의 누이 마리아가 보이지 않는다는 점이다.

참고로 마리아[179](Μαρία, Maria or Mariam, Mary, Miriam)는 히브리어로는 미리암(מִרְיָם, Miryam)인데 이는 메라야흐(מְרָיָה, an Israelite priest)와 동일한 의미이다. 동사 마라흐(מָרָה, bitter)에서 파생되었다.

'마리아'라는 것은 이름이기도 하지만 '인생에서 쓴 맛을 본 사람들'이라는 상징적 의미를 가지고 있는 독특한 단어이다. 가만히 보면 예수님 주위에는 유독 이런 유의 마리아가 많이 모여있었음을 알 수 있다. 그들은 하나같이 모두가 다 그들의 인생에서 수고하고 무거운 짐진 자들이었다. 결국 예수님 주변에 몰려 든 그런 유의 사람들은 초림의 구속주 예수님께 와서 쉼을 얻게 되었음(마 11:28-30)을 상징하고 있다. 갈보리 십자가 밑에서 그들의 죄짐이 풀린 것이다. 죄와 사망의 법에서 그들이 자유케 된 것이다. '놀라운 사랑의 갈보리'이다.

26 예수께서 그 모친과 사랑하시는 제자가 곁에 섰는 것을 보시고 그 모친께 말씀하시되 여자여 보소서 아들이니이다 하시고

"여자"라고 언급한 부분은 요한복음 2장 4절, 20장 13절에도 동일하게

---

179 마리아(Μαρία, Maria or Mariam, Mary, Miriam)는 (a) the mother of Jesus, (b) of Magdala, (c) sister of Martha and Lazarus, (d) wife of Cleopas, (e) mother of John Mark, (f) a Christian woman in Rome인데 이는 히브리어 미리암(מִרְיָם, Miryam, a sister of Aaron, also a man of Judah)으로서 메라야흐(מְרָיָה, an Israelite priest)와 동일한 의미이다. 이는 동사 마라흐(מָרָה, to be contentious or rebellious, bitter)에서 파생되었다.

나온 것이다. 이런 표현을 한국적 정서로 이해하여 무례하다거나 거친 용
어로 이해하는 것은 곤란하다.

'여자'라는 헬라어 단어는 귀네(γυνή)인데 당시 그리스에서 왕이 왕후를
부를 때에나 자신의 아내를 사랑스레 부를 때에 사용되었다. 그러므로 예
수님은 당신의 육신적 어머니에 대한 한없는 사랑을 담아서 그렇게 부르
신 것이다.

또한 이 구절을 통하여는 예수님의 십자가 죽음으로 자연적이고도 인
간적인 인연(因緣)은 끝이 났음(고후 5:16)을 알려주고 있다. 이후 예수의 모
친 마리아는 사도행전 1장 14절에 다시 한 번 등장한다.

**27 또 그 제자에게 이르시되 보라 네 어머니라 하신대 그 때부터 그 제자가 자기
집에 모시니라**

"여자여 보소서 아들이니이다~그 제자에게 이르되 보라 네 어머니라"
는 말은 가상(架上, 십자가(十字架)) 7언 중 세 번째 말이다. 예수님의 이 말씀
을 통해 모든 그리스도인들은 장차 가족 공동체(예수님의 형제들에게서)에서 교
회 공동체(사도 요한)에로 나아가게 될 것을 알 수 있다.

한편 로마카톨릭(Roman Catholic Church, RCC)은 마리아에게 자녀가 없다
라고 했다. 그러나 마태복음 13장 55-56절에 의하면 마리아에게는 자녀
들이 있었다. 그럼에도 불구하고 예수님은 제자였던 사도 요한에게 자신
의 육신의 어머니 마리아를 부탁했는데 이유는 정확하게 알 수 없지만 당
시 예수의 형제들은 예수의 십자가 처형 자리에 동석하지 않았기 때문이

거나 뭔가 모실 수 없었던 형편에 처해졌던 것 같다. 시편 69편 8절은 이렇게 말씀하고 있다.

"내가 내 형제에게는 객이 되고 내 모친의 자녀에게는 외인이 되었나이다" _시 69:8

28 이 후에 예수께서 모든 일이 이미 이룬 줄 아시고 성경으로 응하게 하려 하사 가라사대 내가 목마르다 하시니

"목 마르다"라는 것은 십자가 상의 다섯 번째 말씀이다. 예수님은 모든 것을 다 이루시기까지 '타는 목마름'을 견디시며 아버지하나님의 택정된 인간에 대한 구속 계획을 성취하셨다. 당시 예수님은 물과 피를 아낌없이 흘리셨기에 갈증에 더하여 탈수(dehydration)에까지 이르게 되었을 것이다. 이는 진정한 인간성을 입증한 것(눅 2:52; 10:21; 마 4:2; 막 1:35; 4:38; 6:6; 요 4:6; 11:33, 35)이다. '인간성'이라고 표현한 것을 두고 예수님을 단순히 '신성한 인간'이라고 해서는 안 된다. 또한 '인간다운 하나님'이라고 해서도 안 된다. 예수님은 완전한 하나님이요 완전한 인간으로서 '신인(神人) 양성의 하나님'이시다.

"응하게 하려하다"라는 것은 30절의 "다 이루었다"라는 의미와 동일(τελέω, v, to bring to an end, complete, fulfill)하다.

29 거기 신 포도주가 가득히 담긴 그릇이 있는지라 사람들이 신 포도주를 머금

은 해융을 우슬초에 매어 예수의 입에 대니

"해융"은 바다 동물의 연한 뼈로서 스폰지 같은 것이다. 이를 우슬초(갈
대 혹은 박하과의 일종, 출 12:22; 시 51:7)에 묶어 신 포도주를 머금게 한 해융을
예수의 입에 대었던 것이다.

'우슬초'는 출애굽기 12장에 나오는 것으로 유월절 어린 양 되신 예수
의 피로 말미암아 죽음을 면케 되는 은혜를 상징하고 있다. 특히 출애굽
기 12장 22절의 "우슬초 묶음을 취하여 그릇에 담은 피에 적시어서 그 피
를 문 인방과 좌우 설주에 뿌리고"라는 말씀과 이 구절의 "신 포도주가 가
득히 담긴 그릇, 신 포도주를 머금은 해융을 우슬초에 매어 예수의 입에
대니"라는 말씀은 서로 상통한다. 즉 예수 그리스도의 피(보혈)로 인해 우
리는 죄를 사함(죄와 사망의 법에서 생명의 성령의 법으로, 롬 8:1)받고 영벌(영적 죽음,
영적 사망, 첫째 사망)에서 영생으로 나아가게 되었다라는 것이다.

30 예수께서 신 포도주를 받으신 후 가라사대 다 이루었다 하시고 머리를 숙이시고 영혼이 돌아가시니라

"신 포도주를 받으신 후~"라는 것은 시편 69편 21절(저희가 쓸개를 나의 식물
로 주며 갈할 때에 초로 마시웠사오니)의 말씀이 실현된 것을 말한다. 마태복음 27
장 48절에도(해융을 가지고 신 포도주를 머금게 하여 갈대에 꿰어 마시우거늘) 동일한 말
씀이 있다. 한편 이곳 요한복음(19:30)은 "신 포도주를 받으신 후"라고 되
어 있으나 마태복음은(27:34) "쓸개 탄 포도주를 예수께 주어 마시게 하
려 하였더니 예수께서 맛보시고 마시고자 아니 하시더라"고 기록되어 있

다. 이러한 미묘한 차이는 당시 쓸개나 몰약을 탄 신 포도주는 마취제 (anesthetic drug)여서 통증을 감소하기 위한 것이기에 예수님은 거절하셨던 것으로 오로지 죄인들의 모든 수치와 저주, 허물을 오롯이 안고 가셨음을 상징하고 있는 것이다.

"다 이루었다"라는 말씀은 십자가 상의 여섯 번째 말씀이다. 예수님의 십자가 대속 죽음으로 인해 그 예수를 믿게 된 우리는 영 죽을 죄에서 영 단번에 사함을 받게 되었다. 그 예수님은 죽음을 이기시고 사흘 후에 부활하심으로 우리에게 소망을 주셨다. 이후 성령님은 예수를 믿는 우리 안에 주인으로 거하시게 되었다. 우리는 그의 거하시는 몸 곧 성전이 되었고 그리하여 우리는 예수님을 힘입어 성부하나님께로 당당히 나아갈 수 있게 되었다(히 4:16).

다시 말하면 초림의 구속주이신 예수를 믿게 되면 그 즉시 우리의 죄와 허물이 용서를 받게 된다라는 것이다. 죄와 사망의 굴레와 멍에로부터 해방되는 것이다. 왜냐하면 역사상 유일한 의인이신 예수님의 대속 제물, 화목 제물되심으로 인해 영 단번에 완전한 대가가 지불된 것이기 때문이다. 그 예수님은 율법의 요구조건을 온전히 성취하셨다.

재미있는, 동시에 묵직하게 다가오는, 그러나 엄청난 결과를 초래하는 헬라어 두 단어가 있다. "다 이루었다"의 테텔레스타이(Τετέλεσται)와 "다 잃었다"의 아폴뤼미((a) I kill, destroy, (b) I lose, mid: I am perishing (the resultant death being viewed as certain), ἀπόλλυμι)이다. 곧 우리가 '예수, 그리스도, 생명'을 믿음으로 붙잡게 되면 전자의 테텔레스타이(Τετέλεσται)에 아멘이 되지만 믿지 않는 불신과 불순종으로 나아가게 되면 후자인 아폴뤼미

(ἀπόλλυμι)에 아멘을 할 수밖에 없게 된다라는 것이다.

창세기 3장 15절의 말씀은 최초의 '원시복음'으로서 그 말씀에는 우리를 살리시려는 아버지의 마음이 오롯이 담겨 있다. 그 구절에서의 "여자"와 "여자의 후손"은 계시록 12장 1-2절의 "교회"와 "예수"를 상징하고 있다. 곧 '여자인 교회'가 낳은 '여자의 후손인 예수'는 교회의 머리(주인)로서 교회는 예수를 품고 있으며 모시고 있다라는 의미이다.[180]

반면에 뱀으로 상징된 사단의 후손은 여인의 후손인 예수님의 발꿈치를 상하게 했다라고 했는데 '발꿈치를 상하게 하다'라는 것은 '예수님의 십자가 죽음'을 상징하는 것이다.

창세기 3장 7절에는 죄를 지은 후 그들 스스로 노력하여 수치를 가리기 위해 무화과나무 잎으로 자신들의 수치와 허물을 가리는 아담과 하와를 보여주고 있다. 그러나 그 잎은 이내 곧 시들어 버리고 만다. 그러자 창세기 3장 21절에서는 야훼 하나님께서 직접 동물을 희생시켜 피를 흘리게 함으로 그 부산물인 가죽으로 가죽옷을 지어 입히신다. 바로 희생제물되신 예수님의 보혈의 피와 그리스도의 의의 옷을 상징한다.

예수님은 태초부터 함께 계신 삼위하나님이시다. 예수님은 기능론적 종속성(functional subordination)에 의해 성부하나님의 구속 계획을 성취하시려 이 땅에 오셨다. 그리고는 십자가 죽음을 통해 성부하나님의 구속 계획을 성취하셨다. 부활 후 승천하신 예수님은 하나님나라의 완성을 위해 승리주 하나님으로 반드시 재림하실 것이다.

---

180 『예수 그리스도 새 언약의 성취와 완성』, 이선일/이성진공저, 도서출판 산지, 2021

참고로 예수님의 생애를 복기하면 BC 4년에 성육신 하신 예수님은 12살 되던 해 유월절을 맞아 예루살렘에 올라간다. 그곳에서 랍비들과 앉아 듣기도 하고 묻기도 하며 그 지혜를 드러내신다. 곧 "예수는 그 지혜와 키가 자라며 하나님과 사람에게 사랑스러워 가시더라"고 묘사되어 있다. 소위 소년시절의 예수(눅 2:41-52)를 보여주고 있는 것이다.

성경에서 예수님의 이야기는 여기까지이다. 공생애를 시작하는 AD 26년인, 예수님이 30세가 되기까지의 언급은 없다. 알 필요가 없기 때문이다. 그러나 여기에 떠도는 억측이 너무 많다. 성경이 말하면 우리도 말하고 성경이 침묵하면 우리는 그저 침묵할 뿐이다.

세상은 소위 '소설을 쓰시네'라는 말 그대로 온갖 것들을 갖다 붙여 너절한 이야기들을 만들어 냈다. 개중 〈인도로 간 예수〉 등을 들먹이며 예수는 석가에게 배웠다라고 주장하기도 한다. 그래서 참고로 사족[181]을 붙이고자 한다.

부처(석가모니)를 교조(敎條)로 삼는 불교는 그가 설한 교법(석교, 釋敎)을 종지(宗旨)로 하는 종교로서 부처가 되기 위한 교법(敎法)이라는 의미인데 84,000의 법문(法門)이 세월과 더불어 다양화되어 오늘에 이르고 있다.

불교는 계속 구전이 되다가 AD 393년 법화경(7권 28품으로 반야경, 유마경, 화엄경등과 함께 초기에 성립된 대승경전)을 필두로 기록되기 시작한다. 참고로 석가와 공자는 동시대(BC 550년경) 인물이다. 반면에 성경은 BC 1,500년에서 AD 100년에 이르기까지 1,600여 년에 걸쳐 40여 명의 기록자에 의해

---

181 네이버 지식백과의 두산백과, 민희식의 성서의 뿌리(구약-오리엔트 문명과 구약성서, 신약-그리이스, 인도사상과 신약성서)참조

성령님의 감동(유기영감, 완전영감, 축자영감)으로 기록되었다. 아무튼 그들은 예수가 12세 때 성전에서 랍비와 토론 후 인도(티벳)로 갔다고 주장한다. 그곳에서 17년간 석가모니의 가르침을 받은 고승이었고 보살이었다라고 주장하는데 이는 성경이 불교경전과의 유사성 때문이라고 하며 그 유사성은 다음과 같다.

석가는 악령인 마라에게 40일간 시험을 받았다고 했다. 또한 아함경(소승(小乘)경전)에는 12명의 제자들을 모든 계급의 사람들에게 파송하는 내용이 있다. 무문자설경(자설경, Udana)에는 돈과 신을 함께 섬길 수 없다라고 되어 있다. 본색경에는 물위를 걷다가 빠진 제자를 붓다가 걷게 하는 장면이 있다. 또한 떡 하나로 500명을 먹이는 장면도 있다. 잡보장경에는 과부의 두 냥 헌금이 값지다라고 되어 있다. 무문자 설경에는 사기꾼이 인도하면 개천에 빠진다는 내용도 있다. 가만히 보면 성경과 불경의 유사한 부분이 제법 있기는 하다. 이를 근거로 예수님이 석가의 가르침을 배웠다라고 주장한다.

그런데 기독교는 자력 종교인 불교와는 달리 타력 종교이다. 기독교는 말씀 종교, 계시 종교, 은혜 종교이며 신이 인간을 찾아온 특별 종교이다. 반면에 불교는 자력 종교이므로 인간이 신이 되는 종교이며 108번뇌를 벗어나 열반에 들어가면 모두가 부처가 된다라고 가르친다. 이런 불교의 교리는 원래부터 기복(祈福)은 아니었다. 그리고 보면 오늘날의 불교는 제법 많이 달라져 있는 듯하다.

만약 예수님이 석가로부터 17년 동안이나 배워 불교와는 전혀 다른 기독교를 창시하여 3년 반(공생애)을 설파했다라고 한다면 불교는 그만큼 허접하다는 방증이 되고 만다. 또한 불경은 AD 4세기에 기록되기 시작한 반면에 성경은 BC 1,500년에서 AD 100년까지 기록되었고 AD 4세기에 이르면 정경화 작업(구약 AD 90년, 신약은 AD 397년)이 완성되었다.

결론을 말하면 억측으로 소설을 쓰는 것보다는 진리가 무엇이며 핵심이 무엇이고 삼위일체 하나님의 창조, 인간의 타락, 예수 그리스도의 구속과 완성이라는 전체의 그림을 보며 성부하나님의 택정하심에 따른 그 은혜에 감사하는 것이 필요할 뿐이다. 지난날 나는 비교종교학을 공부하면서 새로운 사실처럼 보였던 것에 당황하기 보다는 매사 매 순간 하나님의 은혜에 더욱 더 감사, 감격할 수 있었다.

한편 인간은 영혼이 먼저 떠나게 되고 그 다음에야 머리가 숙여진다라고 학자들은 말한다. 그런데 예수님의 경우에는 먼저 의식적으로 고요하고 경건하게 머리를 숙이셨다. 그런 후 예수님의 영혼은 떠나갔다. 인간과의 다른 점을 보여주고 있는 것이다.

31 이 날은 예비일이라 유대인들은 그 안식일이 큰 날이므로 그 안식일에 시체들을 십자가에 두지 아니하려 하여 빌라도에게 그들의 다리를 꺾어 시체를 치워 달라 하니 32 군병들이 가서 예수와 함께 못 박힌 첫째 사람과 또 다른 사람의 다리를 꺾고

"꺾다(카타그뉘미; κατάγνυμι, to break in pieces, crush)"라는 것은 '산산조각으로 부수다'라는 의미이다. 당시에는 아마 군병들이 큰 나무 막대기나 쇠막대기를 사용하여 그때까지 죽지 않고 살아있던 죄수의 다리를 꺾었

을 것으로 추측된다.

군병들이 예수에게 나중에 간 것은 예수는 이미 죽었다고 판단한 듯하다. 반면에 양측 강도 중 하나는 영혼 구원 후에도 천국 들어가기 전까지 다리가 꺾이는 고통을 당해야만 했다. 이는 구원받은 우리 또한 미래형 하나님나라에 들어가기 전까지는 일곱 재앙을 통과해야 함을 보여주신 것이기도 하다. 『예수 그리스도 새 언약의 성취와 완성(요한계시록 주석, 도서출판 산지)』에서 밝혔듯이 모든 고난 속에는 하나님의 뜻이 담겨 있다. 즉 예수를 믿은 후에도 여전히 상황 혹은 환경으로부터의 환난, 육체적 고난은 하나님의 섭리와 경륜에 따라 닥칠 수도 있음을 알아야 할 것이다.

33 예수께 이르러는 이미 죽은 것을 보고 다리를 꺾지 아니하고 34 그 중 한 군병이 창으로 옆구리를 찌르니 곧 피와 물이 나오더라

예수께서 흘리신 '물과 피'에서의 예수를 상징하는 피는 '속죄, 칭의, 용서'를 의미하는 번제단을 상징하고, 성령을 상징하는 물은 '정화, 중생, 성결, 성화'를 의미하는 물두멍을 상징한다(창 3:5, 매튜 헨리, Dr Araw). 즉 '물과 피'는 하나님께서 우리에게 생명(영생)을 주신 것과 그 영생은 예수 안에서 예수로만 인하여 주어짐(요일 5:8-12)을 말씀하고 있는 것이다.

그렇기에 이곳 요한복음 19장 34절에서는 '물과 피'가 아니라 "피와 물이 나오더라"라고 표기되었는데 이 순서는 헬라어 서술상 중요한 의미를 지니고 있다. '피와 물'이란 헬라어로 하이마 카이 휘도르(αἷμα καὶ ὕδωρ, blood and water)인데 이는 예수님으로 인한 칭의(Justification) 후에 성령님의 주도로 이루어지는 성화(Sanctification)의 순서 과정을 거친다는 것을 가리킨다.

이런 비슷한 용례가 히브리서 7장 2절에도 나온다. 그곳에는 "첫째 의의 왕이요 또 살렘 왕이니 곧 평강의 왕이요"라고 기술되어 있다. 이런 헬라어 서술의 순서가 의미하는 것은 대가 지불인 십자가 공의(의의 왕, 구속) 후에야 평화(구원, 살렘 왕, 평강의 왕)가 주어진다라는 것이다.

한편 요한일서 5장 6절에는 예수 그리스도는 물로만 아니요 "물과 피로 임하신 분"이라고 하셨다. 이의 헬라어는 디 휘다토스 카이 하이마토스(δι' ὕδατος καὶ αἵματος, by water and blood)인데 이때의 '물'은 성령님을 상징하고 '피'는 예수님을 상징(요 3:5)한다. 그렇기에 예수님은 보혜사이시며 성령님은 또 다른 보혜사로서 존재론적 동질성(Essential Equality)이신 삼위일체 하나님을 가리킨다. 즉 '물과 피'로 인한 예수님이란 '다른 하나님, 한 분 하나님'을 의미하는 것이다. 요한일서 5장 5절에서 예수는 하나님의(τοῦ, Art-GMS) 아들이라고 되어있는데 이때는 소유격의 주격화로 쓰인 것으로 곧 '아들이신 예수님은 하나님'이라는 의미(Ἰησοῦς ἐστιν ὁ Yἱὸς τοῦ(Art-GMS) Θεοῦ. Jesus is the son of God)이다.

한편 십자가 위에서 예수님은 양 옆의 두 강도와는 달리 다리가 꺾이지 아니하고(요 19:36) 창으로 찔렸는데 이는 성부하나님의 섭리 하 경륜이었다. 아버지하나님은 예수께서 창으로 옆구리를 찔리게 하신 후 쏟아져내리는 '물과 피'를 보여주시며 우리에게 그에 담긴 의미를 알려 주시고자 함이었다.

35 이를 본 자가 증거하였으니 그 증거가 참이라 저가 자기의 말하는 것이 참인 줄 알고 너희로 믿게 하려 함이니라 **36** 이 일이 이룬 것은 그 뼈가 하나도 꺾이우지 아니하리라 한 성경을 응하게 하려 함이라

이 구절은 출애굽기 12장 46절, 민수기 9장 12절, 시편 34편 20절을 인용하고 있다. 양편의 강도와 달리 예수님의 뼈가 꺾이지 않은 것은 십자가 상에서 예수님만이 의인임을 드러낸 것이다(시 34:20).

"한 집에서 먹되 그 고기를 조금도 집 밖으로 내지 말고 뼈도 꺾지 말찌며"_출 12:46

"아침까지 그것을 조금도 남겨두지 말며 그 뼈를 하나도 꺾지 말아서 유월절 모든 율례대로 지킬 것이니라"_민 9:12

"그 모든 뼈를 보호하심이여 그 중에 하나도 꺾이지 아니하도다"_시 34:20

한편 시편 51편 8절에는 "뼈가 꺾였다"라고 되어 있다.

"나로 즐겁고 기쁜 소리를 듣게 하사 주께서 꺾으신 뼈로 즐거워하게 하소서"_시 51:8

이는 문자적으로 접근하여 해석을 하면 안 된다. 여기서는 '완전한 죽음'을 상징하는 것으로 갈라디아서 2장 20절에서처럼 예수와 함께 우리의 옛사람이 십자가에서 완전히 죽은 것을 말한다.

37 또 다른 성경에 저희가 그 찌른 자를 보리라 하였느니라

다른 성경이란 스가랴 12장 10절을 말하는 것으로 우리들을 위해 십자가에 달리신 예수를 보고 그를 위하여 애통하고 통곡한다라는 의미이다. 이는 단순한 감정이 아니라 예수님께 진심으로 반응하는 것을 가리킨다.

"내가 다윗의 집과 예루살렘 거민에게 은총과 간구하는 심령을 부어 주리니 그들이 그 찌른 바 그를 바라보고 그를 위하여 애통하기를 독자를 위하여 애통하듯 하며 그를 위하여 통곡하기를 장자를 위하여 통곡하듯 하리로다" _슥 12:10

사실상 예수를 찌른 자는 2,000년 전의 군병들이 아니라 바로 우리들이다. 그런 고백과 회개, 간구하는 심령, 은혜 체험을 가진 자가 복있는 사람이다.

"애통하는 자는 복이 있나니(마 5:4)"라는 말씀에서의 '애통'에 해당하는 헬라어는 펜데오[182](πενθέω)인데 이는 '울부짖고 통곡하다'라는 말이다. 사실 기도 속에 애통이 사라지면 대부분의 기도는 자신을 위한 이기적인 소원만이 가득하게 된다. 이 구절은 요한복음 19장 36절에서의 "응하게 하려 함이라"가 성취된 부분이다.

38 아리마대 사람 요셉이 예수의 제자나 유대인을 두려워하여 은휘하더니 이 일 후에 빌라도더러 예수의 시체를 가져가기를 구하매 빌라도가 허락하는지라 이에 가서 예수의 시체를 가져가니라

---

182 펜데오(πενθέω)는 to mourn, lament, properly, grieve over a death; (figuratively) to grieve over a personal hope (relationship) that dies, i.e. comes to divine closure ("ends")이다.

이 구절 또한 예언이 성취된 말씀이다. 마가복음 15장 43절에도 아리마대 사람 요셉이 나온다. 그는 유다 메시야사상에 사로잡혀 엉뚱한 하나님나라를 기다리던 사람이었다. 오늘의 우리도 예외는 아니지만……

사실 영적 죽음에서 살아나 영적 부활된 우리는 지금 현재형 하나님나라를 누리며 살아가고 있다. 향후 반드시 한 번은 죽게 되는 육신적 죽음(히 9:27) 이후 영원히 미래형 하나님나라를 누리며 살아갈 사람들이다. 그러므로 예수를 믿은 후 우리는 지금도 앞으로도 영원히 하나님나라를 기다리는 것이 아니라 하나님나라를 누리며 살아가고 있는 것임을 알아야 한다.

한편 아리마대 사람 요셉은 엉뚱한 하나님나라를 기다리던 사람이었기에 예수님을 십자가에 못 박는 그 일에 산헤드린 공회원으로서 반대하지 못 했었다. 그랬던 그가 지금은 죽은 예수의 시체를 달라고 하면서 주변 사람들에게 최선을 다하는 모습(사 53:9)을 보여주고 있다.

"그는 강포를 행치 아니하였고 그 입에 궤사가 없었으나 그 무덤이 악인과 함께 되었으며 그 묘실이 부자와 함께 되었도다"_사 53:9

아무튼 아리마대 사람 요셉의 태도는 한편으로는 멋진 행동이요 장엄하기까지 하지만 결정적으로 그는 예수님의 부활은 믿지 못 했던 듯하다. 그저 죽은 자에 대한 최고의 도리인 장례를 엄숙히 치러주려는 착한 사람이었을 뿐이었다라는 말이다. 사람의 도리를 행하는 것과 구원자이신 예수를 그리스도 메시야로 믿는 것과는 차원이 다름을 알아야 한다.

여기서 우리는 은혜(믿음)와 행위(자기 의(義), 율법적인 의(義))에 대해 다시 한번 더 심각하게 생각해 보아야만 한다.

한편 아리마대 사람 요셉이 당시의 살벌한 분위기 속에서도 빌라도에게 담대히(막 15:43) 나서서 예수의 시체를 요구한 것은 구속주로 초림하신 예수의 죽음을 목격 후 그나마 확신을 가진 태도에서 나온 것임도 기억해야 한다. 이 부분을 두고 아리마대 사람 요셉이 천국에 갔느냐 아니냐를 왈가왈부하는 것 자체는 전혀 의미가 없다. 굳이 내게 묻는다면, 나는 일언지하(一言之下)에 딱 잘라 말하겠다. "가보면 알게 될 것이다"라고. 더하여 "오지랖(the front of on outer garment)은 그만"이라고 조용히 말할 것이다.

39 일찍 예수께 밤에 나아왔던 니고데모도 몰약과 침향 섞은 것을 백 근쯤 가지고 온지라 40 이에 예수의 시체를 가져다가 유대인의 장례 법대로 그 향품과 함께 세마포로 쌌더라

39절의 "밤에" 38절의 "은휘(隱諱, κρύπτω, v)하더니(conceal, 깊숙하게 숨기다, 은폐하다, 덮다, 감추다, 시 40:10)"라는 말은 서로 상통하는 단어이다.

"백 근(100 리트라, λίτρα, a pound (in weight, by Rom. standards), about twelve ounces or 327.5 grams)"이란 33kg으로 당시 임금(왕)들의 장례식때 쓰던 만큼의 분량이다.

한편 유대 관원 니고데모나 아리마대 사람 요셉의 행위를 살펴보면 너무 멋지고 화려해보이기까지 하다. 동시에 뭔가 모를 알맹이 없는 화려한 겉치레처럼 느껴지기도 한다. "경건의 모양은 있으나 경건의 능력은 없는" 듯이 보이기 때문이다. 즉 내가 무엇인가를 해야만 한다는 것도 기특하지만 무엇보다도 예수를 믿는 것이 더욱 중요하며 가장 최우선이라

는 것이다. 앞서 언급했지만 이들의 구원 여부에 대하여는 논외로 하고라
도…….

지난날에 청년들은 내게 "그렇다면 아리마대 사람 요셉과 니고데모는
구원을 받았느냐?"라고 자주 묻곤 했다. 물론 나는 "모른다"라고 대답했
다. 정확하게 말하자만 구원의 주권 영역은 하나님께 있기에 하나님나라
에 가서 알 수 있는 일이다.

**41 예수의 십자가에 못 박히신 곳에 동산이 있고 동산 안에 아직 사람을 장사한
일이 없는 새 무덤이 있는지라**

원래 "동산"이란 '아름다움'을 상징하는 것이었으며 그렇기에 삼위하나
님은 태초에 동방의 에덴에 보시기에 좋은, 아름다운 동산을 창조하셨던
것이다. 첫째 아담은 그곳 동산에서 "하나님과 같이 되려하여" 죄를 지었
고 그로 인해 죽음이 초래되고 말았다. 둘째 아담인 예수는 이곳 동산(골고
다)에서 자신이 죽임을 당함으로 교회(성도)를 살리시며 아름다운 동산(교회
공동체)을 회복하셨다.

"아직 사람을 장사한 일이 없는 새 무덤"이라는 것은 민수기 19장 9절
의 말씀을 성취한 것이다. 즉 "이에 정결한 자가 암송아지의 재를 거두어
진영 밖 정한 곳에 둘지니"라고 하셨는데 여기서 '정한 곳'이란 '새 무덤'
을 가리킨다.

42 이 날은 유대인의 예비일이요 또 무덤이 가까운 고로 예수를 거기 두니라

역사상 유일한 의인이신 예수는 더렵혀지지 않은 새 무덤에 3일간 묻히셨다. 육신적으로는 완전히 죽으셨던 것이다. 그리고 3일 째 예수님은 죽음을 이기시고 다시 살아나셨다.

"예비일"이란 헬라어로 파라스큐에(Παρασκευή, nf, the day of preparation, the day before the Sabbath, Friday)인데 이는 금요일로서 안식일 전날을 가리킨다.

은혜 위에 은혜러라
*

Grace for Grace
Χάριν ἀντὶ χάριτος

예수(Ἰησοῦς), 그리스도(Χριστὸς), 생명(ζωή)

어찌하여 울며
누구를 찾느냐

필자에게는 예수님이 주신 가상 칠언의 울림이 메아리로 남아 자주 자주 귓가에 들려오곤 한다. 분명하지는 않으나 잔상(殘像)이 그려지며 다가오기도 한다. 그것도 지속적으로…….

사실 그 십자가에는 내가 달렸어야 했다. 벌거벗겨진 수치와 지독한 저주, 더 지독한 육체적 고통은 모두 다 내 몫이었다. 예수님께서 사흘 동안 하나님과의 관계가 단절되신 것도 내 죄를 대속하시기 위한 대가 지불이었다.

"내가 그리스도와 함께 십자가에 못 박혔나니(갈 2:20)"

그렇게 나는 2,000년전 예수님과 함께 십자가에 못 박혔다. 진실로 그러했다. 나는 성부하나님의 공의와 사랑, 예수님의 은혜로 그때 주님과 함께 십자가에 못 박혔던 것이다. 그리고 삼일 만에 다시 살아났다. 부활하신 예수님과 함께. 이후 나는 예수로 말미암아 수치와 허물, 죄로 인한 고통을 오롯이 면하게 되었다.

"구원자이신 예수님 때문에."

"그리스도 메시야이신 예수님 덕분에."

"대속제물 화목제물되신 예수님 덕분에."

가상 칠언의 말씀이 울림으로 다시 들려온다.

[첫번째 말씀]

"아버지여 저희를 사하여 주옵소서 자기의 하는 것을 알지 못함이니이다(눅 23:34).

"Father, forgive them, for they do not know what they are doing."

"Πάτερ ἄφες αὐτοῖς οὐ γὰρ οἴδασιν τί ποιοῦσιν."

[두번째 말씀]

"내가 진실로 네게 이르노니 오늘 네가 나와 함께 낙원에 있으리라(눅 23:43)."

"I tell you the truth, today you will be with me in paradise."

"Ἀμήν σοι λέγω, σήμερον μετ' ἐμοῦ ἔσῃ ἐν τῷ Παραδείσῳ."

[세번째 말씀]

"여자여 보소서 아들이니이다(요 19:26-27)."

"Woman, behold the son of you."

"Γύναι, ἴδε ὁ υἱός σου."

"보라, 네 어머니라."

"ἴδε ἡ μήτηρ σου."

"Behold, the mother of you."

[네번째 말씀]

"나의 하나님 나의 하나님 어찌하여 나를 버리셨나이까(막 15:34)."

"Eloi, Eloi, lama sabachthani?"

"My God, My God, why have forsaken me?"

"Ὁ Θεός μου, Ὁ Θεός μου, εἰς τί ἐγκατέλιπές με,"

[다섯번째 말씀]

"내가 목마르다(요 19:28)."

"I am thirsty."

"Διψῶ(ν, διψάω)."

[여섯번째 말씀]

"다 이루었다(요 19:30)."

"It has been finished."

"Τετέλεσται(ν, τελέω)."

[일곱번째 말씀]

"아버지여 내 영혼을 아버지 손에 부탁하나이다(눅 23:46)."

"Father, into the hands of You, I commit the Spirit of Me."

"Πάτερ εἰς χεῖράς σου παρα τίθεμαι τὸ πνεῦμά μου."

예수님은 그렇게 십자가에서 죽으시고 아버지하나님의 구속 계획인 속죄 사역을 다 이루셨던 것이다. 그리고 사흘 후 죽음을 이기시고 다시 사셨다. 승천하시기까지 11번이나 나타나셔서 부활하신 당신을 보여주셨다. 여기서 11은 1+10으로서 1은 오직 예수이며 10은 완전수이자 만수이다. 즉 부활 후 우리에게 나타나신 그 예수님이 바로 완전하신 하나님이라는 의미이다.

한편 부활하신 예수님이 열두 번째로 나타나시는 때가 바로 재림의 그날이다. 12라는 숫자는 10(완전수, 만수)+2(증인의 수)와 3(하늘의 수)x4(땅의 수)이다. 이는 우리가 예수 그리스도, 복음의 증인으로서 그날까지 복음과 십자가로 살아가며 복음과 십자가를 자랑하며 살아야 함을 가리킨다. 동시에 재림의 그날에 대한 때와 기한은 성부하나님의 온전한 주권 하에 있다라는 것이다.

앞서 언급했던 부활의 예수님은 계속하여 제자들(11회)과 사랑하는 이들에게 나타나셨다. 막달라 마리아(요 20:14)에게, 무덤에 다녀오던 여인들에게(마 28:9-10), 베드로에게(눅 24:34), 엠마오로 가던 글로바와 그의 아내에게(눅 24:13), 다락방에 있던 열 제자에게(요 20:19), 도마를 위시한 열한 명의 제자에게(요 20:26-29), 디베랴 호숫가에서 고기잡던 7명의 제자들에게(요 21장), 열한 사도 및 그들과 함께 있던 다른 제자들에게(마 28:16), 500여명의 형제들에게 일시에(고전 15:7), 야고보에게(고전 15:7), 승천하실 때 감람산상에 있던 11명의 사도와 또 다른 제자들에게(행 1장), 승천 후 스데반에게(행 7장), 다메섹 도상의 사울에게(행 9장), 밧모섬의 사도 요한에게(계 1장), 그리고 마지막으로 요한복음을 기록한 사도 요한에게 나타나셨다.

정확하게 얘기하자면, 중복을 제외하고 열한 번이지만 복음서에는 14번이나 부활의 주님이 나타나셨다고 기록하고 있다. 필자의 해석(나는 실제적인 나타나심인 11번에 초점을 두었다)과는 달리 아더 핑크는 중복에 관계없이 열네 번의 나타나심에 초점을 두었다.

그는 14의 인수(因數)는 7(약속, 언약, 완전수)과 2(증인의 수)라고 했다. 그러므로 14번이나 나타내심은 죽음을 이기시고 부활하신 예수님을 확실히 증거하고 있다라는 것이다. 그렇기에 15번 째 나타나심이 바로 재림이라고 했으며 이때 택정함을 입은 모든 성도들이 보게 될 것(살전 4:16)이라고 했다. 15의 인수(因數)는 3(하늘의 수)과 5(은혜의 수, 하늘의 증인의 수)이다. 즉 재림의 그날은 완벽하고 완전하신 놀라운 은혜가 넘치는 날이라는 의미이다.

이는 맞다 틀리다의 문제라기 보다는 그 상징적 의미를 통한 풍성한 묵상의 은혜만이 필요할 뿐이다.

예수 그리스도의 죽음과 부활은 창세기 3장 15절에 있는 최초의 원시복음에 그대로 드러나 있다. 그리스도의 발꿈치를 상하게 한 것과 사단을 상징하는 뱀의 머리를 상하게 한 것에는 이미 예수님의 십자가 죽음과 죽음 이기시고 부활하셔서 승리하신 예수님이 전제되어 있기 때문이다.

'머리가 상하고 꼬리는 살아있다'라는 것은 'already~not yet'으로서 예수님의 초림과 재림 사이를 가리키며 그 종말 시대 동안에 사단은 한시적이며 제한적인 권세를 가졌다라는 의미이다. 무저갱에 갇혀 있는 사단이라는 말은 교회를 미혹할 수는 있으나 더 이상 참소할 수는 없다라는 의미이다.

노아 홍수 가운데 예수 그리스도를 예표하는 방주가 물(십자가 수난과 죽음)의 심판을 견디고 땅(아라랏산)에 이른 것은 죽음 이기시고 부활하셨음을 상징한다(벧전 3:20-21).

창세기 22장에는 제삼 일에 모리아산에서 이삭을 번제물로 드려질 뻔했던 이야기가 나온다. 그러나 예수 그리스도를 예표하는 숫양(아일)이 대신(대속) 죽음으로 인해 이삭은 살아나게 된다. 이를 가리켜 '죽은 자 가운데서 도로 받은 것'이라고 성경(히 11:18-19)은 말씀하고 있다.

출애굽을 위해 마지막 10번 째 장자 재앙(죽음)을 계획하신 하나님은 이스라엘 백성에게 각 집의 문설주와 인방에 어린 양의 피를 바르게 했다. 백성들은 순종했다. 그리하여 이스라엘의 모든 가정은 장자의 죽음을 면할 수 있었다. 하나님은 이를 영원히 기념하도록 '유월절(Passover)'을 지키게 했다. 어린 양의 피가 문설주와 좌우 인방에 칠해져 죽음을 피하게 된 유월절(십자가 죽음)을 지나 삼 일 만에 홍해(구원 & 세례, 고전 10:1-2, 출 8:27-28)의 마른 땅을 건너게 된다. 이는 그리스도와 함께 죽고 함께 다시 살아난 것을 가리키는 상징적인 사건이다.

요나가 삼 주야(晝夜)만에 물고기 뱃속에서 탈출한 것은 예수 그리스도께서 3일 만에 죽음을 이기시고 무덤에서 나온 부활을 상징한다.

상기의 모든 것은 시편 16편 9-11절에 있는 예수 그리스도의 부활에 관한 상징적인 말씀으로 그리스도 새 언약의 성취이다.

"이러므로 내 마음이 기쁘고 내 영광도 즐거워하며 내 육체도 안전히 거하리니 이는 내 영혼을 음부에 버리지 아니하시며 주의 거룩한 자로 썩지 않게 하실 것임이니이다 주께서 생명의 길로 내게 보이시리니 주의 앞에는 기쁨이 충만하고 주의 우편에는 영원한 즐거움이 있나이다"_시 16:9-11

그러므로 그리스도의 수난과 십자가 죽음은 아무리 강조해도 지나치지 않은 것이다. 동시에 하나님의 영광으로 인한 예수 그리스도의 부활도 중요하다. 더 나아가 예수로 말미암아 아버지 하나님께로 당당히 나아가게 된 은혜에 감사해야 한다.

"보혈을 지나 하나님 품으로, 보혈을 지나 아버지 품으로."

그리스도인들은 단순히 골고다 십자가에만 매몰되어서는 안 된다. "복음"이란 하나님의 공의를 따라 예수 그리스도께서 우리의 죄에 대한 대가를 지불하시기 위해 십자가에 죽으신 것뿐만 아니라 우리에게 미래형 하나님나라에 대한 소망(입성과 영생)을 주시기 위해 다시 살아난(부활) 것까지를 말한다(고전 15:1-4; 롬 4:25; 고전 15:14). 그러므로 '복음의 증인'이라고 함은 언제 어디서나 어느 누구에게나 하나님이신 예수 그리스도 부활의 증인으로서 살아가야 함을 함의하고 있다(행 1:22; 2:24-36; 3:15; 4:10; 5:30; 10:40; 13:34).

물론 예수님의 부활의 바로 그 순간의 장면을 실제로 목격한 자는 하나도 없음에 유의해야 한다. 그래서 성경은 "살아나신 후에(막 16:9; 요 2:22; 21:14)"라고 기록하고 있다. 예수님의 부활 장면을 보신 분은 하나님뿐이시다. 동시에 그리스도의 죽음에 깃들인 대속, 구속의 무궁무진(無窮無盡)함을 본 자도 없다. 오직 하나님만이 예수 그리스도의 십자가 죽음을 통한 그 엄청난 신비의 구속을 보셨다. 그리고 아신다.

어느 날 깨닫게 되는 이런 사실들은 이미 그리스도인이 된 우리들로 하여금 약간 당황스럽게 만드는 것 또한 사실이다. 당연한 사실(죽음과 부활)로 받아들여졌던 부활에 대한 믿음이 그저 막연한 것이었다는 현실 때문에…….

그러나 예수 그리스도의 대속 죽음과 부활에 대한 신비는 하나님이 우리에게 허락하신 각자의 믿음(피스티스)에 근거함을 알아야 한다. 그 믿음은 만세 전에 택정함을 받은 자에게 하나님이 거저 주신 은혜의 선물이다. 믿음은 영혼의 눈이며 그렇기에 우리는 믿음으로 부활의 주님을 바라볼 수 있다.

믿음의 눈으로 예수를 바라보라. 그러면 말씀(로고스)께서 말씀하시는 가운데 필자처럼 예수를 인격적으로 만나게 되고 생생하게 보게 될 것이다.

예수 그리스도의 부활 증거는 앞서 언급했듯이 부활 후에 당신께서 직접 여러 번 반복하여 나타나서(중복을 제외하고 11차례) 실제적으로 보여주셨기에 부정할 수 없이 확실하다. 한가지 아쉬운 것이 있다면 그 부활 장면을 내가 직접 내 눈으로 목도하지 못한 것이다. 나는 이런 사실이 못내 아쉬움으로 남아 지난날 내 안에 주인으로 계시는 성령님께 보여달라고 졸랐다. 말씀으로 응답하고 가르쳐주시기를 간구해 왔다. 그리하여 그 응답의 결과 부활의 주님을 확실하게 보게 되었고 알게 되었으며 성경교사로 살아가고 있는 것이다. 필자는 지금도 삼위하나님과 교제하고 있으며 앞으로도 영원히 친밀한 교제를 이어갈 것이다.

장차 미래형 하나님나라에 가서도 삼위하나님을 찬양하며 영원히 교제할 것이기에 필자는 오늘도 가슴 벅찬 삶을 살아가고 있다. 매 순간 말씀으로 삼위하나님을 보게 하시고 인격적으로 나와 교제해 주시는 삼위일체 하나님께 찬양과 경배를 올린다.

예수 그리스도의 성육신과 죽음 그리고 부활은 성삼위 하나님의 공동 사역이다. 아더 핑크(Arthur Walkington Pink, 1886-1952)는 성육신에 대한 성부하나님의 사역을 히브리서 10장 5절이라고 했고 성자하나님의 사역을 빌립보서 2장 7절이라고 했으며 성령하나님의 사역을 히브리서 9장 14절이라고 했다.

"그러므로 세상에 임하실 때에 가라사대 하나님이 제사와 예물을 원치 아니하시고 오직 나를 위하여 한 몸을 예비하셨도다"_히 10:5

"오히려 자기를 비워 종의 형체를 가져 사람들과 같이 되셨고"_빌 2:7

"하물며 영원하신 성령으로 말미암아 흠 없는 자기를 하나님께 드린 그리스도의 피가 어찌 너희 양심으로 죽은 행실에서 깨끗하게 하고 살아계신 하나님을 섬기게 못하겠느뇨"_히 9:14

더 나아가 대속 죽음에 대해서도(성부, 사 53:6; 성자, 엡 5:2; 성령, 히 9:14), 또한 부활의 아침에도 다른 하나님, 한 분 하나님이신 삼위하나님은 공동으로 역사(롬 6:4; 요 10:17; 롬 8:11)하셨다고 했다.

나는 미국 무디 성서대학에서 공부했던 기독교 작가이자 성경연구가인 그를 사랑한다. 그는 당시에 주류를 따라가지 않았던 설교자 중 하나였다. 나는 아더 핑크의 『요한복음 강해』(1189쪽 분량, pp.1098-1101)를 몇 번이고 반복하여 읽었다. 이후 예수님의 성육신, 십자가 수난과 죽음, 그리고 부활에 관해 "할렐루야~!"로 더욱 찬양하게 되었다.

나는 지난날 예수님과 함께 십자가에서 온전히 죽었다. 이후 예수님의 부활과 함께 다시 살아났다. 지금 내가 육체 가운데 사는 것은 하나님의 아들 예수 그리스도를 믿는 믿음 안에서 성령님을 주인으로 모시고 그분께 주권을 드리고 그분의 통치, 질서, 지배 하에 사는 것이다. 그런 나는 현재형 하나님나라이고 그 하나님나라를 누리며 살아가고 있다. 예수를 통해 영적 죽음 상태에서 영적 부활된 후 지금 나는 영생을 누리며 살아가고 있다. 앞으로도 영원히……

예수님만이 길이요 진리요 생명이시다.

부활하신 예수님은 이 땅에 40일간 계시며 제자들을 찾아가셨다. 그리고는 "평강이 있을지어다(요 20:19), 평강이 있을지어다(요 20:21), 평강이 있을지어다(요 20:26)"라고 세 번이나 말씀하셨다. 두 번이 강조라면 세 번은 최상급이다. 종국적으로 우리는 예수님의 십자가 보혈(댓가지불, 공의, 구속)로 말미암아 평강(사랑, 구원)을 얻게 된 것을 결코 잊어서는 안 된다.

요한복음 20장 31절에는 이 책의 기록목적을 분명히 밝히고 있다. 바로 "예수, 그리스도, 생명"이다.

20-1 안식 후 첫날 이른 아침 아직 어두울 때에 막달라 마리아가 무덤에 와서 돌이 무덤에서 옮겨간 것을 보고

아더 핑크의 『기독교인 안식일(The Christian Sabbath)』에 의하면 "구약시대의 안식일(토요일)이 하나님께서 옛 창조(천지창조)의 일을 마치신(보시기에 좋게 이루신) 것을 기념하는 것(창 2:3, 출 20:11)이라면 신약시대의 안식일(주일, 나는 일요일이라는 말을 더 선호한다)은 그리스도께서 새 창조(현재형 하나님나라와 미래형 하나님나라)의 근원이 되는 일을 마치신(다 이루신, 성취하신, already ~not yet) 것을 기념한다"고 했다.

"안식 후 첫날"이란 안식일인 토요일 다음인 일요일 곧 주일을 말한다. 시편은 "이 날은 여호와께서 정하셨다(시 118:22-24)"라고 했다. 한편 안식일은 정확하게 금요일 일몰부터 토요일 일몰까지이다.

"안식 후(톤 사바톤; τῶν σαββάτων, N-GNP)"라는 말에서 헬라어를 복수로 사용한 것은 강조하기 위함도 있으나 안식일을 거룩히 여겼던 유대인들이 그 주간을 대표하는 날임을 드러내고자 의도한 것이기도 하다.

한편 십계명의 4계명은 "안식일을 기억하여 거룩히 지키라(신 5:1-15; 출 20:1-17)"고 명령하고 있다. 이 명령 때문에 아직도 안식교와 기독교 사이에 갈등의 소리가 시끄럽다. 그러나 이는 안식일인 토요일을 지켜야 하냐 주일인 일요일을 지켜야하냐의 문제가 아니다. 모든 날이 다 주의 날(주일)이다. 곧 안식일도 주일이고 월요일도 주일이며 화, 수, 목, 금 모든 날이 다 주일(주의 날)인 것이다.

결국 십계명의 제 4계명은 요일에 대한 문제가 아니라 신명기(5:1-21)를 통하여는 "창조주 하나님을 기억하라(창조의 역사)"는 것이고 출애굽기(20:1-17)를 통하여는 "하나님 안에서만 안식을 누리라(예수를 믿은 후 죄의 굴레에서 벗어나 영생을 통해 현재형 하나님나라와 미래형 하나님나라에서의 진정한 자유함을 누림)"는 것을 이중적으로 드러내고자 하는 말씀이다.

"안식 후 첫날"에서의 '첫 날'이란 "최고의 새 날"이라는 의미로 성경에 나오는 "새로운"이라는 것의 의미는 "New & Best"를 말한다. 그러므로 새 창조(첫 창조의 회복 곧 하나님나라의 완성), 새 하늘과 새 땅, 거룩한 성 새 예루살렘 등의 "새"라는 단어 대신에 "New & Best"를 대입하여 묵상하면 훨씬 더 풍성한 은혜를 누리게 될 것이다.

"이른 아침 어두울 때에" 마리아는 예수님의 무덤을 찾아갔다. 이에 대하여 마태(28:1)는 미명에, 마가(16:2)는 해 돋은 때라고 했다. 전자(요한)는 출발 시간을 기준으로 한 것이고 후자(마태, 마가)는 무덤에 도착한 시간에 강조점을 둔 것이다.

"막달라 마리아(눅 7:47)"는 갈릴리 호수의 근처 디베랴 북쪽에 위치한 지역에 살았던 마리아로서 일곱 귀신 들렸던 여인(눅 8:2)이다. 참고로 신약에 나오는 마리아는 6명(마 27:56-살로메, 막 15:46-47-요세의 모친 마리아, 눅 1:30-38-예수의 모친 마리아, 눅10:38-42-나사로의 누이 마리아, 행 12:12-요한의 어머니 마리아, 롬 16:6-마리아)이다. 막달라 마리아는 야고보와 요한의 어머니 마리아(살로메, 막 15:40)와 예수의 이모인 글로바의 아내 마리아와 함께 무덤에 왔다. 원래 그녀가 "무덤에 온 것"은 시신에 향유를 바르기 위함이었다. 당시 유대인들은 시신이 썩기(3일 반 정도 소요, 계 11:9) 전까지는 죽은 자의 혼이 시신을 떠나지 않는다고 하는 사회통념을 갖고 있었다.

"돌이 옮겨간 것을 보고"에서, 대여섯 명이 옮겨야 겨우 움직이는 크고 무거운 돌, 그것도 빌라도의 봉인이 찍혀져 있는 돌(마 27:62-66)이 옮겨졌다라는 것은 천사의 초자연적인 힘(마 28:2)이 아니면 도무지 해석할 수가 없는 부분이다. 한편 무덤 안에 있었던 천사의 존재는 부활에 대한 성부 하나님의 직접 개입을 함의하고 있다. 사실 부활하신 예수님은 변화된 몸 부활체(고전 15:42-44)이기에 시공을 초월(요 20:19, 26)하실 수 있었다. 그럼에도 불구하고 돌이 옮겨진 이유(Hendriksen)는 다음과 같다. 첫째는 "다 이루었다"의 실제적, 현실적 성취를 보여줌이고 둘째는 요한과 베드로의 직접 목격(20:6-8)을 통해 그들을 부활의 증인으로 사용하고자 하기 위함이었던 것이다.

2 시몬 베드로와 예수의 사랑하시던 그 다른 제자에게 달려가서 말하되 사람이 주를 무덤에서 가져다가 어디 두었는지 우리가 알지 못하겠다 하니

베드로와 요한은 마리아의 말을 듣고는 무덤으로 곧장 달려갔다. 문제는 마리아의 말에 있었다. 그녀는 누구인지는 잘 모르겠으나 예수의 시체를 가져갔다라고 판단하고는 베드로와 요한에게 자기의 생각을 말했던 것이다.

당시 국가 모반죄를 저지른 자의 시체는 유가족에게 넘겨주지 못하도록 되어 있었다. 그러나 아리마대 사람 요셉과 니고데모는 빌라도의 허락을 받아 예수님의 장례를 치르게 되었고 이후 그의 돌 무덤에 장사되었다. 문제는 예수의 시체를 당시 예수에 대해 적대적이던 유대교 광신자들이 훔쳐가서 훼손할 가능성은 충분히 있었다(J. Jeremias)라고 한다. 그렇기에 혹시라도 그렇게 했을지 몰라 막달라 마리아는 베드로와 요한에게 그렇게 말했던 듯하다.

한편 "우리가"라는 말에서 무덤에 갔던 여인은 막달라 마리아 외에 다른 마리아도 있었음을 알 수 있다(마 28:1, 막 16:1, 눅 24:1).

3 베드로와 그 다른 제자가 나가서 무덤으로 갈새

이 구절은 오늘날까지도 일부 자유주의자들(Liberalist)이 주장하는 '시체도적설'을 한방에 날려버리는 말씀이기도 하다. 왜냐하면 그 무덤 안에는 시체만 없었지 그 시체를 싸고 있던 세마포는 그대로 있었기 때문이다.

한편 모세의 율법에 의해 부활의 증인이 되려면 여자가 아닌 남자 2명이 최소한 있어야만 했다. 그러다 보니 여인들은 남자들인 예수님의 제자들로 하여금 예수님의 시신이 없어졌다는 것(부활)의 증인이 되게 하려 했다. 이 구절을 통해 우리는 역사의 주관자 하나님의 섭리와 경륜은 우리가 그때그때 미처 깨닫지 못한다할지라도 언제나 세미하게 작동하고 있다라는 사실을 알아야 한다.

4 둘이 같이 달음질하더니 그 다른 제자가 베드로보다 더 빨리 달아나서 먼저 무덤에 이르러

확실히 베드로보다 건강하고 젊었던(요한은 예수님의 부활 후 60여 년을 더 살았다) 요한은 더 빨리 뛸 수 있었던 것 같다. 한편 요한은 예수께서 십자가에 달리실 그때에 그 장소에 있었다(19:26-27). 그러므로 무덤 장소도 베드로보다 더 정확하게 알고 있었을 것이다.

5 구푸려 세마포 놓인 것을 보았으나 들어가지는 아니하였더니 6 시몬 베드로도 따라와서 무덤에 들어가 보니 세마포가 놓였고 7 또 머리를 쌌던 수건은 세마포와 함께 놓이지 않고 딴 곳에 개켜 있더라

"세마포"는 고급 삼베로 당시 성막의 앙장(출 26:1)이나 고관의 옷(창 41:42)을 만들었던 고급 천이었다. 한편 '수건과 세마포'는 죽음을 이기시고 부활하신 예수 그리스도의 승리의 전리품이기도 하다.

한편 5절과 6절에서의 '보다'라는 헬라어 동사를 살펴보면 흥미롭다.

5절의 요한이 "보았으나"에 해당하는 헬라어는 블레포[183](βλέπω)이며 이는 '힐끗보다'라는 의미인 반면에 6절에 있는 베드로의 "보니"에서의 헬라어는 데오레오(θεωρέω, gaze on for the purpose of analyzing (discriminating))인데 이는 '집중하여 보다, 정밀하게 조사하다'라는 의미이다. 우리는 요한과 베드로의 차이가 나는 행동으로부터 예수의 부활에 대한 성령님의

---

183 블레포(βλέπω)는 suggests "to see something physical, with spiritual results (perception)." That is, it carries what is seen into the non-physical (immaterial) realm so a person can take the needed action (respond, beware, be alert), properly, to see, be observant (watchful)이다.

의도를 알아내야 한다.

먼저 요한은 예수님의 부활 소식을 들은 후 더 빨리 달려갔지만 무덤에는 선뜻 들어가지 않고 세마포 놓인 것을 힐끗 보기만 했다. 이런 요한의 신중한 모습은 그의 초창기 성격과는 대조된다. 요한은 예수님의 제자로서 사역 초창기에는 "우뢰의 아들"이라는 별명을 얻을 정도로 성격이 급했다. 아무튼 그는 베드로보다 어렸기에 장유유서(長幼有序)를 의식하여 기다렸던 것이라고 일부 학자들을 해석하는데 나 역시 그런 해석에 무리는 없다고 생각하고 있다. 그러나 실상은 '순서'라기보다는 2명이라는 '증인의 최소 요건'이 더 중요하다라고 생각된다.

아무튼 6절에는 뒤늦게 도착한 베드로가 요한보다 '먼저' 무덤에 들어가 집중하여 무덤 안의 상황을 살폈다고 말씀하고 있다. 아마도 열린 무덤 앞에서 베드로가 오기만을 기다리고 있던 요한의 눈빛을 재빨리 알아차린 베드로는 그의 성격대로 급히 들어가 수제자답게 찬찬히 집중하여 무덤 안을 살폈던 듯하다. 그의 성격은 예수님께서 부활 후 세 번째로 갈릴리(디베랴) 바다에서 고기를 잡고 있던 제자들을 찾아오셨을 때 해변에 '서 계신 예수님'을 요한이 먼저 발견했으나 베드로가 먼저 바다로 뛰어들어 예수께로 나아갔던(요 21:7) 사건을 떠올리면 이해가 훨씬 쉽다.

지금까지 장황하게 쓴 이유는 예수님 안에서 다양한 지체들의 성품을 이야기하고자 함이다. 주변의 그리스도인들을 가만히 보면 그 성품이나 기질들이 정말 다양하다. 기존에 형성된 가치관이나 세계관에 따른 말투, 생활태도와 습관, 생각 양식, 행동 양식 등등……. 그러나 다양하다고 하여 틀렸다고 말할 수는 없다. 그저 예수님 안에서 하나(not uniformity but unity)일 뿐이다. 교회는 통일성 속의 다양성(Variety in Unity)을 인정해야 한다. 그런 의미에서 나는 다양한 교파를 존중하는 쪽에 있다. 결국 성령님께서 성격이 판이한 베드로와 요한을 쓰신 것은 힐끗 먼저 보았던 요한과 집중하여 자세히 본 베드로 두 사람을 부활의 증인으로 세우기 위함이었던 것이다. 소위 "요한: 내가 먼저 보았다. 베드로: 나는 들어가서 자세히 집중해서 보았다"라는 증언의 다양성과 증언에의 확실성을 드러내기 위함이었던 것이다.

8 그 때에야 무덤에 먼저 왔던 그 다른 제자도 들어가 보고 믿더라 9 (저희는 성경에 그가 죽은 자 가운데서 다시 살아나야 하리라 하신 말씀을 아직 알지 못하더라) 10 이에 두 제자가 자기 집으로 돌아가니라

8절과 9절에서 두 제자가 보여주고 있는 행동의 차이는 믿음과 불신의 대조를 드러내는 것이 아니다. 아더 핑크는 '믿음의 근거'에 대한 대조라고 해석하고 있다. 나 또한 믿음으로 살아가는 '그리스도인의 신앙생활'을 명사인 피스티스의 동사(피스튜오)화 과정이라고 누누이 강조해왔다. 그렇기에 두 제자는 각자의 믿음의 근거에 따라 행동 양식의 차이를 보여준 것일 뿐이었다.

8절의 "보고 믿었다"에서 요한의 믿음 상태를 지적하는 학자들이 있다. 그러나 이 구절의 "보고"는 5절과 6절의 블레포(βλέπω, 힐끗 보다)나 데오레오(θεωρέω, 집중하여 보다)와는 그 의미가 사뭇 다르다. 8절에서는 호라오[184] (ὁράω)라는 헬라어를 사용하였는 바 이는 요한이 '이해력을 가지고 모든 상황을 파악하다'라는 의미를 가지고 있다. 즉 머리를 쌌던 수건은 그 자리에 개켜 있고 시체를 둘둘 감았던 세마포는 나선형의 모습 그대로 무덤 안에 있는 것을 '보고 나서 모든 상황을 이해했다'라는 의미인 것이다.

우리는 예수께서 십자가를 지시기 전 반복하여 3번이나 당신의 부활에 대해 말씀하셨던 것을 놓치지 않고 기억해야 한다(마 16:21; 17:22-23; 20:19). 그런 다음에 지금의 상황을 연결하면 죽음 이기시고 부활하신 예수님을 더욱 생생하게 만날 수 있다. 예수님은 오늘 제자들과 교회들을 당신의 "부활의 증인"으로 초대하고 계신다.

11 마리아는 무덤 밖에 서서 울고 있더니 울면서 구푸려 무덤 속을 들여다보니 12 흰 옷 입은 두 천사가 예수의 시체 뉘었던 곳에 하나는 머리 편에, 하나는 발 편에 앉았더라

"예수의 뉘었던 곳" 곧 예수의 빈 무덤은 지성소를 상징하는데 여기에 두 천사가 있었다. 이는 마치 구약성전의 지성소에 하나님의 임재를 상징하는 법궤 위의 두 그룹 형상을 연상케 한다. 법궤 위에는 시은좌(Mercy

---

184 호라오(ὁράω)sms properly, see, often with metaphorical meaning: "to see with the mind" (i.e. spiritually see), i.e. perceive (with inward spiritual perception)/The aorist form (eidon), οἶδα, properly, to see with physical eyes (cf. Ro 1:11), as it naturally bridges to the metaphorical sense: perceiving ("mentally seeing"). This is akin to the expressions: "I see what You mean"; "I see what you are saying.")이다.

seat, 속죄소, atonement cover)가 있고 그 시온좌를 감싸듯 양쪽에서 두 날개로 뻗은 그룹이 있다. 곧 무덤 속의 두 천사를 보며 마치 하나님의 임재를 상징하는 두 그룹(Cherubim, pl, 히 9:5, 출 25:10-22, 37:1-9)을 보는 듯했다라는 것이다.

13 천사들이 가로되 여자여 어찌하여 우느냐 가로되 사람이 내 주를 가져다가 어디 두었는지 내가 알지 못함이니이다 14 이 말을 하고 뒤로 돌이켜 예수의 서신 것을 보나 예수신 줄 알지 못하더라

이 구절에서 마리아는 오로지 예수 그리스도께만 관심이 집중되어 있음을 알 수 있다. 천사에게는 관심이 없을 뿐만 아니라 당시 천사를 숭배했던 무리들과도 전혀 다른 태도를 보이고 있다. '오직 예수'뿐인 마리아의 태도가 참으로 아름다워 보인다. 오늘의 우리가 본받아야 할 모습이다.

한편 예수님은 우리와 늘 함께 하신다. 그러나 우리는 주님이 우리에게서 떠나 있다라고 생각하는 경우가 흔하다. 우리가 영적 침체에 빠졌거나 영안이 흐려지게 되면 우리는 곁에 주님을 두고도 볼 수 없게 된다. 그렇기에 주님은 우리를 떠났다고 단정짓곤 한다. 그러나 히브리서 13장 5절에는 "내가 결코 너희를 버리지 아니하고 너희를 떠나지 아니하리라"고 말씀하셨다.

"믿음은 영혼의 눈"이라고 강조하던 앞서 간 신앙 선배들이 종종 떠오르곤 한다. 히브리서 11장 1절은 "믿음은 바라는 것들의 실상이요 보지 못하는 것들의 증거"라고 했다. 바라는 것들이 때가 되면 반드시 실상으로 주어지게 되고 지금은 보지 못하는 것들을 장차에는 반드시 보게 되는 것이 믿음인 것이다.

15 예수께서 가라사대 여자여 어찌하여 울며 누구를 찾느냐 하시니 마리아는 그가 동산지기인 줄로 알고 가로되 주여 당신이 옮겨 갔거든 어디 두었는지 내게 이르소서 그리하면 내가 가져가리이다 **16** 예수께서 마리아야 하시거늘 마리아가 돌이켜 히브리 말로 랍오니여 하니 (이는 선생님이라)

예수님은 처음에는 "여자여"라고 불렀으나 후에는 "마리아야"라고 고쳐 부르셨다. 이를 두고 아더 핑크는 전자의 경우 하나님으로서 그의 피조물에게 말씀하신 것이고 후자의 경우 구세주로서 당신으로 인해 구속받은(구속됨의 표지) 자기 제자 중 하나에게 특별한 사랑을 담아 말씀하신 것이라고 했다. 그리고 보면 요한복음 10장 3절의 "그가 각각 자기 양의 이름을 불러내리라"고 하셨던 말씀이 보다 더 이해가 잘 된다. 이사야 43장 1절에는 "구속하였고 지명하여 불러내었다"라고 말씀하셨다.

17 예수께서 이르시되 나를 만지지 말라 내가 아직 아버지께로 올라가지 못하였노라 너는 내 형제들에게 가서 이르되 내가 내 아버지 곧 너희 아버지, 내 하나님 곧 너희 하나님께로 올라간다 하라 하신대

이 구절은 아가서 3장 4절의 술람미 여자가 했던 말을 연상케 한다.
"그들을 떠나자마자 마음에 사랑하는 자를 만나서 그를 붙잡고 내 어미

집으로, 나를 잉태한 자의 방으로 가기까지 놓지 아니하였노라"_아 3:4

한편 "나를 만지지 말라"고 한 것은 마태복음 28장 9-10절의 말씀과는 서로 모순되는 듯이 보인다. 그러나 충돌되는 것이 아니라 각 복음서에서의 강조하는 부분이 조금씩 다른 것이다. 즉 부활하신 예수의 몸을 만질 수 있느냐 아니냐의 문제에 초점이 있지 않다라는 것이다.

17절에서 예수님은 "아직 아버지께로 올라가지 못하였노라"고 말씀하셨다. 이는 아직 '또 다른 보혜사'이신 성령님이 오지 않았음을 암시하고 있다.

예수님께서 승천하시면 주인 되신 성령님이 우리 안에 오시게 된다. 그때 우리는 성전이 되고 내주(內住)하시는 성령님은 우리의 주인 되셔서 우리를 다스리신다. 성령님을 모신 우리 몸을 "현재형 하나님나라"라고 한다. 현재형 하나님나라를 누리고 살아간다라는 것은 늘 주님과 함께 하는 것일 뿐만 아니라 주님을 만질 수도 느낄 수도 있게 되는 것이다. 왜냐하면 이미 우리는 예수 그리스도와 연합(Union with Christ)되었기 때문이다.

또한 생명나무이신 부활의 주님께서는 창세기 3장 22-24절을 통해 죄인들로 하여금 생명나무를 만지지 못하게 하셨다는 사실을 다시 한번 더 일깨워 주신 것이다. 그렇게 하심으로 죄인 된 우리들의 실상을 한번 더 상기시켜 주셨다.

더 나아가 부활체로 부활하신 예수님은 당신을 친히 보여주시며 향후 (예수님의 재림시) 너희들도 나처럼 부활체로 부활할 것임을 보여주신 것이다. 즉 마리아에게 부활체이신 당신을 보여주시되 만지지는 말라고 하신 것은 상기의 가르침들을 통해 믿음에의 견고함과 확신을 주신 것이라는 말이다.

우리는 이 땅에서 예수를 믿어 구원을 얻었으나 육신을 가지고 살아가는 동안에는 already~not yet으로서 "이미 임했으나(현재형 하나님나라) 아직은 임하지 않은(미래형 하나님나라)" 하나님나라를 살아가는 주의 백성임을 잊어서는 안 된다.

"내 형제들에게 가서"라는 말은 이제 후로 우리는 예수님과 연합되어 한 가족이 되었음을 천명해 주신 말씀이다. 그 예수님은 하나님의 유일한 (독특한, unique) 아들로서 우리의 맏형이 되셨다(롬 8:29). 그렇기에 시편 22편 2절에 "내가 주의 이름을 형제에게 선포하리이다"라고 하셨고 히브리서에는 더 직설적으로 "우리를 형제라 부르시기를 부끄러워하지 아니하신다(2:11)"라고 하셨다.

한편 "올라간다(아나바이노; ἀναβαίνω, I go up, mount, ascend; rise)"라는 것은 다시 살아나셨기에(부활) 올라간다(승천)라는 의미로 이미 부활을 전제하고 있다. 예수님의 초림과 십자가의 죽음과 부활이 예수 그리스도 새 언약의 성취라면 재림은 예수 그리스도 새 언약의 완성이다. 그 초림과 재림 사이에 예수님의 승천이 있으며 그리스도의 승귀(Ascension of Christ)를 한번 더 되새김으로 믿음에의 확신과 견고함, 그리고 풍성한 은혜의 시간을 누리게 되길 바란다.

18 막달라 마리아가 가서 제자들에게 내가 주를 보았다 하고 또 주께서 자기에게 이렇게 말씀하셨다 이르니라

막달라 마리아가 제자들에게 가서 "주를 보았다"라고 한 것에 주목할 필요가 있다. 그녀가 부활의 예수님을 "주"라고 호칭한 것으로 보아 그녀는 구원자이신 예수님을 "나의 주(Lord), 나의 하나님"이라고 입으로 자신 있게 이미 고백했던 것으로 보인다. 이는 마가복음 16장 10-11절에서 제자들이 보였던 반응, 곧 "듣고도 믿지 아니하더라"와는 사뭇 다른 모습이다.

19 이 날 곧 안식 후 첫날 저녁 때에 제자들이 유대인들을 두려워하여 모인 곳에 문들을 닫았더니 예수께서 오사 가운데 서서 가라사대 너희에게 평강이 있을지어다

요한복음의 기록자 사도 요한은 단어를 사용할 때 섬세하고 분명하게 구별하여 쓰는 듯하다. 요한복음 1장 6절에는 "보내심을 받은 자"라고 하여 "사도(아포스톨로스)"라고 한 반면에 여기서는 계속 "사도"라는 말 대신에 "제자"라는 말을 사용하고 있다. 17절에서는 "형제들에게"라는 말을 사용했다. 이로 보아 사도, 제자, 형제라고 의도적으로 쓰면서 예수님과 제자는 가족 공동체임을 드러낸 것이다.

"문들을 닫다(클레이오; κλείω, to shut)"라는 것은 '빗장을 지르다'라는 의미이다. 부활하신 예수님은 변화된 몸 부활체(고전 15:42-44)이기에 시공(時空)을 초월할 뿐만 아니라 시공(時空)의 의미는 전혀 없다. 사도행전 12장 10절처럼 감옥에 갇혔던 베드로를 위해 천사가 친히 열어 줄 필요도 없었다.

한편 "평강이 있을찌어다"라는 말을 3번(요 20:19, 21, 26, 하늘의 수)이나 반복하여 사용하고 있음에 주목해야 한다. 평강이라는 단어는 살롬(에이레네)으로서 성경에 나올 때마다 언제나 4가지 의미를 염두에 두고 해석해야 한다. 즉 '평강'이란 1)하나님과의 바른 관계(하나 됨=영접+연합) 2)하나님 안에서만 안식과 견고함을 누림 3)가시적인 동시에 비 가시적인 번영(prosperity) 4)화목, 화평(peacefulness)을 의미한다. 결국 평강이란 예수 그리스도의 십자가 죽음(찔리셨던 손과 옆구리를 보여주신 것)과 부활, 승천, 재림 즉 그리스도의 승귀(Ascension of Christ)를 통한 '살롬'임을 잊지 말아야 한다. 상기 4가지 의미를 묵상하면 부활의 예수님께서 제자들에게 3번씩이나 "평강"을 언급하셨던 그 깊고 넓은 마음을 생생하게 느낄 수가 있다.

내가 좋아하는 아더 핑크의 경우 이 구절의 '평강'에 대하여 첫째 평강(20:19), 둘째 평강(20:21), 셋째 평강(20:26)으로 각각 구분하여 설명했다. 이를 토대로하여 나의 표현으로 바꾸면 다음과 같다.

첫째 평강(20:19)	둘째 평강(20:21)	셋째 평강(20:26)
두려워말라(19)	나도 너희를 보내노라(21)	보고~넣어보라(27) 믿는 자가 되라
2)Q안에서만 안식과 견고함을 누림	1)Q과의 바른 관계 하나 됨 (영접+연합)	1)+2) 3)번영 4)평화, 화평
에트의 하나님	할라크의 성령하나님	나의 주 나의 하나님
나하흐의 하나님	숨을 내쉬며	
할라크의 하나님	코에 불어넣으시니	
교회의 누림과 평강	Q의 평강(빌 4:7)	은혜와 평강
예수님의 구속(대속)사역의 영광스러운 결과로 주어짐	삼위Q과의 교제 속에서 성령님의 능력으로 사역 지속 & 유지 :우리 행로의 장애물과 육체의 저항 극복	주신 믿음 가운데 말씀이 앞서가며 성령님이 매사의 주인이셔야

20 이 말씀을 하시고 손과 옆구리를 보이시니 제자들이 주를 보고 기뻐하더라

누가가 기록(24:39)한 누가복음의 경우 인자(사람의 아들)로 오신 예수에 초점을 두었다.

"내 손과 발을 보고 나인줄 알라 또 나를 만져보라 영은 살과 뼈가 없으되 너희 보는 바와 같이 나는 있느니라" _눅 24:39

그렇기에 "손과 발"을 만져본 후 나인 것을 확실하게 알라고 했다. 그러나 '하나님의 아들'로 오신 예수에 초점을 둔 요한복음은 그리스도의 신적 위엄과 영광, 사랑을 드러내려고 '손과 발'을 만져보라는 대신에 "손과 옆구리"를 의도적으로 보이시고 있다. 즉 "손과 발", "손과 옆구리"가 상징하는 대조를 살펴보라!

21 예수께서 또 가라사대 너희에게 평강이 있을지어다 아버지께서 나를 보내신 것 같이 나도 너희를 보내노라

이 구절은 요한복음 17장 18절의 말씀과 상통한다.

"아버지께서 나를 세상에 보내신 것 같이 나도 저희를 세상에 보내었고" _요 17:18

동시에 요한일서 2장 6절의 "하나님 안에 거한다 하는 자는 그의 행하시는 대로 자기도 행할찌니라"고 하신 말씀도 기억해야 할 것이다.

22 이 말씀을 하시고 저희를 향하사 숨을 내쉬며 가라사대 성령을 받으라

"숨을 내쉬며"의 헬라어는 엠퓌사오(ἐμφυσάω)[185]인데 이는 70인역의 창세기 2장 7절 말씀인 "코에 불어넣으시니"의 히브리어 나파흐(נָפַח, to breathe, blow)와 동일한 의미이다.

이는 마치 창세기의 에덴동산에서 창조가 이루어지듯 둘째 아담이신 예수에 의해 새 창조(첫 창조의 회복 곧 하나님나라의 완성)가 이루어질 것을 보여주고 있는 것이다. 즉 예수님은 "살려주는 영(고전 15:45)"으로서 지금도 앞으로도 영원히 역사하신다라는 의미이다.

창세기(2:7)에서는 야훼 엘로힘께서 아담과 하와를 향해, 요한복음(20:22)에서는 예수 그리스도께서 제자들을 향해, 에스겔(37:9)에서는 성령님께서 이스라엘 백성에게 "숨을 내쉬셨다". 여기서 우리는 '다른 하나님, 한 분 하나님'이신 삼위일체 하나님의 완벽하신 공동 사역을 보게 된다.

23 너희가 뉘 죄든지 사하면 사하여질 것이요 뉘 죄든지 그대로 두면 그대로 있으리라 하시니라

혹여라도 이런 권세를 사역자나 제자들에게 주신 것으로 착각해서는 곤란하다. 이 구절은 예수님만 그렇게 하시는 분이라는 것을 "선언하고

---

185 엠퓌사오(ἐμφυσάω)는 I breathe into, breathe upon/en, "in" and physaō, "breathe, blow") – properly, breathe (blow) in)이다.

선포할 권한"을 사역자들에게 주셨다라는 의미이다.

그렇기에 마가복음 2장 7절은 죄를 사하실 분은 오직 하나님 한 분뿐이라고 했다.

"이 사람이 어찌 이렇게 말하는가 참람하도다 오직 하나님 한 분 외에는 누가 능히 죄를 사하겠느냐"_막 2:7

사역자인 우리는 그저 위임받은 대리인일 뿐임을 한시라도 잊어서는 안 된다. 그러므로 하나님보다 앞서서는 안 된다, 말씀보다 앞서서는 안 된다. 오직 예수 그리스도만이 죄를 해결하신다(행 10:43; 13:38).

24 열두 제자 중에 하나인 디두모라 하는 도마는 예수 오셨을 때에 함께 있지 아니한지라

당시 디두모(Δίδυμος, the Twin; Didymus, the Greek name equivalent to Thomas)라 하는 도마(Θωμᾶς, תְּאוֹם)는 제자들과 함께 있지 않았다. 이는 히브리서 10장 25절의 말씀에 대하여 도마는 소홀하게 행동했었을 가능성이 있다. 물론 이는 추정에 불과하다.

"모이기를 폐하는 어떤 사람들의 습관과 같이 하지 말고 오직 권하여 그날이 가까움을 볼수록 더욱 그리하자"_히 10:25

도마는 요한복음 20장 이전인 11장(16)과 14장(5)에도 나온다. 아더 핑크[186]는 이를 통해 도마의 성격을 다음의 4가지로 압축했다. 그는 불건전

---

186   『아더 핑크의 요한복음 강해』, pp.1137-1138

한(죽음이 끝이라는 생각의 소유자) 감정의 소유자이기는 하나 열정적(우리도 주와 함께 죽으러 가자)이었고 죽을 준비가 되어있는 용기있는 자로서 비록 감정적이었기는 하나 그리스도에 대한 사랑을 소유하고 있었다라고 평했다. 나는 그의 해석에 고개가 끄덕여진다. 동시에 14장의 예수님의 승천에 대하여 '곁을 떠나감'에 대한 그의 태도를 보면 한편으로는 도마의 우울한 성격, 부정적이고 회의적인 측면도 예상이 된다.

가만히 보면 오늘의 그리스도인들에게도 아니 나 자신에게서 도마의 모습이 그대로 오버랩됨을 알 수 있다. 이는 마치 존 번연의 『천로역정』에서 보듯이 공포, 낙담, 큰 두려움에 곧잘 휩싸이곤 하는 우리들의 모습이기도 하다.

25 다른 제자들이 그에게 이르되 우리가 주를 보았노라 하니 도마가 가로되 내가 그 손의 못자국을 보며 내 손가락을 그 못자국에 넣으며 내 손을 그 옆구리에 넣어 보지 않고는 믿지 아니하겠노라 하니라

도마는 나사로가 죽음에서 살아나는 그 장소에 있었으며 그때 놀라운 광경을 눈으로 똑똑히 본 사람이다. 더 나아가 예수님께서 십자가에 달려 죽기 전 당신의 부활에 대해 3번이나 말씀하셨던 것도 들었었다. 가만히 보면 그는 얽매이기 쉬운 불신의 죄(히 12:1)에 자신도 모르는 사이에 깊이 빠져있었던 듯하다. 오늘날의 우리도 결코 예외는 아니다.

한편 당시 로마는 십자가형을 선고할 때 반드시 못만을 이용하여 나무에 매달았던 것은 아니었다. 밧줄로 묶기도 했다. 그러나 굳이 "못"이라는 단어를 기록한 사도 요한은 요한복음 20장 25절의 디두모의 말, 곧 "못 자국을 보며~못 자국에 넣으며"라는 말 때문이었다. 또한 시편 22편 16절에도 "~내 수족을 찔렀나이다"라고 말씀하고 있기 때문이다.

26 여드레를 지나서 제자들이 다시 집 안에 있을 때에 도마도 함께 있고 문들이 닫혔는데 예수께서 오사 가운데 서서 가라사대 너희에게 평강이 있을지어다 하시고 **27** 도마에게 이르시되 네 손가락을 이리 내밀어 내 손을 보고 네 손을 내밀어 내 옆구리에 넣어보라 그리하고 믿음 없는 자가 되지 말고 믿는 자가 되라

"여드레를 지나서"라는 것은 헬라어로 카이 메트 헤메라스 옥토(Καὶ and, μεθ' after, ἡμέρας days, ὀκτὼ eight)인데 이는 '한 주일 후'라는 의미로 기독교의 2번째 안식일을 가리킨다. 그날에 도마도 그 자리에 함께 있었다.

한편 "문들이 닫혀 있었다"라고 말씀하신 부분을 놓쳐서는 안 된다. 이는 변화된 몸, 곧 부활체로 부활하신 예수님을 강조하기 위함이다. 더 나아가 이 구절에는 19절에 있었던 "유대인들을 두려워하여"라는 말이 없음에도 주목해야 한다. 이는 19절, 21절에서 이미 두 번이나 말씀으로 평강을 허락하신 예수님의 능력 때문이다.

19장 34절에 기술된 "~창으로 옆구리를 찌르니"라는 말씀을 보면 예수님의 옆구리에는 흉터로 인해 큰 창 자국이 있었다. 이 흉터는 20장 27절에서 "~내 옆구리에 넣어보라"는 말씀을 통해 적나라하게 확인할 수 있다. 이를 가리켜 아더 핑크는 부활 후에도 우리는 개인적인 특성 만큼은 그대로 가져가기에 천국에서 피아의 식별이 가능하다라고 했는데 그런

해석에 나는 약간 부담스럽다. 맞다 틀리다의 문제가 아니라 성경이 말하지 않는 것에는 나는 그냥 침묵하고 싶다. 비록 모양이 약간 빠지더라도…… 당연히 그날 이후 미래형 하나님나라에 가면 정확하게 알게 될 것이다. 오히려 나는 고린도전서 15장 42-44절의 말씀(영광스러운 몸, 강한 몸, 썩지 아니할 몸, 신령한 몸)에 의거하여 변화된 몸, 부활체이기에 아더 핑크의 견해와는 약간 다르다.

결국 천국에는 지금의 모습이나 흉터 등 개인적인 식별을 나타내는 무언가를 가지고 들어갈 것인가에 관심을 두기보다는 현재형 하나님나라에서 미래형 하나님나라에로의 "이동(아나뤼시스, ἀνάλυσις, nf, 아나뤼오, ἀναλύω, v, 옮김, 딤후 4:6)"에 초점을 두어야 할 것이다. 즉 육신적 죽음은 끝이 아니라 새로운 시작으로서 단순한 '이동'이라는 사실을 잊지 말아야 하는 것이다.

우리는 영적 죽음 상태로 태어나 예수를 믿어 영적 부활이 된 후 지금도 영생 가운데 하나님나라(현재형)를 누리지만 앞으로도 영원히 하나님나라(미래형)를 누리게 된, '연속성'을 가진, 신과 방불한 자라는 것에 관심과 의미를 두었으면 한다.

"믿음 없는 자가 되지 말고 믿는 자가 되라"는 말씀에서 지금도 바로 우리 곁에서 말씀하시는 예수님의 인자한 표정이 눈에 선명하게 그려진다. 하나하나 또박또박 가르쳐주시며 그렇게 살아가라(신앙은 믿음이라는 명사의 동사화 과정을 말한다)는 격려의 말씀이 귀에 울리는 듯하다.

28 도마가 대답하여 가로되 나의 주시며 나의 하나님이시니이다

이 구절에서는 그리스도께 대한 도마의 믿음(하나님의 은혜로 주어진 명사인 믿음, 즉 피스티스, 고전 12:3)과 주님에 대한 복종, 그분에 대한 사랑이 그대로 드러나고 있다. 그분께만 온전한 주권을 드리고 그분의 통치, 질서, 지배 하에만 살아가겠다는 사랑의 고백인 것이다.

성경을 찬찬히 읽다 보면 도마는 예수님의 손과 발의 못 자국이나 옆구리의 창 자국에 손가락을 실제로 넣어보지는 않았음을 알 수 있다. 그렇게 단호하게 말씀하시는 예수님의 그 말씀에 즉각적으로 "나의 주, 나의 하나님"이라고 고백했을 뿐이다. 이는 믿음(명사)이란 하나님의 선물이며 하나님의 전적인 은혜임을 다시 한번 깨우쳐 주는 것이다.

29 예수께서 가라사대 너는 나를 본 고로 믿느냐 보지 못하고 믿는 자들은 복되도다 하시니라

"본 고로 믿느냐"라는 말은 바로 오늘날의 우리들에게 하시는 말씀이다. 흔히 우리는 가시적이고 초월적인 기적을 보여주면 믿겠다라며 마구 졸라댄다. 그러면서 최고의 기적이자 최고의 선물로 허락하신 '말씀(하나님, 요 1:1)이 육신이 되신(요 1:14) 예수 그리스도' 곧 '로고스'이신 '오직 말씀'에는 관심이 없고 정작 들으려고도 하지 않는 이상한 그리스도인들이 되고 말았다.

그렇게 이상하게 변해버린 그리스도인들이
바로 "나"다.

바로 "너"다.

바로 "우리"이다.

30 예수께서 제자들 앞에서 이 책에 기록되지 아니한 다른 표적도 많이 행하셨으나

"다른 표적들"이란 공생애 기간 동안에 행하신 표적들이 아니라 '부활후' 제자들에게 보여주셨던 다른 표적들을 말한다. 또한 요한복음 이외의다른 책에도 기록된 것들을 의미한다. 공관복음서를 보면 '부활 후의 또다른 표적들'을 볼 수 있다(눅24:15; 24:43; 24:14; 마 28:16, 18, 19-20). 사도행전 1장, 고린도전서 15장등에서도 동일하게 볼 수 있다.

31 오직 이것을 기록함은 너희로 예수께서 하나님의 아들 그리스도이심을 믿게하려 함이요 또 너희로 믿고 그 이름을 힘입어 생명을 얻게 하려 함이니라

이 구절은 요한복음의 핵심절이자 요약으로서 세 단어 곧 "예수, 그리스도, 생명(영생)"에 집중해야 한다. 가장 중요한 키워드인 이 세 단어는 성경 66권을 압축하는 핵심 단어임을 알고 반드시 기억해야 한다.

결론적으로 요한복음을 요약하면 다음과 같다. 빛이신 예수 그리스도는 빛(은혜)의 능력으로 어둠을 물러가게 하는(몰아내는, 쫓아내는) 하나님의 능력이요 열심이라는 것이다. 다시 말하지만 빛(요 1:5, 9-11; 3:19; 8:12; 11:9; 12:36, 46-47)은 예수 그리스도이시며 성부하나님의 은혜요 성령하나님의 역사라는 것이다. 반면에 어둠은 인간의 타락된 역사요 유대주의적 율법 주의자처럼 자기 의(義)를 드러내는 것이요 인간의 가능성을 부각시키는 인본주의이다. 잊지 말아야 할 것은 어둠은 스스로 빛을 받아들일 수 없다라는 것이다. 또한 어둠이 빛을 도와서 그 빛을 받아들이는 것이 아니라는 점이다.

그러므로 실상은 '빛이 없는 것'이 어둠일 뿐이다. 이는 마치 온도에 있어서 '차가움'이 없는 것과 같다. '차다'라는 온도는 없다. 단지 '뜨거움, 따스함, 미지근함' 등등의 온도가 없는 것이 차가움일 뿐이다. 결국 '어둠'의 반대어가 '빛'이 아니며 더나아가 어둠은 빛을 대적할 수 없음도 알아야 한다. 빛이 오면 어둠은 저절로 사라질 뿐이다.

창세기 1장은 빛이신 예수 그리스도 즉 삼위하나님의 공동 창조사역을 보여주고 있다. 첫째날에서 여섯째날을 구분하는 "저녁이 되며 아침이 되니"에서 우리는 빛이 약간 함유된 어스름한 어둠을 의미하는 저녁이 '빛'에 의해 '빛'이 완연한 아침 그리고 낮으로 변하는 것에서 삼위하나님의 멋진 창조(첫 창조의 회복 곧 하나님나라의 완성)를 보게 된다. 그리하여 종국적으로 일곱째날의 안식에 이르게되는 것을 볼 수 있다. 더 나아가 계시록 21-22장에 이르면 바로 그 빛이신 하나님과 어린 양을 통해 새 창조인 미래형 하나님나라인 '완성'을 묵시로 보여주고 있다.

교회(성도)인 우리는 에베소서 5장 8절에 의하면, 어둠에서 빛으로 옮겨진 빛의 자녀들이라고 했다.

은혜 위에 은혜러라

*

Grace for Grace

Χάριν ἀντὶ χάριτος

예수(Ἰησοῦς), 그리스도(Χριστὸς), 생명(ζωή)

나를 더(플레이온)
사랑하느냐

드디어 21장 879절로 이루어진 요한복음의 마지막 장으로 접어들었다. 요한복음의 에필로그(epilogue)에 해당하는 부분이다.

21장은 부활의 주님께서 제자들을 찾아 디베랴 바다로 가신 것부터 시작된다. 밤새도록 아무것도 잡지 못했던, 전직 전문인 어부였던 제자들에게 예수님은 "그물을 배 오른편에 던지라(21:6)"는 말씀 한 마디를 통해 그물을 들 수 없을 정도로 많은 고기를 잡게 하셨다. 그리고는 조반을 함께 하셨다. 이후 베드로를 콕 찜어 물으시고 있다.

"나를 더 사랑하느냐(요 21:15)"

이는 하나님에 대한 그릇된 열심으로 그리스도인들을 잔멸하고자 예루살렘에서 240여 Km나 떨어진 곳, 땅 끝으로 상징된 다메섹까지 갔던 바울에게 하셨던 말씀을 묘하게 연상시킨다.

"네가 어찌하여 나를 핍박하느냐(행 9:4)"

두 장면 모두 다 부활의 예수님이 직접 나타나셔서 물으셨던 말씀이다. 놀랍게도 자신이 그토록 박해하던 예수가 기다리고 고대하던 하나님이심을 알게 되자 바울은 온전히 회심하게 된다. 이리하여 AD 5년 출생인 바울은 AD 35년부터 AD 66년 니고볼리에서 잡히기 전까지 생명조차 조금도 귀한 것으로 여기지 않고 치열하게 하나님의 은혜의 복음을 전했다.

"아! 니고볼리(딛 3:12절)"

이는 바울이 말년에 체포되었던 장소로서 "승리(니케)의 도시(폴리스)"라는 의미이다. 당시 로마의 5대 황제 네로는 AD 64년에 구 로마 시가지를 불태웠다. 그리고 그리스도인들에게 누명을 덮어 씌웠다. 그럼에도 불구하고 로마 시민들의 분노가 가라앉기는커녕 점점 더 로마 황궁으로, 황제인 자신에게로 분노의 화살이 다가오자 희생양(속죄양, Scapegoat, 레 16장 아사셀)을 찾게 된다. 그리하여 AD 65년경에 베드로를 처형했다.

그러나 로마 시민들의 분노는 잦아들 줄을 몰랐고 또 다른 희생양을 찾게 된 것이다. 그리하여 당시 니고볼리에서 과동(過冬)하고 있던(딛 3:12) 바울을 체포하여 로마로 압송했다. 그리고는 두 번째로 로마 감옥(하옥, AD 67-68년)에 투옥시켜 버렸다. 당시 로마의 감옥은 상, 중, 하옥의 토굴로서 3층으로 되어 있었다. 1차 투옥 때에는 자유롭게 왕래하며 상옥에 2년간 있었다(행 28:20). 그러나 2차 투옥 때에는 사형수가 들어가는 어둡고 춥고

습기가 많은 하옥(딤후 4:13)으로……. 그는 이듬해 AD 68년에 하나님의 품으로 갔다.

나는 요한복음을 마치며 두 신앙 선배(베드로와 바울)의 삶을 종종 그려본다. 그들은 치열하게 한 번 인생을 살았던 나의 신앙 선배이자 인생 선배들이다.

이곳 요한복음 21장에서 부활의 예수님은 세 번째로 제자들(안식후 첫날저녁, 20:19; 여드레 후, 20:26; 디베랴 바닷가에 있는 7명, 21장)을 찾아가셨다. 그곳에서 베드로를 콕 찍어 "나를 더 사랑하느냐(요 21:15)"라고 3번이나 물으셨다.

"더(플레이온, πλείων)"

"훨씬 더 높은 가치(of higher value)"

"너는 내게 훨씬 더 높은 가치(of higher value)를 둘 수 있느냐"라는 의미이다.

디베랴(Tiberias, Τιβεριάς, nf, 지키다)는 갈릴리 호수 서쪽 연안의 휴양도시이다. 헤롯 안디바가 건설한 후 로마의 2대 황제 티베리우스(Tiberius, Τιβέριος)의 이름을 따서 명명했다. 그러므로 갈릴리 호수는 디베랴 바다로 불리기도(another name for the Sea of Galilee) 한다.

예수께서 디베랴 바다를 찾았을 때 제자 중 7명(요 21:2)이 그곳에서 고기를 잡고 있었다. 그들은 전직 어부였음에도 불구하고 밤새도록 아무것도 잡지 못했다(요 21:3). 당연한 일이었다. 그도 그럴 것이 이미 그때 제자들의 정체성은 고기 잡는 어부(마 4:18)가 아니라 사람 낚는 어부(마 4:19)였기 때문이다. 곧 그 당시 그들의 정체성은 고기 낚는 어부가 아닌 사람을 낚는 자, 사도(아포스톨로스, 보내심을 받은 자) 즉 예수님의 제자였던 것이다.

"아포스톨로스(제자, 사도)"라는 자신들의 정체성을 까맣게 잊어버린 채 전직(前職)이었던 어부로서의 고기를 잡겠다(어부)며 설쳐댔으니 당연히 물고기들의 비웃음을 살 수밖에……

우왕좌왕하는 그들을 향해 예수님은 잠잠히 그물을 오른편(요 21:6)에 던지라고 말씀하셨다. 누가 누구에게……

그래도 제자들은 전직 어부 출신들인데…….

예수님은 공생애 전에 목수 일만 하셨었는데…….

그러나 중요한 것은 신인양성의 하나님이신 예수님의 말씀에 "순종하느냐 마느냐"라는 것이었다. 제자들은 즉각적으로 순종했다. 그랬더니 물고기가 많아(153마리, 1+2+3+…+17=153, 17=10(율법)+7(HS) by Augustin, Gematria) 그물을 들 수 없게(요 21:6) 될 정도였다.

창조주 하나님, 역사의 주관자 하나님이신 예수님께서 말씀으로 큰 물고기들을 은혜로 불러내셨음을 드러낸 이야기이다. 이는 예수님의 하나님 되심, 즉 존재론적 동질성(Essential equality)이신 삼위일체 하나님임을 다시 한번 더 가르쳐주신 것이다. 더 나아가 제자들에게 자신의 정체성, 즉 전직(前職)이 아닌 현직(現職)을 다시 일깨워주시며 그렇게 살라고 하신 것이다. 그렇기에 이제 후로는 부르신 소명과 정체성에 따른 사명으로 "사람을 낚으며 살아가라"는 페리파테이토(고전 7:17, 20, 24)에 대한 가르침이었던 것이다.

이 일에 예수님은 제자들을 대표하여 수제자인 베드로를 콕 찍어 말씀하셨다. 그후 제자들은 마태복음 28장 18-20과 요한복음 21장의 명령을 받들고 유한된 한 번 인생을 치열하게 몸부림치며 복음과 십자가로 살다가 모두가 다 아버지의 품으로 들어갔다. 오늘의 우리들이 본받으며 살아가야 할 모습이다.

한편 153마리의 물고기를 해석하면서 오리겐(Origen, ~es, 알렉산드리아 학파의 대표적 신학자)은 물고기 숫자 153은 당시 물고기의 종류(겔 47:10)를 가리키는 것이라며 모든 종족(유대인이든 헬라인이든 간에)에게 복음을 전하라는 예수님의 지상명령(마 28:18-20)을 상징한다고 했다. 동일하게 제롬(Jerome) 또한 이 해석을 취했다.[187]

나는 두 분의 해석에 줄을 섰다. 거기에 더하여 그리스도인 지체들에게 유한된 한 번 인생을 모든 종족에게 복음 전파는 물론이요 진정 예수님께 '훨씬 더 높은 가치'를 두며 순간순간을 알차게 살아갈 것까지 추가하고 싶다.

매사 매 순간 몸부림치며…….

"나의 계명을 가지고 지키는 자라야 나를 사랑하는 자니 나를 사랑하는 자는 내 아버지께 사랑을 받을 것이요 나도 그를 사랑하여 그에게 나를 나타내리라" _요 14:21

나는 지난날 반복된 실수와 수많은 허물 때문에 많이 아팠다. 그래서 자주자주 하나님께 부르짖었다. 솔직하게는 기도가 아닌 고집(떼깡)을 부리곤 했다. 젊은 시절 방탕했던 어거스틴의 못난 모습을 연출하기도 했다. 그때마다 예수님은 매번 찾아오셔서 따스한 미소를 듬뿍 주시곤 했다.

"네가 저질러놓은 일 때문에 많이 아프지?", "죄의 결과는 이렇게 혹독

187　『그랜드 종합주석 13권』, p1025

하며 아프단다", "내가 하지 말라고 했잖니"라는 등등의 말씀을 한 번도 하지 않으셨다.

오히려 "선일아 많이 힘들지. 네가 너와 함께 하마"라고 늘 말씀하셨다. 간혹 내게 물으셨다. "선일아, 너 나를 사랑하니? 나를 더 사랑하니? 내게 훨씬 더 높은 가치를 둘 수 있니?"

그때마다 차마 대답 못 하고 고개를 푹 숙인 채 강하게, 여러 번 고개만 끄덕이곤 했다. 그리고는 지금까지 좌고우면(左顧右眄)하지 않고 앞만 보며 줄곧 달려왔다.

최근에 소중한 아내가 뜻하지 않게 암수술을 했다. 수술 후 항암치료, 방사선치료, 현재까지도 호르몬 치료와 면역치료를 병행하고 있다.

지난 2년간 병으로 힘들어하던 아내를 생각할 때마다 미안함과 죄스러움이 북받쳐온다. 아내의 암에 대한 원인이야 정확히 알 수 없지만 개중(個中)에는 스트레스가 많았을 것이다. 그렇다면 많은 부분이 나의 원인일 것이다. 이것은 나에 대한 자책(自責)이기도 하다.

주인 되신 성령님은 나와 아내의 든든한 보호자로 함께 해 주시며 자주자주 말씀해 주신다.

"선일아, 힘들지, 내가 너와 함께 하마, 알지, 나는 지금까지 너의 등 뒤에서 너와 동행(할라크)하고 있었다, 너의 동역자 된 네 아내를 내가 허락한 것도 알지, 여생을 동역자된 아내와 함께 누리며 청년사역을 잘 마무리 하렴."

점점 더 자주자주 속에서 뭔가가 올라오곤 한다. 그래서 더 자주 운다. 현재 나는 다시 성경과 교리를 가르치는 성경교사로서, 특히 기독교 교리의 개념화 작업의 안내자로서 목회자 성경공부모임, 전도사 성경공부모임, 의과대학교수 성경공부모임, 청년리더 성경공부모임, 전문인 성경공부모임을 인도하고 있다. 저술사역도 병행하고 있다. 아내가 회복되기까지 아내의 몫까지 열심히 할 것이다.

"내 양(a sheep, Πρόβατον, 요 21:15, 17)을 먹이라(βόσκω, feed, tend)"

"내 양(a little lamb, ἀρνίον, 요 21:16)을 치라(ποιμαίνω, take care of, shepherd)"

한 번뿐인 인생! 유한하고 제한된 직선의 인생!

예수님께 훨씬 더(πλείων) 더 높은 가치(of higher value)를 두며 살아가기 위해 함께 몸부림치는 모든 지체가 되길…….

21-1 그 후에 예수께서 디베랴 바다에서 또 제자들에게 자기를 나타내셨으니 나타내신 일이 이러하니

디베랴[188] 바다는 갈릴리 바다의 로마식 명칭이다. 구약에서는 긴네렛(수 13:27) 호수, 신약에서는 게네사렛 호수(눅 5:1) 혹은 갈릴리 바다(요 5:1)라고 불렸다.

갈릴리(나사렛)는 예수께서 공생애 사역을 시작하신 곳이다. 한편 갈릴리라는 것은 문자적 의미보다는 상징적 의미로 '흑암, 이방, 멸시, 천대, 저

---

188 AD 25년경 헤롯 안디바가 갈릴리 호수 서쪽에 도시를 건설 후 로마 황제 티베리우스에게 경의를 표하며 붙인 이름이다. 『그랜드 종합주석 13권』, p1022

주, 소외, 사망, 그늘'이라는 의미(마 4:12-16, 마 2:23, 행 22:8)가 있다. 곧 '절
망의 세상'을 가리킨다. 예수께서 제자들에게 갈릴리로 가라(마 26:31-32,
28:7-10)고 하신 것은 절망의 세상에 복음을 들고 가라는 말씀이다.

**2 시몬 베드로와 디두모라 하는 도마와 갈릴리 가나 사람 나다나엘과 세베대의
아들들과 또 다른 제자 둘이 함께 있더니**

세베대의 아들들은 야고보와 요한을 가리킨다. 또 다른 제자 둘은 문자
적으로 안드레와 빌립이라고 한다. 그러나 "둘(2)"이라는 숫자는 증인의
수이기에 굳이 이름을 밝힐 필요가 없다. 그럼에도 불구하고 학자들은 안
드레와 빌립이라는 것에 암묵적으로 동의하고 있다.

한편 이 구절에서 시몬 베드로가 가장 먼저 나오는 것은 헬라어 표현상
의미가 있다. 이는 베드로의 리더십을 인정하는(눅 22:32) 예수님의 의도적
말씀이다. 더 나아가 하나님의 은혜를 많이 받은 순서(아더 핑크)일 수도 있
다. 왜냐하면 두 번째가 의심많은 도마이기 때문이다.

한편 상기 7명의 제자 중 도마와 나다나엘은 어부가 아니었다.

**3 시몬 베드로가 나는 물고기 잡으러 가노라 하매 저희가 우리도 함께 가겠다 하
고 나가서 배에 올랐으나 이 밤에 아무것도 잡지 못하였더니**

이 구절에서는 사람을 낚는 어부(마 4:19-20)가 졸지에 물고기 잡는 어부
로 변하는 순간을 보여주고 있다. 과거에로의 회귀이다.

"우리도 함께 가겠다 하고"라는 말씀에서는 부화뇌동(附和雷同)하며 대세의 흐름에 편승하는 모습을 보이고 있다. 결국 정체성을 잃어버리면 삶의 방향이나 목적, 목표가 흐트러지게 된다라는 것이다. 더 나아가 "아무것도 잡지 못했다"라는 말씀에서는 하나님의 보내심이 없는 곳에는 열매 또한 전혀 없음도 보여주고 있는 것이다.

일반적으로 "밤"에는 낮 보다 고기가 훨씬 더 잘 잡힌다. 그럼에도 전직 어부인 그들이 밤새도록 고기를 못 잡은 것에는 다 이유가 있었다. 이미 그들은 고기 잡는 어부가 아니라 사람 낚는 어부였기 때문이다. 더 나아가 제자들은 이미 빛의 자녀가 된 자들이기에 '밤'이라는 상징적 의미의 그 '밤'에 속하여 고기를 잡으려 한 것 또한 정체성을 잃어버린 일이었다.

그렇다면 예수님은 목수였음에도 불구하고 "오른편에 던지라"고 하셨고 그 한 마디에 엄청 많은 큰 고기가 잡혔는데 그것은 무슨 이유일까? 여기에서 우리는 창조주 하나님이신 예수님을 다시 보게 된다.

4 날이 새어갈 때에 예수께서 바닷가에 서셨으나 제자들이 예수신 줄 알지 못하는지라

이 구절에서는 어느새 부활의 주님은 잊어버리고 현실에 급급하면서 영안이 어두워진 상태에 빠져버린 제자들의 모습을 드러내고 있다. 이미 2번(요 20:19, 26)이나 부활의 주님께서 그들에게 찾아오셨음에도 불구하고 상기 7명의 제자들은 부활에 대한 진정한 확신이나 소망이 없었으며 관심 또한 적었던 듯하다. 게다가 향후의 일을 생각해보면 캄캄하기에 제자들은 전직으로 돌아간 것으로 보이기도 한다.

당시 그들은 설마 디베랴 바닷가에까지 부활의 예수님이 찾아오리라고 는 생각지 못했을 것이다. 더 나아가 현실에 사로잡혀 영적으로 어두워진 상태에 있던 제자들이었기에 그렇게 불쑥 찾아오신 예수님을 알아볼 리 도 만무했을 것이다.

한편 앞서 3절에서의 '밤'이란 것을 상징적으로 보아 해석하면 인간의 가능성이 전제된 인본주의적 사고방식을 가리키기도 한다. 그리고 이곳 4절의 '새벽'이란 빛이신 예수 그리스도를 상징한다. 결국 '밤새도록 고기 를 잡았으나 헛수고였다'라는 것은 아무리 인간이 노력한다고 하더라도 하나님의 작정과 예정, 섭리와 경륜이 아니면 결코 이루어질 수 없음을 함의하고 있는 것이다.

"새벽이 되어 말씀으로 고기를 잡게 하신 것"은 빛이신 예수 그리스도 로 인해 택정함을 입은 모든 인류가 구원을 얻게 될 것을 가리킨다.

5 예수께서 이르시되 얘들아 너희에게 고기가 있느냐 대답하되 없나이다

"얘들아"라고 부른 것은 어른에 대한 호칭으로서는 약간 어색하다. 그 러나 천국은 어린아이 같은(childlike, not childish) 믿음의 소유자가 들어가기 에 이를 두고 한 말이다.

또한 당시 "얘들아(Παιδία)"라고 칭한 것은 현대 헬라어에서는 성인들 에게 하는 호칭으로서 '여보게들' 정도의 의미이다. 즉 예수님은 그다지 친근하지 않은 표현을 의도적으로 쓰신 것이었다. 물고기를 한 마리도 못

잡은 제자들의 상태를 이미 알고 계셨던 예수님은 그들 스스로가 자신들의 실패와 무력함, 연약함을 느끼기를 원하셨던 것이다. 현대어 성경은 '이 사람들아'로 번역하기도 했다(Oxford-Canbridge University press New Testament).

6 가라사대 그물을 배 오른편에 던지라 그리하면 얻으리라 하신대 이에 던졌더니 고기가 많아 그물을 들 수 없더라

해안가의 예수님과 바다에 있던 제자들과의 거리는 90여 미터 정도 떨어져 있었다. 예수님은 고함을 치지 않고 나지막하게 말씀하셨을 듯한데 제자들은 예수님의 명령에 즉각 순종했다.

어떻게 들렸을까?

나는 하늘과 땅의 모든 권세를 가지신 근본 하나님이신 예수님의 말씀의 능력(마 28:18) 때문이라고 해석한다. 하나님의 말씀은 살았고 운동력이 있기 때문이다(히 4:12). 이는 예수님의 말씀을 들은 제자들이 그 말에 순종하자마자 큰 고기가 잡혔던 것을 보면 그들이 즉시로 알아들었다는 것과 그 말씀의 권위를 인정했다는 것을 선명하게 알 수 있다. 결국 이 구절은 존재론적 동질성에서 예수님은 창조주 하나님이심을 보여주고 있는 것이다.

한편 "배 오른편에 던지라"는 것은 '삶의 방향성(direction)'을 의미하기도 한다. 이는 가치와 우선순위에 대한 예수님의 가르침이다. 예수님은 제자들의 정체성, 곧 '사람 낚는 어부'임을 깨우쳐 주시고 그에 따른 가치와 우선순위를 깨닫게 하셨던 것이다.

한편 누가복음 5장 4절에서는 "깊은 곳으로 가라"고 하셨다. 이는 삶의 모험과 도전(adventure & challenge)에 대한 말씀이기도 하다. 얕은 물가에서 찰싹거리는 작은 파도 보고 마음이 졸여서 못 가는 나약함을 버리라는 것이다.

그러나 요한복음 21장 6절과 누가복음 5장 4절에서 놓치지 말아야 할 가장 중요한 초점(focus or point)은 "누가 말씀하셨느냐"라는 것이다. 오른쪽이냐 왼쪽이냐라는 특정한 방향이 중요하다라든지 깊은 곳이냐 혹은 얕은 곳이냐라는 문제가 아니다. 가장 중요한 것은 "누구의 말씀이냐"라는 것이다.

결국 예수님의 말씀으로 모든 것이 이루어지게 됨을 알 수 있다. 그 예수님이 바로 말씀으로 세상을 창조하신 창조주 하나님이시다.

7 예수의 사랑하시는 그 제자가 베드로에게 이르되 주시라 하니 시몬 베드로가 벗고 있다가 주라 하는 말을 듣고 겉옷을 두른 후에 바다로 뛰어내리더라 8 다른 제자들은 육지에서 상거가 불과 한 오십 간쯤 되므로 작은 배를 타고 고기 든 그물을 끌고 와서

"예수의 사랑하시는 제자"는 바로 사도 요한이다. 그는 예수님에 대하여 깊은 애정을 가졌으며 영적 분별력이 남달랐다. 최후의 만찬 때에도 주님 품에 의지하여 누웠던 제자였다(13:23-26). 그런 그였기에 배신자를 묻자 예수님은 가르쳐주시기도 했다. 골고다 십자가 언덕에서 '마리아들'

과 더불어 예수님의 죽음을 마지막까지 함께 했던 유일한 제자이기도 했다. 그에게 예수님은 모친인 마리아를 위탁하기도 했다(19:25-27). 부활 후 여인들의 말을 듣고 한 걸음에 내달렸던, 무덤을 가장 먼저 찾은 제자이기도 하다.

이 구절에서 가장 먼저 예수를 알아본 제자 역시 사도 요한이었다. 그는 엄청나게 많이 잡힌 큰 물고기들에는 아예 관심이 없기라도 하듯 "주시라"고 외치고 있다.

이런 그의 모습은 우리에게 시사하는 바가 아주 크다. 많은 경우 사람들은 기적이나 가시적인 멋진 현상에 훨씬 더 집중하곤 한다. 그러나 그런 초현실적이거나 가시적인 결과보다는 그 일을 이루신 분을 바라보며 "주시라"고 외칠 수 있어야 한다.

한편 독특한 것은 예수님을 가장 먼저 알아본 제자는 사도 요한이었으나 바다로 먼저 뛰어든 제자는 베드로였다. 두 사람의 성격을 보여주는 단면이다. 또한 베드로는 바다에 뛰어들면서 옷을 벗고 헤엄치는 것이 아니라 오히려 겉옷을 입고 뛰어들었다. 아마도 사랑하는 예수님 앞에 옷깃을 여미는 그런 예의였으리라……

나는 두 제자의 그런 모습에서 합력하여 선을 이루길 원하시는(롬 8:28) 예수님의 경륜을 느끼게 된다. 당신의 일 곧 '천국 복음'을 전하는 일을 위해 다양한 달란트를 모으시는(합력시키시는) 것을…….

그렇기에 공동체 내에서 다양한 지체들 간의 '서로 다름'은 '틀림'이 아니며 오히려 예수님 안에서 아름다운 동역은 시너지(synergy)로 이어짐을 알아야 한다. Variety in Unity(in Jesus Christ)로서 이 땅에서 서로를 이해하며 아름답고 조화롭게 살아가는 것은 장차 미래형 하나님나라에서 12가지 보석으로 아름다운 조화를 이루며 살아갈 우리들의 모습이기도 하다. 그날을 위해 우리는 이 땅에서 미리 맛보며 연습하는 것일 뿐이다.

참고로 "오십 간"이란 약 91미터(50간=100yard, 1 yard=3 feet)를 말한다.

9 육지에 올라 보니 숯불이 있는데 그 위에 생선이 놓였고 떡도 있더라

사실 베드로에게 "숯불"은 아픈 상처요 후회의 흔적이다. 그날 밤(막 14:54, 67; 요 18:18, 25) 대제사장 가야바의 집 뜰에서 결박되어 끌려간 예수님의 결과에 대해 베드로는 '숯불'을 쬐며 노심초사(勞心焦思) 마음을 졸이며 궁금해하고 있었다. 그러다가 보잘 것 없던 여종에게 들켜버리고 말았다. 그때 그는 3번의 대답(마 26:70-74)을 통해 사실을 강력하게 부인했다. 부인하다가 맹세하게 되었고 급기야는 저주하고 맹세하기에 이르기까지…….

그날 밤 '숯불'을 쬐고 있다가 일어났던 일은 베드로에게는 생각하기도 싫은 아픈 기억이었다. 이후로 베드로는 의식적으로 '숯불' 만큼은 피하려 했을 것이다. 그랬었는데…….

장면이 바뀌어 이 구절에서 부활의 예수님은 디베랴 해변가에서 마치 아무 일도 없다는 듯이 '숯불' 위에다 맛나게 생선과 떡을 굽고 있다. 해변으로 올라간 베드로는 그 맛깔나는 냄새나 침샘 자극은 둘째치고라도 그 '숯불'을 보는 순간 그날 밤의 '숯불'이 연상되어 아찔했을 것이다.

아마 베드로는 그날에 있었던 '숯불'의 트라우마(trauma)로 인해 가슴이 벌렁거렸을 것이다. 감사하게도 예수님의 의도는 거기에 있었다. 좋으신 예수님은 애제자인 베드로의 지난 과거에 대한 치유와 회복에만 관심이 있었던 것이다. 예수님은 그때를 상기시키며 "괜찮다. 내가 그날을 기억하고 있지만 이제 더 이상은 아무 상관이 없단다. 너의 멍에를 풀어서 이 숯불에 태워버리렴. 시장할텐데 여기 와서 그 숯불로 구운 떡과 생선을 먹으렴"이라고 하셨던 것이다.

　예수님은 그 '숯불'로 지난날의 실수와 허물을 온전히 태워주시고 더 나아가 떡과 생선을 공급하셨던 것이다. "떡과 생선"이란 오병이어(칠병이어)를 드러내는 것으로 예수께서 제자들이 준비하지 않은 떡과 생선으로 제자들의 허기진 배를 채우신 것은 앞으로도 너희들의 생사화복(生死禍福)은 내가 예비할 것이라는 메시지였다. 이 모든 일들의 주체가 되시는 분이 바로 예수 그리스도이다.

10 예수께서 가라사대 지금 잡은 생선을 좀 가져오라 하신대

　"지금 잡은 생선을 좀 가져오라"는 것은 너희들의 땀과 수고의 열매를 함께 누리자라는 의미이다. 그러나 실상은 예수님께서 말씀으로 많은 고기를 잡도록 미리 예비해주신 것이었다. 요한복음 4장 36절, 누가복음 15장 6절에서도 뿌리는 자와 거두는 지, 벗과 이웃들이 그 열매를 허락하신 하나님으로 말미암아 서로 함께 즐거워하고 기뻐할 것을 말씀하고 있다. "생선"은 영적으로 구원받을 영혼을 상징하기도 한다.

11 시몬 베드로가 올라가서 그물을 육지에 끌어 올리니 가득히 찬 큰 고기가 일백쉰세 마리라 이같이 많으나 그물이 찢어지지 아니하였더라

"올라가서, 끌어올리니"라는 말에서는 베드로의 관심사가 여전히 세상 것에 있음을 보여주고 있다. 153마리에 관하여는 앞서 언급했으나 다시 요약하면 다음과 같다. 물론 다양한 많은 다른 풍유적(allegorical) 해석이 있으나 나는 그다지 관심이 없다.

153마리란 1+2+3+…+17=153이 된다. 마지막 숫자 17의 경우 10(율법의 상징, 십계명, 완전수, 만수)과 7(성령의 상징, 하늘의 수 3과 땅의 수 4의 합, 언약, 맹세, 약속, 완전수)의 합(by Augustin, Gematria)이다. 창조주 하나님, 역사의 주관자 하나님이신 예수님은 말씀으로 큰 물고기들을 은혜로 부르신 것이다. 즉 은혜의 시대에 하나님께로 돌아올 충만한 사람의 수(계 7:9, 4)를 가리킨다.

한편 오리겐(Origen, -es, 알렉산드리아 학파의 대표적 신학자)이나 제롬(Jerome)의 경우 153이란 숫자는 당시 모든 물고기의 종류(겔 47:10)를 가리키는 것이라며 모든 종족에게 복음을 전하라는 예수님의 지상명령(마 28:18-20)이라고 했다. 나는 오리겐, 제롬, 어거스틴의 해석에 모두 다 동의한다. 동시에 나는 예수님 앞으로 올라온 '다양한 153마리의 물고기들'은 "이방인이나 유대인이나 여자나 남자나 종이나 자유인"을 가리키는 것으로 그들 모두는 "다 그리스도 예수 안에서는 하나(갈 3:28)"가 될 것을 의미한다라고 생각한다.

누가복음 5장 6절에서는 물고기의 수는 언급되지 않은 채 그물의 찢어짐만 언급했고 뒤이어 이제 후로는 네가 사람을 취하리라고 말씀하셨다.

요한복음에서는 물고기의 수(153마리, 배의 오른편에 있던)를 언급하며 그물이 찢어지지 아니하였다라고 했다. 둘의 차이(틀림이 아니라 다름)를 묵상함으로 은혜의 시간을 누릴 수 있도록 표로 나타내면 다음과 같다.

누가복음 5장	요한복음 21장
'깊은 데'로 가서 그물을 내려 고기를 잡으라(4)	그물을 '배 오른편'에 던지라(6)
그물이 찢어지는 지라(6) 모험과 도전에 따른 희생	그물이 찢어지지 아니하였더라(11) 방향: 가치와 우선순위
이제 후로는 네가 사람을 취하리라(10)	내 양을 먹이라 내 양을 치라(15-17)
복음전도자 구원의 주권 영역은 하나님께 있다. 그러므로 그 수를 헤아리지 말라-물고기의 숫자가 언급X	목사와 교사의 직분 양은 오른편, 염소는 왼편 (마 25:32-33), 알곡과 쭉정이(마 3:12) 참 믿음과 거짓 믿음 택정받은 자는 반드시 구원
(구원받은 자) 인 맞은자: 144,000(계 7:4) 아무라도 능히 셀 수 없는 큰 무리(계 7:14)	(구원받은 자) 미래형 하나님나라에 가면 알 수 있다 (요 21:6 많이 잡음(배)) ->요 21:11 육지(하늘나라)에 가면 그 숫자를 알게 됨

12 예수께서 가라사대 와서 조반을 먹으라 하시니 제자들이 주신 줄 아는 고로 당신이 누구냐 감히 묻는 자가 없더라

"조반을 먹으라"는 것은 가족이나 친구로 생각(계 3:20)한다라는 것으로 친근함이 함의되어 있다. 한편 '어디로 가서 먹으라'가 아니라 '내게로 와서 먹으라'는 말씀을 통해 우리는 반드시 예수님께로 나아가야 함을 잊지 말아야 한다. 이 구절을 통해 우리는 예수님으로부터 전해져오는 따사로움을 느낄 수 있다.

한편 당시 팔레스타인에서는 하루 두 끼의 식사를 했다고 한다(Morris, Jeremias). 오전 9-10시의 아침식사인 아리스톤(ἄριστον, breakfast or a mid-day meal)과 오후 6시 이후에 정찬으로 먹는 저녁식사인 데이프논(δεῖπνον, a dinner, an afternoon or evening meal)이다.

제자들이 "당신이 누구냐"라고 묻지 않은 것은 부활의 예수님을 확실히 알아보았기 때문이다. 또한 부활체이신 예수님에 대한 경외심 때문이었을 것이다.

13 예수께서 가셔서 떡을 가져다가 저희에게 주시고 생선도 그와 같이 하시니라
14 이것은 예수께서 죽은 자 가운데서 살아나신 후에 세번째로 제자들에게 나타나신 것이라

13절에서 우리는 참 목자이신 예수님을 다시 한번 더 묵상하게 된다. 이는 목자 되신 예수님께서 우리와 지금도 앞으로도 영원히 함께할 것이며 우리에게 영원히 영육 간의 양식을 공급해주실 것을 약속하신 것이다.

바로 누가복음 12장 37절의 모습이다.

"주인이 와서 깨어 있는 것을 보면 그 종들은 복이 있으리로다 내가 진실로 너희에게 이르노니 주인이 띠를 띠고 그 종들을 자리에 앉히고 나아와 수종하리라"_눅 12:37

"떡과 생선"에서 우리는 한 번 더 5병 2어(7병 2어)의 표적을 바라보게 된다. '떡'이란 예수를 예표하는 '생명의 떡'을 말하며 그 떡을 먹게 되면 영생케 된다. 곧 '생명의 떡'의 중요성을 일깨워주고 계신 것이다. 마치 성찬식을 보는 듯하다.

15 저희가 조반 먹은 후에 예수께서 시몬 베드로에게 이르시되 요한의 아들 시몬아 네가 이 사람들보다 나를 더 사랑하느냐 하시니 가로되 주여 그러하외다 내가 주를 사랑하는 줄 주께서 아시나이다 가라사대 내 어린 양을 먹이라 하시고 **16** 또 두번째 가라사대 요한의 아들 시몬아 네가 나를 사랑하느냐 하시니 가로되 주여 그러하외다 내가 주를 사랑하는 줄 주께서 아시나이다 가라사대 내 양을 치라 하시고 **17** 세번째 가라사대 요한의 아들 시몬아 네가 나를 사랑하느냐 하시니 주께서 세번째 네가 나를 사랑하느냐 하시므로 베드로가 근심하여 가로되 주여 모든 것을 아시오매 내가 주를 사랑하는 줄을 주께서 아시나이다 예수께서 가라사대 내 양을 먹이라

"시몬"의 헬라어는 Σίμων이며 히브리식 이름은 시므온(שִׁמְעוֹן, 행 15:14, 창 49:5)이다. 이는 창세기 49장 7절에 그 의미가 잘 드러나고 있는데 곧 '흩어지다, 나누어지다'라는 것으로 베드로를 시몬 혹은 시므온이라고 부르

신 것은 향후 베드로가 수제자로서의 사명을 감당하더라도 여전히 연약한 인간임을 자각하라는 메세지였다. 그런 베드로를 향해 누가복음 22장 31절의 말씀을 주셨다. 그리고는 사단은 어떻게든 너를 흔들려고 할 것이므로 네가 먼저 나서지 말고 또 다른 보혜사 성령님을 보낼 터이니 그분에게 모든 주권을 드리고 그분의 통치, 질서, 지배 하에 순전히 들어가라고 말씀하셨다.

"더 사랑하느냐"라고 하시는 말씀에서는 마태복음 26장 33절, 마가복음 14장 29절의 말씀이 연상된다.

"베드로가 대답하여 가로되 다 주를 버릴찌라도 나는 언제든지 버리지 않겠나이다" _마 26:33

"베드로가 여짜오되 다 버릴찌라도 나는 그렇지 않겠나이다" _막 14:29

"먹이라, 치라, 먹이라"는 것은 올바른 정체성을 가지고 한 번 인생을 알차게 충성되게 살아가라는 의미이다. 즉 너희들의 전직은 고기 잡는 어부(마 4:18)였으나 이제는 사람 낚는 어부(마 4:19)인 것을 분명히 알고 그렇게 정체성대로 하나님의 뜻을 따라 지상명령(마 28:18-20)을 행하며 살라는 것이다. 더 나아가 이 말씀 속에는 이전의 네 실수와 허물은 온전히 용서했으니 이제 후로는 말씀사역에 집중하라는 위임 명령이며 권한(權限)의 이양(移讓)이다.

한편 예수님은 '먹이라'고 하였음에도 불구하고 오늘날에는 맡겨주신 양들을 '먹어버리는' 수많은 삯군(요 10:12)들이 있음에 유의해야 할 것이다.

먹이라	치라
요 21:15, 17	요 21:16, 10:16
tend, feed βόσκω properly, feed (graze); (figuratively) spiritually nourish by feeding people the Word of God stresses feeding them His Word	Take care of ποιμαίνω focuses on "shepherding" the flock of God (caring for them) properly, to shepherd, caring for (protecting) the flock.
Sheep, πρόβατον	Lamb, ἀρνίον properly, a young lamb, "a little lamb" (J. Thayer)

나를 '더(플레이온, πλείων)' 사랑하느냐 요 21:15		ἀγαπᾷς με? Love you Me φιλῶ σε I dearly love You
나를 사랑하느냐 요 21:16	주를 사랑하는 줄	ἀγαπᾷς με? Love you Me φιλῶ σε I dearly love You
나를 사랑하느냐 요 21:17		φιλεῖς με? Do you dearly love Me? φιλῶ σε I dearly love You

이 구절(15-17)에서 게바(베드로, 요 1:42)라고 하지 않고 원래의 이름인 시

몬이라고 부른 까닭은 무엇일까?

설마 사랑의 예수님께서 "너는 안 되겠다. 꽝이다. 다시 과거로 돌아가 고기 잡는 어부나 되라. 혹은 네 죄를 네가 알렸다. 나를 3번이나 부인하는 것도 모자라 점점 더 강도가 세게 처음에는 부인하더니 그 다음에는 맹세하고 종국적으로는 저주까지 하다니……."라고 말씀하시려는 의도는 결단코 아니었을 것이다.

그렇다면 예수님의 의도는 무엇이었을까?

오히려 우리의 약함을 아시는 주님은 "네가 예전으로 돌아가려는구나. 그러지 말고 다시 시작하자구나. 너의 정체성은 게바 즉 베드로이다. 너는 사람을 낚는 어부란다. 이것이 진정한 너의 정체성이다. 전에는 그러했으나 이제는 그러지말아라."라고 사랑으로 품어주신 것이리라.

나는 예수님의 마음이 바로 이런 마음이었다고 확신하고 있다. 왜냐하면 베드로는 바로 오늘날의 나 자신이기 때문이다. 그런 나는 지난 과거의 수많은 실수들과 허물들을 예수님의 보혈로 씻음 받았다. 이후 지금까지 성경교사로, 청년사역자로, 의료선교사로 서 있다. 나는 지난 오물투성이들을 하나 하나 구태여 드러내고 싶지 않다. 그렇다고 억지로 숨기고 싶지도 않다.

드러내고 싶은 것이 있다면 오직 하나이다. 모든 것은 '하나님의 은혜'였다라고. 나의 나된 것은 '오직 은혜'임을 자신있게 고백한다.

18 내가 진실로 진실로 네게 이르노니 젊어서는 네가 스스로 띠 띠고 원하는 곳으로 다녔거니와 늙어서는 네 팔을 벌리리니 남이 네게 띠 띠우고 원치 아니하는 곳으로 데려가리라

"진실로 진실로(Ἀμὴν ἀμὴν)"라는 것은 아멘 아멘(amén amén, "verily," "of a truth," "most assuredly," "so let it be."truly)이라는 의미로서 "네게 이르노니"와 연결된다. 이는 예수님의 말씀에 대한 신적인 권위를 나타내는, 곧 하나님의 말씀이라는 것을 드러내고 있는 것이다.

"네 팔을 벌리리니"라는 것은 베드로의 십자가 죽음을 나타낸 것이라고 많은 초대교부들[189]은 말하고 있다.

19 이 말씀을 하심은 베드로가 어떠한 죽음으로 하나님께 영광을 돌릴 것을 가리키심이러라 이 말씀을 하시고 베드로에게 이르시되 나를 따르라 하시니

"나를 따르라"는 것은 22절에도 동일하게 말씀하셨으며 마태복음 16장 24절은 이를 좀 더 자세히 풀어서 구체적으로 말씀하고 있다.

"나를 따르려거든"

먼저 예수님은 베드로에게 "자기를 부인하라"고 말씀하셨다. 이는 주인 되신 성령님께 완전한 주권 이양과 함께 그분의 통치, 질서, 지배 하에 들어가는 것을 말한다.

둘째, "자기 십자가를 지라"고 말씀하셨다. 이는 복음과 십자가로 살아

---

189   『그랜드 종합주석 13권』, pp.1028-1029

가고 복음과 십자가를 자랑하라는 것을 말한다(갈 6:14; 고전 2:2; 행 9:16, 23-27; 20:24).

셋째, "예수님을 좇으라"고 말씀하셨다. 이는 "믿음의 주요 또 온전케 하시는 이 예수(히 12:2)"만 바라보고 "어제나 오늘이나 영원토록 동일하신 예수 그리스도(히 13:8)"를 통해 삼위하나님 한 분만으로 만족하라는 뜻이다.

동일하게 마태복음 10장 38-39절, 마가복음 8장 34절, 누가복음 9장 23절에도 반복하여 말씀하고 있다.

한편 베드로[190]의 원래 이름은 시몬이었는데 예수님은 장차 게바(번역하면 베드로, 요 1:42, $K\eta\varphi\tilde{\alpha}\varsigma$, Aramaic for rock, $\kappa\epsilon\varphi\alpha$ (Buttmann, 20 (18)), (Chaldean כֵּיפָא, a rock), Cephas (equivalent to $\Pi\acute{\epsilon}\tau\rho\circ\varsigma$ (cf. B. D. (American edition), p. 2459))라 하리라고 말씀해 주셨다.

20 베드로가 돌이켜 예수의 사랑하시는 그 제자가 따르는 것을 보니 그는 만찬 석에서 예수의 품에 의지하여 주여 주를 파는 자가 누구오니이까 묻던 자러라 **21** 이에 베드로가 그를 보고 예수께 여짜오되 주여 이 사람은 어떻게 되겠삽나 이까 **22** 예수께서 가라사대 내가 올 때까지 그를 머물게 하고자 할지라도 네게 무슨 상관이냐 너는 나를 따르라 하시더라

---

190 페트로스($\Pi\acute{\epsilon}\tau\rho\circ\varsigma$, nm, properly, a stone (pebble), such as a small rock found along a pathway, "small stone")는 남성명사로 박석, 조약돌을 의미한다. 한편 페트라($\pi\acute{\epsilon}\tau\rho\alpha$, nf, a (large mass of) rock, a projecting rock, cliff, "a mass of connected rock," which is distinct from (Pétros) which is "a detached stone or boulder" (A-S). (pétra) is a "solid or native rock, rising up through the earth" (Souter) – a huge mass of rock (a boulder), such as a projecting cliff)는 여성명사로 큰 바위를 가리킨다.

"예수의 사랑하시는 그 제자"는 사도 요한 자신이다. 요한복음 13장 23-25절에는 "만찬석에서~묻던 자"가 요한 자신임을 아예 드러내고 있다.

한편 베드로는 예수님으로부터 자신은 순교당할 것을 예고받았다 (21:18). 그러자 자신의 절친인 요한의 장래 또한 궁금하여 물어보았다 (21:21). 이를 두고 Hendriksen은 베드로가 요한의 미래에 관해 관심이 있었던 것은 당연지사(當然之事)라고 했다. 한편 예수님은 베드로에게 다른 사람에게 관심 가지기보다 너 자신의 사명에 집중하라고 말씀하셨다.

"내가 올 때까지(21:22, 23)"라는 것은 '예수 재림의 날'을 가리키는 것인데 이는 예수께서 다시 오실 때까지 요한을 생존케한다고 할지라도 너는 네 자신에게 맡겨진 사명에 충실하라는 말씀이었다.

23 이 말씀이 형제들에게 나가서 그 제자는 죽지 아니하겠다 하였으나 예수의 말씀은 그가 죽지 않겠다 하신 것이 아니라 내가 올 때까지 그를 머물게 하고자 할지라도 네게 무슨 상관이냐 하신 것이러라

이 구절은 디모데전서 4장 16절의 사도 바울이 디모데에게 했던 말씀과 상통한다.

"네가 네 자신과 가르침을 삼가 이 일을 계속하라 이것을 행함으로 네 자신과 네게 듣는 자를 구원하리라"_딤전 4:16

"형제"란 헬라어로 아델포스(ἀδελφός, nm, a brother, member of the same religious community, especially a fellow-Christian)인데 이는 초대교회로부터 지금까지 기독교 공동체의 소중한 언어(행 1:16; 2:29; 6:3; 7:2; 9:17, 30; 히 2:11)

로 통용되어 왔다. 왜냐하면 우리는 한 아버지(말 2:10)를 모신 하나님의 자녀들이며 예수 그리스도는 우리의 맏형(롬 8:29)이시요 예수를 믿는 우리들은 서로서로 형제(마 12:50)이기 때문이다. 동시에 예수님은 우리들의 친구(요 15:14)이다. 우리는 예수 그리스도로 말미암아 하나님을 아바 아버지(롬 8:15)라고 부르게 되었다.

24 이 일을 증거하고 이 일을 기록한 제자가 이 사람이라 우리는 그의 증거가 참인 줄 아노라

"이 일"이란 요한복음 전체를 가리킨다.

"우리는 그의 증거가 참인 줄 아노라"는 말씀에서 '우리'가 누구냐라는 것에 대해 여러 가지 견해가 있다. C. H. Dodd(Charles Harold Dodd, 1884-1973, 영국 신정통주의자, 신약학자)에 의하면 이는 일반 사람들에게 널리 알려진 사실을 말할 때 흔히 사용하는 '관용적인 복수 1인칭'이라고 하는데 나는 이 해석에 동의하고 있다.

25 예수의 행하신 일이 이 외에도 많으니 만일 낱낱이 기록된다면 이 세상이라도 이 기록된 책을 두기에 부족할 줄 아노라

학자들은 이 구절을 가리켜 "유쾌한 과장법(delightful hyperbole, Morris)" 혹은 "수사적 과장(Hendriksen)"이라고 했다. 가만히 묵상해보면 진실로 유쾌하다.

사도 요한은 본서의 기록을 마치기에 앞서 이 구절을 통해 다음의 3가지로 요약[191]하고 있다.

첫째, 이 복음서를 통해 예수의 행적을 기록했으나 그분의 행하신 일을 다 기록할 수 없었다.

둘째, 본서의 기록 목적은 20장 31절임을 선명하게 드러내고 있다.

셋째, 그리스도의 성육신, 십자가 수난과 죽음, 부활에 관한 진리를 비록 다 기록하지는 못했으나 기록된 말씀에 만족하고 감사해야 한다는 것이다. 그날에 우리는 말씀 그대로 보게될 것이기 때문이다(A.T. Robertson).

한편 아더 핑크는 요한복음 주석을 마치며 결론(p 1187-1188) 부분에 사복음서의 챕터(chapter, 장)에 관해 게마트리아(Gematria)를 통해 숫자의 의미를 풀어놓았다. 사복음서를 한눈에 이해하는데 도움이 되었기에 나의 개념으로 손질하여 다시 소개하고자 한다.

마태복음은 28장으로 이루어져 있는데 이는 4×7=28이다. 4는 땅의 수이며 7은 언약, 약속, 맹세, 완전수이다. 유대인(영적, 육적)의 '왕으로 오신 예수님'을 드러내고 있는 마태복음은 '현재형 하나님나라에 살고 있는 택정된 하나님의 자녀들을 향한 약속의 말씀'이라는 것이다.

마가복음은 16장으로서 2×8=16이다. 2는 증인의 수이며 8은 새롭게 시작하는 창조(새 창조, 안식)의 수이다. 종으로 오신 예수님을 드러내고 있는 마가복음은 천국 복음인 새 창조(첫 창조의 회복, 하나님나라의 완성)에 있어서 예수님만이 참된 증인(공생애 동안 천국복음을 선포하셨던)이시라는 것이다.

191　『그랜드 종합주석 13권』, p1030-1031

누가복음은 24장으로서 6×4 혹은 2×12 혹은 3×4이다. 6은 사람의 수이며 4는 땅의 수이다. 2는 증인의 수 혹은 둘째 아담(예수 그리스도)을 의미하며 12(3은 하늘의 수, 4는 땅의 수)는 완전수이다. 이 땅에 사람의 아들로 오신(성육신하신) 초림의 예수님은 둘째 아담으로서 하나님의 언약을 성취하러 오신 구속주로서 완전하신 하나님이시라는 것이다.

요한복음은 21장으로서 7×3이다. 7은 언약, 약속, 맹세, 완전수이고 3은 하늘의 수이다. 이 땅에 하나님의 아들로 오신 예수 그리스도만이 진정한 하나님이시며 예수 그리스도만이 하나님의 은혜의 복음이라는 의미이다.

매번 한결같이 앞서가시며 인도하시는 나하흐(ἐξάγω, נָחָה)의 성부하나님이 좋다. 일천한 지식에 더하여 진료와 수술에 바쁘고 지쳐 포기하려 할 때마다 늘 함께하셨던 에트(אֵת)의 성자하나님이 좋다. 자주 짜증내면서 더 이상은 아무것도 안 하겠다고 고집부릴 때마다 뒤에서 밀어주시며 당신의 의도대로 가게 하시는 주인 되신 할라크(הָלַךְ)의 성령하나님이 좋다. 난 삼위하나님이 좋다. 너무 좋다.

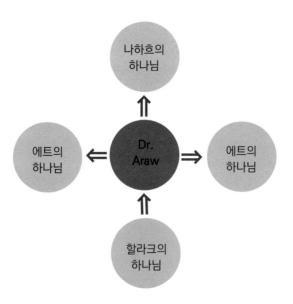

요한계시록의 장편(掌篇) 주석 〈그리스도 새 언약의 성취와 완성〉을 쓴 후 많이 지쳤었다. 곧 이어 요한복음의 주석을 쓰려고 마음먹었으나 그 내용의 방대함 때문에 지레 주눅이 들어 좀처럼 열정이 생기지 않았다. 그래서 차일피일 미루었다. 더하여 참고도서 등을 읽다가 그들과의 엄청 난 실력의 차이(깊이와 넓이)를 느끼며 나 스스로 파놓은 구덩이에 점점 더 깊이 들어갔다. 소위 '잠수'를 타게 되었던 것이다.

이후로 주석은 쓰지 않겠다고 마음먹으려는 찰나 성령님께서 다가오셨다. 그리고는 '계시록은 네가 쓴 것이 아니라 내가 쓴 것이다'라고 말씀하셨다. 나는 얼른 대답했다. "물론 그렇습니다. 제가 뭐라고 했나요"라고 퉁명스럽게 받아쳤다.

나의 주인 되신 좋으신 성령님은 "이번에 요한복음을 내가 쓰고 싶은데 너를 도구로 쓰고 싶다"고 하셨다. 갑자기 귀가 번쩍 뜨였다. "아, 네, 저를 쓰고 싶다는 거지요^^" 나는 다시 마음이 밝아졌다. 놓칠세라 얼른 "감사합니다. 꼭 저를 써 주셔요"라고 대답했다. 그러면서 다시 기도하며 간구하며 지혜를 구했다.

성령님은 새로운 방법을 제시하셨다. 그래서 분량이 적은 갈라디아서 장편(掌篇) 주석『오직 의인은 믿음으로 말미암아 살리라』, 히브리서 장편(掌篇) 주석『오직 믿음, 믿음, 그리고 믿음』, 로마서 장편(掌篇) 주석『살아 도 주를 위하여, 죽어도 주를 위하여』를 먼저 쓰고 출간했던 것이다.

그리고는 뒤돌아보지 않고 요한복음 장편(掌篇) 주석『은혜 위에 은혜러라』를 다시 쓰고 퇴고했다. 21장, 879구절을……

모든 것이 하나님의 은혜이다. 그저 하나님의 은혜이다. 나처럼 못난 사람을 불러주시고 사용해주심에 그저 감사할 뿐이다. 세상에는 학자도 많고 목회자도 많다. 그럼에도 불구하고 의사인 나를 사용해주심에 감사할 뿐이다. 일천한 나를 성경교사로 불러주신 것만도 감지덕지(感之德之)이다.

이번에 요한복음의 장편(掌篇) 주석 『은혜 위에 은혜러라』를 쓰면서 나는 복음과 십자가를 더 확실히 알게 되었고 깊이 묵상하게 되었다. 여러 책을 통해 많은 신앙 선배들을 만났다. 말씀의 오묘한 여러 가지 다양한 맛도 느꼈다. 그래서 이후로는 아무리 "배에는 쓰다"라고 할지라도 복음을 자랑하며 하나님의 은혜의 복음을 열방에 더 적극적으로 전하고자 한다. 그렇게 여생에는 더욱 닳아 없어지려고 노력할 것이다.

그들이 듣든지 아니 듣든지, 때를 얻든지 못 얻든지.
복음과 십자가로 살아가고 복음과 십자가만 자랑하려고 몸부림칠 것이다. 복음과 십자가 외에는 아무것도 자랑치 않으려 한다.

미래형 하나님나라에서 삼위하나님과 영생을 누리게 될 그날까지.
예수님 오실 때까지 복음과 십자가로 살아가며 복음과 십자가를 자랑함으로 현재형 하나님나라를 확장하련다. 예수님 재림하시면 미래형 하나님나라에서 영생을 누릴 것이다.
그렇기에 나는 지금 현재형 하나님나라를 확장하는 일에 올인하고 있다. 이제 후로는 미래형 하나님나라에서 찬양하며 경배하며 영생을 누리게 될 그날을 꿈꾸며 살아갈 것이다.

"내가 선한 싸움을 싸우고 나의 달려갈 길을 마치고 믿음을 지켰으니 이제 후로는 나를 위하여 의의 면류관이 예비되었으므로 주 곧 의로우신 재판장이 그날에 내게 주실 것이니 내게만 아니라 주의 나타나심을 사모하는 모든 자에게니라."_딤후 3:7-8

참고도서 ✡ References

1) 『게제니우스 히브리어 아람어사전』, 이정의 옮김, 생명의 말씀사, 2007.

2) 『그랜드 종합주석』, 성서교재간행사(1-16권/13권), 1993. pp549-1039

3) 『로고스 스트롱코드 히브리어 헬라어사전』(개정 4판), 로고스편찬위원회, 2011.

4) 『성경 히브리어』, PAGE H. KELLEY, 류근상, 허민순옮김, 크리스챤출판사, 1998.

5) 『스트롱코드 헬라어사전』, 로고스편찬위원회, 로고스, 2009.

6) 『신약성경 헬라어 문법』, S. M. BAUGH, 김경진 옮김, 크리스챤출판사, 2003.

7) 『요한복음 강해; 1권 영적생활』, D.M. 로이드 존스 지음/차동재 옮김, 기독교문서선교회 (2009(2쇄), pp5-430

8) 『요한복음 강해;2권 영적성장』, D.M. 로이드 존스 지음/이용태 옮김, 기독교문서선교회(제), 2007(2쇄), pp4-379

9) 『요한복음 강해; 3권 영적축복』, D.M. 로이드 존스 지음/이용태 옮김, 기독교문서선교회 (2013(3쇄), pp5-260

10) 『요한복음 강해』(Exposition of the Gospel of John), 아더 핑크/지상우 옮김, 크리스천 다이제스트, 2017(2판 2쇄)

12) 『요한복음』두란노 HOW주석 37, 목회와 신학 편집부, 두란노 아카데미, 2012(11쇄). pp11-350

13) 『직독직해를 위한 헬라어 400 단어장』, 박철현, 솔로몬, 2017.

14) 『직독직해를 위한 히브리어 400 단어장』, 박철현, 솔로몬, 2016.

11) 『핵심 성경히브리어』, 김진섭, 황선우 지음, 크리스챤출판사, 2013.

15) 『핵심 성경히브리어』, 김진섭, 황선우 지음, 2012.

16) 『하나님나라』복음, 김세윤, 김회권, 정형구 지음, 새물결플러스, 2017.

17) 『하나님나라』, George Eldon Ladd, 원광연 옮김, CH북스(리스천 다이제스트), 2018.

18) 『하나님나라』, 헤르만 리델보스, 오광만 옮김, 솔로몬, 2012.

〈기타 참고 도서〉

1. 『Oxford Learner's THESAURUS』, A dictionary of synonyms, OXFORD, 2008.

2. 『구약 탐험』, 찰스 H. 다이어 & 유진 H. 메릴 지음, 마영례 옮김, 디모데, 2001.

3. 『기독교강요(상,중,하)』, 존 칼빈지음, 김종흡,신복윤,이종성,한철하 공역, 생명의 말씀사, 1986.

4. 『내가 속히 오리라』, 이필찬 지음, 이레서원, 2006.

5. 『내가 자랑하는 복음』, 마틴 로이드 존스, 강봉재 옮김, 복있는 사람, 2008.

6. 『넬슨성경개관』, 죠이선교회, 2012.

7. 『만화 요한계시록 1, 2』, 백금산 글/김종두 그림, 부흥과 개혁사.

8. 『바벨탑에 갇힌 복음』, 행크 해네그래프 지음, 김성웅 옮김, 새물결플러스, 2010.

9. 『바이블 키(구약의 키)』, 김성수 지음, 생명의 양식, 2015.

10. 『바이블 키(신약의 키)』, 송영목 지음, 생명의 양식, 2015.

11. 『복음과 하나님의 계획』, 그레엄 골즈워디, 김영철 옮김, 성서유니온, 1994.

12. 『복음과 하나님의 구원(로마서강해3)』, 존 파이퍼 지음, 주지현 옮김, 좋은 씨앗, 2013.

13. 『복음과 하나님의 나라(로마서강해)』, 존 파이퍼 지음, 주지현 옮김, 좋은 씨앗, 2013.

14. 『복음과 하나님의 나라』, 그레엄 골즈워디, 김영철 옮김, 성서유니온, 1988.

15. 『복음과 하나님의 백성(로마서강해6)』, 존 파이퍼 지음, 주지현 옮김, 좋은 씨앗, 2013.

16. 『복음과 하나님의 사랑(로마서강해4)』, 존 파이퍼 지음, 주지현 옮김, 좋은 씨앗, 2013.

17. 『복음과 하나님의 은혜(로마서강해2)』, 존 파이퍼 지음, 주지현 옮김, 좋은 씨앗, 2013.

18. 『복음과 하나님의 의(로마서강해1)』, 존 파이퍼 지음, 주지현 옮김, 좋은 씨앗, 2013.

19. 『복음과 하나님의 주권(로마서강해5)』, 존 파이퍼 지음, 주지현 옮김, 좋은 씨앗, 2013.

20. 『복음은 삶을 단순하게 한다』, 이선일 지음, 더메이커, 2018.

참고도서 ✡ References

21. 『복음은 삶을 선명하게 한다』, 이선일 지음, 더메이커, 2019.
22. 『복음의 진수』, 프란시스 쉐퍼 지음, 조계광 옮김, 생명의 말씀사, 2014.
23. 『성경 배경주석(신약)』, 크레이그 키너, 정옥배외 옮김, IVP, 1998.
24. 『성경배경주석(창세기-신명기)』,존 월튼, 빅터 매튜스, 정옥배 옮김, IVP, 2000.
25. 『성경을 어떻게 읽을 것인가?』, 고든 D 피외 1인 지음, 오광만, 박대영 옮김, 성서유니온, 2014.
26. 『성경통독(통박사 조병호의)』, 조병호, 통독원, 2004, 2017.
27. 『성경파노라마』, 테리 홀 지음, 배응준 옮김, 규장, 2008.
28. 『성경해석』, 스코트 듀발-J.다니엘 헤이즈 지음, 류호영 옮김, 성서유니온, 2009.
29. 『성경해석학』, 권성수 지음, 총신대학출판부, 1991.
30. 『성령을 아는 지식』, 제임스 패커지음/홍종락 옮김, 홍성사, 2002.
31. 『세계개혁교회의 신앙고백서』, 본문 및 해설, 이형기, 한국장로교출판사, 1991, 2003.
32. 『순례자의 노래』, 스탠리 존스 지음, 김순현 옮김, 복있는사람, 2007.
33. 『쉽게 읽는 진정한 기독교』, 윌리엄 윌버포스 지음/조계광 옮김, 생명의 말씀사, 2001. 2009.
34. 『신천지 요한계시록 해석 무엇이 문제인가?』, 이필찬 지음, 새물결플러스, 2020(5쇄).
35. 『오직 의인은 믿음으로 말미암아 살리라(갈리디아서 장편주석)』, 이선일, 탕구출판사, 2021.
36. 『아가페 성경사전』, 아가페 성경사전 편찬위원회, 아가페출판사, 1991.
37. 『영성을 살다』, 리처드 포스터, 게일 비비 지음, 김명희, 양혜원 옮김, IVP, 2009.
38. 『요한계시록 40일 묵상 여행』, 이필찬 지음, 이레서원, 2018(4쇄).
39. 『요한계시록 Interpretation』, 유진 보링 지음, 한국 장로교 출판사, 2011.
40. 『요한계시록 신학』, 라챠드 보쿰 지음, 이필찬 옮김, 한들출판사, 2013(7쇄). P15-133

41. 『요한계시록 어떻게 읽을 것인가』, 이필찬 지음, 성서유니온, 2019(개정 2판 2쇄). p7-198

42. 『요한계시록』, 이달 지음, 한국 장로교 출판사, 2008.

43. 『이 책을 먹으라』, 유진 피터슨, 양혜원 옮김, IVP, 2006.

44. 『책별로 성경을 어떻게 읽을 것인가?』, 고든 D 피외 1인 지음, 길성남 옮김, 성서유니온, 2016.

45. 『첫째는 유대인에게』, 대렐보크-미치 글래이저 공동편집, 김진섭 옮김, 이스트윈드, 2009.

46. 『최신 구약개론(제2판)』, 트렘퍼 롱맨외 , 박철현 옮김, 크리스챤다이제스트, 2009.

47. 『평신도를 위한 쉬운 요한계시록 1』, 양형주 지음, 브니엘, 2020. p12-382

48. 『프란시스 쉐퍼전집(1-5)』, 기독교철학 및 문화관, 프란시스 쉐퍼, 생명의 말씀사, 1994.

49. 『하나님 나라를 욕망하라』, 제임스 스미스 지음, 박세혁 옮김, IVP, 2016.

50. 『한 권으로 읽는 기독교』, 앨리스터 맥그래스, 황을호, 전의우 옮김, 생명의 말씀사, 2017.

51. 『한 눈에 보는 성경 조직신학』, 안명준, 성경말씀사관학교, 2014.

52. 『현대신학연구』, 박아론, 기독교문서선교회, 1989.

〈인터넷 참고 자료〉

1. 네이버 지식백과(라이프성경사전)

2. 구글(위키백과)

3. Bible Hub app

요한복음의 깊이와 넓이를 단순 명료하게 이해하게 될 것

이종삼 목사/티엔미션 대표, 꿈의학교 명예교장, 성경통독 인도자

사도 요한은 예수님을 따르는 이방인 신자들을 위해, 특히 그 시대의 헬라 철학자들과 씨름하는 사람들을 위해 요한복음을 기록했습니다. 요한복음을 읽으며 참 빛이신 예수님에 대해 매우 간략한 표현으로 기록된 진리를 만나게 됩니다. 저는 이선일 박사와 이성진 전도사의 『은혜 위에 은혜러라』는 요한복음 장편(掌篇) 주석을 읽으며 두 가지 핵심적인 내용을 발견했습니다.

첫째, 요한복음 전체에서 자주 등장하는 표현으로 '모른다'라는 말입니다. 예수님의 길을 예배하러 온 세례 요한은 '나도 그를 알지 못하였도다'라고 고백하고 있습니다. 가나 혼인잔치에서 물이 포도주가 된 일을 연회장은 알지 못했고, 물 떠온 하인만 알았습니다. 최고의 종교 지도자 집단의 산헤드린 공회원인 니고데모는 예수님께 '모른다'라고 했다가 책망을 받았습니다. 이 글을 쓰고 있는 사도 요한은 자신도 예수님이나 예수님의 말씀에 대해 몰랐다고 고백하고 있습니다.

예수님은 '너희는 나를 알지 못하고 내 아버지도 알지 못하는도다(요 8:19)'라고 말씀하십니다. 사도 요한이 이 복음서를 쓴 시기는 예수님이 부활하시고 승천하신 후 대략 60년이 지난 때입니다. 요한복음 끝 부분에 가면서 사도 요한은 이제는 조금은 알 것 같다고 고백하였습니다.

둘째, 예수님은 하나님과 자신에 대해 모르는 제자들이나 유대인 청중들에게 아주 단순하고도 간략한 표현으로 자신을 설명해 주고 있습니다. 나는 생명의 떡이다(요 6:35). 나는 세상의 빛이다(요 8:12). 나는 양의 문이다(요 10:7). 나는 선한 목자다(요 10:11). 나는 부활이요 생명이다(요 11:25). 나는 길이요 진리요 생명이다(요 14:6). 나는 참 포도나무다(요 15:1).

요한복음에서는 예수님이 누구신지를 잘 모르는 사람들에게 7가지 표적을 통해 알려줍니다. 예수님은 유일한 의인이시자 하나님으로서 초현실적인 기적을 보이셨습니다. 가나의 혼인잔치를 통해 질적인 초월(요 2:1-12)을, 왕의 신하의 아들 치유를 통해 공간적인 초월(요 4:43-54)을, 베데스다 연못의 병자 치유를 통해 시간적인 초월(요 5:1-18)을, 오병이어의 기적을 통해 양적인 초월(요 6:1-15)을, 물 위를 걸으심을 통해 자연 법칙을 초월(요 6:16-21)하셨습니다. 또한 날 때부터 소경이었던 사람의 치유를 통해 운명을 초월(요 9:1-12)하셨고 죽은 나사로를 살리심을 통해 죽음을 초월(요 11:1-45)하셨습니다.

사실 예수님이 행하신 기적은 수없이 많지만 요한복음에는 7가지를 기록함으로써 인간의 한계를 뛰어넘으신 예수님의 모습을 보여줍니다. 이선일 박사와 이성진 전도사는 요한복음 장편(掌篇) 주석 『은혜 위에 은혜러라』를 통해 알기 쉽게 구절구절을 풀어서 설명해 주고 있습니다. 특히 저자들은 각 장별로 주제를 정해 일관성 있고 알기 쉽게 설명해 주고 있습니다.

　예수 그리스도가 누구이며 우리가 어떻게 하나님의 자녀가 되었으며 참 빛이신 '예수, 그리스도, 생명'으로 살아가기를 결단하는 모든 지체들을 마음껏 축복합니다. 동시에 『은혜 위에 은혜러라』 강해서를 읽게 되면 요한복음의 심오한 깊이와 넓이를 단순 명료하게 이해하게 될 것을 믿어 의심치 않기에 강력하게 이 책을 추천합니다.

이 책은 조금만 흔들어도 복음이 흘러 넘친다

김범석 목사/시드니 순복음교회 담임

　저자 이선일 선교사와 공저자 이성진 전도사의 요한복음 장편(掌篇) 주석 『은혜 위에 은혜러라』는 예수님이 행하신 7가지 표적들을 순차적으로 일목요연(一目瞭然)하게 나열함으로 '예수, 그리스도, 생명'을 독자들에게 자세하게 동시에 강력하게 설파하고 있다. 그렇기에 요한복음은 공관복음을 종합하는 사복음서의 완결판이기도 하다.

　사복음서는 각각 분량(마-28/1071, 막-16/678, 눅-24/1151, 요-21/879) 만큼이나 수신자의 대상이 다양(마-유대인, 막-로마인, 눅-이방인(헬라인), 요-모든 사람)하며 각각의 정경을 향한 특징(마-왕, 자색, 사자/막-종, 붉은색, 소/눅-예수님의 인성, 흰색, 사람/요-예수님의 신성, 청색, 독수리) 또한 독특하다. 그중 요한복음은 복음과 교리의 집약체이기에 모든 그리스도인들이 반드시 믿고 알아가야 할 책이기도 하다. 그러다 보니 모든 성도들에게 반드시 권해야만 하는 책이다.

저자 이선일 박사와 공저자 이성진 전도사는 이 요한복음 21장 879구절을 처음부터 끝까지 흐름이 끊기지 않으면서 한 구절씩 강해로 풀어내었다. 그러면서 우리가 구원을 얻는 것은 '오직 믿음, 오직 은혜'임을 강조하며 그 어떤 스펙도, 그 어느 조건도 요구되지 않는다고 계속 반복하여 강조하고 있다.

두 분의 강력하고도 처절한 외침 속에는 이 땅 위의 그리스도인들에게 특히 청년들에게 '하나님의 은혜의 복음' 곧 '예수, 그리스도, 생명'을 전하기 원하는 간절한 마음이 가득 담겨 있다. 그렇기에 그들을, 그들이 기록한 이 책 『은혜 위에 은혜러라』를 조금만 흔들어도 복음이 흘러 넘친다.

그래서 나는 이선일 박사와 이성진전도사의 요한복음 장편(掌篇) 주석 『은혜 위에 은혜러라』를 통해 이 땅 위의 수많은 그리스도인들과 청년들이 아무런 조건 없이 동시에 변함없이 지금도 두 팔을 벌리고 기다리시는 하나님의 품에 안기게 될 것을 믿어 의심치 않는다.

나는 저자와 십수 년을 그리스도 안에서 한 형제로 살아왔다. 그렇기에 그를 잘 알고 있다. 그런 그를 한없이 격려하며 위로하며 축복하며 요한복음 장편(掌篇) 주석 『은혜 위에 은혜러라』를 강력하게 추천한다.

이 시대 성도들이 다시 들어야할 복음서

하상선 목사/마성침례교회 담임. GEM(세계교육선교회) 대표.

저자의 별명은 '괴짜의사 Dr, Araw'이다. 그를 아는 주변의 모든 이들은 그가 얼마나 많은 일들을 감당하며 살아가는지 잘 안다. 그런 이선일 박사님의 왕성한 집필 활동을 보면 그치지 않는 거대한 배의 동력과 같다.

이미 요한계시록 장편(掌篇) 주석 『예수 그리스도 새 언약의 성취와 완성』, 갈라디아서 장편(掌篇) 주석 『오직 의인은 믿음으로 말미암아 살리라』, 히브리서 장편(掌篇) 주석 『오직 믿음, 믿음, 그리고 믿음』, 로마서 장편(掌篇) 주석 『살아도 주를 위하여 죽어도 주를 위하여』 등 『은혜 위에 은혜러라』를 포함 5권을 출판하였다. 그의 여생에 7권의 주석이 목표이니 이제 2권(사도행전, 창세기)이 남은 것이다.

요한복음은 요한계시록에 나오는 독수리(4:7)와 그 상징적 성격이 비슷하다고 하여 '독수리 복음'이라는 별명이 있다. 우리가 익히 아는 대로 독수리는 조류 중에 왕으로서 새 중에 가장 높이 날 뿐만 아니라 태양을 똑바로 볼 수 있는 유일한 동물이다. 그렇기에 요한복음을 알게 되면 예수님의 신성을 잘 알게 되는데 이는 마치 독수리가 태양을 보듯 분명하게 볼 수 있게 된다.

칼빈(Jean Cauvin)은 요한복음을 강조하면서 신약성경을 읽으려면 요한복음부터 읽어야 한다고 말한다. 그것은 요한복음을 통하여 예수, 그리스도, 생명(영생)에 대해 깊고도 더 넓게 알 수 있기 때문이다.

요한복음에서 예수님께서는 에고 에이미(ἐγώ εἰμι, 나는 ~이다, I am saying)라는 말을 7번이나 반복하여 사용하셨다. 이는 공관복음에서는 볼 수 없는 것이다. 그런 요한복음은 7번의 신앙고백, 7가지의 표적들(signs)이 있는데 이는 로고스(Logos, λόγος)와 하나님의 아들이신 기독론(Christology)을 담고 있어 그 신학적인 성격이 매우 뚜렷하다.

요한복음은 초대교회로부터 현대에 이르기까지 많은 학자들로부터 여러 측면으로 연구되어 왔는 바 특별히 자유주의 신학자들과 보수주의 신학자들 간의 관점에 있어 약간의 이견이 있어 혼란을 가져다주기도 하였다. 특히 기록자와 기록 연대, 역사적 배경 및 문화적 배경, 공관복음과의 관계 등등에서 그렇다.

저자 이선일 박사는 이와 같은 첨예한 대립을 요한복음 20장 31절의 핵심구절을 중심으로 본문 구조적(構造的)연구를 통해 상기 갈등의 문제를 명확하게 해결해 주었다.

저자는 요한복음 장편(掌篇) 주석 『은혜 위에 은혜러라』는 책에서도 예전과 동일하게 성경 해석의 5가지 대원칙(주요 단어 연구, 전후 문맥을 연구, 상징과 예표 연구, 기록자와 시대적 문화적 배경 연구. 성령께 의지하며 기도)을 가지고 접근했다.

중요한 원어에 대한 해석을 통한 본문 연구와 역사적, 문화적 배경을 근거로 한 바른 해석, 또한 해박한 성경 지식으로 성경 전체를 풀어내고 있다. 요한복음에 나타난 그리스도 중심의 복음적 해석은 본서를 대하는 모든 크리스챤들에게 큰 감동과 신선한 복음전도의 도전을 주고 있다.

초대교회로부터 오늘날에 이르기까지 세상은 진리가 희미해짐으로 영적인 혼탁함과 더불어 지적, 사회적 혼탁함이 뒤섞여왔다. 마치 바닷물을 마시면 마실수록 더 목마르듯이…….

결국 생수이신 예수 그리스도를 마시지 않고는 목마름은 해결될 수가 없다. 그 '예수, 그리스도, 생명'을 중심으로 풀어낸 요한복음 장편(掌篇)

주석『은혜 위에 은혜러라』를 통해 이 땅 위의 진정한 생수에 목마른 예수쟁이들의 갈증이 해결되고 동시에 생수를 풍성하게 공급받기를 원한다.

요한복음 장편(掌篇) 주석『은혜 위에 은혜러라』는 이 시대 성도들이 다시 들어야할 복음서이다. 예수를 만남으로 누리게 될 영원하고도 풍성한 삶을 제공하는 길라잡이이다. 저자인 이선일 박사가 이 시대 크리스천 청년들과 모든 성도들에게 외치는 복음의 메시지는 우리 모두가 청종해야 할 하나님의 명령이다.

하나님의 소명과 사명, 예배에의 회복을 갈망하는 모든 이들에게 일독할 것을 권한다.

영적 통찰력으로 간결하고 쉽고 선명하게 설명하는 요한복음

이홍남 목사/벨국제학교 교장

저자 이선일 선교사와 공저자 이성진 전도사의 요한복음 장편(掌篇) 주석『은혜 위에 은혜러라』를 받고 묵상하면서 내 삶의 시간들을 반추해보는 시간을 가졌다.

나와 동일한 24시간을 보내면서 끝없이 하나님의 은혜를 간구하는 저자의 믿음의 열정을 이 책에서 고스란히 느끼고 있다. 그러다 보니『은혜 위에 은혜러라』원고를 읽으며 묵상하는 내내 말할 수 없는 감동이 밀려왔다.

21세기를 살아가는 우리는 어느새 메타버스(Metaverse)의 세계에서 약간은 허우적거리며 살아가고 있다. 그러나 진리의 말씀만큼은 가상의 현실에서 존재할 것이 아니라 아날로그 그대로의 시간과 역사를 계승하고 있어야 한다. 지금도 앞으로도 영원히……

저자 이선일 박사와 공저자 이성진 전도사의 요한복음 장편(掌篇) 주석 『은혜 위에 은혜러라』는 한 구절 한 구절마다 주요한 원어의 의미를 풀어 놓았고 그 시대의 역사적 배경과 문화적 배경을 통해 영적 메시지를 파노라마처럼 그려내고 있다.

요한복음 장편(掌篇) 주석 『은혜 위에 은혜러라』는 괴짜의사이자 성경교사, 청년사역자인 저자와 그의 믿음의 계승자인 아들과 함께 쓴 성령님의 특별은총이라 생각된다.

이 은혜의 보고(寶庫)는 한 번의 감동으로 쓰여진 것이 아니다. 그의 내면에 지속적으로 불타오르는 뜨거운 열정 위에 성령하나님께서 쏟아 부어주시는 영적인 감동으로 쓰였다. 달리 설명할 다른 길이 없다. 그렇기에 이 책을 읽는 독자 또한 그런 열정이 전염될 것으로 확신한다. 특별히 쉽고 간결하게 선명하게 해석하고 있는 그의 영적 통찰력이 이 책을 묵상하는 모든 이들에게 동일하게 역사하실 것을 믿어 의심치 않는다.

원어의 깊은 의미와 함께 전달되는 잔잔한 영적 메시지는 실상은 우리들의 삶이요 노래이다. 그것은 고난 중에 빛나는 복음의 빛이요 세상의 빛, 생명의 빛이다.

혼돈의 인생 광야 길에서 방황하지 않고 복음의 길을 뚜벅뚜벅 걸어가기를 원하는가? 이 책을 통해 세상의 빛, 생명의 빛 되신 예수 그리스도를 붙잡으라, 그리고 점점 더 깊게 그리고 폭넓게 알아가라.

그러기를 진정 원한다면 부디 요한복음 장편(掌篇) 주석『은혜 위에 은혜러라』를 손에 잡고 묵상하길 권하며 강력하게 일독할 것을 추천한다.

복음과 십자가만 자랑하는 저자의 열정이 전염되기를

김철민 대표/CMF Ministries

하나님께서 우리에게 주신 복 가운데 만남의 축복이 매우 귀하다라고 생각됩니다. 나는 저자인 이선일 선교사를 처음 만났던 곳이 미국 CMF 선교원이었습니다. 벌써 십수 년이 흘렀지만 그때의 모습을 잊을 수가 없습니다. 당시 저자인 이선일 박사는 삼위일체 하나님의 인도하심을 따라 '오직 말씀, 오직 복음, 오직 예수'만을 증거하였고 성경말씀 전체의 강해를 통해 그의 피끓는 열정을 보았습니다.

저자 이선일 박사는 정형외과 의사로서 수많은 환자들을 수술하고 진료하는 가운데 틈틈이 주어지는 자투리 시간들을 아껴 책들을 집필합니다. 그의 저서는 점점 늘어나 장편(掌篇) 주석만 하더라도 요한계시록『예수 그리스도 새 언약의 성취와 완성』, 갈라디아서『오직 의인은 믿음으로 말미암아 살리라』, 히브리서『오직 믿음, 믿음, 그리고 믿음』, 로마서『살아도 주를 위하여 죽어도 주를 위하여』등 4권을 출간했습니다. 이번에는 다섯 번째로 공저자 이성진 전도사와 함께 요한복음 장편(掌篇) 주석『은혜 위에 은혜러라』는 책을 출간하게 되었습니다.

요한복음은 예수님이 바로 하나님의 아들이심과 그를 믿는 자에게는 영원한 생명 주심을 강조하고 있습니다. 저자 이선일 박사는 이 주석을 쓰면서 복음과 십자가를 더 확실히 알게 되었고 깊이 묵상하게 되었다라고 고백하였습니다.

나는 '하나님의 은혜의 복음'을 열방에 적극적으로 전하고자 하는 저자 이선일 박사와 공저자 이성진 전도사의 마음이 담긴 이 책『은혜 위에 은혜러라』를 통해 그들의 복음과 십자가만 자랑함이 전염되어 하나님나라가 확장되어지길 간절히 바랍니다. 그 마음이 독자에게 고스란히 전달되어지길 기도합니다.

이선일 박사는 매번 집필할 때마다 하나님께서 주신 다음 세대 곧 그들 부부에게 허락하신 자식들과 멘티들과 함께 책을 쓰며 그들을 공저자로 양육하곤 합니다. Spiritual Royal Family를 꿈꾸며 갈망하는 그가 부럽습니다.

저자 이선일 선교사와 공저자 이성진 전도사의 요한복음 장편(掌篇) 주석『은혜 위에 은혜러라』는 단순히 지식적으로 연구하여 쓰여진 학술지가 아닙니다. 오직 성령님의 인도하심을 따라 그들의 열정과 신학적 지식을 기반으로 하여 기록된 한 권의 장편(掌篇) 주석입니다.

저자와 공저자는 '모든 교회들, 특히 복음과 십자가에 대해 궁금히 여기는 모든 사람들'에게 특히 '크리스천 청년들'에게 요한복음의 장편(掌篇) 주석『은혜 위에 은혜러라』를 통해 '예수, 그리스도, 생명'임을 알리고자 하는 단 한 가지 소원만을 드러내고 있습니다. 그런 그의 책을 통해 하나님만 영광받으시고 동시에 많은 영혼들이 '복음과 십자가'만을 자랑함으로 하나님나라 확장에 힘쓰며 새 하늘과 새 땅에서 주님을 찬양하며 영생을 누리게 되길 소망합니다.

오늘 나는 기쁨으로 저자 이선일 선교사와 공저자 이성진 전도사의 요한복음 장편(掌篇) 주석『은혜 위에 은혜러라』는 책을 성경말씀을 사모하는 모든 크리스천 청년들과 성도들에게 강추하는 바입니다.

'예수, 그리스도, 생명' 임을 오롯이 알게 될 것

이현희 목사/유엔NGO.사)세계 가나안운동본부(WCM) 총재
재)가나안농군학교(영남) 설립자, 샤론교회(양산) 목사

저자 이선일 선교사와 공저자 이성진 전도사의 요한복음 장편(掌篇) 주석『은혜 위에 은혜러라』는 갈라디아서 장편(掌篇) 주석『오직 의인은 믿음으로 말미암아 살리라』, 요한계시록 장편(掌篇) 주석『예수 그리스도 새 언약의 성취와 완성』, 히브리서 장편(掌篇) 주석『오직 믿음, 믿음, 그리고 믿음』, 로마서 장편(掌篇) 주석 장편(掌篇) 주석『살아도 주를 위하여 죽어도 주를 위하여』를 이은 책으로 이들 모두는 COVID-19의 엄한 시기에 그의 온몸의 진액을 다 쏟으며 쓴 원고이다.

나는 저자 이선일 박사가 요한복음 장편 주석을 쓰고 있었을 그때를 상상하며 깊은 생각에 잠겼다.

사실인즉 지난 몇 년간의 저자의 삶은 지치고 고달프고 안팎으로 뾰족한 모서리들이 많았다. 그럼에도 불구하고 저자는 끊임없이 도전하였고 어느 순간이 되면 책을 출간하고 있었다.

도대체 솟구치는 그런 힘의 원천은 어디에서 나는 걸까?

나는 이십수 년을 저자 이선일 박사와 함께 그리스도 안에서 한 형제로 지내왔다. 그는 다른 사람들과 마찬가지로 여전히 실수와 허물이 많다. 차이점이 있다면 누구보다도 성령을 사모하고 성령이 이끄는 대로 살아가는 성령의 사람이라는 점이다. 동시에 주어진 소명과 사명에 충성될 뿐만 아니라 그 일을 사랑하고 사람을 사랑하고 하나님을 사랑하는 사람이다.

지난날 그런 그에게 일어났던 지독한 아픔 중의 하나가 사랑하는 아내 김정미 선교사의 암 진단이었다. 그녀는 수술과 함께 항암치료와 부작용, 방사선치료와 그 후유증으로 많은 고생을 했다. 그때 저자는 인간으로서 많이 괴로워했다. 하나님의 사람으로서 매달리기도 했다. 그리고는 모든 외부 사역을 접고 아내 간병과 성경 주석을 썼던 것이다.

저자는 오늘의 종말시대를 살아가는 청년들과 그리스도인들의 말씀 없는 삶을 보며 자주 아파했다. 한국교회를 보며 더 아파했다. 그때 성령님께서 '듣고 기록하라', '내가 저자이고 너는 기록자이다'라고 말씀하셨고, 저자는 지금까지 달려온 것이다.

내가 아는 한 저자인 이선일 박사는 지금까지 매사 매 순간을 실천하는 삶으로 일관되게 살아온 사람이다. 수많은 청년들에게 본이 되고 그들을 일깨우기 위해 그의 달란트, 물질과 시간, 온 정성을 다 쏟아부었다. 영성과 전문성을 키워드로 양육과 함께 그들을 차곡차곡 키워낸 결과가 곳곳에 있다. 전 세계를 다니며 강의와 세미나, 부흥회를 했다.

그의 직함이 다채롭고 애매하다. 의학박사, 선교사, 전문인, 신대원 전도사들과 의대교수, 목회자들의 성경교사, 코스타 강사, 부흥사, 정형외과 병원장 등등……. 심지어 그는 지역사회의 소년소녀 가장들과 노인들을 보듬는 사람이라는 타이틀마저 있다. 하나님 사랑과 이웃 사랑을 실천하는 사람이다.

그래서 나는 그의 책을 무조건 추천한다. 그는 언제나 '오직 말씀'이다. 그럼으로써 '6 sola'를 강조한다.

다시 말씀으로 돌아가자고 외치며 공저자와 함께 성령님께 이끌려 집필한 요한복음 장편(掌篇) 주석 『은혜 위에 은혜러라』를 통해 '예수, 그리스도, 생명'임을 오롯이 알게 될 것이다. 쉽고도 충분한 이 책이야말로 오늘을 살아가는 우리들에게 자신을 비추는 말씀의 거울이 될 것을 확신하기에 강력히 추천하는 바이다.

하나님의 마음으로 주제를 찾고 그 주제로 해석한 요한복음

허임복 목사/나로도중앙교회 담임

저자 이선일 선교사와 공저자 이성진 전도사의 요한복음 장편(掌篇) 주석 『은혜 위에 은혜러라』는 강해요 주석이며 이 시대를 향한 선포입니다.

이 친구, 만난 지가 꽤 오래되어서 보고 싶었는데 그동안 아내의 투병 소식과 외동딸 성혜의 결혼 이야기도 감추고 살면서 나를 부끄럽게 하더니 이번에는 꼭 알리고 싶은 이야기라며 기도와 눈물로 쓴 책 한 권을 세상에 내놓기도 전에 내게 들려주어 감동을 줍니다.

저 또한 성경 교사로 40년을 넘게 살아오면서 내내 예수님밖에 모르고 싶었습니다. 성경밖에 모르고 싶었고 교회밖에 모르고 싶었습니다. 그러나 그런 결단은 희망 사항일 뿐, 잘 안 지켜져서 늘 갈급했는데 실제로 그렇게 사는 친구가 바로 괴짜 의사요 선교사(청년 사역자)인 이선일 박사입니다.

그가 괴짜인 것은 목사인 나도 못 하는 목사의 일을 목사인 나보다 훌륭하게 해내고 있기 때문이며 목사인 저의 갈급함을 채워주는 의사이기 때문입니다. 이 친구가 세상에 내놓는 그의 신앙고백서들은 늘 진실하고 정직한 예수 이야기뿐이어서 이번 책 역시 기대가 되었는데, 책 내용을 읽기도 전에 아들과 공저(共著)라고 쓰인 단어를 보면서 이 거룩한 사역 앞에 숨이 멎는 듯한 감동을 받았습니다.

저자 이선일 박사는 아들과 자신의 신학을 공유하면서 작업을 해냈습니다. 자식은 신학의 완성이라고 하는데 신학도인 아들과 공저라니 이 얼마나 선한 영향력인가…….

처음에는 제목만을 보고 이 책이 강해서인 줄 알았습니다. 읽어보니 주석이었고 주석인 줄 알았더니 강의 노트였습니다. 그러나 자기만 사용하는 강의 노트가 아니고 그가 좋아하는 청년뿐만 아니라 이 시대의 모든 크리스천들에게 실천적 삶을 요구하는 외침이어서 차라리 선포라는 말이 더 맞을 듯합니다.

저자는 요한복음의 각 장, 개개의 구절들을 잘 해석했지만 나눠진 주제들을 보면 하나님의 마음으로 주제를 찾고 그 주제로 요한복음을 해석했습니다. 그러니까 요한복음뿐만 아니라 모든 성경을 통전적으로 읽으라는 방향을 제시하고 있는 것입니다.

뿐만 아니라 저자 이선일 박사는 이 책에서 '생명이신 예수'를 '나의 예수, 우리들의 예수, 이 시대의 예수'로 선언합니다.

저자 이선일선 교사와 공저자 이성진 전도사의 요한복음 장편(掌篇) 주석『은혜 위에 은혜러라』는 이미 알려진 학자들의 지식과 영성을 공유하여 주석하였으므로 충분히 성경적이며 신학적이고 삶에 적용할 수 있으며 아주 실제적입니다. 뿐만 아니라 읽으면 읽을수록 조금 더 말하고 싶고 드러내고 싶은 저자의 예수님에 대한 마음이 문장마다 담겨 있습니다.

이런 놀라운 경험은 일생동안 책을 읽어왔던 내게 신선한 울림이었습니다. 더 나아가 요한복음 장편(掌篇) 주석『은혜 위에 은혜러라』를 활용하여 강단에서 강론한다면 내 열정도 더욱 더 살아날 것만 같아 기대가 됩니다.

날마다 은혜가 아니면 살기 어려운 섬 선교사인 나에게 요한복음 장편(掌篇) 주석『은혜 위에 은혜러라』는 내가 누리고 사는 은혜, 그 위에 더해질 큰 복입니다.

저자 스스로가 밝힌(掌篇 주석의 성격)대로 성경과 함께 이 책을 손에서 놓지 않고 읽어낸다면 예수 생명 운동이 읽는 독자에게서부터 이웃으로 잔잔하게 퍼져가게 될 것을 확신합니다. 나는 그의 친구로서, 목사로서, 동역자로서 예수 이야기로 목말라할 이 땅의 그리스도인 독자들께 이 책을 강력하게 추천합니다.

영안이 밝게 열리는 길잡이가 되길 바라며

박상춘 목사/미국 미시건 앤아버대학촌교회 담임

저자 이선일 선교사와 공저자 이성진 전도사의 요한복음 장편(掌篇) 주석『은혜 위에 은혜러라』는 흔히 보는 일반 주석이나 매끈한 문체의 세련됨으로 독자의 눈과 귀를 속삭이는 주석은 아닙니다. 오히려 이선일 박사의 매일매일의 삶의 현장 속에 역사하시는 성령님의 통치하심을 통해 경험했던 살아계신 하나님의 음성이 배어있는 '광야에서 외치던 소리'입니다.

예수 그리스도의 계시인 성경말씀에서 성령님의 감동으로 가르쳐주시고 깨닫게 하시는 생명의 숨소리는 맑은 물소리와 같고 밧모섬의 사도 요한에게 임하셨던 우렁찬 나팔소리 같은 큰 음성이기도 합니다. 그것은 최고의 복된 소식 곧 복음으로서 우리의 삶에 있어 생생한 현실이기도 합니다.

'예수, 그리스도, 생명'이라는 하나님의 은혜의 복음에 대한 비밀을『은혜 위에 은혜러라』고 표현함으로 그 깊이와 넓이를 더해 주었습니다. 동시에 성부하나님께서 독생자 예수를 이 땅에 보내신 섭리와 경륜, 작정과 예정을 선명하게 드러내었습니다.

저자 이선일 선교사와 공저자 이성진 전도사의 요한복음 장편(掌篇) 주석『은혜 위에 은혜러라』는 아직도 표적만을 구하는 오늘의 세대들에게 그 눈길을 돌려 진정으로 하나님을 보게 합니다. 하늘로서 온 산 떡, 생명의 떡이신 예수 그리스도만을 갈망하게 합니다.

나의 친구이자 동역자인 이선일 박사는 언제나 한결같이 '오직 말씀, 오직 복음, 오직 예수'만을 말하고 그렇게 살아왔습니다. 그는 성경교사로서 하나님의 입으로부터 나오는 생명의 말씀만을 선포합니다. 그렇기에 그의 삶과 그의 저서에는 예수 그리스도의 향기와 더불어 짙은 현장감, 생동감, 간절함을 쉽게 느낄 수 있습니다.

저자 이선일선 교사와 공저자 이성진 전도사의 요한복음 장편(掌篇) 주석 『은혜 위에 은혜러라』가 '예수, 그리스도, 생명'임을 확신하고 영안이 밝게 열리는 길잡이가 되길 바라며 동시에 반드시 그렇게 되리라 확신하기에 이 책을 강력하게 추천합니다.

이야기 보따리를 풀어가듯 쉽게 이해를 돕는 넉넉한 해설서

이은호 목사/양산 감림산기도원 부원장

본서의 저자 이선일 선교사를 가까이서 교제한 지 올해로 만 10년이 되었습니다. 지난 시간 동안 한 사람의 신실한 크리스천으로, 진중한 신학자로, 또한 현장의 의사로 하나님나라를 위해 귀하게 쓰임받으며 늘 겸손한 모습으로 헌신하시는 삶을 보아왔습니다. 때로는 깊은 어두움의 터널을 지나시는 것도 보았습니다. 그 모든 삶의 이야기들을 품고 무릎으로 지내왔기에 하나님께서 이선일 박사에게 요한복음 안내서를 집필할 수 있도록 은혜를 주셨다고 확신합니다.

본서의 원고를 받고 거의 매일 읽었습니다. 한결같이 마음이 기뻤습니다. 그 이유를 밝히면서 동시에 요한복음의 특징을 세 가지로 말씀드리고

자 합니다.

첫째, 본래 요한복음은 쉽고도 어려운 책입니다. 요한복음은 예수님을 직접 목격하지 못한 독자들을 위해 기록했기 때문에 쉬우면서도 그들에게 복음의 핵심을 놓치지 않고 제시해야 했기에 깊고 풍성한 내용을 담고 있습니다. 그렇기에 쉽고도 어렵다는 이중성이 있습니다.

요한복음은 편안한 문체로 복음의 깊이를 설명하다보면 그 깊이에 오히려 함몰될 수도 있음을 알아야 합니다. 그러나 저자 이선일 선교사와 공저자 이성진 전도사의 요한복음 장편(掌篇) 주석 『은혜 위에 은혜러라』는 신실하게 신학적 설명을 포함하면서도 쉽고 편안하게 독자들로 하여금 그 깊이에 도달할 수 있도록 도와주는 좋은 가이드입니다. 장점은 평신도와 목회자 모두에게 요한복음을 제대로 소개하는 친절한 안내서라는 것입니다.

둘째, 요한복음은 사복음서 중에서 사람들과 나눈 대화가 특별히 많이 등장하는 책입니다. 그래서 성경학자들은 요한복음이야말로 예수님의 시각에서 독자들의 삶을 보게하는 완벽한 거울이라고 합니다. 오늘을 살아가는 우리가 요한복음을 통해 그 거울의 역할을 잘 감당하려면 주변의 함께 살아가는 사람들을 품을 수 있어야 합니다. 그들의 아픔과 고민을 잘 알아야 합니다. 저자인 이선일 박사는 오롯이 그런 삶을 살아낸 사람입니다. 아픈 사람을 치료해 주는 의사로서뿐만 아니라 본인의 삶에서도 많은 한계들을 경험하고 그로 인해 더 많은 사람들을 품어왔습니다. 본서를 주석하며 사용된 단어 중 "레마 이야기"라고 쓴 이유입니다. 저자 이선일 선교사와 공저자 이성진 전도사의 요한복음 장편(掌篇) 주석 『은혜 위에 은혜

러라』는 요한복음의 핵심들을 마치 이야기 보따리를 풀어가듯 쉽게 이해
하도록 도와주는 넉넉한 해설서입니다.

셋째, 저자 이선일 선교사와 공저자 이성진 전도사의 요한복음 장편(掌
篇) 주석 『은혜 위에 은혜러라』는 책은 요한복음뿐만 아니라 하나님의 말
씀인 성경을 더 사랑할 수 있도록 돕는 안내자의 역할을 합니다. 지난날
부터 저자인 이선일 박사의 삶을 보면서 '아! 정말 하나님의 말씀 한 글자
한 글자를 깊이 사랑하는 분이구나'라는 생각을 자주 했습니다. 그런 저
자이기에 요한복음의 핵심단어들 또한 놓치지 않고 원어로부터 접근하여
하나님의 본래 의도에 초점을 맞추고 있습니다. 소중한 보물을 다루듯이,
사랑하는 사람을 섬기듯이 이선일 박사와 공저자 이성진 전도사는 하나
님의 본심을 본문 중심으로 설명하였습니다. 그러므로 본서를 읽다 보면
요한복음을 통해 주시는 하나님의 세심한 손길을 확실히 느끼게 됩니다.
마음에는 가슴 벅찬 감동이 밀려올 것이요 눈으로는 보게 되고 손으로는
만져지게 될 것입니다.

사실인즉 요한복음에 관하여는 수많은 주석들과 강해서들이 있습니다.
그럼에도 불구하고 상기 3가지 이유를 들어 저는 『은혜 위에 은혜러라』의
특별성(Speciality)이 있다고 확신합니다.

저자 이선일 선교사와 공저자 이성진 전도사의 요한복음 장편(掌篇) 주
석 『은혜 위에 은혜러라』는 책을 대하게 될 모든 독자들을 마음껏 축복하
며 동시에 기쁨과 감사가 넘쳐나길 소망합니다. 강력하게 일독할 것을 추
천합니다.

성경을 바로 알고 싶어하는 이들에게 갈증을 해소해 줄 책

정성철 목사/안양중부교회 담임

저자 이선일 박사의 책에는 몇 가지 특징이 있습니다.

첫째, 자신의 주장을 타인에게 무작정 설득하려고 하지 않습니다. 내용이 빈약해서가 아닙니다. 오히려 자신과 다른 의견들을 다양하게 보여주기에 내용면에서는 더욱 풍성합니다. 그리고 나서 저자는 자신이 지지하는 쪽이 어떤 쪽인지를 말합니다. 때문에 독자들은 폭넓은 지식도 얻게 되고 또 제시한 다양한 견해 속에서 스스로 생각해 보고 판단할 수 있는 기회를 갖게 됩니다.

둘째, 저자는 이해하기 어려운 부분이나 난해한 부분들에 대하여는 본인 스스로가 먼저 고민을 합니다. 그런 고민들과 그에 대한 궁금증을 독자의 입장에서 질문하고 또 질문합니다. 그리고는 자신의 의견을 조심스럽게 제시합니다.

많은 경우 저자 이선일 박사의 질문은 날카롭고 예리합니다. 그러나 그 해답은 선명하고 쉬우며 명확합니다. 예를 들면 11장에서 나오는 '하나님나라'에 관한 것입니다. '하나님나라'는 성도들이 바른 개념 속에서 반드시 붙들어야 할 귀중한 명제입니다.

셋째, 요한복음 장편(掌篇) 주석『은혜 위에 은혜러라』는 단순한 강해서가 아닙니다. 저자가 깨달은 은혜와 도전이 담겨 있습니다. 그렇기에 저자의 요한복음 장편(掌篇) 주석을 읽을 때에 QT를 하듯이 일정 분량을 정하여 읽고 묵상하고 삶에 적용하게 된다면 은혜 위에 은혜가 될 줄 믿습니다.

마지막으로 저자의 요한복음 장편(掌篇) 주석 『은혜 위에 은혜러라』는 성경을 바로 알고 바로 배우고 싶어하는 이들에게 그 갈증을 해소해 주고 난해한 부분에 대해 고민하는 이들에게는 귀한 깨달음을 줄 것입니다.

바쁜 일정 가운데 자투리 시간들을 모아 많은 시간을 만들어서 말씀을 붙들고 묵상하며 집필한 원고를 대하면서 가슴 벅찬 감동을 느낍니다.

저자 이선일 선교사와 공저자 이성진 전도사의 요한복음 장편(掌篇) 주석 『은혜 위에 은혜러라』는 책을 좀 더 잘 이해하기 위해서는 앞서 집필했던 이선일 박사의 다른 책들 중 아래의 책들을 추천합니다. 특히 요한계시록 장편(掌篇) 주석 『예수 그리스도 새 언약의 성취와 완성』, 갈라디아서 장편(掌篇) 주석 『오직 의인은 믿음으로 말미암아 살리라』, 히브리서 장편(掌篇) 주석 『오직 믿음, 믿음, 그리고 믿음』, 로마서 장편(掌篇) 주석 『살아도 주를 위하여 죽어도 주를 위하여』 등입니다.

저자가 사용한 용어들은 처음부터 끝까지 일관성이 있기 때문에 이전에 Dr. Araw 이선일 박사의 저서에 사용된 용어들을 숙지한다면 요한복음 장편(掌篇) 주석 『은혜 위에 은혜러라』는 책을 읽을 때에 더욱 더 풍성한 은혜를 경험하게 될 것입니다.

저자 이선일 박사와 30여 년간을 그리스도 안에서 한 형제로 지내온 저는 기쁨으로 그와 공저자 이성진 전도사와 함께 한 요한복음 장편(掌篇) 주석 『은혜 위에 은혜러라』는 책을 추천합니다.